中国古陶瓷研究第二十七辑

元明景德镇窑业与技术交流

中国古陶瓷学会
景德镇陶瓷大学　编
景德镇御窑博物院

科学出版社
北京

图书在版编目（CIP）数据

中国古陶瓷研究. 第二十七辑, 元明景德镇窑业与技术交流 / 中国古陶瓷学会等编. — 北京 : 科学出版社, 2022.12

ISBN 978-7-03-073881-3

Ⅰ. ①中… Ⅱ. ①中… Ⅲ. ①古代陶瓷 – 陶瓷艺术 – 研究 – 景德镇 – 元代 ②古代陶瓷 – 陶瓷艺术 – 研究 – 景德镇 – 明代 Ⅳ. ①K878.54

中国版本图书馆CIP数据核字(2022)第221509号

责任编辑：张睿洋 / 责任校对：王晓茜
责任印制：肖　兴 / 书籍设计：北京气和宇宙艺术设计有限公司

科学出版社 出版

北京东黄城根北街16号
邮政编码：100717
http://www.sciencep.com

北京汇瑞嘉合文化发展有限公司 印刷

科学出版社发行　各地新华书店经销

*

2022年12月第　一　版　开本：889 × 1194　1/16
2022年12月第一次印刷　印张：27 1/4
字数：500 000

定价：228.00元

（如有印装质量问题，我社负责调换）

编委会

目录

文　章

天津博物馆藏元景德镇窑瓷器探讨

刘渤（天津文博院）

摘要： 本文通过天津博物馆藏元代景德镇窑瓷器与国内外文博机构收藏、遗址出土的景德镇窑瓷器的比较研究，说明元代景德镇窑生产的青花、卵白釉、青白釉瓷器的艺术特色和陶瓷文化的传播与影响。对元青花中的云肩纹、牡丹纹进行了探讨。对元卵白釉印花与青花、对元青白釉贴花、印花和刻花瓷器进行了比较，说明了元代景德镇窑从南宋到元代，再到明代发展的延续性，以及新创烧品种的特殊性。

关键词： 元青花　云肩纹　卵白釉　青白釉

景德镇从元代开始就成为中国瓷器生产的中心，有“瓷都”的美誉。地理条件优越，瓷土资源丰富，昌江交通便利，山地木柴充足。在生产青白釉瓷的基础上，又烧造了青花、釉里红、青花釉里红、蓝釉、红釉、卵白釉（枢府釉）瓷器，烧造水平独步天下，其产品也流向全国和世界各地。

天津博物馆也收藏有元景德镇窑瓷器，品种有青花、卵白釉（枢府釉）、青白釉瓷器十余件，现选择部分馆藏元景德镇窑瓷器与国内外文博机构收藏、遗址出土的同类器物进行比较研究。

一、元青花

元青花经过六七十年的出土发现和研究，现已经成为国内外著名的瓷器品种和珍贵的收藏品类。2009 年 3—6 月首都博物馆举办了“青花的记忆——元代青花瓷文化展”，2012 年 10 月—2013 年 1 月上海博物馆举办了“幽蓝神采——元代青花瓷器特展”，使我们见到了国内外收藏的元青花精品。天津博物馆也收藏有两件元青花缠枝牡丹云肩纹兽耳罐。

图 1　元青花缠枝牡丹云肩花卉纹双狮耳罐
天津博物馆藏

1. 元青花缠枝牡丹云肩花卉纹双狮耳罐〔图 1〕[1]

高 37.5 厘米，口径 15.2 厘米，底径 17 厘米。1960 年购于北京琉璃厂韵古斋。盘口，短颈，鼓腹，圈足。肩部贴塑两个狮头形耳，耳可衔环。通体白釉，口外白釉下分层绘出青花回纹、较粗的卷草纹、肩上部饰俯开的变体莲瓣纹、肩下部一周是六朵云肩缠枝花卉纹，两个狮耳把云肩分成两组，一组三朵云肩。正面看，中间云肩内是四朵折枝菊花，右侧云肩内是四朵折枝牡丹花，左侧云肩内是四朵六个花瓣的花，刘新园先生曾考证是栀子花。反面云肩亦如此。腹部以大朵的缠枝牡丹纹为主题纹饰，下腹部饰纤细的卷草纹，仰开的变形莲瓣纹，纹饰多达 7 层，但主次分明，繁而不乱。罐中部接口处有一周横向的裂纹，顺着裂纹有一圈瓷器上细小的锔钉痕，说明罐的原接口曾经开裂过。此罐造型古朴，高大丰满，有雄浑的气势。两只栩栩如生的狮首耳塑造得生动传神。画面构图主题纹饰与辅助纹饰比例适当，相映争辉。青花色泽浓淡适宜。不论是纤细的卷草纹，还是粗大的牡丹花纹，绘画时意在笔先，运笔娴熟，线条流畅。主题纹饰是缠枝牡丹，仰、俯、反、侧，花姿各异，生动有趣。牡丹的雍容华贵，也反映出人们对幸福美好生活的向往与追求。

牡丹是花中之王，是富贵花。唐代诗人李正封的诗“国色朝酣酒，天香夜染衣”，从此牡丹有了“国色天香”的美名。唐代诗人皮日休也有诗赞誉牡丹：“落进残红始时芳，佳名唤作百花王。”唐代诗人刘禹锡的《赏牡丹》诗：“庭前芍药妖无格，池上芙蕖净少情。唯有牡丹真国色，花开时节动京城。”宋代周敦颐《爱莲说》中有“牡丹，花之富贵者也”。唐、宋瓷器上的牡丹多是正视或侧视图，元朝人延续了对牡丹的热爱，在青花瓷罐上，梅瓶上用大幅画面，多个角度表现牡丹盛开或含苞欲放的样子，有的俯仰，有的聚散，有的飘逸，真是婀娜多姿，异彩纷呈。

菊花经历风霜，有顽强的生命力，高风亮节，因陶渊明采菊东篱下，菊花由此得了“花中隐士”的封号。元代青花瓷上流行的菊花纹，到明洪武时期更是盛行，成为主题纹饰装饰。

栀子花原产我国长江流域以南各省区，栀子花枝叶繁茂，叶子翠绿光亮，花色洁白，香气浓郁，为美化庭院的优良树种[2]。唐代诗人刘禹锡《咏栀子花》五言律诗：“蜀国花已尽，

1　刘渤：《从元青花的造型纹饰看元代的社会生活》，《元青花瓷与中国文化国际学术论坛论文集》，中国国学出版社，2009 年，第 189 页。

2　陈俊愉、程绪珂主编：《中国花经》，上海文化出版社，1990 年，第 524 页。

越桃今正开。色疑琼树倚，春似玉京来。且赏同心处，那忧别叶催。佳人如拟咏，何必待寒梅。”“越桃”就是栀子花的别称。栀子的花、叶、果、根均可入药，具有清热解毒的功效。

2. 元青花缠枝牡丹云肩花鸟纹双狮耳罐〔图 2〕

残高 32 厘米，残口径 13 厘米，底径 17 厘米。此罐已截口，只有肩部以下完整，造型与山东省邹城博物馆藏明鲁荒王朱檀妃子墓出土元青花云龙纹兽耳罐〔图 3〕一样。兽头以上、肩部和腹部以下纹饰都是一样的，上面肩部是缠枝莲纹，腹部以下是卷草纹和仰开的莲瓣纹。邹城博物馆藏兽耳罐的腹部纹饰是一周整体的云龙纹。天津博物馆藏兽耳罐的腹部纹饰分上下两部分，上半部是云肩花鸟与云肩花卉纹六朵，正面中间是云肩花鸟纹，像一只仙鹤在牡丹花中穿梭〔图 4〕，右面是云肩缠枝菊纹，左面云肩内有两种缠枝花卉，一种就是六个花瓣的栀子花。一种是山茶花。山茶花是中国十大名花之一，是中国人喜欢的传统花卉。北宋诗人陆游诗赞曰：“东园三月雨兼风，桃李飘零扫地空。惟有山茶偏耐久，绿丛又放数枝红。”赞美山茶的美丽，花期长久，寓意诗人爱国精神永不衰退[3]。反面亦如此，有三朵云肩纹，腹下半部是大朵的缠枝牡丹花纹，作为主题纹饰，与天津博物馆另一件藏品类似。

以牡丹为主题纹饰的元青花罐、元青花梅瓶在传世和出土文物中占有较大的比例，国内外均有收藏。如高安博物馆藏元青花云龙缠枝牡丹纹兽耳盖罐、元青花缠枝牡丹如意云肩纹带盖梅瓶 2 件，蚌埠市博物馆藏元青花缠枝牡丹纹兽耳盖罐，大英博物馆藏元青花孔雀牡丹纹罐，上海博物馆藏元青花缠枝牡丹纹罐、元青花缠枝牡丹凤穿花卉纹兽耳罐、元青花缠枝牡丹云肩纹梅瓶、元青花缠枝牡丹纹梅瓶，伊朗国家博物馆藏元青花缠枝牡丹瑞兽纹双耳罐，景德镇中国陶瓷博物馆藏元青花缠枝牡丹纹梅瓶等。

装饰云肩纹的元青花也有一定代表性，天津博物馆藏两件元青花罐均带有云肩纹。

图 2　元青花缠枝牡丹云肩花鸟纹双狮耳罐
天津博物馆藏

图 3　元青花云龙纹兽耳罐
邹城博物馆藏

图 4　元青花缠枝牡丹云肩花鸟纹双狮耳罐云肩
天津博物馆藏

3　高世良：《百花百话》，百花文艺出版社，2007 年，第 37 页。

图 5　元青花云龙纹云肩花卉带盖梅瓶
大英博物馆藏

图 6　元青花云肩花卉云龙纹罐
美国波士顿美术博物馆藏

图 7　元青花牡丹凤凰纹兽耳罐
美国克利夫兰艺术博物馆藏

图 8　元青花缠枝牡丹云肩海马纹兽耳罐
土耳其托普卡匹宫殿博物馆藏

关于“云肩”据陶瓷学者研究是源于古代的服饰[4]，比较可信。云肩最早见于《金史》卷四十三・志第二十四卷舆服（上）“日月云肩”的记载。元代成为衣冠制度的样式。《元史・舆服志一》帝王仪卫服饰记载：“云肩，制如四垂云，青缘，黄罗五色，嵌金为之。”元代妇女在颈下胸、背、肩间围一云肩，元至正间（顺帝）十六天魔中的舞者即着金杂袄，披云肩[5]。明代杨子器的《元宫词》中有“金绣云肩翠玉缨”。

元青花瓷中梅瓶的云肩纹最接近服饰，一般都是四朵云肩纹。如上海博物馆藏元青花缠枝牡丹云肩纹梅瓶、大英博物馆展出元青花云龙纹云肩花卉带盖梅瓶〔图 5〕、保定窖藏出土两件元青花海水龙纹八棱带盖梅瓶、高安博物馆藏两件元青花缠枝牡丹如意云肩纹带盖梅瓶等。

世界范围内博物馆收藏元青花带有云肩纹罐的并不多见，一般都是六朵云肩纹。天津博物馆藏两件元青花缠枝牡丹纹兽耳罐均带有云肩纹，就是六朵云肩纹。还有美国波士顿美术博物馆藏元青花云肩花卉云龙纹罐[6]〔图 6〕，正面是云肩缠枝菊纹，左侧是云肩缠枝牡丹纹、右侧是云肩缠枝山茶纹，腹部是云龙纹。肩部贴塑两个兽头耳，与天津博物馆藏的造型一样。还有美国克利夫兰艺术博物馆藏元青花牡丹凤凰纹兽耳罐〔图 7〕，也是六朵云肩纹，中上部是云肩凤穿栀子花纹、左右两侧是云肩凤穿菊花纹，反面亦如此，腹部是大朵的缠枝牡丹纹。土耳其托普卡匹宫殿博物馆藏元青花缠枝牡丹云肩海马纹兽耳罐〔图 8〕，也是六朵云肩，云肩内均是青花地海水白色海马纹，只是白马的姿态有所不同，主题纹饰是腹部的缠枝牡丹纹。

还有河北博物院藏元青花釉里红开光贴花盖罐、故宫博物院藏元青花釉里红镂雕怪石

4　裴元生：《元明时期景德镇窑瓷器“云肩纹”发展研究》，苏州大学硕士学位论文，2009 年。

5　周锡保：《中国古代服饰史》，中国戏剧出版社，1984 年，第 356 页。

6　上海博物馆编：《幽蓝神采：元代青花瓷器特集（修订本）》，上海书画出版社，2012 年。

花卉图盖罐，这两件都是河北省保定市永华南路小学窖藏出土。虽然所定名称不同，实际上是一对。但是，每罐只有四朵云肩青花海水白荷花纹。英国大维德基金会也收藏一件这样的瓷罐，不带盖。

云肩纹在元青花瓷器上的装饰，反映了服饰文化对瓷器的影响。

二、元枢府窑（卵白釉）瓷

卵白釉瓷是元代景德镇创烧的新品种，釉面失透，色白微青，恰似鹅蛋色泽，故名。因为它是元代枢密院在景德镇定烧的官府用瓷，常在印花图案中对称印有“枢府”二字，又称“枢府瓷”。天津博物馆收藏的几件卵白釉瓷没有“枢府”二字。都是卵白釉印花卉纹盘，有一件盘子还有青花花卉纹，现介绍如下。

1. 元枢府窑（卵白釉）青花印花花卉纹盘〔图 9〕

高 3.3 厘米，口径 13.9 厘米，底径 7.3 厘米。1963 年购于北京悦雅堂。撇口，浅腹，平底，圈足。除圈足底露胎、粘沙外，通体施卵白釉（亦称鹅蛋白），盘内壁模印一周缠枝花卉纹，盘内底有大小两个青花双圈纹，内底心是青花朵花纹，剩余空白处点缀花瓣和花叶纹，笔法流畅自然，盘外及底素面无纹饰，应是元景德镇湖田窑产品。我国卵白釉印花带青花的瓷较少，所见传世文物均很珍贵。仅见江苏扬州博物馆藏一件元卵白釉青花“宪台公用”铭碗的标本。在江西景德镇湖田窑有一件明青花花草纹盘[7]〔图 10〕，与天津博物馆藏品的装饰方法非常相似，但是盘内壁没有模印花卉纹。盘内底也是两周青花双圈纹，围绕着中心，青花绘花草纹。口径 13 厘米，也较为接近。说明这种装饰从元代晚期到明代都有。

图 9　元枢府窑（卵白釉）青花印花花卉纹盘
天津博物馆藏

图 10　明景德镇湖田窑青花花草纹盘

2. 元卵白釉印花卉纹盘（一对）〔图 11〕

一件高 3.7 厘米，口径 13 厘米，足径 4.2 厘米；另一件高 3.2 厘米，口径 13 厘米，足径 4.2 厘米。口径与足径比约是 3∶1，两盘内

图 11　元卵白釉印花卉纹盘
天津博物馆藏

7　何俊主编，景德镇民窑博物馆编著：《湖田古窑》，科学出版社，2015 年，第 188 页。

壁均印有 11 个仰开的莲瓣纹，内底心印有缠枝花纹四朵。有一件盘内印的缠枝菊纹较清晰，花朵内无文字。盘外壁光素无纹，小圈足内露胎无釉。盘子是鹅蛋青色釉，呈失透状，印的纹饰也模糊不清，是典型的元卵白釉印花瓷盘。首都博物馆、广东省博物馆都藏有卵白釉印花“枢府”铭盘；故宫博物院和北京大学都藏有元卵白釉印花“太禧”铭盘，盘内均印有缠枝花卉纹或云龙纹。

三、元青白釉瓷

元代以前，景德镇窑主要烧造青白釉瓷，特别是五代至宋代，青白釉瓷是中国最有特色的瓷器之一，是效仿玉器的陶瓷新品种，胎质坚硬洁白，釉色青中泛白，白中显青，透明度高。产量大，品种多，也是大宗的贸易瓷之一，“南海一号”海底沉船出水瓷器，韩国新安海底沉船出水瓷器都有很多景德镇窑青白釉瓷，它们都是海上丝绸之路的重要见证。

天津博物馆也收藏了一部分元景德镇窑青白釉瓷器。品种有青白釉罐、炉、碗，装饰手法有贴花、划花、刻花、印花等。

1. 天津博物馆藏元景德镇窑青白釉堆贴月影梅纹罐〔图 12〕

高 22.5 厘米，口径 16 厘米，底径 15 厘米。直口，鼓腹下收，圈足。通体施青白釉。罐体堆贴着枝杈分开的干枝梅，梅花贴塑在一个弯曲梅树干垂下的四五个枝条上，有的含苞欲放、有的花朵盛开。另一侧腹上部堆贴一个弯弯的月亮，月亮旁边釉下划出像花一样的祥云〔图 13〕。展开罐体就是一幅月影梅图。此罐用了贴花和划花两种工艺，生动地表现了月影梅的意境。宋代爱梅诗人林和靖在《山园小梅》中“疏影横斜水清浅，暗香浮动月黄昏”正是它最好的写照。天津博物馆的这件瓷罐构图疏朗，在青白地的衬托之下，更显出寒梅傲雪的风骨和坚强不屈的品格。上海博物馆藏元景德镇窑青白釉贴花梅花纹双耳瓶

图 12　元景德镇窑青白釉堆贴月影梅纹罐
天津博物馆藏

图 13　元青白釉贴花月影梅纹罐上的月亮贴花

图 14　元青白釉贴花鼓钉纹莲子罐
天津博物馆藏

图 15　元青白釉印花卉纹方斗式香炉
天津博物馆藏

也是采用的此种贴花工艺，一朵开放的梅花突出在正前方。其制作的贴花工艺与天津博物馆的元景德镇窑青白釉堆贴月影梅纹罐是一样的。

2. 元青白釉贴花鼓钉纹莲子罐〔图 14〕

高 14.3 厘米，口径 6.5 厘米，腹径 9.5 厘米，足径 6.3 厘米。直口，溜肩，鼓腹下收，状若莲子，肩上部等距贴塑四个鼓钉纹。罐体施青白釉，光素无纹。青白釉贴花鼓钉纹莲子罐，从造型和装饰技法上反映了中国古代制瓷工匠在生活中的细致观察。鼓钉纹流行于宋代，江西省赣州窑的元代黑釉瓷杯上，上下各饰一圈白釉鼓钉纹[8]。柳斗杯是赣州窑的特色产品，南宋赣州窑青白釉柳斗纹钵上也有鼓钉纹，韩国新安海底沉船中也发现此类柳斗纹罐[9]。宋代钧窑也有鼓钉洗传世和出土，此种纹饰一直延续到元明清。也有的专家将“鼓钉纹”称为“乳钉纹”。

3. 元青白釉印花卉纹方斗式香炉〔图 15〕

高 8.8 厘米，口边长 13 厘米，足边长 8.2 厘米。炉呈上大下小的方斗形，四外壁倒梯形开光内印有花卉纹，花朵花叶突出，具有浅浮雕的效果，印纹较为清晰，通体施青白釉，青中闪白，白中泛青。内底露胎无釉，平底无孔，外底有一周圆形粘沙痕，四角有三角形足。在青白釉瓷中，鼎式的或圆形的香炉较多，方形的较少。

4. 元青白釉素面兽足鼎式炉〔图 16〕

高 20.6 厘米，口径 19.1 厘米。炉呈圆鼎式，仿青铜器造型。口沿上对称贴有方形双耳，圆口，平折沿，束颈，鼓腹，炉身较宽，下接三个兽足。上端刻划兽面，较为清晰，下端

8　余继明、杨寅宗主编：《中国古代瓷器鉴赏辞典》，新华出版社，1992 年，第 82 页。

9　《中国古陶瓷图典》编辑委员会编、冯先铭主编：《中国古陶瓷图典》，文物出版社，1998 年，第 301 页。

图 16　元青白釉素面兽足鼎式炉
天津博物馆藏

图 17　南宋景德镇窑青白釉素面兽足鼎式炉
四川宋瓷博物馆藏

刻划兽爪。通体施青白釉。四川遂宁窖藏出土的南宋景德镇窑青白釉素面兽足鼎式炉〔图17〕，与此炉相似。兽面不太清晰，炉身较窄。

5. 元青白釉印凤鸟纹筒形炉〔图 18〕

图 18　元青白釉印凤鸟纹筒形炉
天津博物馆藏

高 8.1 厘米，口径 9.2 厘米。炉呈鼓形，有子母口，腹部一周印有凹凸起伏的飞翔的凤鸟纹，下面是饼形足，露胎无釉。此器原定名为罐，笔者认为它与江西省樟树市博物馆藏元影青（青白釉）刻莲花纹筒式炉[10]造型接近，只是口部不同，装饰手法不同。1991 年樟树市出土有元至元二十年（1283 年）张国正圹志。墓里出土三件影青刻花筒式炉〔图 19〕，尺寸分别为高 10 厘米，口径 10.7 厘米，足径 6.5 厘米；高 10 厘米，口径 10.6 厘米，足径 9.7 厘米；高 10 厘米，口径 10.9 厘米，足径 6.2 厘米。炉敛口，平折唇外凸，筒形腹下部略收，也是饼形足。炉身施影青釉（青白釉），腹部刻三朵大菊花。景德镇中国陶瓷博物馆展出一件，与樟树出土的几乎一样，定名为南宋青白釉刻花圈足炉〔图 20〕，生产年代提前至南宋。这也说明樟树出土的青白釉刻花筒式炉，下限是元代，而南宋 1279 年灭亡，仅仅过了四年，很有可能是南宋生产。

天津博物馆藏元青白釉印凤鸟纹筒形炉还与另一件 1971 年江西省永丰县左龙公社延

10　黄冬梅：《江西樟树元纪年墓出土文物》，《南方文物》1996 年第 4 期。

图 19　元青白釉刻花筒式炉
樟树市博物馆藏

图 20　南宋青白釉刻花圈足炉
景德镇中国陶瓷博物馆藏

图 21　元青白釉刻莲瓣纹碗
天津博物馆藏

图 22　元青白釉刻莲瓣纹碗外壁及底

祐六年（1319 年）墓出土的元青白釉筒形炉[11]相似，高 10.6 厘米，口径 10.8 厘米，足径 9.5 厘米。伴出有墓主为陈氏的地券。敞口平肩，筒形腹，矮圈足。素面，腹下有一圈凹弦纹，器外施釉不到底。器内，圈足露胎。说明类似的筒形炉从南宋到元代都在烧制。

6. 元青白釉刻莲瓣纹碗〔图 21〕

高 6.2 厘米，口径 18 厘米，足径 5.8 厘米。侈口有芒，应是采用覆烧法，碗内素面，碗外壁刻上下两层莲瓣纹，上层为二十四瓣，下层为十六瓣，外底露胎无釉，有墨书“宣教位”三字〔图 22〕，墨汁已褪色，浸入碗底瓷胎，不知何时所书？基督教有“传教士”，也有称“宣教士”的，“宣教位”是否是“宣教士”在教堂固定位置所用还有待于进一步研究。此碗与江西省博物馆藏 1980 年南昌市塘南元大德十一年（1307 年）墓出土的青白釉莲瓣

11　吴志红、范凤妹：《介绍一批江西元代青白瓷器》，《南方文物》1983 年第 2 期。

图 23　元青白釉印花莲瓣纹碗
江西省博物馆藏

纹碗[12]相似，外壁印有两层仰姿莲纹，上层为十七瓣，下层为九瓣〔图 23〕。不同的是敞口，折唇，弧腹，圆饼形实足，全器满釉，所印莲瓣纹略少。1963 年在抚州市至正三年（1343 年）傅希岩之妻墓出土一件青白釉印花芒口碗，说明是覆烧产品。

此外，天津博物馆藏元景德镇窑青白釉连座戏球狮子，是 1982 年在天津市武清县（现武清区）河西务大运河边的十四仓发掘时出土的。还藏有元景德镇窑青白釉印花“福如东海寿比南山”文八方高足杯[13]，也很有特色，反映了元代景德镇窑的雕塑、印花水平以及“寿文化”的传播，工艺上还借鉴了金银器的做法，笔者拙作曾发表过，本文不再赘述。

总之，天津博物馆藏的元代景德镇窑瓷器，包括元青花缠枝牡丹云肩纹兽耳罐、元卵白釉印花卉纹盘、元青白釉贴花罐、元青白釉刻花炉、印花炉、刻花碗等，反映了元代景德镇窑瓷器的生产水平和艺术特色，其中青白釉兽足炉和刻莲瓣纹碗，结合遂宁窖藏和江西等地出土器物的比较，还说明景德镇窑青白釉瓷从南宋发展到元代的延续性。由于天津博物馆藏元景德镇窑瓷器只是景德镇生产的一小部分，本文仅就有关藏品进行了探讨，元代景德镇的窑业成就远远不止这些。

12 余家栋：《江西陶瓷史》，河南大学出版社，1997 年，第 323 页。
13 刘渤：《繁昌窑与其他窑青白釉堆贴技法的比较研究》，《青白瓷器研究》，故宫出版社，2015 年。

元代张弘略墓出土的青花瓷盘年代考
——兼论元代青花瓷器创烧的时间

伍秋鹏（成都中医药大学国学院）

摘要：1998年清理的河北满城元贞元年（1295年）张弘略墓中出土了71件瓷器，其中包括1件青花折腹盘。有学者据此认为元代青花瓷器的创烧时间不晚于元成宗元贞元年。但是，从造型、纹饰、底足等特征进行考察，这件青花折腹盘的年代与墓志纪年并不符合，它不是元代之物，而是明初洪武时期的产品，是由于盗扰原因混入墓葬中的晚期遗物。综合目前已发现的元青花纪年器资料，景德镇窑元代青花瓷器的创烧时间应在1323—1335年之间。

关键词：张弘略墓　元代　青花　创烧时间

青花瓷是以氧化钴为彩料，在瓷胎上绘制纹饰然后施以透明釉，经高温还原焰一次性烧成的釉下彩瓷，因纹饰呈蓝色，习惯上称为“青花”。青花瓷器滥觞于唐代，成熟于元代，这是学术界的共识。但是关于元代青花瓷器出现的时间，目前尚存在较大争论。

学术界最初认为元代青花瓷最早出现于元初。1978 年杭州发现一座“大元至元丙子年”纪年墓，墓中共出土 8 件瓷器，其中有 3 件为观音坐像，观音和侍者的头发、眼、眉及服饰等部位用青花及褐彩描绘。冯先铭先生认为此墓的年代为前至元丙子年，即至元十三年（1276 年），从而将元代青花瓷出现的时间定为元初[1]。此后，有学者对墓志中的人名、干支纪年日期和同墓出土的“枢府”款云雁纹碗进行考证，证明这座墓的年代应为后至元丙子年，即后至元二年（1336 年）[2]。此外，有学者认为 1972 年湖北省黄梅县延祐六年（1319 年）纪年墓中出土的一对牡丹纹塔式盖瓶[3]，是年代最早的有明确纪年的元代青花瓷器，进而将

1　冯先铭：《有关青花瓷器起源的几个问题》，《文物》1980 年第 4 期。

2　沈芯屿：《关于杭州出土元青花观音像年代的两点考证》，《中国古陶瓷研究》第四辑，紫禁城出版社，1997 年；沈芯屿：《杭州出土元青花观音像研究》，《幽蓝神采——2012 上海元青花国际学术研讨会论文集》第 2 辑，上海古籍出版社，2015 年。

3　九江市博物馆：《元代青花牡丹塔盖瓷瓶》，《文物》1981 年第 1 期。两件牡丹纹塔式瓶的造型、纹饰和大小基本一致，现在分别收藏于湖北省博物馆（原藏于黄梅县博物馆）和江西九江市博物馆。

元代青花瓷器分为“延祐型”和“至正型”两种类型[4]。2009年，上海博物馆实验室对湖北省博物馆藏的牡丹纹塔式盖瓶进行元素成分无损分析，检测结果表明纹饰彩料中的呈色元素是铁，彩料中不含钴元素[5]。因此，湖北省黄梅县出土的两件牡丹纹塔式盖瓶并不是青花瓷器，而是釉下褐彩瓷，所谓的“延祐型”元青花并不存在。

近年来，对于元代青花出现时间的研究，又有了一些新的进展。其中引人注目的一个发现是，在1998年清理发掘的河北满城元贞元年（1295年）张弘略墓中出土了1件青花折腹盘。林梅村先生在其发表的《张弘略墓与定兴窖藏出土元代宫廷酒器——兼论浮梁磁局创烧元青花之年代》一文中认为，这件青花盘是“元世祖至元二十九年（1292年）赏赐张弘略的宫廷酒器之一”，推测“早在1292年浮梁磁局就开始烧造元青花了”，“元青花的产生不晚于元成宗元贞元年”[6]。如果这件青花盘确为张弘略墓中的随葬品，无疑将是目前发现的年代最早的元代青花纪年器，可以将元代青花出现的时间提早约三四十年，具有重要的学术价值。

鉴于张弘略墓中出土的这件青花盘对于研究元青花出现时间的重要性，本文拟结合相关出土实物资料，对这件青花盘的年代及元代青花瓷器创烧的时间进行探讨。

一、青花盘的出土概况

1998年，河北省满城大册营镇岗头村元代蔡国公张柔家族墓地遭到盗掘，文物部门随即对被盗的两座墓葬进行了清理发掘。因清理工作较为仓促，在清理过程中未留下任何文字记录、现场照片等考古资料。2012年6月，文物部门对这两座墓葬进行测绘，随后公布了墓葬清理简报[7]。根据出土的两方墓志记载，两座墓葬分别为蔡国公张柔第八子张弘略之墓（编号M2）及其夫人花氏之墓（编号M3）。

据出土墓志记载，张弘略卒于元贞元年（1295年）。在墓葬前室出土了数量较多的瓷器残片，经复原共有71件瓷器。除瓷器外，出土遗物还有1件滑石花口盘、1面铜镜、1合墓志和1块墓志砖。从随葬品的出土状况来看，这座墓葬在早期曾经遭到严重破坏，瓷器类

4 吴水存：《“延祐器”与“至正型产品”纹饰对比初探》，《中国陶瓷》1984年第5期；吴水存：《元代“延祐型”青花瓷器的研究》，《元青花研究——景德镇元青花国际学术研讨会论文集》，上海辞书出版社，2006年。

5 蔡路武、熊樱菲：《湖北元青花的新发现及相关问题探讨》，《幽蓝神采——2012上海元青花国际学术研讨会论文集》第2辑，上海古籍出版社，2015年。

6 林梅村：《张弘略墓与定兴窖藏出土元代宫廷酒器——兼论浮梁磁局创烧元青花之年代》，《文物》2018年第12期。

7 河北省文物保护中心、保定市文物管理所、满城县文物管理所：《元代张弘略及夫人墓清理报告》，《文物春秋》2013年第5期。

随葬品被全部打碎。林梅村先生推测，此墓葬是在元末时遭到农民起义军的破坏[8]。

张弘略墓出土瓷器的器型有碗、盘、钵、香炉、高足盘、尊、盏托、玉壶春瓶、双耳瓶、枕等，包括景德镇窑、龙泉窑、钧窑、磁州窑、吉州窑等窑系的产品。青花盘（编号 M2：59）在出土时已碎为几块，经修复后复原，造型为敞口浅腹，折腹，圈足，圈足内为砂底，圆涡状底足，口径 14.3 厘米，底径 5.5 厘米，高 3.2 厘米〔图 1，图 2：1〕[9]。内壁口沿用青花绘半圈弦纹边饰，盘心绘单圈，单圈内的图案既似文字又像花草纹。外壁口沿和下腹接近折腹处各绘一圈弦纹，两道弦纹之间绘缠枝莲纹。

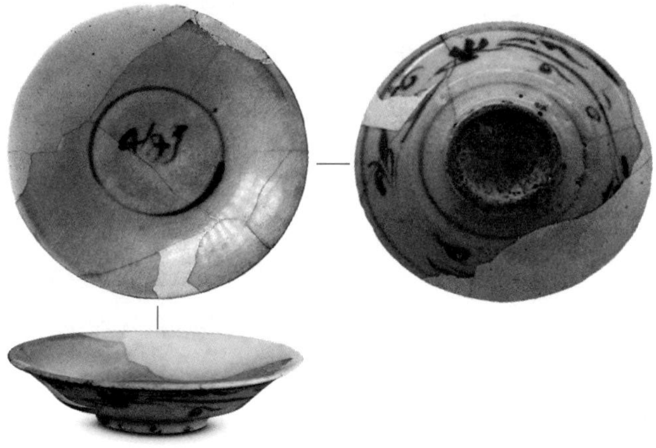
图 1　张弘略墓出土的青花折腹盘

林梅村先生认为盘心的图案有点像波斯文，于是请北京大学外国语学院王一丹教授和德黑兰大学乌苏吉教授进行解读，两位精通波斯文字的学者均认为盘心的图案是花草图案而非文字[10]。

二、青花瓷盘的年代分析

张弘略墓出土的青花折腹盘的盘心图案，与广西桂林基建工地发现的明初青花碗里心的草书“福”字〔图 2：3-图 2：5〕[11]，在笔画形状、组合方式及结构等方面都极为相似，因此盘心的青花图案既不是波斯文，也不是花草纹，而应是汉字的草书“福”字。不同之处在于明初青花瓷碗、盘里心的草书“福”字的一般都是左右结构的方形字体，而这件青花盘里心的“福”字，字体扁平几乎呈左中右结构，并且左边“礻”的位置太靠下方，因而给文字释读造成一定的困扰。

这件青花盘的圈足挖空部分呈锅底状凹底。1964 年南京市疏浚环绕明故宫的玉带河时，发现一批洪武时期的瓷器，其中有部分青花碗和青白釉折腹盘的底足与张弘略墓出土的折腹盘相同，南京博物院的陶瓷专家将这种特征的底足称为“圆涡状底足”〔图 2：2〕。青白

8　林梅村：《张弘略墓与定兴窖藏出土元代宫廷酒器——兼论浮梁磁局创烧元青花之年代》，《文物》2018 年第 12 期。

9　图 1 的里心、侧面图采自首都博物馆编：《大元三都》，科学出版社，2016 年，第 59 页；底足图采自注释 6。

10　林梅村：《张弘略墓与定兴窖藏出土元代宫廷酒器——兼论浮梁磁局创烧元青花之年代》，《文物》2018 年第 12 期。

11　李铧：《洪武民窑青花圆器的研究》，《明代民窑青花》，河北人民出版社，2000 年。

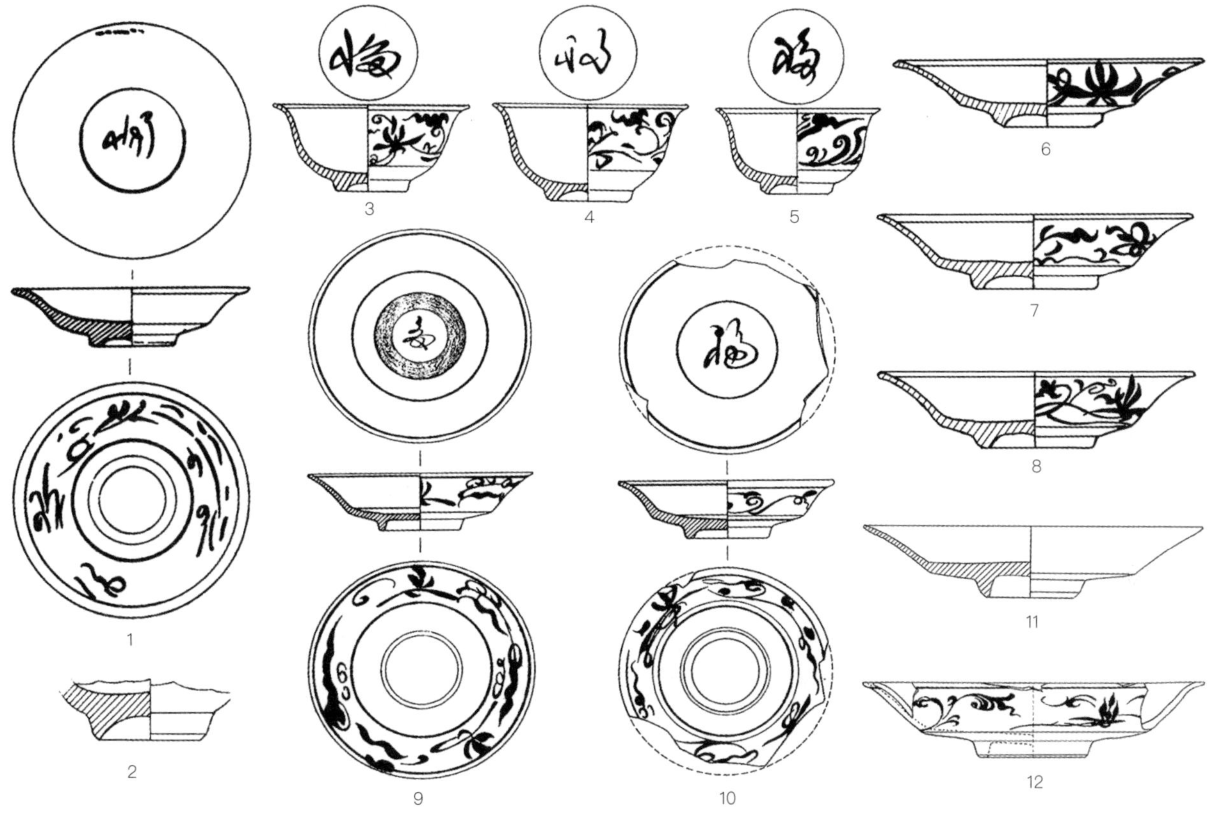

图 2　明初碗、折腹盘
1. 青花折腹盘（张弘略墓出土）　2. 圆涡形足碗标本（南京明故宫玉带河出土）　3-5. 青花碗（桂林出土）　6-8. 青花折腹盘（桂林出土）
9、10. 青花折腹盘（成都下东大街出土）　11. 龙泉青釉折腹盘　12. 青花折腹盘（11、12. 景德镇丽阳瓷器山明代窑址出土）

釉折腹盘的底足，除有圆涡状底足外，也有的为圈足〔图 3：1、图 3：2〕[12]。李铧先生调查发现，圆涡形底足在元代晚期景德镇窑瓷器上已开始出现，部分枢府釉和青花碗、盘的圈足内壁挖成斜坡状，底足中心有挖足时留下的鸡心状突起。明初景德镇窑碗、盘类器物继承了这种挖足特征。在桂林基建工地出土的洪武时期的青花碗、盘中，有不少器物为圆涡状底足，有的底足中心仍有鸡心状突起，而有的底足中心已无鸡心状突起[13]。其中有部分青花折腹盘，不仅造型、底足与张弘略墓出土的青花折腹盘相似，而且外壁的缠枝莲纹也较相似〔图 2：6-图 2：8〕。

2008 年发掘的成都下东大街遗址，明代早期遗存主要为第⑤层堆积和两个灰坑，出土遗物的年代大约相当于明初洪武至宣德时期，下限可能至正统、景泰、天顺三朝[14]。出土遗物中，有部分青花和青白瓷碗、折腹盘的底足为圆涡状底，折腹盘的造型与张弘略墓出土的青花折腹基本相同。有几件青花折腹盘，内壁口沿绘一圈弦纹，盘心绘单圈（有的还

12　南京博物院：《南京明故宫出土洪武时期瓷器》，《文物》1976 年第 8 期。彩色图片见南京博物院、香港中文大学文物馆：《朱明遗萃》，香港中文大学出版社，1996 年，第 44、45 页。

13　李铧：《洪武民窑青花圆器的研究》，《明代民窑青花》，河北人民出版社，2000 年。

14　成都文物考古研究所：《成都下东大街遗址明代早期遗存发掘简报》，《文物》2011 年第 7 期。

刮釉一圈形成涩圈），单圈内写草书“福”字。外壁口沿和下腹接近折腹处各绘一圈弦纹，两道弦纹之间绘缠枝莲纹，纹饰形状及风格与张弘略墓出土的青花折腹盘上的缠枝莲纹基本相同〔图2：9、图2：10〕。

折腹盘，又称折腰盘，是北宋至明代早期比较流行的一种瓷器造型。折腹盘在河北曲阳涧磁村定窑、河北邯郸临水窑、河南汝州张公巷窑、河南宝丰清凉寺汝窑、江西景德镇窑等宋金元时期的窑址中都有发现。明初的折腹盘在景德镇窑址中也有发现。1980年景德镇陶瓷馆在调查瑶里窑址群时，在多处地点发现涩圈叠烧的青白釉折腹盘、撇口深腹碗墩式碗等遗物叠压在元代芒口影青瓷遗物堆积层上，其中以栗树湾窑址的地层堆积尤为明显。黄云鹏先生认为，叠压在元代堆积层上的青白釉折腹盘、墩式碗等遗物应是洪武前期的产品[15]。2005年发掘的景德镇丽阳瓷器山明代窑址，发掘者推测其烧造年代为明代早期（宣德至天顺）[16]，但是从出土器物的特征来看，年代上限应该可以到洪武晚期。出土遗物中的青花和仿龙泉青釉折腹盘的底足为圆涡状底，器物造型与张弘略墓出土的青花折腹盘相似〔图2：11、图2：12〕。标本T4④:4的里心绘单圈，单圈内写草书“福”字，外壁口沿和折腹处各绘弦纹一道，在两道弦纹间绘缠枝莲纹，纹饰风格与张弘略墓出土的折腹盘相似〔图3：4、图2：12〕。2005年在北京东城区内务部街曾出土一件青花折腹盘标本，底足为圆涡状底，底足中心有鸡心状突起，外壁绘花草纹，盘心写有“宣德明年”四字款〔图3：3〕[17]。宣德明年，即宣德二年（1427年）。这件青花折腹盘标本的发现，说明明初流行折腹盘的年代至少可以晚至宣德时期。

通过与南京明故宫玉带河、桂林基建工地、成都下东大街等遗址以及景德镇窑址出土的明代早期遗物进行对比，我们可以确定张弘略墓出土的青花折腹盘的年代与墓志纪年不相符合。它不是元代器物，而是明初的产品，它的造型、底足、纹饰、青料及里心的草书“福”字等特征，均与明代洪武时期民窑青花瓷的特点相符，应是洪武时期的器物。

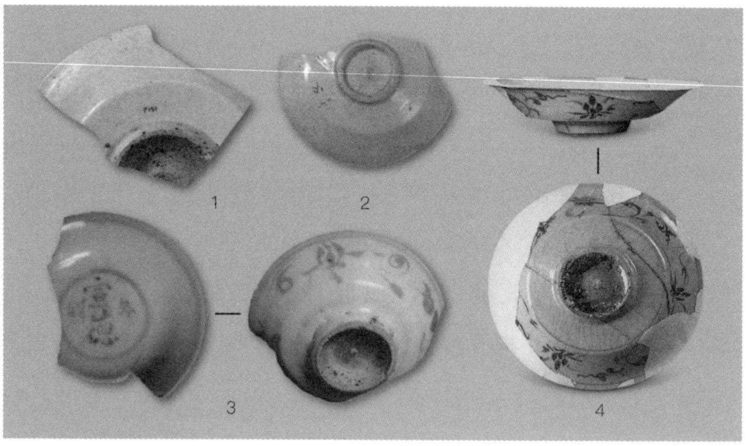

图3　明早期折腹盘
1、2. 青白釉折腹盘（南京明故宫玉带河出土）3. 青花折腹盘（北京东城区内务部街出土）
4. 青花折腹盘（景德镇丽阳瓷器山明代窑址出土）

15　黄云鹏：《明代民间青花瓷的断代》，《景德镇陶瓷》1986年第3期。

16　故宫博物院、江西省文物考古研究所、景德镇市陶瓷考古研究所：《江西景德镇丽阳瓷器山明代窑址发掘简报》，《文物》2007年第3期。

17　曲永建：《北京出土瓷片断代与鉴赏》，文物出版社，2011年。原书标注为“宣德年明款折腰盘”，款识的正确读法应是“宣德明年”。

从随葬品的出土情况来看，张弘略墓在早期已遭到严重破坏，墓中出土的青花折腹盘，不是原墓的随葬品，而是在墓葬遭到破坏时混入墓中的晚期遗物。从出土青花盘的时代特征来看，张弘略墓遭到破坏的时间可能是在明初。

三、元代青花瓷器出现的时间

目前已发现的元代纪年青花瓷器数量不多，其中年代较早者有2007年景德镇浮梁县旧城遗址出土的"元统三年"（1335年）铭碗形器[18]、浙江杭州后至元丙子年（1336年）墓出土的3件观音塑像[19]、江西丰城出土的写有"至元戊寅"（1338年）铭的1件青花釉里红堆塑四灵塔式盖罐和1件堆塑人物楼阁式谷仓[20]、西安曲江后至元五年（1339年）张达夫墓出土的1件青花人物纹匜[21]等。

在这些纪年器物中，杭州至元丙子年墓出土的3件观音像，在观音和侍者的头发、衣领、披肩、袖口及托盘中的供品等部位描绘褐彩，有局部纹饰呈深蓝色；江西丰城出土的青花釉里红堆塑四灵塔式盖罐和堆塑人物楼阁式谷仓，器身题款、对联、墓志铭等文字的颜色呈深褐、蓝灰色。从青料呈色和装饰方法来看，它们并不是成熟的青花瓷器。元统三年铭碗形器的外壁用青料画横框，框内自右向左竖行书写"元统三年乙亥端阳置装香几□置用"，文字书写较潦草，倒数第3字不易识别。青花颜色蓝中泛灰，所用青料应是国产青料。西安张达夫墓出土的青花人物纹匜，外壁绘莲瓣纹，内壁绘卷草、人物、树、石、梅、鹤等纹饰。青花色泽蓝翠艳丽，所用青料应是进口青料〔图4〕。这两件青花瓷器，从青花呈色来看已属于成熟的青花瓷器。

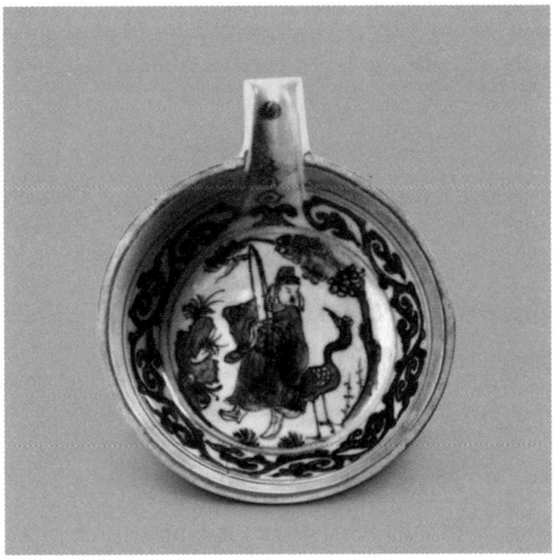

图4　西安张达夫墓出土的元青花人物纹匜

2009年在景德镇红卫影院发现了早期元青花的地层堆积，在第⑥层出土的残片共复原15件青花高足碗。这些高足碗外壁多绘缠枝莲纹，内壁纹饰有缠枝花纹、莲池纹、莲池芦雁纹等。纹饰均为线描，与"至正型"元青花的画法有较大区别〔图5〕。青花呈色总体较浅淡，笔触聚集处较浓艳，经测试所用青料为西亚进口

18　詹云青：《对一件元统三年青花供碗的认识》，《中国古陶瓷研究》第十五辑，紫禁城出版社，2009年；黄云鹏：《黄窑说瓷》，江西美术出版社，2011年，第23页。

19　沈芯屿：《关于杭州出土元青花观音像年代的两点考证》，《中国古陶瓷研究》第四辑，紫禁城出版社，1997年。

20　杨后礼、万良田：《江西丰城县发现元代纪年青花釉里红瓷器》，《文物》1981年第11期。

21　西安市文物保护考古研究院：《西安曲江元代张达夫及其夫人墓发掘简报》，《文物》2013年第8期。

料。由于在第⑤层出土的元代青白釉印花高足杯，与西安后至元三年（1337年）刘逵墓[22]出土的青白釉印花高足杯在造型、胎、釉、纹饰及制作工艺方面相同，调查者推测这批早期元青花瓷器的年代下限不晚于1337年，上限不早于1323年（韩国新安沉船的年代）[23]。

图5　景德镇红卫影院第⑥层出土的元青花高足碗

1975年发现的韩国新安海底沉船，在1976—1984年经过11次发掘，共出水陶瓷器2万余件，包括浙江、江西、福建、广东等地区的产品，其中数量最多的是浙江龙泉窑青瓷、景德镇青白瓷和枢府瓷，此外还有10多件景德镇窑烧制的釉下黑彩盘、盏，但未发现青花产品。在沉船中发现8块写有“至治三年”墨书的木牌，可知该船的沉没时间是1323年[24]。新安沉船出水的釉下黑彩瓷，纹饰有花卉、人物及犀牛、鹿、兔等，纹饰呈黑色、黑褐色，彩料中的呈色元素为铁。湖北黄梅县延祐六年纪年墓中出土的两件牡丹纹塔式盖瓶，也属于这类釉下黑彩（褐彩）产品。有学者曾经将牡丹纹塔式盖瓶上的纹饰与“至正型”元青花瓷器上的纹饰进行对比，发现两者的荷叶脉络纹、如意纹（云肩纹）、缠枝牡丹纹、莲瓣纹有相似之处，两者之间存在承继关系[25]。新安沉船出水的釉下黑彩瓷器上的牡丹纹、梅纹等纹饰与元青花瓷器上的同类纹饰也有一定相似性〔图6〕[26]。这类釉下黑彩瓷器的持续烧造时间极短，属于过渡性的产品，它的装饰效果与青花相比没有任何优势可言，当青花瓷器出现时，必然会被迅速取代。冯先铭先生曾指出：“元代景德镇在烧制青花、釉里红之前，还一度烧制过釉下黑彩装饰品。”[27]在新安沉船出水瓷器中未发现青花瓷产品，表明青花瓷与釉下黑彩瓷在烧造时间上没有共存关系，进而可以在一定程度上说明在该船沉没之年（1323年），景德镇窑尚未开始生产青花瓷器。

图6　韩国新安沉船出水的元代釉下黑彩梅纹盏

从目前已发现的纪年器和窑址地层堆积来看，在14世纪30年代景德镇窑已开始烧造青花瓷器。这一时期的青花产品，既有观音像、塔式盖罐、楼阁式谷仓等不成熟的作品，也有碗形器、人物纹匜、缠枝莲纹高足碗等相对成熟的作品。相较于高度成熟的“至正型”

22 孙武、杨军凯：《元代刘逵墓出土的几件瓷器》，《收藏界》2002年第1期。

23 黄薇、黄清华：《元青花瓷器早期类型的新发现——从实证角度论元青花瓷器的起源》，《文物》2012年第11期。

24 金英美：《新安沉船与海上丝绸之路》，《大元帆影——韩国新安沉船出水文物精华》，文物出版社，2012年。

25 吴水存：《“延祐器”与“至正型产品”纹饰对比初探》，《中国陶瓷》1984年第5期。

26 图6采自金英美：《新安沉船与海上丝绸之路》，《大元帆影——韩国新安沉船出水文物精华》，文物出版社，2012年，第11页。

27 冯先铭：《南朝鲜新安沉船及瓷器问题探讨》，《故宫博物院院刊》1985年第3期。

元青花而言，这些早期元青花瓷器具有青花呈色不稳定，纹饰较简单，绘画技法不够熟练等特点。近年有学者从文献考证的角度认为，1964 年河北保定窖藏出土的瓷器是元仁宗在皇庆元年（1312 年）和延祐六年（1319 年）赏赐给元代重臣张珪的宫廷酒器，进而认为景德镇浮梁磁局在元仁宗时期（1312—1320 年）已经成功烧造出青花和釉里红瓷器[28]。从实物特征来看，保定窖藏出土的青花海水龙纹八棱梅瓶、青花釉里红镂雕花卉纹罐、青花玉壶春瓶、青花执壶等器物，工艺水平极高，属于高度成熟的青花瓷器，显然与目前已发现的早期元青花瓷的特点不符合。因此，将元青花出现的时间提前到元仁宗时期的观点，是缺乏实物依据的。

综上所述，我们认为元代景德镇窑开始烧制青花瓷器的时间段，应在 1323—1335 年之间。

四、结语

综合以上分析，我们可以得出以下两点结论。

第一，张弘略墓出土的青花折腹盘的年代与墓志纪年不相符合，从器物特征来看，应是明初洪武时期的产品。这件青花盘并非张弘略原墓的随葬品，因此将其作为纪年实物依据，把元青花瓷器的烧造时提前到 13 世纪末元世祖至元二十九年（1292 年）或元成宗元贞元年（1295 年）的观点，是缺乏充足依据的。

第二，综合目前已发现的纪年器、海底沉船出水瓷器和窑址地层堆积等资料，元代景德镇窑创烧青花瓷器的时间应在 1323—1335 年之间。

28 林梅村：《元朝重臣张珪与保定出土元代宫廷酒器》，《故宫博物院院刊》2009 年第 3 期。

试析南京宋晟家族墓出土瓷器

葛彦（复旦大学文物与博物馆学系，上海市文物保护研究中心）

摘要：宋晟家族墓系迄今发现最为重要的明早期家族墓之一，出土瓷器极为丰富，多为明代景德镇与龙泉民窑瓷器。该家族墓中以宋晟与其侧室叶氏合葬墓随葬瓷器最多，此批器物在性质上应属朝廷赏赐锡明器之替代品，同时也是墓葬主持者宋琥无视当时礼制，以随葬瓷器多寡及精美程度反映不同墓主人身份地位差别的体现。而宋晟家族墓出土的两件明代以前瓷器与三件明代御窑瓷器当均为皇帝赏赐品，亦是墓主人生前权势的象征。

关键词：南京宋晟家族墓　瓷器　景德镇窑　龙泉窑

宋晟，字景暘，安徽凤阳定远人。其于年少时即与父宋朝用、兄宋国兴一同追随朱元璋起兵抗元，历任建宁、江西、大同、陕西四都司都指挥使，后四镇凉州，前后二十余年，威信著绝域。永乐三年，其以征西功封西宁侯。宋晟共有妻妾三人，分别为正室丁氏与侧室叶氏、许氏。丁氏生有一子宋瑜，叶氏生有二子宋琥与宋玘，许氏生有三子宋瑄、宋瑛与宋瑾。其中宋琥与宋瑛分别在永乐初年尚安成与咸宁两位公主，时号"宋氏大小驸马"。永乐五年，宋晟卒，西宁侯爵位由宋琥继承，不过其于洪熙元年"因罪削爵"，仁宗遂命宋瑛袭西宁侯。宣德十年，宋琥子宋铉在其母安成公主的奏请下任南京锦衣卫指挥佥事。而西宁侯之爵位则一直在宋瑛一脉中承袭。

中华人民共和国成立以来，考古人员于南京先后发现多座宋晟家族墓，包括宋朝用与陈氏合葬墓、宋晟与叶氏合葬墓、丁氏与许氏合葬墓、妹妹宋氏墓[1]、宋琥与安成公主合葬墓、宋瑛与咸宁公主合葬墓及宋铉与唐氏合葬墓。此外，北京海淀清华大学北门外尚出土有一方首题为"旌表平羌将军西宁侯宋公贰室孺人贞烈墓志铭"的墓志[2]。宋晟家族墓自发现以

1　宋晟妹妹邓济夫人宋氏墓位于南京小行，该墓仅出土墓志一方，具体情况不详，故不在本文讨论之列，参见龚巨平：《南京明代西宁侯宋晟家族墓及相关问题》，《学耕文获集——南京市博物馆论文选》，江苏人民出版社，2008年，第202—211页。而其墓志详情则可参见《明故（邓济）夫人宋氏墓志》，《新中国出土墓志 江苏（二）南京（下）》，文物出版社，2014年，第78、79页。

2　该墓志的出土详情迄今未公布，故亦不在本文讨论之列，参见孔繁云：《市文物局资料信息中心藏北京地区出土墓志拓片目录（三）》，《北京文博》1996年第3期。

来便颇受学界注意，吴大林与龚巨平两位先生曾先后专文探讨宋晟家族之家族史及家族墓葬制等问题[3]，金蕙涵女士在对明代江南地区侧室合葬墓的讨论中亦曾提及宋晟家族墓之独特葬制[4]。至于宋晟家族墓出土为数众多、类型丰富的瓷器，则迄今缺乏全面且深入的研究，以往学者或仅关注其中的个别器物[5]，或是在相关研究中对此略有所涉及[6]。故笔者不揣浅陋，拟在前辈学者基础上，对该家族墓出土瓷器进行全面整理分析，并与同时期墓葬流行使用的随葬品比较异同，试析瓷器于宋晟家族墓中的独特作用。

一、宋晟家族墓出土各类随葬品的概况

如前所述，目前发现的南京宋晟家族墓已达7座，除情况迄今不明的宋晟妹妹墓以外，其余六座均为双人合葬墓，各自墓室均独立，随葬品归属易于区分。故笔者拟分别罗列单个墓主于其墓葬中所享用的各窑口瓷器与其他随葬品如下[7]（表1）。

表1　宋晟家族墓出土各类随葬品一览表

年代	墓主	身份	墓葬保存状况	景德镇窑瓷器	龙泉窑瓷器	磁州窑系瓷器	其他随葬品
洪武十八年	宋朝用	天宁翼元帅	完整				陶缸1、韩瓶1、铜镜1、银盒1、银冥钱4、金冠1
	陈氏	宋朝用正室	完整		青釉莲瓣纹碗1		银盒1、金耳饰1（对）、金钗2、金簪4、金发饰1、铜镜1
永乐五年	宋晟	后军都督府左都督、西宁侯	完整	白釉碗24、白釉高足杯6、白釉梨形壶4、白釉玉壶春瓶4、白釉兽耳衔环瓶2、白釉盘58	青釉碗12、青釉暗刻花卉纹香炉1、青釉盘58		陶缸1、韩瓶1、铜锣1、铜灶1、铜香炉1、铜盆1、铜钩1、铁镜1、铁鉴2、银提梁罐2、银温器2、银钩2、银锭1、玉佩和带饰35（片）、金冥钱1、金饰7

3　吴大林、尹碧兰：《明西宁侯家族研究（附：明西宁侯年表）》，溧水县博物馆，1998年；龚巨平：《南京明代西宁侯宋晟家族墓及相关问题》，《学耕文获集——南京市博物馆论文选》，江苏人民出版社，2008年，第202—211页。

4　金蕙涵：《情与德：论明代江南地区的侧室合葬墓》，《"国立"政治大学历史学报》2012年第1期。

5　宋伯胤：《"笑题松竹梅花"——对一件景德镇窑"釉里红瓷瓶"的正名和鉴赏》，《景德镇陶瓷》1991年第1期；J.M.Addis. Chinese Ceramics from Datable Tombs. 1978, pp.86–128.

6　南京市博物馆：《南京明代纪年墓瓷器研究》，南京市博物馆，2006年；夏寒：《明代江南地区墓葬研究》，南京大学博士学位论文，2006年；霍华：《南京地区明代功臣贵族墓出土洪武瓷刍论——兼论出土的其它瓷器》，《东南文化》2011年第1期；夏寒：《试论江南明墓出土之模型明器》，《江汉考古》2012年第2期。

7　南京市文物保管委员会：《南京中华门外明墓清理简报》，《考古》1962年第9期；南京市博物馆：《南京明代纪年墓瓷器研究》，南京市博物馆，2006年，第8—17页；沈彭年：《东善桥娘娘坟发现宣德瓷瓶》，《文物参考资料》1957年第10期；王志敏：《介绍南京博物院举办新收文物展览会中几件珍贵古瓷》，《文物参考资料》1957年第11期；宋伯胤：《"笑题松竹梅花"——对一件景德镇窑"釉里红瓷瓶"的正名和鉴赏》，《景德镇陶瓷》1991年第1期；南京市博物馆：《南京南郊明墓清理简报》，《南方文物》1997年第1期；李徙：《乌山驸马墓》，《南京史志》1986年第6期。

（续表）

年代	墓主	身份	墓葬保存状况	景德镇窑瓷器	龙泉窑瓷器	磁州窑系瓷器	其他随葬品
永乐十六年	叶氏	宋晟侧室	完整	青花莲池鸳鸯图大碗1、白釉模印缠枝花卉纹碗9、白釉模印缠枝花卉纹盘15、白釉兽耳衔环瓶2、白釉执壶1、白釉暗刻折枝牡丹纹梨形壶1、白釉模印缠枝花卉纹高足杯2、白釉弦纹香炉1、白釉盖罐1	青釉盘4、青釉模印开光缠枝牡丹纹执壶2、青釉盖罐5、青釉玉壶春瓶2、青釉执壶2		铜镜1、铜饰件1、金耳饰1（对）、金簪2
永乐十九年	许氏	宋晟侧室	完整	白釉碗1	青釉碗1、青釉模印折枝花卉纹碗1	白地黑彩折枝牡丹纹盖罐1	陶缸1、金簪2、金耳饰1（对）、金牌1、金圈1、水晶牌1
永乐二十二年	丁氏	宋晟正室	完整	白釉碗2		酱釉双系罐1	陶缸1
正统八年	宋琥、安成公主[8]	驸马都尉、西宁侯及大长公主	被盗	釉里红岁寒三友图梅瓶1（出自安成公主墓）			铜杖头1、铜筷1（双）、铜镜1、铜火盒、铜香炉、锡烛台、锡香炉、锡香筒、锡罐、锡瓶、锡壶、锡钵、锡盒、锡盘、锡碟若干
景泰五年	宋瑛	驸马都尉、西宁侯	完整				玉带饰1（13片）
正统五年	咸宁公主	宋瑛正室、大长公主	完整	白釉碗2			金戒指2
	宋铉[9]	南京锦衣卫指挥佥事	被破坏	青花缠枝莲纹碟1、白釉碗1			
正统十三年	唐氏	宋铉正室	完整	白釉模印云龙纹碗1、釉里红岁寒三友图梅瓶1			陶缸1、石座1、铁剑1、锡灶、锡碗、锡盒、锡盆、锡盘、锡杯、锡炉、锡壶、锡烛台、锡瓶共37件

二、宋晟家族墓出土瓷器的性质与时代

1. 明代景德镇御窑瓷器

宋晟家族墓出土的景德镇御窑瓷器多达三件，分别为唐氏墓出土的白釉模印云龙纹碗〔图1〕、釉里红岁寒三友图梅瓶〔图2〕与安成公主墓出土的釉里红岁寒三友图梅瓶〔图3〕。景德镇御窑厂遗址中华路

图1　正统十三年唐氏墓出土洪武景德镇御窑白釉模印云龙纹碗

8　宋琥与安成公主合葬墓于1957年曾经当地农民盗挖，随葬品系追缴得来，除釉里红岁寒三友图梅瓶明确出自安成公主墓以外，其余器物究竟系出自宋琥墓抑或安成公主墓已然不得而知，故笔者在此不对这批随葬品之具体归属作出区分。

9　简报推测宋铉卒年应晚于唐氏，参见南京市博物馆：《南京南郊明墓清理简报》，《南方文物》1997年第1期。

图 2　正统十三年唐氏墓出土洪武至永乐景德镇御窑釉里红岁寒三友图梅瓶

图 3　正统八年安成公主墓出土洪武至永乐景德镇御窑釉里红岁寒三友图梅瓶

西侧洪武时期地层曾出土过一件与前者极为近似的红釉模印云龙纹碗[10]，而该遗址珠山南麓元末明初地层则出土过个别与两件梅瓶风格相近的釉里红瓷片[11]。此外，南京明故宫玉带河遗址明早期地段出土有一外青花云龙纹内白釉模印云龙纹瓷片及与两件釉里红梅瓶风格相类似的釉里红瓷片[12]，而北京四中遗址亦出土有大量近似的釉里红瓷片[13]，其中前者被推断为南京明皇宫内光禄寺之所在，后者被认为是明代西什库之旧址[14]。以上种种均说明三件器物系景德镇御器厂烧造的御用瓷器。

至于三件器物之时代，一般都被定为洪武。不过，景德镇御窑厂遗址东司岭宣德与正统至天顺时期地层之间的填土内曾出土过两片分别书"永乐四年……公庙供养"铭与"永乐元……供养"铭的釉里红盘口残片[15]，亦与两件梅瓶风格相似，说明此类梅瓶之时代下限应在永乐早期[16]。

2. 明代景德镇民窑瓷器

宋晟家族墓出土的明代景德镇民窑瓷器为数众多，凡一百三十七件，占出土瓷器总数的59.1%，其中白釉瓷器多达一百三十六件，青花瓷器仅一件。诸白釉瓷器尤以碗、盘等圆器居多，瓶、罐、壶等琢器相对鲜少，装饰技法则是以素面为主，模印次之，暗刻最为少见。诸白釉及青花瓷器在质量上与同时期景德镇御窑瓷器差别明显，虽然个别器物呈现出模仿同时期御窑瓷器风格的倾向，但仍存区别。并且，上述器物在各方面特征上均与落马桥窑址的产品近似，亦说明其当为民窑瓷器。

近年来，景德镇落马桥窑址出土了一大批明早期民窑瓷器[17]，其中洪武至宣德时期地层出土的白釉模印缠枝花卉纹碗、盘均与叶氏

10《景德镇出土明初官窑瓷器》，鸿禧艺术文教基金会，1994年，第96、97页。

11 景德镇市陶瓷考古研究所等：《江西景德镇明清御窑厂遗址2014年发掘简报》，《文物》2017年第8期。

12 南京博物院、香港中文大学文物馆：《朱明遗萃》，香港中文大学出版社，1996年，第42、43页。

13 陈华莎：《明西十库遗址与洪武瓷器》，《收藏家》1996年第6期；韩鸿业：《北京四中出土的元末明初瓷器》，《文物天地》2011年第4期。

14 王光尧：《明代宫廷陶瓷史》，紫禁城出版社，2010年，第34、45页。

15《景德镇出土明初官窑瓷器》，鸿禧艺术文教基金会，1996年，第362、363页。

16 吉笃学先生近来亦对此类釉里红瓷器之烧造时间提出怀疑，参见吉笃学：《景德镇明"洪武"瓷器的思考与分析》，《中原文物》2021年第2期。

17 景德镇市陶瓷考古研究所等：《江西景德镇落马桥红光瓷厂窑址明清遗存发掘简报》，《文物》2020年第11期；秦大树等：《落马桥窑址明清遗存发掘的收获及相关问题》，《文物》2020年第11期；高宪平、李晞：《明代早期景德镇民窑生产的区域性与阶段性》，《南方文物》2020年第5期。

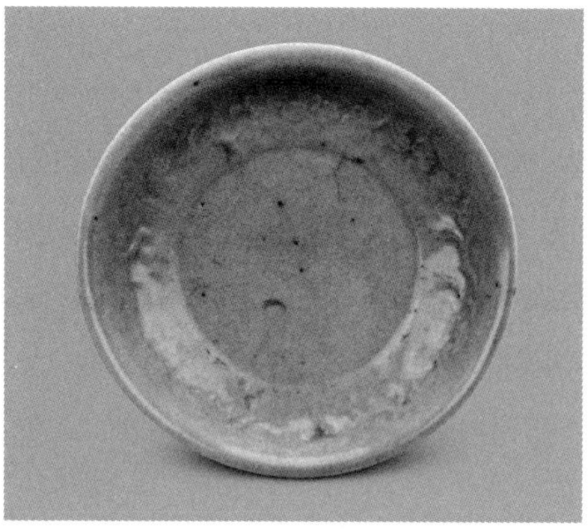

图 4　永乐十六年叶氏墓出土洪武至永乐景德镇民窑白釉模印缠枝花卉纹盘

图 5　永乐五年宋晟墓出土洪武至永乐景德镇民窑白釉碗

墓出土者〔图 4〕相似，白釉碗、盘又与宋晟墓出土者〔图 5〕类同，故可知宋晟与叶氏墓，乃至许氏与丁氏墓出土的景德镇窑白釉瓷器当均为洪武至永乐年间产品。而宋铉墓出土青花缠枝莲纹碟据描述看来亦非御窑瓷器，而落马桥窑址的发掘情况则表明民窑青花瓷器的规模化烧造始于正统年间，故该器之烧造时代当不早于正统，同墓出土白釉碗之时代应与之接近[18]。

3. 明代龙泉民窑瓷器

宋晟家族墓出土的明代龙泉民窑瓷器在数量上仅次于明代景德镇民窑瓷器，凡八十八件，占出土瓷器总数的 37.9%，器型上亦以碗、盘等圆器为主，瓶、罐、壶等琢器相对鲜少，装饰技法有素面、模印与暗刻三种，其中以模印者居多。诸青釉瓷器之器形多不规整，模印纹饰普遍不甚清晰，与同时期龙泉御窑瓷器之质量相去甚远，即便是如叶氏墓出土的玉壶春瓶〔图 6〕与暗刻折枝菊花纹盘〔图 7〕等制作相对精致的器物，亦明显与御窑瓷器不同，而与大窑枫洞岩窑址出土的诸民窑瓷器相似，尤其是该窑址洪武至宣德时期地层出土的碗、盘、香炉、执壶与盖罐更是与宋晟及叶氏墓出土器别无二致[19]。是故，宋晟、叶氏及许氏墓出土的诸青釉瓷器当均为洪武至永乐年间的龙泉民窑产品。

4. 明代磁州窑系瓷器

宋晟家族墓出土的磁州窑系瓷器鲜少，仅许氏墓出土的白地

图 6　永乐十六年叶氏墓出土洪武至永乐龙泉民窑青釉玉壶春瓶

图 7　永乐十六年叶氏墓出土洪武至永乐龙泉民窑青釉暗刻折枝花卉纹盘

18　至于咸宁公主墓出土白釉碗之时代与性质，由于笔者迄今未见图片，故难以判断，但据以往学者之描述推断，当亦是正统前后的景德镇民窑瓷器。

19　浙江省文物考古研究所等编：《龙泉大窑枫洞岩窑址》，文物出版社，2015 年，第 548、549 页。

图 8　永乐十九年许氏墓出土明早期磁州窑系白地黑彩折枝花卉纹盖罐

图 9　陈氏墓出土南宋晚期至元代早期龙泉窑青釉莲瓣纹碗

图 10　永乐十六年叶氏墓出土元代景德镇窑青花莲池鸳鸯图大碗

黑彩折枝牡丹纹盖罐〔图 8〕与丁氏墓出土的酱釉双系罐，两器在制作上相对粗率，属典型的民用瓷器。由于各地明代磁州窑系窑址多未经正式发掘，故两器之产地无法精确判断，但其均产自北方应是毋庸置疑的[20]。其中许氏墓出土器在纹饰上与河南禹州地区窑址出土的一件明代白地黑彩盖罐有着相似之处[21]，而丁氏墓出土器在器形上则与菲尔德博物馆收藏的一件"洪武二十六年"铭黑釉剔花缠枝花卉纹双耳罐相近[22]，故可知两器时代均为洪武至永乐时期。

5. 明代以前瓷器

宋晟家族墓出土的明代以前瓷器共两件，分别为陈氏墓出土的龙泉窑青釉莲瓣纹碗〔图 9〕及叶氏墓出土的青花莲池鸳鸯图大碗〔图 10〕。龙泉大窑枫洞岩窑址南宋晚期至元代早期地层出土有与陈氏墓出土器近似者[23]，而景德镇落马桥窑址元代晚期地层则出土有与叶氏墓出土器极为近似的青花莲池图大碗[24]，由此推断两器之时代应分别为南宋晚期至元代早期与元代晚期。

三、宋晟家族墓出土瓷器的研究

1. 宋晟与叶氏墓出土明代民窑瓷器研究

诸南京明代纪年墓中以宋晟墓出土瓷器最多，凡一百六十九件，叶氏墓出土瓷器数量居第三，凡四十八件，仅略少于嘉靖十二年吴经墓。宋晟与叶氏墓出土为数众多瓷器之原因颇值探寻，以往学者或将其归结于宋晟对于瓷器的个人偏好[25]；或认为是成祖赏赐宋晟的随葬品[26]；或推测系同时期流行之锡明器的替代品[27]。宋

20　郭学雷先生亦持相近观点，参见郭学雷：《明代磁州窑瓷器》，文物出版社，2005 年，第 38 页。

21　河南省文物考古研究所：《禹州钧台窑》，大象出版社，2008 年，彩版一〇九。

22　关于菲尔德博物馆收藏黑釉剔花缠枝花卉纹双耳罐之时代有洪武二十六年与洪武三十年两说，其中前者出自菲尔德博物馆网站，后者出自 Yutaka Mino. Freedom of Clay and Brush through Seven Centuries in Northern China: Tz`u-chou Type Wares. 960–1600 A.D., 1981, p.248. 笔者暂从前者说。

23　浙江省文物考古研究所等编：《龙泉大窑枫洞岩窑址》，文物出版社，2015 年，第 548 页。

24　景德镇市陶瓷考古研究所等：《江西景德镇落马桥窑址宋元遗存发掘简报》，《文物》2017 年第 5 期。

25　霍华：《南京地区明代功臣贵族墓出土洪武瓷刍论——兼论出土的其它瓷器》，《东南文化》2011 年第 1 期。

26　南京市博物馆：《南京明代纪年墓瓷器研究》，南京市博物馆，2006 年，第 82、83 页。

27　夏寒：《试论江南明墓出土之模型明器》，《江汉考古》2012 年第 2 期。

图 11a　永乐五年宋晟墓出土洪武至永乐景德镇民窑白釉梨形壶

图 11b　永乐十六年叶氏墓出土洪武至永乐景德镇民窑白釉暗刻折枝牡丹纹梨形壶

图 11c　景德镇御窑厂遗址出土永乐景德镇御窑白釉梨形壶

晟及其妻妾中以丁氏之卒年最晚，其墓志载“丧事皆琥主之”[28]。宋晟去世后，西宁侯之爵位由宋琥继承，其当是宋晟之后宋氏一族的家主。故笔者推测卒于丁氏之前的宋晟、叶氏及许氏，其墓葬中摆放的随葬品当亦是由宋琥主持配置[29]，而与墓主人自身的意志无甚关联。其次，前文已述，除青花莲池鸳鸯图大碗以外，宋晟与叶氏墓出土的所有瓷器均为明早期民窑产品，并非皇帝通常用于赏赐的明代以前瓷器与明代御窑瓷器。即便考古资料已然表明明代宫廷亦有使用民窑瓷器[30]，但宋晟及叶氏墓均出土有一类白釉梨形壶〔图 11a, 图 11b〕，形制上与同时期御窑瓷器〔图 11c〕极为近似[31]，仅仅是在质量上稍有差异[32]，而成祖赏赐臣下显然不可能使用此等高度模仿御窑瓷器风格的民窑瓷器。至于将此批瓷器视作锡明器替代品之观点，笔者颇为认同，不过如前所述，其并非来自成祖赏赐，而是由宋琥主持配置。

《明太祖实录》载：“（洪武十七年十二月乙未）凡器皿，公、侯酒注、酒盏用金，不许钑花，漆器金棱，不许用朱，一品、二品酒注、酒盏用金，余用银，俱不许钑花，漆器柿红、金漆、银棱，不许用朱，三品至五品酒注、酒盏俱用银，余用磁，漆器银棱，六品至九品酒注、酒盏用银，余用磁、漆，庶民所居堂舍，不过三间、五架，不许斗栱、彩色、雕饰，酒注用锡，酒盏用银，余用磁、漆。”[33]其又载：“（洪武二十四年六月己未）公、侯、伯至二品酒注、酒盏用金，余用银，三品至五品酒盏许用金，余用银，六品以下，酒器许用银，庶民酒注

---

28 故宫博物院等：《新中国出土墓志 江苏 2 南京 下》，文物出版社，2014 年，第 70 页。

29 吴大林与龚巨平先生对此亦持相近观点，参见吴大林、尹碧兰：《明西宁侯家族研究（附：明西宁侯年表）》，溧水县博物馆，1998 年，第 7 页；龚巨平：《南京明代西宁侯宋晟家族墓及相关问题》，《学耕文获集——南京市博物馆论文选》，江苏人民出版社，2008 年，第 202—211 页。

30 王光尧：《明代宫廷陶瓷史》，紫禁城出版社，2010 年，第 34、45 页。

31《景德镇出土明初官窑瓷器》，鸿禧艺术文教基金会，1994 年，第 274、275 页。

32 宋晟墓出土白釉梨形壶存在缩釉、盖钮歪斜、壶流过长且弯曲不甚流畅、壶柄与壶身连接处之如意云头装饰制作粗糙及器腹接胎痕过于明显等缺陷，而叶氏墓出土白釉暗刻折枝牡丹纹梨形壶则有着缩釉、盖钮歪斜、壶流弯曲不甚流畅、壶盖与壶身贴合不甚严密与壶柄与壶身连接处之如意云头装饰制作粗糙等弊病。

33《明实录·太祖实录》卷一六九，“中研院”历史语言研究所，1962 年，第 2573、2574 页。

用锡，酒盏用银，余用磁。”[34] 以上文献显示出明初政府对于社会各阶层所用器皿之材质有着明确规定，其中锡器系庶民可使用的第二高档的材质，而瓷器则可随意使用。不过，对于可使用金银器的西宁侯宋晟而言，此两种材质应无甚区别，均可任意使用。《大明会典》即言：“凡官民，服色、冠带、房舍、鞍马，贵贱各有等第，上可以兼下，下不可以僭上。”[35]

关于公、侯墓葬所用随葬品，《大明会典》亦有明确规定：“宝源局造，公、侯、伯、都督冥器内用小铜釜一面、小铜灶一个、小火箸一双、小铜火盆一个……军器局锡造水盆一、台盏一、杓一、壶瓶一、酒瓮一、唾盂一、水罐一、香炉一、香盒一、烛台一对、香匙箸连瓶一副、茶钟一、茶盏一、碗二、橐二、灯台盏一副、碟十二、油瓶一、匙箸连瓶一副。”[36]《大明集礼》则记载了开平王常遇春墓所随葬的明器：“国朝开平忠武王之葬，墓中所用器玩九十件，本色造者……灶一、釜一、火炉一；锡造金裹者，水灌一、甲一、头盔一、台盏一、杓一、壶瓶一、酒瓮一、唾壶一、水盆一、香炉一、烛台二、香合一、香匙一、香箸二、香匙箸瓶一、茶钟一、茶盏一、箸二、匙一、匙箸瓶一、碗二、碟十二、橐二。”[37] 两处记载中的食器数量大致相同，并与个别墓葬中的随葬品组合有着部分重合[38]，譬如保存完好的洪武十二年吴祯墓及正统四年沐晟与程氏夫妇合葬墓[39]。不过，同样保存完好的洪武二十二年俞通源墓中不见锡碟，却出土有十一件景德镇民窑白釉模印缠枝花卉纹盘[40]，与前揭文献记载中公、侯墓随葬的锡碟数量相近。俞通源于洪武三年受封南安侯，去世后朝廷理应赏赐其锡明器，而该墓不用锡碟，却选择白釉盘，应是俞通源墓之主持者故意为之，也反映出墓葬主持者具有一定的随葬品选择权。此批瓷盘之尺寸均略大于吴祯与沐晟墓出土锡碟，应属实用器，内壁又带有模印纹饰，无疑较锡碟更为美观，且锡器易朽，此当是该墓以瓷盘代替锡碟之主要原因。

而宋晟与叶氏墓出土的大量白釉与青釉碗、盘、高足杯、梨形壶、玉壶春瓶及香炉与前揭《大明会典》及《大明集礼》所列锡明器之器型有所重合[41]，故以上瓷器应亦属锡明器之替代品。此批器物普遍制作精细，譬如前揭梨形壶在各方面特征上即与同时期御窑瓷器近似而几不可辨。兽耳衔环瓶之兽耳在制作细节上亦较同时期御窑瓷器更为精致〔图 12〕[42]，

34《明实录·太祖实录》卷二百九，“中研院”历史语言研究所，1962 年，第 3117、3118 页。

35《(万历）大明会典》卷六二，江苏广陵古籍刻印社，1989 年，第 1078 页。

36《(万历）大明会典》卷二百三，江苏广陵古籍刻印社，1989 年，第 2734、2735 页。

37《大明集礼》卷三十七上，哈佛大学燕京图书馆藏明嘉靖九年本。

38 锡器由于其易朽的特性，出土时大多业已破损，故出土完整一套锡明器的明代墓葬十分少见。

39 南京市博物馆：《南京明代吴祯墓发掘简报》，《文物》1986 年第 9 期；南京市文物保管委员会：《南京江宁县明沐晟墓清理简报》，《考古》1960 年第 9 期。

40 南京市博物馆、雨花台区文化局：《江苏南京市戚家山明墓发掘简报》，《考古》1999 年第 10 期。

41 宋晟与叶氏墓中出土的尺寸较小的瓷碗或对应锡茶钟，较大者则无疑对应锡碗；瓷高足杯或对应系锡茶盏；瓷梨形壶或对应锡油瓶；瓷玉壶春瓶或对应锡壶瓶；瓷盘无疑对应锡碟；瓷香炉无疑对应锡香炉；瓷盖罐或对应系锡酒瓮或水罐。

42 黄兰茵：《适于心：明代永乐皇帝的瓷器》，台北故宫博物院，2017 年，第 45 页。

而其尺寸则是正统十年何氏墓出土锡兽耳衔环瓶的三至四倍高[43]，白釉与青釉玉壶春瓶亦是远大于同类锡明器。不过，两墓出土瓷器最为非同寻常之处则是在于白釉与青釉碗、盘之惊人数量，远超《大明会典》中“碗二、碟十二”之规定，而两墓出土玉壶春瓶、执壶与高足杯之数量亦超出限额。如此夸张的违限，显示出两座墓葬的主持者宋琥生活作风的奢靡以及对于当时法律的漠视，而《明史》即记载了其于洪熙元年因“坐不敬”之罪而被夺爵一事[44]。《罪惟录》载：“仁宗监国南京，常出猎，琥方袭职守备，从猎。兵部下千户误射一人死，监国谕勿奏，琥诺，而究以实闻。千户抵坐，监国蒙切责，致减膳，宫人往往多饿死。东宫妃至，假两公主耳环。咸宁与之，安成不与，至再请，亦却，东宫不悦。”[45]宋琥对于时为储君的仁宗尚且多有冒犯，故其无视当时礼制，安排身为侧室的生母叶氏与父宋晟合葬，而将正室丁氏与侧室许氏安葬于另一封土内，又将叶氏之墓室修建得远大于许氏与丁氏墓，并且三位夫人卒后在家停丧时间也相差甚远之做法便不难理解了[46]。而宋琥拔高生母叶氏地位的方式不止于葬制，其对于宋晟三位夫人随葬品的安排也明显有别。叶氏墓出土瓷器数量虽仅宋晟墓的三分之一，但仍远超许氏墓的四件与丁氏墓的两件，并且许氏与丁氏墓出土琢器均为磁州窑系粗瓷，与叶氏墓出土琢器在质量上相去甚远。此外，宋晟与叶氏两墓出土瓷器之差别亦颇值注意，虽然宋晟墓出土瓷器在数量与尺寸上均远甚叶氏墓出土器，但精致程度却有所不足，譬如宋晟墓出土梨形壶、碗与盘皆为素面，而叶氏墓出土梨形壶则暗刻有折枝牡丹纹，碗、盘、高足杯与执壶均模印或暗刻花卉纹。这恐怕是宋琥故意为之，系在不影响宋晟与叶氏尊卑关系之前提下，竭力提升生母地位的一种方式。

图 12a　永乐十六年叶氏墓出土洪武至永乐景德镇民窑白釉兽耳衔环瓶

图 12b　台北故宫博物院藏永乐景德镇御窑白釉兽耳瓶

2. 宋晟家族墓出土明代御窑瓷器与明代以前瓷器研究

如前所述，宋晟家族墓共出土三件明代御窑瓷器与两件明代以前瓷器，而在南京诸明

---

43 南京市博物馆：《明中山王徐达家族墓》，《文物》1993 年第 2 期。

44（清）张廷玉等：《明史》卷一五五，中华书局，1974 年，第 4247 页。

45（清）查继佐撰，倪志云等点校：《明书（罪惟录）》列传卷十六，齐鲁书社，2000 年，第 2435 页。

46 吴大林、尹碧兰：《明西宁侯家族研究（附：明西宁侯年表）》，溧水县博物馆，1998 年，第 7 页；龚巨平：《南京明代西宁侯宋晟家族墓及相关问题》，《学耕文获集——南京市博物馆论文选》，江苏人民出版社，2008 年，第 202—211 页。

代纪年墓中出土以上两类瓷器者不在少数，现罗列如下[47]（表2）。

表2　南京明代纪年墓出土明代御窑瓷器与明代以前瓷器一览表

年代	墓主	身份	墓葬保存状况	明代御窑瓷器	明代以前瓷器
洪武四年	汪兴祖	晋王武傅、山西行都督府佥事、东胜侯（追封）	完整		景德镇窑青花云龙纹高足杯1、老虎洞窑青釉花口盘11
洪武十二年	吴祯	大都督府佥事、靖海侯、海国公（追封）	完整		景德镇窑白釉梅瓶1
洪武二十一年	于氏	江淮行中书省事、虢国公（追封）俞通海之妻	完整		景德镇窑青花人物图梅瓶1
永乐二十二年	邢氏	右军都督府左都督、定边伯（追封）沐昂之妻	完整	景德镇窑白釉模印云龙纹碗1	
永乐八年	王氏	孝陵卫指挥使萧氏之妻	完整		景德镇窑青花缠枝牡丹纹梅瓶1
永乐十六年	叶氏	后军都督府左都督、西宁侯宋晟之妻	完整		景德镇窑青花莲池鸳鸯图大碗1
宣德六年	沐英、冯氏、耿氏[48]	同知大都督府事、西平侯、黔宁王（追封）沐英及其妻	被盗		景德镇窑青花萧何月下追韩信图梅瓶1
正统四年	沐晟、程氏[49]	征南将军、黔国公、黔宁王（追封）沐晟及其妻	完整		景德镇窑青花缠枝牡丹纹梅瓶1
正统八年	安成公主	大长公主	被盗	景德镇窑釉里红岁寒三友图梅瓶1	
正统十三年	唐氏	南京锦衣卫指挥佥事宋铉之妻	完整	景德镇窑白釉模印云龙纹碗1、景德镇窑釉里红岁寒三友图梅瓶1	
景泰元年	沐斌	征南将军、黔国公	被盗	景德镇窑白釉暗刻缠枝花卉纹梅瓶盖1	
天顺七年	怀忠	南京守备司礼监太监	完整	景德镇窑白釉青花“内府”铭梅瓶1	
	陈氏	天宁翼元帅宋朝用之妻	完整		龙泉窑青釉莲瓣纹碗1

安成公主与唐氏墓出土的三件明代御窑瓷器系直接得自皇帝赏赐，此毋庸置疑，而叶氏墓出土的青花莲池鸳鸯图大碗及陈氏墓出土的青釉莲瓣纹碗或亦是如此。《追封西宁侯

47 南京市博物馆：《南京明汪兴祖墓清理简报》，《考古》1972年第4期；南京市博物馆：《南京明代吴祯墓发掘简报》，《文物》1986年第9期；南京市博物馆等：《江苏南京市戚家山明墓发掘简报》，《考古》1999年第10期；南京市博物馆等：《南京将军山明代沐昂侧室邢氏墓及M21发掘简报》，《东南文化》2013年第2期；南京市博物馆：《南京南郊明墓清理简报》，《南方文物》1997年第1期；《南京博物院发掘明黔宁王沐英墓及中首山古墓》，《历史教学》1951年第1期；南京市文物保管委员会：《南京江宁县明沐晟墓清理简报》，《考古》1960年第9期；邵磊：《南京出土明初勋贵及其家族成员墓志考》，《文献》2010年第3期；南京市博物馆等：《南京将军山明代沐斌夫妇合葬墓发掘简报》，《东南文化》2013年第2期；南京市博物馆：《江苏南京发现明代太监怀忠墓》，《考古》1993年第7期。

48 沐英、冯氏、耿氏合葬墓于建国初期曾两度被盗，青花萧何月下追韩信图梅瓶系追缴得来，故该器究竟系出自何者之墓室中已然不得而知，笔者在此不对其具体归属作出区分。

49 顾苏宁先生指出沐晟与程氏合葬墓由于积水严重，该墓出土器物均一定程度上发生过位移，故青花缠枝牡丹纹梅瓶之原始位置已然不得而知，参见顾苏宁、戴路：《南京市博物馆藏元青花瓷器浅识》，《幽蓝神采：2012上海元青花国际学术研讨会论文集（第2辑）》，上海古籍出版社，2015年，第48—57页。

宋朝用墓碑》记载了宋晟父宋朝用在起兵抗元以前曾“隐约田里”，想必宋氏一族于元代经济实力有限，所以两器属宋晟先世家传物之可能甚小。王光尧先生曾根据一件明初景德镇御窑白釉铁彩“赏赐”铭梅瓶指出诸明墓出土元代景德镇窑青花瓷器均为皇帝赏赐品[50]，而叶氏墓出土器当即属此类。此外，该碑又载：“上命治□茔于京都聚宝门外雷家庄葬焉，给赐其家甚厚。”[51]笔者猜测陈氏墓出土器便极有可能系得自此次赏赐。当然，目前尚不可排除以上两器均为宋氏家族于元末明初购藏之可能。

陆鹏亮先生曾指出明早期贵族墓葬中出现频率甚高的梅瓶或只是一种朝廷赏赐用酒的容器，但随着明初皇权的加强，容器本身也象征着皇帝恩宠，故而臣下死后会将其用于随葬[52]。这同时也反映出皇帝赏赐瓷器于明初应是十分难得之举，即便是亲王，其拥有的明代以前瓷器与明代御窑瓷器也十分有限，譬如湖北钟祥明正统六年朱瞻堉与魏氏夫妇合葬墓虽出土有青花云龙纹高足杯与青花人物纹高足杯两件御窑瓷器，但四件青花缠枝花卉纹梅瓶却属典型的民窑仿官样风格瓷器[53]；成都蜀王府遗址出土的明代御窑瓷器也寥寥无几[54]。如此看来，宋晟家族墓出土三件明代御窑瓷器与两件明代以前瓷器，其中包括两件成对的釉里红岁寒三友图梅瓶着实难得。在诸南京明代纪年墓中，仅出土两件明代以前瓷器与两件明代御窑瓷器的沐英家族墓可与之媲美，其中邢氏墓出土白釉模印云龙纹碗与唐氏墓出土者别无二致，两器之赏赐时间或相去不远。不过，墓葬出土皇帝赏赐瓷器之数量也并非墓主人身份等级的绝对标准，徐达家族墓即不曾出土一件明代以前瓷器与明代御窑瓷器[55]。

此外，以往学者已经关注到梅瓶多出土于南京明代夫妻合葬墓的女室中这一奇特现象[56]，而宋晟家族墓中出土明代以前瓷器与明代御窑瓷器墓葬的墓主人均为女性则说明此一现象并不局限于梅瓶，而是包括皇帝赏赐的明代以前瓷器与明代御窑瓷器在内的大量高档瓷器一般均出土于夫妻合葬墓的女室中。宋晟家族墓中除安成公主之地位确实高于其夫宋琥以外，陈氏、叶氏及唐氏在身世上无甚特别之处，故这一现象显然与墓主人的身份地位无关，其原因作何仍待研究。

---

50 王光尧：《明代宫廷陶瓷史》，紫禁城出版社，2010年，第196、197页。

51 南京市文化广电新闻出版局：《南京历代碑刻集成》，上海书画出版社，2011年，第384页。

52 陆鹏亮：《“内府”款梅瓶探考》，《东南文化》2003年第3期。

53 湖北省文物考古研究所等：《梁庄王墓》，文物出版社，2007年，第72—85页。

54 成都文物考古研究院：《四川成都东华门明蜀王府宫城苑囿建筑群发掘简报》，《文物》2020年第3期。

55 南京市文物保管委员会：《明徐达五世孙徐俌夫妇墓》，《文物》1982年第2期；南京市博物馆：《明中山王徐达家族墓》，《文物》1993年第2期；南京市考古研究院：《南京林业大学明代徐达家族墓发掘简报》，《文物》2018年第5期；南京市考古研究院：《南京林业大学三座明代徐达家族墓发掘简报》，《文物》2020年第9期。

56 顾苏宁、戴路：《南京市博物馆藏元青花瓷器浅识》，《幽蓝神采：2012上海元青花国际学术研讨会论文集（第2辑）》，上海古籍出版社，2015年，第48—57页。

四、结论

宋晟家族墓出土瓷器极为丰富，类型亦多样，与寻常明代墓葬随葬瓷器颇为不同。其中宋晟、叶氏、许氏与丁氏墓的主持者宋琥曾因“坐不敬”之罪而被夺爵，想必其平日行事便多有逾越。其在营建宋晟夫妇墓的过程中便以景德镇与龙泉民窑烧造的精致瓷器替代朝廷赏赐的锡明器，数量上也远超禁限，并且其还以随葬瓷器的多寡与精美程度配合墓室的大小等葬制显示不同墓主人身份地位的差别。笔者推测其以民窑瓷器替代锡明器之原因主要在于民窑瓷器并非得自朝廷赏赐，故数量上不受限制，同时其精致程度与尺寸也远甚易朽且袖珍的锡明器。此外，随葬明代以前瓷器与明代御窑瓷器也是宋晟家族墓的显著特征，陈氏、叶氏、安成公主与唐氏四座女性墓共出土两件明代以前瓷器与三件明代御窑瓷器，或均为皇帝赏赐品，系反映墓主人身份地位的重要象征，不过以上瓷器皆出土于夫妻合葬墓的女室中之原因尚待探寻。

其实，上述宋晟家族墓在随葬瓷器方面的两项特征于南京诸明代纪年墓中均非个例。瓷器在明初社会并非一种高档器类，庶民亦可使用，此与使用严格受限的金银器有着本质不同，上层贵族可随意购买与使用。但恰恰是如此一种寻常的器物，在上层贵族强烈需求的影响下，也逐渐演化出与平民所用器物截然不同的类型，此批器物便成为了部分明初贵族于墓葬中彰显权势的媒介。而随着这一趋势的进一步发展，瓷器于明中晚期地位陡然提升，并最终跻身雅玩之列。

明代藩王府遗址出土“典膳所”款瓷器研究

李昌镐（河北大学历史学院）

摘要：明代瓷业代表当为景德镇地区。作为明代特殊阶级的代表，明代藩王的王府遗址出土的特殊款识瓷器，对于明代景德镇窑特殊瓷器的研究起到独特作用。本文通过梳理遗址内出土的特殊款识瓷器，尤其是出土占比较大的“典膳所”款瓷器，对其时代性和载体性深入分析，并与相关文献记载进行比对，进而得出“典膳所”款瓷器具有时代发展性以及载体特殊性，祭祀和掌饮膳之事的功能在瓷器上也有所体现。“典膳所”款瓷器增添了明代景德镇窑的定制瓷器品类，同样也为明代藩王用瓷制度提供属于遗址内日常使用瓷器的补充作用。

关键词：明代　藩王府遗址　“典膳所”款相关瓷器　藩王用瓷制度

随着近些年关于明代藩王府遗址的考古发现不断增多，藩王府遗址作为研究明代藩王日常活动的载体的重要性日益凸显。遗址内大量出土的景德镇窑瓷器，体现出不同于藩王墓葬内出土瓷器的日常使用功能。明代藩王府遗址出土的特殊款识瓷器，揭示出其自身所蕴含的定制对象、烧造时间、使用功能等重要文化信息，对于研究明代藩王用瓷制度及祭祀、生活等方面都具有其余器物不可替代的作用。为此本文搜集整理并归纳明代藩王府遗址出土的景德镇窑特殊款识瓷器，对其进行分类解析，以期对明代景德镇地区窑业烧造以及明代藩王研究提供帮助。截至目前，关于明代藩王府遗址出土瓷器的相关考古发现主要有：陕西西安秦王府、河南开封周王府、山西太原晋王府、四川成都蜀王府以及江西鄱阳淮王府五座王府遗址。藩王府遗址及其附近范围内的相关瓷器发现同样属于本文研究范围内。

一、明代藩王府遗址出土特殊款识瓷器概述

上述遗址出土带有款识的瓷器数目庞杂，类目繁多，为集中研究藩王府遗址出土特殊款识瓷器特点及其使用功能，本文所定义的“特殊款识瓷器”暂不包括普通吉语款、干支纪年款，例如“大明年造”“乙卯年造”“大明成化年制”“大明嘉靖年制”等在明代

遗址内已有较多出土。此外，部分残破款、锥刺款瓷器性质不清，亦不作为主要研究对象。同时，为方便进行比较，本文列举的多为相关学者定义为景德镇窑生产的瓷器。

表1　明代藩王府遗址出土特殊款识瓷器表

序号	出土地点	器型	纹饰[1]	款识[2]
1	陕西西安秦王府	盘/碟[3]		内底“典膳所造”
2		碗[4]	外壁行龙纹，内底团龙纹	庚子年造二班
3		碗[5]	外壁行龙纹，内底太极图	秦府东马房□
4		碗	内底太极图	万历年新宫□
5		碗		内底“秦府典膳所”
6		碗		内底“典膳所造·酉”
7		碟		内底“典膳所造·卯”
8		碗	外壁釉上红彩行龙纹	内底红彩残款“秦、膳、所”
9		盘[6]	外壁龙穿花纹，内底太极图	己丑年宫内造
10		盘[7]		内底“秦府典膳所造”
11		碟		内底“典膳所造·丑”
12	山西太原晋王府	杯[8]	外壁开光鹿纹，内壁龙纹，内底正面龙纹	晋府宫用
13		盘/碗	外壁行龙纹，内底龙纹	典膳所造
14		碗	外壁龙戏珠纹，内底龙纹	内膳所造
15		碗	外壁凤纹	内底“内膳所造”
16		碗	外壁缠枝花，内底折枝花纹	菊溪府用
17	河南开封周王府	盘[9]	外壁花卉纹，内底莲瓣纹	内底“周府上□”
18	江西鄱阳淮王府	碗[10]	内底红彩龙纹	红彩“典膳□”
19		不详	不详	典膳所造
20		碗	外壁五彩双龙戏珠	内底彩书“淮府上用”
21		碗	外壁海水翼龙纹，内底正面翼龙纹	朱府

1　纹饰与款识默认为青花工艺，特殊装饰工艺已在表中标明。

2　款识所在位置默认为器物外底上，对于特殊部位款识，已标明所在瓷器位置。

3　王长启：《明秦王府遗址出土典膳所遗物》，《考古与文物》1985 年第 4 期。

4　刘恒武：《西安明代秦府北门出土的景德镇青花瓷》，《南方文物》1998 年第 4 期。

5　刘恒武、宋远茹、呼林贵：《明代秦王府遗址出土残瓷》，《考古与文物》1999 年第 4 期。

6　黄桂珍：《明代秦王府瓷藏珍——西安解放路出土的明青花窑藏》，《收藏界》2004 年第 6 期。

7　张鋆、温睿、崔梦鹤，等：《明代秦王府“典膳所”青花瓷产地与工艺》，《西北大学学报（自然科学版）》2016 年第 6 期。

8　曹俊：《太原食品街出土明代晋府瓷器及相关问题探讨》，《考古与文物》2019 年第 4 期。

9　曹金萍、王三营：《河南开封明周王府遗址出土青花瓷器》，《文物》2017 年第 4 期。

10　江西省文物考古研究院：《明代淮王府遗址出土瓷器》，科学出版社，2020 年。

（续表）

序号	出土地点	器型	纹饰	款识
22	江西鄱阳淮王府	碗	外壁红绿彩双龙戏珠纹	内底“葵轩”外底“堂”，皆用红彩
23		碗	外壁山水图	内府制造
24		盘	外壁、内壁、内底绘螭龙纹	碧峰馆用
25		盘	内底双龙戏珠纹	双龙殿
26		不详	内底松竹梅	帅府公用
27		不详	内底凤纹	宝恩楼用
28		不详	内底龙纹	克敬宫
29		不详	内底团螭纹	乾明府用
30		不详	不详	周衙、毛衙、李衙等款
31	四川成都蜀王府	盘[11]	外壁、内底缠枝花卉纹	墨书“典奉正”
32		盘		朱书“典”
33		碗	内底莲花荷叶纹	西平佳器
34	蜀王府遗址多刻有：文、林、真、定、永、正、内			

根据表1可将明代藩王府遗址出土特殊款识瓷器大致分为以下几类。第一类为带有出土遗址王府名称及官职的瓷器，可确定为王府所用瓷器，如“周府上用”、“晋府宫用”〔图1〕、“淮府上用”、“秦府典膳所造”、“内膳所造”等。第二类为带有其余府名款、衙名款、堂名款以及似为王府建筑名称的款识瓷器，如“菊溪府用”、“朱府”、“双龙殿”〔图2〕、“周衙”等。第三类为带有干支或地区名称的特殊款识瓷器，如“己丑年宫内造”“西平佳器”等。第四类为刻款，数量较少，集中出土于明代蜀王府遗址。

图1　晋王府遗址出土“晋府宫用”款青花鹿纹杯[12]

图2　淮王府遗址出土“双龙殿”款青花龙纹盘[13]

藩王府遗址出土瓷器总体规律明显，第一类瓷器在上述五个王府遗址中均有出土，尤以带有“典膳所”字样的款识为多，此类不见于藩王墓葬内出土的瓷器，较为直观地体现出明代藩王日常使用瓷器的形式。此外，遗址内出土的特殊款识瓷器等级性较高，五爪龙纹瓷器在藩王府遗址内集中出土，其所代表的遗址高等级性也不言而喻。另一方面，各个

11　易立、江滔、张雪芬：《四川成都东华门明蜀王府宫城苑囿建筑群发掘简报》，《文物》2020年第3期。

12　曹俊：《太原食品街出土明代晋府瓷器及相关问题探讨》，《考古与文物》2019年第4期。

13　江西省文物考古研究院：《明代淮王府遗址出土瓷器》，科学出版社，2020年。

遗址、各个类型款识瓷器自身特点也较鲜明。明代淮王府遗址出土瓷器品种之多、种类之盛是其余王府遗址所不及的，较为合理的解释为明代淮王府地处饶州府府城，饶州府管辖着“瓷都”景德镇，对于获取景德镇瓷器具有有利条件[14]，体现在特殊款识瓷器上则表现为第一类、第二类瓷器的较多出土，尤以第二类特殊堂名款、府名款瓷器为最。此外明代蜀王府遗址出土的特殊款识瓷器年代比于其他王府遗址而言相对较早。遗址内出土的“西平佳器”款识瓷器同样出土于成都明代蜀僖王陵[15]，明代王玺家族墓也有墨书“西平世家”款瓷器出土[16]，体现出蜀王府遗址此类早期款识瓷器的日常使用与丧葬两种性质，不同于其余藩王府遗址出土的特殊款识瓷器。

通过观察上述藩王府遗址出土瓷器分类可知，第二类、第三类、第四类瓷器具有单一性、不确定性。第一类带有出土遗址府名款以及王府职官款的瓷器自身的王府使用特性较为明确，主要构成为“典膳所”款瓷器与遗址府名款瓷器，并以“典膳所”款瓷器为大宗，因此对于其研究有利于了解王府使用瓷器的构成，把握明代藩王日常使用瓷器制度。

二、“典膳所”款瓷器研究

书“典膳所”款瓷器者可占第一类瓷器的83%左右，出土遗址为陕西西安秦王府、山西太原晋王府、江西鄱阳淮王府以及四川成都蜀王府四地。根据书“典膳所”款相关瓷器的款识内容大体上可分为四组。第一组为明代蜀王府遗址出土的“典”“典奉正”两种款识瓷器，该部分瓷器数量较少，出土遗址单一。第二组为带有具体府名款的瓷器，如“秦府典膳所造”“秦府典膳所”等，多为瓷器内底书写。第三组为“典膳所造”款瓷器，此组瓷器包含“典膳所”“典膳所造”“典膳所造・酉”三类瓷器。第四组为仅晋王府遗址出土的“内膳所造”款瓷器。根据相关学者所总结的遗址出土“典膳所”款瓷器年代，现可分为明代前后两期，前期以蜀王府遗址出土为主，后期则以其余王府瓷器为主。

（一）典膳所相关文献记载

作为藩王府遗址出土款识瓷器的代表，“典膳所”款瓷器不见于其余遗址、墓葬出土，其表明典膳所应与明代藩王府有着密切的关系。关于典膳所等级、人员构成以及建筑方面相关的文献，《明太祖实录》有记载。

洪武三年九月庚子，置王府承奉司，设承奉一人，承奉副二人，典宝、典服、典

---

14 江西省文物考古研究院：《明代淮王府遗址出土瓷器》，科学出版社，2020年。

15 翁善良：《成都明代蜀僖王陵发掘简报》，《文物》2002年第4期。

16 张柏：《中国出土瓷器全集・10》，科学出版社，2008年，第153页。

膳三所，所设正一人，副一人，门官设门正一人，副一人[17]。

洪武四年夏四月己丑，申定王府官制王相府左右相，正二品……各署典祠正、典宝正、典仪正、典膳正、典服正、工正、医正，并正七品；典祠副、典宝副、典仪副、典服副、工副、医副，并从七品；牧正，正八品；牧副，从八品；引礼舍人，中书省注[18]。

洪武九年二月丁亥，置王府典膳所典膳正副各二人[19]。

……

洪武二十八年八月戊子，更定王府官制：长史司左、右长史各一人，秩正五品，典簿一人，正九品；审理所审理正一人，正六品，审理副一人，正七品；典膳所典膳正一人，正八品，典膳副一人，从八品[20]。

洪武二十八年九月重定，其亲王府承奉司掌王府诸事，凡事则呈长史司并护卫指挥使司行之，与内官衙门不相统摄设。承奉正，秩正六品，承奉副，秩从六品。所三曰典宝曰典膳曰典服……典膳掌饮膳之事，设典膳正一人，秩正六品，副一人，秩从六品[21]。

嘉靖四十四年《宗藩条例》有记载。

其余审理、纪善、奉祀、工正、良医、典膳、典宾、典仗、引礼、伴读、仓库等官，止设一正员，悉照嘉靖八年事例裁革，毋得仍前滥设[22]。

《大明会典》“亲王府制”条有记载。

典膳所，正房五间，穿室三间，后房五间，厢房二十四间，库房三连一十五间[23]。

与其职能相关的文献记载主要包含有两方面。

1. 参与祭祀

《明太祖实录》有记载。

洪武九年春正月壬午，定王国祭祀之制。凡王国宫城外，左立宗庙，右立社稷。

17《明太祖实录》卷五六，“中研院”历史语言研究所，1962 年，第 1091、1092 页。

18《明太祖实录》卷六四，“中研院”历史语言研究所，1962 年，第 1212、1213 页。

19《明太祖实录》卷一〇四，“中研院”历史语言研究所，1962 年，第 1743 页。

20《明太祖实录》卷二四〇，“中研院”历史语言研究所，1962 年，第 3496、3497 页。

21《明太祖实录》卷二四一，“中研院”历史语言研究所，1962 年，第 3513 页。

22 嘉靖《宗藩条例》下卷《裁革冗职》，北京图书馆古籍珍本丛刊第 59 册，第 388 页。

23（明）李东阳等奉敕撰，申时行等奉敕重修：《大明会典》卷一八一《工部·一》“营造一·王府”，明万历十五年内府刊本。

社稷之西立风云雷雨山川神坛……孟春祭司户之神于王正宫门左设坛，以门官行礼。孟夏祭司灶之神于厨舍设坛，以典膳所官行礼。孟秋祭司门之神于承运门稍东设坛，亦以门官行礼。孟冬祭司井之神于井边设坛，以典膳所官行礼……[24]。

洪武十八年春正月辛卯，礼部奏定王国祭祀社稷山川等仪……典膳以福酒及胙、自神位前由正门左捧出。内赞启跪、搢圭。典膳以福酒进启，饮福酒讫。典膳以胙跪进……[25]。

《王国典礼》有记载。

凡月朔，奉祠所同典膳所官具时新果品、酒醴，奉神主于庙告祭，常服行四拜礼[26]。

2. 掌饮膳之事

《明太祖实录》有记载。

洪武二十八年九月，其亲王府承奉司掌王府诸事……典膳掌饮膳之事……[27]。

《明史·职官志》有记载。

典膳，掌祭祀、宾客，王若妃之膳羞[28]。

由上述文献可知，明代王府职官中的典膳所为王府内固定的官职机构，其具有参与祭祀与掌饮膳之事的职能。如此而言，明代藩王府遗址出上的“典膳所”款瓷器如何体现出祭祀或掌饮膳之事的相关职能？“典膳所”款识书写位置、书写方式表现出的多样性的原因为何？为此本文结合明代藩王府遗址出土“典膳所”款瓷器的特点进行分析研究。

（二）“典膳所”款瓷器特点分析

首先从明代藩王府遗址出土“典膳所”款瓷器的年代来看，多数瓷器年代位于明代后期，尤以明代嘉靖至万历时期为多。较早出土的为明代蜀王府“典”“典奉正”款识瓷器。该两款瓷器显著特点为墨书或朱书款识，不同于红彩或青花款识需要烧造。早期的墨书、朱

24《明太祖实录》卷一〇三，“中研院”历史语言研究所，1962年，第1737、1738页。

25《明太祖实录》卷一七〇，“中研院”历史语言研究所，1962年，第2589、2590页。

26（明）朱勤美撰：《王国典礼》卷四《祀礼》，北京图书馆古籍珍本丛刊第59册，第139页。

27《明太祖实录》卷二四一，“中研院”历史语言研究所，1962年，第3513页。

28（清）张廷玉等：《明史·职官四》卷七五《志第五十一》，中华书局，1974年，第1837页。

书款识转变为后期青花、红彩款识，体现出“典膳所”款瓷器的时代发展性，这一点在蜀王府遗址较多刻款瓷器以及同时期墓葬、遗址中多出土有墨书款瓷器现象较为一致。

从明代藩王府遗址出土“典膳所”款相关瓷器的等级性方面来看，明代前期与后期瓷器所表现的等级性存在较大差异。明代前期书有“典膳所”款的相关瓷器多为普通白瓷和景德镇民窑青花瓷器，质量较低，与景德镇红光瓷厂第一期至第二期瓷器[29]以及北京毛家湾出土的早期瓷器[30]相似。明代后期书有“典膳所”款的相关瓷器，等级性体现在多装饰有龙纹纹饰，且多为五爪高等级龙纹。龙纹纹饰的使用不存在偶然性，明代后期除“典膳所”款瓷器外，藩王府遗址出土其余瓷器也多带有龙纹纹饰〔图3〕。款识的书写时代性以及载体等级性的变化，原因是多方面的。根据相关文献记载以及藩王墓葬出土瓷器相似性[31]来看，明代藩王所用瓷器含有朝廷统一安排窑场烧造的可能性[32]。

图3　淮王府遗址出土“葵轩堂”款红绿彩双龙戏珠纹碗[33]

《明史・食货志》有记载。

烧造之事，在外临清砖厂，京师琉璃、黑窑厂，皆造砖瓦，以供营缮。宣宗始遣中官张善之饶州，造奉先殿几筵龙凤文白瓷祭器，磁州造赵府祭器[34]。

《大明会典》有记载。

洪武二十六年定，凡烧造供用器皿等物，须要定夺样制，计算人工物料。如果数多，起取人匠赴京，置窑兴工；或数少，行移饶处等府烧造[35]。

同样的记载有：国内社稷、山川坛各一所。各该神厨、神库、宰牲房各三间，旗纛庙一所，正殿五间。神厨、神库、各三间。及乐舞生乐工人等衣服、冠袍、乐器、祭器、祭服俱工部置造[36]。

---

29 江建新、高宪平、秦大树，等：《江西景德镇落马桥红光瓷厂窑址明清遗存发掘简报》，《文物》2020年第11期。

30 北京市文物研究所：《毛家湾：明代瓷器坑考古发掘报告》，科学出版社，2007年，第304—306页。

31 丁鹏勃：《明代藩王墓出土瓷器研究》，《中国历史文物》2008年第1期。

32 张科：《明代五爪龙纹瓷的使用及相关问题》，《东南文化》2018年第4期。

33 江西省文物考古研究院：《明代淮王府遗址出土瓷器》，科学出版社，2020年。

34（清）张廷玉等：《明史・食货六》卷八二《志第五十八》，中华书局，1974年，第1998页。

35《大明会典》卷一九四《工部・十四》“窑业・陶器”条。

36《大明会典》卷五六《礼部・十四》“王国礼二・之国”条。

根据上述文献推断，典膳所参与祭祀以及掌饮膳之事时所用器物应有统一烧造的模式。从表1藩王府遗址出土“典膳所”款瓷器的纹饰判断，后期“典膳所”款瓷器的纹饰差异较大，器型也有所不同，统一烧造模式可能性低。相关学者认为，《明会典》所记载的嘉靖二十八年以后，亲王、郡王的明器丧仪改由封地所在省出银，王府自行置办，在此状况下，很难想象朝廷还会统一安排窑场为王府烧造瓷器[37]。本文较为认同这一观点。明代后期青花、红彩定制款识在景德镇观音阁窑址以及红光瓷厂窑址的较多发现，社会较为流行的趋势，推动定制款瓷器的使用。明代后期景德镇“官搭民烧”制度同样也为藩王获取高等级纹饰和烧造方法提供便利。

《江西省大志·陶书》有记载。

今器贡自京师者，岁从部降式造，特以龙凤为辨。然青色狼籍，有司不能察，流于民间，其制无复分[38]。

后期写有各个府名的“典膳所”款瓷器体现出的是王府自身订烧瓷器的模式。在此，“典膳所”款瓷器的时代发展性、载体特殊性，体现出了藩王用瓷的定制模式，即明代后期藩王用瓷制度之一的自主订烧，表明景德镇地区烧造有区别于民窑与官窑的特殊藩王用瓷，为“官搭民烧”制度的建立或发展提供藩王用瓷角度的思考。

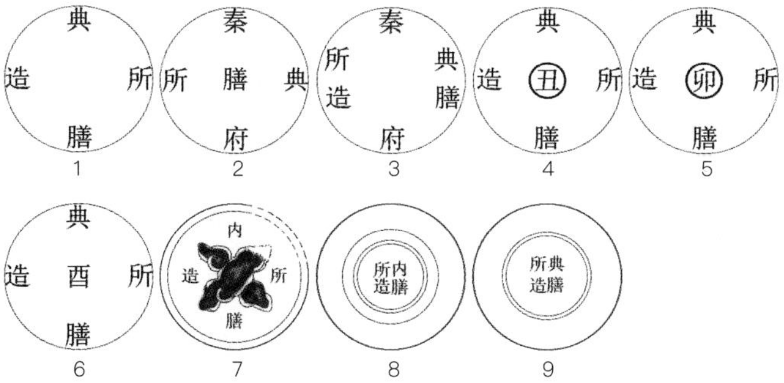

图4 “典膳所”款瓷器书写情况图[39]

1-7为内底书写 8、9为外底书写 1-6为秦王府遗址出土 7-9为晋王府遗址出土

（三）“典膳所”款瓷器的功能分析

“典膳所”款瓷器的时代发展性以及载体特殊性，体现出“典膳所”款瓷器自身的特点。典膳所参与祭祀和掌饮膳之事的功能同样也会体现在与其有关的瓷器上。根据图4所示，“典膳所”款瓷器还可区分为内底书写与外底书写两种表现模式。

第一组以秦王府遗址出土的“典膳所”款瓷器为例，该类多为内底书款，书写方式具有相似性，瓷器制作粗糙，显示出景德镇民窑性质。虽在秦王府遗址内出土地点不同，但相似性的存在为此类瓷器提供较为一致的使用功能存在。相关学者提及，该组瓷器部分出土地点位于“社稷坛”与“山川坛”

---

37 张科：《明代五爪龙纹瓷的使用及相关问题》，《东南文化》2018年第4期。

38（明）王宗沐修纂，陆万垓增修：《江西省大志》卷七《陶书》“解运”条，万历二十五年刻本，东京内阁文库藏本。

39 图片参考自张鋆、温睿、崔梦鹤，等：《明代秦王府“典膳所”青花瓷产地与工艺》图一，《西北大学学报（自然科学版）》2016年第6期。

之间，同时伴出有大量猪骨、羊骨，推测可能与当时祭祀宰牲有关[40]。前述文献记载：“其五祀则依时遣官择日致祭牲用豕。孟夏祭司灶之神于厨舍设坛，以典膳所官行礼。”同时一些瓷器内书有“酉”“卯”等与祭祀相关的地支款，此类相似的内底书“典膳所”款瓷器所代表的典膳所祭祀功能，如此已较为明显地展现。

第二组瓷器为外底书“典膳所造”款瓷器，包括晋王府遗址出土“典膳所造”款青花鹿纹开光杯、“内膳所造”款青花龙纹碗。结合此类瓷器突出特点为带有等级较高的龙纹纹饰，相关学者指出的器身残留多处锔钉痕[41]以及不同于第一组瓷器的特性来看，此类瓷器的使用对象等级较高，出土于藩王府遗址内表明其藩王使用性，侧面体现出该类瓷器所含有的典膳所为藩王掌饮膳之事的功能。另须注意一点，“典膳所造”款中较为独特的“内膳所造”款瓷器，多数学者认为此类瓷器同样带有典膳所掌饮膳之事的功能。

《明武宗实录》记载如下：

> 正德四年十二月庚戌……不许额外滥保及擅立内典膳名色以图保升[42]。

此条在《礼部志稿》[43]以及《宗藩条例》[44]中均有记载。内典膳应为承奉司管理之下，明代王府宦官系统内的典膳部门。如此而言，书有“内膳所造”款的瓷器应含有内典膳定制的可能。关于“内膳所”款瓷器属于内官部门定制还是外官部门定制还需要相关考古发现的进一步补充、说明，瓷器功能使用情况同样还需进一步研究。

三、结语

“典膳所”款瓷器体现出的墨书、朱书款转变为青花、五彩的时代发展性，载体瓷器多绘有龙纹的载体高等级性特点，集中表现了明代藩王府遗址出土特殊款识瓷器的独特性。此种独特性不同于普通景德镇民窑瓷器，也不同于景德镇御器厂生产的御用瓷器。“典膳所”款与龙纹纹饰的结合表明明代景德镇参与藩王日常用瓷的生产模式中。对于遗址内出土“典膳所”款瓷器的研究，补充了明代景德镇特殊定制款识瓷器的使用范围，对典膳所功能的文献记载提供瓷器方面的例证，并为明代藩王府瓷器使用制度提供新的思考角度与补充。

---

40 王长启：《明秦王府遗址出土典膳所遗物》，《考古与文物》1985年第4期。

41 曹俊：《太原食品街出土明代晋府瓷器及相关问题探讨》，《考古与文物》2019年第4期。

42《明武宗实录》卷五八，“中研院”历史语言研究所，1962年，第1298页。

43（明）俞汝楫：《礼部志稿》“内使复姓”卷七五。

44 嘉靖《宗藩条例》下卷《保升官员》，第405页。

克拉克瓷器在中国独特的葬俗功能

曹建文（景德镇陶瓷大学）

摘要：“克拉克瓷器”是16至17世纪海上丝绸之路上最重要、影响最大的贸易瓷器，器型以盘为主，器内外盛行连续的青花开光装饰。在当时行销景德镇克拉克瓷器的世界各地，其在人们日常生活中最主要的功能是作为饮食器皿的菜盘、果盘，其次在欧洲皇室及贵族中它们也常常作为当时财富、时尚的象征而具有室内的装饰功能。但是“克拉克瓷器”在景德镇产生的残次品在16至17世纪中国江西抚州地区的南城、广昌、南丰等地却是作为随葬品而流行。造成这一独特现象的原因首先是中国这一地区的人们具有打破通灵的葬俗观念，其次江西抚州地区的南城、广昌在明代后期也是景德镇瓷器外销路线经过的重要地区。

关键词：克拉克瓷器　江西抚州　晚明墓葬　葬俗

古代连接东西方的“丝绸之路”有陆上与海上两种，海上“丝绸之路”又可称为“陶瓷之路（The China Road）”。这主要是因为陶瓷是海上丝绸之路上最重要、最持久、遗留最为丰富的贸易商品。

古代海上“丝绸之路”的发展主要可以分为两大阶段：第一阶段是15世纪以前以阿拉伯人为主导的太平洋加印度洋阶段；第二阶段是15世纪以后以欧洲人为主导的太平洋加印度洋、大西洋阶段。15世纪以后，葡萄牙、西班牙开始了大航海时代，与此同时，明朝政府于隆庆元年（1567年）废除“海禁”，开放澳门和漳州月港的对外贸易，大大推动了海上丝绸之路的发展，使得中国外销瓷器从亚洲发展到欧洲、美洲，真正走向了全球化。

一、16至17世纪的“克拉克瓷器”

“克拉克瓷器”，英文名为Kraak Porcelain，其名称来源于16世纪的葡萄牙货船。当时荷兰人称葡萄牙远航东方的货船为“克拉克（Kraak）”，由于这种贸易商船当时常常运载中国生产的瓷器销售到欧洲，于是荷兰人及其他欧洲人便把这时期运送到欧洲的中国瓷器统称为“克拉克瓷器”。而葡萄牙人称这种船只为“瑙斯（naos）”，故澳门人又称克拉克瓷器为“加佬瓷”。日本人则称其为“芙蓉手”〔图1〕。

“克拉克瓷器”其实只是16至17世纪中国外销瓷器的一个泛称或代称，其窑口、品种、造型、装饰可能多种多样，各个时期、各个国家人们对它的理解也不一样，因此要给它下一个十分精确的定义几乎不可能。但是大家都认同“克拉克瓷器”的典型装饰风格是一种向心呈放射状连续开光装饰的青花瓷器。

这类青花瓷器器型以盘为主，此外还有碗、瓶、军持、盒等器类，盘、碗普遍为菱口，其胎体多细薄、坚硬，器壁内外盛行连续的开光装饰，开光内描绘各种植物、动物、人物、山水及吉祥杂宝等主题纹饰，开光外填绘多样的锦地辅助纹饰，整个装饰繁密而层次分明，富有整齐的节奏感〔图2〕。

克拉克瓷器的窑址究竟在哪里？其生产的具体情况如何？曾经在学术界争议很大，主要有景德镇窑说和福建漳州窑说。直到2000以后年我们在景德镇逐渐找到了其生产的真正窑址。其实荷兰东印度公司的档案文献也早就指向了景德镇。如万历四十四年（1616年）荷兰东印度公司的一位贸易商人科恩在给公司董事们的信中说：“这些瓷器都是在中国内地很远的地方制造的，卖给我们各种成套的瓷器都是定制，预先付款。”显然中国内地很远的这个生产外销瓷器的地方指的就是景德镇。

图1　葡萄牙远航东方的大帆船“克拉克（Kraak）”

图2　马来西亚“万历号”沉船上打捞出来的克拉克瓷器

图3　克拉克瓷作为菜盘的油画 ,van Dijck(1574—1651), Rijksmuseum, Amsterdam

由于景德镇生产的这种青花瓷器当时受到世界很多国家王室贵族与普通百姓的广泛喜爱，并成为当时财富、时尚的象征，在世界市场上供不应求，这导致中国的漳州、日本的有田、荷兰的代尔伕特等地窑场先后对景德镇这类青花瓷器进行仿制。

16至17世纪作为外销瓷器的“克拉克瓷器”在当时的世界人们生活中具有多种的功能，当然最主要的功能是人们日常生活中作为饮食的器皿，如菜盘、果盘，这在17世纪西方的油画中有大量的表现〔图3〕。

其次是作为室内的装饰功能，景德镇生产的克拉克青花瓷器在当时世界上非常珍贵，

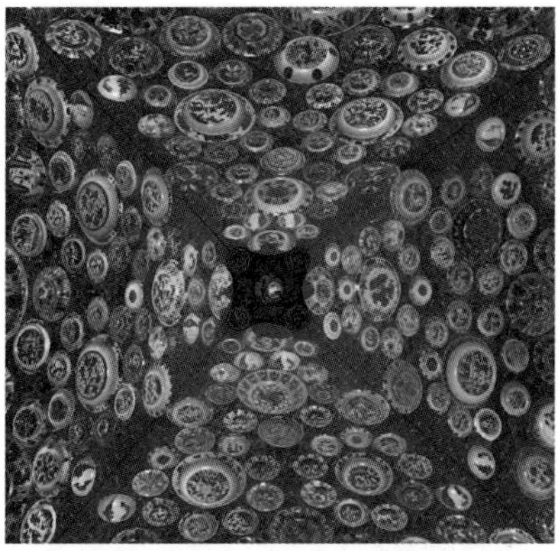

图 4　葡萄牙里斯本桑托斯宫内顶装饰的克拉克瓷盘

图 5　江西南城县明万历三十一年（1603 年）益宣王朱翊鈏墓出土克拉克瓷花鸟纹盘

成为当时财富、时尚的象征，所以特别是欧洲的王室贵族争相购买并在宫殿室内装饰陈列出来〔图 4〕。

二、江西晚明墓葬出土的克拉克瓷器

从 20 世纪 60 年代中期至 20 世纪 90 年代初中国江西考古工作者先后在江西抚州地区的南城县、广昌县、会昌县的十余座晚明的墓葬中发现了一批克拉克青花瓷盘。

20 世纪 60 年代中期江西考古工作者首先在江西南城明代纪年墓考古发掘报告中介绍了一件墓葬出土的青花四吉祥向日葵荷池水禽纹克拉克瓷盘。盘作菱口，折沿，浅腹，平底，矮圈足，高 5 厘米，口径 29 厘米，足径 15 厘米。根据墓志记载，墓主傅母游氏，生于万历辛卯年九月十七日，殁于庚申年十月初八日，越八年崇祯改元，十月葬于北关十四都距城五里的望马岗。庚申年十月系光宗朱常洛泰昌改元的第三月份，即公元 1620 年[1]。

1979 年江西省文物工作队在南城县岳口公社游家巷明万历三十一年益宣王朱翊鈏墓中发现了一件青花四吉祥向日葵花卉翎毛纹克拉克瓷盘，盘作菱口，拱壁，平底，矮圈足，高 6.6 厘米，口径 31.3 厘米，足径 17.8 厘米。出土时盘口有破裂后重新粘补、上釉、再入窑焙烧的痕迹。该盘现藏江西省博物馆[2]〔图 5〕。

1982 年江西省广昌县博物馆在广昌县城郊李仔坑明万历三十六年（1608 年）墓中发现一件青花四吉祥向日葵博古石榴纹克拉克瓷盘和一件青花八开光双鹿纹克拉克瓷盘，盘底中心有一道烧制时形成的裂痕，该盘现藏江西省广昌县博物馆[3]。

1983 年江西省广昌县博物馆在广昌县城郊北门金钟岗明万历三十六年（1608 年）墓中发现一件青花六开光双鹿纹克拉克瓷盘，口径 20.3 厘米，足径 9.8 厘米，高 3.4 厘米，该盘现藏江西省广昌县博物馆[4]。

1　薛翘：《南城周家段发现明崇祯墓》，《文物工作资料》1965 年第 6 期；薛翘、刘劲峰：《江西出土明万历外销青花瓷盘》，《江西历史文物》1985 年第 1 期。

2　江西省博物馆、南城文物陈列室：《南城县益宣王夫妇合葬墓》，《江西历史文物》1980 年第 3 期；江西省文物工作队：《江西南城明益王朱夫妇合葬墓》，《文物》1982 年第 8 期；薛翘、刘劲峰：《江西出土明万历外销青花瓷盘》，《江西历史文物》1985 年第 1 期。

3　薛翘、刘劲峰：《江西出土明万历外销青花瓷盘》，《江西历史文物》1985 年第 1 期；姚澄清等：《试谈江西广昌纪年墓出土的青花瓷盘》，《中国古代青花瓷器研究专辑——江西文物》1990 年第 2 期。

4　姚澄清、孙敬民、姚连红：《试谈江西广昌纪年墓出土的青花瓷盘》，《中国古代青花瓷器研究专辑——江西文物》1990 年第 2 期。

1986年江西省广昌县博物馆在广昌县盱江镇寿母坑南明弘光元年（1645年）墓中发现一件青花四吉祥向日葵轮状折枝果纹克拉克瓷盘和一件青花四吉祥向日葵牡丹花卉纹克拉克瓷盘，均残[5]。

1988年江西省广昌县博物馆在广昌县盱江镇北门椒坑明万历元年（1573年）墓中发现一件青花双鹿纹克拉克瓷盘，残，足径10.7厘米[6]。

1988年江西省广昌县博物馆在广昌县千善乡天启元年（1621年）吴念虚夫妇合葬墓中发现4件克拉克瓷盘，一件为青花四吉样杂宝纹盘，口径27厘米，足径21厘米，高3厘米。根据墓志，考之以民国丁亥重修《东园吴氏家谱》，墓主吴念虚死于万历甲申（1584年），夫人死于万历庚戌（1610年），天启元年下葬，青花瓷盘均葬于棺内，每棺2件，两两对扣，枕在墓主头下[7]。

1990年江西省广昌县博物馆在广昌县甘竹镇洙溪崇祯四年（1631年）墓中发现二件青花八开光池塘芦雁纹克拉克瓷盘，均置于墓主头部，一件口径31厘米，足径15.8厘米，高5.6厘米，口沿有一细小裂痕，另一件已破碎。从出土两块墓志看，墓主人唐可敬系万历乙卯科（1615年）江西进士，生于隆庆庚午年，即隆庆四年（1570年），卒于天启乙丑年，即天启五年（1625年），葬于崇祯辛未年，即崇祯四年（1631年），死后七年安葬[8]。

晚明出土克拉克瓷盘的墓葬基本上集中于江西抚州地区，除了主要的南城、广昌两县以外，抚州地区的黎川、宜黄、金溪、南丰等县也有出土，此外江西抚州地区南边赣州地区的会昌、于都晚明墓葬中也有少量的克拉克瓷盘出土。

20世纪80年代以来，随着大陆改革开放和文物市场经济的发展，江西盗墓现象日趋增长，其中抚州地区很多盗墓出来的克拉克瓷残盘流入市场被博物馆和私人收藏，其数量远远超过考古发掘出土的克拉克瓷盘，其数量估计多达上千个。如北京收藏家胡雁溪先生就收藏了上十件这样的盘[9]，本人也收

图6　江西抚州南城县出土开裂的克拉克盘
曹建文收藏

5　姚澄清、孙敬民、姚连红：《试谈江西广昌纪年墓出土的青花瓷盘》，《中国古代青花瓷器研究专辑——江西文物》1990年第2期。

6　姚澄清、孙敬民、姚连红：《试谈江西广昌纪年墓出土的青花瓷盘》，《中国古代青花瓷器研究专辑——江西文物》1990年第2期。

7　江西广昌县博物馆：《明代布政使吴念虚夫妇合葬墓清理简报》，《文物》1993年第2期；姚澄清、孙敬民、姚连红：《试谈江西广昌纪年墓出土的青花瓷盘》，《中国古代青花瓷器研究专辑——江西文物》1990年第2期。

8　孙敬民：《江西广昌发现明代崇祯纪年墓》，《江西文物》1990年第4期。

9　胡雁溪：《明代民窑青花瓷大观》，团结出版社，1993年。

图 7　底部刻有崇祯十三年（1640 年）墓志铭的克拉克瓷盘
香港中文大学文物馆藏

图 8　江西抚州地区出土“仁和世徐祭器”定制款开裂克拉克盘

藏了几十件〔图 6〕。

香港中文大学文物馆收藏一件底部刻有崇祯十三年（1640 年）墓志铭的克拉克瓷盘，这件克拉克瓷盘应该是出土于江西的抚州地区，这进一步说明本来是作为景德镇外销瓷的克拉克瓷江西抚州地区用于墓葬的事实。另外江西抚州地区还出土一件底部书“仁和世徐祭器”定制款的克拉克瓷盘，盘中间有裂，现收藏于江西民间藏家。这说明克拉克瓷盘在江西抚州地区在晚明时期已经作为专门的墓葬祭器来定制生产了〔图 7、图 8〕。

三、江西抚州地区晚明墓葬随葬克拉克瓷盘的原因分析

江西抚州地区墓葬出土的克拉克瓷有以下三个共同的特点：①都是盘类；②都是残破品；③墓葬中均置放在死者的头下。

首先，造成这一独特现象的原因是这一地区的人们具有打破通灵的葬俗观念。由于当时的人们普遍相信人死后灵魂不会死去，它会离开身体从头部进入仙境或天堂，而克拉克青花盘上的裂缝正好是人的灵魂通向仙境或天堂的出口，因此在这一地区的人们看来，完好无损的瓷盘就完全封堵了灵魂的出口，反而不利于灵魂的转世再生。这样景德镇生产的这种残破的克拉克瓷盘就正好适应了这一地区人们通灵的葬俗观念。毁器或碎物的丧葬习俗自先秦以来在我国的不少地区甚至国外都存在。

江西抚州地区的南城、广昌在明代后期也是景德镇瓷器外销路线必经的重要地区，而且很可能明代后期南城、广昌一带的人们还直接参与了景德镇瓷器的外销运输，因此他们才能够大量接触到景德镇生产的克拉克瓷器的残次品并把它们运到江西南城、广昌一带销售。

16 世纪中叶至 17 世纪中叶，景德镇瓷器的外销主要是通过中国东南沿海的广州和福建漳州月港等地出口的。

景德镇至广州的路线属于主要的官道：从景德镇昌江出发西进鄱阳湖，再经鄱阳湖溯赣江而抵赣州。在赣州改换小船，沿章水抵大余县上岸，货物改陆路步运至广东南雄，再装小船入浈水运抵韶关，在韶关改换大船，顺北江直达广州。

由于上述官道关卡林立，因此作为明代长期走私贸易重要港口的福建漳州月港对明代景德镇瓷器的外销来说就更为重要了。其古道路线是景德镇货船经过鄱阳湖南下沿抚河溯水至广昌，在广昌上岸后，一路由广昌经石城步运至福建宁化，然后转以小船沿清溪河运抵永安，再自永安步运到漳平，在漳平换大船顺九龙江运至漳州月港。另一路由广昌经石城驿前镇步运到小松，再由小松用小船运至大犹坪，在大犹坪上岸，步运至福建长汀。再自长汀以小船沿汀江运抵广东梅县之大埔镇，在大埔转换大船，顺韩江运抵潮州。

“祥瑞手”纹饰研究

刘春山（西北师范大学美术学院）

摘要：文章对明末景德镇外销日本的茶道用器“祥瑞手”的纹饰种类、构图手法进行了系统地归纳与梳理。纹饰分为图案、绘画、文字三类，其中绘画纹饰兼有宫廷与狩野派画风；构图手法灵活多变，大体可归纳为单纯、典型、复合式三类，具有“拼盘”式装饰效果。画风、图式源于日本桃山时代或更早时期的绘画、漆器、染织等艺术品。“祥瑞手”纹饰生动体现了明末景德镇窑业与彼时日本茶道界的交流情况。

关键词：祥瑞手　纹饰种类　构图手法　茶道

一、研究缘起及学术回顾

“祥瑞手”是日本古陶瓷学界对明代崇祯年间日本在景德镇定烧的一批茶道用具的称呼。“祥瑞手”多为青花亦有少量彩绘及琉璃釉制品，其特征是胎釉精良、青花发色艳丽、彩绘鲜艳，造型多变既有严谨规整之器亦有象生变形制品。纹饰种类繁多，满布器身内外，常采用“拼盘式”构图，具有强烈的日式风格。因纹饰蕴含吉祥寓意且部分器物有“五良大甫吴祥瑞造”的款识故又称祥瑞瓷[1]。或许这种瓷器当时几乎全部销往日本，日本学者得益于大量实物传世，较早对祥瑞展开了研究。19世纪江户中期著名的兰学家和戏剧学家桂川中良，在其成书于日本宽政十二年（1800年）《桂林漫录》中认为祥瑞上的款识是工匠姓名。祥瑞是日本势州松板的陶工，曾在明正德年间来中国学习制陶。坦休叟在《茶道荃蹄》（文化三年，1806年）又提出了款式中的“祥瑞”二字是地名的说法。金森得水在《本朝陶器考证》中（安政四年，1857年）仍持地名说；蜷川式胤在《观古图说陶器之部》（1876年）基本上沿袭了祥瑞是日本陶工赴中国制瓷的说法。石割松太郎在《祥瑞の研究》（昭和四年，1929年）中进一步认为祥瑞是一名叫伊藤五郎太夫的日本陶工，他曾在景德镇学习制瓷，学成归国后将制瓷方法传到了日本，为日本“瓷祖”。通过对以上文献的分析，我们可以

1　日本学界又有“祥瑞”的简称，为方便叙述下文一律用其简称。

了解到：19 世纪至 20 世纪前期，日本学者对祥瑞的关注点是关于“五良大甫・吴祥瑞造”款式的解读。有地名说，有人名说，可谓莫衷一是。祥瑞研究的进展始于 20 世纪 30 年代末。尾崎洵盛在《祥瑞》一文中认为，在解读款式的同时，对器物的造型、纹饰应予以关注。至此，研究的方向从对款式慢慢转向了“样式”。尤其是 20 世纪 50 年代以来，数位学者在此领域笔耕不辍。如满冈忠成的《明末の青花と五彩》这篇论文就涉及了祥瑞的胎土、青料、绘画特征，敏锐地意识到了祥瑞纹饰的装饰性特征。斋藤菊太郎在《古染付·祥瑞》一书中，对祥瑞的款识、青料、特征等各方面进行了研究。在“特征”一节分别以本捻钵、反钵为例介绍了此类器物的纹饰特征：“若干 S 形装饰带均匀分割钵身，带内多是各式图案的交替排列，这与同期瓷器多用绘画装饰的风格大相径庭。”他取本捻钵这种器物名称中“捻”字，将这种构图称为捻花样式。在“明末文化”一节里认为“蕴含吉祥寓意的纹饰，反映了明末江南的庶民文化的影响”[2]。斋藤氏对祥瑞的纹饰有了更为具体的讨论，并探讨了纹饰的文化内涵。

满冈忠成在后腾茂树主编的《世界陶磁全集 14 明》之《明代の茶陶》一文继续对祥瑞展开了研究。他认为祥瑞是日本在景德镇定制的茶道具和怀石道具。关于纹饰，作者进一步认为，祥瑞主纹是一种以特有笔法描绘的山水、花鸟、人物；辅纹有一些和同期崇祯瓷相同，有些则是其特有[3]。不同于斋藤氏以个例归纳祥瑞纹饰特征的方法，满冈忠成将祥瑞纹饰在总体上进行了归纳。此后的研究者在论及纹饰时多沿用这一手法。像佐藤雅彦在《中国陶磁史》之《明末の景德镇》一节中谈到，祥瑞是明代崇祯中期至清代顺治年间日本茶道界的定制瓷器，胎土、釉料都经过严格筛选，制作极其仔细。关于纹饰同样认为采用了主纹加辅纹的配置方式，主纹为潇洒的山水、花鸟、人物；辅助纹饰有着日汉合璧的风格[4]。矢部良明在《桃山文化と景徳鎮窯の出い合古染付と祥瑞展》一书中的主要观点为，祥瑞是日本桃山时代茶陶文化与景德镇窑业结合的产物。在《茶具・祥瑞》部分认为，祥瑞主纹以山水、花鸟为主，辅纹多为几何纹且采用繁杂组合的构图手法，同样认为纹饰具有吉祥意味[5]。西田宏子在《古染付祥瑞と初期伊万里染付——1637 年を中心に》中关于祥瑞纹饰的论断和矢部良明基本一致。此文的重点是说明古染付、祥瑞对日本伊万里瓷器造型、纹饰所产生的影响[6]。

就 20 世纪 50 年代至 20 世纪 90 年代的研究成果看，研究者的关注点聚焦在祥瑞的造型和纹饰。仅就纹饰而言，较为统一的观点是祥瑞一般采取主纹加辅纹的构图手法即器身

2　斎藤菊太郎：《世界陶磁大系第四十四卷・古染付・祥瑞》，平凡社，1972 年。

3　满岡忠成：《明代の茶陶》，《世界陶磁全集 14 明》，小学館，1976 年。

4　佐藤雅彦：《中国陶磁史》，平凡社，1978 年。

5　矢部良明：《桃山文化と景徳鎮窯の出い合古染付と祥瑞展》，每日新聞社，1981 年。

6　西田宏子：《古染付祥瑞と初期伊万里染付——1637 年を中心に》，揭載誌月刊文化財 / 文化庁監修（通号 348），1992 年。

有各种山水、花鸟等主纹，口沿、底足饰复杂的几何辅纹。关于纹饰的种类及构图法则并未细化，这也为我们留下了继续探讨的空间。

进入21世纪，关于祥瑞新的研究成果有出光美术馆为配合展览于2013年出版的《古染付と祥瑞：日本人の愛した「青」の茶陶》图录。该图录刊有大量古染付、祥瑞的图像资料并配有详细的文字解说。文字解说的撰写者金泽阳在继承前人学说基础上，又注意到祥瑞上采用了日本传统“片身替”式的装饰风格，即一件器物上分饰截然不同纹饰的手法。片身替和之前斋藤氏总结的捻花样式，可以说是祥瑞中最具特色的构图手法。据此，作者认为此类祥瑞的制作应是日方的思维和要求占主导地位。但他又提醒扫，祥瑞上有一些日本人根本可不能知晓、理解的中国纹饰及文字，继而认为当时景德镇的陶工也有着自主创作意识。总之，祥瑞应是中日两国的创意、构思交织在一起的产物。这种深入的讨论是以前不曾涉及的[7]。

国内学者囿于资料的缺乏，对祥瑞的研究起步较晚。直至20世纪末、21世纪初，古陶瓷学人在谈论外销瓷和日本陶瓷时才将其纳入讨论范围。如耿宝昌先生在《对日本陶瓷的初步探讨》一文中认为，祥瑞手是日本江户时代的一种著名瓷器分青花、彩绘两种。简单介绍了其造型特点、青花发色、画风、款式及纹饰[8];施永安在《日本古代陶瓷》一书中称，祥瑞手包含的范围较为广泛，并非单指“五良太甫吴祥瑞造”款识的器物，也包含了中国明末景德镇的类似风格外销瓷也包括以祥瑞图案为题材的青花瓷及仿制品[9]。冯先铭先生在《中国陶瓷》万历、天启、崇祯窑瓷器一节写到：崇祯年间，日本订烧瓷器有各种茶具、餐具和香盒等，其图案画面亦有完全按照日本风格绘制的。这些器物中有部分带“五良大甫吴祥瑞造”款，日本称为“祥瑞瓷”[10]。冯小琦女士在《中国古代瓷器对日本瓷器的影响》一文中认为祥瑞瓷是明正德朝日本陶工伊藤五郎大夫来景德镇学习制瓷两年后返回日本烧造的青花器物，其上一般刻划或书写有“吴祥瑞”或“五郎大夫祥瑞”款识。认为其造型、纹饰明显受中国瓷器影响[11]。从上述内容可知老一辈学者对祥瑞的定义与认识，并不统一。

近二十年来，得益于有访学、留学日本经历学者的参与，国内对祥瑞的研究逐渐深入。如刘朝晖教授《17世纪外销日本的中国瓷器》一文，利用赴日访学期间收集的大量资料对17世纪外销日本的瓷器作了全面详细的综述，其中对祥瑞认识严谨准确[12]；另有罗以民先生从古代文献入手，考证了“五良太夫·吴祥瑞造”的款式，认为它是江户时代陶工的寄

7 出光美術館：《古染付と祥瑞：日本人の愛した「青」の茶陶》，应和印刷株式会社，2013年。

8 耿宝昌：《对日本陶瓷的初步探讨》，《故宫博物院院刊》1986年第2期。

9 施永安：《日本古陶瓷》，上海文化出版社，1992年。

10 冯先铭：《中国陶瓷》，上海古籍出版社，2001年。

11 冯小琦：《中国古代瓷器对日本瓷器的影响》，《收藏家》2000年第9期。

12 刘朝晖：《17世纪外销日本的中国瓷器》，《文化遗产研究集刊（第二辑）》，上海古籍出版社，2001年。

托款[13]。曹建文教授通过实地考察，介绍了景德镇老城区清代窑址发现古染付、祥瑞仿品的情况[14]。金立言在《和风扑面：明末清初外销日本的景德镇瓷器》一文中较为详细地介绍了古染付、祥瑞、南京赤绘三类外销日本的瓷器。就祥瑞来说，他利用明末有关的文献并结合祥瑞的纹饰，对祥瑞的款式有了新的解读，认为它既不是人名也不是地名，而是一个外销日本市场的品牌名称[15]。上述学者的研究不仅明确了祥瑞的概念、类别而且对款式有新的见解并初步披露了与祥瑞有关的窑址信息。

祥瑞研究的突破性进展是2018年10月中日双方学者的一次意义非凡的合作交流即由景德镇唐英学社举办的“东瀛异彩——明末日本来华订造瓷特展及学术研讨会”。与会期间，日本学者分享了古染付、祥瑞在生产、流通、受众等方面的最新研究成果。如林克彦的论文《古染付杂感》对古染付的制作工艺、装饰纹样、生产背景做了全面的介绍；金泽阳《十七世纪前期的东海陶瓷贸易——以古染付时代为中心》一文分别讨论了明朝海禁政策对陶瓷贸易的影响，在此政策影响下，古染付、祥瑞流通至日本的方式途径；中路のぶ代《舶来“古染付”最初的受众和接纳情况》分别从茶会文献资料和出土遗物两个方面，说明了古染付、祥瑞的使用者多为将军家、武家，并有向豪商层普及的趋势。国内学者更是明确了祥瑞窑址的确切位置，黄清华通过多年的调查，发现祥瑞窑址主要沿景德镇昌江自北向南依次分布，如第三中学、第五小学、十八桥窑址。上述窑址出土的祥瑞残片与传世品比对结果一致，从而使多年来被苦苦找寻的窑址得以重见天日，可谓意义重大[16]。但就以往的研究及此次会议来说，有关祥瑞纹饰探讨依旧简要概括，并不是学者关注的重点。对于以纹饰繁丽、构图多变著称的祥瑞来说，研究似稍显不足。故本文在前人研究成果基础上，以期厘清祥瑞纹饰种类、构图手法并对相关问题进行探讨。

二、祥瑞的造型

在正式归纳纹饰之前，有必要对祥瑞的造型予以介绍。祥瑞多为茶道用具及怀石道具。大体可分为水指（茶道中盛清水的容器）、钵、茶碗、香盒（盛放香料的盒子）、德利（葫芦形瓶）、皿（盘）、茶巾筒、盖置（点茶时放置茶釜盖的器具）七类。每种造型又有不同类型如水指可分敞口和有盖两种。敞口型如平丸水指（敞口、平底），有盖水指分为蜜柑（柑橘形状）、砂金袋（形似袋子）、鮟鱇（鮟鱇鱼造型）三种。钵分为反钵（类似口沿翘起的

13 罗以民：《日本五良太夫正德入明考》，《故宫博物院院刊》2004年第5期。

14 曹建文：《景德镇近年发现古染付祥瑞窑址》，《陶说》2011年第8期。

15 金立言：《和风扑面：明末清初外销日本的景德镇瓷器》，《收藏》2018年第7期。

16 2018年10月18—19日“东瀛异彩——明末日本来华订造瓷特展暨学术研讨会”在景德镇唐英学社举办。本次展览公开展出古染付、祥瑞近两百件套。会议吸引了出川哲朗、金泽阳、中路のぶ代、林克彦等10余位在业界享有盛誉的日本资深专家学者同时也汇集了国内多位权威专家的的参与。

图1　桃山时代沓茶碗

图2　祥瑞歪茶碗

碗)、捻花钵(以捻花装饰)、小钵三种。茶碗分为沓茶碗(以蹴鞠时穿的一种靴子而名也指可叠起来的茶碗)、筒茶碗(状如圆筒的茶碗)、胴缔、胴纽茶碗(腹部有凸棱)小服茶碗。香盒有蜜柑、葫芦、茄子、筋兜(头盔)、折扇、瓜、角桥杭(近似立方体)、八角形。皿分为洲滨(海岸线曲折的海滨)、长方形、梯形、花口皿。

上述造型，一是仿生自然物或模仿生活器，如仿自然中的蜜柑、葫芦、茄子、瓜等或仿日常生活中的袋子、头盔、靴子、折扇等。虽多为仿生器，但其造型颇为严谨，如蜜柑水指实为一个饱满的球体，仅盖纽为枝叶状。二为规整复杂的器物。规整者近几何形如八角香盒；复杂器物有小服茶碗、胴缔，胴纽茶碗、三角形歪茶碗等，像小服茶碗，直立口缘、口以下到腰部为圆鼓形，腰以下棱柱形；三角形歪茶碗敞口、折腰、腰上部扭曲下部规整。

其中有些祥瑞的造型出自更早时期的茶道具，如蜜柑水指、鮟鱇水指、茄子香盒和洲滨形皿分别源于早期的同名金属制茶釜和陶茶碗。日本有学者对此也有过论述[17]，另有学者认为日本根来漆器对其也产生了影响[18]。祥瑞的造型设计不是生搬硬套，而是根据新的茶道习俗有所创造。如三角形歪茶碗造型虽源于桃山时代沓茶碗，但前者对后者进行了修正，保留歪斜趣味的同时也注重造型的规整〔图1、图2〕。

不管哪种造型无一例外装饰着繁满的纹饰。同造型一样，纹饰也可以分为不同类型。

三、祥瑞的纹饰

通过对祥瑞纹饰的归纳，可将它们分为：图案、绘画、文字三类，其中又有十分复杂的子类。

1.图案类纹饰

可以说是数量最多，最具特色的纹饰，有些图案在内销瓷上见所未见，可再细分为中

17　认为部分祥瑞原型为桃山时代志野、织部的茶陶，参见矢部良明：《桃山文化と景徳鎮窯の出い合古染付と祥瑞展》，每日新聞社，1981年。

18　林克彦：《古染付雑感》，《古染付——本國人的嚮往，彼國人的願望》，石洞美術馆，2017年。

国传统、中日合璧、日式图案三类。

（1）中国传统图案

此类图案有回纹[19]、古钱纹、涡纹、“卍”字锦[20]、席纹、“工”字纹[21]、锁子甲纹[22]、篦纹[23]、如意纹、月华纹[24]。另有图案化的中国传统卷草、梅花、牡丹、莲花等植物纹样。以中国传统图案为母本，以日式图案组织手法进行创作，就会衍生出中日合璧式图案。为不使叙述重复，未提及的传统图案在下文一并介绍。

（2）中日合璧式图案

主要是在传统图案的基础上加绘各种纹样或将传统图案以更为细腻多变的形式表现，正是这些细微变化使传统图案多了几分和式意味。

①四方襷

在菱格纹里填枣花、万字、汉字、“卍”字、梅花等图案，形成变化丰富的装饰带，多见于器物口沿、底足，如家鸡图砂金袋水指口沿、底足四方襷内分填放射状图案、“卍”字（见图26）。有时也作为器物主纹饰之一出现。日本学者称其为四方襷纹[25]。

图3　祥瑞瓢形德利一对

②变形龟甲

原型为龟甲，变体形式复杂：内填放射状、“米”字纹或小龟甲；另有涂染留白边者；梅花龟甲，在白边龟甲上再绘梅花。

③青海波

初为鱼鳞纹又分为细密型：排列细小紧密；白边型：类于白边龟甲；贝壳型：内画弧线似贝壳。

④宽格子

原为网格纹，转化形式为变勾线为填地留白。变形龟甲、青海波、宽格子多作为主要纹饰绘于器身〔图3〕。

图4　祥瑞文字山水纹筒茶碗

⑤波浪纹

初见于西晋至五凉时期墓葬中出土陶盘[26]，祥瑞上的更加细密，更具装饰性。多装饰在四方、筒茶碗底足及口沿〔图4〕。

19 商代青铜器上常见，后来成为瓷器常见纹饰。

20 日本学者将其命名为纱绫纹。

21 “工”字形，线条粗细匀整，具有双关的视觉效果。为中国传统图案，北宋丝织物上常见。

22 以Y形图案为基本单位重复穿插排列形成的图形。本是一种盔甲式样在唐宋时被造像艺术及丝织品模仿，从而成为一种典型的传统纹样。

23 用戳刺方法形成的成片点状纹样，多见于商周陶器，瓷器上大量采用则是宋元时期。

24 日本学者称为捻花纹，需要说明的是捻花是原始形态，最终它演变成了一种构图手法将在构图一节详述。

25 襷的意思是打十字结或者十字图案。

26 甘肃省文物考古研究所：《甘肃敦煌佛爷庙湾墓群2014年发掘简报》，《文物》2019年第9期。

图 5　祥瑞水玉纹茶碗

图 6　祥瑞家鸡图砂金袋水指

图 7　祥瑞山水唐草纹蜜柑水指

⑥三角纹

汉代灰、褐、绿釉陶器[27]上最先出现。祥瑞上有所变化，外形以曲线构成，内绘圆点、短曲线，见于水玉纹茶碗口沿〔图 5〕。

⑦宝尽纹

以暗八仙为基础再添犀角杯、爵、如意宝珠等宝物，将各种宝物罗列的一种纹饰。见于家鸡图砂金袋水指腹部〔图 6〕。

（3）日式图案

日本传统图案，形体特殊，风格明显。主要有 6 种。

①丸纹

是日本民族最为喜欢的图案之一，多以圆形为外轮廓内填各式纹样。早在桃山时代的器物上就装饰有丸纹，如樱花透镡（镡，即剑身与剑柄相交突出的部位）上的樱花丸纹。

祥瑞上的丸纹分为三部分。主体图案，构造复杂在器物上占主要位置。如系纹三角形歪茶碗外壁丸纹由山水、天干地支、回纹构成（图 2）。边界图案，起界线作用，山水唐草纹蜜柑水指外壁纹饰以此为界〔图 7〕。辅助图案，直径小、数量多，内空白或填纹样。如松竹鹿纹蜜柑水指口沿，丸纹以黑白相间的形式出现，白丸内有“卍”字。

②九曜纹[28]

祥瑞上的表现形式为八个小圆环绕一个大圆。九曜纹大皿是代表作〔图 8〕。九曜纹在日本战国时代被武将作为家徽使用。

③积水纹

水积聚在物体上自然形成的图形，表现了积水的摇摆不定，极具生活情趣[29]。祥瑞上的

27　中野徹：《中国古代陶瓷的器型和纹样续》，《陶瓷研究》1987 年第 12 期。

28　日、月和火、水、木、金、土五星合称七曜，另外再引入“罗睺”“计都”两“隐曜”，是为“九曜”。

29　片野知孝：《日本传统纹样名典举偶》，《世界美术》1987 年第 2 期。

图 8　祥瑞九曜纹大皿

图 9　祥瑞立瓜香盒

图 10　祥瑞筋兜香盒

积水文纹内部多填几何图案〔图 9〕。

④竹垣纹

竹垣即竹篱笆是构成日本庭院景观的重要元素，它的外观主要为格子结构但也根据需要被设计成其他形式。竹垣纹就是将格子抽象化后形成的纹样。一件立瓜香盒上竹垣与积水纹相互交织〔图 9〕。

⑤折扇纹

以折扇为原型的纹样[30]。如一件筋兜香盒上有略加涂染的折扇纹样〔图 10〕。

⑥格狭间

日语中的意思是曲线碗（木制凹形器皿），其实它形似如意纹且内填纹饰。花鸟纹砂金袋水指盖内有一周首尾相连的格狭间内填“卍”字、蜂巢、汉字、回纹、涡纹、古钱纹、山水小景，装饰效果流畅华丽（见图 58）。

传统图案一般源于中国古代青铜器、染织、陶瓷器；合璧式图案多将传统图案以日式手法重构而成；日式图案多源于日本传统器具的装饰纹样。应注意到，图案纹饰的主流是回纹、“卍”字锦、青海波、宽格子、席纹、四方襷等几何纹，它们在祥瑞装饰纹样中占有很大比重，它们有时会作为边饰出现在器物口沿、圈足上，有时也作为主纹布满器物全身，这一点与中国传统瓷器仅把几何纹作为边饰的手法大相径庭。可以说几何纹作主纹饰是祥瑞一大装饰特色。另外，它们也会与绘画类纹饰、文字一起组合搭配装饰器物。

2. 绘画类纹饰

类于国画又有装饰倾向的纹饰也就是日本学者所谓的“祥瑞风格绘画”。按题材可分为山水、花鸟动物、人物。

---

30 折扇是源于日本的工艺品，北宋时方才传入中国，参见王勇：《日本折扇的起源及在中国的流播》，《日本学刊》，1995 年。

图 11 祥瑞山水人物纹反钵

图 12 祥瑞人物山水纹反钵山水图

图 13 狩野吉信《各行各业图》

图 14 祥瑞山水纹台钵

图 15 祥瑞砂金袋水指外壁山水图

（1）山水纹

山水是明末青花常见题材。祥瑞上的山水纹主要出现在钵、皿的内底和水指腹部。如山水人物纹反钵口沿有一圈四方襷，其余部位皆绘山水〔图 11、图 12〕。山石造型伟岸，用笔硬朗，与内销青花多表现江南景致有所不同。这幅青花山水表现形式也较为奇特，如半山腰泛舟的景象有些不合逻辑，有超越空间的意味；另外举伞人与传统山水中人物装束明显不同，具有异域风情，尤其是人物所持长伞在中国绘画中较为罕见，反而在狩野派的风俗画中常有表现，如狩野吉信《各行各业图》中就有这种造型的长伞〔图 13〕。

山水纹台钵内外壁装饰几何图案，内底绘山水。近景以俯瞰的视角描绘了江上行船、岸边人物往来繁忙的场景，中远景配以楼阁远山，热闹的景象更像是一幅风俗画。其中并不辽阔的水面却容纳数艘大船；不宽广的陆地也密密麻麻建有众多比例失调的楼阁，同样不合常规〔图 14〕。

家鸡图砂金袋水指腹部以分割手法安排山水、家鸡图、宝尽三种纹饰〔图 6、图 15、图 26〕。其中的山水所绘题材与图 14 基本相同但留白较多，整体氛围更显安静。弯曲成“几”字形的古树及图案化的亭子具有装饰意向。两幅山水题材、构图、山石树木造型均与南宋·夏圭《长江万里图》类似〔图 16-图 18〕。

洲滨形皿内底同样被三种纹饰分割，其中山水为行旅题材，由崖石、老树、归鸟、旅人（人

图 16　南宋夏圭《长江万里图》局部

图 17　南宋夏圭《长江万里图》局部

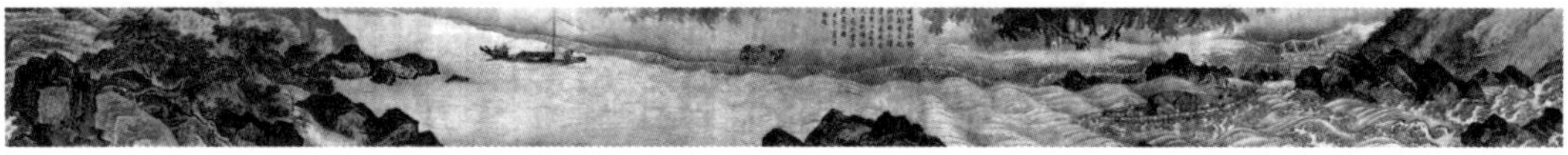
图 18　南宋夏圭《长江万里图》局部

图 19　祥瑞洲滨形钵

图 20　祥瑞洲滨形皿上的山水纹饰

图 21　明王世昌《大幅山水》局部

物比例偏大）构成的景色引人入胜〔图 19、图 20〕，构图与明王世昌《大幅山水》左半部分极为类似〔图 21〕。山水纹胴纽茶碗腹部有凸棱，凸棱上下图案横纵向排列。山水纹被安排在横向狭窄的装饰带内，描绘渔人晚归的画面，因空间狭窄树石居上，人物居下，树枝沿崖壁凌空悬挂，用笔方折的拖枝之势颇有马远笔意〔图 22〕。

一些小钵、筒茶碗上的山水皆为骑马观江、独坐亭下、江中泛舟等小景。如松竹梅纹

图 22　祥瑞山水纹胴纽茶碗

图 23　祥瑞小钵

图 24　祥瑞沓茶碗

图 25　明吕纪《芙蓉芦雁图》

图 26　明吕纪《寿祝恒春》

图 27　祥瑞砂金袋水指家鸡图

图 28　祥瑞花鸟纹砂金袋水指

小钵外壁绘折扇开光中的山水小景〔图 23〕，有意思的是这种扇面形式的构图，是桃山时代画家宗达常用的手法。

（2）花鸟动物纹

多是花鸟组合以及虎豹、鹿等动物形象。一般装饰在沓茶碗、砂金袋水指、蜜柑水指外壁。如沓茶碗外壁饰有芦雁纹，砂金袋水指上绘有家鸡图，花鸟纹砂金袋水指盖内的豹子形象等。有意思的是青花纹饰所模仿的对象大多是明代宫廷花鸟画。如芦雁纹与吕纪的《芙蓉芦燕图》极为类似〔图 24、图 25〕；家鸡图更是与同为吕纪的《寿祝恒春》如出一辙。〔图 26、图 27〕。蹲坐、趴坐的豹子与明代流传狮、虎图中的形象较为一致。

下面再看两幅特殊的花鸟纹饰，一件是花鸟纹砂金袋水指外壁晕散的花鸟牡丹〔图 28〕。晕散效果估计是青料飞散导致。牡丹在同期内销瓷上多为折枝、缠枝效果，整株牡

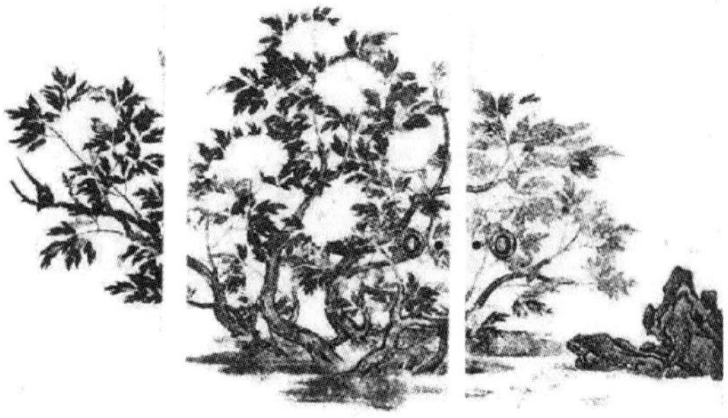

图 29　山乐《牡丹图屏障画》

图 30　祥瑞蜜柑水指

图 31　桃山时代紫地色纸

丹的呈现方式似乎受到了日本桃山时代狩野派画风的影响。狩野派画家山乐《牡丹图屏障画》有助于我们理解砂金袋水指花鸟纹饰的渊源〔图 29〕。另一幅为花鸟葡萄纹蜜柑水指器身纹饰，描绘了竹子、桃树枝繁叶茂，果实累累间有猿猴、鹿等动物嬉戏的画面。像竹林、猿猴、桃树这种组合在中国传统绘画及瓷绘中并不常见，同样多见于日本桃山时代画作。如长谷川等伯就画过《猿猴竹林图屏风》《猿猴图》等作品。水指的纹饰除去题材和狩猎派绘画类似，本身还透露出了染织意趣，画面中出现了积水格子图案〔图 30〕。绘画间以图案的配置手法在桃山时代的染织中已有先例，如《紫地色纸葡萄图案折箔》[31]，自由舒展的葡萄纹中就有规矩的方形几何图案〔图 31〕。

（3）人物纹

相对山水花鸟而言较为少见。典型者当属“崇祯八年”铭茶巾筒上的人物纹饰，以填地留白的方式表现了几个人手舞足蹈的情景〔图 32〕。斋藤菊太郎认为表现的是日本传统祭祀舞蹈——盆踊[32]。这显然是关于日本风俗的画面描写。风俗画是桃山时代的重要画种，狩野派画于名古屋城堡御殿风俗屏障画中就有类似形象的表现〔图 33〕。祥瑞青花戏犬图茶碗，以龟甲纹为地，描绘了人犬嬉戏的场景。金立言认

图 32　祥瑞“崇祯八年”铭茶巾筒人物纹

图 33　桃山时代狩野派风俗画

31　徒手或使用透珑镂刻花纹的纸样在布料上抹上浆糊，然后在其上面粘贴金或银箔，并用羽毛掸帚等擦拭多余的箔，印出花纹。这种技法称为“折箔”。

32　日本盆舞节（日本人称之为盆踊），又称日本鬼节，类似中国的清明节和中元节，源自日本人祭祖先忆亡魂的情怀。参见斋藤菊太郎：《世界陶磁大系第四十四卷・古染付・祥瑞》，平凡社，1972 年。

为，图像中的人物发型独特，表现的是当时日本人形象[33]。

祥瑞绘画类纹饰与中、日绘画作品的比较，目的不在于说明纹饰来源于某幅绘画，而是旨在说明纹饰风格：近似宫廷绘画兼具和风。花鸟动物纹饰多以宫廷绘画为蓝本进行再创作，不同此期内销瓷纹饰多呈现雅致淡泊的文人画风。纹饰具有宫廷画风，是由于祥瑞订制方的审美所决定的。桃山时代末、江户时代初，以小崛远州、片桐石州为代表的茶人推崇武家茶道。具有武士身份的茶人在精神上追求绚丽奢华的生活方式，在这种背景下，炫目灿烂的艺术形式随之问世。桃山屏障画即是此类艺术的代表，屏障画又是以汉画为标榜发展起来的。室町时代，日本和中国的南宋王朝文化、经济交流日益频繁，以院体和禅宗绘画流入日本，继唐绘后，再次给日本绘画重大影响[34]。具体来说是奠定了室町末期屏障画的基础。日本和明代通商成功[35]，明代巨屏式宫廷花鸟画又一次为屏障画注入了汉风。进入江户时代，许多明清时代的画家赴日带来的也是院体讲究写生的画风。可见至迟在南宋，院体、宫廷风格的绘画在日本一直备受瞩目。对于喜爱南宋院画、明代宫廷绘画的武士茶人来说，在他们订制瓷器的纹饰上出现相类似的画风也就不足为奇了。

纹饰的和风同样引人注目。首先表现在题材上，崇祯八年铭茶巾筒上描绘了日本人的祭祀场景，戏犬图茶碗同样描绘了日本人的生活画面，山水人物反钵上日式扮相的举伞人形象。花鸟纹砂金袋水指外壁与狩野派画家山乐近似的牡丹形象，花鸟葡萄纹蜜柑水指上以长谷川等伯手法组合的桃树、猿猴、竹林风景及流露出的染织意匠，都显示了此类纹饰和桃山时代艺术的亲近关系。山水人物纹反钵上的半山腰泛舟的景象体现了日本艺术不注重空间真实的特点；花鸟葡萄纹蜜柑水指纹饰中的积水格子，家鸡图砂金袋水指山水中图案化的亭子、折扇纹小钵上的开光扇面体现了日本艺术注重装饰的特性。上述纹饰流露出的和风，应为狩野派画家与武家茶人来往密切有关。如前所述，狩野派屏障画迎合了武士阶层的精神追求，得以在桃山时代和江户初期大放异彩。在这些屏障画中除了中国的宫廷画风，日本本民族的注重装饰的风尚更是不容忽视。武士茶人将风俗、人物、花鸟屏障画中民族元素移植到他们喜欢的瓷器上也是可以理解的。由此可见，祥瑞的订制者和使用者——武家茶人决定着绘画纹饰的总体风格。

另外，绘画纹饰周围更多的是细密的装饰图案，这一点和晚明内销瓷纯粹用绘画装饰的手法大相径庭，内销瓷尝试将纹饰从图案系统中解放出来，祥瑞却反其道而行之。高级内销瓷甚至有文人参与纹饰的绘制[36]。但从祥瑞绘画风格和复杂的图案搭配手法来看文人应

---

33 金立言：《和风扑面：明末清初外销日本的景德镇瓷器》，《收藏》2018 年第 7 期。

34 李梦：《古代中国绘画对日本绘画的影响》，《华中师范大学学报》（人文社会科学版）1998 年。

35〔日〕町田甲一著，莫邦富译：《日本美术史》，上海人民美术出版社，1988 年。

36 汪庆正：《17 世纪——明末清初景德镇民窑业的兴盛》，《上海博物馆与英国巴特勒家族所藏十七世纪景德镇瓷器》，上海博物馆，2005 年。

没有涉足，因为他们不擅此道。祥瑞的绘制应是专业、高级别的工匠所为。专业的工匠明白精良的胎釉、色料及繁密的几何纹只能搭配类于院体的绘画装饰，同时他们也能满足订货方要求的日式风尚。关于工匠的具体身份，成书于崇祯十年（1637年）《天工开物》中一条记载或许会给我们一些提示。“凡画碗青料，总一味无名异……如上品细料器及御器龙凤等，皆以上料画成”，说明了崇祯时确有官窑龙凤器，明代天启、崇祯两朝应该还有极少量的官窑瓷器生产[37]。在官窑十分不景气的情况下，其中精于官窑绘画技术工匠，为了生计是否接受了民窑的邀请参与了祥瑞绘制任务？

图 34　祥瑞家鸡图砂金袋水指文字

3. 文字

除了“五良大甫　吴祥瑞造”的款识，还有书写在装饰带或器表的文字，它们与其他纹饰一并装饰器物，俨然成为一种“文饰”。从书写内容看，多是唐宋诗词和民间谚语。如家鸡图砂金袋水指上“鸡鸣紫陌曙光寒”一句题写在画面的左上角，类似于题画诗。它是唐代岑参《和贾舍人早朝》里的首句[38]〔图 34〕。这是以咏“早朝”为题的唱和诗，内容尽力铺设早朝的庄严隆重。题诗与画面中五子登科的寓意相符[39]。“崇祯八年”铭人物纹茶巾筒上“金榜题名大登科，一本葵生千倍利”的铭文则是吉祥用语在祥瑞上的展现。几何花鸟纹沓茶碗装饰带中的“头上花枝照酒卮，酒卮中有好花枝”一句出自北宋邵雍的《插花吟》，颇有悠然自得，圆融自乐之感。祥瑞瓢形德利上装饰带中大段文字是佚名所作词牌名为《西江月》的词：“八月中秋白露，路上行人凄凉。小桥明月桂花香，日夜千思万想。心中万般宁静，青春好读文章。十年苦读在书房，方见才学益广。”〔图 35〕平淡又有豪迈之气。文字山水纹筒茶碗格狭间中的文字采自南宋以后《名贤集》里的谚语“国正天心顺，官清民自安。妻贤夫祸少，子孝父心宽”〔图 36〕有着劝世明戒之意。书写在祥瑞上的诗词谚语皆有彰显祥瑞、歌颂时代、表露才华的积极意义。从装饰位置看，它们都被精心安排在器表显要位置；从书写格式来看，认真规整，但没有刻意追求书法趣味。这和同期瓷器上一些具有文人趣味的书写方式不同。如明崇祯青花题记博古图瓶瓶身一侧用工

37　汪庆正：《17 世纪——明末清初景德镇民窑业的兴盛》，《上海博物馆与英国巴特勒家族所藏十七世纪景德镇瓷器》，上海博物馆，2005 年。

38　全诗为：“鸡鸣紫陌曙光寒，莺啭皇州春色阑。金阙晓钟开万户，玉阶仙仗拥千官。花迎剑佩星初落，柳拂旌旗露未干。独有凤凰池上客，阳春一曲和皆难。”

39　描绘了雄鸡伴有五只雏鸡在草地上玩耍的画面。五只小鸡寓意五子，鸡冠的“冠”与“官”同音、同声，而且鸡是终日鸣叫的禽类，“叫”与“教”同音、同声，含有教导五子皆升官之意。

图 35　祥瑞瓢形德利文字

图 36　祥瑞文字山水纹筒茶碗

整的隶书题写“竹摇清影挂幽窗，两两时禽噪夕阳”。“庚辰春月写于可竹居”，再配以山水和印章强化了追摹文人绘画的表现意识。祥瑞上文字并不是为了凸显文人意趣而是为了取得一种和绘画、图案有别的装饰效果。对此，金泽阳认为除去名气很大的唐诗宋词，日本人根本可不能知晓一些少见中国诗歌谚语，继而认为当时景德镇的陶工也有着自主创作意识。但有一点需注意的是，江户时代，大量的儒家书籍及茶书流入日本，受到武家茶人追捧。茶人想必对于一些儒家论调十分熟悉，继而将它们“书写”在祥瑞上也是合情合理。

四、祥瑞的构图

以上介绍了图案、绘画、文字三类纹饰，对它们在器物上的组合方式也稍有涉及。如绘画类纹饰一般装饰在器物主要位置，几何图案分布在次要部位。如前所述，日本学者将其概括为主纹加辅纹的组织方式即器身有各式山水、花鸟等主纹，口沿、底足饰几何辅纹。这种组织方式可以说是一种较为常见的构图也可说是一种典型手法，但并不是所有器物都用此法，图案类纹饰有时也会作为主体纹饰；图案和绘画、文字也会互相对比衬托，产生抽象和具象并存，类似“拼盘”的装饰效果。祥瑞的构图手法多种多样，自由复杂。为了能够厘清祥瑞的构图手法，我们先将祥瑞的构图分为单一式、典型式、复合式三大类，再描述其下的子类构图。

1. 单一式（纹饰不区分主次，以某种单一的手法均匀地分布在器物上）

（1）捻花式

若干近似 S 形装饰带呈旋转的态势均匀分割器身，带内多是几何与花草图案。日本学者称其为“捻花”，本文沿用这种称呼，典型代表是捻花钵〔图 37〕。斋藤氏认为明成化官

图 37 祥瑞捻花钵

图 38 明成化蜀葵纹宫碗

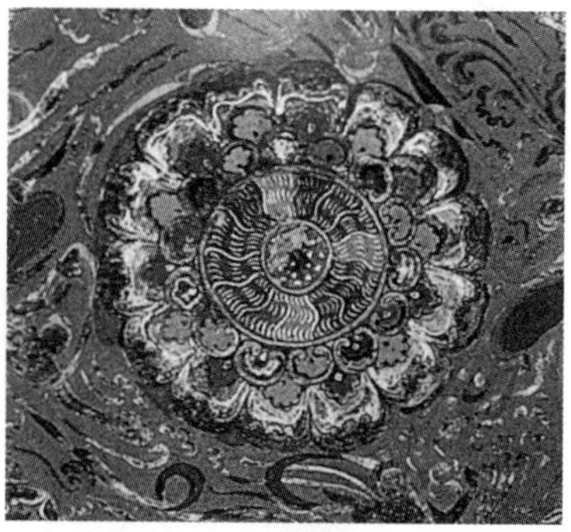
图 39 莫高窟初唐 329 窟藻井

窑青花缠枝蜀葵纹宫碗[40]碗心旋转花形图案是捻花的原始形态〔图 38〕。这种图案实为明代民窑青花上大量出现的“月华纹”。可以认为，捻花钵上的捻花是由“月华纹”演变而来，明代后期碗的胫部多绘月花纹，待其传至日本，祥瑞设计者又参考染织装饰手法，使其满布器身[41]。尚有另外一种样式，仅在钵内壁，饰一大型平面捻花。关于此式样，将在后文介绍。更有学者考证月华纹实为象征净土宗的莲花[42]。月华纹确实是莲花，它的早期形态见于石窟艺术，如敦煌莫高窟隋代 398、380、初唐 329 等窟的藻井中心就饰有这种莲花[43]〔图 39〕。

图 40 桃山时代桔梗蝶菊桐纹莳绘広盖

（2）片身替式

日本传统漆器有一种典型的构图手法名为“片身替”（以闪电形折线把装饰面对角分割为两部分，饰以不同的材料或纹样）[44]。这种手法在桃山时代（1573—1603 年）漆器中盛行。一件《海松贝橘扇莳绘料纸箱》画面一半在黑漆地上饰平莳绘、薄高莳绘、梨地绘交织的橘子及橘叶并以切银点缀橘花，一半在梨花地上用平莳绘及金贝饰折扇纹[45]。相同装饰形式的漆器还见于桔梗蝶菊桐纹莳绘広盖〔图 40〕。“祥瑞”继承了这一手法，如一件立瓜香盒被龟甲、丸纹纵向分割，截然不同的纹样拼合在

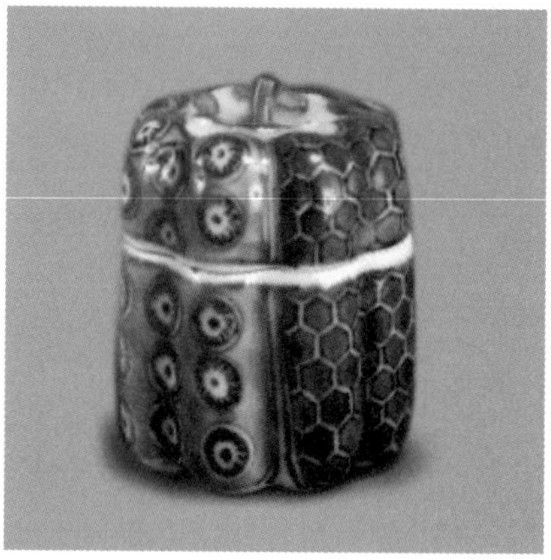
图 41 祥瑞立瓜香盒

40 斎藤菊太郎：《祥瑞の新论》，《祥瑞》，滴翠美術館，1966 年。

41 如桃山时代浅葱白紫染分练纬地雪翰银杏图案胴服的表现方法即是以浅葱色、白色、紫色的斜条纹分割整件服饰，再与条纹之上织绣出银杏、白雪图案。倘若仔细观察，尚可见到白色条纹里有用墨线描画的圆形细雪图案。此种构图意识在祥瑞上更是得到了进一步的继承。祥瑞瓷装饰带里的图案比起疏松的细雪，更为繁满紧密。

42 李熊熊：《浅析明清瓷器上的“净土莲花”图》，《收藏界》2016 年第 1 期。

43 关于月华纹渊源见拙文《从敦煌到景德镇——月华纹渊源初探》，《第二届丝绸之路与敦煌历史文化学术研讨会论文集》，中国社科院历史研究所、甘肃省敦煌博物馆，2019 年。

44 日本染织中也善用此装饰手法。

45 长北：《日本莳绘工艺体系》，《创意与设计》2012 年第 2 期。

图 42　祥瑞琉璃釉瓢形瓶

图 43　祥瑞蜜柑香盒

图 44　祥瑞角桥坑香盒

一起对比效果强烈〔图 41〕。片身替和捻花是极具日本特色的构图手法。

（3）分割式

在“片身替”基础上演化出来的手法，不同于前者将器物一割为二，更有三割、六割的手法。琉璃釉瓢形瓶，器身被分割成六份，内填青海波、龟甲、古钱等纹饰〔图 42〕。

（4）绘画式

纯粹用绘画装饰的器物在祥瑞中较为罕见。一件平盥形水指外壁仅有两道凸起的弦纹，素朴无饰，内部描绘山石锦鸡、樱花小虫。另一件蜜柑香盒通体描绘了松竹梅。两件作品构图较满，少有留白〔图 43〕。

图 45　桃山时代花鸟莳绘螺钿角德利

（5）依型布饰

多用于造型规整，块面结构明显的器物，如角桥坑香盒，近似立方体，严谨的造型搭配图案装饰，相得益彰〔图 44〕。桃山时代一组花鸟莳绘螺钿角德利在各面内以莳绘、螺钿技法表现了花鸟图案〔图 45〕。角桥坑香盒和漆器的造型近似，就时代早晚和工艺成熟度来说“祥瑞”应借鉴了漆器造型及装饰手法。

图 46　祥瑞蜜柑香盒

图 47　室町时代莳绘白粉箱

图 48　祥瑞茄子形茶入

（6）开光式

有在空白器表和锦地上开光两种形式，香盒类器物多用此法。在空白器表开光的有茄子香盒，表面绘有相连的格狭间内有宽格子、龟甲图案和屋形船纹饰。一件蜜柑香盒在满是涡纹的器表开出独立的格狭间，开光内绘江边小景〔图 46〕，是锦地开光的代表作。在繁密地纹上开光内填纹饰的手法同样源自漆器。如室町时代（1336—1573 年）一件龟甲菱莳绘白粉箱，其上开有菱形窗口内填龟甲纹〔图 47〕。

（7）段替式

器物被横向装饰带分割的构图手法，里面交替出现不同纹饰，故名“段替”。一般分为三段，被称为“横向三割”。茄子形喇叭花茶入器身分饰四方襷、缠枝喇叭花、龟甲纹〔图48〕。桃山时代的染织擅用此法安排纹样，染分练贯地桐矢袄文样辻花胴服，自上而下分为三段，肩膀部位为紫地壶垂纹，衣摆的部分是矢袄纹样（箭羽纹），中央身躯部分则是疏松的空间，以萌葱、紫与浅葱三色染成的桐纹样加以装饰[46]〔图49〕。

图49　桃山时代染分练贯地桐矢袄文样辻花胴服

通过对捻花、片身替、分割、段替式构图的分析，可以看出单一式不会按照器物主要、次要装饰部位配置纹辅，而是以某种单一的手法将纹饰均匀地分布在器物上。通过与日本传统漆器、染织的比较，可以看出单一式构图手法多是借鉴了日本室町、桃山时代的工艺品。

2. 典型式

前文已述，口沿底足饰几何纹，器身采用了绘画纹饰的构图为典型构图法，可称它为典型式，具体可表述为“几何纹配绘画”，这与单一式不区分主次的手法是不同的。典型式代表是山水人物纹反钵。然而部分祥瑞，器身主纹可以是山水花鸟也可以是捻花、开光等装饰形式。为方便叙述，将这些泛化的几何纹配主纹的构图统称为“典型式”。按主要纹饰的不同又可分为3种。

图50　祥瑞闲人反钵

（1）几何纹配捻花

几何边饰与捻花的综合，如闲人反钵内壁口沿画四方襷，剩余部分被平面的捻花分割，捻花内几何纹与平涂花瓣交替出现，外壁仅以青料刷染。一个有趣的设计是在口沿塑造了一个攀爬人物形象〔图50〕。

（2）几何纹配开光式

丸纹香炉口沿饰回纹，器身为锁子甲纹，其上有丸纹开光，内绘飞鸟〔图51〕。

（3）几何纹配片身替

一件色绘祥瑞大盘被分成两部分，一半是抽象紧密规矩的几何图案，另一半则是自由具象的梅花纹。而细密几何纹的另一半边饰纹样则是大量余白的自由潇洒的松、竹、梅，既与中间的几何纹形成对比，又与另一半的梅花图案相呼应[47]〔图52〕。几何花草边饰加配

46　源自东京国立博物馆展品介绍。

47　方李莉：《景德镇民窑》，人民美术出版社，2002年。

图 51　祥瑞丸纹香炉

图 52　祥瑞色绘祥瑞大盘

图 53　祥瑞瓢形德利

图 54　祥瑞花鸟纹钵

图 55　祥瑞立瓜香盒

片身替主题纹饰，处理得巧妙自然。

典型式手法可以说是将单一式构图视为一种主题纹饰，在此基础加饰几何边饰。闲人反钵就是将立体的捻花设置为二维平面的形式，把它作为主纹绘制在钵的内壁，再于内壁口沿加饰几何纹。

3. 复合式

在了解了以上两种构图手法的基本规律之后，再来看复合式就容易许多。复合式就是单一式和典型式各自相加以及两者的组合。可归纳为单一式 + 单一式、单一式 + 典型式、典型式 + 典型式三种模式。

（1）单一式 + 单一式

单一式之间的组合，也可以说是一件器物上使用两种或以上单一式构图的手法。

①绘画 + 段替式

一件瓢形德利上部绘石榴纹，下部以段替手法布置几何纹〔图 53〕。

②捻花 + 绘画式

花鸟纹钵内捻花，外绘画，搭配得恰到好处〔图 54〕。

③分割 + 开光式

一件立瓜香盒瓜身被分割成六份，分饰古钱纹、龟甲纹、文字等，其中一分割面有格狭间形开光〔图 55〕。

图 56　祥瑞松竹梅纹茶碗

图 57　祥瑞松竹梅纹轮花皿

图 58　祥瑞花鸟纹蜜柑水指器盖内

（2）单一式 + 典型式

①绘画 + 几何纹配捻花式

松竹梅纹茶碗内壁绘山水，外壁口沿及圈足饰水波纹、锯齿纹；器身是松竹梅与棋格、锁子甲等纹饰组成的捻花〔图 56〕。

②开光 + 几何纹配分割式

轮花皿边缘为如意、卷草，盘心以分割手法安排各式几何纹，再于其上开一四方窗口，内绘交叉缠绕的松竹梅〔图 57〕。

图 59　祥瑞花鸟纹蜜柑水指

（3）典型式 + 典型式

几何纹配绘画 + 几何纹配片身替

花鸟纹蜜柑水指器盖内外皆为几何纹配绘画，分别为四方襻配山水纹、格狭间配洗象图〔图 58〕。器身则由如意图案与片身替式主纹（鸳鸯牡丹、丸纹）巧妙搭配而成〔图 59、图 60〕。不同部位都采用了典型式构图，几何边饰有丸纹与格狭间之分，主纹亦有绘画与丸纹之别。其他蜜柑、砂金袋水指也多采用典型式 + 典型式构图。

图 60　祥瑞花鸟纹钵

复合式可谓是祥瑞中最为复杂的构图方式，但仍有规律可循。仅从列举的几件器一式与典型式物来看，一些整体不可拆分且适宜在器表装饰的，如瓢形德利、钵、盘多是采用了单一式 + 单一式或单一式 + 典型式的构图；可拆分的如带盖的，则多用了典型式 + 典型式的构图。

4. 小结

应该说单纯式和典型式是两大基础构图手法，更复杂的构图其实就是两种基础形式的自由组合。在归纳这些构图手法时，本文仅列举了些代表性器物，其他祥瑞的构图皆不出单纯、典型、复合式三大类；在对构图手法进行命名时，采用了类似公式的格式。之所以如此，因为构图手法的命名一般是器物主纹饰为准，但祥瑞每个部分被都设计者视为主要画面予以精心装饰。所以在归纳构图手法时，器物每一部分都不应被遗漏，需将每一部分的构图手法都准确地表述出来。这样一来，构图手法的命名就会稍显复杂，以类似公式的概括则更易理解。

无论采用哪种构图，祥瑞的纹饰皆繁满复杂，每个部位都装饰着精美的纹饰，甚至通常不被关注的器底也有纹饰的存在，如一件色绘祥瑞手钵内外壁为典型加单纯式构图，器底更是满绘缠枝莲花纹。所以，祥瑞的构图特点首先可概括为一个“满”字；祥瑞上繁满的纹饰囊括了图案、绘画、文字三类，三类纹饰有时会在一件器物上全部出现，它们之间的组合极其自由，有拼贴效果，类似于菜肴中“拼盘”形式。具有日式审美特征“拼盘”的构图多源于日本桃山时期的漆器、染织工艺。拼盘式的创作思维，可以在当时统领日本茶道的茶人小崛远州的审美意识中找到依据。此时的小崛远州以综合的艺术观确立了“日本的茶”将书道、花道、茶道统一在一种环境中[48]。正是这种综合性倾为祥瑞纹饰设计提供了理论依据。祥瑞的纹饰看似繁杂散乱，细细观察可发现其层次分明，有一种理性之美，于变化中求统一，以凌乱分散的布局取得了和谐统一的整体视觉效果。

五、结论

祥瑞纹饰分为图案、绘画、文字三类，图案纹饰又可分为中国传统、中日合璧、日式图案；绘画纹饰有山水、花鸟动物、人物题材且兼有宫廷与狩野派画风；文字多是唐宋诗词和吉祥谚语，书写的目的不是为了凸显文人意趣而是为了取得一种和绘画、图案有别的对比效果，俨然成为一种“文饰”。

祥瑞多为打散拼接式构图，具有“拼盘”的装饰效果。其构图手法灵活多变，大体可归纳为单纯、典型、复合式三类；手法源于日本桃山时代的漆器及染织工艺。拼盘式创作思维源于小崛远州综合性的茶道观念。

祥瑞手纹饰生动的日本桃山时代末、江户时代初茶道界审美风尚。由此也可以看出，祥瑞的设计以日方茶人为主导，烧制则由明末景德镇掌握官窑技术的工匠完成。至于中日双方的参与程度究竟如何，有待于进一步的研究。

---

48 陈进海：《世界陶瓷艺术》，黑龙江美术出版社，1995年。

晚明外销瓷“棱式风尚”的形成、转变与图式中西辨考 *

吴若明（南开大学）

摘要：晚明时期外销欧洲等地的中国瓷器风格独特，主要指明万历以来景德镇、漳州等地所产中国外销瓷，多开光的设计是其最为显著的装饰特征。纹样多来自中国晚明常见装饰图案，但在设计风格上以对称和平衡的多格分割为主，强调青多于白的色调，和当时的中国国内市场的瓷器风格有所差异，传统纹样为迎合市场而变化，并随着市场的喜好呈现出偏好性图案设计。通过重点比较外销瓷中占较大比例的碗盘边饰的“棱式风尚”研究，结合其装饰图案和制作工艺等因素，从其消费地异域的视角下探讨其图像风格中的重复性与转变特征。

关键词：棱式　外销瓷　图式

一、晚明外销瓷“棱式风尚”

晚明时期（1573—1644 年）中国外销瓷的图像装饰一方面以传统纹样为基础，如动物、风景、花果、锦纹等，寓意吉祥；另一方面，随着全球贸易的发展和贸易量的增长，这些外销瓷设计中呈现一定的风格，并在日本、东南亚、中东地区外，还开始大规模为迎合新的欧洲顾客群体需求而生产，成为风格多变又设计统一的晚明外销瓷之风。这些远销欧洲的晚明瓷器，需求量逐年递增，器型及尺寸也丰富多样，被欧洲定义为克拉克瓷（Kraak Porcelain），装饰风格影响深远。关于克拉克瓷在文献中的出现，可追溯到 17 世纪 40 年代。近年研究中表明，目前最早的克拉克瓷出现在 1638 年 4 月 12 日荷兰阿姆斯特丹东印度公司负责人写给驻巴达维亚的荷兰公务人员（Hoge Regering) 的信件中，分别在编号 38 和编号 43 的两条新文档中，记载通过订单需求 craek com (kraak bowl)，以及 caraek (porcelain) 等相

* 项目基金：本文系 2019 年教育部人文社会科学研究青年基金项目“德国藏中国明清瓷器的调查与研究”阶段性研究成果之一，项目编号：19YJC760121。

关词汇提到克拉克瓷[1]。早期的界定以青花为主的材质及模印分割的工艺为标准。在后期的定义中则更强调其风格化的边饰分割及边饰内容。中国的克拉克瓷器概念包括广义和狭义之分，狭义则可与国际上对克拉克瓷的界定趋于一致，以晚明景德镇等地所产做工精致的外销瓷器，并具备上述的装饰特征；广义则以多开光装饰为特征，除了晚明景德镇产外销瓷外，还包括了大量的漳州窑产外销瓷，以及 18 世纪日本和康熙外销瓷中具有此类多开光克拉克装饰的瓷器[2]。

二、“棱式风尚”的形成与转变

晚明外销瓷装饰中，棱式设计成为主流风尚，第一类是显性的区间分割，即多开光装饰（panel design），不仅在晚明景德镇窑的外销器皿中作为常见的装饰风尚，在以外销为主的漳州窑、日本有田等窑口产品中都有相关设计，并影响到清代外销瓷的设计。第二类是隐性的棱式设计，通过模印方式得以体现其区域分割的效果，具有唐宋以来的瓷器传统。最后是变体的棱式风尚，虽然有区域分割的设计，但不拘泥于传统棱式的几何线条形制，更多采取水果、花卉等形状，以做器物上的成组装饰，是前者的变体与转变。

（一）边饰分割与变体

在克拉克瓷器的碗盘类边饰的分割中，一方面运用以钴料为主的釉下青花彩绘装饰分割边饰，另一方面则以模印的使用为主，二者既可以单独使用，也可以结合运用。所谓模印是指在坯体制作成形，尚未干燥时，用带有固定纹饰的模具在坯体表面挤压，从而得到预期图案的装饰。在克拉克瓷碗、杯、盘的壁上印模图案装饰，或者是模印出棱形或圆形的轮廓装饰。并流行与青花彩绘结合运用。

模印的棱式主要为线状条形，一些圆形或如意形的开光轮廓也可以模印形式印于坯上，再辅以青花装饰。模印的棱式不仅在碗盘器型中常有运用，在汲水器如瓶、军持上也都有使用。根据莫拉·瑞纳尔迪（Maura Rinaldl）和霍吉淑（Jessica Harrison-Hall）在对克拉克瓷器相关运用模印图案装饰盘壁的瓷器整理，可以归纳为盘口直径在 20 厘米左右的弧形直壁的盘多使用模印的棱，此外还有少数口径在 13 厘米的弧形直壁碟也是模印棱式。而盘口直径在 50 厘米左右的大盘则以拉坯成型，青花描绘为分割方式，不采取模印[3]。此外，在一

---

1 Cynthia Vialle. De bescheiden van de VOC betreffende de handel in Chinees en Japanms porselein tussen 1634 and 1661. Aziatische Kunst, 1992(09); Vinhais, Luise and Jorge Welsh, eds. Kraak porcelain: the rise of global trade in the late 16th and early 17th centuries. London: Graphicon Press, 2008.

2 吴若明：《克拉克瓷名辨及海上丝路贸易区域功用研究》，《美术研究》2018 年第 12 期。

3 Rinaldi, 1989, pp. 73–76; Harrisson-hall, Jessica. Catalogue of late Yuan and Ming ceramics in the British Museum. London: British Museum, 2001, pp. 86–99.

些特定的模印成型的八角碗等器型中，突出的棱也被加以青花线描，以分割碗外壁装饰[4]。模印的棱式主要表现为器物坯体上狭长的棱形装饰，有两连续、三连续或完全平均间隔分布边框，中间又含有卵形的模印轮廓或莲瓣形的边框装饰。模印的瓷器表面分割边框，常在坯体上描绘青花线条，以作为多开光的轮廓线。还有一种以青花装饰为主要装饰，辅助模印装饰运用在器型坯体上模印出垂直的棱，作为壁上典型开光的轮廓线装饰的方式，主要运用于碗或杯、盘等敞口实用器皿。这种装饰流行于克拉克瓷器的各种器型，虽然装饰的效果不是特别明显，但却很好地配合了器物上开光图案。

模印在盘壁装饰除了常见的条状棱式以外，还有部分图案模印装饰分割，形成多开光的边饰轮廓，通常包括三种形状，第一为双层如意卷云；第二为双层小葵瓣，也有认为是扇贝[5]；第三为变形莲瓣式。模印棱式样与青花装饰的结合方式在克拉克瓷器中所占的比重不是很大，在一些发现的同期沉船中也只有少部分这类装饰的瓷器。根据公布的这类瓷器的生产时间，都推测在 1575—1610 年之间，即克拉克瓷器初期阶段，模印或模印加青花的边饰分割方式，此后逐渐被单一的青花装饰所取代。克拉克瓷的边饰分割框形状中尤为盛行的是佛教因素影响下形成的变形莲瓣式，造型上延续了元代“八大码”的经典造型。此外，还有圆形和水滴形的边饰分割多开光边框，通常没有模印痕迹，由釉下青花直接在坯体上双层描绘而成。

（二）棱式与边框分割渊源

克拉克瓷器的模印装饰并不是独立发展的，而是在传统瓷器装饰的基础上以衍生，并在市场消费中再次流行。模印用于陶瓷，一种是以装饰图案性为主，如唐代的长沙窑瓶罐的表面常以贴塑形式平均分布；另一种则是受唐代金银器影响的棱式模印，如弧形葵口及莲瓣型盘口及分割棱式样，在唐代铜镜、定窑或邢窑的白瓷中都有运用[6]。宋元时期中国南北各窑口的青瓷系产品中都比较常见这样的具有边饰平均分割效果的模印棱式，且大多运用于碗、盘中。

克拉克瓷器模印中的图案装饰常运用通常在盘类器皿的壁上，这与宋元时期青瓷模印装饰是一致的，此外一些杯子上和瓶子上也有运用模印棱纹。和早期陶瓷器模印装饰比较，其区别在于宋元时期的模印通常印于坯体后，直接覆盖表面青釉，不加其他彩绘装饰。而克拉克瓷器中的模印用法并不是孤立存在的，通常和器物主体部分的青花装饰综合使用，作为辅助装饰。并在明代万历后期，以及天启、崇祯时期逐渐被单一的青花装饰所取代。

---

4 南京市博物馆总馆、宁波博物馆、上海中国航海博物馆编：《CHINA 与世界：海上丝绸之路沉船和贸易瓷器》，文物出版社，2017 年，第 342、343 页。

5 Maura Rinaldi. Kraak Porcelain: A Moment in the History of Trade. London: Bamboo Publishing House, 1989, p. 75.

6 齐东方：《唐代金银器》，中国社会科学出版社，1999 年，第 77 页。

三、克拉克瓷器装饰风格

克拉克瓷器的生产最早始于明代嘉靖年间，在1560年前后。器物类型以盘碟最多，其次是碗类、瓶、杯、盖盒和军持等，数量巨大。在中欧海上贸易的兴起阶段，远程航运风险多变，瓷器重且不受潮湿的影响，是非常实用的压舱货物，保证航海中的安全性。而不同尺寸的碗盘类造型，可以大小相套，节约空间，因此，盘碟成为晚明海上贸易中最为常见[7]。器型主要来源于两方面：一是中国传统器型的运用，既包括传统类陶瓷器皿造型，也包括根据金银器发展的万历时期国内市场流行的造型；二是在贸易中受到海外影响逐步形成的新器型和造型改变较大的器型。即使是碗盘造型，也和中国传统造型略有不同[8]。不同器型的克拉克瓷器在总体装饰风格趋于一致性，其具有典型的中国装饰元素，同时根据其发展中受到来自海外文化和艺术影响，又体现了外来因素和风尚影响。

（一）对称和平衡的多格分割

克拉克瓷器的装饰构图，整体来说是繁密并平面化的，规整的对称构图，并借助于偶数的均等或间隔的宽窄开光的设计以寻求同一平面上更多分隔分单位的表现，利用同一系列纹样的多次反复在开光内间隔出现。

敞口类器皿，如碗、盘类圆器，以内部装饰为主，外壁和内壁一致的开光装饰。从整体构图来看，是对装饰器物采用从中心到周围的发散式构图。碗壁和盘壁的开光形状多样，以变形莲瓣为主，同时包括如意形、椭圆形等各种形状。在构图上常有意识地将不同或相同形状的边框以通过包含式或者交叉的覆盖形式，从而形成在构图的轮廓中以圆形、矩形为基础，整体繁密规整的构图格局。

壶、瓶以及军持等类器皿则采取纵向的垂直平行等分构图，装饰仅在器物表面，主要在器物表面纵向地分为偶数分割，以腹部六个均等的开光为主要装饰，开光的形状随器物表面的形状而变化，上窄而下宽，颈部和肩部平行间隔成更多的狭窄的小开光。值得一提的是瓶腹部的石榴形开光，其运用以间隔的颠倒式构图，即在三个口向上的石榴形开光和三个口向下的石榴形开光间隔，从而达到器物整体上的开光装饰的均等和一致。

（二）纹样的偏好性选择和分布

克拉克瓷器的纹样结合典型的开光设计，以中国的明代晚期盛行的装饰纹样为主。同时部分克拉克瓷器上还包括欧洲的徽章、花卉设计，以及中东地区的人物等图案，以综合交错分布的方式，使中外图案融合地再现于克拉克瓷器装饰中。

7　罗伯特·芬蕾著，郑明萱译：《青花瓷的故事》，猫头鹰出版社，2016年，第147页。

8　吴若明：《晚明外销瓷器型设计与境外术语辨考》，《陶瓷研究》2019年第2期。

兽类、鸟雀、昆虫，以及人物是克拉克瓷器装饰图案的主体部分。碗盘内底部圆形开光内绘画精致，在山水树木风景中的动物题材极为盛行，代替了元代青花瓷上盛行的中国传统祥瑞龙凤题材，在题材中极具偏好性选择。以 2003 年打捞出海的万历号沉船公布的数据为例，在 66 类型打捞瓷器中，两只鹿为盘心装饰的瓷盘位居首位，总数估计在 10442 件，占总瓷器数量（约 37300 件）的三分之一，此外，10336 件的小碗中也不乏鹿纹装饰[9]。宗教衍生的道教暗八仙、佛教八宝、璎珞，以及杂宝等祥瑞象征的图案和花卉、桃子是克拉克瓷的最为常见的辅助纹样。边饰中风格化演变的桃纹是最常见，并在同一器物上反复出现的纹样，这类纹样是中国常见的象征桃纹演变而来的，发展中的风格化桃纹近似向日葵。

作为外销瓷的克拉克瓷器，在贸易的初期，葡萄牙的商人还订制了部分带有徽章的克拉克瓷器。荷兰东印度公司在 1637 年之后订制的克拉克瓷器中，来自荷兰瓷砖上的郁金香等西方花卉设计也被代替之前盛行的暗八仙、杂宝等盘壁开光内纹饰，和中国传统的耕、樵、渔、读四类人物相间组合。从其布局来看，克拉克瓷器装饰在分布上具有明显的重复性和偏好性，这一风格在中国其他瓷器的装饰分布中也得以体现。来自宗教和民俗中的暗八仙、八宝、杂宝和璎珞、桃子等常见的中国传统祥瑞寓意的装饰图案，是克拉克瓷器装饰中的常见开光内装饰纹样。此外，四季折枝花卉或来自海外的西方风格花卉也较为普遍地出现在盘类口沿、瓶肩颈部装饰。一些表现自然中的动物、花鸟、人物等都出现在中心部分。一些来自以欧洲为主的销售地的指定图案如徽章等总被有意识地置于画面中心或瓶类腹部，以强调装饰主体。

（三）青多于白的色调

克拉克瓷器的青花绘画较之一般的民窑同期产品略显精细，通常在单个民窑内分工绘制，在制好的坯体上先打圈（打箍），将器物分层布局，并有相应的纵向的分隔形成开光。开光外轮廓描线后，再经人勾勒装饰图案，最后有人负责专门染色，完成后统一上釉烧成。

克拉克瓷器装饰的用色最为常见的，是在白色胎体上用釉下彩绘单色青花蓝釉，青花釉色大部分绚丽，也有部分青花发色偏暗，由于分水的发展尚未成熟，因此青花色泽在同一物件上色彩表现统一。白色胎体的白色多作为底色。介于克拉克瓷器上的装饰构图的饱满性，在整体用色上，常造成一种青多于白的色彩效果，这和元青花色彩装饰效果一致，但和中国晚明同期的其他青花瓷器，尤其内销瓷器上白多于青的色彩效果是不一样的。

9　Sten Sjostrand, Sharipah Lok bt.Syed Idrus. The Wanli Shipwreck and its Ceramic Cargo. Malaysia: Department of Museums Malaysia and Sten Sjostrand, 2007, p. 44.

四、晚明克拉克瓷边饰与古染付及内销市场比较

晚明外销瓷边饰的多重分割和棱式的变体成为克拉克瓷边饰重要装饰特征，与同期销往日本的古染付及在中国境内的民窑市场上的产品多有不同。晚明时期的内销市场的民窑器绘画中边饰以简为主，一种为形式简单的边饰留白，即仅在盘心圆形开光内描绘主题纹样；另一类则是在碗盘口沿处狭长的圆弧内描绘连续性的装饰性纹样，如卷草纹等，而在碗盘腹部仍留白。

古染付是中国明代外销日本的青花器皿，和远销中东及欧洲地区的克拉克瓷相比，其器物造型多有变化，在边饰的处理上又有所关联。在外销日本的古染付中，一类器型边饰没有作分割处理，以连续的、或留白的方式描绘，和中国同期内销的民窑器风格相近。另一类则也具有边饰的分割性装饰，并在后面发展成为日本瓷器的本土化风格。边饰分割的类型有三种，第一类是以旋转的分割方式，即将直线的棱式以转动的线体表现，突出其画面的灵动性；第二类是青花直线型的平均分割，既有模印的棱与菊瓣纹，也有以青花线条描绘的分割区间。对比欧洲、中东地区克拉克瓷器在分割区间内容的重复雷同或系列的图像内容不同，其分割区域以简繁相间，如在克拉克瓷边饰中用到的锦地纹和花果纹边饰，虽以二者结合，整体上仍在边饰画面平均分布，而在销往日本的古染付中则以相隔区间单独描绘的方式，突出变化[10]。第三类则和克拉克瓷器的边饰分割相近，但由于销往日本的碗盘器物造型与克拉克瓷有明显差异，因此在分割的边框也表现出不同的变式[11]。此外，明末外销日本盛行的“天启赤绘”和“色绘祥瑞”等彩瓷装饰也在边饰中与古染付相近[12]。

明清之际，由于朝代的更迭，景德镇的瓷业受到影响，而此期的日本在陶瓷战争后制瓷技术得到迅速发展，成为荷兰东印度所寻找到的又一处远东瓷器输出地。日本有田烧曾盛行过具有克拉克瓷风格的多开光装饰，并在瓷盘中心或瓷器腹部地区写有荷兰东印度公司的“VOC”缩写，强调了荷兰东印度公司对其的订制。那么对比这类瓷器的边饰分割，则以简单的青花线条分割为主，分割的形状也较为单一。

五、晚明文人审美及海外消费市场影响

明代晚期盛行的克拉克瓷器与同期销往东亚日本地区的古染付，以及国内市场的日用瓷器在边饰分割中都有明显不同，被作以刻意强调和均分，即凸显繁复之风，又对装饰图

10 Herbert Butz und Kawahara Masahido. Chinesische Porzellane Des 17.Jahrhunderts fuer Japan, Sammlung Georg Weishaupt. Museum fuer Ostasiatische Kunst Staatliche Museen zu Berlin-Preusssiche Kulturbesitz, 1997, Nr. 15, p. 49.

11 Herbert Butz und Kawahara Masahido. Chinesische Porzellane Des 17.Jahrhunderts fuer Japan, Sammlung Georg Weishaupt. Museum fuer Ostasiatische Kunst Staatliche Museen zu Berlin-Preusssiche Kulturbesitz, 1997, Nr. 32, p. 67.

12 方李莉：《景德镇民窑》，人民美术出版社，2002 年，第 92、93 页。

像进行严谨的规律化分布处理。区别的产生主要根据不同消费地区异域的审美，从而影响到器物的装饰风格。

（一）晚明文人审美及影响

唐代的陶瓷既有素雅静谧的白瓷、秘色青瓷，也有带有异域情调的三彩器皿。宋时期中国的瓷器发展均以素雅的釉色装饰为主，追求纹饰低调、比例均衡的雅致风格。瓷器不仅是餐饮器皿，更是文人书房的固定元素，显示了文人儒家审美之风[13]。元明时期，随着元代浮梁瓷局和明代御窑厂的建立，南方景德镇在继承青白窑系的“拟玉”青瓷系审美同时，也将异域情调的青花装饰成为风尚。浙江一带的青瓷也在元明时期通过贴花、刻划等技法将装饰从对釉色偏重转向图像的显现装饰，特别是在施有青釉色的器物底上以素胎贴花的组合形式将装饰的主要纹样突显出的装饰技法。

晚明时期文人一方面是对明之前宋代等名瓷肯定，另一方面对本朝官窑瓷器加以推崇。董其昌《董骨十三说》，既论述宋代五大名窑，也提及宣德、成化、嘉靖技艺之高，称“本朝宣、成、嘉三窑，直欲上驾前代”[14]。晚明沈德符《敝帚轩剩语》提及：“本朝窑器，用白地青花，简装五色，为今古之冠，如宣窑品最贵。近日又重成窑，出宣窑之上。”[15]但对于民窑器物，虽没有过多赞誉，但也提及在贸易中的重要性。明代王士性《广志绎》提及“此花白二瓷，他窑无是，遍国中以至海外夷方，凡舟车所到，无非饶器也”[16]。

尽管晚明的文人对民窑并没有多著笔墨，但盛行的文人之风对于晚明外销瓷的生产同样产生影响。在外销日本的古染付青花瓷器中，小巧精致的器物造型多变，一些动物造型的碗碟如双鱼、玉蝉、玉鱼等都与明代的墨条等文玩形制相近，在制作中以《方氏墨谱》《程氏墨苑》等版画中的图稿为粉本[17]。以版画为媒介，远销欧洲等地的晚明克拉克瓷器也同样有晚明文人的审美影响。明代以文人书画为来源的《程氏墨苑》《顾氏画谱》等版画上具有诗意的自然景致，也是克拉克瓷器盛行的主题纹样。

（二）中东地区器皿的繁密审美

中东地区伊斯兰艺术中的早期陶器，繁密的平均分割是釉陶装饰的常见特征，在论证克拉克瓷器开光起源时，一些学者也论述了这种平均化的边饰分割和中东地区伊斯兰艺术

---

13 罗伯特·芬蕾著，郑明萱译：《青花瓷的故事》，猫头鹰出版社，2016年。

14（明）董其昌：《骨董十三说》，金城出版社，2012年。

15（明）沈德符：《敝帚轩剩语》，中华书局，1985年。

16（明）王士性：《广志绎》，卷四台州丛书，上海人民出版社，2019年。

17 金立言：《和风扑面——明末清初外销日本的景德镇瓷器》，《收藏家》2018年第7期。关于明代外销日本古染付的造型受到来自晚明文人审美趣味的影响，参见谢明良：《关于叶形盘——从台湾高雄县左营清代凤山县旧城聚落遗址出土的青花叶纹盘谈起》，《金泽大学考古学纪要》，2010年。

的关联性[18]。作为克拉克瓷器外销的一个重要市场，这种关联性尤为突出。事实上，在荷兰东印度公司占据海上贸易主导权之前，作为亚欧贸易的葡萄牙商人正是将大量的中国瓷器沿途销售到西南亚、北非、中东地区，并带回一部分到达欧洲。而 1602 年和 1604 年荷兰人抢夺的两艘船只中在欧洲引起轰动的克拉克瓷，也正是这样沿途销售的器皿。此外，克拉克瓷的边饰分割框形状多样，除盛行的变形莲瓣造型外，圆形和水滴形的边框装饰也同样运用在克拉克边饰分割的多开光形状中。其与早先的伊斯兰日用金银及陶瓷器皿具有一定的关联[19]。在晚明伊斯兰教徒特别订制的阿拉伯纹彩瓷盘边饰中，也可以看到相近的圆形八开光边饰分割[20]。

（三）欧洲市场的审美与接受

欧洲地区在 16 世纪明代中期瓷器抵达欧洲之前，本土以釉陶器皿为主要陶瓷用品。对比文艺复兴 14 世纪意大利地区的釉陶盘，其画风繁密，宗教人物绘画为主题。随着欧洲和中东地区的交流发展，在文艺复兴后期，即 16 世纪前后欧洲地区的釉陶中，也出现了边饰的平均分割。如在意大利当时著名的德鲁塔（Deruta）制陶区所生产的陶盘，盘心仍以人物为主题装饰，但在平均分割的边饰，则以不同的几何纹装饰[21]。这样的装饰风格是欧洲当时所流行的，也有利于克拉克瓷器审美在欧洲地区的接受，因此这也成为克拉克瓷边饰多开光风格的一种来源可能[22]。值得注意的是，意大利地区这类釉陶的装饰也和伊斯兰艺术有紧密的关联性，在装饰风格上受到一定的影响[23]。

此外，边饰的平均分割和装饰主题的系列性同时也成为复调表现的一种形式，而复调（Polyphony），正是欧洲 18 世纪之前，即晚明克拉克瓷（Kraak Porcelain）及清初克拉克瓷风格（Kraak-style Porcelain）盛行时期，在欧洲巴洛克中盛行的一种形式。没有主旋律和伴声之分，所有声音都按自己的声部行进，具有相对独立的旋律线，有机结合，相互层叠，构成复调体音乐[24]。这与克拉克瓷边饰的分割，多重内容的系列化组合装饰相得益彰。

---

18 曹建文：《中葡早期贸易与克拉克瓷器装饰风格的起源》，《逐波泛海：十六至十七世纪中国陶瓷外销与物质文明扩散国际学术研讨会论文集》，香港城市大学，2012 年，第 308 页；罗易扉、曹建文：《景德镇克拉克瓷开光装饰艺术的起源》，《中国陶瓷》2006 年第 9 期。

19 Von Kjeld Folsach. The David Collection Islamic art. Denmark: Copenhagen Press, 1990, p. 95.

20 南京市博物馆总馆、宁波博物馆、上海中国航海博物馆编：《CHINA 与世界：海上丝绸之路沉船和贸易瓷器》，文物出版社，2017 年，第 328、329 页。

21 Waston, Wendy M. Italian Renaissance Ceramics: from the Howard I. and Janet H. Stein Collection and the Philadelphia Museum of Art. Philadelphia: Philadelphia Museum of Art Press, 2001.

22 Linda Rosefeld Pomper. A Possible Source for the Panelling on One Type of Kraakware. Arts of Asia, July 2015.

23 Hess, Catherine, ed. The Arts of Fire: Islamic Influences on Glass and Ceramics of the Italian Renaissance. Los Angeles: J. Paul Getty Museum, 2004.

24 林华、叶思敏：《复调艺术概论》，上海音乐出版社，2010 年。

六、总结

晚明时期外销瓷器中的克拉克瓷，胎体轻薄、质地优良，在欧洲等地备受欢迎。克拉克瓷纹样多来自中国晚明常见装饰图案，多开光的设计是其最为显著的装饰特征，在设计风格上以对称和平衡的多格分割为主，强调青多于白的色调。在海上丝路贸易兴起的背景下，不同尺寸的盘碟成为最主要的器型，方便运输、节省空间。盘碟的多开光装饰以模印和青花描绘结合或独立的方式，将边饰分割装饰，成为和欧洲时代风格相呼应的一种表达方式，在市场中颇受欢迎，并发展成为克拉克瓷器的主流样式，并影响至清代，成为克拉克风格的瓷器。边饰的分割形式以线形条棱为主，并在边框形成了变形莲瓣、圆形、水滴形等多种开光变式，既有对元代“八大码”式样的继承，也有受到伊斯兰陶瓷等器皿的影响，在订制的特定器物装饰中可以看到类似的边框形式。晚明克拉克瓷器和同期销往东南亚、中东等地外销瓷，以及内销市场上的瓷器装饰又有所差异，异域消费者的审美影响其边饰分割的流行和多开光风格的形成，而晚明时期的文人审美又对当时的艺术具有普遍的借鉴性，通过版画等载体被瓷器所借鉴，随不同的地区消费而发展。

刍议明代景德镇青花瓷器风格对其他窑场瓷器之影响

陈扬（天津市文化遗产保护中心）

摘要：景德镇青花瓷是明代最具代表性的瓷器品种，明代也是青花瓷生产的巅峰时期。其产品风格强烈影响其他地区，各地区窑场竭尽所能对其进行模仿和学习。本文从景德镇青花瓷器型、纹饰题材等方面入手，探讨其产品风格对福建地区、云南地区青花瓷以及其他瓷器品种的渗透和影响。

关键词：景德镇　青花瓷　器型　纹饰题材

青花瓷器是明代景德镇地区诸窑场最主要的产品，也是对明代其他地区瓷业生产影响最为深远的瓷器品种。青花瓷是以含氧化钴的矿物原料在瓷胎上进行绘画，再施透明釉入窑高温一次烧成。明代景德镇青花瓷成就了中国瓷器彩绘艺术一个巅峰阶段，其造型规整挺拔，胎体制作精细，釉面洁白润泽，青花绘画浓淡有致、疏密得当，还常常使用纹饰带进行分区装饰，利用开光装饰将纹饰重新排列等方法进行艺术化处理，产品流布广泛，足迹遍布全国各地。明代其他窑场生产的瓷器都或多或少受到这些工艺特点以及艺术风格的影响。

一、景德镇青花瓷对福建青花瓷的影响

福建东南沿海的众多青花瓷窑场主要是仿烧景德镇民窑青花瓷，因此无论是器型还是纹饰都模仿得惟妙惟肖。福建地区窑场的青花瓷兴起于明代嘉靖前后，万历至崇祯时期是其青花瓷生产的高潮时期，因此福建青花对景德镇民窑青花的模仿以同时期产品居多，这与明廷在景德镇设立御窑厂息息相关。洪武至宣德时期，景德镇御窑厂几乎垄断了优质制瓷原料，匠籍制度也将大批优秀制瓷工匠汇集于此，严苛的御窑生产制度也使得其产品流向只有解送至京城供御，落选的瓷器多就地打碎掩埋[1]，几乎不可能向社会流

1　权奎山：《江西景德镇明清御器（窑）厂落选御用瓷器处理的考察》，《文物》2005年第5期。

布，同时期民窑发展也是举步维艰。明成化以后，景德镇御窑、民窑青花瓷都获得了空前的发展，并且在嘉靖时期形成了“官搭民烧”制度，“本厂凡遇部限瓷器，照常烧造，不预散窑。惟钦限瓷器，数多，限逼。一时凑办不及，则分派散窑，择其堪用者凑解，固一时之权法也”[2]。也就是说，由皇帝临时指派的烧造任务已经由景德镇民窑承担。这种制度的形成证明景德镇民间制瓷业已经相当发达，一定程度上已经达到与御窑平起平坐的地位。“官搭民烧”制度的实行促进了官、民窑之间的交流互通，更加激发其民间瓷器生产的活力，凭借其精细的瓷业分工以及娴熟的制瓷工艺，民窑青花产品的质量和产量都大幅提高，窑工的创造力也不断被开发。成书于万历年间的《江西省大志》中有对御窑厂分工布局的详细介绍：“御器厂中为堂，后为轩、为寝，寝后高阜为亭，堂之旁为东西序，东南有门，堂之左为官署，堂之前为仪门、为鼓楼、为东西大库房、为作。曰大碗作、曰酒钟作、曰碟作、曰盘作、曰钟作、曰印作、曰锥龙作、曰画作、曰写字作、曰色作、曰匣作、曰泥水作、曰大木作、曰小木作、曰船木作、曰铁作、曰竹作、曰漆作、曰索作、曰桶作、曰染作、曰东碓作、曰西碓作。为督工亭、为狱房。厂之西为公馆，东为九江道，为窑。曰风火窑、曰色窑、曰大小爁熿窑、曰大龙缸窑、曰匣窑、曰青窑。厂内神祠三、厂外神祠一，甃井二，为厂二。曰船柴厂、曰水柴厂。放柴房，烧窑人役歇房。”[3]这样精细的分工对民窑瓷器生产起到了标杆作用，为嘉万时期景德镇民窑瓷器的飞速规模化发展提供了制度基础。万历后期，御窑生产几乎已经名存实亡，目前所发现的御窑遗址在明代晚期也开始进行商品化民窑瓷器生产[4]。因此，景德镇商品化民窑生产的发展对福建地区青花瓷影响深远，通过对二者器型、纹饰的梳理，可窥见二者之间相互依赖又相互竞争的关系。

（一）器型对福建青花的影响

1. 碗、碟等饮食器皿

敞口碗、侈口碗是景德镇青花瓷最多见的碗形，福建青花碗也以这两种碗为大宗，均为轮制拉坯成型。景德镇的成型工艺更加成熟，口沿、圈足都比较工整，薄厚一致，仅圈足沿无釉；福建青花的整体工艺较粗，胎体较厚重，常常是圈足足心、足沿均无釉，修足工艺也比较粗糙，内外旋削不规整。

方碟的成型工艺相比普通碟要更加复杂，景德镇青花产品造型更加规整，器物线条笔直锋利，而福建青花产品，边缘钝化，成型不规整；盖钵的时代和造型都比较接近，唯福建窑场产品工艺略显粗糙〔图 1〕。

---

2 （明）王宗沐：《江西省大志》，卷七・陶书，“窑制”，万历版，（日本）国立公文书馆藏，第 19 页。

3 （明）王宗沐：《江西省大志》，卷七・陶书，“廨宇”，万历版，（日本）国立公文书馆藏，第 3、4 页。

4 秦大树、钟燕娣、李慧：《景德镇御窑厂遗址 2014 年发掘收获与相关问题研究》，《文物》2017 年第 8 期。

景德镇窑侈口碗
江苏淮安吴信家族墓 M6（天顺）出土

景德镇窑侈口碗（挖足过肩）
山西晋王府宫人墓（1493 年）出土

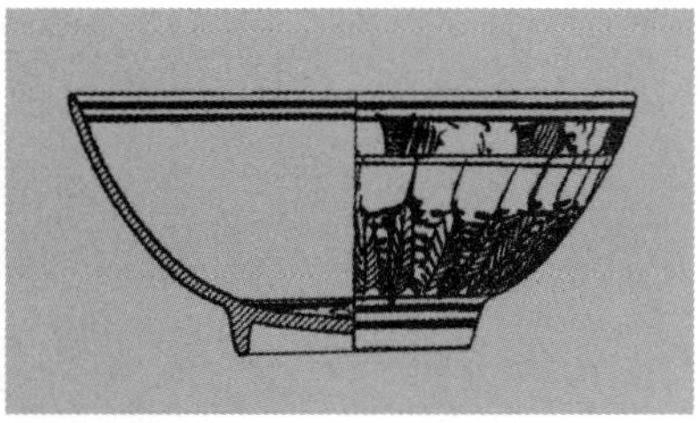

景德镇窑敞口碗
湖北秭归庙坪明墓（嘉靖）出土

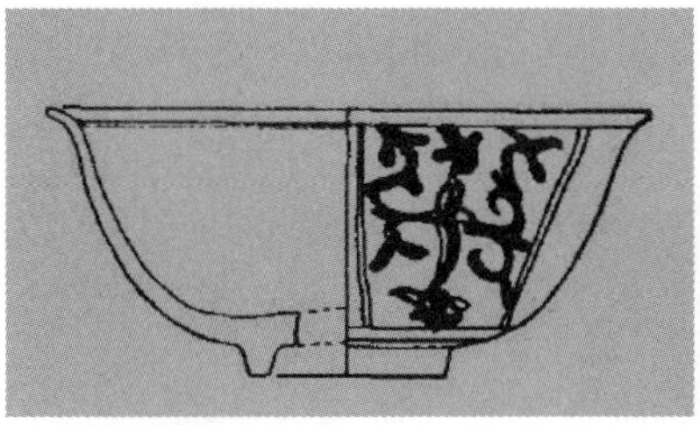

福建窑场侈口碗
五寨二垅窑址出土

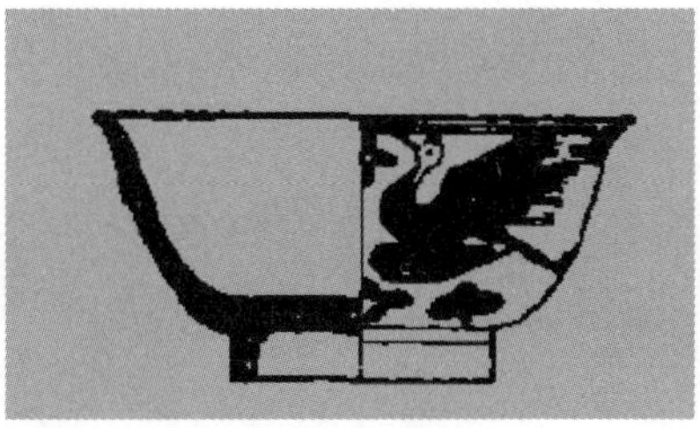

福建窑场侈口碗（挖足过肩）
安溪翰苑窑址出土

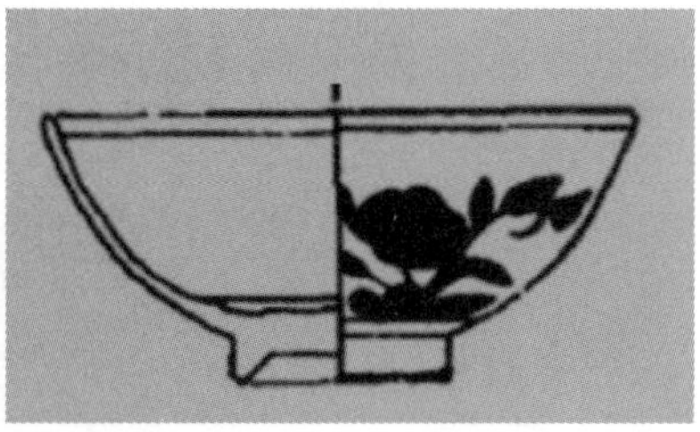

福建窑场敞口碗
五寨二垅窑址出土

景德镇窑方碟
四川广汉明代窖藏出土

景德镇窑盖钵
四川南充明代窖藏

福建窑场方碟
平和县洞口陂沟窑址出土

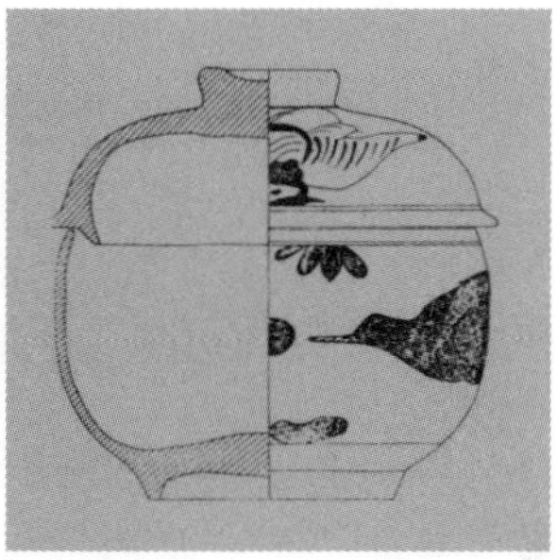

福建窑场盖钵
漳州平和洞口窑山窑址出土

图1　碗、碟等器型对比

2. 瓶、炉等陈设器皿

陈设器皿福建青花产量也不小，器型也主要借鉴景德镇青花，但质量较差，不注重细节的处理。景德镇窑场生产的青花双耳盘口瓶、筒式三足炉自明代早中期就开始流行，而福建窑场生产的青花瓶颈肩部有明显接痕，连接多不牢固，上下断裂分离，盘口宽厚粗重，工艺更加原始粗放，口沿、底足、耳部的制作也显得草率随意，可以说对景德镇炉、瓶等器型的借鉴只做到模仿其形，仅达到了外形相似的程度。

盒是重要的外销产品之一，可以用于盛放香料或者女性化妆用品，日本还常常用于茶道，尺寸大小不一，具体功用各不相同，但广受海外市场欢迎。福建青花窑场主要面向海外市场，其紧紧跟随同时期景德镇外销青花瓷的风向标，大量生产畅销海外的产品。盖盒的造型和工艺与景德镇青花基本相同，盖面微微隆起，也有的较平，还有的器壁模印成竖

景德镇窑青花瓶
江西德兴张叔嵬墓（1447 年）出土

景德镇窑青花筒式三足炉
江西清江明墓（1484 年）出土

景德镇窑青花盒
南澳 1 号沉船出水

景德镇窑盖罐
罗亨信夫妇墓（1459 年）出土

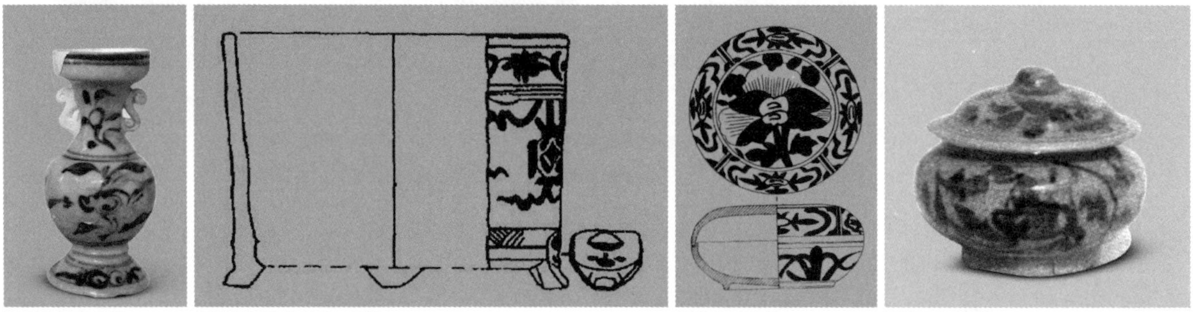

福建窑场青花瓶
漳州洞口窑山窑址出土

福建窑场青花筒式三足炉
漳州平和洞口窑址出土

福建窑场青花盒
漳州平和洞口陂沟窑址出土

福建窑场盖罐
童介庵夫妻合葬墓（隆庆）出土

图 2　瓶、炉等器型对比

条菊瓣形，或者整器呈八方形〔图 2〕。

通过对碗、瓶、盒、炉等器型梳理可以看出，景德镇青花瓷在器型上对福建青花的影响。无法避免的差异仍是在细节上的处理，修胎工艺、耳足部的塑造等方面，福建窑场的处理都显得更加简单粗放。

（二）青花题材对福建窑场的影响

1.“克拉克瓷”纹饰

克拉克瓷的概念有多种解释，最常用的一种解释是明万历年间，荷兰人在海上截获了一艘满载中国万历青花瓷的葡萄牙帆船，这种帆船又称为“Kraak”，音译为克拉克，船货中精美的瓷器被欧洲学者称为“克拉克瓷”[5]。瓷器具有相同的装饰特点，即器壁采用大开光，大开光外有底纹衬托或带状装饰的狭小开光，纹饰布局具有异域特色，但绘画方式及纹饰为中国传统文化题材。日本学者称为“芙蓉手”，将腹壁的开光纹饰形容为一朵盛开的芙蓉花。目前可以确定，这种瓷器的产地有景德镇和福建漳州。

5　冯先铭、冯小琦：《荷兰东印度公司与中国明清瓷器》，《江西文物》1990 年第 2 期。

景德镇窑禽鸟图案
朱翊釴墓出土

景德镇窑人物图案
景德镇观音阁窑址出土

景德镇窑开光装饰
江西南城万历十八年墓葬出土

福建窑场禽鸟图案
南胜花仔楼窑址出土

福建窑场人物图案
五寨二垅窑址出土

福建窑场开光装饰
南胜花仔楼窑址出土

图 3　克拉克瓷图案对比

克拉克瓷的器型见有盘、碗、瓶、军持等，以盘的数量最多最典型，多为直径 25 厘米以上的大盘，开光纹饰多用于大盘内壁，盘心的主题纹饰有所变化，时代比较集中，流行于明代万历至崇祯时期。克拉克瓷风格制品因其海外需求量较大，一经问世随即就出现仿品，福建漳州窑就是烧造仿品的产地之一，日本江户时代的伊万里、有田窑也仿烧过这类风格的瓷器〔图 3〕。

克拉克瓷主要是用于外销，主要产地应该是景德镇地区，但因种种原因，烧造克拉克瓷的窑址多数未经发掘，经过学者的实地调查，景德镇老城区烧造克拉克瓷的窑址至少有七处[6]。根据目前明代窑址、墓葬资料来看，景德镇窑生产的克拉克瓷质量明显高于福建漳州窑，漳州窑从纹饰布局到纹饰题材都极力对景德镇产品进行模仿，但是均忽视细节的加工，显得草率拙劣，如景德镇窑内底的主题纹饰外仍勾勒一周青花纹饰带用来衬托主题纹饰；景德镇窑开光装饰之间的间隔纹样多为柱形小开光，小开光内分纹饰亦有主次之分，疏密有致，而漳州窑产品有的省去了中间小开光，有的则以几何纹样点画数笔；内底主题纹饰的绘画亦呈现出差别，景德镇窑产品青花绘画层次鲜明，线条清晰，而漳州窑产品则大量使用青花绘涂和勾勒，无法体现纹饰远近层次感。

6　曹建文:《近年来景德镇窑址发现的克拉克瓷》,《中国古陶瓷研究》第十辑,紫禁城出版社,2004 年,第 141—149 页。

2. **花卉题材**

花卉是青花瓷中最普遍、最早流行的纹饰题材，花卉的种类不胜枚举，可辨认有莲花、牡丹、菊花、山茶花等，常见在器物外壁、内底装饰缠枝花卉、折枝花卉或者团花。景德镇窑这类花卉纹是对元代青花纹饰题材的继承，自明代早期就开始出现，贯穿流行于整个

景德镇窑缠枝花卉
景德镇旸府山窑址（明中期）出土

景德镇窑折枝花卉
景德镇观音阁窑址

景德镇窑缠枝菊花
萧宗时夫妇墓（1480 年）出土

景德镇窑团花纹
杨青墓（1461 年）出土

景德镇窑瓶花纹
河南洛阳明代院落遗址出土

景德镇窑兰花纹
江苏徐州明代时尚大道遗址出土

福建窑场缠枝花卉
漳州华安县马饭坑窑址出土

福建窑场折枝花卉
漳州华安县下洋坑窑址出土

福建窑场缠枝菊花
华安县马饭坑窑址出土

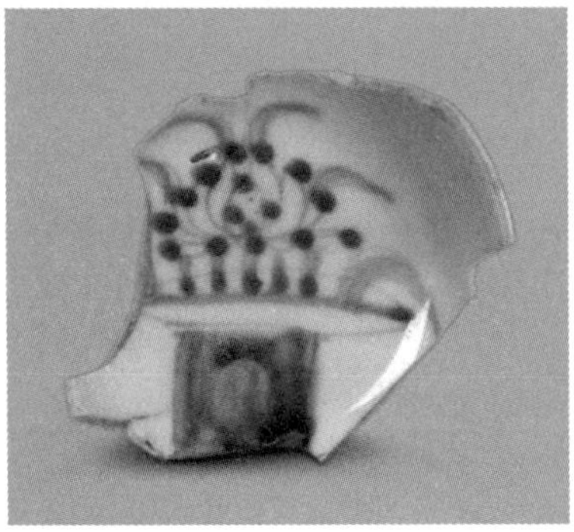

福建窑场瓶花纹
安溪珠塔内窑出土

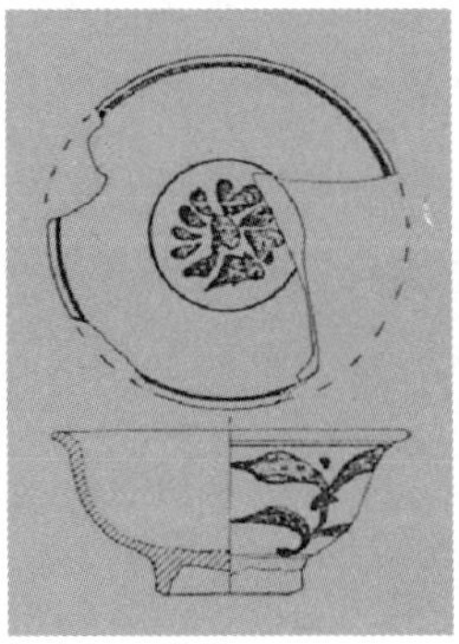

福建窑场团花纹
平和洞口窑山窑址出土

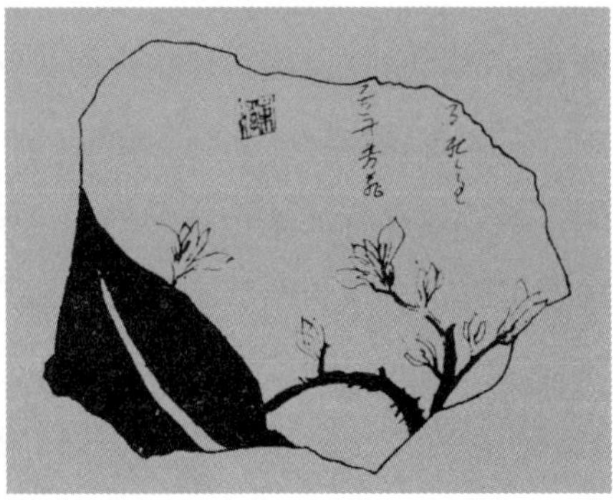

福建窑场兰花纹
华安县东溪窑址出土

图 4　花卉纹对比

明代。明代中晚期，花卉纹呈现了新的表现形式，如瓶花纹，具有文人画内涵的兰草纹等等。

福建窑场对缠枝花卉、折枝花及团花这类传统花卉题材的处理明显比景德镇要更加抽象和随意，对于花朵、枝叶的绘画都是点到为止，没有起承转合的处理，纹饰线条也不够规整，绘画凌乱；而对于新兴的花卉主题，瓶花、印章兰草等福建窑场则显得更加娴熟，一定程度上可与景德镇产品媲美，而且兰草纹不仅有印章纹，还绘写诗文相配，但在细节上仍显得不够细腻〔图4〕。

3. 人物题材

景德镇窑青花人物题材出现也较早，如景德镇宣德至天顺时期的丽阳窑址就出土有人物纹碗残片[7]。明代早期至中期景德镇青花人物绘画多具有脱俗清丽的意境，不是神仙人物就是隐逸高士，画面伴有云气、兰草，人物衣袖、头巾随清风飘动；而明代中期至晚期，带有封建礼教色彩的婴戏、仕女婴戏等人物题材开始流行。

福建窑场对景德镇青花人物题材并没有局限于同时期的景德镇产品，而是兼学明代早中期的人物题材风格。人物题材对青花绘画的用笔要求更高，需要运用勾勒、平涂等多种绘画方法来表现人物形象，福建窑场相对于景德镇产品则显得更加粗犷，粗笔点画运用更多，纹饰线条不够清晰，尤其是外壁通景人物题材的绘画更显粗陋。但福建窑场在模仿景德镇产品的基础上，对于碗类器物内底小景的绘画更加出色，对人物形象的背景细节十分讲究〔图5〕。

4. 动物题材

动物题材中的龙、凤、麒麟等都是传统文化中常见的神话动物形象，在明代景德镇青花瓷中出现较早，明中期前后已经广泛使用。特别是龙、凤具有皇族的象征，使用的人群具有较高的社会和政治地位，很多龙纹形象直接借鉴了同时期御窑风格，龙、凤纹在福建窑场出现较少，而且绘画拙劣。狮、虎、鹿、马、兔、鸟、鹤、鹭鸶、鱼、螃蟹、虾等写实动物形象在明代中期以后大量出现，万历前后最为发达。从纹饰布局来看，万历以后，动物题材逐渐呈现场景式布局，并非单一描绘动物形象，如兔子回首于草丛之中，鹿驻足于山野树林之间等等；有的形成了固定纹饰组合，如池塘水禽、仙鹤流云、鱼跃龙门、喜鹊登枝、封侯爵禄（鹿、猴）等图案，充分展现了窑工对自然环境的洞察和想象。螭龙纹也是万历前后比较流行的纹饰题材，碗内底多装饰团螭纹，碗、盘、瓶外壁常见螭龙与折枝花的组合图案，如项元汴妾室墓所出双耳长颈瓶绘画较为精致细腻，腹身前后各装饰游舞状螭龙一条[8]，但福建窑场比较少见。景德镇青花瓷中一些更为复杂精细的动物纹饰题材在福建窑场中很少见，如海水波浪地瑞兽

---

7 故宫博物院、江西省文物考古研究所、景德镇市陶瓷考古研究所：《江西景德镇丽阳瓷器山明代窑址发掘简报》，《文物》2007 年第 3 期。

8 陆耀华：《浙江嘉兴明项氏墓》，《文物》1982 年第 8 期。

景德镇窑携琴访友
江西乐安明墓（1502 年）出土

景德镇窑婴戏纹
四川成都甯武墓（1574 年）出土

景德镇窑仕女婴戏纹
景德镇观音阁窑址出土

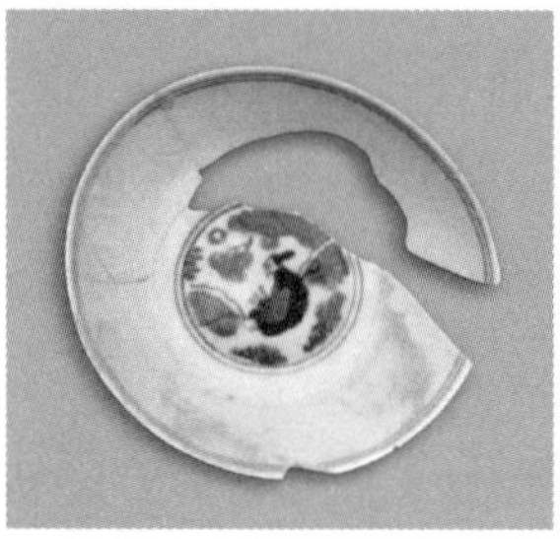
景德镇窑独坐高士
景德镇观音阁窑址出土

福建窑场婴戏纹
诏安县秀篆窑址出土

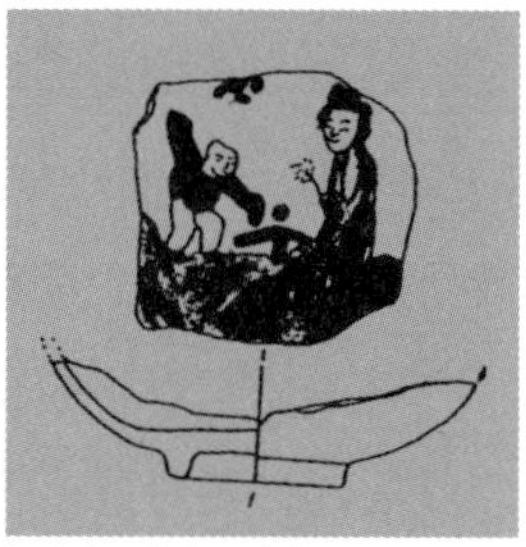
福建窑场仕女婴戏纹
1999 年华安县东溪窑调查

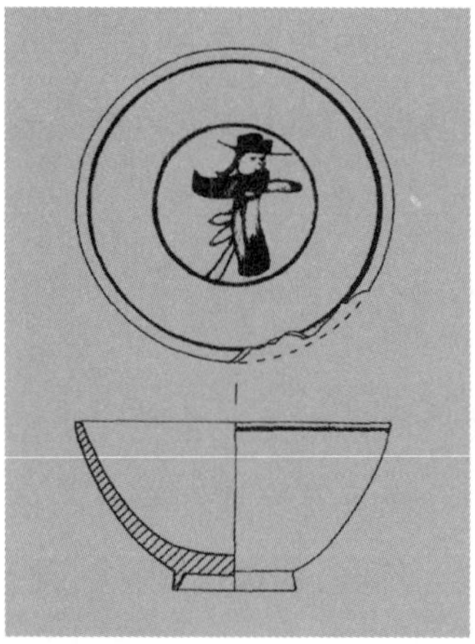
景德镇窑官帽人物
景德镇丽阳黎氏墓（1607 年）出土

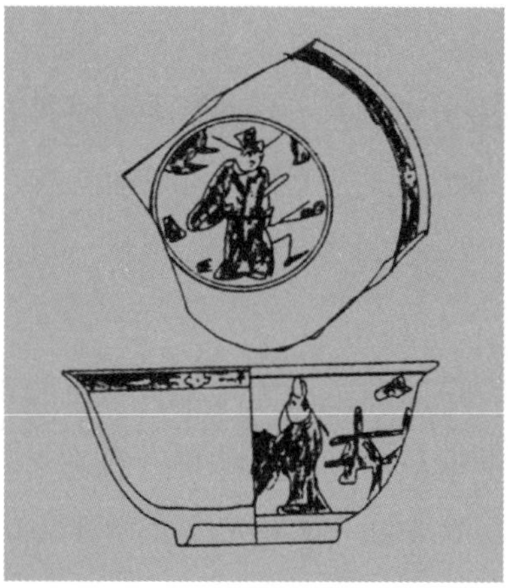
福建窑场官帽人物
1999 年华安县东溪窑 Y4 出土

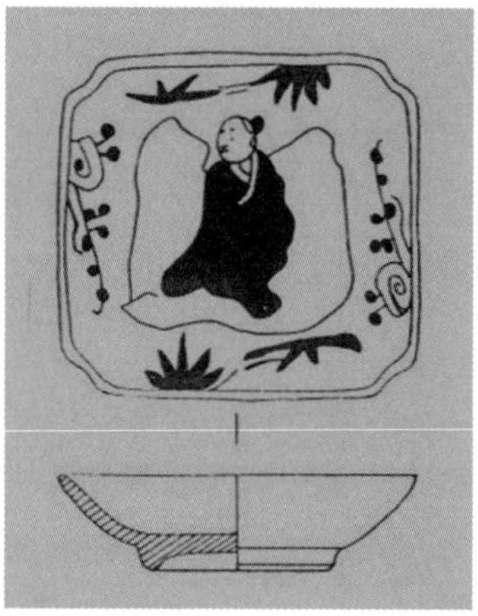
福建窑场独坐高士
平和县洞口陂沟窑址出土

福建窑场携琴访友
平和洞口陂沟窑址出土

图 5　人物题材对比

纹、花蝶草虫、松鼠葡萄等。

福建窑场对同时期的景德镇产品进行模仿，效果惟妙惟肖，但因其商品化的产品属性及工艺特点，纹饰的绘画工艺不及景德镇产品细腻，整体绘画风格较之景德镇更加草率随

福建窑场鹤纹
漳浦坪水窑出土

景德镇窑狮球纹
四川成都温江杨升墓（1492 年）出土

景德镇窑鹤纹
江苏华师伊墓（1629 年）出土

景德镇窑兔纹
1993 年河南滑县范寨村窖藏出土

景德镇窑螭龙纹
江苏徐州时尚大道遗址出土

景德镇窑池塘水禽
山东即墨明清遗址出土

景德镇窑花鸟纹
南澳 1 号沉船出水

景德镇窑鱼纹
南澳 1 号沉船出水

景德镇窑凤纹
山西晋王府宫人墓（1493 年）出土

景德镇窑鹿纹
江苏闸口遗址出土

景德镇窑麒麟纹
山西晋王府宫人墓
（1493 年）出土

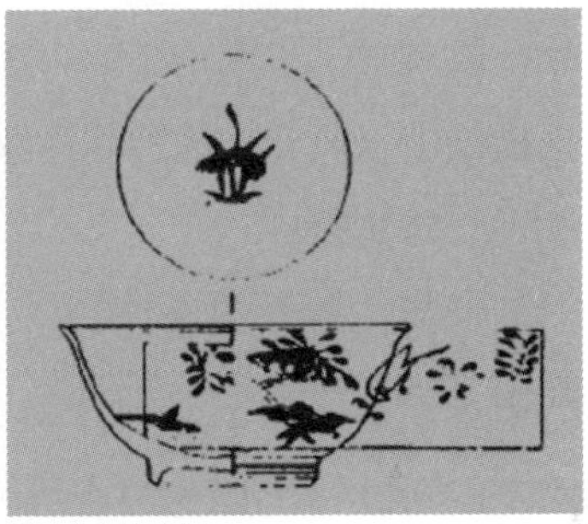
福建窑场花鸟纹
诏安秀篆窑址出土

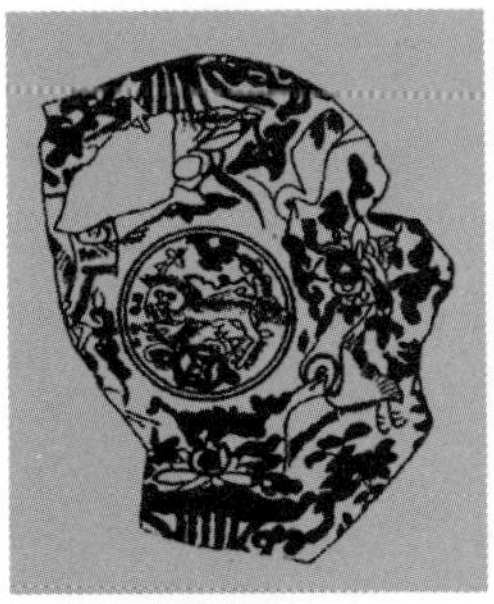
福建窑场狮球纹
漳州五寨大垅窑址出土

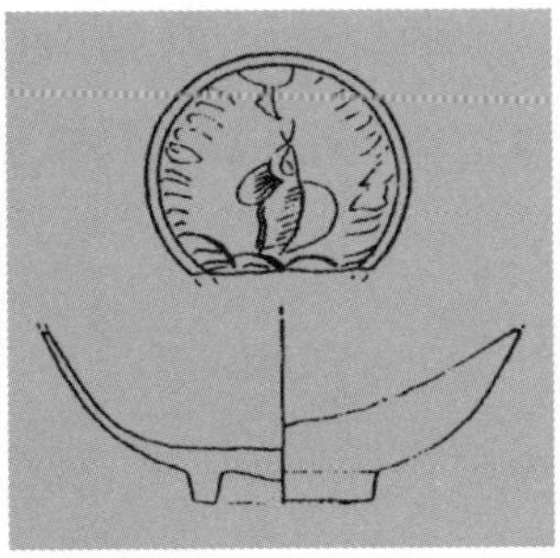
福建窑场鱼纹
平和洞口窑址出土

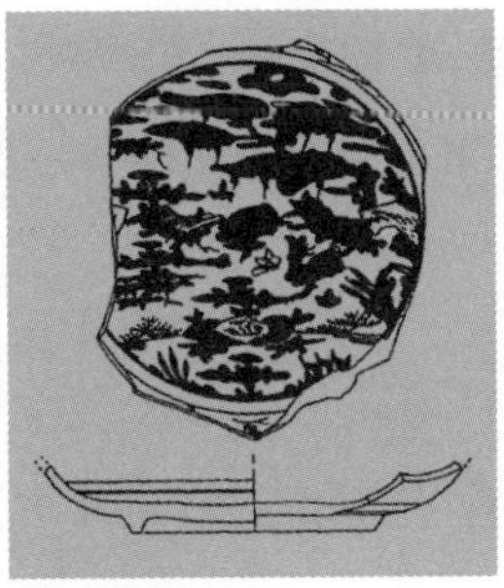
福建窑场鹿纹
漳州五寨二垅窑址

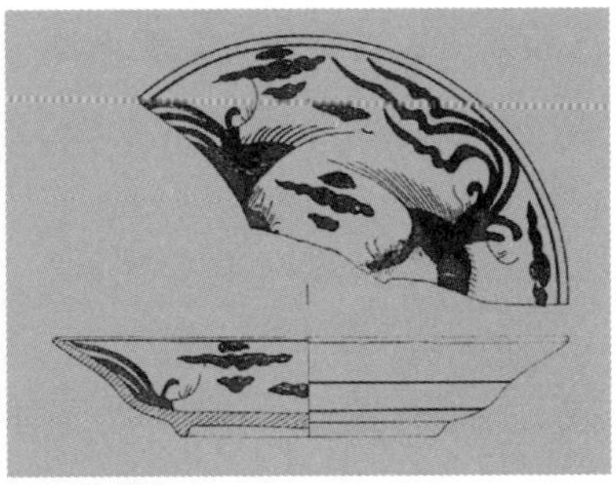
福建窑场凤纹
漳州洞口陂沟窑址出土

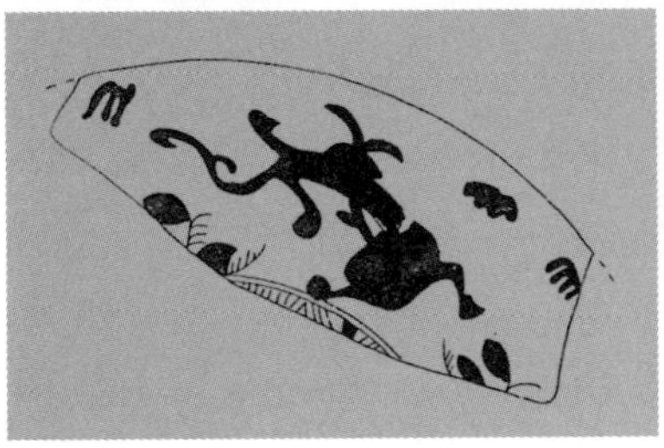
福建窑场螭龙纹
平和洞口陂沟窑址出土

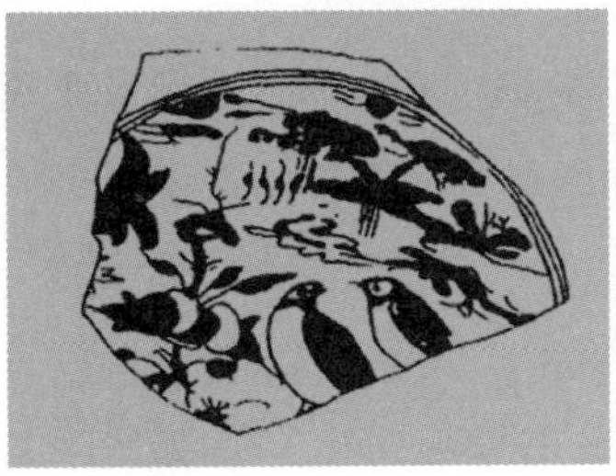
福建窑场池塘水禽
漳州五寨二垅窑址出土

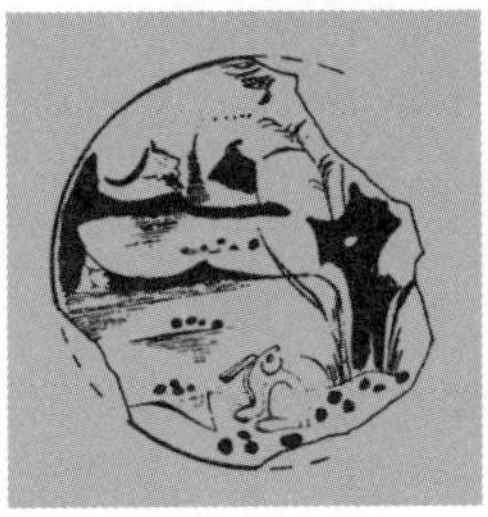
福建窑场兔纹
福建华安东溪窑址出土

福建窑场麒麟纹
漳州五寨二垅窑址出土

图 6　动物题材对比

景德镇窑山水人物
江苏华师伊墓（1629 年）出土

景德镇窑仙山楼阁
山西晋王府宫人墓
（1493 年）出土

景德镇窑火珠
河南南阳柴肱墓
（1555 年）出土

景德镇窑文字
景德镇观音阁窑址出土

景德镇窑寿字
山东即墨明末清初瓷器坑
出土

福建窑场山水人物
安溪珠塔内窑出土

福建窑场仙山楼阁
漳州南胜花仔楼窑址
出土

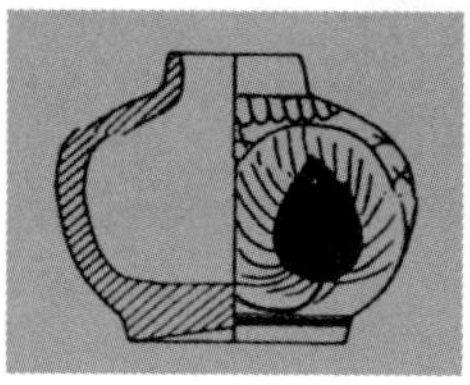

福建窑场火珠
平和洞口陂沟窑址出土

福建窑场文字
漳州南胜花仔楼窑址
出土

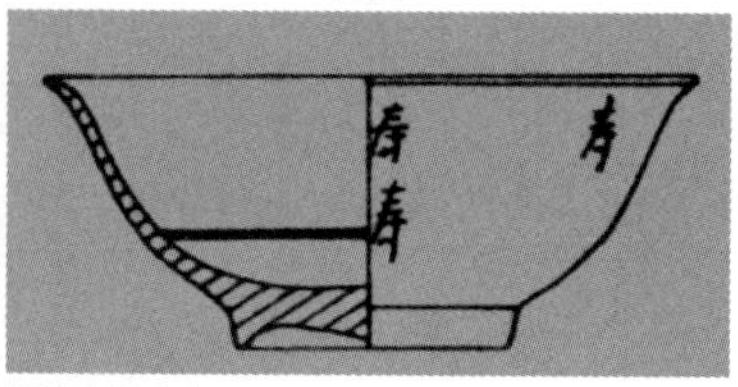

福建窑场寿字
华安县东溪窑址出土

图 7　其他题材对比

意，但发挥了更强的想象力，夸大重点部位的描画，表现出强烈的层次，如玉兔回首，背景描绘山水风景，使得整体纹饰更具画面感〔图 6〕。

5. 其他题材

景德镇青花山水题材出现比较早，但随着时代发展表现形式有所变化。明代早中期的山水题材主要表现的是山水楼阁环绕云气，而发展至明万历前后，山水人物题材流行固定的形式，即隐逸高士独坐湖边或泛舟湖心，旁边有孤木垂柳，远处绘层峦叠嶂，这种山水图案常常绘画于器物外壁或者内底。福建窑场主要是对景德镇青花明代晚期的山水图案的模仿，在大盘的内底也见有仙山楼阁的题材，但与景德镇明代早中期的图案风格差距较大。其他青花纹饰福建窑场大多模仿同时期景德镇产品，模仿得也比较成功，整体略显粗劣〔图 7〕。

二、景德镇青花瓷对云南青花瓷的影响

云南青花是明代瓷器最具特色的一支，它不仅拥有地域性的产品特征，还蕴含不同的文化因素，但仍然不可否认，云南青花瓷中也可以找到景德镇青花瓷的元素，只是经过了云南当地窑工的吸收和加工，呈现了不同的产品面貌。

（一）器型对云南青花的影响

云南青花瓷的生产肇始于元代，因此其器型多模仿景德镇元代及明代早中期产品，如大罐、小罐、玉壶春瓶、三足炉、筒式炉、折腰碗等，造型几乎完全复制景德镇窑产品，但在学习和吸收的过程中也孕育了云南地区独有的特点，尤其是器物细部的处理上体

景德镇窑青花八仙庆寿图罐
故宫博物院藏

景德镇窑小罐
安徽潜山县太平塔地宫出土

景德镇窑双耳瓶
景德镇严昇墓
（1453 年）出土

景德镇窑三足炉
北京毛家湾瓷器坑出土（明中期）

景德镇窑筒式炉
景德镇丽阳明代窑址出土

云南窑场大罐
蒙自瓦渣地墓葬出土

云南窑场小罐
玉溪博物馆藏

云南窑场双耳瓶
玉溪地区出土

云南窑场三足炉
玉溪博物馆藏

云南窑场筒式炉
玉溪地区出土

图 8　器型对比

现了当地窑工独特的想法，如双耳瓶的双耳制作成圆圈形，灵巧而简约，不同于景德镇窑复杂的戟形耳、兽形耳；器足如炉的三足、圈足等均较高，为显得器身挺拔〔图 8〕。

（二）青花题材对云南影响

云南青花纹样也明显受到景德镇青花的影响，唯独不见有龙纹，以缠枝花卉、折枝花卉、凤纹、开光琴棋书画人物、狮子绣球、风景图案、双鱼、十字宝杵、龟背纹为主，但细节上有所变化。景德镇青花这些纹饰题材多数贯穿流行于整个明代，缠枝花卉、折枝花卉、松竹梅、凤纹元代晚期已经出现，明代继续流行；开光人物、狮子绣球、双鱼纹、十字宝杵也是元代晚期开始出现，但数量不多，明代以后更加流行；龟背纹、鱼藻纹、凤穿花都是明代早中期常见的青花纹饰题材〔图 9〕。

与明代云南青花纹样相比较景德镇产品更加生动活泼，疏密相称，充满动感，内底的主题纹饰周围还对称点缀蕉叶、卷云、折枝等图案，形成相对固定的纹饰组合，极具地方特色；绘画用笔粗犷，笔痕较粗，不注重线条的勾勒，对动物、人物五官等细节的描绘上仍显功力不足，很多部位用平涂的方式代替，较粗者则呈现青花晕散的现象。

云南青花在继承景德镇青花装饰题材的基础上也发展了自身的特色，注重辅助纹饰的绘画，其肩部流行装饰更加复杂的图案，甚至与主题纹饰产生视觉冲突，如凤穿牡丹、狮子绣球、鱼藻纹、莲塘纹、缠枝花卉、开光折枝花卉等，占据较大的区域，一定程度上也可以认为是主题纹饰，腹部多为缠枝花卉与之组合，腹部的纹饰反而比较固定，胫部为变

景德镇窑束莲纹
故宫博物院藏

景德镇窑鱼纹
海南西沙群岛北礁出水

景德镇窑凤纹
景德镇观音阁窑址出土

景德镇窑十字宝杵
景德镇严昇墓（1453 年）出土

云南窑场束莲纹
玉溪博物馆藏

云南窑场鱼纹
玉溪博物馆藏

云南窑场凤纹
玉溪博物馆藏

云南窑场十字宝杵
玉溪博物馆藏

景德镇窑缠枝花卉
北京市朝阳区出土

景德镇窑凤穿花
故宫博物院藏

景德镇窑开光装饰
故宫博物院藏

景德镇窑狮子绣球纹
上海博物馆藏

云南窑场凤穿花
玉溪地区出土

云南窑场开光装饰
玉溪博物馆藏

景德镇窑龟背纹
江西浮梁县博物馆藏

云南窑场龟背纹
个旧小满坡墓地出土

景德镇窑鱼藻纹
广西桂林市靖江昭和王朱规裕墓出土

云南窑场鱼藻纹
玉溪博物馆藏

云南窑场狮子绣球纹
个旧小满坡墓地出土

云南窑场缠枝花卉
玉溪博物馆藏

图 9　纹饰对比

图 10　云南青花人物故事纹罐
玉溪地区出土

图 11　云南青花缠枝花卉纹罐
玉溪博物馆藏

形莲瓣，有的莲瓣纹已经相当简化〔图 10、图 11〕。

三、景德镇青花瓷对其他瓷器品种的影响

（一）景德镇青花瓷对龙泉窑青釉的影响

明代龙泉窑主要生产单一的青釉产品，这种单色釉的纹饰题材也都或多或少受到了同时期景德镇青花产品风格的影响。

元代以来龙泉窑青釉产品的刻划花、戳印花装饰就相当发达，并且形成自身独特的装饰风格。入明以后，这种装饰工艺仍在延续和发展，并且新出现了剔地刻花及整体模印的装饰工艺。明代龙泉窑青釉纹饰题材大多数是继承元代，主要有刻划莲瓣纹、菊瓣纹、荷花纹、海棠花纹、菊花纹、缠枝牡丹、缠枝菊花、缠枝莲花；剔刻牡丹纹、荷花纹、瓜果枝叶、叠钱纹；戳印纹饰是明代最流行的，也更加复杂，有阴纹和阳纹之分，题材主要有牡丹、荷花、菊花、仰莲、葵花、海棠花、桃纹、梅花、灵芝、石榴、四季花卉、摇钱树、叠钱纹、金刚杵纹、龙纹、凤纹、鹿纹、鱼纹、飞马过海纹、人物牵马纹、卧童纹等，其中一些戳印纹饰题材及刻划纹样布局明显受到景德镇青花瓷的影响〔图 12〕。

龙泉窑金刚杵纹
龙泉大窑枫洞岩窑址出土

龙泉窑仰莲纹
龙泉大窑枫洞岩窑址出土

龙泉窑凤纹
龙泉大窑枫洞岩窑址出土

龙泉窑缠枝花卉纹（纹饰分区）
浙江黄岩出土

景德镇窑金刚杵纹
北京毛家湾瓷器坑出土

景德镇窑仰莲纹
景德镇御窑厂遗址出土

景德镇窑凤纹
故宫博物院藏

景德镇窑缠枝花卉纹（纹饰分区）
景德镇嘉靖元年墓（1522 年）出土

图 12　纹饰对比

景德镇窑人物纹
安徽含山县财政局宿舍工地出土

景德镇窑婴戏纹
河南南阳邵相墓（1551 年）出土

景德镇窑凤纹
湖北蕲春王妃墓出土

景德镇窑缠枝花卉
江苏沐晟墓（1431 年）出土

北方白地黑花人物纹
河南禹州西关明墓出土

北方白地黑花婴戏纹
河南洛阳明代院落遗址出土

北方白地黑花凤纹
安徽当涂县出土

北方白地黑花缠枝花卉
广西靖江王陵区墓葬出土

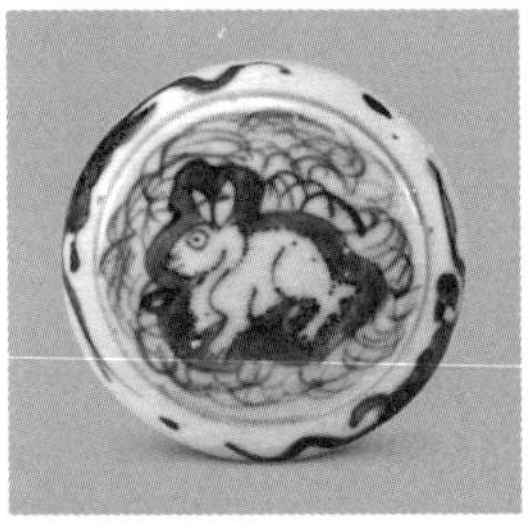

景德镇窑兔纹
南澳Ⅰ号沉船出水

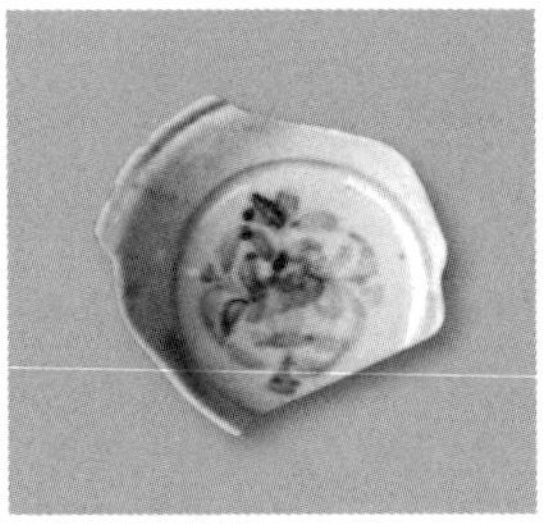

景德镇窑折枝花卉
景德镇旸府山窑址出土

景德镇窑仙鹤
江苏华师伊墓（1629 年）出土

景德镇窑“福”字
丰城市博物馆藏

北方白地黑花兔纹
山西襄汾丁村明墓出土

北方白地黑花折枝花卉
河南彭尚贤墓（1575 年）出土

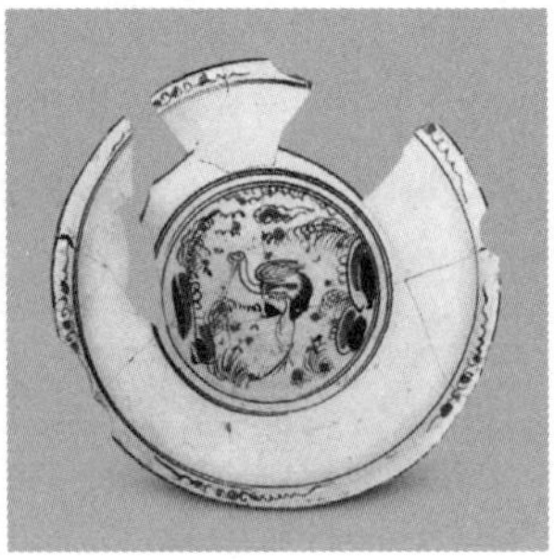

北方白地黑花仙鹤
河南许昌出土

北方白地黑花“福”字
北京邮电局工地出土

图 13　纹饰对比

明代中期以后，厚胎厚釉的龙泉青釉也开始转变产品风格，釉层逐渐变薄并呈现较强的玻璃质感。刻划花、戳印以及剔地刻花纹饰的线条都比较呆板，无法呈现釉下绘画的流畅风格，更无法表现纹饰的层次，因此细腻多层次的纹饰题材，单一青釉均无法实现，至此龙泉窑转向颓势。

（二）景德镇青花瓷对白地黑花瓷器的影响

北宋时期，北方就形成了以河北磁州窑为中心窑业体系，其瓷器品种较多，白地黑花即为其中最具代表性的品种之一。这种白地黑花瓷器的发展自成序列，绘画工艺和技法也相当娴熟，无论是装饰风格还是器物造型都是对宋元时期的继承和发展。明代中期以后，白地黑花瓷器也开始不断突破自我，对景德镇青花的绘画风格进行模仿。

景德镇青花纹饰最常见的缠枝花卉纹在白地黑花器物中比较少见，表现方式独具特色，螺旋式的缠枝叶基本不见于景德镇青花中，然而孔雀蓝釉黑花的绘画方式却是明显地借鉴了景德镇青花产品，缠枝花卉绘画工整，枝叶缠绕有序，纹饰繁密而不凌乱；折枝花卉是明代白地黑花器物比较多见纹饰题材，其中一种纹样由中心花卉、周围对称延伸枝叶组成，图案构成应该取材于景德镇青花，但波浪曲折的细密线条极具自身特色；景德镇青花中的婴戏、文人雅客等人物图案兴起于明代中期，多数为通景式绘画，表现人物及环境背景，具有很强的故事画面感，白地黑花器物也在明代中期以后开始模仿这类题材，工艺水平相当高，绘画生动，人物灵动飘逸，还常常结合褐彩装饰提高画面的层次感；兔子、仙鹤、鱼等动物纹样也都是北方窑工对明代中晚期景德镇青花纹样的学习和模仿，但白地黑花器物也融入了很多北方地区流行的装饰元素，如运用波浪形的曲线填充纹饰空白区域，以点缀和衬托主题纹样。

由此可见，白地黑花瓷器在明代中期以后也开始接受景德镇青花的影响，学习釉下青花的绘画工艺和纹样题材，多数借鉴了同时期或较早时期景德镇青花的纹饰风格，但也融入了北方瓷器的装饰传统，呈现了一种南北方文化交融的艺术特色〔图 13〕。

综上所述，景德镇窑生产的青花瓷在整个明代瓷器中占据着霸主地位，其他窑场在延续和发展自身产品风格的同时，都不约而同开始模仿景德镇窑的青花瓷器的造型和纹饰，很多窑场也都在模仿的同时融入了当地的文化特色或者开辟了更加广阔的市场。因此，明代景德镇青花瓷对其他窑场青花瓷以及其他品种瓷器影响深远，一定程度上推动了整个明代瓷业的发展。

竞争，效仿与替代
——明代景德镇窑仿龙泉青瓷的生产与衰落＊

钟燕娣　沈岳明（复旦大学文物与博物馆学系）

摘要：本文通过梳理龙泉窑的发展历程，揭示了景德镇窑仿烧龙泉青瓷的起因；介绍了景德镇窑仿烧龙泉青瓷的具体案例，发现景德镇官窑与民窑大规模生产仿龙泉青瓷主要是从明早期开始的，景德镇窑仿龙泉青瓷多为浅层次的简单模仿，与龙泉窑深层次的直接技术交流并不显著；景德镇窑仿龙泉青瓷衰落，与明中期龙泉窑的衰落、景德镇窑制瓷手工业的发展有关，明中期以后景德镇窑青花瓷在海外市场迅速崛起，并替代龙泉窑青瓷成为了外销瓷器的主要品种。

关键词：景德镇窑　仿龙泉青瓷　竞争　生产　衰落

一、竞争：景德镇窑生产仿龙泉青瓷的起因

浙江龙泉窑所处的丽水地区，唐代就开始小规模烧制青瓷；北宋早中期，龙泉窑主要模仿周边越窑、瓯窑及婺州窑等产品的风格进行淡青釉和细线刻划花青瓷的烧制，此时的窑业中心主要在金村地区；北宋晚期以后受北方耀州窑、定窑及南方湖田窑的影响，开始烧造釉色翠青的粗刻划花青瓷，形成自己的风格，由于瓯江的整治，交通运输条件的改善，窑业中心也从金村地区扩展到大窑、石隆、东区及福建北部[1]，并且在北宋末期龙泉窑就已经进入皇家视野，为宫廷烧造瓷器[2]。

南宋建立后，中国的政治经济文化重心南移，北方名窑制瓷技术亦传到南方，随着南方越窑、瓯窑及婺州窑相继衰落，龙泉窑与景德镇窑等窑场成为南方重要的制瓷中心。这一时期瓷器已成为人们生活中必不可少的日用品，此外，南宋也实行以瓷器代替金银、钱

＊ 本文为国家社科基金重大项目“龙泉窑考古学研究”（项目编号：19ZDA230）；中国博士后科学基金面上资助项目（项目编号：2021M700816）；中国博士后科学基金特别资助项目（项目编号：2022T150132）资助。

1　翁倩、郑建明：《21 世纪以来仿烧龙泉青瓷窑址考古新进展》，《文物天地》2020 年第 3 期。

2　沈岳明：《浙江古代瓷业概述》，《博物院》2019 年第 4 期。

币进行贸易的政策，据《宋史·食货志》记载："嘉定十二年（1219 年），臣僚言以金银博买，泄之远夷为可惜。乃命有司止以绢帛、锦绮、瓷漆之属博易。"[3] 瓷器的海外贸易给政府带来巨大的财政收入，也促使龙泉窑瓷器大量销往海外，如因海上贸易而兴的上海青龙镇遗址出土的南宋时期遗物中龙泉窑瓷器最多，其次为景德镇窑瓷器，另外还有义窑等其他窑口的器物[4]；南宋时期较为重要的"南海一号"沉船出水的瓷器中，尽管龙泉窑青瓷与景德镇窑青白瓷的数量不及福建德化窑系、磁灶窑的器物，但总体数量巨大，品质也更为精良[5]；且东亚[6]、东南亚[7]、南亚[8]、东非[9]、埃及[10] 等地均出土有南宋时期的龙泉窑瓷器，可见其外销范围之广。海内外市场的需求使得龙泉窑业迅速发展，龙泉窑在原有的制瓷技术上结合南北工艺进行了一系列的革新，在胎釉配方、造型设计、上釉方式、装饰艺术和装烧方法上等都有了重大的改变和提高，烧制出施黏稠的钙碱釉及高质量的黑胎产品，釉层加厚，梅子青、粉青釉瓷达到青瓷釉色之美顶峰，窑场数量也急剧增加，遍布瓯江沿岸。

元代结束了中国的南北分裂，采取积极的对外开放政策，对海外贸易十分重视，推行了市舶制度[11] 及官本船制度等一系列管理制度。元代的市舶司设置地主要有泉州、庆元（宁波）、上海、澉浦、广州、温州和杭州，其中大部分的市舶司均位于浙江地区，可能是受这一时期浙江龙泉窑青瓷大量外销的影响。元代海外贸易的发达扩大了龙泉青瓷的海外市场，龙泉窑瓷器也成为贸易瓷器的主要品种，如宁波宋元市舶库附近东门口遗址，其元代文化层出土的瓷器以龙泉窑青瓷为主，另外还有景德镇窑等其他窑口的瓷器[12]；韩国的新安沉船中出土中国陶瓷总计 20691 件，其中青瓷有 12377 件，约占 60%，青瓷中仅 25 件为高丽青瓷和官窑类型青瓷，其他均为龙泉青瓷，另外还有白瓷和青白瓷 5311 件，仅占 26%[13]；东南亚海域马来西亚发现的玉龙号沉船（Jade Dragon shipwreck）的船货绝大部分也为龙泉窑瓷器[14]；元代龙泉窑瓷器的外销范围十分广远，从东亚的蒙古国、韩国、日本，东南亚的新

---

3 （元）脱脱等：《宋史》卷一百八十五《食货志》下七，中华书局，2007 年，第 4538 页。

4 上海博物馆：《千年古港 上海青龙镇遗址考古精粹》，上海书画出版社，2017 年；付亚瑞：《长江下游地区宋元时期沿海港市遗存的考古学研究》，吉林大学硕士学位论文，2019 年。

5 孙键：《南海沉船与宋代瓷器外销》，《中国文化遗产》2007 年第 4 期。

6 〔日〕长谷部乐尔：《日本的宋元陶瓷》，《中国古外销陶瓷研究资料》第一辑，中国古外销陶瓷研究会，1981 年，第 18—20 页。

7 项坤鹏：《浅析东南亚地区出土（水）的龙泉青瓷——遗址概况、分期及相关问题分析》，《东南文化》2012 年第 2 期。

8 〔日〕三上次男著，奚国胜译：《斯里兰卡发现中国瓷器和伊斯兰国家陶瓷——斯里兰卡出土的中国瓷器调查纪实》，《江西历史文物》1986 年第 1 期。

9 丁雨、秦大树：《肯尼亚乌瓜纳遗址出土的中国瓷器》，《考古与文物》2016 年第 6 期。

10 秦大树：《埃及福斯塔特遗址中发现的中国陶瓷》，《海交史研究》1995 年第 1 期。

11 郑有国：《中国市舶制度研究》，福建教育出版社，2004 年，第 156—207 页。

12 林士民：《宁波东门口遗址发掘报告》，《浙江省文物考古所学刊》，文物出版社，1981 年，第 105—128 页。

13 高美京：《新安船出水陶瓷器研究述论》，《故宫博物院院刊》2013 年第 5 期。

14 Flecker.M. Rake and pillage: the fate of shipwrecks in Southeast Asia.In Heidi Tan, eds. Marine Archaeology in Southeast Asia. Singapore: Asian Civilization Museum, 2012, pp.70–85.

加坡、印度尼西亚、菲律宾、马来西亚、泰国、越南、柬埔寨、文莱，南亚的印度、巴基斯坦、斯里兰卡、马尔代夫，西亚的阿富汗、伊朗、伊拉克、巴林、阿曼、也门、阿联酋、叙利亚，到非洲地区的埃及、苏丹、埃塞俄比亚、索马里、肯尼亚、马达加斯加，均发现有大量的元代龙泉青瓷[15]。产品供不应求，龙泉窑的生产随之进入鼎盛期，生产规模更为扩大，周边及其他地区窑场也积极仿烧龙泉窑瓷器，烧造地从中心地龙泉向周边的云和、丽水、武义、青田、永嘉等近海地区扩展，此外福建、江西、湖南、广西、广东也发现诸多烧造仿龙泉青瓷的窑址。龙泉窑元代早中期的产品还保持了南宋晚期的风格，晚期则胎体变厚重，成为厚胎厚釉产品，装饰工艺更加丰富，增强了观赏性，专门为海外市场生产的产品应运而生[16]。

明初洪武时期，龙泉窑还在承担为宫廷烧造瓷器的任务，据《大明会典》记载，洪武二十六年（1393年），“凡烧造供用器皿等物，须定夺样制，计算人工物料。如果数多，起取人匠赴京，置窑兴工。或数少，行移饶、处等府烧造”[17]。这种情况一直持续到成化时期，据《明宪宗实录》记载，天顺八年（1464年），诏“江西饶州府，浙江处州府，见差内官在役烧造瓷器，诏书到日，除已烧完者照数起解，未完者悉皆停工，差委官员即便回京，违者罪之”[18]。自此之后，文献再无明确有龙泉窑烧造官器的记载。由此可知，在洪武晚期至天顺末年，龙泉窑与景德镇窑同样奉旨烧造宫廷用瓷。尽管明洪武时期开始实行严厉的海禁政策，瓷器的对外销售没有元代活跃，但自永乐至宣德时期郑和七次下西洋也促进了海外贸易的发展，明初龙泉窑青瓷仍是外销市场上的主流产品，如东亚琉球首里城（日本冲绳）出土的洪武至宣德时期中国瓷器基本均为龙泉窑瓷器，相较于景德镇窑瓷器具有压倒性的优势[19]；东南亚发现的明早期沉船如图灵号（Turiang）、荣坚号（Rang Kwein）、宋岛号（Song Doc）、南洋号（Nanyang）、龙泉号（Longquan）等出水的中国瓷器中，龙泉窑青瓷是最主要的产品[20]；肯尼亚格迪古城出土的中国瓷器共计1257件，其中296件明代早期瓷器中有294件龙泉窑瓷器，景德镇窑瓷器仅2件，龙泉窑青瓷占了明初瓷器总数的99.32%[21]。这一时期烧造官器的窑址主要位于龙泉窑瓷业的中心大窑地区[22]，官窑器物釉色碧绿，造型规整，装饰繁密严谨，是龙泉青瓷生产的又一高峰。明初民窑的生产规模较元代开始收缩，

---

15 申浚：《元明时期龙泉窑研究》，北京大学博士学位论文，2006年。

16 沈岳明：《从“龙泉天下”到“天下龙泉”——元明时期龙泉窑对外输出方式的变革》，《博物院》2020年第6期。

17（明）李东阳等撰，申时行等重修：《明会典》卷一百五十七《工部·窑冶·陶器》，文渊阁四库全书本。

18《明宪宗实录》卷一，“天顺八年正月”条，“中研院”历史语言研究所，1982年，第17页。

19 张荣蓉：《首里城出土龙泉青瓷和青花瓷研究》，北京大学博士学位论文，2020年。

20 陈洁：《明代早中期瓷器外销相关问题研究——以琉球与东南亚地区为中心》，《上海博物馆馆刊》2012年第1期。

21 秦大树：《肯尼亚格迪古城和蒙巴萨沉船出土明清瓷器相关问题讨论》，《考古学研究》第十一卷，科学出版社，2019年，第409—421页。

22 浙江省文物考古研究所、北京大学考古文博学院、龙泉青瓷博物馆编：《龙泉大窑枫洞岩窑址出土瓷器》，文物出版社，2009年。

窑址数量减少，但是仍然保持了较高的制作水平。

综上可知，龙泉窑自唐代开始烧造青瓷；北宋晚期开始逐渐形成自己的风格，并进入皇家视野，产品在各阶层普及；南宋时期，产品开始大量外销，结合南北工艺对制瓷技术进行了重大的革新，窑业规模迅速扩大；元代，龙泉青瓷成为外销瓷器的主要品种，生产进入鼎盛期，生产规模更为扩大，并开始为外销地生产定制瓷；明代早期，龙泉窑与景德镇御窑一样承担了为宫廷烧造瓷器的任务，且龙泉青瓷仍是外销瓷器的主要品种。由于元代及明早期，龙泉青瓷在外销市场中的绝对性主导地位，影响力很大，周边及其他地区窑场也积极仿烧龙泉窑瓷器，福建有大量仿烧龙泉青瓷的窑址如武夷山遇林亭窑、同安汀溪窑、漳浦石寨窑等；广东地区如惠州白马山窑、新安镇窑，及大埔余里窑等；湖南地区的羊舞岭窑和醴陵窑，在南宋时期受迁入的景德镇窑工影响，主要烧制青白瓷，元代中期后则模仿龙泉窑大量烧造青瓷；江西地区除景德镇外，还有萍乡南坑窑址在元代仿烧龙泉青瓷，鹰潭一带也有元明时期仿烧龙泉窑的窑址[23]。这些窑场位于长江以南的福建、广东、湖南、江西地区，一般有烧造青瓷的传统，具有仿烧龙泉青瓷的技术积累，此外离龙泉窑距离较近，易受到龙泉青瓷产品风格的影响。景德镇窑仿烧龙泉青瓷就是在这种背景下进行的，为了与龙泉窑及周边窑场竞争，适应海内外市场需求的变化，再加上明早期与龙泉窑共同承担官器烧造的任务，相互之间不免有影响，景德镇窑也开始仿烧龙泉青瓷。

二、效仿：景德镇官窑与民窑对龙泉窑的模仿

景德镇窑在唐代就已经开始烧造青釉瓷器，如乐平南窑[24]及湘湖兰田窑[25]均发现大量的青瓷器，结合产品特征，可能受到浙江越窑、江西洪州窑、湖南岳州窑制瓷工艺的影响；五代时期，随着瓷釉技术发生转变，青釉产品从早期的青黄釉及青绿釉转变为青灰釉瓷[26]，此外受北方白釉技术南传的影响还开始生产白釉瓷[27]，为宋代青白釉瓷的生产创造了良好的条件。宋代景德镇创烧了青白釉瓷器，宋景德年间，“真宗命进御，瓷器底书‘景德年制’四字，其器尤光致茂美，当时则效，着行海内。于是天下成称景德镇瓷器”[28]，如冰似玉的青白瓷形成了自己独特的风格，在中国陶瓷史上具有重要的地位。由此可知，景德镇陶瓷手工业生产具有自己的发展脉络，在宋代以前受龙泉窑影响还较小，那么景德镇窑仿烧龙泉青瓷是从何时开始的呢？具体烧造仿龙泉青瓷的考古学证据又有哪些呢？

---

23 翁倩、郑建明：《21 世纪以来仿烧龙泉青瓷窑址考古新进展》，《文物天地》2020 年第 3 期。

24 江西省文物考古研究所等：《江西乐平南窑窑址调查报告》，《中国国家博物馆馆刊》2013 年第 10 期。

25 秦大树、刘静、江小民，等：《景德镇早期窑业的探索——兰田窑发掘的主要收获》，《南方文物》2015 年第 2 期。

26 吴军明：《景德镇唐至元瓷釉技术研究》，北京科技大学博士学位论文，2020 年。

27 李颖翀：《景德镇早期窑业研究——以湘湖地区 9—11 世纪窑业遗存为中心》，北京大学硕士学位论文，2015 年。

28（清）蓝浦撰，郑廷桂增补：《景德镇陶录》，《续修四库全书·子部·谱录类》，上海古籍出版社，2002 年，第 349 页。

据《景德镇陶瓷史稿》记载，景德镇仿龙泉青瓷是从宋代开始的，主要是仿哥窑的米色、蟹壳青、豆绿产品，仿弟窑的粉青、翠青产品[29]，但目前从出土实物上来看，并未有直接的证据；另外，据《饮流斋说瓷》载："宋处州龙泉县人章氏兄弟均善治瓷业……釉以米色、豆绿二种居多，有紫口铁足。无釉之处所呈之色其红如瓦屑，其釉极厚润纯粹，历千年而莹泽如新。元末明初暨清唐英屡有仿制，然远不逮宋制之精矣。"[30]可知，景德镇窑仿龙泉青釉是从元末明初开始的，尽管不及宋代龙泉青瓷精美，但一直到清代唐英督陶时期还有仿制，并且据记载景德镇明清时期还仿烧越窑秘色瓷，在明代景德镇御窑器物中，也有"秘色瓷"，这种"秘色"指的是同龙泉窑青瓷相似的颜色[31]，因此明代景德镇御器厂可能仿烧的并不是越窑秘色瓷，而是龙泉青瓷。从当前的考古发现我们也可以对景德镇仿烧龙泉青瓷的情况管窥一二。

（一）官窑遗存考古发现

1. 永乐时期官窑遗存

1982年，景德镇御窑厂遗址出土了一件仿龙泉青釉直颈净瓶，是目前发现最早的景德镇窑仿龙泉官器。该件净瓶为白胎，胎质致密；通体施青釉，釉色较深，釉层较薄，口、颈、足凸起处泛白，局部泛黄；素面无纹饰；外足底施釉，足端刮釉（图1）。永乐时期仿龙泉青釉的产品很少，质量一般，产品呈现翠青的特点[32]。

图1　永乐时期景德镇御窑仿龙泉青釉净瓶

2. 宣德时期官窑遗存

1982—2002年，在景德镇御窑厂遗址的数次考古发掘及随工清理中，出土了大量宣德时期的仿龙泉青釉瓷器，器类十分丰富，既有日常用器如碗、盘、碟、钵等，也有文娱陈设用器如洗、花盆、梅瓶、蟋蟀罐等。瓷器一般为白胎，致密，胎体较厚；釉色为青绿釉或淡青釉，碟等器物釉层较厚，釉面多有细小开片；装饰多为素面，部分器物如洗、碟、花盆、盘等刻划有莲瓣纹、折枝宝相花纹、缠枝莲纹等纹饰；部分器物有官窑款识，如洗在外壁口沿下有青花"大明宣德年制"单行六字楷书款，碟、钵、碗、蟋蟀罐等器物外底有青花双圈"大明宣德年制"双行六字楷书款，另外有部分器物无款识；外底施釉方式多样，一类为外底无釉，一类为裹足刮釉即外底施釉，足端刮釉涩胎，另有一类通体施釉，足端也施釉，外底中心刮釉，这一类可能借鉴了

29 江西省轻工业厅陶瓷研究所编：《景德镇陶瓷史稿》，生活·读书·新知三联书店，1959年，第66页。

30 许之衡著：《饮流斋说瓷》，《中国古代陶瓷文献辑录8》，全国图书馆文献缩微复制中心，2003年，第3734页。

31 江西省轻工业厅陶瓷研究所编：《景德镇陶瓷史稿》，生活·读书·新知三联书店，1959年，第64页。

32 故宫博物院、景德镇市陶瓷考古研究所编：《明代洪武永乐御窑瓷器》，紫禁城出版社，2015年，第288、289页。

图 2　宣德时期景德镇御窑仿龙泉青瓷

龙泉窑的垫烧技术〔图 2〕。宣德时期的仿龙泉青釉产品较多，制作精美[33]。

3. 正统至天顺时期官窑遗存

2014 年，在景德镇御窑厂遗址北侧重建保护棚过程中，景德镇市陶瓷考古研究所配合基建进行了考古清理，发现大量正统至天顺时期仿龙泉青釉瓷器的官窑器物，器类主要有侈口碗、鸡心碗、碟等。这些器物均为白胎；釉色为青釉，深浅不一，个别器物釉层较厚，其他釉层较薄；纹饰丰富，外壁釉下多刻划有纹饰，如六组团花纹、缠枝宝相花纹；均无款识；基本均为裹足刮釉〔图 3〕。这一时期同地层还出土有大量与仿龙泉青瓷器形相同、纹饰相

33　方婷婷、江建新：《浅谈景德镇出土明代仿龙泉窑瓷器》，《故宫博物院院刊》2020 年第 5 期。

同、釉色为仿青白釉的碗[34]。正统至天顺时期的仿龙泉青釉产品已经完全实现本土化[35]，胎色较白且胎体较薄、裹足刮釉、垫饼垫烧，仅模仿龙泉窑釉色，器类、胎体、施釉方法、纹饰、装烧方法均与御窑厂遗址生产的其他釉色器物相同。

明代景德镇御器厂在永乐至天顺时期的装烧方法一般是使用漏斗形匣钵与筒形匣钵装烧，另外有一类较为特别的装烧方法是使用瓷质套钵装烧，使用时，将其放在筒形匣钵内，在内底依次铺上细沙及瓷质垫饼，放上器物，再盖上套钵盖，这种装烧方法为景德镇御窑厂独有，其他地区基本不见。窑炉在永乐时期时主要使用葫芦形窑，宣德至天顺时期主要使用馒头形窑（马蹄形窑）进行瓷器烧造[36]。

图 3　正统至天顺时期景德镇御窑仿龙泉青瓷

明宣德时期，景德镇御器厂生产的造型、纹饰均与龙泉青瓷相同的仿龙泉瓷器，可能是由明初中央政府统一下样，即颁布“定夺样制”的命令，让饶州和处州同时烧造官用器物的背景下产生的，较为典型的案例如宣德时期的景德镇仿龙泉青釉带座梅瓶，与龙泉窑青釉带座梅瓶造型相似，该时期景德镇窑还生产同造型的白釉带座梅瓶；除仿龙泉青釉外，青花器物的诸多造型与纹饰也与龙泉窑青瓷相似，如明永乐时期的青花鸡心碗、葫芦式扁瓶、玉壶春瓶，宣德时期的青花墩式碗、壮罐、执壶，在明早期龙泉青釉瓷器中均有相同器形的对照品[37]；纹饰上，尽管景德镇窑青花瓷多为绘制，龙泉窑青瓷多为刻划，但明早期景德镇官窑纹饰与龙泉窑官窑青瓷的纹饰也有诸多相似之处，涵盖牡丹、菊、莲、葡萄、琵琶、桃、石榴、荔枝、松竹梅（岁寒三友）、山石芭蕉等花卉果实及龙纹等众多题材，且部分器物的纹饰布局也基本相同[38]。供用器物的“定夺样制”政策使得明初景德镇窑与龙泉窑的官窑器物在器形与纹饰等方面具有诸多相似性，两者具有密切的联系，景德镇御窑也对这一时期的龙泉青瓷进行了模仿。

明天顺以后，景德镇御窑厂遗址生产的仿龙泉青釉瓷器较少，成化时期还有仿哥釉、仿官釉及仿青白釉瓷器的生产，但已经不见仿龙泉青釉瓷器的踪迹，各类彩绘瓷、彩釉瓷器逐渐成为御窑瓷器生产的主流产品。后世常见的景德镇豆青釉瓷器，已经不是仿同时期

34 故宫博物院、景德镇市陶瓷考古研究所编：《明代正统、景泰、天顺御窑瓷器》，故宫出版社，2019 年，第 223、224 页。

35 王光尧：《从考古资料看正统、景泰、天顺时期的御窑制度》，《明代正统、景泰、天顺御窑瓷器》，故宫出版社，2019 年，第 334—340 页。

36 权奎山：《2002—2004 年景德镇出土明代御窑瓷器概况》，《景德镇出土明代御窑瓷器》，文物出版社，2009 年，第 10—25 页。

37 故宫博物院、景德镇市陶瓷考古研究所编：《明代正统、景泰、天顺御窑瓷器》，故宫出版社，2019 年，第 240—268 页。

38 吴宁：《元代至明早期龙泉窑官样瓷器初考》，中国艺术研究院硕士学位论文，2013 年。

的龙泉青釉产品了，而是发展为景德镇窑青釉产品的一种，基本已经实现本土化，不在本文的景德镇窑仿龙泉青瓷的讨论范畴。

（二）民窑遗存考古发现

1. 景德镇御窑厂遗址旁五金公司门口

1990 年，赵曰斌等在景德镇御窑厂遗址旁的五金公司门口采集到 2 件仿龙泉菊纹高足杯与 1 件仿龙泉菊纹碗。青釉高足杯，胎质灰白；釉色豆青，釉质光润；外壁腹部刻划仰莲瓣纹，把足刻划蕉叶纹。青釉小碗唇沿外侧一周刻划变形回文。根据釉色、造型、纹饰判断，属于元末明初景德镇窑仿龙泉窑产品[39]。

2. 景德镇湖田窑址

1985 年至 1999 年，江西省文物考古研究所、景德镇民窑博物馆对湖田窑址进行了 10 次抢救性考古发掘，尽管主要收获来自五代至宋元时期的遗存，但也发现了部分明代生产和建筑遗迹，出土了丰富的明代遗物。湖田窑仿龙泉青釉瓷主要发现于明代中期成化至弘治时期地层之中，器类主要为碗、盘、碟、高足杯、罐等日常用器；胎质致密，胎色洁白；釉色为淡青色，釉质纯净，釉面少数有开片；装饰以素面为主，少量刻划莲瓣或菊瓣纹；外底多为足端及足内露胎，或足端施釉，足内露胎[40]〔图 4〕。装烧方面，主要采用漏斗形匣钵装烧器物，多采用砂垫，因此器物外足处也多有粘砂现象。这一时期主要采用葫芦形窑及马蹄形窑烧造器物。

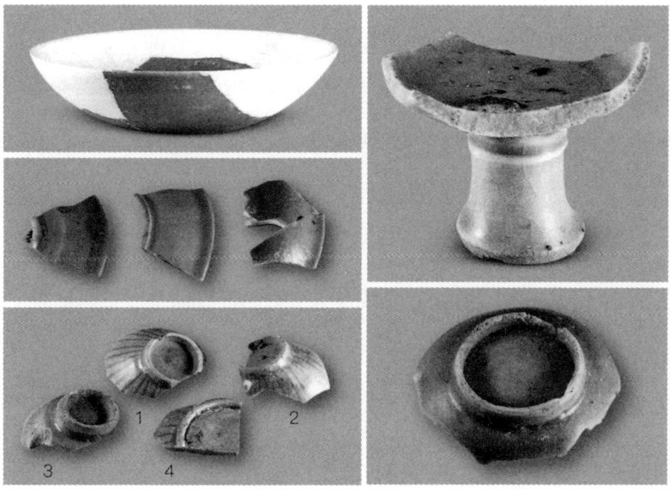

图 4　景德镇湖田窑址仿龙泉青瓷

3. 景德镇丽阳乡瓷器山窑址

2005 年，故宫博物院、江西省文物考古研究所、景德镇市陶瓷考古研究所联合对位于景德镇市西南 21 千米处的丽阳乡彭家村瓷器山窑址进行了考古发掘。清理出明代早期（宣德至天顺）葫芦形窑炉一座，出土了大量同时期遗物，瓷器品种有青花瓷、白瓷、仿龙泉釉瓷、仿哥釉瓷、紫金釉瓷等。瓷器山窑仿龙泉青瓷主要为明代早期即宣德至天顺时期遗物，器类主要为碗、盘、

39　吴志红：《浅谈龙泉瓷和景德镇仿龙泉瓷》，《南方文物》1992 年第 4 期；赵曰斌：《高安元瓷窖藏与景德镇元瓷标本》，《南方文物》1990 年第 2 期。

40　江西省文物考古研究所、景德镇民窑博物馆：《景德镇湖田窑址——1988—1999 年考古发掘报告》，文物出版社，2007 年，第 335—337 页。

图 5　景德镇丽阳瓷器山窑址仿龙泉青瓷

高足杯等日常用器；胎质洁白致密；釉色为青绿色或浅青色，釉面多有开片；装饰以素面为主；外底无釉〔图 5〕。装烧方面，主要使用漏斗形匣钵单件仰烧，使用细沙垫烧或垫饼垫烧。丽阳乡彭家村瓷器山窑址仿龙泉釉瓷器的发现，丰富了对明代早期景德镇地区瓷器釉色品种的认识[41]。

4. 景德镇戴家弄窑址

2009 年，景德镇戴家弄基建工程现场发现了窑址遗迹和大量瓷器残片。明代窑业遗物主要有窑具及瓷器标本。出土瓷器以青花为主，但也包含大量青釉瓷器。这些青釉瓷器多为仿龙泉青瓷风格的器物，器类有日常用器如碗、盘、杯、盂、炉等，文房用具如水注。均为白胎，或白胎泛灰，胎质致密，釉色、造型、装饰则与龙泉窑青瓷有诸多相似之处[42]〔图 6〕。

5. 景德镇落马桥窑址

2012 年，景德镇市陶瓷考古研究所、北京大学考古文博学院、江西省文物考古研究所联合发掘了位于中华南路红光瓷厂内的落马桥窑址。落马桥窑址主要田野工作自 2012 年 11 月持续至 2013 年 7 月，2017 年 11 月又进行了一些小规模发掘，清理了从北宋后期延续

41 故宫博物院等：《江西景德镇丽阳瓷器山明代窑址发掘简报》，《文物》2007 年第 3 期；方婷婷、江建新：《浅谈景德镇出土明代仿龙泉窑瓷器》，《故宫博物院院刊》2020 年第 5 期。

42 王建保：《景德镇戴家弄窑址发现的明代青釉瓷器》，《东方收藏》2016 年第 2 期。

图 6　龙泉窑青瓷（左）与景德镇戴家弄窑址仿龙泉青瓷（右）同器型对比

至清末的地层堆积。其中明清时期地层连续性强，从明初一直覆盖至清末，遗迹、遗物非常丰富，发现一座明中期葫芦形窑，仿龙泉青釉瓷器主要发现于明早期及明中期地层，数量不多，主要为碗、盘、高足杯等日常用器；胎质洁白致密；釉色为青绿色或浅青，釉面光亮有开片；装饰多为素面，或内腹部多有模印菊瓣纹〔图 7〕。装烧方面，主要使用漏斗形匣钵单件仰烧。除仿龙泉窑青瓷外，同一时期地层也出土诸多外青釉内青花的产品，器形与仿龙泉青瓷的产品相似，可能是明早中期景德镇窑在仿龙泉青瓷的基础上创烧的新产品，这类产品延续的时间很长，一直到清代还有烧造，应不属于仿龙泉青瓷的范畴[43]。

（三）景德镇仿龙泉与真正的龙泉青瓷生产的异同对比

窑业技术的交流分多个层次，浅层次的交流是通过产品的流通，输入地以本土的技术和原料对输入的产品进行模仿，一般较容易模仿的是釉、器形、装饰等，但器物的胎釉成分受本

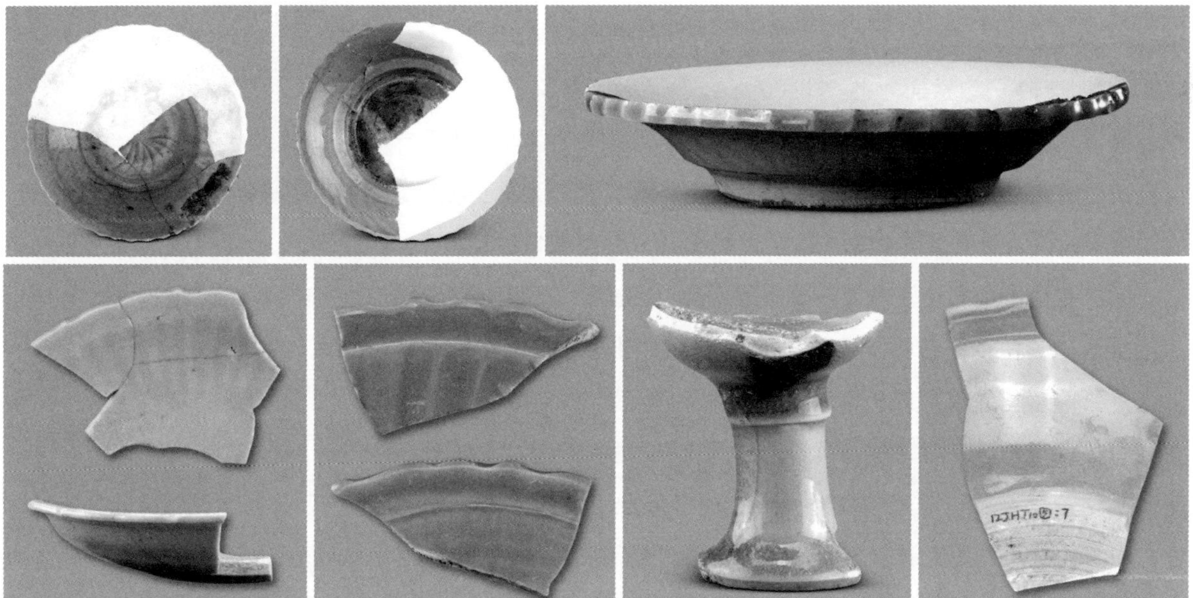

图 7　景德镇落马桥窑址仿龙泉青瓷

43　高宪平：《明清景德镇民营制瓷手工业的考古学研究——以落马桥窑址发掘为基础》，北京大学博士学位论文，2021 年；景德镇市陶瓷考古研究所等：《江西景德镇落马桥红光瓷厂窑址明清遗存发掘简报》，《文物》2020 年第 11 期。

地环境影响是很难相似的；深层次的交流则涉及到工匠、原料的流动，往往装烧技术、窑炉技术也会随之传播，这种交流是生产技术的直接交流。

结合上文所述，景德镇窑仿龙泉青瓷更多的是对釉色、器形、装饰的简单模仿，没有模仿龙泉窑装烧技术与窑炉技术，如明代龙泉窑主要是使用M形匣钵装烧器物，窑炉使用龙窑，但景德镇窑主要使用漏斗形匣钵，窑炉也主要为本土的葫芦形窑及马蹄形窑〔图8〕。尽管在宣德时期，景德镇御器厂不仅追求龙泉窑厚胎厚釉的效果，盘等器物的装烧方式上也学习龙泉窑采用满釉、外底心刮釉、垫烧的方法，表明可能有龙泉窑的窑工参与了景德镇仿龙泉青釉的烧造[44]，但正统时期以后，仿龙泉产品更加本土化，主要为薄胎薄釉，器形与纹饰也多与御窑其他釉色产品相同，表明同一窑场内器类与造型的相似性。即使是在较易模仿的釉、器形、纹饰上，景德镇仿龙泉与真正的龙泉青瓷也有一定的差距，以龙泉窑明早中期的产品为例，胎体较厚，胎色发灰，胎质并不十分细腻；釉色以青绿、深青绿为主色调，釉层较厚；器物多有装饰如戳印、刻划花、雕塑及镂空等；外底多刮釉一圈垫烧[45]。景德镇特别是民窑仿龙泉青瓷则一般胎体较薄，胎色浅主要为白胎或灰白胎；釉色较浅，多为青绿色或浅青色，釉层较薄，釉面多有开片；装饰较少，以素面为主；外底无釉或裹足刮釉居多。整体而言，景德镇仿龙泉青瓷，特别是民窑仿龙泉青瓷与真正的龙泉青瓷还是有一定的差别，器类中多以日常用品如碗、盘、杯为主，反映了其模仿的器物一般较为简单，很少模仿复杂器物。

龙泉大窑枫洞岩窑址的龙窑及M形匣钵

景德镇丽阳瓷器山窑址的葫芦形窑、御窑厂遗址的马蹄形窑及漏斗形匣钵

图8　龙泉窑与景德镇仿龙泉青瓷窑址的窑炉及窑具对比

从科技检测的角度上来看，景德镇仿龙泉青瓷与龙泉青瓷的胎体化学组成及白度值有明显的差异，龙泉青瓷引入了一定含量的紫金土，景德镇仿龙泉青瓷仍然使用高岭土和瓷石等本地原料，因此景德镇仿龙泉青瓷胎体的铁、钛含量明显低于龙泉青瓷；龙泉青釉显微结构较景德镇仿龙泉釉复杂，存在较多未融石英颗粒及黏土团粒，因此拥有更好的玉质感；景德镇仿龙泉青瓷的胎釉中间层显微结构与龙泉青瓷也有较大差异，两地青瓷的原料配方及烧制工艺存在较大差别；施釉技术上，龙泉窑自南宋以来，

44 王光尧：《从考古资料看正统、景泰、天顺时期的御窑制度》，《明代正统、景泰、天顺御窑瓷器》，故宫出版社，2019年，第334—340页。

45 浙江省文物考古研究所、北京大学考古文博学院、龙泉青瓷博物馆编：《龙泉大窑枫洞岩窑址出土瓷器》，文物出版社，2009年，第14、15页。

普遍采用多次施釉的工艺技法，明早期景德镇窑仿龙泉青瓷则普遍采用一次施釉的工艺；景德镇仿龙泉青瓷在釉亮度值、绿色值、彩度值上均高于龙泉青瓷。但景德镇窑仿龙泉青瓷一定程度上也借鉴了龙泉青瓷的烧制工艺，如创造性地使用了明显区别于景德镇窑同时期其他瓷器品种的烧成温度，烧成温度非常接近龙泉青瓷的烧成温度，但明显低于明代景德镇窑其他类型瓷器的烧成温度[46]。

综上所述，景德镇御窑厂遗址生产仿龙泉青瓷官器的时间主要在明早期即永乐至天顺时期，大致与龙泉窑生产官器的时间相重合，这一时期景德镇御窑与龙泉生产官器的窑场联系紧密，因此也较容易模仿龙泉青瓷的生产；景德镇民窑遗址生产仿龙泉青瓷的时间主要在元末明初至明中期（成化弘治时期），由于元末时期的仿龙泉青瓷生产的窑业考古证据很少，目前发现生产仿龙泉青瓷的民窑窑址还是以明早中期为主，推测景德镇大规模生产仿龙泉青瓷还是从明早期开始的，明中期以后，景德镇民窑基本以生产青花瓷为主，仿龙泉青釉瓷器很少。尽管景德镇发现有大量仿龙泉青瓷的遗存，但景德镇窑仿龙泉青瓷多为浅层次对釉色、器形、装饰的简单模仿，原料配方、装烧技术、窑炉技术均为本土的传统工艺，与龙泉窑深层次的直接技术交流较少。

三、替代：景德镇窑仿龙泉青瓷的衰落与青花瓷在海内外市场的崛起

明中期以后，景德镇窑仿龙泉青瓷迅速衰落，伴随的是青花瓷的大规模生产。一方面与龙泉窑在明中期以后逐渐衰落走向式微有关，另一方面受景德镇窑制瓷手工业自身的发展影响，此外明中期青花瓷在海内外市场的崛起，取代了龙泉窑在外销市场的地位，也导致了龙泉窑生产的低迷和景德镇仿龙泉青瓷的衰落。

（一）龙泉窑的衰落

龙泉窑衰落其实早至明初就已经开始，主要表现为窑址数量的减少，生产的缩减，其中龙泉窑明代早期产品质量最高的大窑片区，窑址数量较元代减少了30%，明中期以后产品质量粗陋，窑业更加衰落；金村—上垟片区，明代窑址数量不多，且明代窑业呈现凋敝现象；溪口片区不见明代遗存；东区盛烧期在元代，遗存最晚的时代为明代早期至中期稍后，明中期以后衰败；庆元竹口一带成为新的龙泉青瓷生产中心，并在明代中晚期达到鼎盛，生产一直延续到清早期[47]。总体而言，明代龙泉窑的生产是走向衰落的，尤其在明中期以后，除庆元还在生产龙泉青瓷外，其他窑址基本衰败。

以往有学者对龙泉窑衰落的原因进行过探讨，认为内因是龙泉窑为扩大出口追求数量

46 吴艳芳：《明代景德镇仿龙泉青瓷与龙泉青瓷对比研究》，景德镇陶瓷学院硕士学位论文，2013年。

47 刘净贤：《元明清龙泉窑生产状况及文化因素研究》，北京大学博士学位论文，2010年。

及大范围不受控制的模仿、复制，以及成化时期龙泉官器停烧，皇宫不再需求龙泉青瓷，龙泉窑失去官府在机制和经济两方面支持，导致产品质量迅速下降[48]。更多则是由外因引起的，包括明政府的苛捐杂税导致盈利微薄而减产，据嘉靖《浙江通志》记载"器出于琉田（大窑）者已粗陋，利微而课额不减，民甚病焉"[49]；明代早中期龙泉地区发生的矿工起义事件，对窑业生产造成了直接严重的破坏，龙泉地区与外界的联系，与宫廷及官方的联系，在正统以后的相当长的时间里被切断了[50]；明代景德镇御器厂在永乐至天顺时期仿烧出精美的龙泉青瓷，景德镇民窑在明早中期也大量生产仿龙泉青瓷器，景德镇官民窑的竞争，使得龙泉窑退出皇家需求，生产走向衰落[51]；此外，明代海禁政策也对龙泉窑的生产和销售造成了很大的影响，朝贡贸易的束缚使得龙泉窑的出口锐减，明中期以后，部分龙泉窑的窑工为了生计，将生产转移到管控较松的粤东、闽南地区，以方便进行瓷器的走私贸易，甚至将技术输出到东南亚的泰国、越南一带，其海外的市场份额也逐渐被国内外仿龙泉青瓷所占领[52]。但明中期以后景德镇窑并没有像福建、广东地区一样继续仿烧龙泉窑青瓷，这与景德镇制瓷手工业的发展有关。

（二）景德镇窑制瓷手工业的发展

景德镇窑在宋代创烧出青白瓷，使景德镇窑成为宋代名窑之一，青白瓷与龙泉青瓷均为当时外销瓷器的重要品种，福建及广东等地区诸多窑场也相继仿烧景德镇窑青白瓷。到元代，尽管龙泉窑青瓷成为外销瓷器的主要品种，但其产品单一，主要为青釉瓷器，而景德镇窑在元代不仅生产青白釉、卵白釉、青釉瓷器，还创烧了青花、釉里红等彩绘瓷器新品种，开辟了单色釉瓷器向彩瓷过渡的新时代。青花瓷也从元代中期开始通过陆路与海路不断销往海外，在东亚的蒙古国、日本、冲绳，东南亚的新加坡、柬埔寨、越南、马来西亚、印度尼西亚、菲律宾、文莱、泰国，南亚的印度，西亚与中东地区的伊朗、土耳其、马其顿、叙利亚、黎巴嫩、乌兹别克斯坦、巴林国、阿联酋、也门、阿曼，北非的埃及、苏丹，东非的肯尼亚、坦桑尼亚及红海等地都有发现[53]。元末景德镇一带由于战事不断，民窑的生产较为凋敝，宣德时期以前，景德镇民窑尚属于复苏阶段，一直以白釉、青白釉和仿龙泉

---

48 王光尧：《关于清宫旧藏龙泉窑瓷器的思考——官府视野下都龙泉窑》，《龙泉大窑枫洞岩窑址》，文物出版社，2015年，第26、27页。

49（明）薛应旗撰：《（嘉靖）浙江通志》卷八《地理志》，《中国方志丛书·华中地方·第五三二号》，影印明嘉靖四十年刊本，成文出版社，1983年，第444页。

50 李冰：《明代龙泉窑衰落的原因初探》，《龙泉窑瓷器研究》，紫禁城出版社，2013年，第137—149页。

51 王光尧：《关于清宫旧藏龙泉窑瓷器的思考——官府视野下都龙泉窑》，《龙泉大窑枫洞岩窑址》，文物出版社，2015年，第26、27页。

52 沈岳明：《从"龙泉天下"到"天下龙泉"——元明时期龙泉窑对外输出方式的变革》，《博物院》2020年第6期。

53 陈洁：《整合与重估——元代青花瓷器贸易研究的新视野》，《幽蓝神采——2012上海元青花国际学术研讨会论文集》第1辑，上海古籍出版社，2015年，第328—349页。

窑青釉器为主要产品。宣德末年到正统时期，景德镇的民窑开始生产青花瓷器，并且发展迅速，正统至天顺三朝确立了青花瓷在景德镇窑业中的统治地位，民窑得到了快速发展，生产的地点从景德镇镇区和周边地区迅速向以镇区集中，生产分工程度进一步加强，逐渐形成了规模化的手工业生产中心[54]，在明中期窑场完成了向镇区的转移，自此以后形成了沿昌江分布的十三里窑场，成为明清窑业生产的核心地区，完成了更高层级的生产分工，开启了工业化的进程[55]。明代早中期具有代表性的民窑址如湖田窑址、落马桥窑址、丽阳瓷器山窑址、瑶里地区窑址均以青花瓷生产为主，另有少量的白釉、蓝釉、仿龙泉青釉、仿哥釉、紫金釉等。尽管景德镇窑在明早中期一直进行仿龙泉青釉的生产，但并未成为其产品的主流，在明初宣德之前，产品主要以本土传统的白釉、青白釉瓷器为主，宣德至正统时期，又以青花瓷器为主，仿龙泉青釉只是其为增强市场竞争力的次生瓷器。从明中期开始，景德镇的主要产品青花瓷器得到了国内外的广泛认同，不仅在国内市场上占据了主导，在海外也迅速取代了龙泉窑的地位，景德镇窑也无需在明中期以后继续仿龙泉青瓷的生产。

（三）景德镇窑青花瓷在海外市场的崛起

明代早期的外销瓷器以龙泉青瓷为主，到明中期逐渐被景德镇青花瓷所取代，外销的瓷器品种发生了完全的嬗变：东亚如日本濑户内海出水的中国瓷器，15 世纪后半到 16 世纪初期，青花瓷开始大量输入，青瓷与白瓷数量很少[56]。琉球中山王国的城寨首里城遗址出土的 15 世纪中后期至 16 世纪初的中国瓷器中，青花瓷有 462 件，龙泉青瓷仅 183 件[57]；东南亚地区发现的龙泉青瓷下限大多截止于明中期，此后龙泉青瓷在陆上遗址及沉船中几乎绝迹[58]；西亚的巴林遗址与佐尔法港口遗址在明中期青花瓷成为主导产品，一些东南亚产仿龙泉青瓷[59]及广东产青瓷器[60]，逐渐取代了龙泉青瓷，龙泉本土青瓷迅速减少；非洲坦桑尼亚的基尔瓦岛遗址，肯尼亚的曼布鲁伊、马林迪老城、格迪古城遗址也均有这种现象。其中，马林迪老城出土 74 件明中期瓷器，包含有 54 件景德镇青花瓷，15 件龙泉青瓷[61]，格迪古城明中期共出土了 100 件中国瓷器，其中 90 件是景德镇青花瓷，占比达到了 90%，仅 4 件龙

---

54 秦大树、高宪平：《景德镇明代正统、景泰、天顺三朝瓷窑遗址考古发现综论》，《15 世纪的亚洲与景德镇瓷器》，上海古籍出版社，2020 年，第 184—214 页。

55 钟燕娣：《明中期景德镇制瓷手工业的考古学研究》，北京大学博士学位论文，2020 年。

56 橋本久和監修，日本中世土器研究会編：《考古学と室町・戦国期の流通》，高志書院，2011 年。

57 张荣蓉：《首里城出土龙泉青瓷和青花瓷研究》，北京大学博士学位论文，2020 年。

58 项坤鹏：《浅析东南亚地区出土（水）的龙泉青瓷——遗址概况、分期及相关问题分析》，《东南文化》2012 年第 2 期。

59 赵冰、罗伯特・卡尔特尔等：《阿拉伯联合酋长国哈伊马角酋长国佐尔法・努杜德港口遗址出土中国瓷片》，《文物》2014 年第 11 期。

60 广东省文物考古研究所等：《广东大埔余里明代窑址 2013—2014 年发掘简报》，《文物》2019 年第 10 期。

61 丁雨：《肯尼亚曼布鲁伊遗址及马林迪遗址的考古学研究》，北京大学博士学位论文，2015 年。

泉青瓷[62]。由上可见明初外销瓷器的品种以龙泉窑占绝对多数，至明中期转变为景德镇青花瓷具压倒性优势，景德镇窑青花瓷的崛起导致了龙泉窑失去竞争力，生产陷入低迷，景德镇窑青花瓷也替代龙泉窑瓷器成为外销瓷器的主要品种，输出范围十分广远，从东亚的韩国、日本，东南亚的菲律宾、文莱、印度尼西亚、马来西亚、泰国等地区，印度洋上的斯里兰卡、印度、波斯湾沿岸地区、阿拉伯半岛，近东的叙利亚、土耳其，非洲的埃及、埃塞俄比亚、坦桑尼亚、肯尼亚、马达加斯加，到欧洲的葡萄牙、意大利等，遍及亚非欧三大陆[63]。

四、结语

综上，本文对景德镇窑生产仿龙泉青瓷的起因进行了分析，通过梳理龙泉窑自唐代到明代的窑业生产及销售情况，提出龙泉青瓷在元代及明早期外销市场中的绝对性主导地位，而且自北宋晚期开始至明早期，龙泉窑还承担了为宫廷烧造瓷器的任务，龙泉窑的发展刺激了周边窑场对其的模仿，景德镇窑为了适应海内外市场需求的变化，与龙泉窑及周边其他仿烧龙泉青瓷的窑场竞争，也开始仿烧龙泉青瓷。结合文献记载与考古发现中景德镇官窑和民窑遗存对龙泉窑模仿的案例，对比景德镇仿龙泉青瓷与真正的龙泉窑青瓷生产的异同，发现景德镇官窑与民窑大规模生产仿龙泉青瓷主要是从明早期开始的，明中期以后景德镇仿龙泉青釉瓷器生产较少，且多为浅层次对釉色、器形、装饰的简单模仿，与龙泉窑深层次的原料配方、装烧技术、窑炉技术等直接技术交流并不显著。明中期以后景德镇窑仿龙泉青瓷的衰落，与龙泉窑在明中期以后的衰落、景德镇窑制瓷手工业自身的发展，以及景德镇窑青花瓷在海内外市场上取代龙泉窑青瓷成为外销瓷的主要品种等息息相关。

62 秦大树：《肯尼亚出土中国瓷器的阶段性讨论（Discussion on Stages of Maritime Trade Based on Chinese Ceramics Found in Kenya）》，（韩）《海洋文化财》（Journal of Maritime Heritage）2017 年第 10 期。

63 钟燕娣、秦大树、李凯：《明中期景德镇窑瓷器的外销与特点》，《文物》2020 年第 11 期。

景德镇制瓷原料变革初探

冯冕（景德镇陶瓷大学艺术文博学院）

摘要：本文从南宋出现的米黄釉的胎体元素分析，结合宋元景德镇窑址出土的泥照，以及作者对麻仓的实地调查，认为景德镇二元配方的探索在南宋就已经开始了，只是这个过程十分漫长，真正的成熟的时间要晚得多。

关键词：景德镇　制瓷原料　配方　高岭土

景德镇制瓷长期使用单一瓷石为制坯原料，但瓷石成分复杂，不同瓷石的耐火度不一，这对瓷器的器形、体量、烧成温度等都有很大制约。高岭土的加入则能有效提高其耐火度，增强瓷器坯体烧结程度，增进莫来石晶体的形成，从而赋予瓷器良好的机械强度。可以说高岭土作为陶瓷制坯原料的加入，形成"二元配方"的制胎方式，改良了瓷器的物化特性，是制瓷工艺极为重要的进步。因此追溯景德镇最早对高岭土的使用就成为了古陶瓷重要的课题。

一、"米黄器"瓷胎元素的测试

图1　景德镇出土南宋米黄器

由于单一瓷石存在工艺性能的限制，尤其难以烧造大件器物，但是近年来景德镇湖田、戴家弄等地都出土一批被称为"米黄器"的标本，这种器物釉色透明而微微泛黄，胎质疏松微泛黄色，与景德镇典型的青白瓷大相径庭。〔图1〕的器形与湖田出土的C型三足炉中标本1一致[1]，并且这只三足炉不仅兽足与《景德镇出土陶瓷》中判定为宋代标本图68的残足造型一致，胎釉特征也一致[2]。在《景德镇出土陶瓷》描述这件标本为湖田窑出土，炉形较为硕大，为同期产

1　江西省文物考古所、景德镇民窑博物馆《景德镇湖田窑址1988—1999年考古发掘报告（上）》，文物出版社，2007年，第217页。

2　香港大学冯平山博物馆、景德镇市陶瓷考古研究所主编：《景德镇出土陶瓷》，香港大学冯平山博物馆，1992年，第68页。

品少见，年代为12世纪[3]。落马桥考古也在南宋地层中发现了类似胎釉特征的芒口碗[4]。近来周浩、曹建文在《新安乘船出水的米黄釉瓷器研究》中讨论了新安沉船中米黄釉瓷器的窑口和时代问题[5]。认为新安乘船出水的米黄釉瓷器与景德镇窑的米黄釉瓷器胎釉特征一致，但认为米黄釉瓷器的年代多集中于元代中期，与新安乘船的时间吻合，但也提出同类型的青白瓷在南宋就已经出现，不排除这类瓷器从南宋晚期延续到元代中期的可能性。正如该文提到的，与米黄釉瓷器造型一致的青白瓷在南宋宝祐二年的鹰潭徐汝楫墓[6]、咸淳十年的浙江衢州史绳祖墓[7]、端平三年的江西省乐平县李知监墓[8]都有出土。加之落马桥遗址在南宋地层有此类器物的出土，笔者认为这类米黄器在南宋晚期就已经出现。

景德镇出土的米黄器残器中有高达70厘米，笔者测试的米黄器标本有的厚达将近2厘米，如果其原料没有较好的耐火度，是不足以做成如此大件厚胎的。那么它的原料究竟存在什么特殊之处呢？笔者借景德镇市罗国新收藏的，宋青白瓷、米黄器标本由景德镇陶瓷大学古陶瓷研究所的对取样用能量色散X射线荧光（EDXRF）分析，测试了样本主、次成分（表1）。

表1　宋影青、米黄釉瓷胎主要化学成分

	Na_2O	MgO	Al_2O_3	SiO_2	K_2O	CaO	TiO_2	Fe_2O_3
宋—01	1.00	0.64	22.31	69.92	3.50	0.45	0.08	1.10
宋—02	0.03	0.34	23.68	70.91	2.93	0.54	0.03	0.53
宋—03	1.12	0.63	20.81	71.78	3.08	0.74	0.04	0.80
宋—04	2.56	0.44	25.55	67.52	1.39	0.17	0.12	1.26
宋—05	0.60	0.08	27.07	67.66	2.43	0.15	0.13	0.90
宋—06	0.23	0.37	26.60	66.78	3.43	0.23	0.12	1.23

表1中显示，米黄釉的标本宋—04、宋—05、宋—06的氧化铝含量都高于青白瓷标本宋—01、宋—02、宋—03的氧化铝含量，甚至都超出了一般认为的瓷石氧化铝的上限。不过由于存在少数瓷土氧化铝含量很高的情况，这些标本可能是一元配方，即所用原料天然含有较高的氧化铝，也有可能是认为配入了高岭土。这三件标本它仍然很大可能是一元

3　香港大学冯平山博物馆、景德镇市陶瓷考古研究所主编：《景德镇出土陶瓷》，香港大学冯平山博物馆，1992年，第120页。

4　翁彦俊、崔剑锋、江建新：《景德镇落马桥窑址南宋和元代青白瓷胎釉分析——兼议“二元配方”起源》，《东方博物》2015年第3期。

5　周浩、曹建文：《新安乘船出水的米黄釉瓷器研究》，《南方文物》2019年第1期。

6　曲利平：《鹰潭宋代纪年墓葬》，《南方文物》1996年第4期。

7　衢州市文管会：《浙江衢州市南宋墓出土器物》，《考古》1983年第11期。

8　许智范：《乐平、永修、上高县发现古墓葬》，《南方文物》1976年第1期。

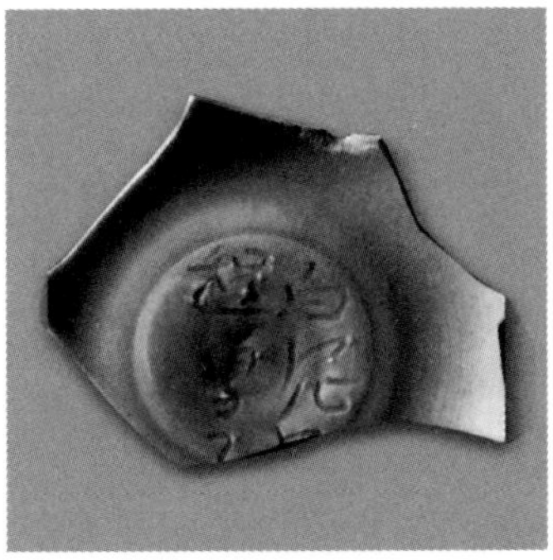

图 2　泥照“程学□白泥□”

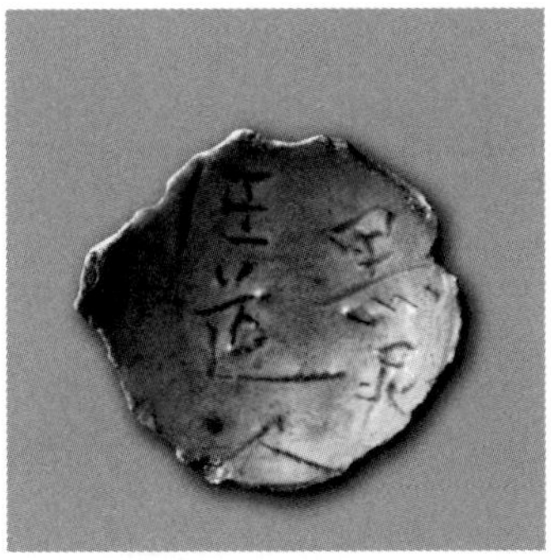

图 3　泥照“汪道人黑泥”

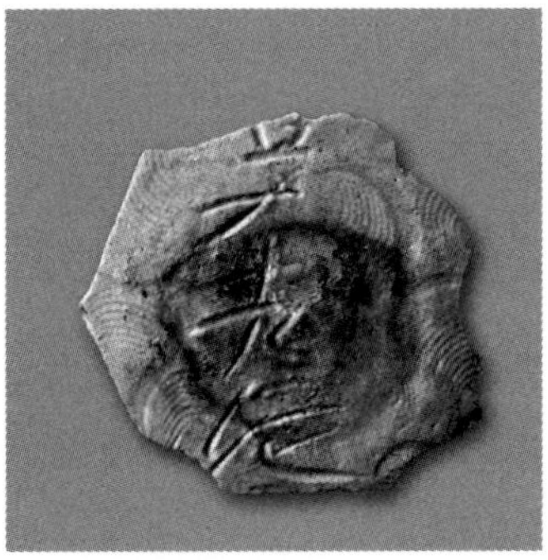

图 4　泥照“吴秀泥”

配方。宋—05 标本的情况比较特殊，它的氧化铝含量超过了一般认为的瓷石最大铝含量，而碱金属总含量又较瓷石或瓷土的含量更低，这说明它不可能是通过淘洗增加氧化铝的瓷土来制胎的，而很大可能是通过在瓷石中加入富铝黏土制成。

二、宋代景德镇泥照对原料变化的反映

不仅我们在瓷胎的主要元素中，找到景德镇二元配方的线索，在考古资料中我们也可以发现工匠对于二元配方的探索过程。实际上景德镇工匠在烧窑时不断在进行原料测试。宋元时期试泥的火照十分丰富[9]。有带有姓氏铭文的泥照，如“凌小七子黄泥”“史小六泥”“进坑吴小五”“丘小六泥”“郑家泥”“吴秀泥”；带有地名铭文的泥照“进坑”“试下项泥”；还有描述泥土物理特征的铭文泥照：“赤泥”“黄泥”“汪道人黑泥”“方六白泥”“程学□白泥□”等（图 2– 图 4）。从这些泥照的铭文来看，所试验的原料颜色不尽相同，可见在此时期对于原料已经开始进行广泛探索，也说明对于原料的工艺性能尚未形成系统、深入的深认识。

三、麻仓与麻仓土的考察

在对原料配方的探索过程中，麻仓土可能是最早景德镇工匠意识到，可以作为一种提高制瓷烧成温度的原料。麻仓土究竟最早用于何时？麻仓土究竟是什么土？学界尚未有定论。刘新园提出麻仓土是景德镇最早使用的高岭土[10]。但也有研究者提出不同看法：熊寥根据清蓝浦《景德镇陶录》“麻仓为邑东村名，或讹麻村，或呼梅村窑，出官土，只可作不，非釉也”以及借河道距离的推测，认为“麻仓”即为梅村，梅村就是

9　江西省文物考古研究所、景德镇民窑博物馆编：《景德镇湖田窑址 1988—1999 年考古发掘报告》，文物出版社，2007 年，第 436 页。

10　刘新园、白焜：《高岭土史考——兼论瓷石、高岭与景德镇十至十九世纪的制瓷业》，《中国陶瓷》1982 年第 7 期。

今天的瑶里镇，而瑶里历来只产瓷石不产高岭土，由此确定麻仓土非高岭土而是瓷石[11]。翁彦俊[12]、王怡苹[13]等学者从不同角度提出麻仓土为瓷石的观点。此外冯云龙[14]认为的麻仓所在地虽与刘新园、许垂旭等的观点基本一致，也认可麻仓土即高岭土，但他认为麻仓土的使用时间应是在南宋。麻仓的地理位置是确定麻仓土性质的重要条件，也是争论焦点。“陶土出新正都麻仓山，曰千户坑、龙坑坞、高路坡、低路坡，为官土”[15]，这是明《江西省大志》对麻仓土地理位置唯一的记录，但由于较为简略难以对其进行精确定位。

（一）麻仓走访调查的情况与出土文物

据笔者走访调查的结果来看，当地居民对麻仓的位置都有清楚明确一致的认识，即是白水和南安坦之间的山丘。2012 年，笔者走访瑶里居民，当年 76 岁吴松登老人说：“麻仓就是南泊那个位置，麻仓土应该是做骨子的（所谓“骨子”对是耐火度较高的制胎原料的俗称）。”居住在白水的方观荣老人当年 74 岁，原是浮梁县人，祖辈迁居白水，据其回忆：“从解放前就在挖瓷土，为高岭土。龙坑坞在麻仓山的背面。早年其父亲就在这里挖过土。就在山上淘洗，水运到景德镇。做成不子（音“墩子”，景德镇对做成砖块状制瓷原料的俗称）后运出。在水量大的时段，运不子出景德镇，以前最快的要一周来回，水小的时候需要蓄坝出去，要半个月来回。一船的装载量一般在两吨左右。淘洗池已经不存在了，挖沙的土坑还可以看到。淘洗坑在百个以上，大的在十来平米左右。这一片也有烧瓷的。最晚这里停止挖瓷土是在四十年代，那时规模非常小了。”

居于白水的操先庆老人提供的《操氏家谱》中，智公之子世逸的继室王氏于光绪癸巳年（1893 年）三月葬于“白水麻仓”〔图 5〕。老人带我们去了此墓所在地，但由于失于管理墓碑已失。但从地理位置与当地人所指麻仓为一地。此外，麻仓山还出土了三块买地券〔图 6－图 8〕，分别为元丰七年（1084 年）、崇宁五年（1106 年）和绍兴三年（1133 年），有明确的出土地。元丰七年买地券出土位置为东经 117.5280°北纬 29.5226°，崇宁五年买地券出土位置为东经 117.5241°北纬 29.5201°，绍兴三年买地券出土位置为东经 117.5297°北纬 29.5242°，三地相差不远并皆在村民所指麻仓的范围内。不过三块买地券对地名的称呼略有差别，北宋时期的两个买地券称“白水乡麻桑社”，南宋的则称“白水乡麻桑里”。

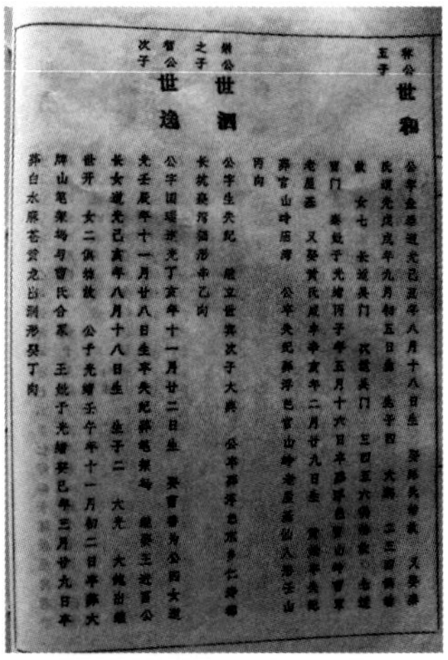

图 5　《操氏家谱》

11　熊寥：《麻仓土与高岭土》，《河北陶瓷》1985 年第 5 期。

12　翁彦俊、崔剑锋、江建新：《景德镇落马桥窑址南宋和元代青白瓷胎釉分析——兼议“二元配方”起源》，《东方博物》2015 年第 12 期。

13　王怡苹：《江西景德镇东河流域考古调查简报》，《南方文物》2018 年第 2 期。

14　冯云龙：《南宋景德镇优质陶瓷原料探源》，《景德镇陶瓷》1995 年第 8 期。

15　（明）王宗沐：《江西省大志》，成文出版社有限公司，1989 年，第 817 页。

图6 麻仓出土元丰七年买地券

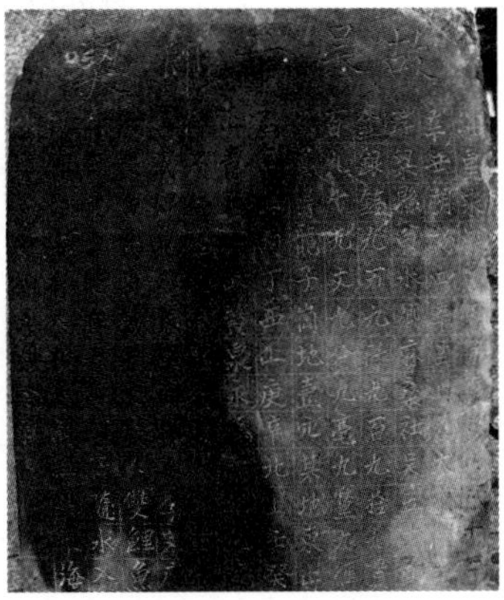

图7 麻仓出土崇宁五年买地券

图8 麻仓出土绍兴三年买地券

从以上的实物证据来看，当地居民所指的麻仓所在地，至少在清代晚期已经名为“麻仓”二字，与明代《江西省大志》所记完全一致，非臆测或以音代字的结果。而此地在宋代名为“麻桑”，其后转音为“麻仓”。这种发音相差不大的转音在历史流传中时有出现。如明代《江西省大志》记载出釉土的“长岭”今已转音为“长明”。因此虽然缺少元明时期的实物证据，但结合当地人的口述与历史证据，名称传承是有序的。

不过对于明代麻仓的位置，学者一直有所争议，以至于麻仓土的性质难以确定。这个问题笔者在《麻仓土新探》中进行结合现存的历代浮梁县志与家谱对其位置进行了考证[16]，认为王宗沐在《江西省大志》中记载的麻仓山所属的新正都是明代里甲制中是以人户为中心的基层编制体系，只是地域的名称，而其所涵盖的地域随着人口增加等因素的变化，在历史上是不断变化的，而且从明正德到清乾隆的文献材料来看，浮梁县以新正都变化最大，分别在康熙二十一年和乾隆四十八年的《浮梁县志》记载中都有变化。因此笔者认为不应以乾隆时期新正都所属地来判断麻仓所在地，而应以麻仓本地出土材料为依据，麻仓山位于今瑶里东埠至南安坦之间，东河以北茅家山以南的位置。

（二）麻仓山古代高岭土矿的初步调查

麻仓山位于南安坦与南泊之间，处于高岭山东北，其间以东河相隔，与高岭山的花岗岩母岩体同属于燕山期鹅湖花岗岩体，位于江南古陆东南边缘，构造线自麻仓至相连坞一带为东北—西南向小型背斜，鹅湖花岗岩即侵入于该背斜轴卫。从麻仓至相连坞有一条形成于中粒黑云母花岗岩之后的北东向断裂带。该断裂带已由硅质胶结的变质岩破碎角砾和石英脉组成硅化带。在石南村和相连坞一带北西侧中粒黑云母花岗岩已硅化。此地区的母岩有中粒黑云母花岗岩、中粒斑状黑云母花岗岩、中粒花岗岩、细粒花岗岩以及花岗斑岩。其中，中粒花岗岩为主要成矿母岩，其次是花岗斑岩。麻仓山被景瑶公路切分，开采痕迹集中在公路东

16 冯冕：《麻仓土新探》，《南开史学》2020年第1期。

图 9　麻仓山露天矿坑

北面与高岭山相对而望的山体。山体遍布尾砂，基本为黄色，可能长期堆积污染着色的结果。当地为治理尾砂遍山种满松林，草木茂密，但仍然可见开采后留下的矿坑〔图 9〕。

笔者初步调查麻仓古矿业开采分为露天开采和洞穴开采两类。

由于麻仓山表面即有原位风化的高岭土矿露头，因此山体有大量露天开采的痕迹。露天开采是必须剥离表土、围岩以及矿脉不规则处的其他影响矿产的杂质，因此往往在采矿区附近有堆放废土而遗留下明显的下凹状矿坑，其矿坑的大小与矿脉的多少有关系。因为年代久远，露天开采的矿坑往往被草木覆盖。仅笔者调查的区域内，就有明显为露天开采的矿坑 10 处左右，其大小、深度各有不同。其中笔者测量位于东经 117° 48′，北纬 29° 48′的矿坑，宽约 5 米，长约 6.7 米左右。此类开采遗迹与高岭山露天开采遗迹类似，只是数量较高岭山少，可能是矿脉分布散乱产量较小的原因。位于东经 117° 52′，北纬 29° 51′。其原岩大部分风化，较为疏松，颜色白皙，高岭土化较好，明显为人为开采所遗留的矿坑。从一些半风化的岩石上，还可以看到闪亮的白云母与长石晶体。从地貌看，此处不是脉状矿体，原岩为小岩株，岩株表面风化，地表浅部大概十来米到三十多米已经高岭石化。其母岩为中粗粒花岗岩，其中的长石已经完全高岭石化。麻仓山的高岭土主要是由中粗粒花岗岩原位风化而成，未发现类似明砂高岭土的，由伟晶花岗岩风化而成的高岭土矿。相比伟晶岩型高岭土，此处成矿的岩株面积比较大，并且可露天直接开采，但成矿品位略逊色于伟晶岩型高岭土。第二处矿坑位于当地人称龙坑坞的地方，在东经 117° 53′，北纬 29° 51′。母岩为细粒花岗岩，成矿为高岭土，土质更为细腻洁白，但相较第一处矿坑的粗粒花岗岩成矿质量略差。一般来说，细粒花岗岩的矿化程度和成矿品位要比粗粒花岗岩差，而粗粒花岗岩要比伟晶岩差。通过踏查可以确定，麻仓山所产是典型的高岭土，其原岩为中粗粒花岗岩。

麻仓山的古矿洞开采遗迹较少，笔者的调查中只发现两处。一处位于东经 117° 53′，北纬 29° 51′，海拔 127 米〔图 10〕，此处矿洞较小，仅容人弯腰进入，洞口壁与两侧有挖凿痕迹，采矿矿道无支护，坑道向西挖掘后分为两支，一支向北，一支向南。南面一支挖掘较深，笔者未进入到底部。在矿洞内壁可以看到高岭土脉的夹层，厚度深浅不一。

除开采痕迹以外笔者调查发现淘洗池一座〔图 11、图 12〕。位于东经 117° 53′，北纬 29° 51′，海拔 90 米。淘洗池为三池一组，南向 200°，右边两池前后排列呈阶梯状，左边单池与右下池平行。右上池前宽 1.5 米，后宽 1.6 米，长 4 米，深 0.4 米，右下池宽 2.2 米，长 3.1 米，去除表土后深 1.2 米，左池与右下池有约 0.4 米的隔梁，其宽约 1.6 米，长约 3.1 米，深约 0.8 米，并在南向边有约 0.5 米的开口。淘洗池由碎石堆砌而成，与高岭山淘洗池比较，

图 10　麻仓矿洞

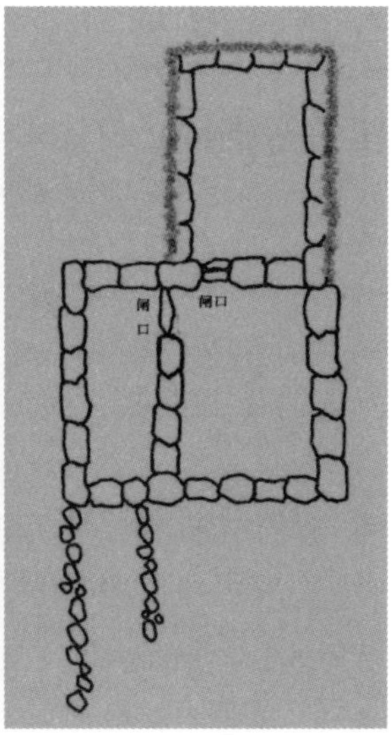

图 11　淘洗池平面示意图

图 12　淘洗池

其石块较小。

从地理环境来看，麻仓较东埠高岭村地势平坦，且山脚便是东河，淘洗用水方便，运输十分便利，麻仓的高岭土先于高岭山发现符合人类矿物开采的规律。其距离景德镇不过六十里。正如方观荣老人回忆当年，在水量大的时段运不子出景德镇，最快可一周来回。由于回程为逆水行舟，所需时间基本是顺行的一倍，可见在 20 世纪从麻仓运送高岭土到景德镇基本去程需两日。在水力充沛的古代，正符合《江西省大志》麻仓土“艇运冬秋水涸四日，春水一日半”[17] 的记载。

四、结语

无论对麻仓地理位置的考证还是麻仓土的矿物鉴别，都可以证明今瑶里麻仓即为《江西省大志》中记载的麻仓山，其所出麻仓土即是高岭土，是迄今文献记载的景德镇最早用于制胎的高岭土。其使用时间早于利用于清代的东埠高岭村所产高岭土，是二元配方形成的重要环节。但它是否就是刘新园先生所认为的元代的“御土窑”还有待进一步证明。从陆万垓在《江西省大志》补充“他如寺前绵花土，东步、石牛、石南、李塢、墩口、鄱阳县仪城土，相类，无诸色样，系假土，不堪用”[18] 的记录来看，对于高岭土矿已经积累了较为丰富的辨认经验。而宋元时期的泥照证明了这些经验积累的过程，而至晚在南宋米黄釉瓷器的制作开始，景德镇工匠已经在进行二元配方的探索。

17（明）王宗沐 :《江西省大志》，成文出版社有限公司，1989 年，第 818 页。

18（明）王宗沐 :《江西省大志》，成文出版社有限公司，1989 年，第 817 页。

明清青花料呈色的初步探讨 *
——光纤反射光谱曲线的应用

侯佳钰　丁银忠　李合　冀洛源　赵瑾　陈垚（故宫博物院）

摘要：明清两朝是官窑青花瓷大放光彩的时期。各朝各代青花料原料种类的选择和烧制工艺存在的差异，导致青花料的呈色具有独特的时代特征。本文利用实验考古学的方法，使用电炉制成不同成分、不同温度下烧成的青花模拟样品，并利用光纤光谱仪测试青花料的反射光谱，确定不同光谱区域的中心波长，初步探寻烧成温度和成分对青花料呈色的影响。本文同时对四片故宫南大库考古发掘出土的明清时期具有代表性的青花瓷片样品进行表征，以期探讨景德镇明清青花瓷的呈色机理和影响规律。

关键词：青花料　光纤光谱曲线　呈色影响因素

一、引言

青花一般指用氧化钴（CoO）做颜料，在胎上绘画，然后再加上一层透明釉，在高温下一次烧成的釉下彩瓷器[1]。青花瓷是中国陶瓷发展史上影响最大、成就最高的陶瓷品种之一。明清两朝是官窑青花瓷大放光彩的时期，每个时代青花料的发色都具有独有的特征[2]，这也是青花瓷鉴定的重点之一。

在青花料的呈色中，青花料成分和烧成温度是非常重要的影响因素。明清官窑青花瓷使用的青花料种类比较复杂——大体包含进口苏麻离青料、进口回青料、江西钴土矿、浙江钴土矿、云南珠明料等，不同青花料中钴、铁、锰三者的含量均不尽相同[3、4]。此外，根

* 本项研究受到国家重点研发计划（2019YFC1520202）、故宫博物院 2017 年度科研课题（KT2017—10）和江西协同中心课题（JXYY1901）经费资助。

1　叶喆民：《中国陶瓷史》，生活 · 读书 · 新知三联书店，2011 年。

2　冯先铭：《中国陶瓷》，上海古籍出版社，2001 年。

3　吴隽、李家治、邓泽群，等：《中国景德镇历代官窑青花瓷的断代研究》，《中国科学 E 辑》2004 年第 5 期。

4　李其江：《中国古代名瓷传统工艺》，江苏凤凰美术出版社，2020 年，第 229—237 页。

据明清时期青花瓷胎体中 Al_2O_3 的含量，可大体推断出青花瓷胎所采用的高岭土与瓷石配比不同，进而推测出各个时代青花瓷烧成温度具有一定差异。自 20 世纪 80 年代以来，已有一些科研人员利用现代科学技术对青花料的呈色进行了一些研究[5-7]。但由于青花料描绘线条过细、需无损分析、或实验条件限制，还未有利用实验考古学方法、研究烧成温度和青花料成分双重因素对青花料呈色的影响。

陶瓷釉层本质是一种玻璃体，其中含有的过渡金属元素在可见光范围内如存在吸收带，古陶瓷釉层便可以呈现出肉眼可见的颜色[8]。目前已有一些学者使用分光光度计或色差仪测试釉层反射光谱、进而对釉层的呈色及原理进行研究[9、10]。但是由于分光光度计主要针对尺寸较小的块装样品、而色差计测量孔径在 4 毫米左右，二者均无法测量绘于完整瓷器上的精细青花料。光纤光谱仪是一种利用光纤来采集反射光谱的分析仪器，测量时无需接触文物样品，光斑大小为 2 毫米左右，具有无损、快速、便携的特点，近年来已有一些科研人员利用该仪器对古代壁画颜料进行分析[11]。

鉴于此，本文拟利用光纤光谱仪测试青花料的反射光谱，并结合实验考古方法，利用电炉烧制不同烧成温度、不同成分的青花料样品，初步探寻烧成温度和成分对青花料呈色的影响。其次对四片明清时期青花瓷片样品进行测试与分析，以期探讨景德镇明清青花瓷的呈色机理，并对上述方法和影响规律进行评价。

二、样品与实验

图 1　不同温度烧成的不同青花料模拟实验样品

本文涉及的青花瓷模拟实验样品由不同青花料绘制后施加透明釉烧制而成，如图 1 所示。其中数字 1 为单纯 Co 呈色的青花料，数字 2 为 Co 料中添加分析纯 Fe_2O_3 粉末，数字 3 为 Co 料中添加分析纯 MnO 粉末，原料高温预熔成玻璃料（1100℃保温 1 小时）研磨粉末待用，具体原料配

5　陈尧成、张志刚、郭演仪：《景德镇元明清青花的着色和显微结构特征》，《中国陶瓷》1981 年第 2 期。

6　周洁：《康熙青花色料的再现研制及呈色机理研究》，景德镇陶瓷学院硕士学位论文，2014 年。

7　赵恒谦、强加成、赵红蕊，等：《历代景德镇青花瓷光谱特征分析研究》，《光谱学与光谱分析》2019 年第 3 期。

8　干福熹：《玻璃的光学和光谱性质》，上海科学技术出版社，1992 年。

9　周全庆、周宇松、周少华：《南宋官窑青瓷呈色机理研究》，《陶瓷学报》1996 年第 1 期。

10　丁银忠、赵兰、黄卫文，等：《故宫博物院藏宋代官窑瓷器釉的颜色无损测定》，《故宫博物院院刊》2010 年第 5 期。

11　Eleni Cheilakou, Michail Troullinos, Maria Koui. Identification of pigments on Byzantine wall paintings from Crete (14th century AD) using non-invasive Fiber Optics Diffuse Reflectance Spectroscopy (FORS). Journal of Archaeological Science, 2014 (41).

方见表 1。样品分别在电炉中烧成，烧制最高温度分别为 1220℃、1250℃和 1280℃。

表1　青花料原料配方　　　　（单位：克）

	钴	草木灰	硼砂	石英	铁	锰
C-1	10	50	50	50		
C-2	10	50	50	50	10	
C-3	10	50	50	50		10

本文使用光纤光谱仪测试青花料区域的反射光谱曲线，该仪器具有无损测试的特点，利用光源、光谱仪、光显和支架等设施搭建，具体信息见[12]。此次测试中采集的反射光谱范围为 400—800 纳米。采集时光纤探头与测试区域垂直，光斑大小为 2 毫米左右。

三、结果与讨论

图 2 是所有模拟样品青花料区域的反射光谱曲线。虽然光纤反射曲线的反射率受到样品测试区域的光亮程度和弧度、测试角度、测试距离等条件的影响而变化较大，但中心波长的光谱特征却不受上述客观测试条件的影响。从图中可以看出所有光谱曲线都存在三个较明显的反射带，即分别分布于短波段蓝紫区域反射带（400—450 纳米）、中波段青绿区域反射带（550 纳米左右）和长波段红橙区域反射带（750 纳米左右）。所有样品三个反射带的中心波长见于表 2 中。

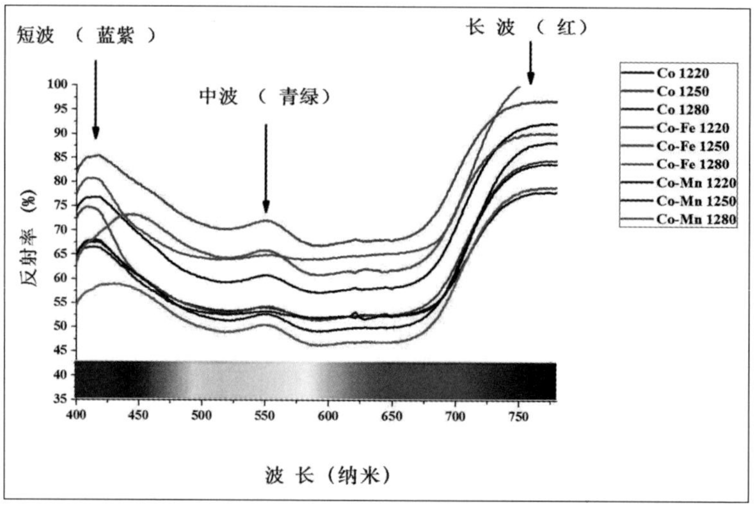

图 2　青花料区域的反射光谱曲线

表2　青花料区域三个波段反射带的中心波长　　　　（单位：纳米）

	短波段	中波段	长波段
Co 1220	415	549	776
Co 1250	417	548	771

12　李广华、陈垚、马越，等：《光纤反射光谱在彩绘文物颜料鉴别中的应用研究》，《文物保护与考古科学》2018 年第 6 期。

（续表）

	短波段	中波段	长波段
Co 1280	415	548	779
Co-Fe 1220	409	548	779
Co-Fe 1250	426	548	780
Co-Fe 1280	410	555	785
Co-Mn 1220	415	548	775
Co-Mn 1250	414	548	775
Co-Mn 1280	445	551	772

1. 烧成温度对青花料呈色的影响

图 3-a 展示了烧成温度对青花料反射光谱在短波段（蓝紫区域）中心波长的影响。①可以看出单独 Co 呈色的青花料在 1220℃、1250℃、1280℃不同温度烧成时，短波区域的中心波长分别为 415 纳米、417 纳米和 415 纳米，差别相当小，故推测烧成温度对单独 Co 呈色青花料的蓝紫色调影响较小；② Co-Fe 成分青花料在不同温度烧成时，短波区域的中心波长分别为 409 纳米、426 纳米和 410 纳米，中心波长呈现出先红移再蓝移的趋势，推测烧成温度对 Co-Fe 成分青花料的色调有一定影响；③ Co-Mn 成分青花料在略低温度烧成时（1220℃和 1250℃），短波区域中心波长变化不大，分别为 415 纳米和 414 纳米。但是当温度提高到 1280℃时，中心波长大幅红移、达到了 445 纳米。故推测烧成温度提高可使 Co-Mn 成分青花料短波区域呈色由紫变蓝。

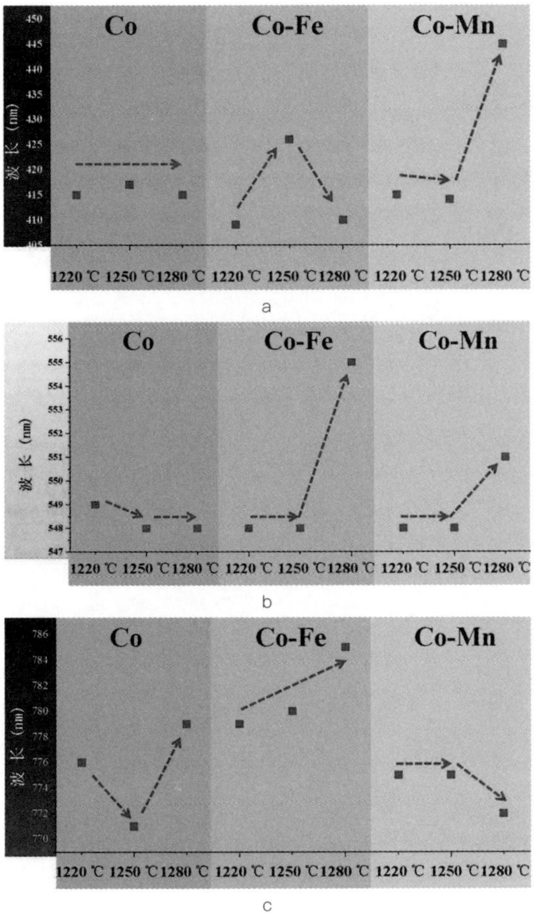

图 3　烧成温度对青花料反射光谱不同区域中心波长的影响

图 3-b 展示了烧成温度在中波段（青绿区域）对青花中心波长的影响。①单独 Co 呈色的青花料在 1220℃、1250℃、1280℃温度下烧成时，中波区域的中心波长分别为 549 纳米、548 纳米和 548 纳米，几乎没有差别，故推测烧成温度对单独 Co 呈色青花料的青绿颜色影响较小；② Co-Fe 成分青花料在略低温度下烧成时（1220℃和 1250℃），中波区域中心波长无变化、均在 548 纳米。但是当烧成温度提高到 1280℃时，中心波长明显红移至 555 纳米附近，推测烧成温度的提高可使 Co-Fe 成分中波区域呈色由绿变青；③ Co-Mn 成分青花料的中心波长呈现出与 Co-Fe 成分青花料相似的趋势，在略低温度下烧成时中心波长无变化、均在 548 纳米。烧成温度提高后，中心波长呈现出红

移的趋势、在 551 左右。故推测烧成温度对 Co-Mn 成分青花料的青绿呈色有一定影响。

图 3-c 展示了烧成温度在长波段（红橙区域）对青花料反射曲线中心波长的影响。①单独 Co 呈色青花料在烧成温度逐渐升高时，长波段的中心波长呈现出先蓝移后红移的趋势，分别为 776 纳米、771 纳米和 779 纳米，故烧成温度对 Co 成分青花料在红橙区域的呈色有一定影响；② Co-Fe 成分青花料随着烧成温度的提高，长波段的中心波长呈现出逐渐红移的趋势，从 779 纳米红移至 785 纳米，故推测烧成温度的提高可使 Co-Fe 成分青花料在长波区域呈色由橙变红；③ Co-Mn 成分青花料的中心波长呈现出与 Co-Fe 成分青花料相反的趋势，随着烧成温度的提高，中心波长逐渐蓝移，由 775 纳米略微移至 772 纳米。故推测烧成温度的提高可使 Co-Mn 成分青花料在长波区域呈色由红变橙。

综合以上的结果可以看出，烧成温度对单独 Co 呈色青花料的发色影响较小。但是随着烧成温度的提高，Co-Fe 成分青花料发色呈现出略紫红的趋势，Co-Mn 成分青花料呈现出更蓝的趋势。

2. 成分对青花料呈色的影响

图 4-a 反映了青花料成分在短波区域对青花反射光谱中心波长的影响。①在略低温度下（1220℃）烧成时，单独 Co 和 Co 中添加 Mn 的青花料在蓝紫区域的中心波长较为相似、均为 415 纳米，而 Co 中添加 Fe 可使中心波长略微蓝移至 409 纳米。故推测在较低温度下，成分对青花短波区域中心波长的影响较小；②在稍高温度下（1250℃）烧成时，单独 Co 和 Co 中添加 Mn 的青花料中心波长同样较为相似、分别为 417 纳米和 415 纳米，而 Co 料中添加了 Fe 可使中心波长红移至 426 纳米，故推测在稍高温度下，成分对青花短波区域中心波长有一定影响；③在较高温度下（1280℃）烧成时，单独 Co 和 Co 中添加 Fe 两种青花料的中心波长较为相似、分别为 415 纳米和 410 纳米，而 Co 中添加 Mn 的青花料中心波长大幅蓝移至 445 纳米。故推测烧成温度越高，成分对青花在蓝紫区域中心波长的影响越大。

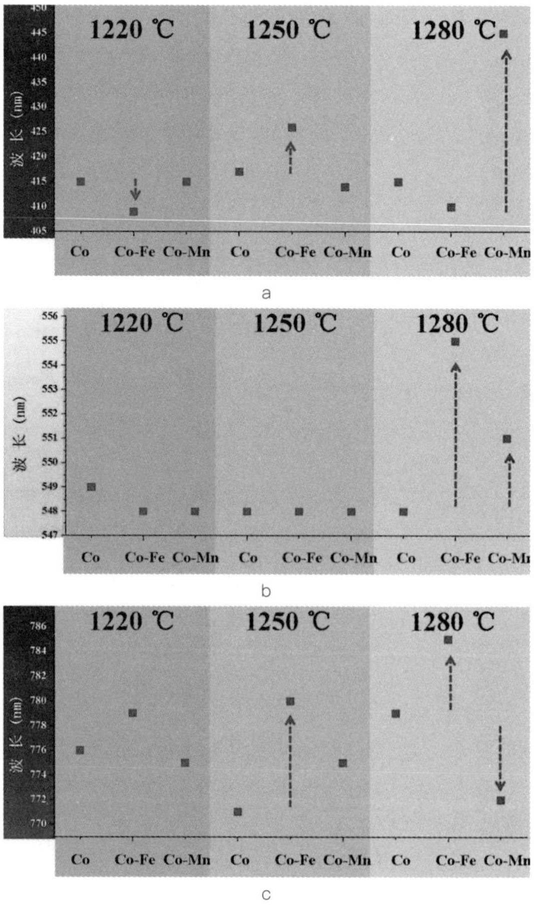

图 4　青花料成分对青花反射光谱不同区域中心波长的影响

图 4-b 反映了青花料成分在中波段（青绿区域）对青花反射光谱中心波长的影响。①在略低温度下烧成时（1220℃和 1250℃），青花料成分对青花青绿色调几乎没有影响，中心波长在 548—549 纳米。②但是当烧成温度提高至 1280℃，相对于单独 Co 成

分的青花料，Co 中添加 Fe 和添加 Mn 均可使中心波长发生明显红移、呈色发青。其中 Co-Fe 成分青花料中心波长红移较大，达到了 555 纳米；Co-Mn 成分青花料中心波长红移较小，为 551 纳米。故推测烧成温度越高，成分对青花在青绿区域中心波长的影响越大。

图 4-c 反应了青花料成分对青花反射光谱长波段（红橙区域）中心波长的影响。①在略低温度下烧成时（1220℃），不同成分青花料长波段中心波长差别较小，Co、Co-Fe 和 Co-Mn 三种成分中心波长分别为 776 纳米、779 纳米和 775 纳米。②当烧成温度提高至 1250℃时，相对于单独 Co 呈色的青花料，Co 中添加 Fe 和添加 Mn 均会使中心波长发生红移、呈色发红，其中 Co-Fe 红移值更大。③当烧成温度提高至 1280℃时，相对于单独 Co 呈色青花料，Co 中添加 Fe 可使中心波长发生红移、呈色发红，而 Co 中添加 Mn 可使中心波长发生蓝移、呈色发橙。故推测烧成温度越高，成分对青花在红橙区域中心波长的影响也越大。

综合以上的结果可以看出，烧成温度较低时，成分对青花发色的影响相对较小。烧成温度较高时，相对于单独 Co 呈色的青花料，Co 中加入 Fe 会使青花发色略紫红，而 Co 中加入 Mn 会使青花发色更偏蓝。

3. 从烧成温度和成分探讨明清青花料的呈色

已有前人研究，元代和明代初期官窑青花料具有高铁的成分特征，而清代青花料具有高锰的成分特征[13]。从青花瓷的烧成温度来看，清代比元明时期青花瓷的烧成温度高[14]。故为了研究明清青花料的呈色，以及验证模拟实验得到的呈色影响规律，本文测试了具有烧成温度略低且富铁成分特征的明代初期官窑青花瓷样品，以及具有烧成温度略高且富锰成分特征的清代官窑青花瓷样品（四片样品均出土于故宫博物院南大库区域[15]），样品如图 5 所示。利用 EDXRF 测试青花部位的成分，仪器方法同[16]，成分如表 3 所示。

明代洪武

明代宣德

清代康熙（1）

清代康熙（2）

图 5　明清青花瓷样品照片

13 张福康：《中国古陶瓷的科学》，上海人民美术出版社，2000 年，第 121 页。

14 李国祯、郭演仪：《中国名瓷工艺基础》，上海科学技术出版社，1988 年，第 165 页。

15 冀洛源、单莹莹、赵瑾：《故宫南大库瓷片埋藏坑发掘简报》，《故宫博物院院刊》2016 年第 4 期。

16 李合、谢西营、丁银忠，等：《浙江龙坦青花窑址标本的成分特征研究——兼谈青花“浙料”的相关问题》，《故宫博物院院刊》2020 年第 4 期。

表3 明清青花瓷样品青花部位成分（wt%）

	Na_2O	MgO	Al_2O_3	SiO_2	K_2O	CaO	TiO_2	MnO	Fe_2O_3	CoO
洪武	1.68	1.28	15.57	73.68	2.85	3.09	0.03	0.05	1.64	0.06
宣德	1.23	0.87	13.37	78.40	2.75	2.30	0.02	0.04	0.93	0.03
康熙1	0.51	0.19	13.21	79.94	2.09	2.02	0.02	0.99	0.61	0.21
康熙2	1.15	0.34	14.88	75.95	2.32	1.46	0.03	2.37	0.69	0.52

利用光纤光谱仪对四片样品的反射光谱进行测试，可以得到实际明清青花料中心波长结果，如图 6 所示。明代初期青花料和清代青花料在短波方面较为相似（除宣德样品），但明代初期青花料在中波区域更靠近绿色、在长波区域更靠近橙红色；而清代样品在中波区域更靠近青色、长波区域更靠近红色。综合来看，明代初期青花料中红色调较少、呈现出灰紫色，清代青花料更显青紫。而根据模拟烧成实验，具有烧成温度略低、且富铁特征的青花料整体应偏灰紫，具有烧成温度略高、且富锰特征的青花料整体应更倾向青蓝。

模拟烧成实验总结出的青花料呈色影响规律与实际青花料呈色较为相似，但也存在一定差异，这种差异可能有以下几种原因。①透明釉的成分：根据文献，洪武和宣德时期青花瓷透明釉中 Fe_2O_3 含量在 1% 左右，而康熙时期青花瓷透明釉中 Fe_2O_3 含量在 0.8% 左右[17]。Fe_2O_3 是中国传统陶瓷中最重要的呈色元素之一[18]，通常情况下其含量与白度成反比，故洪武和宣德时期青花瓷白度较低、而康熙时期青花瓷白度较高。《明清瓷器鉴定》书中也指出，明代瓷器釉面呈现青白色，康熙瓷器釉面呈现粉白或浆白色[19]。白度的差异影响了青花瓷最终的呈色效果。而在本次的模拟实验中，各种青花料均施于同种透明釉之下，并未考虑透明釉颜色的差

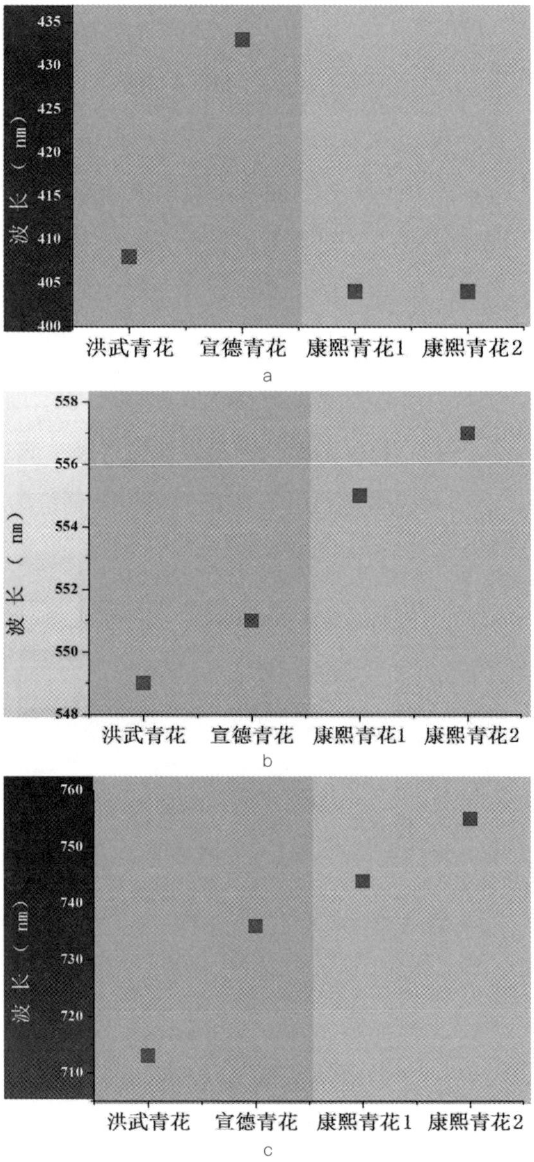

图 6　古代样品青花料反射光谱不同区域的中心波长

17　李家治：《中国科学技术史・陶瓷卷》，科学出版社，1998 年，第 375—383 页。

18　Nigel Wood:《Chinese Glazes》, University of Pennsylvania Press, 2011 年 .

19　耿宝昌：《明清瓷器鉴定》，紫禁城出版社、两木出版社，1993 年。

异。②烧制气氛：明清青花料呈色元素为 Co、Mn、Fe，而每种元素在玻璃中的不同价态也可呈现出不同的颜色。其中 Co 在一般条件下化学性质较为稳定、玻璃中均以 Co^{2+} 的状态存在。Mn 在玻璃中可以 Mn^{2+} 和 Mn^{3+} 两种状态存在，其中 Mn^{2+} 近于无色、Mn^{3+} 可使玻璃产生深紫色。Fe 在玻璃中可以 Fe^{2+} 和 Fe^{3+} 两种状态存在，其中 Fe^{2+} 使玻璃带淡蓝绿色、Fe^{3+} 使玻璃呈黄绿色[20]。而经考古考证，景德镇明代早期使用的窑炉多为葫芦形窑，清代使用的窑炉多为鸭蛋形窑、也称为镇窑[21]。窑炉形式的不同可能会使窑内产生气氛差异，在偏还原气氛烧成时青花料颜色偏蓝绿，在偏氧化气氛烧成时青花料颜色偏紫红。而在本次的模拟烧成实验中，所有样品均在高温电炉中以同种气氛烧成，并未考虑氧化还原气氛造成的颜色差异。综上所述，本研究的下一步方案预计将青花料成分、透明釉成分、烧成温度及烧成气氛四种影响青花料呈色的因素纳入模拟实验烧成的变量。

此外还有一点值得注意，宣德青花料的短波区域中心波长较洪武青花料明显红移。从样品成分上来看，洪武和宣德的青花料均属于高铁低锰苏麻离青进口青花料，但从胎体中 Al_2O_3 和 $(KNa)_2O$ 相互增减的硅铝可以推断，两朝瓷胎所采用的高岭土与此时的配比不同，因而可推断出宣德青花瓷的烧成温度比洪武青花瓷更高[22]。从图 3a 可以看出，富铁青花料烧成温度略高之后，短波区域中心波长明显移到偏蓝的位置，故宣德青花料中蓝色调较多。文献中也提到宣德青花料为“宝石蓝”“蓝色中泛绿”[23]。

四、结论

本文采用实验考古学的方法，利用光纤光谱仪对模拟烧成青花瓷样品以及明清青花瓷样品进行测试，得到以下结果。①烧成温度对单独 Co 呈色青花料的发色影响较小。但是随着烧成温度的提高，Co-Fe 成分青花料发色呈现出略紫红的趋势，Co-Mn 成分青花料呈现出更蓝的趋势。②烧成温度略低时，成分对青花发色的影响相对较小。烧成温度较高时，相对于单独 Co 呈色的青花料，Co 中加入 Fe 会使青花发色略紫红，而 Co 中加入 Mn 会使青花发色更偏蓝。③明代初期青花料偏灰紫色，清代青花料更显青紫。该种颜色特征与模拟实验结果的差异应为透明釉的成分，以及烧制气氛造成的。

本文已初步总结出烧成温度和成分对青花料呈色的影响，表明光纤光谱反射曲线方法适用于青花料呈色影响规律方面的研究。在未来研究中，还将继续用该方法分析透明釉成

---

20 陈福、武丽华、赵恩录：《颜色玻璃概论》，化学工业出版社，2009 年。

21 熊海堂：《东亚窑业技术发展与交流史研究》，南京大学出版社，1995 年，第 99—103 页。

22 李家治：《中国科学技术史・陶瓷卷》，科学出版社，1998 年，第 375—381 页。

23 李家治：《中国科学技术史・陶瓷卷》，科学出版社，1998 年，第 383—386 页。

分、烧成气氛等对青花料呈色的影响，并将测试更多元明清青花瓷样品，已期进一步深入研究青花瓷的呈色机理和影响规律。

浅议16—18世纪景德镇瓷器的外销

黄静（广东省博物馆）

摘要：16—18世纪，正值明代晚期至清代早期。虽处于朝代更迭之前后，但随着大航海时代的来临，中西之间的贸易总体而言仍是以上升为趋势。在此阶段，西方东来日盛，中方也在不断地调整海外贸易政策以适应不断变化的中西关系及国际形势。中国陶瓷以其独特的魅力，迅速成为了全球化的商品。景德镇作为明清两代官窑的所在地，以其优越的制瓷资源及高超的工艺、技术等条件，使其陶瓷产品无论在产量上还是质量上都独领风骚，除了满足国内市场外，还大量外销到欧美各地，并对欧美制瓷产业的产生和发展、社会生活、审美及宗教等文化事项都产生了一定的影响。

关键词：16—18世纪　景德镇瓷器　外销

16—18世纪，正值明代晚期至清代早期。虽处于朝代更迭之前后，但随着大航海时代的来临，中西之间的贸易总体而言仍是以上升为趋势。在此阶段，西方东来日盛，中方也在不断地调整海外贸易政策以适应不断变化的中西关系及国际形势。中国陶瓷以其独特的魅力，迅速成为了全球化的商品。景德镇作为明清两代官窑的所在地，以其优越的制瓷资源及高超的工艺、技术等条件，使其陶瓷产品无论在产量上还是质量上都独领风骚，除了满足国内市场外，还大量外销到欧美各地，并对欧美制瓷产业的产生和发展、社会生活、审美及宗教等文化事项都产生了一定的影响。本文拟结合此阶段明清政府海外贸易制度的变化，梳理在此影响下景德镇瓷器外销的面貌及特点。不当之处，敬请指正。

一、16—18世纪的中国海外贸易制度

明代早期至中期，由于统治者实行严厉的海禁政策，使民间私商贸易极受限制，对外贸易以朝贡贸易为主导。“厚往薄来”的朝贡贸易，以“怀柔远人”为原则和目的。通常以高于“贡品”数倍价值的货品赏赐朝贡国；同时各地方政府还必须承担外国贡使的接待费用，以及朝贡船只的维修费用等。长此以往，造成的结果是政府财政的不堪重负。

因而从明中期开始，朝贡贸易日渐萎缩。明政府不断地调整贸易政策，对朝贡贸易的贡期、贡道、贡船、贡品和人数等进行调整和限制。其中最突出的方面，就是对广东港口的开放。一是正德时准许非朝贡贸易国家的船舶入广东贸易[1]：正德四年（1509年），暹罗船舶遭到风暴而漂流入广东海域，镇巡官按规定“以十分抽三，该部将贵细解京，粗重变卖，留备军饷”，准其贸易[2]。此事标志着朝贡贸易首先在广东衰落、非朝贡贸易首先在广东突破。其后虽有部分官员对此有异议，但广东地方官员力排众议，奏请广东仍然保持“不拘年份，至即抽货”，以至“番舶不绝于海澨，蛮夷杂沓于州城”[3]。民间海外贸易一派繁荣。二是嘉靖时因“倭祸”而“革福建、浙江二市舶司，惟存广东市舶司”对外贸易[4]。由此，刺激了广东私商的海外贸易，广州港成为全国唯一合法的外贸港口，并重新成为中国海上丝绸之路的第一大港。由此，东南亚诸国与中国贸易，“俱在广州，设市舶司领之”[5]。

16世纪中叶，随着海外贸易的迅速发展，明朝政府在正德（1506—1521年）、嘉靖（1522—1566年）年间，对官府原有的贸易体制进行了调整，形成了所谓的“广中事例”。

明代中叶，葡萄牙人成为最早从海路到达中国并经营中西海外贸易的欧洲人。葡萄牙人最早来到中国的贸易港口是广州，时间是在明正德年间（1506—1521年）[6]。嘉靖三十二年（1533年），葡萄牙人进入并“租居”澳门，即开始以澳门为中转基地，利用明政府准许广东市舶司开放对外贸易的政策，开展对广东的贸易。从万历六年（1578年）开始，经广东地方政府批准，葡萄牙人获得允许，于每年春夏两季到广州海珠岛（今广州市沿江路广州市少儿图书馆）参加为期数周的定期市（交易会）贸易，直接在广州购买生丝、丝织品、瓷器等商品运往澳门，再转运至日本、东南亚和欧洲国家出售[7]。广东地方政府的这一做法，是“从局部利益出发，面对现实，自作主张，逐步调整贸易政策，一方面默许葡萄牙人居留澳门，开展中葡贸易；另一方面以主管海防的巡视海道副使主管商舶贸易，府、县官员一起参与，与代表朝廷的市舶宦官逐市舶之利，最终罢撤宦官，形成一套新的运作机制，时人称之为‘广中事例’。一切都在朝廷事先不知情、不太声张的情况下完成，最终得到朝廷的接受和认可，上升为国家的贸易制度”[8]。澳门开埠后，广东地方政府准允葡萄牙人与中国商人贸易的合法化，税收将抽分改为按船只吨位征收白银“船税”，又称“船钞”“吨位税（tonnage tax）”，将实物税改为了货币税，改变了中国传统的税收方式，税率一直沿用

1 《明实录·武宗实录》，“中研院”历史语言研究所，1962年。

2 （清）顾炎武：《天下郡国利病书》卷一二〇，《海外诸番·入贡互市》。

3 《明实录·武宗实录》，“中研院”历史语言研究所，1962年。

4 （清）张廷玉等：《明史》卷七十五，中华书局，1974年。

5 （清）张廷玉等：《明史》卷三二五，中华书局，1974年。

6 刘迎胜：《丝路文化·海上卷》，浙江人民出版社，1995年，第274、275页。

7 黄启臣主编：《广东海上丝绸之路史》，广东经济出版社，2003年，第374页。

8 李庆新：《明代海外贸易制度》，社会科学文献出版社，2007年，第164、165页。

至清代。

至隆庆元年“准贩东西洋”，明代的海禁正式结束。隆庆元年（1567 年），福建巡抚涂泽民上书曰“请开市舶，易私贩为公贩（私贩指走私商，公贩指合法商人）”。不久开放福建漳州府月港（今福建海澄），并以月港为治所设立海澄县，设立督饷馆，负责管理私人海外贸易并征税。督饷馆对私人海外贸易管理的内容主要有：出海贸易的船只不得携带违禁物品；船主要向督饷馆领取船引并交纳引税。但是对日本的贸易仍在禁止之内，所有出海船只均不得前往日本。若私自前往，则处以“通倭”之罪。同年，隆庆皇帝（明穆宗）宣布解除海禁，调整海外贸易政策，允许民间私人远贩东西二洋，史称“隆庆开关”：“隆庆元年，福建巡抚都御史涂泽民请开海禁，准贩东西二洋。盖东洋若吕宋、苏禄诸国，西洋若交阯、占城、暹罗诸国，皆我羁縻外臣，无侵叛。而特严禁贩倭奴者，比于通贩接济之例。”[9] 民间私人的海外贸易获得了合法的地位，东南沿海各地的民间海外贸易进入了一个新时期。

漳州月港（今海澄镇）位于九龙江入海处，因其港道（海澄月溪至海门岛）“一水中堑，环绕如偃月”，故名月港。它与汉、唐时期的福州港，宋、元时期的泉州港，清代的厦门港，并称福建历史上的“四大商港”。月港兴起于明景泰（1450—1456 年）年间，盛于万历（1573—1619 年），衰落于天启（1621—1627 年），终止于清康熙二十三年（1684 年）厦门建立海关。隆庆开关以后，月港与泰国、柬埔寨、北加里曼丹、印尼、苏门答腊、马来西亚、朝鲜、琉球、日本、菲律宾等四十多个国家与地区有直接商贸往来。又通过菲律宾吕宋港为中介，与欧美各国贸易。然而，月港实际上并非一个深水良港，而只是一个内河港，没有直接的出海口。凡出海的商船，都必须以数条小船牵引才能航行，沿南港顺流往东，经过海门岛，至九龙江的圭屿，再经厦门港出海[10]。明政府之所以选择在此处开关，主要是出于安全管理的考虑。因为月港“僻处海隅，俗如化外”，国内外走私的船只多汇集在此处交易。尤其是闽人走私尤为厉害，而闽人到海外经商多习惯由月港出入。而且月港距离省城较远，非市舶司所在地，海外贡舶一般不由此港入口，因而便于管理，不会因贡舶与私舶相汇而引发骚乱。再者，“倭祸”主要在漳州、泉州一带，尤以漳州为甚，开放月港也是借以息祸。

隆庆开关使私人海外贸易合法化，一方面解决了东南沿海人民谋生的问题，另一方面也客观上促进了海外贸易的繁荣。据漳州籍御史周起元描述：“我穆庙时除贩夷之律，于是五方之贾，熙熙水国，刳艅艎，分市东西路，其捆载珍奇，故异物不足述，而所贸金钱，岁无虑数十万。”[11] 然而，隆庆开关仍存在一定的局限。其一，是开关的目的仅仅是为了“息祸”，而非真正地想通过发展海外贸易以促进经济的发展。其二，开放的地点仅限于月港一处，相对于我国众多的贸易海港来说，远远无法满足沿海人民贸易求生的需求。其三，

---

9 （明）张燮：《东西洋考》卷七，《饷税考》。

10（明）张燮：《东西洋考》卷七，《饷税考》。

11（明）张燮：《东西洋考》卷七，《饷税考》。

月港的开放仅允许中国船只出海贸易，而外国商船仍然禁止入港。其四，中国商船出海贸易的地点、货品种类、出海数量等均有严格的限制。商船出海，首先要到海防馆申请“文引”（也称由引，相当于出海许可证），文引上要注明船主姓名、船只大小、货物的种类和数量等，回来时据此向督饷馆纳税。起初文引定额为100张，后因申请者太多而增至110张：“每请引，百张为率，尽即请继。原来定其地而限其船。（万历）十七年中丞周寀议，将东西洋贾舶题定额数，岁限船八十有八，给引如之。后以引数有限，而愿贩者多，增至百一十引矣。”[12]这些船只出海到哪个国家或地区去经商，在文引上也要写明，不能随意变更。尤其是日本为禁去之国，否则以“通倭”论处。货品的种类，可用于军事之用的铜、铁、硝黄等，均为严禁之列：“隆庆初年，前任抚臣涂泽民用鉴前辙，为因势利导之举，请开市舶，易私贩而为公贩。议只通东西二洋，不得往日本倭国。亦禁不得以硝黄、铜、铁违禁之物夹带出洋。奉旨允行，凡三十载。幸大盗不作，而海宇宴如。”[13]此处需要说明的是，当时所说的东西二洋，是指以加里曼丹岛北端的文莱为界，以东的称为“东洋”，以西的称为“西洋”。与大航海时代之后所习惯称呼的“东洋”“西洋”不是一个概念。

“广中事例”和月港开放，是明中期以后新的局面和现实促成的变革，成为了明代新的海外贸易体制。这一变革，昭示了朝贡贸易的衰落和民间海外贸易的兴盛。

延续千年的市舶制度，也随着明朝的灭亡而终结。市舶制度包括市舶司的设置及其机构、职责范围和各项事务的具体规章办法。从唐代设置市舶使开始，市舶制度历经唐、宋、元、明四朝，发挥了类似今天海关的重要作用。明代的市舶司主要设置在浙江、福建、广东三省，其中浙江、福建两省的市舶司常有罢革，只有广东市舶司相对固定和稳定，而且其管理的南海海上对外贸易也最为兴盛。

明初洪武三年（1370年），明政府设置浙江、福建、广东三个市舶司管理对外贸易，规定“宁波通日本，泉州通琉球，广州通占城、暹罗、西洋诸国”[14]。洪武七年（1374年），因朱元璋严格实行海禁，广东、浙江、福建市舶司同时废止。永乐元年（1403年），广东市舶司恢复。从此直至明末，未被罢革，是明代保持时间最长的一个市舶司。嘉靖三十二年（1553年），葡萄牙人进入和以后租居澳门，广东市舶司在澳门还设立了一个下属机构，以便于对澳门海外贸易的管理[15]。

市舶司的职能，在《明史》中有明确记载：“掌海外诸番朝贡贸易之事。辨其使人表文勘合之真伪，禁通番，征私货，平交易，闭其出入而慎觳之。”[16]具体说来，一是辨勘合。

12（明）张燮：《东西洋考》卷七，《饷税考》。

13（明）陈子龙：《明经世文编》卷四〇〇，《疏通海禁疏》。

14（清）张廷玉等：《明史》卷八十一，中华书局，1974年。

15 张天泽著，姚楠、钱江译：《中葡早期通商史》，中华书局，1988年，第117页。

16（清）张廷玉等：《明史》卷七十五，中华书局，1974年。

“勘合”即中央政府发给朝贡船只的“凭证”。市舶司的首要职能就是区分官方朝贡贸易和民间私人贸易的船只，以此来维系官方朝贡贸易的正常运作。二是征私货，即对私货征税。朝贡贸易的船舶所载的货物，分为贡品和私货两大类。贡品是朝贡国送给明王朝的礼物，市舶司是不能征税的。私货则是朝贡国王室成员以及其他人等附带来贸易的货物。对于这类私货，市舶司须履行征税之责。起初实行“给价收买”和“官抽六分”的办法收买，收取的是实物税[17]。后由于私货越来越多，“给价收买”政策令财政负担日重。于是在明中期改为对私货征税：“惟正德四年（1509年），该（广东）镇巡等官都御史陈金等题，将暹罗、满剌加国并吉阐国夷船货物俱以十抽三。”至正德十二年（1517年）“舟至水次，悉封籍之，抽其十二，乃听贸易”[18]。也就是说正德四年时是征收30%的进口税，正德十二年改为20%。其后，这种20%的税率形成为制度。三是平交易。即对外国商人与中国商人的贸易活动进行管理。正德四年(1509年)以前，市舶司对私货贸易的管理是在地方官吏的监督下进行的，承袭宋代以来的专买方式。正德四年（1509年）以后，由于实行抽分制，市舶司便不再管理此事，而是设牙行与民贸易：“凡外夷朝贡者，我朝皆设市舶司领之。在广东者，专为占城、暹罗诸番而设。……其来也，许带方物，官设牙行与民贸易，谓之互市，明矣。”[19]可见，这种官设牙行是带有官方性质的，由它代替市舶司履行管理贸易的职能。有学者认为，这种牙行就是清代洋行即俗称十三行的前身。

崇祯十七年（1644年），明王朝灭亡，经历了九百多年的市舶制度也随之消亡。到了清代，迎来了海关管理海外贸易的时代。

清初为了防范沿海反清势力，曾于顺治十二年（1655年）、十三年（1656年）和康熙元年（1662年）、四年（1665年）、十七年（1678年）五次颁布禁海令，规定如有“擅造两桅以上大船，将违禁货物出洋贩往番国。……造成大船图利卖与番国，或持大船赁与出洋之人，分取番人货物者，皆交刑部分别治罪”[20]。由于效果不理想，又于顺治十八年(1661年)、康熙元年和三年三次下令将禁海令升级为迁海令，将“山东、江、浙、闽、广滨海人民，尽迁入内地，设界防守。片板不许下水，粒货不许越疆”[21]。这使得海外贸易大受打击。但广东仍能以澳门转口基地进行海外贸易。另外，走私贸易的大户贿赂官府，加上依附于官府的“王商”利用特权进行走私，使广东外贸得以延续。

清政府于康熙二十三年（1684年）正式停止海禁：“今海内统一，寰宇宁谧，满汉人民相同一体。令出洋贸易，以彰富庶之治，得旨开海贸易。”[22]次年下令于广东广州、江苏

17《明太祖实录》卷四十五。

18（明）黄佐：《嘉靖广东通志》卷六十六，《外夷三》。

19（明）胡宪宗：《筹海图编》卷十二；（明）王圻：《续文献通考》卷三十一。

20 清光绪《大清会典》卷六九二，《兵部》，《绿营处分例》，《海禁一》。

21（明）夏琳：《闽海纪要》上卷，《迁界徙沿海居民于内地》。

22《清朝文献通考》卷三三，《市籴》。

松江（今上海）、浙江宁波、福建厦门设置粤、江、浙、闽四个海关，负责管理对外贸易和征收关税等事务。此四处为对外贸易港口。此为中国历史上正式建立海关的开始。至此，中国海禁结束，海外贸易进入海关管理时期。

在江、浙、闽、粤四个海关中，尤以粤海关的重要性最为突出。据清代梁廷枬《粤海关志》的记载，与其他海关不同，粤海关专设海关监督统管海关全部事务，海关监督直属中央："我朝厘定管榷，官制有兼管，有简充。天下海关，在福建者辖以将军；在浙江、江苏者辖以巡抚；惟广东粤海关专设监督，诚其重任也。"粤海关的主要职能是征收关税和管理贸易。管理贸易主要体现在引导洋船入虎门、湾泊黄埔，以及监督外船修理两大方面[23]。此外，粤海关实际上还兼有对外交涉、海防、内外防范等诸多职能。

其后，在中外贸易往来中，逐渐出现了一些新的问题，如中外商人的接触日益频繁，外商违禁之事也不断增多。清政府出于各方面的考虑，于乾隆二十二年（1757 年）十一月宣布封闭闽、浙、江三处海关的海外贸易职能，规定"番商将来只许在广东收泊贸易"[24]。虽然此时在吕宋的西班牙商船仍被允许继续前往厦门港贸易，但历史上习惯把这一年视为清代多口通商的结束、广州一口通商的开始。这种局面直至鸦片战争结束才改变——道光二十二年（1842 年），中英签订的《南京条约》规定，清朝政府开放广州、厦门、福州、宁波、上海等五口通商。由此，历时八十多年的广州一口通商时代结束，中国进入五口通商的时期。

二、16—18 世纪景德镇瓷器外销兴盛的社会背景

景德镇瓷器的外销，在 16—18 世纪达到了空前的兴盛，使景德镇迅速跃升为世界的瓷都。究其原因主要有以下几个方面。

一是前文所述的明代中晚期至清代早期，海外贸易政策逐步调整与修正：从明代中期的"广中事例""月港开放"，至清代康熙时结束海禁、建立海关对海外贸易进行规范管理，使海外贸易更进入空前活跃的时期。乾隆时期实行广州一口通商，虽然海外贸易收归广州一口，但广州成为通达欧洲、美洲、大洋洲及亚洲的国际性大港，使包括陶瓷贸易在内的中西贸易依然空前繁荣。

二是随着大航海时代的来临，使中国陶瓷的外销逐步迎来了前所未有的兴盛。

明代中晚期，在原有的中国至日本、东南亚的航线的基础上，广州至欧洲的航线陆续得以开辟。

在"广中事例"之后，葡萄牙人同广东的贸易打开了局面。其后葡萄牙人又在臣服

23（清）梁廷枬：《粤海关志》，卷七《设官》，卷二十八《夷商三》，卷二十三《贡舶三》。

24《军机处上谕档》，见《清宫广州十三行档案精选》，广东经济出版社，2002 年，第 107 页。

图 1　明万历青花克拉克瓷盘
澳门博物馆藏

于明朝皇帝、服从明朝官府管辖的前提下，开始经营海上贸易，大力开展澳门与印度果阿（Goa）直到里斯本的贸易，由此在16世纪下半叶开通了广州—澳门—果阿—里斯本的海上贸易航线[25]。1629年（崇祯二年），荷兰驻台湾第三任长官讷茨(nuyts)在给其国王的一份关于中国贸易问题的报告书中说："中国是一个物产丰富的国家，它能够把某些商品大量供应全世界……在澳门的葡萄牙人同中国贸易已有一百三十年历史了。他们……每年两次到广州(那边每年举行两次盛大的集市)去买货。他们的确从这种通商中获得比马尼拉的商人或我们更多的利润；因为他们在中国住了很久，积累了丰富的知识和经验，这使他们所得到的货品质量比别人好，品种比别人多；他们有机会按照他们的特殊需要定制货品，规定出丝绸的宽度、长度、花样、重量，以适合日本、东印度和葡萄牙市场的需要。"[26]在澳门的多处地方，出土了不少明代嘉靖——万历时期的外销青花瓷器碎片，以克拉克瓷居多，有花鸟、山水、人物等纹饰〔图1〕。这些文物目前大多珍藏于澳门博物馆，成为了印证明代澳门作为中西陶瓷贸易中转地的证据。

继葡萄牙开通了广州至欧洲的航线之后，西班牙于1571年侵占菲律宾，于1575年（明万历三年）开辟了广州—澳门—马尼拉—阿卡普尔科(Acaqulco,墨西哥)—利马(Lima,秘鲁)的航线。《三洲日记》记述："查墨(西哥)记载，明万历三年，即西历一千五百七十五年，(墨)曾通中国。岁有飘船数艘，贩运中国丝绸、瓷、漆等物，至太平洋这亚冀巴路商埠（即阿卡普尔科港），分运西班牙各岛（指西属拉丁美洲各殖民地，特别是指加勒比海诸岛）。其时墨隶属西班牙，中国概名之为大西洋。"[27]

至清代，新的贸易航线仍继续发展。

1784年（乾隆四十九年），美国商人驾"中国皇后"号从纽约出发，绕过南非好望角，穿越印度洋，到达澳门后再溯珠江而上，到达广州黄埔港，由此开启了中美直接贸易。1789年，美国商人又开辟了波士顿经美洲南端合恩角到达广州的中美太平洋航线[28]。

进入19世纪，广州—俄罗斯航线、广州—大洋洲航线及香港至各大洲的航线不断

25 万明：《试论16—17世纪中叶澳门对海上丝绸之路的历史贡献》，《文化杂志》2002年第43期。

26《荷兰贸易史》，《郑成功收复台湾史料选编》，福建人民出版社，1962年，第115页。

27（清）张荫桓：《三洲日记》卷五，朝华出版社，2017年，第12页。

28 袁钟仁：《广州和美国的早期贸易》，《岭南文史》1999年第1期。

开通[29]。

三是景德镇的制瓷技术和工艺，经过唐宋的初步发展和元代的飞跃，至明清时期已日臻完美，生产能力傲视全球，无论是质量和数量都能满足国内外市场以及西方定制的各种需求。明清时期的景德镇瓷器，以其质优、精美、品种丰富而享誉中外，外销市场除了原有的东亚、东南亚、西亚和东非等地外，更开始进入了欧洲、美洲、大洋洲市场，迅速成为了全球化的商品。

四是在 17—18 世纪正值欧洲“中国热”流行，随着 16 世纪欧洲至东方的新航线开辟，中西贸易兴起，中国的陶瓷器、丝绸、家具、漆器、扇子、屏风、刺绣、壁纸、象牙雕刻、银器等工艺品和艺术品大量输入欧洲，为欧洲的王室、贵族及富有阶层人士所钟爱，由此在欧洲掀起了一场波及家居装饰、园林设计、日常生活等诸多领域的中国热。这股中国热潮不仅体现在对中国工艺品和艺术品的追逐，还体现在当时的欧洲设计和装饰艺术领域里，出现了以中国人物或中国动植物、风景为题材；在色彩配置、构图形式上也部分地借鉴了东方艺术的特色。由此，还引发了欧洲社会对中国知识的追求和生活方式的模仿。这就是所谓的“中国风”，也有人称之为“中国趣味”或“中国热”。实际上“中国风”所蕴含的并不仅仅是中国元素，有时也融入了一些日本、泰国、印度等等东方国家的艺术元素。只是由于当时西方人对遥远的东方国家并不能仔细地区分，因而笼统地称之为“中国风（chinoiserie）”[30]。由此，中国瓷器大量外销至欧洲，使此时的景德镇瓷器外销达到了历史的巅峰。

三、16—18 世纪景德镇瓷器外销的概貌

16 世纪起，葡萄牙、西班牙、荷兰等国先后来华贸易，通过从中国贩运瓷器至欧洲而获利甚丰。据《荷兰东印度公司与瓷器》的记载，1610 年（明万历三十八年）7 月有一条船载运 9227 件瓷器至荷兰；1612 年运荷瓷器就有 38641 件；1614 年上升到 69057 件；1636 年达 259380 件；1637 年是 210000 件；1639 年达到 366000 件。[31] 自 1602 年至 1682 年的八十年间，从中国输出的瓷器就达到 1600 万件以上。晚明时期每年亦有大量的中国瓷器销往日本：“如 1635 年 8 月 13 日至 31 日，从台湾运往日本的中国瓷器达 135005 件，其中青花碗 38863 件，青花盘 2050 件。1637 年又运七十五万件粗、细瓷器。《出岛兰馆日志》载，1641 年 6 月 24 日，一艘郑芝龙派去的商船载运瓷器 1447 件。《长崎荷兰商馆日记》载，

---

29 黄启臣主编：《广东海上丝绸之路史》，广东经济出版社，2003 年，第 494—498 页。

30 据 1989 年版《牛津英语词典》，“chinoiserie”一词最早出现在英语里是在 1883 年。该词来自法语的“chinois”（中国的），之前也在英语里使用。

31 中国硅酸盐学会编：《中国陶瓷史》，文物出版社，1997 年，第 410 页。

同年6月26日、7月1日、7月4日从安平港运入茶碗1400件，茶壶197件和其他瓷器1000件。”[32]大量的中国瓷器销往日本，使日本成为了明末清初之际，仅次于欧洲的中国瓷器外销的第二大海外市场。

17—18世纪，因欧洲“中国热”的兴起及餐饮习俗的变化，使来华定制成套的瓷质餐饮用具成为了时尚，拥有和使用中国瓷器更成为了欧洲上层社会炫耀财富和地位的方式。由此刺激华瓷、尤其是景德镇瓷器的大量外销。

到了18世纪中叶，欧洲市场上经营中国瓷器的垄断地位开始由法国、英国所取代。康熙三十八年（1699年）英国在广州成立了东印度公司的常设机构。此后，英国商船不断来华，估计约有2500万件到3000万件中国瓷器从广州和厦门运到了伦敦等港口[33]。至18世纪晚期，因欧洲多国已能生产优质硬质瓷器，欧洲各国来华进口陶瓷器明显减少。

此时的景德镇外销瓷器，除了传统中国纹样和器形的器物外，西方器形和纹样、纹章瓷、西方设计等外来定制的器物亦开始出现，并不断发展，至17—18世纪达到高峰。

1635年10月23日荷兰侵台总督给阿姆斯特丹公司的报告中提到：“商人由于他约定给予很高的价格，已经答应在下次季节风时带来成套的上好细瓷。为此目的，他交给商人大盘、大碗、瓶、冷饮器、大罐、餐具、大杯、盐碟、小杯、芥末瓶、水瓶以及宽边扁盘和带水罐脸盆的样品。所有这些样品都是木制的，多数是镟出来的，并画上各种式样的中国图案。这些他们认为可以仿制，并答应在下次季节风时交货。”[34]

1639年“从台湾各项决定的8月1日副本里我们知道，‘斯蒂里更’船已经到达，按照荷兰董事会收到的木制样品，要同中国定制下列2500件瓷器，……我们已经把中国商人朱锡德（译音，Jousit）找来，按照下列数量和他签订了合同，要他全部都必须以细而洁净、绘画良好的瓷器交货。计有：按照第1号样品制300件大的深盆，扁边、圆形、有明显的弦纹、薄底、画面美丽漂亮；按照第2号样品制300件无边茶碟，要稍微扁一点，也要绘画，并且有明显的弦纹；300件无边的大水果碟，像盆那样也要有弦纹；其他则照第2号样品……按照第12号纸上的图样制作200件小型酒罐，带嘴和弦纹；按照第13号样品制1000件宽边餐盘”。此批样品于1639年试制成功并销往荷兰。1643年第二批定制的货品又从广州运往荷兰[35]。

西方在景德镇定制的瓷器中，除了大量的餐饮用具外，各种陈设器亦不少。如明崇祯青花山水人物纹长颈瓶，图案描绘的是中国传统故事“文王访贤”，在瓶的颈部增加了一个圆形的凸鼓部分〔图2〕。这种瓶子的造型是受到16世纪土耳其伊兹尼克（Iznik）窑陶瓶

32 刘朝晖：《明清以来景德镇瓷业与社会》，上海书店出版社，2010年，第29页。

33 朱培初：《明清陶瓷和世界文化的交流》，轻工业出版社，1984年，第35—137页。

34 T. Volker. Porcelain and the Dutch East India Company. P37.

35 T. Volker. Porcelain and the Dutch East India Company, P43.

图 2　明崇祯青花山水人物纹长颈瓶
英国巴特勒家族收藏

图 3　明万历青花"七头蛇"纹大盘
美国皮波迪·艾塞斯博物馆（Peabody Essex Museum）藏

图 4　荷兰静物油画
1638 年威廉·克莱兹·海达绘

的影响。伊兹尼克是土耳其布尔萨省的一座城市，位于伊兹尼克湖的东岸、伊斯坦布尔东南方约 90 千米处。在 15—17 世纪，伊兹尼克成为了土耳其重要的制砖、制陶中心。在 16—17 世纪，欧洲人模仿伊兹尼克（Iznik）窑这种陶瓶的造型，生产出银器和玻璃器，在 17 世纪又把这种玻璃瓶带到中国，定制瓷器。景德镇的这种瓶形出现在 17 世纪中期，当时以青花为主，主要是外销到荷兰。这种造型的瓶子到 19 世纪仍有生产，多见粉彩、广彩或纹章瓷，外销至欧洲的其他国家。

克拉克瓷是 17 世纪景德镇外销瓷中非常重要的一个品种，大量销往欧洲，在国内发现的却不多，说明此类风格的瓷器主要是为外销而生产的。而且在当时中葡贸易的中转站澳门——在龙嵩街遗址亦出土了大量克拉克瓷残件或瓷片，亦证实了这一点[36]。克拉克瓷的纹饰体现的仍是中国传统纹样的特征，但也出现了个别定制之物——俗称"七头蛇"的图案，见于万历青花制品。其画面是在盾牌形框内绘七头蛇，其中有一男一女两个人头。盾牌外两侧飘着的丝带上用拉丁文写着阿拉伯格言"莫与智者语奇闻（Nothing is new to the wise）"。目前所见此种纹饰的青花瓷器只有数件，分别收藏于大英博物馆、美国皮波迪·艾塞斯博物馆（Peabody Essex Museum）等〔图 3、图 4〕。澳门博物馆收藏有一片当地出土的碎片〔图 5〕。有学者认为，七头蛇倾向于代表天主教教义里的七宗罪：傲慢、妒忌、暴怒、懒惰、贪婪、暴食及色欲。类似的图案还见于澳门大三巴牌坊前面右上方的浮雕〔图 6〕。因在教堂建筑中出现有相近的图案，因此这类瓷器带有宗教色彩，显然是定制之物。

明末清初景德镇瓷器虽然呈现出前所未有的生命活力，但当时中国社会政局动荡，明清政权的更迭，战火燃及景德镇，这无疑对景德镇瓷业及其外销造成了致命的打击。当时从事东西方陶瓷贸易的最主要的公司——荷兰东印度公司把目光瞄向了与中国一衣带水的日

36　宋良璧、邓炳权：《澳门是中国外销瓷的集散地》，《中国古陶瓷研究》第五辑，紫禁城出版社，1999 年。

图 5　明万历青花“七头蛇”纹瓷片
澳门博物馆藏

图 6　澳门大三巴牌坊

图 7　清雍正中国伊万里西洋人物图盘
广东省博物馆藏

图 8　清康熙伊万里 Horsemonden 家族纹章纹盘
广东省博物馆藏

本。当时日本制瓷的中心集中在有田地区，其产品从附近的伊万里港出口，故称有田瓷器、肥前瓷器、伊万里瓷或伊万里烧。“伊万里瓷”实际包括青花、五彩（柿右卫门样式）、金襕手样式（即青花结合矾红与描金绘制的彩瓷）。“金襕手”大概出现在 17 世纪 90 年代，因其色彩华美富丽，与当时欧洲流行的洛可可（Rococo）风尚相吻合，因而外销欧洲极受欢迎。而景德镇在清早期因市场需求，所模仿的有田瓷器品种，主要就是在欧洲热销的“金襕手”，人们称之为“中国伊万里”。外销欧洲的中国伊万里瓷，与日本的“金襕手”一样，器型和纹饰既有东方的，也有西方的，包括纹章瓷，流行在清康熙晚期至乾隆早期。乾隆中期以后这类纹饰逐步消失〔图 7〕。

清康熙伊万里 Horsemonden 家族纹章纹盘，纹饰为中国伊万里风格，绘缠枝花卉纹。盘心绘丹尼尔·霍茨蒙登（Daniel Horsemonden）家族纹章〔图 8〕。丹尼尔·霍茨蒙登（Daniel Horsemonden）原是英国肯特郡的商人。他于 1724 年被英国伦敦中殿律师学院录取，该学院是当时可以授予成员“巴律师”（高级律师）称号的四所律师学院之一。他于 1731 年移民美国纽约，做法官和作家，并成为曼哈顿三一教堂的教区代表长达 38 年。同时他也是美国独立前纽约州的最后一任大法官。他逝世于纽约布鲁克林（Brooklyn）的弗莱布许（Flatbush）。这件瓷器是他的一位兄弟（或堂兄弟）约翰·霍茨蒙登（John Horsemonden）从中国带回英国，他移民美国时又带到了美国。约翰·霍茨蒙登是英国东印度公司的货物管理员，也是 1721 年英国东印度公司驻广州委员会的成员。这么早的家族纹章瓷在美国出现极为少见，同时也证明了在美国独立前，一些欧洲贵族或富裕家庭移民美国时，也把他们原来购买的贵重的中国瓷器一起带去了美国[37]。

37　William R. Sargent. Treasures of Chinese Export Ceramic: from the Peabody Essex Museum. Yale University Press, p395.

清康熙五彩鱼藻纹储水挂罐及接水盆，绘中式传统的鱼蟹纹，器形则是来自西方的定制〔图 9〕。在 17— 18 世纪，欧洲富有家庭的餐厅旁，往往设置储水盖罐和接水盆，作为餐前后盥洗之用。当时欧洲式的储水盖罐和接水盆有各种各样的材质和样式，其中瓷器类的一定是从中国进口的。此类储水罐呈壁瓶式，背顶部有孔，可挂于墙上使用。储水罐的流口为中国风格的狮首，而安装在流口的金属水龙头一般是在欧洲制造的。罐顶部为扇形背板，以两只海豚作为装饰。用海豚作为装饰图案，是当时欧洲流行的风格。海豚的形状有时是曲线形的，有时是弧形的，而自然界的海豚是不可能有这样形状的。海豚当时被认为是“鱼中之王”，其纹样常常用于装饰教堂受洗池或圣餐杯，也是作为圣餐的标志之一。但现在这种装饰已没有宗教上的意义，仅作为一种装饰风格仍然存在着[38]。

图 9　清康熙五彩鱼藻纹储水挂罐及接水盆
广东省博物馆藏

欧洲的纹章与中国瓷器的结缘，至少是始于 16 世纪 40 年代的葡萄牙王室与中国的景德镇之间。最早的纹章瓷是青花瓷，器物上绘有葡萄牙王室的盾牌徽章。从现存国外的实物资料来看，最早的纹章瓷实物当中的两件，均是属于嘉靖时期的青花制品，美国纽约大都会艺术博物馆收藏的青花葡萄牙王室纹章纹执壶〔图 10〕，由于当时中西文化的隔阂，工匠把葡萄牙王室的盾牌徽章描绘成了上下倒置的样子。英国国立维多利亚与艾伯特博物馆（V&A）收藏的青花葡萄牙纹章纹执壶〔图 11〕：壶身上绘有葡萄牙罗泊·贝秀多（Lopo Peixoto）之子安东尼奥·贝秀多（António Peixoto）的纹章。安东尼奥·贝秀多（António Peixoto）曾于 1542 年与他的伙伴安东尼奥·达·莫塔（António da Mota）和弗朗西斯科·支莫特（Francisco Zeimoto）因贸易事宜来到中国[39]。

图 10　明嘉靖青花葡萄牙王室纹章纹执壶
美国纽约大都会艺术博物馆藏

图 11　明嘉靖青花葡萄牙 Peixoto 纹章纹执壶
英国国立维多利亚与艾伯特博物馆（V&A）藏

38 William R. Sargent. Treasures of Chinese Export Ceramic: from the Peabody Essex Museum. Yale University Press, p178−179.

39 中国国家博物馆编：《瓷之韵——大英博物馆、英国国立维多利亚与艾伯特博物馆藏瓷器精品》中华书局，2012 年，第 68、69 页。

图 12　清康熙青花"耶稣受难"图缸
广东省博物馆藏

图 13　清乾隆粉彩"帕里斯的审判"图小盘
广东省博物馆藏

图 14　清乾隆粉彩描金西方昆虫花卉纹盘
广东省博物馆藏

在明末清初（17 世纪中期），由于政局动荡，对景德镇的陶瓷生产和外销带来了一定的冲击，欧洲来华定制纹章瓷由此而沉寂了较长一段时间。至清代康熙中期（17 世纪后期）又开始兴盛起来，雍正、乾隆时期（18 世纪）达到了顶峰。纹章瓷的主人已不仅仅限于王室和贵族阶层，还包括有政府官员、商人、银行家、军官、知识分子——如法官、律师、医生、设计师等，以及神职人员等。他们往往通过东印度公司的船东或货主帮忙定购纹章瓷器。17—18 世纪，欧洲饮食风尚的改变和私人宴会的日益流行，以及当时欧洲炫富的社会风潮，使欧洲来华定制成套的餐饮用具日渐风行，而在这些餐饮用具绘上专属个人或家族的纹章更成为一种时尚和炫耀身份地位和财富的方式。

进入 19 世纪以后，随着"中国热"的降温，加上欧洲成功烧制硬质瓷器并逐步普及之后，导致来华定制瓷器的数量锐减。同时，欧洲本地制瓷产业的发展，导致瓷器已不再是稀罕之物，瓷器作为炫耀的功能随之丧失。此时无论是中国或欧洲生产的瓷器，纹章瓷的数量都大为减少。

还有一些西方定制之物，其纹样的粉本是来自西方书籍的插图。如宗教故事、神话故事、植物、昆虫等图案〔图 12、图 13〕。也有一些是来自西方政治人物肖像和政治事件的定制。

清乾隆西方昆虫花卉纹盘，有粉彩与青花制品。盘子以缠绕的环带串起花卉纹为边饰，这种满绘的边饰是 17—18 世纪欧洲人极为钟爱的装饰手法，体现了洛可可风格的特征。盘心绘鸢尾花与蝴蝶、昆虫〔图 14〕。这个盘心的图案，是来自玛丽亚・西比拉・梅里安（Maria Sibylla Merian, 1647—1717）著作里的插图。玛丽亚出生在德国，在荷兰接受教育。1698 年她航行到苏里南（Suriname，南美洲东北部国家），在那里她收集到许多标本，并准备发表在她的著作《苏里南昆虫变形记》（*Metamorphosis Insectorum Surinamensium*）里作为插图。该图案是从她的著作插图中选取的元素构成，由鸢尾花、毛毛虫、蝶蛹等组成[40]。

普龙克设计是来自荷兰东印度公司的短暂定制：考纳利斯・普龙克（Cornelis Pronk,

40　William R. Sargent. Treasures of Chinese Export Ceramic: from the Peabody Essex Museum. Yale University Press, p245.

图 15　清乾隆普龙克设计花伞人物纹盘
广东省博物馆藏

图 16　清乾隆普龙克设计三博士图盘
广东省博物馆藏

图 17　清乾隆普龙克设计凉亭人物纹盘
广东省博物馆藏

1691—1759）是荷兰画家和设计师，他于 1734—1740 年间受聘于荷兰东印度公司，专门为定制瓷器设计纹样。他所设计的纹样据说有 4 种，但只有“花伞”系列和“博士”（或称“学者”）系列留下了纸本样稿或订单，因此其他系列——“凉亭”和“仿中国花鸟和人物”系列已无从考证（相关资料有部分还收藏在印度尼西亚的雅加达和阿姆斯特丹）。〔图 15- 图 18〕“博士”系列被认为源自中国的“三酸图”——分别代表儒、释、道。他设计的纹样被送到中国后，在景德镇绘制成青花和粉彩瓷器，然后运到广州出口外销[41]。他的“花伞”系列也有一部分在日本生产，画面中的女士画成穿和服的样子。由于这类瓷器烧制成本高昂，荷兰东印度公司很快便停止了定烧。

图 18　PRONK 博士图设计稿　1735—1738 年
荷兰阿姆斯特丹国家博物馆藏

16—18 世纪景德镇瓷器的外销，是当时中西关系及贸易的重要组成部分，从侧面反映了当时中西方之间的经贸往来、文化交流及科技交流的面貌。景德镇瓷器由此走向全球，对西方社会的生活风尚、宗教活动及审美意向带来了显著的影响，并引领了世界制瓷产业的兴起与发展。因此这一阶段的景德镇瓷器外销意义非凡。

41　William R. Sargent. Treasures of Chinese Export Ceramic: from the Peabody Essex Museum. Yale University Press, p274–275 .

景德镇历代瓷窑窑炉考古发掘综述

张文江（江西省文物考古研究院）

摘要：文章以第三次全国文物普查资料为基础，介绍了景德镇地区发现的各级各类窑业遗存状况。全面梳理该区域内历年进行过考古发掘的窑炉遗迹，从形态上把窑炉遗迹分为：洞穴窑、龙窑、葫芦窑、馒头窑以及镇窑五类。通过对不同类型不同时期窑炉的阐述，发现景德镇揭露的窑炉遗迹分别属于唐代到清代等不同时期，烧造的产品不同，各自的特色不一，既有烧造瓷器的高温窑炉，也有烧造陶器类砖瓦的低温窑炉。初步总结景德镇地区揭露的窑炉具有类型多、阶段性明显、形式变化快的特征。进而对其形成的原因作一推理，以求揭开景德镇之所以成为瓷都的成因。

关键词：景德镇　考古发掘　唐宋元明清　窑炉类型　成因

四面青山三面水的景德镇，位于江西省东北部，全境山峦起伏，大小溪水纵横交错。特殊的地理环境和自然条件，为景德镇陶瓷生产提供了丰富的资源，造就了瓷都景德镇。其陶瓷底蕴深厚，生产历史源远流长。考古资料表明，新石器时代浮梁沽演遗址和王港水家车遗址的先民已经使用陶器。距今3000多年前的商代中期，浮梁蛟潭遗址和乐平高岸岭遗址开始烧造和使用印纹硬陶器。东流河畔燕窝山遗址是境内少见制作精美原始瓷的商周遗存，这些为景德镇瓷器生产奠定了坚实基础。“新平冶陶，始于汉世”，说明景德镇早在汉代就能生产陶瓷，清代《南窑笔记》云：“景德镇在昌江之南，其冶陶始于季汉。”隋唐时期，景德镇的制瓷业有了长足的发展，唐高祖武德年间，成功烧造“假玉器”“霍器”。唐元和八年（813年），柳宗元代饶州刺史元崔撰写《进瓷器状》，称道景德镇瓷器。经过不断的探索，五代在烧造青釉和白釉的基础上，创烧了青白釉，形成了一个以景德镇窑为代表的青白釉窑系。元朝政府在景德镇设立“浮梁磁局”，创烧青花瓷、釉里红、卵白釉以及高温蓝釉、红釉等品种，将中国瓷业带入五彩缤纷的新时代，奠定景德镇成为“瓷都”的地位。明清时期，中央政府于此设立御器厂，专为宫廷生产瓷器，景德镇逐渐成为全国的瓷器生产中心，产品畅销世界各地，景德镇被誉为世界瓷都。

一、景德镇窑址概况

正因为景德镇的陶瓷烧造历史悠久，连绵不断，千百年来遗留下来的陶瓷遗存非常丰富，这笔巨大的陶瓷文化遗产成为景德镇文化中最为精致华美的一章。根据第三次全国文物普查资料，初步统计有77处窑业遗存，其中全国重点文物保护单位有南窑遗址、湖田古瓷窑址、丽阳窑址、高岭瓷土矿遗址[1]、御窑厂遗址、古窑瓷厂镇窑[2]6处，江西省文物保护单位有兰田窑址、黄泥头窑址、杨梅亭窑址、三宝蓬瓷石矿业遗址[3]、刘家弄古作坊建筑、毛主席用瓷（“7501”瓷）生产基地[4]6处，景德镇市级文物保护单位有洪家蛇山窑址等10处，市辖各县区文物保护单位有南门坞窑址等11处，以及34处已经公布为一般文物点名录的窑址和10处类似道塘里窑址、董家坞窑址等以前记录发表过资料、或者进行过考古调查、发掘的遗存点。考古调查发现景德镇境内古代窑场数量多，体量大，等级高，县级以上文物保护单位有33处，占辖区内陶瓷遗存总数的百分比为42.8%，分布广，散布在境内的山山水水，似繁星点点装饰在辖区内的依山傍水的丘陵地带，不愧为世界瓷都的荣誉称号。主要分布在景德镇老城区和城郊，浮梁寿安镇、湘湖镇、瑶里镇、鹅湖镇，以及乐平接渡镇、涌山镇、南港镇，集中以下三个区域：一是以柳家湾窑址〔图1〕为中心的南河流域，分布在乐平与浮梁两县交界的30余个村落，以五代和北宋时期窑址最为密集。一是以瑶里为中心的东河流域〔图2〕，主要是元末明初之物，产品粗劣。另一是以珠山御窑厂遗址〔图3〕为中心的景德镇市区，有五代、宋、元、明、清各时期窑业遗存，烧造历史悠久，制品最为优异[5]。其中御窑厂遗址、落马桥窑址和湖田窑址是景德镇制瓷业最高水平的集中体现，蕴藏着极其丰富的陶瓷历史文化信息。南宋时期

图1　柳家湾窑址航拍照

图2　绕南窑址2号点远景

图3　御窑厂遗址

1　刘新园、白焜：《高岭土史考》，《中国陶瓷（古陶瓷研究专辑）》1982年第7期。

2　黄风雷：《中国窑业技术史上别具一格的窑炉：镇窑及特色》，《南方文物》2008年第4期。

3　祝桂洪：《景德镇瓷石碓舂淘洗制不工艺的研究》，《景德镇陶瓷》1987年第1期；彭文豪：《三宝蓬瓷石矿》，《景德镇市文史资料》1990年第11期。

4　《景德镇发现“7501”主席用瓷生产车间》，《文物天地》2009年第8期。

5　景德镇市文化（文物）局编：《景德镇市文物志》，2007年，内部资料。

图 4　湖田窑遗址保护碑

图 5　高岭瓷土矿遗址尾砂堆

图 6　绕南水碓作坊遗址水碓

图 7　"7501"瓷餐具系列

图 8　蛇山五代青灰釉执壶(T1①: 41)

图 9　铜锣山窑址北宋青白釉碗 06JYT1③: 4

蒋祁在《陶记》称："景德陶，昔三百余座。"足见景德镇的窑场规模是非常大，如柳家湾窑址有 11 处堆积，总面积约 10 万平方米。而作为五代至明代后期我国著名的窑场的湖田窑〔图 4〕，不仅是研究景德镇制瓷技术与艺术在十至十四世纪发展和演变历史的最好的窑场，而且地下遗存丰富，遗迹、遗物分布密集。面积达 40 万平方米，核心区域面积 26 万平方米，窑业堆积最厚处达十余米，现存 16 处窑包。

景德镇的陶瓷遗存既有生产瓷土〔图 5〕、匣钵土的遗存，也有制作釉土的釉果矿遗址，还有窑炉、作坊群〔图 6〕等制作遗存，以及涵盖制作、生产、烧造的综合性遗址；其时代上自唐代，包括已知最早的乐平南窑唐代遗址，以及五代、宋代、元代、明代、清代，乃至民国时期遗存，甚至包括 20 世纪 70 年代毛主席用瓷（"7501"瓷）生产基地〔图 7〕；生产的品种涵盖青灰釉、青绿釉、白釉、青釉彩绘、青白釉、黑釉、酱釉、卵白釉、蓝釉、青花瓷、釉里红、青釉、龙泉青釉、五彩、斗彩、红绿彩、墨彩以及水点桃花等几乎所有瓷器品种。既有类似蛇山窑址专门生产五代青釉的遗址〔图 8〕，以及专烧青白釉〔图 9〕、青花瓷的窑址，更多为类似湖田窑遗址以生产青花瓷〔图 10〕、白釉瓷器等多品种为主的综合性窑址。

图 10　湖田窑出土元代青花瓷

二、景德镇窑址发掘概况

景德镇的窑址遗存，很早就引起人们关注。雍正《江西通志》“烧造各色条款”载：“仿米色宋釉，系从景德镇东二十里外，地名湘湖，有故宋窑址，觅得瓦砾，因仿其色泽款式。”表明早在清代，唐英派人或者亲自前往现场调查，并取得过类似标本。这可以作为窑址实地考古调查的滥觞。

早期景德镇的窑址野外踏查工作，源自西方外交官、传教士和研究学者。一般认为最早是1937年，英国学者白兰士敦（A. D. BRANKSTON），对湖田窑、湘湖窑、南山窑等窑址的踏查，出版的《景德镇明初瓷器》，提到在湖田窑址、南山窑址采集到了青花瓷、青白釉和素白瓷。其实在1905年，Walter J. Clennell领事前往江西，就曾记录了景德镇镇区内的窑业废弃堆积，绘制了景德镇地图。

建国后景德镇地区窑址考古调查首次有记载的是，1953年陈万里先生对石虎湾等窑址的工作，这开启了景德镇陶瓷考古的田野之路。1973年，景德镇历史博物馆在珠山东麓清理成化官窑堆积，似可作为景德镇御窑厂遗存抢救性清理工作的开端。自这以后，不少窑址先后进行过抢救性和主动性的考古调查、发掘，历年有南窑遗址[6]、湖田窑址[7]、丽阳窑址[8]、御窑厂遗址[9]、兰田窑址[10]、蛇山窑址[11]、观音阁窑址[12]、铜锣山窑址[13]、道塘里窑址[14]、凤凰山

6 江西省文物考古研究所等：《江西景德镇南窑窑址调查报告》，《中国博物馆馆刊》2013年第10期；江西省文物考古研究院、乐平市博物馆：《景德镇南窑考古发掘与研究——2014年南窑学术研讨会论文集》，科学出版社，2015年。

7 刘新园、白焜：《景德镇湖田窑考察纪要》，《文物》1980年第11期；江西省文物考古研究所、景德镇民窑博物馆：《景德镇湖田窑址》，文物出版社，2007年。

8 故宫博物院、江西省文物考古研究所、景德镇市陶瓷考古研究所：《江西景德镇丽阳碓臼山元代窑址发掘简报》，《文物》2007年第3期；故宫博物院、江西省文物考古研究所、景德镇市陶瓷考古研究所：《江西景德镇丽阳瓷器山明代窑址发掘简报》，《文物》2007年第3期。

9 北京大学考古文博学院、江西省文物考古研究所、景德镇市陶瓷考古研究所：《江西景德镇明清御窑遗址发掘简报》，《文物》2007年第5期；江建新、钟燕娣、李军强：《江西景德镇明清御窑厂遗址2014年发掘简报》，《文物》2017年第8期。

10 秦大树、李颖翀、李军强：《景德镇湘湖地区早期窑业调查与试掘的主要收获》，《景德镇南窑考古发掘与研究——2014年南窑学术研讨会论文集》，科学出版社，2015年。

11 故宫博物院、江西省文物考古研究所、景德镇市陶瓷考古研究所：《江西景德镇丽阳蛇山五代窑址清理简报》，《文物》2007年第3期。

12 北京大学考古文博学院、江西省文物考古研究所、景德镇市陶瓷考古研究所：《江西景德镇观音阁明代窑址发掘简报》，《文物》2009年第12期。

13 江西省文物考古研究所、景德镇民窑博物馆：《江西景德镇竟成铜锣山窑址发掘简报》，《文物》2007年第5期；张文江、何俊：《从铜锣山等几处窑址的发掘看宋代景德镇窑业状况》，《东方博物》第30辑，浙江大学出版社，2009年。

14 江西省文物考古研究所、景德镇民窑博物馆：《江西景德镇道塘里宋代窑址发掘简报》，《文物》2011年第10期；张文江、何俊：《从铜锣山等几处窑址的发掘看宋代景德镇窑业状况》，《东方博物》第30辑，浙江大学出版社，2009年。

窑址[15]、金家弄窑址[16]、坑口窑址[17]、金家坞窑址[18]、焦坑坞窑址[19]、落马桥窑址[20]等进行过考古发掘，窑址的发掘成果丰硕，为深化研究景德镇的陶瓷发展史乃至中国陶瓷发展史，为研究景德镇历代陶瓷工艺发展、陶瓷美术提供了重要的资料。

三、清理揭露的窑炉类型

《陶雅》："瓷器之成，窑火是赖。"在古代窑业遗存中历史信息最为丰富，技术含量最高，考察古代陶瓷技术最可信赖的资料，即烧造成器这一环节，其中与烧成技术密切相关的是窑炉，它是反映技术进步最敏感的指示器，是人类用以改变黏土制品的化学、物理性能而设计的专门设施。窑炉技术的进步主要表现为人类在利用这一设施控制火焰，高效率地烧制陶瓷，并在质与量的指标上所显示的生产能力。

自 1972 年以来，刘新园、白焜先生开始对湖田窑进行调查，在乌泥岭窑址清理明代早中期窑炉，这是景德镇考古揭露的第一座窑炉遗存。景德镇地区经过科学考古调查和发掘的窑址中，许多遗存清理出烧造陶瓷器的窑炉遗迹，总计清理的陶瓷窑炉遗存有 52 座。其中湖田窑址历年清理 12 座窑炉遗存[21]，五代洞穴窑 1 座、五代龙窑 1 座、宋代龙窑 3 座、元代龙窑 1 座、元代葫芦窑 1 座、明代馒头窑 2 座、明代葫芦窑 3 座。1984 年以来，御窑遗址先后清理 22 座窑炉遗存[22]，洪武至永乐时葫芦形窑炉 7 座、明宣德至万历的馒头窑 15 座。2005 年，丽阳窑址分别清理元代龙窑和明代葫芦窑各 1 座。2006 年，凤凰山窑址、道塘里窑址分别揭示龙窑遗迹各 1 座。2007 年，金家弄窑址分别揭露 1 座明代晚期葫芦窑和 2 座清代早期蛋形窑（镇窑）。2011 年至 2013 年，南窑遗址、蓝田窑万窑坞窑址各自清理

---

15 江西省文物考古研究所、浮梁县博物馆:《江西浮梁凤凰山宋代窑址发掘简报》,《文物》2009 年第 12 期；张文江、何俊 :《从铜锣山等几处窑址的发掘看宋代景德镇窑业状况》,《东方博物》第 30 辑，2009 年。

16 第三次全国文物普查登记资料。

17 秦大树等 :《景德镇湘湖地区早期窑业调查与试掘的主要收获》,《景德镇南窑考古发掘与研究——2014 年南窑学术研讨会论文集》，科学出版社，2015 年。

18 秦大树、李颖翀、李军强:《景德镇湘湖地区早期窑业调查与试掘的主要收获》,《景德镇南窑考古发掘与研究——2014 年南窑学术研讨会论文集》，科学出版社，2015 年。

19 北京大学考古文博学院、景德镇市陶瓷考古研究所 :《景德镇南河流域三步园、蕉坑坞、白虎湾窑址调查试掘简报》,《华夏考古》2018 年第 5 期。

20 景德镇市陶瓷考古研究所、北京大学考古文博学院、江西省文物考古研究所 :《江西景德镇落马桥窑址宋元遗存发掘简报》,《文物》2017 年第 5 期 ; 景德镇市陶瓷考古研究所、北京大学考古文博学院、江西省文物考古研究所 :《江西景德镇落马桥红光瓷厂窑址明清遗存发掘简报》,《文物》2020 年第 11 期。

21 江西省文物考古研究所、景德镇民窑博物馆:《景德镇湖田窑址——1988 至 1999 年考古发掘报告》，文物出版社，2007 年。

22 北京大学考古文博学院、江西省文物考古研究所、景德镇市陶瓷考古研究所 :《江西景德镇明清御窑遗址发掘简报》,《文物》2007 年第 5 期 ; 北京大学考古文博学院 :《江西景德镇市明清御窑遗址 2004 年的发掘》,《考古》2005 年第 7 期。

唐代龙窑 2 座。2012 年至 2015 年，落马桥窑址发掘明代葫芦窑 1 座。2014 年，坑口窑址、金家坞窑址分别清理洞穴窑 1 座[23]和宋代龙窑 1 座[24]。此外，当地文物工作者在绕南窑址发现南宋末元代初期斜坡式龙窑 5 座[25]，由于没有进行全面揭露，具体情况不清晰。

揭露清理的这些窑炉遗迹，种类较多，分别属于唐代到清代等不同时期，烧造的产品不同，各自的特色不一，既有烧造瓷器的高温窑炉，也有烧造陶器类砖瓦的低温窑炉。从形状分为：洞穴窑、龙窑、葫芦窑、馒头窑以及镇窑五类。

1. 洞穴窑

目前景德镇地区报道的洞穴窑遗迹有 2 处。其一，1996 年在湖田窑遗址 B 区 T1 南部清理的 1 座洞穴窑（原报告称马蹄形窑）〔图 11〕。其二，2014 年，在浮梁县王港乡坑口村揭露的 1 座洞穴窑（原称为洞式窑）〔图 12〕。两窑形制基本相同，均由通风道、窑门、火膛、窑床、烟道组成。窑门前有低于工作面的通风道圆坑或者起通风道作用孔洞〔图 13〕，火膛低于窑床，呈梯形或近似圆边梯形，上大下小。窑床呈弧边梯形，长 1.62—2.6 米，宽 1.8—2.85 米。窑床后壁 3 条均匀分布的烟道〔图 14〕，在窑室顶部汇聚成 1 条，烟道底部用青灰砖封砌。两窑大小相差不大，湖田窑五代洞穴窑全长 5 米，宽 2.6 米，残高 1.36 米。坑口洞穴窑较长，保存较好，尤其是窑顶保存完好，长 6.65 米，宽 3.9 米，从火膛底到拱顶内壁高 5.15 米。

坑口窑洞穴窑炉内壁布满青灰色烧结层，外面是一层红烧土，清理者结合附近发现较为完整的外底留存 5—12 个不等灰白色支烧痕的青釉壶、罐、碟、盘，推断是一座晚唐时期烧造青绿釉瓷器的馒头窑。

湖田窑洞穴窑窑壁及顶均由黄土筑成，窑内壁抹耐火泥，呈灰褐色。发掘者根据窑内

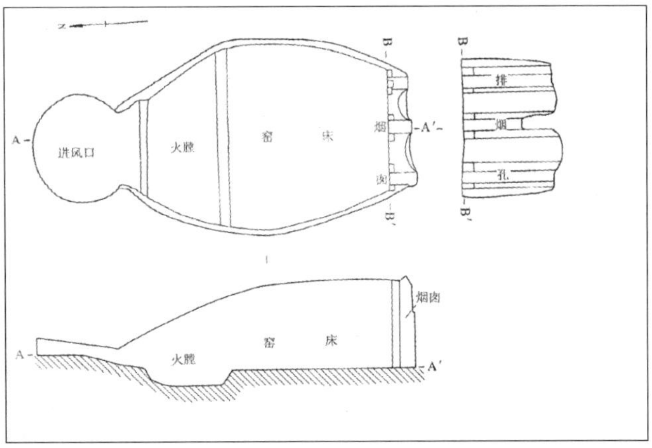

图 11　湖田窑五代洞穴窑平、剖面图

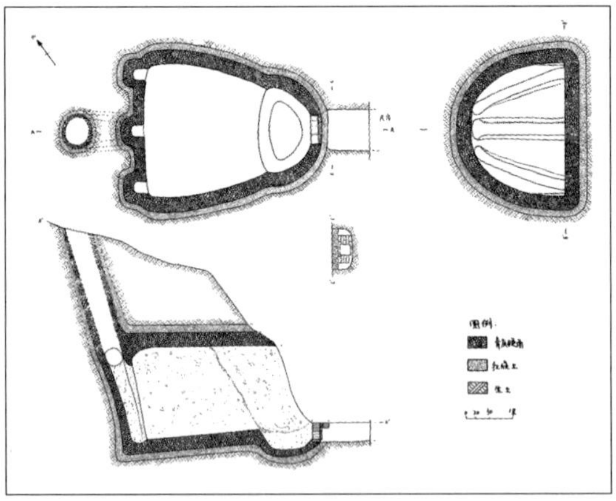

图 12　坑口窑址洞穴窑平、剖面图

23　秦大树、李颖翀、李军强：《景德镇湘湖地区早期窑业调查与试掘的主要收获》，《景德镇南窑考古发掘与研究——2014 年南窑学术研讨会论文集》，科学出版社，2015 年。

24　秦大树、李颖翀、李军强：《景德镇湘湖地区早期窑业调查与试掘的主要收获》，《景德镇南窑考古发掘与研究——2014 年南窑学术研讨会论文集》，科学出版社，2015 年。

25　江西省第三次全国文物普查资料。

图 13　坑口洞穴窑通风圆坑

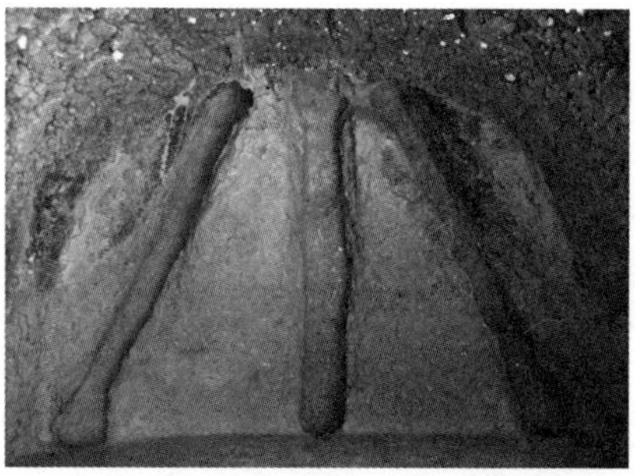

图 14　浮梁坑口洞穴窑烟道

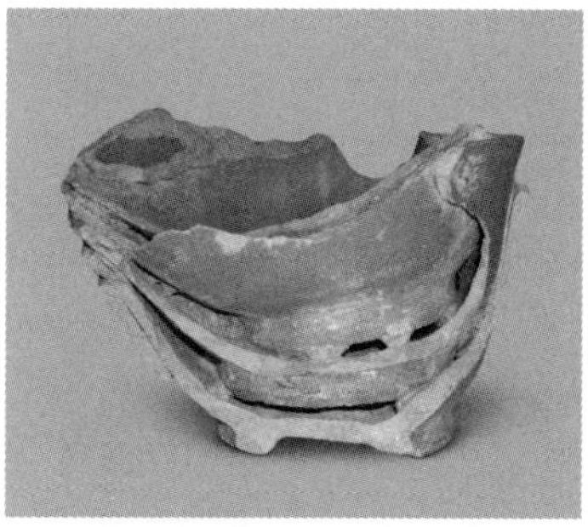

图 15　湖田窑遗址出土五代青釉碗装烧标本

图 16　湖田窑遗址出土五代青釉碗

出土青瓷唇口碗〔图 15、图 16〕，推断该窑炉为五代湖田窑初创时期烧造青釉瓷的半倒焰式马蹄窑。其实这 2 座窑炉都是在原始土层中掏洞形成，故名洞穴窑。只是坑口窑炉温度更低或者使用次数更少，窑壁的烧结硬度较湖田五代洞穴窑炉差。这种形制的窑炉虽然在景德镇地区发现较少，但是在江西其他地区发现较多，分别见于宜春、新余、丰城、吉安、临川、九江、上饶、余干等地。早在新石器时代就有，商周常见，在鹰潭角山窑址发现多座，在丰城港塘清丰山溪也发现几座，新余赵家山发现汉代烧造车轮纹、同心圆纹墓砖的洞穴窑窑炉。这类窑炉性质、结构、大小基本相同，后部只有烟道，没有出烟室，窑温难于达到 1000℃，窑壁不见窑汉，火候不高，主要是早期烧造陶器，后期烧造砖瓦的窑炉。江西各地常见不同时期烧造砖瓦的窑炉，尤其是明代为城市建设烧造城墙砖的窑炉，如宜春袁州明代城墙砖窑址是一处保存有 54 个窑炉，迄今为止国内保存完整、规模最大为明代都城南京生产城墙砖的明代城墙砖窑址。明代景德镇地区烧造青花瓷器的馒头窑与这类窑炉不同，结构发生了巨大变化，是有本质的区别，已经在窑床后部设置烟囱。

2. 龙窑

龙窑又称长窑、蛇窑或者蜈蚣窑，是南方地区最常见的一种窑炉形制。因其窑身狭长，窑头低窑尾高，恰似一条向下俯冲的巨龙而得名。

目前景德镇地区揭露的龙窑遗迹较多，有 18 座，约占窑炉总数 52 座的 34.6%。其中南窑遗址唐代龙窑 2 座，蓝田万窑坞窑址晚唐五代龙窑 2 座，道塘里窑址北宋龙窑 1 座，凤

图17　道塘里窑址北宋龙窑遗迹

图18　凤凰山窑址北宋龙窑遗迹

图19　金家坞窑址北宋 Y1 全景

凰山窑址北宋龙窑1座，金家坞窑址北宋龙窑1座，绕南窑址南宋元初龙窑5座，湖田窑遗址五代龙窑1座、南宋龙窑3座、元代龙窑1座，丽阳窑址元代龙窑1座。

总的来看，这些龙窑遗迹表现以下共性。

其一，选址科学合理。景德镇窑工充分利用自然地势，与自然融为一体，体现古人崇尚自然、尊崇自然的天人合一思想。龙窑建筑凭借本区域多丘陵山坡的地形地貌特点，利用倾斜的山丘，如道塘里北宋龙窑〔图17〕、凤凰山北宋龙窑〔图18〕、金家坞北宋龙窑〔图19〕窑壁与山体的空隙处填塞碎砖和匣钵残片，就是采取先浅挖半地穴式沟槽，然后用不同的材质砌筑，即抬高窑炉的工作面，使窑炉既不易受地下水的影响，又可排除江南地区阴雨过多潮湿的不利因素。

其二，结构形态稳定。景德镇地区龙窑的整体结构变化不大，形制比较固定，窑炉都由窑前工作面、火门、火膛、窑床、窑门、窑尾、出烟室等部分。说明龙窑的形态在经过长期的发展后，已经稳固定型。

窑前工作面多数呈方形，如道塘里、凤凰山〔图20〕、金家坞窑址，长约4—5米，地面平坦、坚硬，保留一层经过长期踩踏较硬的黑灰色硬面，有的中部近火门处有一长条形状地面下凹。

火门呈"八"字形，门宽约0.5—0.74米，凤凰山窑炉〔图21〕、金家坞窑炉〔图22〕、道塘里窑炉、丽阳碓臼山窑炉的火门底部分别覆置漏斗形匣钵或者长方形红砖，应是起封门通风作用，这样封门既能起到挡火作用，又解决了空气流通使柴薪得以充分燃烧的问题。

火膛呈半圆形〔图23：1〕，大小基本相同，最长0.8米，宽1—2.4米。常见在火膛两侧采用堆积废弃匣钵的方法收拢火焰，快速提高窑内温度。丽阳碓臼山元代龙窑〔图23：2〕、御窑遗址明代葫芦窑和湖田窑明代葫芦窑常用此类技术，景德镇的窑工不论宋代、抑或明代，不论御窑、还是民窑，无论龙窑、葫芦窑、馒头窑，均使用这项技术，说明窑工充分理解和掌握该项拢火技术，熟练运用窑炉砌筑技术烧造瓷器。

图 20　凤凰山窑址北宋龙窑窑墙工作面

图 21　凤凰山窑址北宋龙窑火门

图 22　金家坞北宋 Y1 火门

1　　2

图 23　凤凰山窑址北宋龙窑火膛和碓臼山龙窑火膛

图 24　凤凰山北宋龙窑遗迹

图 25　道塘里窑址北宋龙窑窑汗

图 26　凤凰山窑址北宋龙窑后壁

图 27　道塘里窑址北宋 Y1 火膛

窑床呈长条形〔图 24〕，底部留一层由沙粒、黄土和匣钵组成的烧结层。窑炉火膛内壁、挡火墙以及窑壁面向窑床一面都有一层经高温烧结而成的黑色窑汗〔图 25〕。

龙窑有一定长度，窑床长 12—78 米，宽 1.6—2.8 米，面积较大，空气流通火焰均匀，可充分利用余热，热效率高，单位燃料耗用省，产品成本低。

窑尾使用砖或者匣钵和砖混砌〔图 26〕，不见烟囱。

其三，使用柴薪烧瓷。道塘里窑址〔图 27〕、凤凰山窑址、金家坞窑址、丽阳碓臼山窑址的火膛底部黑褐色烧结面，留存一层黑色灰烬，夹有木炭，表明其使用柴薪作燃料烧制瓷器。

其四，建筑因地制宜。材料多样，生产成本低。不管是窑炉窑壁还是窑前工作室墙体，既有如南窑窑炉使用木骨泥墙的〔图 28〕，也有类似道塘里窑炉用紫红色沙土版筑〔图 29〕。多数如万窑坞龙窑、道塘里龙窑、金家坞窑炉一样使用红砖砌筑〔图 30〕，也有如道塘里窑炉借用山体作墙体的，更有类似凤凰山窑炉使用废弃匣钵或者废旧匣钵与窑砖混合砌筑

图 28　南窑唐代 Y1 窑顶烧土壁

图 29　道塘里窑址北宋 Y1 版筑墙体

图 30　道塘里窑址北宋 Y1 窑砖窑壁

图 31　凤凰山窑址北宋龙窑墙体

图 32　道塘里窑址片石墙体

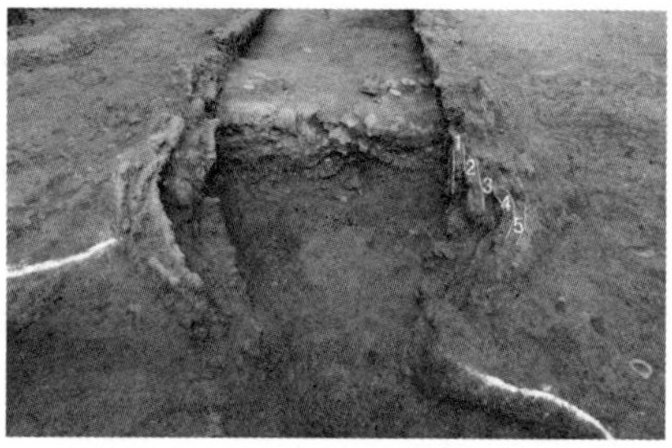
图 33　南窑龙窑 Y1 窑壁 5 层

图 34　南窑龙窑 Y1 地层解剖坑

图 35　南窑龙窑窑床保存的支座

图 36　蓝田窑龙窑窑床保留的支垫

〔图 31〕，以及道塘里窑炉利用青石块〔图 32〕或者青石块与废弃匣钵砌筑。

其五，时代连续不断。上述龙窑窑炉涵盖唐代中晚期到元代晚期，其中中晚唐 4 座、五代 1 座、北宋 3 座、南宋 8 座、元代 3 座，时代连续不断，中间没有断层，表明景德镇地区从唐代中晚期到元代一直使用龙窑烧造青釉、白釉、青白釉、酱釉、黑釉以及青花瓷、釉里红等瓷器。

其六，多有修补使用。南窑唐代龙窑从部分窑墙可见 5 层窑壁〔图 33〕，窑底有 5 个烧结层分析〔图 34〕，说明该龙窑至少经过 5 次修建，有 5 次较大规模的烧造。蓝田万窑坞龙窑窑床两壁也有用砖修补痕。表明龙窑窑炉都有多次维修的过程。

其七，窑床留存支烧痕。多数龙窑窑床底部保留有支座或者支垫痕。其中南窑唐代龙窑窑床内留存排列整齐的由 6—7 个支座、窑砖组成支烧窑具〔图 35〕。蓝田窑晚唐五代龙

图 37　凤凰山龙窑窑床留存匣钵

图 38　碓臼山龙窑窑床留存匣钵柱

图 39　南窑 Y1 窑门 M9

图 40　南窑龙窑遗迹（由东往西）

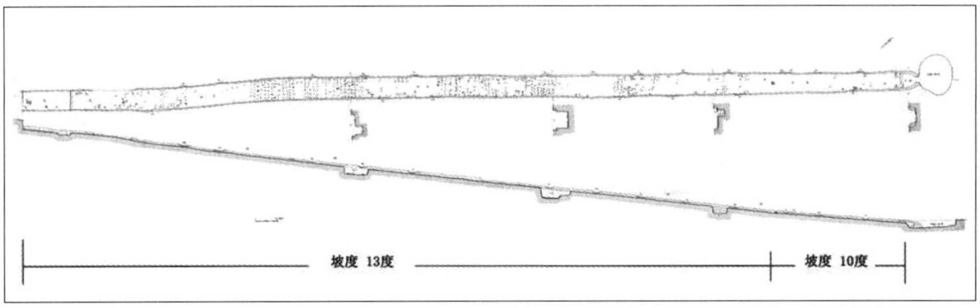

图 41　南窑唐代龙窑 Y1 窑床坡度和平、剖面图

窑窑床的前部完整地保存了器物柱底部支垫的窑柱〔图 36〕。凤凰山北宋龙窑窑床前段底部靠近中段坡度较平缓的地方留存两排内装碗类的漏斗状匣钵，后段坡度陡峭的窑床上留存多排排列整齐的内装执壶类的平底匣钵〔图 37〕。丽阳元代龙窑窑床上保存的匣钵柱排放比较紧密，横排达 13 柱之多，匣钵柱保存最多的匣钵数量达 9 个，每个匣钵里面都保留有没有烧成的青瓷碗〔图 38〕。通过对窑炉内支座、支垫、匣钵以及原状匣钵柱排列方式、装烧细节的考证，可以研究和复原窑炉的装烧量、窑内平面排列和空间组合等瓷业生产的状况。

前述龙窑形态稳定，具有不少共性，但是在细节方面也呈现不少各自的差异、特色。依据烧造时代的演进和主要产品的不同，分为 3 阶段。

第一阶段，唐代中晚期至五代时期龙窑窑炉，共计 5 座，其中南窑遗址唐代龙窑 2 座，蓝田万窑坞窑址唐代龙窑 2 座，湖田窑遗址五代龙窑 1 座。主要烧造青釉瓷器，龙窑长度较长，窑壁开设窑门，有的多达十多处窑门。

其中乐平南窑清理的一座用支座垫烧的中晚唐时期龙窑，水平长 78 米，宽 1.6—2.4 米，窑墙采用竹藤类材料起券，草拌泥糊成，壁厚 0.15—0.32 米，北壁有 13 处窑门〔图 39〕，前段的窑门较有规律，窑门间距离 4 米左右。不但是迄今我国考古发掘最长的唐代龙窑遗迹〔图 40〕，而且是瓷都景德镇境内目前已知最早的瓷业遗存，将世界瓷都景德镇的制瓷历史向前推进了 200 年，改写了景德镇地区制瓷史。

南窑龙窑窑床坡度靠近窑头前 16 米较平缓，为 10°，后段略短为 13°〔图 41〕。南窑采

图 42　南窑唐代龙窑 Y1 减火坑 –K2

图 43　南窑唐代青釉双系瓶（T1⑤: 3）

图 44　南窑唐代酱黑釉喇叭口壶（T05①b : 73）

图 45　南窑青釉褐斑罐（T3117①: 22）

图 46　青釉褐彩瓷器

图 47　南窑青釉碗装烧标本（T2309②a : 53）

图 48　对口扣烧标本（T2309②a : 51）

图 49　一件匣钵装烧多件坯件标本（T1④: 42）

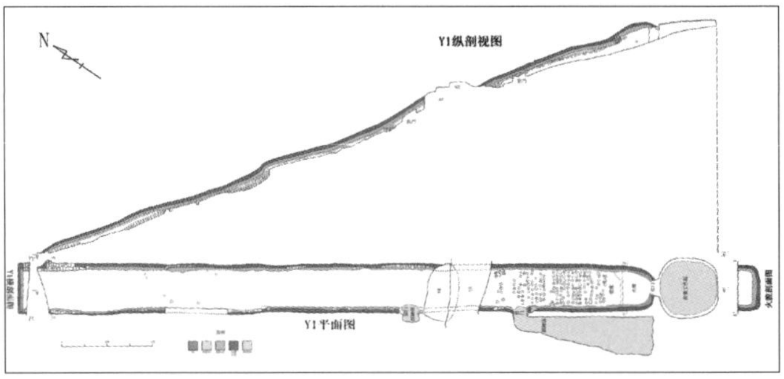

图 50　蓝田窑龙窑 Y1 平、剖面图

图 51　蓝田窑晚唐五代龙窑

图 52　蓝田窑晚唐青绿釉侈口碗 12JLCT1②: 15

图 53　蓝田窑宋代青白釉壶 12JLT3③: 265

用在龙窑中段相距 14 米处分别设立 2 个方形减火坑的技术〔图 42〕，即在窑床往下挖坑，引导火焰向下，降低火焰的流动速率，有效地调节窑室内的抽力和温度，使产品在弱还原火焰中烧成，烧结程度较好。此前的考古中，龙窑中从未见此减火坑技术的使用，推测与该龙窑长度过长，减缓火焰流速有关，而减火坑与北宋以后出现的分室龙窑的作用一致，是晚期分室龙窑的发端。

南窑龙窑主要烧造青釉〔图 43〕、酱黑釉〔图 44〕、青釉褐斑〔图 45〕、青釉褐彩〔图 46〕以及涩胎器，器物装烧方式多种多样，产品采用多件器物泥块间隔明火叠置〔图 47〕、泥块间隔明火套烧、泥块间隔对口扣烧〔图 48〕的方式，少量高档产品诸如内、外壁满釉的青釉玉璧底碗、盘采用一件匣钵装烧一件坯件的形式，也有一些采用一件匣钵装烧多件坯体〔图 49〕。

伴随车轮滚滚向前，历史发展至创烧于晚唐，延续至北宋的兰田窑，其晚唐五代龙窑长度较南窑变短，窑床坡度变陡，窑门大量缩减，开始使用窑砖砌龙窑。

考古显示万窑坞窑址为蓝田窑址规模最大的晚唐后期至北宋早期烧造青绿釉、青灰釉和白釉瓷器的综合性窑场。揭露的万窑坞窑址龙窑（12JLY1）窑床残长 25.75 米，宽 1.7—1.9 米，窑床坡度分为上、中、下三段，下段坡度 23.5°，中段 22°，上段 19°〔图 50〕。在窑壁中后部发现 2 处窑门，宽约 0.6 米。该龙窑为迄今为止景德镇发现的晚唐、五代最为完整的砖砌龙窑〔图 51〕。

蓝田窑址生产青绿釉〔图 52〕、青灰釉、白釉、青白釉〔图 53〕以及素胎器等，白釉瓷器数量多，基本采用支钉叠烧〔图 54〕，青白釉瓷器放入匣钵中装烧〔图 55〕，或与其他釉色产品共同于窑炉内明火裸烧。

研究认为南窑龙窑使用竹藤起拱、草拌泥涂抹的筑窑技术，不仅流行于鹰潭贵溪晚唐五代田傍山窑址、上饶玉山五代北宋渎口窑址，在福建建阳地区也有发现，而且流行于浙江婺州一带，是婺州窑早期比较多见的筑窑方式，江西地区的这类窑业技术可能源自婺州

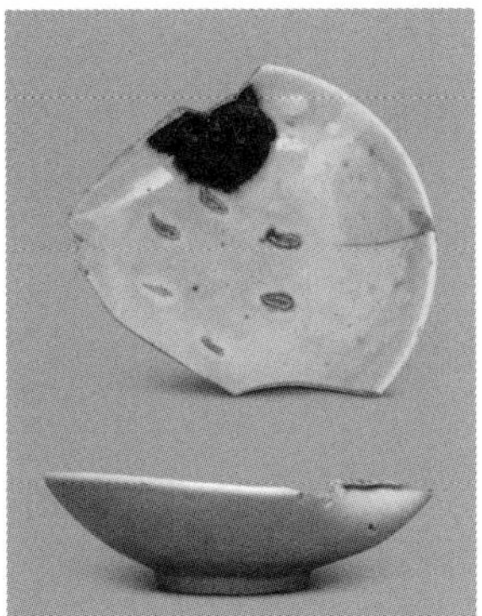
图 54　蓝田窑五代白釉盏 14JDSBY31

图 55　蓝田窑漏斗形匣钵装烧标本 14JT1②: 98

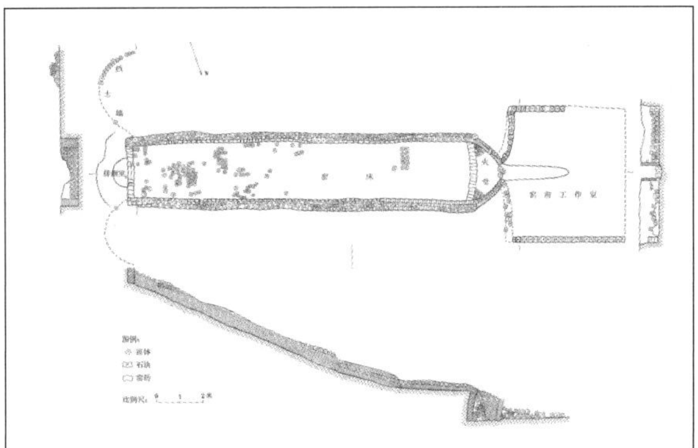
图 56　凤凰山北宋龙窑 Y1 平、剖面图

窑，至少表明这种窑业技术在武夷山地区东西都有使用，可能源自早期越文化的传承。这类筑窑技术与蓝田窑、湖田窑五代龙窑不同，蓝田窑和湖田窑使用窑砖砌筑龙窑的技术普遍流行于江西地区洪州窑、浙江越窑，乃至龙泉窑。

第二阶段，宋代，11 座。北宋龙窑 3 座，分别是道塘里龙窑 1 座、凤凰山龙窑 1 座、金家坞龙窑 1 座。南宋龙窑 8 座，湖田窑龙窑 3 座、绕南窑龙窑 5 座。宋代龙窑较晚唐五代龙窑变化较大，窑炉整体向短、宽发展，火膛变深，窑床坡度增加。

其一，长度明显缩短，普遍在 20 米以下，窑床宽度增加，均超过 2 米。金家坞（14JSJY1）窑床斜长 12.4 米，宽 2—2.6 米，道塘里窑床斜长 18.25 米，宽 2.6—2.8 米，凤凰山窑床斜长 15.75 米，宽 2.22—2.5 米。可能因为窑炉缩短，几乎不见窑壁两侧开设窑门的现象。

其二，火膛变深，道塘里深 0.8 米，凤凰山深 1.5 米，普遍达到 1 米，接近 1.5 米。火膛变深意味着可以投放更多的燃料，对于提高窑炉的温度很有帮助。

其三，窑床底部倾斜坡度增加，特别是后段坡度更为明显。坡度的增加可以达到提高窑温的目的，特别是提高窑床后段温度的作用。

道塘里龙窑窑床坡度为 18°。凤凰山龙窑窑床前段部分较平，坡度为 2°，中段坡度略陡，坡度为 16°，后段变陡，坡度为 23°〔图 56〕。金家坞龙窑前段坡度较缓，约为 3°；中段坡度较前段略陡，坡度为 15°；后段坡度最大，约为 28°〔图 57〕。其时龙窑主要烧造青白釉瓷器〔图 58〕。但是窑床的坡度不同，可能主要是烧造不同造型产品所为，道塘里龙窑主要烧制酒台〔图 59〕、杯〔图 60〕及碗圆器，圆器体量较小；凤凰山龙窑主要烧造执壶等琢器〔图 61〕。

其四，龙窑后部保留的排（出）烟室不同。道塘里龙窑后部保留半圆形出烟室，出烟室与窑床之间砌有一排砖墙相隔，墙上两排出烟孔，每排 14 个，上下两排相距 0.2 米〔图 62〕，两侧及后部沿用挖进的山体，保留完整出烟室的龙窑在全国同时期的窑址中少见。金家坞龙窑后壁用砖顺砌两道阶梯式窑床，长 1.5 米，表面较为平坦，后段靠近窑后壁的窑床上有一层厚厚的黑色灰烬，推测作为排烟室使用〔图 63〕。后段窑床有两道阶梯，为其他同期窑不见，较为特殊。凤凰山龙窑窑床后壁外部保存一半圆形坑，也是作排烟室的，圆形坑两侧依据地势往南、北方向顺山体用圆筒形匣钵各砌弧形挡土墙，即稳固窑炉，又可起排烟作用。

此外，道塘里窑炉在窑前工作区发现一条通向窑炉外、长约 5.4 米、平面呈“S”形的排水暗沟，意在保持窑床的干燥〔图 64〕。

比较特别的是绕南发现的南宋晚期窑炉，长短不一，最长的 1 号龙窑窑床斜长 41.7 米，宽 2 米，最短的 2 号龙窑窑床斜长 9.5 米，宽 2 米，而且 2、3 号龙窑窑床底部用碎石铺就。推断龙窑是采取支圈组合方式烧造青白釉芒口瓷器。这些窑炉数据的真实性令人怀疑，特别 1 号龙窑还有 3 个火膛〔图 65〕，应该是把不同时期龙窑的火膛混在一块了。

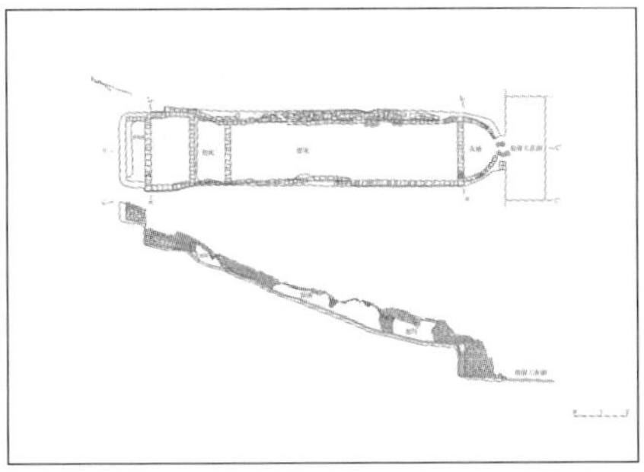

图 57　金家坞北宋龙窑 Y1 平、剖面图

图 58　凤凰山窑址北宋青白釉执壶

图 59　道塘里窑址出土青白釉酒台

图 60　道塘里窑址出土青白釉杯

图 61　凤凰山窑址北宋青白釉执壶

图 62　道塘里龙窑出烟室以排烟孔

图 63　金家坞北宋龙窑 Y1 后段排烟室（东北－西南）

图 64　道塘里龙窑排水暗沟

图 65　绕南窑址 1 号点南宋龙窑

图 66　道塘里北宋青白釉执壶装烧标本

图 67　道塘里窑址北宋圆环形间隔具

图 68　道塘里窑址北宋圆柱形间隔具

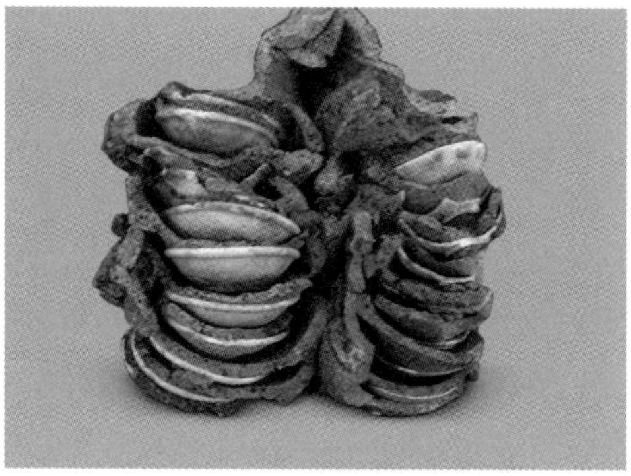

图 69　道塘里窑址北宋青白釉盏装烧标本

图 70　使用支钉装烧的青白釉盏标本

图 71　丽阳碓臼山元代龙窑

研究表明金家坞、道塘里、凤凰山等宋代窑址都是以烧青白釉瓷为主的综合性瓷窑遗址，兼烧青釉和酱釉瓷器。青白釉数量最多，造型精致规，形式多样，器型有瓶、执壶、花浇、钵、碗、盘、碟、水盂、盏、盏托、酒台、杯、器盖以及瓷塑狗、佛像等，修胎规整，胎质细腻，多数呈白或灰白色。器物内满外壁至底或外壁不及底施青白釉，釉面光亮，玻璃质强，釉微泛黄、灰或灰黄色，多数偏灰色，釉面开冰裂纹。装饰多素面，纹饰简单，有云气纹、牡丹纹、变形牡丹纹、莲瓣纹、蝴蝶结纹等，以莲瓣纹为主，装饰手法有篦划、刻划、堆贴、捏塑或戳印。多数器物采用一件匣钵装烧一件器物仰烧而成〔图 66〕，使用圆饼或圆环形〔图 67〕、圆柱形间隔〔图 68〕。大部分的厚唇盏和执壶类采用一件匣钵装烧一件器物仰烧而成〔图 69〕，使用支钉间隔，但支钉的数量相比较前期较少，只用 3—5 个支钉间隔烧造〔图 70〕。

第三阶段，元代中晚期龙窑 2 座，分别在湖田窑、丽阳窑址各揭露 1 座。该时期龙窑与前期相比呈现出窑床长度略微长，斜长 22—24.2 米；窑床变宽，宽 3.4—4 米；窑床倾斜度均为 15°，较为一致适中的共同点。两座龙窑也表现出各自不同的特点。

湖田窑元代龙窑两侧保存有用匣钵残片砌成的护窑墙，原来盖有带瓦的窑棚，窑床底部残存大量用于稳固装烧的匣具。研究表明该龙窑是烧造卵白釉筒瓦、白釉瓦当、釉里红凤纹滴水、元青花瓷、黑釉高足杯和青白釉饼足碗的元代龙窑窑炉，是目前国内发现的保存最完好的烧造元青花的龙窑。

而丽阳碓臼山龙窑还呈现窑床两壁外弧，最宽处位于窑床中部，炉壁近火膛处内缩，尾部砌成圆弧形且没有龙窑常见的排烟孔等新特点〔图 71〕，研究认为该龙窑采取单件匣钵烧造青釉碗盘〔图 72、图 73〕，是龙窑向葫芦形窑过渡的雏形，其在陶瓷窑炉发展史上具有重要的学术价值。

如上，可以看出龙窑窑炉作为景德镇地区自唐代到元代烧造瓷器唯一的窑炉形制，形态稳固，时代连续，但是不同时期并不是一成不变的，都有不同程度的演化，特别是伴随烧造瓷器品种的不同，其具体情况随之变化。

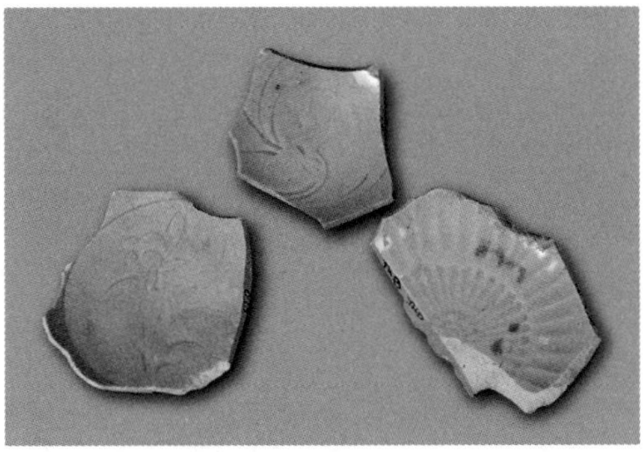

图 72　碓臼山窑址元代青白釉碗

图 73　碓臼山元代青釉碗

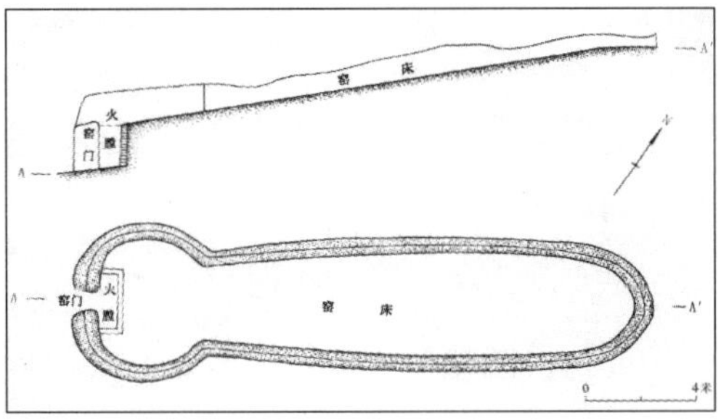

图 74　湖田窑南河北岸明代葫芦窑平、剖面图

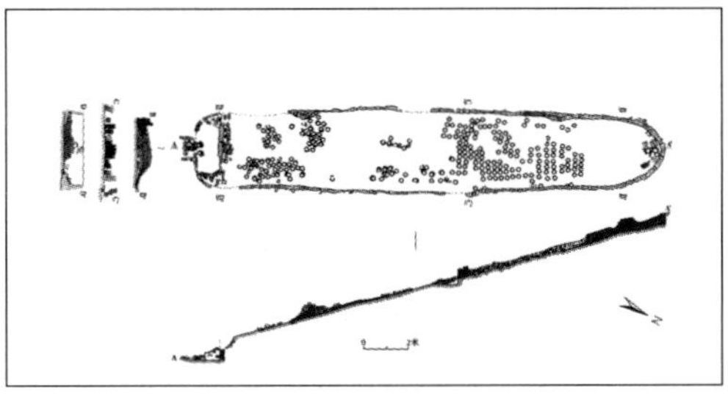

图 75　碓臼山元代龙窑平、剖面图

3. 葫芦窑

历年清理的葫芦窑遗迹 14 座，其中湖田窑址元明时期 4 座（元代 1 座、明代 3 座）、御窑厂遗址明代 7 座、丽阳窑址明代 1 座、落马桥窑址明代 1 座、金家弄窑址明代 1 座。这些葫芦窑由窑前工作面、窑门、火膛、前室、后室、护窑墙等部分组成，依据窑炉的发展形态，分为 2 个时期。

第一个时期，以湖田窑南河北岸元代后期葫芦窑为代表[26]，是葫芦窑定型的草创期。窑炉通长 19.5 米，前室长 3.85 米，宽 4.6 米，后室长 16.65 米，宽 3.7 米，束腰处宽 2.7 米，坡度 12°〔图 74〕。采用匣钵、使用带沙渣垫饼间隔，在窑炉中烧造卵白釉印花与青花高足杯、折腰碗、盘、杯、盘等。

该窑炉克服了龙窑不易掌握温度、气氛的缺点，窑床分前后室，中间束腰内折，明显分开，运用了馒头窑半倒焰的技术，窑前有火膛，后部有独立烟囱。平、剖面呈葫芦形，即《南窑笔记》所说："窑形似卧地葫芦，前大后小。"已经完全从龙窑中分离出来，是标准的葫芦形窑炉。只是窑炉后室较长，达 16.65 米，还有龙窑的影子。与前述的丽阳碓臼山元代晚期火膛深大、窑炉左右两壁外弧、炉壁近火膛处微内缩、尾部砌成圆弧形的龙窑接近，其演变的轨迹清晰可见。也有学者把丽阳碓臼山龙窑〔图 75〕当做是由龙窑向葫芦形窑过渡的雏形[27]。

第二个时期，典型葫芦窑，流行于明代早期至中晚期，分别在御窑厂遗址、丽阳窑址、湖田窑址、落马桥窑址、金家弄窑址揭露清理过，分布在镇区、南河流域和镇区外的昌江流域。这时期葫芦窑的形态、规格更趋合理，窑的尺寸、坡度在减小，窑身缩短，后室相应缩小；前后室差别缩小，束腰愈加明显；坡度趋于平缓。由前期长条形向圆胖形发展，窑炉宽度控制在 5 米以内，总体长度缩短，从丽阳瓷器山明代早期窑炉长 11 米〔图 76、图 77〕，历经

26　刘新园、白焜：《景德镇湖田窑考察纪要》，《文物》1980 年第 11 期。

27　王上海：《从景德镇制瓷工艺谈葫芦形窑炉的演变》，《文物》2007 年第 3 期。

图 76　丽阳瓷器山明代葫芦窑

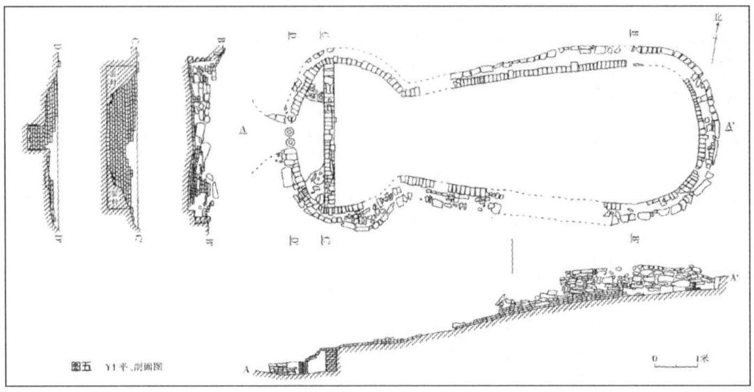

图 77　丽阳瓷器山明代葫芦窑平、剖面图

御窑厂珠山北麓窑炉斜长 10 米有余〔图 78〕，到湖田窑乌鱼岭东窑炉〔图 79〕、落马桥明代中期葫芦窑长约 8—10 米，这样更加有利于控制温度，提高产品成品率。坡度缩减至 10°以内，有的更为平缓，只有 3°。金家弄窑址揭露的明代晚期葫芦窑，长 10 米，宽 3.2 米，窑壁残高 1.2 米，窑双侧投柴孔保存完好。印证了明末宋应星《天工开物·陶埏》中关于葫芦窑烧窑时的插图，其文记："……然后举火，其窑上空十二圆眼，名曰天窗，火以十二时辰为足，先发门火十个时，火力从下攻上，然后天窗掷柴烧两时，火力从上透下。""圆眼""天窗"即投柴孔。有学者指出，从葫芦窑窑身倾斜，窑背有投柴孔来看，其是在龙窑技术的基础上吸收了半倒焰连房窑、单室馒头窑等多种窑炉的烧成原理而创造出来的，这也为在明晚期发展为结构更为优化、合理的镇窑奠定了基础。

清理的葫芦窑窑炉，完善了明代葫芦窑的系列环节，从御窑厂遗址珠山北麓明洪武至永乐时期葫芦窑定型巩固，经丽阳瓷器山窑址明宣德至天顺时期葫芦窑、湖田窑乌泥岭明代景泰天顺时期葫芦形窑平稳过渡，经历落马桥窑址明中期葫芦窑、湖田窑南河南岸明代中晚期正德时期葫芦窑、金家弄窑址明代晚期葫芦窑的发展，到清代早期金家弄窑址为镇窑窑炉所取代，时代序列连续，构建了景德镇窑炉的考古学年代标尺。

正是由于葫芦窑创新设置前后两个宛如"馒头"的窑室，在后部设置烟囱，产生较大

图 78　御窑遗址明代葫芦窑炉

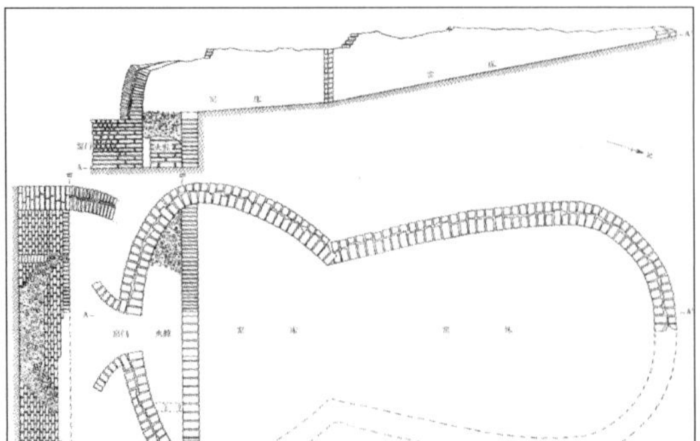

图 79　湖田窑乌鱼岭明代葫芦窑

图 80　御窑厂遗址明代葫芦窑窑炉

图 81　洪武釉里红缠枝宝相花纹大碗

图 82　御窑厂永乐釉里红梅瓶

图 83　御窑厂青花釉里红龙纹梅瓶

抽力，使窑内压力基本处于零压或负压，使得窑内的温度和气氛比较容易控制，便于窑火热能的有效利用和产品质量的不断提高。研究表明明代洪武三十五年御窑在厂内北侧建官窑 20 座，开窑烧造瓷器，所使用的的窑型就是葫芦窑。《江西省大志·陶书·建置》载："洪武三十五年始开窑烧造，解京供用，有御厂一所，官窑二十座。"2002 年发掘的洪武永乐时期葫芦形窑炉 7 座〔图 80〕[28]，砌建在同一地层上，一座紧挨一座，整齐排列，窑门处在同一直线，修砌规矩严密，窑炉规模大，显示皇家的气派，应是统一规划设计，是以往发掘所罕见。所以这组葫芦窑应该是洪武新建 20 座官窑中的 7 座。如此大规模窑炉为御窑瓷器生产分工细化，流水作业创造了条件。出土大量洪武〔图 81〕、永乐〔图 82、图 83〕时期落选御用瓷器，不少瓷器品种属首次发现，有的甚至是孤品，连北京和台北两地的故宫博物院都不见传世品，其资料价值不言而喻，具有填空、补白的意义。对复原御窑厂的生产面貌、对研究御窑工艺、管理制度具有重要意义，对研究我国陶瓷发展史有着极为重要的意义。

元代以后，抛弃了原本适合南方地区、长期使用的龙窑形式，转而使用葫芦窑、馒头窑、镇窑等窑炉形式，这种巨大的变化，和南方其他地区存在迥然区别，究其原因，应该是受到高度发展的瓷器生产的迫切需要。元代后期二元配方的使用，增加了瓷器强度和洁白度，改善了瓷器的物理性能，从此景德镇瓷器由低火度的软质瓷逐渐变成高火度的硬质瓷，为烧造大型瓷器和各种颜色釉以及青花等彩绘瓷奠定了基础。尤其是高温颜色釉的创烧，对窑炉的结构提出了更高的要求。而原来龙窑技术主要适应以单色釉为主的南方地区各窑场制瓷工艺的需要，龙窑原本存在窑温较低，局部部位温度波动大，焙烧气氛多变的缺陷，难以满足烧造的需要。为了适应元代制瓷工艺飞跃发展的要求，对窑炉技术进行变革成为必然，于是景德镇的窑工们在传统龙窑的基础上，结合馒头窑的优点，创制了葫芦窑，这种窑形腰部内折，分前后两室，窑前有火膛、灰坑，窑后设烟囱。

葫芦窑自元代晚期诞生后，由于其特有的结构随着制瓷技术的创新而不断得以改进，有明一代一直被砌筑和使用，为景德镇

28　北京大学考古文博学院、江西省文物考古研究所、景德镇市陶瓷考古研究所：《江西景德镇市明清御窑遗址 2004 年的发掘》，《考古》2005 年第 7 期。

的制瓷工艺达到历史的高峰发挥着重要的作用。

4. 馒头窑

馒头窑，一般由窑前工作面、窑门、火膛、窑床、烟道、烟孔、出烟室、护窑墙等部分组成。火膛与窑床合为一个馒头形的空间，故得名。是主要流行于北方地区的窑炉形制。景德镇地区清理揭露的馒头窑数量不少，有17座，湖田窑址明代馒头窑2座，御窑遗址明宣德至万历馒头窑15座。

其中湖田窑乌泥岭清理明代中期成化、弘治时期馒头窑1座。全长4.3米，宽3.2—3.6米，坡度12.5°〔图84〕，后壁有烟道6个〔图85〕，后烟室1个。火膛呈半月形，窑床宽1.94米，长2.5—2.75米。该窑叠压在明初地层之上，底基出土器物90%都为白釉高足杯，只有少量的青花松竹梅弧壁碗，当为成化、弘治间窑炉。研究认为窑底基上尚有安放匣柱的“脚码”和少数略破的匣钵，据此推算，该窑可烧碗2000个。印证刊印于明嘉靖王宗沐《江西大志》“陶书”记载，其形制与书中所记“青窑”相似。“青窑系烧小器”，多用来烧制小件高温瓷器。

御窑厂遗址珠山南麓揭露的15座馒头窑〔图86〕，不仅与湖田窑乌泥岭明代馒头窑相差无几，而且自身所有馒头窑的形制和大小相当，或叠压或打破。最上一层8座窑并排相连，窑前有统一工作面，工作面由红烧土、窑渣等铺垫而成。以御窑厂04JYⅡY14为例〔图87〕，窑长4米，宽2.24米，窑门宽0.54米，呈“八”字形向外弧撇。火膛平面呈半圆形，进深0.46米，最宽处2.02米，与前述龙窑火膛一样，左右两端砌砖垛封堵。窑床平面平整呈横长方形，长2.02米，宽1.38米。窑床与后壁交接处有一低于窑床面的砖砌烟道，与后

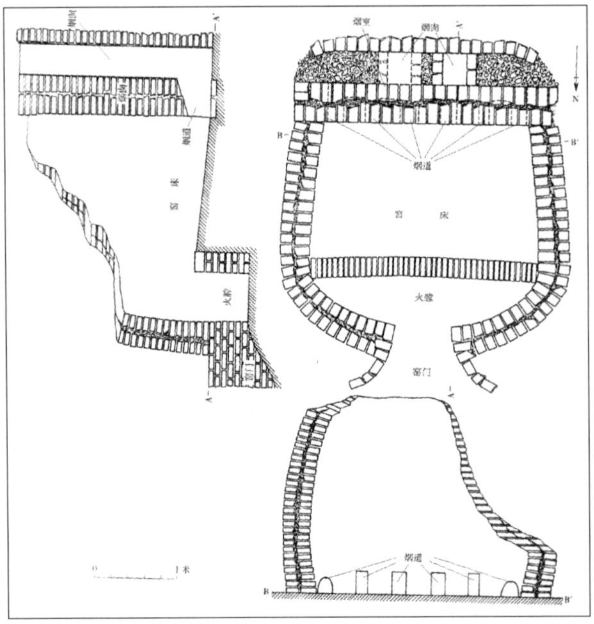

图84　湖田窑乌泥岭明代中期马蹄窑平、剖面图

图85　湖田窑乌泥岭明代中期马蹄窑遗迹

图 86　御窑厂遗址馒头窑遗迹

图 87　御窑遗址南麓馒头窑遗迹

壁下的 6 个排烟孔相通，排烟孔又与后壁外的弧角横长方形烟囱相通。窑壁外有护窑墙，窑前有工作面。与御窑厂遗址北麓葫芦窑使用楔形大砖不同，以长方形小砖砌成。窑炉上为含有大量民窑青花瓷片的窑业堆积。叠压在明万历晚期至清康熙早期地层之下，明代宣德时期的窑业废弃物堆放在最下层窑炉遗迹的护窑墙外，所以这 15 座馒头形窑为宣德至万历时期的窑炉。

研究表明馒头窑为明代御窑厂引进，是因为窑床平缓的馒头窑更适合明代的烧瓷品种。御窑遗址馒头窑是在借鉴北方馒头窑的基础上稍加改良而来。前窄后宽窑身、水平窑床、烟道、长方形后烟室等都与陕西铜川耀州窑址出土的宋代烧青瓷、黑瓷的馒头窑（如 90 Ⅵ T37 ④ Y36）相同，甚至各处的尺寸都非常接近；但窑床与后壁交接处多了一条与烟道相通的凹槽，与无凹槽馒头窑前高后低窑床的功能一样，都是为了促进窑内半倒焰气氛的形成。15 座馒头窑之间有复杂的叠压和打破关系，表明御窑馒头窑都在同一地点不断重建、新建，修砌的方式是由窑尾不断向窑头缩短，后烟室外包裹着烟室，说明重修时还是尽可能借用先前的窑身；有的窑床下露出一排砖来，是之前窑炉的窑床前沿。最上一排窑炉直接叠压于明万历晚期至清康熙早期地层之下，窑壁笔直，前后等宽，应该是万历二十五年之后的窑炉形制[29]。叠压其下的御窑馒头窑为宣德至万历时期，呈为前窄后宽式。

研究认为宣德至万历时期馒头形窑出现了窑炉的分工，遗存中烧造痕迹明显、挂有窑汗的应该是青窑或色窑，烧得较轻的则是风火窑。色窑是与青窑一样的高温窑炉，“色窑造颜色”，是烧造高温颜色釉瓷器的窑炉，而非以往认为的是烧造低温颜色釉的。风火窑是烧造半成品的窑炉，而非以往认为的是诸窑的总称。

揭露的馒头窑主要集中在镇区的御窑厂遗址。是否表明该类为北方长期使用的窑炉，

29　丁鹏勃：《明代御窑窑炉及烧成工艺探究》，《中国国家博物馆馆刊》2015 年第 2 期。

图 88　金家弄窑址窑炉

图 89　金家弄窑址青花盏

图 90　金家弄窑址青花碗

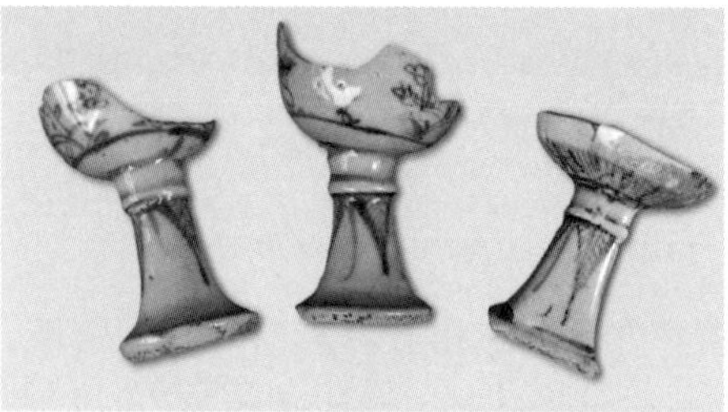
图 91　金家弄窑址青花高足杯

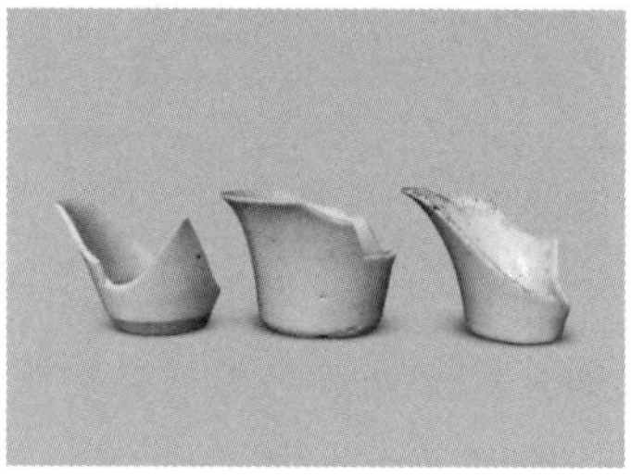
图 92　金家弄窑址白釉杯

图 93　黄老大窑镇窑窑墙

在景德镇地区主要为御窑所使用，民窑并不是特别流行，仍有待今后更多的考古资料。

5. 镇窑

明末清初，受御窑“官搭民烧”管理制度的影响，景德镇窑工为了适应瓷器产量增多和瓷业更细分工的新形势，针对葫芦窑窑体较小、容积不大、前后温差较大的缺点进行改革，吸取馒头窑的长处，综合龙窑、葫芦窑等的优点，形制上取消了葫芦窑的束腰部分，增高窑内高度，充分发挥松柴燃料的特性，创建一种新型的窑炉，窑炉外形如半个鸭蛋覆于地面，称蛋形窑。这种窑炉形式仅在景德镇地区使用，为景德镇地区所特有，故称为镇窑，又因其以松柴为燃料，又称为柴窑。

景德镇考古清理的镇窑有 2 座，均在金家弄窑址。窑炉保存较好，由火膛、窑床、窑壁组成〔图 88〕，最长 12.5 米，宽 3.8 米。产品主要是青花〔图 89– 图 91〕、白釉〔图 92〕、祭蓝釉，器型有碗、盏、杯、盘、碟、勺等日常用器。该窑炉对研究景德镇陶瓷发展史以及景德镇晚明至清初的窑炉演变、烧造技术和陶瓷生产状况有重要价值。

此外，景德镇仍然留存多座镇窑，如黄老大窑〔图 93〕、徐家窑〔图 94〕古瓷窑厂镇窑〔图 95〕。有的经过维修，仍能生产，有的作为展示。

镇窑一般由窑房和窑炉组成。窑房为二层杂木穿斗抬梁式结构〔图 96〕，内除设置窑炉、储备窑柴、存放瓷坯外，其结构布局和场地区划，还充分适应了装匣、装坯、满窑、烧窑、开窑、拣选等工作要求。设置在窑房内的窑炉，由窑前工作区、火膛、窑床、窑墙等部分组成，地面、窑墙用景德镇特有的红色窑砖砌筑。

窑床呈一头大一头小的长椭圆形，近窑门处宽而高，靠近烟囱则逐渐狭窄矮小，一般

图 94　徐家窑作坊远景

图 95　古窑瓷厂镇窑窑房全景

图 96　镇窑窑房一楼

长约 15—20 米，容积为 300—400 立方米，以松柴为燃料，火焰长而灰分少，因不含硫黄或者含量极少，适宜烧还原焰，对于白釉、青花瓷、颜色釉等传统瓷的釉面呈色效果良好，烧窑时，窑内的最高温度可达 1300℃左右，窑内形成的递次温差，可装烧高火、中火、低火的瓷坯，使一个窑内就可以同时烧成不同温度要求的 40 多个品种的瓷器。因窑内腔较高（最高高度不超过 6 米），便于装烧大件制品，适合多品种生产的条件。镇窑单位公斤瓷的燃料消耗量小，结构简单，镇窑建筑速度快，基建费用少（砌窑所用的材料却不是耐火材料，而是普通的黏土），产量大，周转期快，可以快速烧成和快速冷却，适应于景德镇地区的制瓷原料特性和瓷器的传统风格。

“镇窑”属平焰窑，综合了龙窑、馒头窑、葫芦窑的优点，镇窑的形制体量、结构比例、砌筑材料和手工技法，代表了中国传统制瓷窑炉营造技艺的最高水平。镇窑作为我国古代传统窑炉的典范之作，在中国和世界陶瓷窑炉史上占有特殊的地位，是景德镇对中国和世界陶瓷发展所作出的又一个极其伟大的贡献。

四、特征总结

综上，考古发现的景德镇瓷窑窑炉具有如下特征。

（1）窑炉类型多

生产瓷器的窑炉从形态上分为龙窑、葫芦窑、马蹄窑、镇窑等。考古清理的五代时期洞穴窑应该是生产砖瓦的低温窑炉。

（2）阶段性明显

唐代至元代流行龙窑，使用时间长，烧造品种多，能够烧造青白釉、青釉、白釉、黑釉、青花瓷、釉里红瓷等。

明代多种窑炉共用，葫芦窑、馒头窑、镇窑此起彼伏，早期流行葫芦窑，烧造仿龙泉青釉、酱釉、青花瓷以及仿哥釉等。中期使用馒头窑，烧造青花以及彩瓷等。萌芽于明代晚期的镇窑，清代至民国时期专门使用，烧造青花、白釉、彩瓷等所有景德镇能生产的品种。不论是葫芦窑、馒头窑，还是镇窑，都是御窑和民窑共用。

（3）窑炉形式变化快

纵观各大窑区，特别是名窑区，生产瓷器使用的窑炉比较单一。如洪州窑、吉州窑、越窑遗址一直使用龙窑生产瓷器。而景德镇地区不但窑炉形式多样，而且变化快。不仅有龙窑、葫芦窑、馒头窑、镇窑，而且各时期不同阶段各有特色。江西地区使用葫芦窑、馒头窑、甚至镇窑烧造瓷器只见于景德镇地区。

在景德镇悠久辉煌的制瓷历史中，既流行南方的龙窑，也运用了北方流行的馒头窑，而且综合两者优点创制了葫芦窑，以后又使之发展为镇窑——蛋形窑，使传统窑炉的砌筑和装烧工艺发展到最高水平。“和国内同时期的其他窑场相比，景德镇在窑炉变化上是最快的、在技术改造上是具有创新性和前瞻性的，其技术优势在相当长的一段时间里处于遥遥领先的地位”[30]。造成景德镇的窑炉技术不断创新和领先的原因，一是景德镇地处东西南北交汇的中心，优越的地理位置使然，在景德镇早期窑业史上，已经呈现这种迹象，正如景德镇南窑之所以能够兴盛，是景德镇丰富烧瓷资源和地处环鄱阳湖以及东西方文化大交通线等综合因素形成的。使得景德镇南窑既有婺州窑、越窑的风格，又有长沙窑的特点，还兼有北方甚至南方其他窑业的技术风格，当然本地区洪州窑的影响肯定不可忽视。二是元代以后朝廷在设立浮梁瓷局，明清设置御窑厂，政治的干预和管理，使全国各地的陶瓷技术工匠汇聚于此，正是因为如此，景德镇的陶瓷烧造才能不断改进，吸收不同的窑炉技术，尤其是明代中后期使用馒头窑烧造瓷器，应该是北方窑工的长期习惯，明清时期使用葫芦窑、镇窑烧造瓷器更是创新之举。

30 王上海：《从景德镇制瓷工艺谈葫芦形窑炉的演变》，《文物》2007年第3期。

永乐甜白釉的结构特征研究 *

李媛　康葆强（古陶瓷保护研究国家文物局重点科研基地（故宫博物院））
江建新　江小民（江西省景德镇陶瓷考古研究所）　王光尧（故宫博物院）

摘要：永乐甜白釉是我国明代永乐至宣德时期最具代表性的瓷器品种之一。目前学术界普遍认为明代白釉中仅其中一部分白釉才是甜白釉，但尚未研究永乐甜白釉与同时期普通白釉之间的区别。本文对永乐甜白釉与同时期普通白釉的显微结构进行了分析，研究发现永乐甜白釉与同时期普通白釉的釉层结构有明显不同，甜白釉的釉层中具有较为明显的分层，釉层呈多层排列结构，釉层从外至内依次为乳浊层、玻璃相层、乳浊层、玻璃相层，而同时期普通白釉的釉层未分层，为均匀结构。甜白釉中分层结构的存在，增强了釉层的镜面反射效果，这或许是甜白釉看上去更温润晶莹并呈现"素洁莹然"外观的原因。本研究从显微结构的角度，为鉴别永乐甜白釉与同时期普通白釉提供了科学阐释。

关键词：甜白釉　白釉　显微结构　分层结构　乳浊层

甜白釉，被永乐大帝明成祖朱棣赞为"洁素莹然，甚适于心"，以其纯净的釉色、莹润的釉质为历代称赞，是永乐至宣德时期（1403—1435年）最具有代表性的瓷器品种之一[1]。永乐皇帝偏爱瓷器，尤其喜爱甜白瓷甚于玉器，因此，才有了他对甜白釉瓷外观的上述简明、准确的评价与赞誉，才使后世得以领略到永乐一朝瓷器创新发展的风采。

自20世纪80年代以来，景德镇御窑遗址已开展十余次现代考古发掘工作，陆续出土了大量明清时期宫廷陶瓷的考古资料，极大丰富了学术界对御用陶瓷的认识，对甜白釉的认知亦越来越清晰。近年来，在北京故宫博物院、景德镇陶瓷考古研究所、山东博物馆和台北故宫博物院等多家机构所举办的明代瓷器展览之中[2-4]，学界对甜白釉的定名已渐成共

* 本研究获国家重点研发计划（2019YFC1520202）和国家自然科学基金项目（U1932203）资助。

1 刘新园：《景德镇明御厂故址出土永乐、宣德官窑瓷器之研究》，《景德镇珠山出土永乐宣德官窑瓷器展览》，香港市政局，1989年，第35—44页。

2 谌小灵、邓景飞：《冰肌玉骨景德镇历代白瓷珍品展览》，广东人民出版社，2015年，第211—215页。

3 山东博物馆：《御窑皇家明代官窑瓷器展》，浙江人民美术出版社，2017年。

4 黄兰茵、适于心：《明代永乐皇帝的瓷器》，台北故宫博物院，2017年。

识，即已普遍认为明代白釉中仅其中一部分白釉才是甜白釉[5]，如〔图1〕所示为永乐时期甜白釉瓷碗和普通白釉瓷碗[6]。

永乐时期是明代的重要时期，永乐官窑也是景德镇制瓷技术发展进步的重要阶段之一。永乐白釉瓷作为永乐时期的重要陶瓷之一，其科技研究早在20世纪80年代就已开展。中国科学院上海硅酸盐研究所李家治先生经研究，发现与元代卵白釉相比，永乐白瓷的组成及结构都有很大的改变，并对“鬃眼”“莹润”等外观特征进行了科学阐释[7]。近10年来，故宫博物院、景德镇陶瓷考古研究所、北京大学等机构也开展了相关的科技分析工作。北京大学胡东波教授通过研究发现永乐白釉可分为两大类，一类是用于白釉、红釉等单色釉体系，另外一类用于青花瓷体系，这两类白釉在配方上是有明显区别的[8]。故宫博物院、景德镇陶瓷考古研究所等研究人员对永乐时期建筑用白釉砖的研究表明，该时期建筑用白釉的配比不同于其他白釉制品[9]。科研人员的以上工作，为我们探索和了解永乐时期乃至整个明代的陶瓷工艺发展及其背后的技术、社会等原因提供了重要的信息与参考，但受以往研究内容和条件所限，目前尚未研究永乐甜白釉与同时期普通白釉之间的区别。

1　明永乐白釉刻花牡丹纹直壁碗

2　明永乐甜白釉小碗

图1　“冰肌玉骨——景德镇历代白瓷珍品展”中永乐时期白釉瓷

永乐甜白釉与同时期普通白釉均为单色白釉，在瓷釉的质感上，永乐甜白釉比普通白釉看上去更为润泽和晶莹。本文运用科技方法对永乐甜白釉和同时期普通白釉的结构进行了比较，研究发现甜白釉和普通白釉在显微结构上有所不同，甜白釉有不同于普通白釉的典型显微结构特点。

一、实验样品与方法

1. 实验样品

本文所分析标本均由景德镇陶瓷考古研究所提供，共17件。其中，标本编号YL1~YL7为永乐甜白釉瓷，这些标本是来自不同僧帽壶的残件部分，由于长期受到地下环境的侵蚀，

5　王光尧：《明代宫廷陶瓷史》，紫禁城出版社，2010年，第29页。

6　谌小灵、邓景飞：《冰肌玉骨——景德镇历代白瓷珍品展览》，广东人民出版社，2015年，第33、34页。

7　李家治、陈士萍：《景德镇永乐白瓷的研究》，《景德镇陶瓷学院学报》1991年第12期。

8　胡东波、张红燕、刘树林：《景德镇明代御窑遗址出土瓷器分析研究》，科学出版社，2011年，第467—472页。

9　江建新、江小民、邬书容，等：《对四件景德镇御窑遗址出土厚胎瓷片标本的无损分析研究》，《明代宣德御窑瓷器》，故宫出版社，2015年。

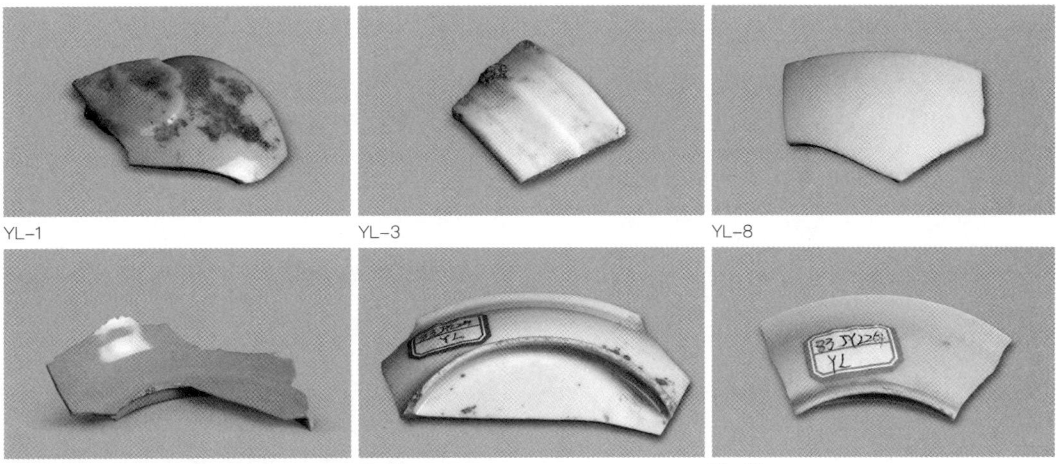

图 2　明永乐甜白釉和普通白釉典型标本照片
（甜白釉：YL-1、YL-3；普通白釉：YL-8、YL-13、YL-14、YL-15）

部分标本表面带有黄色附着物。标本编号 YL8~YL17 为永乐白釉瓷，这些标本的器型比较丰富，有碗、盘等。除 YL13 和 YL15 标本釉色偏黄外，其余白釉的釉色都比较洁白纯净。典型的标本照片如图 2 所示。

2. 测试方法

采用捷克 TESCAN 公司的 MIRA3 型场发射扫描电子显微镜（SEM）对瓷片标本釉层显微结构进行观察。实验测试条件为：高亮度肖特基电子枪，背散射电子探头，低真空模式，采用电压为 25 千伏，二次电子图像分辨率为 3 纳米。

二、结果及讨论

对陶瓷材料而言，釉层结构是影响其外观的重要因素之一。因此，我们要揭示甜白釉与同时期普通白瓷的差别，以及甜白釉“洁素莹然”外观的奥秘，可以从其显微结构上加以探寻。在材料显微结构研究中，背散射电子像因其图像灰度可反映元素的组成特征而被广泛应用，本工作开展过程中也采用背散射电子像进行研究。

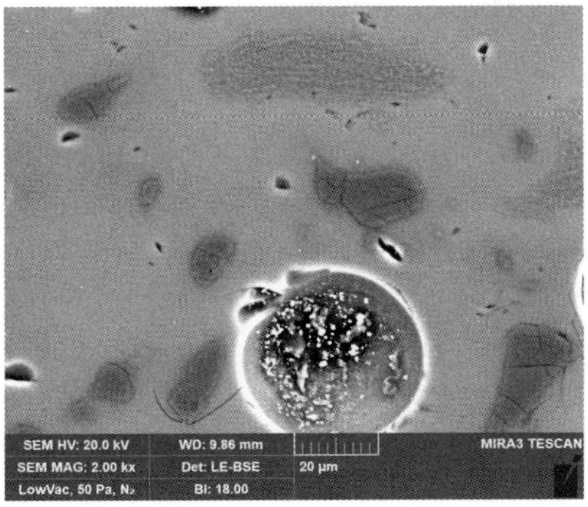

图 3　明永乐甜白釉釉层的高倍背散射电子像
（YL-4 号 2000X）

1. 永乐甜白釉与同时期普通白釉的物相对比

图 3 为采用 SEM 获得的永乐甜白釉釉层的高倍背散射电子像。

根据图像灰度的差异，可知釉层中主要包含四类物相：第一类为气相，即釉中的圆形气孔；第二类为灰黑色相，主要是残余的石英颗粒；第三类为灰白色微粒集合体相，主要是釉中为数不多、尺寸较小的钙长石晶体；第四类为比例最高的灰白色连续相，也就是均匀、致密的基体玻璃相。这与以往李家治先生的研究结果是一致的[7]，永乐甜白釉属于乳浊釉，在基质玻璃相中的残余石英颗粒、新形成的钙长石晶体以及气孔起到了乳浊的作用。

从物相的种类来看，永乐甜白釉和普通白釉的釉层都由上述四大类物相构成，属于多相结构体系。因此，永乐时期的普通白釉也是乳浊釉，并且起到乳浊作用的结构因素也同甜白釉是一致的。

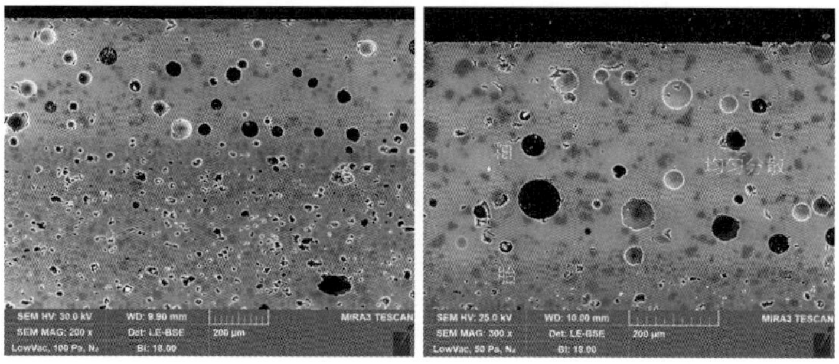

a b

图 4　明永乐普通白釉的显微结构照片
（a：YL–16 号普通白釉 200X；　b：YL–17 号普通白釉 300X）

2. 永乐甜白釉与普通白釉釉层厚度对比

对所有永乐甜白釉和普通白釉标本釉层厚度进行了测量，统计后可知，甜白釉与普通白釉的釉层厚度相差不大，且基本都在 400—600 微米之间。

3. 永乐甜白釉与普通白釉釉层结构对比

图 4 是永乐普通白釉标本的釉层显微结构观测结果。

由图 4 可看出，在普通白釉中，石英粒径比较均匀，大多数在 20 微米以内，这与李家治先生曾分析过的两件永乐白釉中的残余石英颗粒的粒径是比较接近的[7]。从图 4 中还可明显地看出，残余石英颗粒均匀地分布在整个釉层中，釉层呈均匀分散结构。

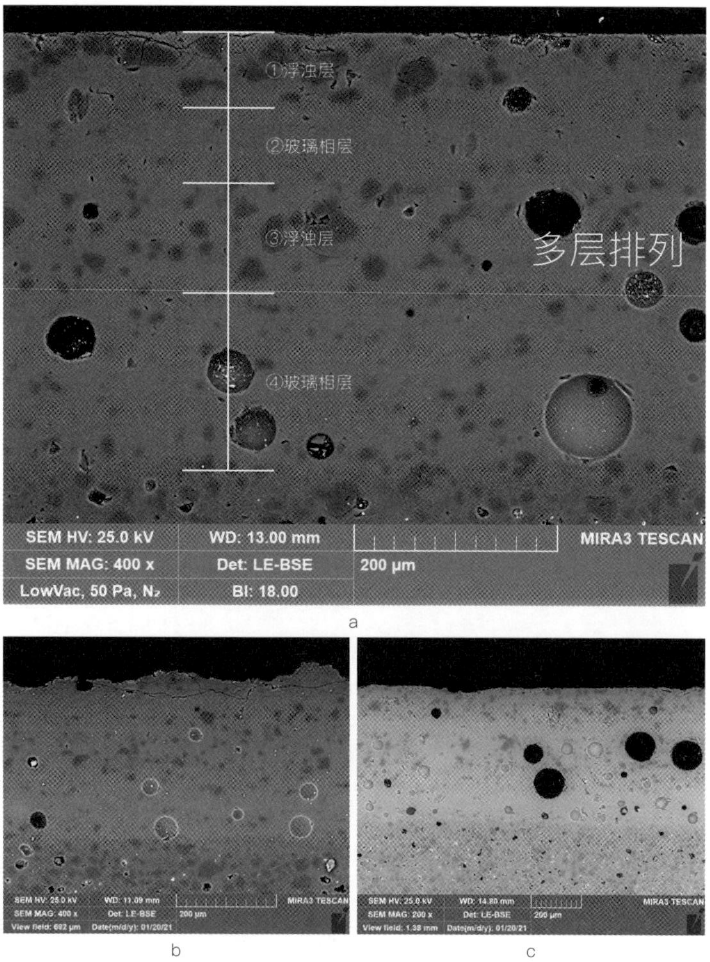

a

b c

图 5　明永乐甜白釉的显微结构照片
（a：YL–4 号甜白釉 400X；b：YL–1 号甜白釉 400X；c：YL–6 号甜白釉 200X；）

图 5 是永乐甜白釉标本的釉层显微结构观测结果。由图 5 可看出，在甜白釉中，残余石英颗粒粒径较大，大者可达 40 微米左右。

对比图 4 永乐普通白釉和图 5 甜白釉的扫描电镜观察结果，可以发现一个现象，即永乐甜白釉与同时期普通白釉瓷釉中物相的种类虽然是相同的，但物相的分布方式却有明显的差别。其中，普通白釉的釉层结构中，残余石英颗粒是均匀分散的；而甜白釉并非如此，瓷釉中的残余石英颗粒是呈层状结构分布。本文测试的所有甜白釉样品，在它们的瓷釉之中均存在分层现象，即釉层分为四层，各层之间有较为明显的区分，釉层呈多层排列的结构。

将所观测到的釉层中的四层结构，按由外至内的顺序，依次称为第一、二、三、四层。可看出，第一层和第三层中残余石英颗粒较多，可称之为“乳浊层”，第二层和第四层中基体玻璃相较多，可称之为“玻璃相层”。

经观测，永乐普通白釉的瓷釉中各物相的分布是比较均匀的，而甜白釉均呈多层排列结构，因此可认为釉层结构是永乐甜白釉与同时期普通白釉相区别的一个典型特征。

甜白釉中的多层排列结构使其釉中存在两层玻璃相层，而玻璃相层可增强釉层的镜面反射效果。或许正是由于其釉层的多层排列结构，才使得甜白釉看上去比普通白釉更加温润晶莹，使其呈现出永乐皇帝所盛赞的“素洁莹然”的外观。

在中国历代古陶瓷中，与甜白釉相似的多层结构并不少见，如南宋官窑青瓷、长沙窑铜红釉、钧窑窑变釉等，这些瓷釉中的多层结构都对它们独特的艺术外观起到了重要的作用。尽管都是多层结构，但多层结构的形成原因却是各不相同的，南宋官窑青瓷的多层结构是工匠的有意为之，采用特定的施釉、高温窑炉技术而形成的；而以铜为着色物质的历代红釉中，釉中存在的多层结构则多是由于釉料在物理化学变化中自发形成，古代工匠因对其不能完全控制，而称之为“窑变”。从目前的结果来看，甜白釉与同时期普通白釉的釉层厚度并没有明显的差别，因此，可以推测工匠并未采用多次施釉、增加釉层厚度的方法使甜白釉区分于普通白釉。那么，甜白釉的分层结构究竟是工匠的创新之举，还是“窑变”的偶然呈现，尚需要下一步的模拟实验以及相关资料调查来予以揭示。

三、结论

甜白釉瓷器的釉层中具有较为明显的分层，釉层呈多层排列结构，从外至内依次为乳浊层、玻璃相层、乳浊层、玻璃相层；而同时期普通白釉的釉层不存在明显分层，为均匀结构。

甜白釉中残余石英颗粒粒径较大，达 40 微米左右，而明代普通白釉中残余石英颗粒粒径比较均匀，大多数在 20 微米以内。

甜白釉和明代普通白釉釉层厚度相差不大，基本都在 400—600 微米之间。

浙江地区元明时期的窑炉与窑业

郝雪琳　郑建明（复旦大学文物与博物馆学系）

摘要：本文系统梳理了浙江地区发现的元明时期的窑炉情况，并对分室龙窑进行了甄别。同时对窑炉与产品类型和窑具进行了综合分析，归纳出了以龙泉窑为代表的窑业核心区和龙泉窑以外的窑区所分别代表的两种模式，试图对浙江地区元明时期窑业技术的互动交流情况进行探讨。

关键词：浙江　元明时期　窑炉　窑业技术交流

浙江地区制瓷历史悠久，始终以龙窑为传统。元明时期是浙江窑业技术交流极为活跃的时期，在产品上以龙泉青瓷为大宗，此外还存在彩绘瓷、青白瓷、黑釉瓷、青花瓷等类型；在窑炉上也呈现出了一定变化，传统的斜坡式龙窑虽仍占主体，但与宋代窑炉相比，窑炉坡度减缓、长度缩短，基本不见窑体弯曲、窑底置台阶、窑室内加砌隔墙或焰障柱的现象，同时还发展出了以分室龙窑、阶级窑等新的窑炉形态。

一、考古发现

浙江地区元明时期的窑业按窑炉、产品类型、窑具大致可分为两大区域：其一是以龙泉窑为核心的浙南地区，以斜坡式龙窑为传统，产品类型为单色青瓷，典型窑具为M形匣钵；其二是龙泉窑以外的广大地区，窑炉类型多元，不仅有斜坡式龙窑，还有分室龙窑和阶级窑，产品类型和窑具也十分丰富，主要包括以江山碗窑、江山应家山、衢州两弓塘等窑址为代表的

图1　浙江元明窑炉分布图
审图号：GS（2021）3715 号

浙西金衢盆地，以天目窑为代表的浙北平原，以及以开化龙坦和庆元潘里垄为代表的个别边缘窑场〔图1〕。

（一）斜坡式龙窑

窑炉整体呈长条形，长度约在30—50米，宽约1—2.5米，高多在1米以上，坡度10°—20°。结构上主要由火塘、窑室、排烟室等部分组成，窑前有工作面、两侧设护窑墙。土坯砖和匣钵混筑，窑壁墙基和券顶多用砖，窑壁上部多用匣钵。火塘平面多呈半圆形，设风门、投柴孔、炉箅等，一般低于窑床约0.3米。窑壁设窑门和投柴孔，窑门多开在一侧，也有两侧均开窑门的情况。窑床多为坡底，不分级，窑底铺砂，上置匣钵。窑尾挡火墙和窑炉后壁构成排烟室，挡火墙底部多设有排烟孔。

1. 龙泉窑

自南宋起，龙泉窑与越窑的关系开始由模仿发展为逐渐取代越窑的主导地位，并且在元明时期大量外销。龙泉窑的生产中心集中分布在龙泉市，其中又可分为龙泉东区和龙泉南区。龙泉南区是核心，是龙泉窑的起源地和中心产区，代表了龙泉窑的最高技术水平与基本面貌。龙泉东区是次级中心，主要位于龙泉东部紧水滩水库周边，时代相对较晚，以元代晚期与明代为主，产品品质较差，主要是为了满足民用与外销的需求。此外，在龙泉中心窑场的辐射带动下，周边的丽水、武义、永嘉等地也出现了烧造龙泉青瓷的窑场。龙泉窑系统下的窑炉主要有以下10处。

（1）龙泉南区

①龙泉大窑（元明）[1]

大窑窑址位于龙泉县南42.5千米，西南和小梅镇、西北与查田各距7.5千米，是一处从南宋延续至明代的窑址。1960年，浙江省文物管理委员会和温州区（市）文物管理委员会、龙泉县文化馆联合对其进行了发掘，揭露元代窑炉1处、明代窑炉2处。出土器物为典型的龙泉青瓷，器型有碗、碗、盘、盏、高足杯、花盆、壶、罐等，胎壁较为厚重，制作比较粗糙。其中明代窑炉Y6较为特殊，破坏较为严重，仅存尾部两室和一个排烟坑，残长10.88米，方向南偏西42°。窑顶坍塌，窑壁下部砖砌、上部匣钵砌筑，残高0.57—1.18米。窑尾分前后两段，前段残长3.3米，壁面烧结层厚；后段长5.4米，壁面烧结层较薄，东壁有窑门两个。前段与后段之间，后段与排烟坑之间，各有墙两堵，两墙间距0.13—0.2米。前墙砖砌，下部有烟火弄七个；后墙较宽，匣钵叠砌，底部未发现烟火弄。排烟坑狭窄，呈长条形，后壁用匣钵砌成，残高0.25—0.58米。另外两处保存较差，仅部分发掘。

1　朱伯谦：《龙泉大窑古瓷窑遗址发掘报告》，《龙泉青瓷研究》，文物出版社，1989年。

②龙泉枫洞岩（明）[2]

枫洞岩窑址位于龙泉市小梅镇大窑村北岙底的东北部。2006年浙江省文物考古研究所联合北京大学中国考古研究中心、龙泉青瓷博物馆进行了发掘，揭露明代窑炉5处，其中Y1、Y2斜坡式龙窑，Y4、Y5仅火塘保存较完整，形制基本同Y1，Y3为馒头形素烧窑。

图2　枫洞岩　斜坡式龙窑

图3　枫洞岩　斜坡式龙窑

Y1保存最为完整，全长29.6米，坡度13°，头尾高差6.05米。由火塘、窑床、排烟室组成。火膛长0.68米，略前倾，其内保留有完整的炉箅，风门外有S形通风道。窑床分前、中、后三段，长约28.2米，宽1.25—2.25米。窑壁底部以窑砖错缝平砌，其上用中型匣钵错缝平砌，残高0.2—1米。南侧窑壁残存窑门3个，窑门外呈曲尺形，局部见匣钵挡墙，窑门附近发现有投柴孔塞。窑床底部残留匣钵柱数排。窑尾排烟室进深0.3米，挡火墙略向前倾，底部残留烟道5个，后壁利用Y2窑炉建成。出土瓷器为典型的龙泉青瓷，分官用瓷和民用瓷两类，器型丰富。窑具主要有平底匣钵、“M”形匣钵、间隔具、支具等〔图2、图3〕。

此外，2010—2011年，浙江省文物考古研究所等还对南宋至元代的瓦窑垟窑址进行了发掘，清理斜坡式龙窑2处，其中一处有4条窑炉的叠压打破关系[3]。石隆窑址经调查也发现有宋元时期斜坡式龙窑遗迹多处，长度30—50米不等[4]。

（2）龙泉东区

①上严儿村（南宋末至元）[5]

上严儿村窑址位于龙泉市东16千米、瓯江上游大溪的南岸山岭的上严儿村村北小山坡。1979年，紧水滩工程考古队对其进行了发掘。清理窑炉5条，均为长条形斜坡式龙窑，时代上早晚连续，Y1建窑时间最早，其余按Y5、Y4、Y3、Y2的先后顺序兴建。其中Y1使用时间最长、保存最完整。头西尾东，方向46°。斜长35.72米，水平长34.28米。由窑头、窑床、窑尾三部分组成。窑头平面呈半圆弧形，火塘砖砌而成，前端正中开一“凸”字形

2　浙江省文物考古研究所、北京大学考古文博学院、龙泉青瓷博物馆：《龙泉大窑枫洞岩窑址》（上、下），文物出版社，2015年。

3　郑建明：《21世纪以来龙泉窑考古新进展》，《文物天地》2018年第10期。

4　尹福生：《龙泉窑石隆窑址调查》，《杭州文博》2008年第1期。

5　中国历史博物馆考古部：《浙江龙泉青瓷上严儿村窑址发掘报告》，《中国历史博物馆馆刊》，1986年。

火门，火门正中用匣钵分成投柴孔和通风口上下两部分，火门前有“八”字形挡风墙，其后为火塘，内设炉栅和炉箅。窑床呈长条形斜坡状，坡度15°—17°，中部略宽，两头稍窄，宽度分别为前1.6米，中2.46米，后3.32米。窑壁前部砖砌而成，靠近窑尾部分底部砖砌、上部匣钵垒砌，有多处修补痕迹，两壁均设投柴孔。残高0.4—0.9米。发现窑门7处，其中6处分布在南壁。窑底铺砂，其上置匣钵。窑尾由烟火柱、烟火孔和聚烟室组成，共有2处，晚期窑尾较早期前缩。产品均为青瓷，器型有碗、盘、洗、盏、罐、粉盒、炉、瓶、执壶及个别瓷塑等。此外还出土研钵、轴顶碗、轮箍、刮削刀、锤形工具等制瓷工具和M形匣钵、支钉、垫饼、间隔具等窑具。

②源口窑（南宋末至元）[6]

源口窑创烧于宋元之际，是元代龙泉窑青瓷生产的一处重要瓷场，产品均为青瓷，以各种类型的碗、盘为主，还有炉、高足杯、瓶等，质量普遍一般，流行刻划花与印花装饰。窑具有垫托、垫饼、支座、匣钵等，匣钵有平底和M形之分。其产品大量发现于海外，对于研究龙泉窑的外销具有重要意义。窑址位于龙泉市道太乡源口村。20世纪80年代初，紧水滩工程队对杉木林和铁炉基两处地点进行了发掘。

杉木林共包含8条窑床，分别编为y1–y8。各窑基本呈东西走向，其中保存较为完整的y1–y3首尾相接，而y4–y8则相继被打破，仅存窑尾部分。窑炉形制结构基本相同，由窑前工作室、火膛、窑室、出烟室及护窑墙等部分所组成。以最西部的y1为例，平面呈头西尾东的长条形，方向262°。总长33.5米，前宽1.5米，中宽2米，后宽2.3米。窑前工作室位于火膛前端，两侧有平面呈“八”字形的护墙。火塘位于窑室的前端，低于窑室，平面呈半椭圆形，包括进柴口、送风口、通风道、炉栅等部分。窑室长26.9米，窑壁为土坯砖和匣钵砌筑，窑顶坍塌，残高0.32—0.8米。6个窑门均设在窑室的左侧，门外均设有阶梯式通道，通道的两侧有护墙。窑底坡度15°，上置匣钵。窑尾出烟室平面呈横向长方形，由挡火墙和后壁所构成，挡火墙底部设有匣钵柱构成的烟火弄，排烟室的两侧壁设匣钵圈组成的排烟孔。

同时还发现4处素烧窑炉，位于窑炉附近。形制结构和砌筑方式基本与龙窑相同，由火膛、炉室和出烟室三部分构成，仅体量较小，长约4—5米，宽约1—2米。炉壁中部设有炉门，炉底亦呈倾斜状，其上有铺砂现象。

铁炉基窑炉呈东西走向，窑头部分已被破坏，残长19.3米，宽2米，残高0.24—1.07米。窑壁土坯砖和匣钵砌筑，2个窑门均位于北侧。窑底呈斜坡状，上置匣钵，前段坡度17°，后段坡度20°。排烟室由挡火墙和后壁组成，后壁利用自然的山壁，挡火墙底部为匣钵柱构成的烟火弄。

6　浙江省文物考古研究所编：《龙泉东区窑址发掘报告》，文物出版社，2005年。

③大白岸—碗圾山（元明）[7]

碗圾山窑址位于龙泉市太乡大白岸村西山湾，窑址延续时间长，产品时代为宋至元明。1979—1980 年，紧水滩工程考古队浙江组（浙江省文物考古研究所）对其进行了发掘，揭露元代窑炉 2 条、明代窑炉 1 条，均为斜坡式龙窑，形制结构大体相同。

元代窑炉 y2 方向 7°，全长 34.45 米，宽度前后不一，其中前部宽 1 米，中部宽 2 米，后部宽 1.6 米。窑前工作室位于火膛前端，平面呈半圆形，活动面很窄，围墙左壁直接利用了 y3 的窑壁。火膛平面呈半圆形，进柴口和送风口均位于火膛前端中央，于火膛中部置砖炉栅，火膛底部略有倾斜，低于窑室。窑壁由土坯砖和匣钵砌筑，窑顶倒塌，残高 0.5—1 米。窑壁设投柴孔和窑门。5 个窑门均设于左侧，下设门槛。窑底铺砂，上置匣钵。坡度前 15°，中段和后段 13°。排烟室的形状较为特殊，平面呈半圆形，后壁圆弧形与挡火墙相接。y3 方向 8°，仅存窑室中间一段，其余大部被 y2 所叠压，窑残长 15 米，坡度 12°。明代窑炉 y1 方向 10°，全长 35.4 米，宽度前后不等，其中前端宽 1.26 米，中部宽 2.25 米，后部宽 2.3 米。窑壁从底部起就有意识地逐层向内倾斜，残高 0.1—1.25 米。5 个窑门均设在右侧。窑底坡度前段 15°，中段 13°，后段 12°，窑底铺砂，上置匣钵。排烟室由挡火墙和后壁组成，挡火墙下设排烟孔。出土产品均为龙泉青瓷，产品种类单调，以碗、盘为主，装饰丰富。

④安福窑（元明）[8]

安福窑址位于龙泉县东 40 千米的安福村至安福口一段，1979—1980 年，中国社会科学院考古研究所浙江工作队对其中的金坝坨、金岙湾、石大门山和大栗山四处地点进行了发掘，共揭露宋、元、明历代窑 15 条。其中分布于金岙湾窑场揭露元代窑炉 2 条、石大门山窑场发现元代窑炉 4 条、大栗山窑场揭露明代窑炉 1 条，均为斜坡式龙窑。结构基本相同，由火塘、窑床、窑尾等部分构成。其中元代窑炉 y17，方向 121°，全长 49.6 米，窑室前端宽 1.55 米，中、尾部宽 2.35 米，坡度 11.6°，窑头与窑尾高差约 10 米。两侧窑壁用匣钵砌成，残存高度约 1 米。窑门开在一侧。窑顶已塌，从倒塌下的楔形砖来看，应为券顶。窑底铺砂，上置铺底匣钵。明代窑炉 Y32 全长 43.15 米，前端宽 1.2 米，往上逐渐加宽到 2 米。坡度 13.5°，窑头与窑尾高差 10 米。窑头前端用石块围砌成半圆形工作面。火膛低于窑室，内设通风管道、炉条和箅眼。两侧窑壁墙基砖砌、上部匣钵砌筑，向上内收成券顶，顶部坍塌，残高 0.7 米。两侧窑壁设投柴孔和窑门，东壁见窑门 10 个，西壁见窑门 2 个。窑底铺砂。窑壁外侧用匣钵砌有护窑墙。窑尾设排烟坑。

7　浙江省文物考古所：《山头窑与大白岸—龙泉东区窑址发掘报告之一》，《浙江省文物考古所学刊》，文物出版社，1981 年；浙江省文物考古研究所编：《龙泉东区窑址发掘报告》，文物出版社，2005 年。

8　中国社会科学院考古研究所浙江工作队：《浙江龙泉县安福龙泉窑址发掘简报》，《考古》1981 年第 6 期。

⑤安仁口（元）[9]

安仁口窑址群位于龙泉东约34千米的安仁口一带，西北距安仁镇约8千米。1979年，上海博物馆对其进行了发掘，在岭脚、入窑湾、碗圈山三处地点共揭露元代窑炉5条，均为斜坡式龙窑，结构基本相同。火膛前端正中为火门和通风口，火膛狭小，平面呈半圆形，低于窑床。窑壁系用土坯砖和废匣钵垒砌而成，两侧开窑门。窑床外侧有匣钵垒砌的护窑墙。窑底斜平，上铺细砂，残留有匣钵、垫饼等，匣钵布置成阶级形。窑尾排烟室系用匣钵累砌，下设烟火弄7个，无底匣钵作出烟孔。产品均为龙泉青瓷，器型有碗、盘、碟、洗、高足杯、盏等。窑具基本为M形匣钵、平底匣钵、垫饼等。

岭脚窑炉，坡度10°—20°，首尾高差7.6米，方向340°。残长48.5米，宽1.3—2.35米。中、后段发现窑门8个，有1个开在西壁，7个开在东壁。

入窑湾一号窑，破坏严重，仅存后段窑床。坡度20°，首尾高差4.05米，后段转陡，方向132°。残长17米，宽1.8—2.05米，残高0.15—0.55米。

入窑湾二号窑，坡度10°—15°，首尾高差6.45米，方向146°。长45.5米，残高0.05—1.46米。窑门6个，两侧各3个。

碗圈山二号，窑头遭受破坏，坡度12°—20°，首尾高差6.25米，方向175°。残长34.55米，宽2.3—2.45米，残高0.1—1.45米。东壁发现5个窑门。

碗圈山三号仅存密床中段。坡度10°—18°，方向173°，残长10.25米，宽2.3米，残高0.15—0.85米。

（3）其他

①永嘉马鞍山（元）[10]

马鞍山窑址位于永嘉县三江街道南岙村马鞍山南麓，2020年，温州博物馆联合永嘉县文物馆对永嘉马鞍山窑址进行了考古发掘，揭露斜坡式龙窑1处。窑炉残长34.6米，宽2.1—2.3米，残高为0.2—1.6米，土坯砖和匣钵垒砌而成。窑床可大致分为前后两段，前段坡度为16°，后段坡度为12°。窑底有连续使用形成的多个烧结面，窑尾移位渐次收缩三条窑尾。窑床两侧开多个窑门，窑尾设有排烟室。马鞍山窑址年代为元代中晚期，产品特征与龙泉东区窑场较为相似，部分产品为外销瓷器。匣钵为M形匣钵。

②横山周（元明）[11]

横山周窑址位于浙江省丽水市云和县赤石乡麻垟村北约1千米处的横山周山坡上。2004年，浙江省文物考古研究所、云和县文物管理委员会及南开大学师生联合对公路路基

9 上海博物馆考古队:《浙江龙泉安仁口古瓷窑址发掘报告》,《上海博物馆集刊》第3集，上海古籍出版社，1986年。

10《永嘉马鞍山龙泉窑遗址考古发掘获重要成果》，浙江文物网2020—12—30 http://wwj.zj.gov.cn/art/2020/12/30/art_1639077_58874961.html

11 浙江省文物考古研究所、云和县文物管理委员会：《云和县横山周窑址发掘简报》,《东方博物》2009年第4期。

下的部分窑址进行了抢救性发掘，揭露窑炉斜坡式龙窑3条。其中Y1保存较好，位于山体缓坡上，坐西朝东，方向80°，长53.5米，宽1.1—2.05米，由窑墙、窑门、窑床、烟道、火膛及火门、操作间（风道）及窑两侧的柱础石及排水沟、护墙等组成。操作间位于窑头前端，整体为长方形。其后的火呈半圆形，最大径1.1米、后壁高0.2米。火门外侧有“八”字形匣钵护墙。窑床尾高头低，前陡后缓，坡度10°—15°。窑壁墙基砖砌，其上匣钵平砌，残高0.5—0.8米。南壁残存窑门6处。窑床底部铺砂，部分窑床面上残留有排列整齐的匣钵（柱），个别匣钵内出有青瓷碗数件。排烟室位于窑尾部，包括长方形储烟室1个和烟道7个，由匣钵砌成。窑墙外有匣钵砌成的护墙，窑墙两侧各有一排石块，疑似为窑棚柱础。产品皆为青瓷，质量较为一般，器型有碗、盘、盅、碟、高足杯、钵、炉、罐等，流行刻划花装饰，还有一定数量的印花。窑具主要有平底匣钵、垫饼、火照等。

③溪里窑（元）[12]

溪里窑址位于浙江省武义县熟溪街道温泉小镇溪里村瓦灶山南坡。2019年，浙江省文物考古研究所和武义县文物保护管理所联合对其进行发掘，揭露斜坡式龙窑一处。窑炉全长52.3米，火膛和窑尾局部拱顶保存完好，窑墙为土坯砖和匣钵砌筑而成，窑底以M型匣钵作为支烧具使用，窑炉东西两侧均有匣钵砌成的曲尺形窑门，窑尾的排烟室由多道匣钵挡墙组成，未发现烟囱的迹象。窑尾有多次移位现象。窑炉与龙泉地区的窑炉在形制上具有高度一致性，出土器物的胎釉特征也有明显的龙泉窑风格。

此外，永嘉桥头窑址[13]、缙云大溪滩窑址群[14]等也发现有窑炉，虽未经正式发掘，但调查资料表明窑炉均为斜坡式龙窑。

2. 龙泉窑系统以外的窑炉

①两弓塘（元）[15]

两弓塘窑址位于浙江省衢州市衢江区全旺镇官塘村两弓塘山。1988年浙江省文物考古研究所与衢县文物管理委员会联合对1号窑炉进行了发掘。窑炉依山势而建，为斜坡式龙窑，方向朝东，残斜长47.6米，宽约2米，坡度15°。窑炉较简陋，烧结程度不高。火塘砖砌，平面成半圆形，未发现炉箅。窑壁疏松，窑基由石块堆砌，残高约0.3米，未发现窑门。窑尾无存。窑床底部铺沙，其上局部“韩瓶”类瓶底向上，规则地与垫具等排列在一起。产品种类分单色釉粗瓷和彩绘瓷两大类，前者包括青釉、褐釉、黑釉和类似紫砂器的汗釉等釉色瓷器，主要器型有壶、瓶、碗、盆、罐等；后者包括施化妆土的青釉

12《浙江武义溪里窑址入选2019浙江省十大考古发现》，中国新闻网 - 浙江新闻(chinanews.com) 2019年12月18日。

13 金柏东：《浙江永嘉桥头元代外销瓷窑址调查》，《东南文化》1991年第Z1期。

14 缙云县博物馆：《缙云大溪滩窑址群地面调查简报》，《东方博物》2009年第4期。

15 浙江省文物考古研究所、衢县文物管理委员会：《衢县两弓塘绘彩瓷窑》，《浙江省文物考古研究所学刊 建所十周年纪念（1980—1990）》，科学出版社，1993年。

彩绘瓷和不施化妆土的银灰色釉彩绘瓷，主要器型有盆、罐、韩瓶、钵、壶、盘、器盖、腰鼓等。器物多明火裸烧，包括泥点间隔叠烧和套烧。窑具主要支烧具，不见匣钵，同时利用韩瓶等废次品作支具。浙江地区贯以单一釉为传统，彩绘瓷较少，两弓塘彩绘瓷的发现对研究浙江地区彩绘瓷的发展及其与其他地区窑业的交流具有重要意义。

②龙坦窑（明）[16]

龙坦窑址位于浙江省开化县苏庄镇龙坦村。2017 年浙江省文物考古研究所与开化县文物管理所联合对其进行了发掘，揭露斜坡式龙窑 1 条。窑炉头南尾北，方向 353°，残斜长 15.86 米，由火膛、窑床、窑门、柱础石等部分组成。两侧开窑门，窑炉前段坡度 21°，窑床上残存少量匣钵。出土瓷器有青花瓷、白瓷、青瓷、紫金釉瓷等。青花瓷为大宗，质量最高，器型有碗、盘、盏、器盖、高足杯、执壶、砚、炉、瓶、笔架、罐、钵等。窑具有平底匣钵、垫饼、轴顶碗、火照、荡箍等。均采用涩圈叠烧、匣钵装烧的工艺。龙坦窑址为浙江地区目前发现的年代最早的烧造青花瓷的窑址，时代可达明代正德年间。

③潘里垄 2 号（宋元）[17]

潘里垄窑址位于庆元县竹口镇政府正北 1 千米的潘里垄山东麓，其产品系建窑风格。2011 年，浙江省文物考古研究所、庆元县文管会联合对庆元县潘里垄 2 号窑炉进行了发掘，揭露斜坡式龙窑 1 条。产品以黑胎黑釉瓷盏为主，兼有少量擂钵、执壶、罐、盆、缸、青瓷碗等，其中黑釉茶盏具有典型的建盏风格。窑具有漏斗形匣钵、M 形匣钵、垫饼、手捏泥支具、柱形垫圈等。该窑址也是目前为止，浙江地区发现的宋元时期唯一一处以烧制黑釉盏为主的窑场。

（二）分室龙窑

平面仍为长条形，外观以及火塘、排烟室等结构与斜坡式龙窑基本相同，区别主要在于窑室。分室龙窑通过挡火墙将窑炉主体分为若干窑室，挡火墙下设通火孔，火焰由原来的平焰变为半倒焰。窑炉宽度有所增加，每间窑室的进深多大于宽度，进深自前往后不断加深。窑底亦有铺砂和置匣钵等现象。

①陈大塘坑—乌石岗脚（元）[18]

乌石岗脚窑址是武义县泉溪镇陈大塘坑窑址群中的一处，位于赵宅村西南乌石岗山东坡，南距蜈蚣形山窑址约 300 米，北距缸窑口窑址约 200 米。21 世纪初，浙江省文物考古研究所联合武义县博物馆对其进行了抢救性发掘，揭露上下叠压的分室龙窑 2 条。其中 Y1

---

16 陆苏君：《浙江开化龙坦窑址调查》，《考古》1995 年第 8 期；故宫博物院、浙江省文物考古研究所：《浙江龙坦青花窑址标本的成分特征研究——兼谈青花“浙料”的相关问题》，《故宫博物院院刊》2020 年第 4 期；浙江开化龙坦明代青花瓷窑址 http://www.kaogu.cn/cn/xccz/20180202/60979.html。

17 刘建安：《庆元县潘里垄宋代窑址出土茶器考论》，《东方博物》2013 年第 3 期。

18 浙江省文物考古研究所：《武义陈大塘坑婺州窑址发掘报告》，文物出版社，2014 年。

保存较为完好，由火膛、排烟坑、侧壁、窑门、火弄柱等组成。斜长 33.25 米，宽 1.6—3.4 米，窑头与窑尾高差 8.2 米，坡度 10°，方向 105°。火膛平面呈半圆形，进深 0.62 米，火门尚存。窑炉砖砌，局部可见匣钵修补现象。11 间窑室呈梯形或长方形，由窑头至窑尾渐宽，窑室之间以挡火墙分隔。每个窑室包括窑顶、侧壁、窑底、窑门、挡火墙等部分。窑顶坍塌，结构不明，窑壁保存最高处高约 1 米。窑底部铺砂。窑尾利用山岩凿成排烟坑。产品类型为婺州窑系，以青釉瓷为主，酱黑釉瓷、酱黄釉瓷次之，还有少量乳光釉（窑变釉）瓷、灰白浊（人工乳浊釉）釉瓷和无釉素烧瓷，另有个别两种釉色组合搭配的瓷器，器型丰富。窑具有匣钵、支烧具、间隔具等，匣钵多为筒形，偶见 M 形〔图 4〕。

图 4　陈大塘坑 – 乌石岗脚　分室龙窑

②碗窑—龙头山（元）[19]

碗窑位于江山市须江镇碗窑村南 400 米的山坡上，南距碗窑水库约 100 米。1992 年，为配合碗窑水库扩建工程，浙江省考古所和江山市博物馆对其进行了抢救性发掘。其中龙头山地点揭露了相互叠压打破的 3 条窑炉，从上到下依次编号为江 Y9y1 、y2、y3。其中 y1 为分室龙窑，y2 和 y3 因窑身部分被 y1 叠压、打破，是否分室，情况不明。y1 残长 43.5 米，方向 184°，倾斜度 14°。窑头已毁。窑室尚存 14 间，由挡火墙分隔而成。窑壁砖砌，多见修补现象，保存最高处 0.7 米，已见起券。窑室底部宽 1.95—3 米，前段较窄，中部最宽；进深自前往后不断加深，2.2—3.9 米不等。每间窑室于南壁设一窑门，外有块石围护。窑底由后向前整体贯通倾斜，不分级，窑底铺砂，偶见束腰支座，不见匣钵。窑尾设挡火墙、排烟坑和拦土坎。出土瓷器釉色有青灰、青白、酱色等。青灰釉产品为主，主要器型有碗、盘、碟、炉、盏、钵、壶、灯等；青白釉产品次之，主要器型是盒，另有壶、壶盖、炉、灯等；酱釉瓷器型以碗为主，另见壶、器盖、灯等。装烧方式分芒口覆烧和涩圈叠烧两种。窑具包括漏斗形匣钵、垫饼、伞状支烧具、垫圈、垫柱、瓷质间隔具、支座等。

③天目窑—敖干 2 号（宋元）[20]

天目窑遗址群位于杭州临安区於潜镇凌口、绍鲁和西天目乡境内，时代为宋元时期。

19　浙江省文物考古研究所、江山市博物馆：《江山碗窑窑址发掘报告》，《浙江省文物考古研究所学刊》，长征出版社，1997 年。

20《发现杭州，2020 杭州考古大盘点》，杭州网 https://ori.hangzhou.com.cn；杭州市文物考古研究所、临安文物馆：《杭州市临安天目窑址 2013 年度考古调查简报》，《东方博物》2014 年第 4 期。

2020 年杭州市文物考古研究所对水库西北侧的天目窑敖干 2 号进行了发掘，揭露分室龙窑一处。窑炉依山势而建，长 21.4 米，宽 2—2.7 米，坡度约为 6°—9°，方向 340°。窑室被 6 道挡火墙分为 7 间分室，挡火墙下设通火孔，窑室面积由北向南逐间扩大，窑底铺砂。窑尾设排烟室，清理出排烟道 19 个，未发现烟囱痕迹。产品主要集中在后三间窑床上，废弃堆积主要分布在窑尾。产品类型分青黄釉和黑釉，器型以碗、盏类为主。装烧方式为明火叠烧。窑具有支烧具和垫圈等，以支烧具为主。

（三）横室阶级窑

每间窑室前部设燃烧沟，尾部设排烟室，进深小于宽度。目前发现 1 处。

应家山（元）[21]

应家山窑址位于江山市碗窑乡前村南面的应家山东坡。2006 年，浙江省文物考古研究所、江山市博物馆联合对进行了抢救性发掘，揭露相互叠压的窑炉 1 处。窑床坐西朝东，Y1 叠压在 Y2 之上。Y1 为横室阶级窑，保存较佳，长近 24 米，宽 2—4 米，前后共分为六室，窑室中间宽、两头窄。每间窑室前部设燃烧沟，尾部设排烟室，进深小于宽度。窑壁为砖坯平砌，顶部起券，残高近 0.5 米。窑底铺砂，保留个别喇叭形垫具。Y2 仅保留窑头与窑尾，其余部分已被 Y1 所破坏，长不足 20 米，是否为分室已无法分辨。产品以青瓷为主，还有酱黑釉、酱黄釉、乳浊釉等。其中青釉器中除了本地系统的豆青釉外，还发现了龙泉窑系统的盏与盘，多用匣钵装烧，质量明显高于本地系统的瓷器。器型以碗为主，次为盏、碟、罐、壶，此外还有少量的盘、花盆等。窑具主要为少量的喇叭形垫具及盆形匣钵。装烧方法有涩圈叠烧、泥点叠烧和芒口覆烧〔图 5〕。

图 5　浙江应家山　阶级窑　元代

除了上文提到的源口杉木林窑址发现有长条形素烧窑炉外，枫洞岩窑址还发现有馒头形素烧窑，由于材料较少，此处不再展开。

二、相关问题讨论

（一）分室龙窑的甄别

目前，浙江地区发现的分室龙窑数量较少，时间集中在元代，地域主要分布在浙西的

21　郑建明：《江山市应家山元代窑址》，《中国考古学年鉴 2007》，文物出版社，2008 年。

金衢盆地。以往有学者认为浙江宋代已出现分室龙窑，引用的例子主要是20世纪70年代末发掘的安福龙泉窑的y58。《中国科学技术史·陶瓷卷》在介绍德化地区的分室龙窑时，甚至提到“浙江龙泉窑在南宋时已出现过这种窑形（分室龙窑），从时间上看，（德化窑）似乎受到龙泉窑的影响”[22]。然而，关于浙江宋代是否存在分室龙窑目前看来还有待商榷。

1979—1980年，为配合基建，中国社会科学院考古研究所浙江工作队对龙泉县东40千米的安福村至安福口一段的金坝坨、金岙湾、石大门山和大栗山四处窑场进行了考古发掘，共揭露宋、元、明历代窑15条。各时代窑炉的火塘和窑尾结构基本相同，区别主要在于窑床结构。其中除两处宋代窑炉y58、y18较为特殊外，余皆为坡底龙窑。y58前半段被元代窑炉打破，后半段残长42.9米，宽2.3米，窑底倾斜22°，高差16米，平面略成“S”形。窑炉开挖于基岩，墙基砖砌，上部匣钵砌筑。残存的窑底由下往上修筑六级台阶，每级台阶间距约4米，高0.25—0.4米。每级台阶前的一侧窑壁上均开一座窑门，并砌一道挡火的隔间墙，墙基下留6—7个烟火孔，这样把狭长的残窑分隔成六间的多室龙窑，窑底铺砂和放置铺底匣钵。窑尾部分，窑尾墙与烟火柱墙间距0.3米形成窑室，烟火柱墙底部设出烟孔。y18底部呈台阶状，窑底坡度16°，窑头与窑尾高差20米。窑室由前向后略有加宽，宽1.85—2.3米。窑室前半段笔直，后半段修筑成弯曲形，窑室两壁用窑砖和匣钵，以平铺错缝顺砌成，残高1米。窑底中部一段修筑三级台阶状，每级台阶间距4.5—7米，高0.24—0.28米[23]。由此看出，无论是从窑炉的坡度和长度看，还是从窑床弯曲程度及窑底的阶级状看，两窑都极为相似类似。

上述窑炉保存情况不完整，简报对隔墙的介绍不够详细、提供的照片比较模糊，加之缺少线图，一定程度上影响了对窑炉形制的判断。故只能求诸于其他佐证。

首先是要将分室龙窑与窑炉改建、窑尾移位的情况进行区分。东汉的窑炉就已存在窑壁多次修整的的情况[24]，宋元明时期的龙窑窑炉改建、窑尾移位的现象更是屡见不鲜。有的是在原来窑炉基础上将窑尾前缩，如浙江的上严儿村窑、武义溪里窑、永嘉马鞍山窑就发现了多条窑尾；还有在早期窑炉的内部紧贴窑壁直接另筑新窑的情况，如湖南的唐家坳窑（石桥区）窑。以上情况就极易与分室龙窑相混淆。同时，结合浙江地区目前发现的龙泉窑窑炉，如上严儿村、源口、大白岸、东区山头、安仁口、横山周、枫洞岩、石隆、永嘉桥头等窑址所见的窑炉，无一例外均为斜坡式龙窑。可见，分室龙窑并非龙泉窑的窑炉传统，其后也未向此方面发展。此外，刘振群先生提到德化地区分室龙窑是伴随着产品类型的转变而改进发展的，传统的斜坡式龙窑适合烧以石灰釉为配方的青瓷，而可以控制升温的速度和时间的分室龙窑则是为了满足以石灰碱釉为配方的白瓷的需要[25]。

22 李家治主编：《中国科学技术史·陶瓷卷》，科学出版社，1998年，第359页。

23 中国社会科学院考古研究所浙江工作队：《浙江龙泉县安福龙泉窑址发掘简报》，《考古》1981年第6期。

24 浙江省文物考古研究所、德清县博物馆：《浙江德清东汉上渚山窑址发掘简报》，《东南文化》2020年第4期。

25 刘振群：《窑炉的改进和我国古陶瓷发展的关系》，《中国古陶瓷论文集》，文物出版社，1982年。

因此，有理由认为，安福龙泉窑 y58 所谓的分室龙窑极有可能是窑炉改建、窑尾移位形成的，并不是真正意义上的分间。同样，上文提到的元代大窑 Y6 应该也属于窑尾改建移位的情况。

（二）窑业技术的互动交流

熊海堂先生曾将分层理论应用到窑业技术交流中去。根据技术接受的难易程度依次是成形、装饰、配方、装饰、窑炉等，其中成形和装饰根据外观便可模仿，因而通过商品的流通就能实现；而有关配方、装烧和窑炉技术，接受程度十分有限，技术水平较低的一方接受较高技术时，一般只能通过工匠之间的之间传授才能实现，因而该层次的交流可能涉及人员的直接交流甚至移动[26]。尽管产品类型、窑具、窑炉所代表的不同层次的窑业技术交流不是并行发生的，但是在考虑不同地区的窑业技术交流和来源等情况时往往需要综合考量才能窥其全貌。根据上述理论，可将浙江地区元明时期的窑业概括为以下两种模式。

1. 以龙泉窑为代表的窑业核心区——传统势力强大，对内抵制、对外输出

浙江地区自成熟瓷器诞生起，始终以烧造青瓷为主，在窑炉上也形成了斜坡式龙窑的技术传统。龙泉窑体系下的窑区坚持使用斜坡式龙窑，窑具主要为 M 形匣钵，产品类型均为青瓷。一方面可能是由于釉料配方对窑炉的要求，但更多的则是反映了固有传统对外来技术的抵制。同时，龙泉窑的强势还体现在窑业技术的对外输出。元代起，龙泉窑不仅带动了周边缙云、丽水、武义、永嘉等地的窑场，还大规模地向外扩张；福建、江西、湖南、广东、广西等地均发现了仿烧龙泉青瓷的窑址，并由此形成了广阔的“龙泉窑系”[27]。然而，需要注意的是，龙泉窑窑业技术的对外输出并非全面性的，外围地区对龙泉窑的学习模仿主要停留在造型、釉色、装饰层面。仿烧龙泉青瓷的窑场往往烧制两种以上的釉色，龙泉青瓷只是作为其众多产品类型中的一种，在窑业技术的核心层面——窑炉和窑具等方面仍主要采用本地传统。如福建地区主要仿烧龙泉青瓷的漳浦石寨窑[28]、南靖封门坑窑[29]等采用的“横室阶级窑 +M 形匣钵”，兼烧仿龙泉青瓷的南平茶洋窑采用的是“斜坡式龙窑 + 漏斗形匣钵”[30]；江西地区兼烧龙泉青瓷的景德镇丽阳乡瓷器山窑采用的是“葫芦形窑 + 漏斗形匣钵”[31]。此外，龙泉窑种类繁多的间隔具、垫具尤其是不惜工本的瓷质间隔具则丝毫

---

26 熊海堂：《东亚窑业技术发展与交流史研究》，南京大学出版社，1995 年。

27 翁倩、郑建明：《21 世纪以来仿烧龙泉青瓷窑址考古新进展》，《文物天地》2020 年第 3 期。

28 福建博物院、漳浦县博物馆、厦门大学：《漳浦县石寨窑发掘简报》，《福建文博》2019 年第 2 期。

29 福建博物院、南靖县文物保护中心：《南靖县东溪窑封门坑窑址 2015 年发掘简报》，《福建文博》2015 年第 3 期。

30 福建省博物馆：《南平茶洋窑址 1995 年—1996 年度发掘简报》，《福建文博》2000 年第 2 期；南平市博物馆、南平市延平区文化体育新闻出版局：《福建南平市茶洋窑址 2016 年调查简报》，《福建文博》2018 年第 1 期。

31 故宫博物院、江西省文物考古研究所、景德镇市陶瓷考古研究所：《江西景德镇丽阳瓷器山明代窑址发掘简报》，《文物》2007 年第 3 期。

未影响到福建诸窑[32]。

2. **龙泉窑以外的窑区——窑业技术变动较大，善于学习、广为借鉴**

与龙泉窑系统相比，位于浙西金衢盆地的窑业则呈现出了另一种模式。金衢盆地自出现窑业以来就一直处于相对弱势的地位，面对激烈的市场竞争，在强势窑区的夹缝下积极模仿借鉴，根据窑业格局的变化不断进行调整，形成了“见风使舵”的特点，同时又不可避免地保留了一定的地方传统。秦汉时期的金衢盆地是浙江原始瓷生产的次级中心，与中心窑区杭嘉湖、宁绍平原相比质量较差；唐宋时期，对一家独大的越窑积极模仿；宋元之际，随着越窑的衰落、龙泉窑的崛起，在本地传统类型产品的基础上，又转而烧造龙泉青瓷；同时又由于独特的地理优势，还烧造青白瓷等产品，窑业面貌呈现出了复杂多元的特点。此时的学习模仿不止于产品的器型、装饰和釉色，同时对窑炉和窑具等为代表的深层窑业技术也进行了吸收。如武义陈大塘坑—乌石岗脚窑址采用分室龙窑烧造青瓷、酱黑釉瓷、酱黄釉瓷、乳浊釉瓷等产品，匣钵多为平底，偶见 M 形。江山碗窑龙头山窑址接受了广西桂林窑经福建德化窑中转传播到此地的“分室龙窑 + 伞状支烧具”模式[33]，烧造青白瓷、青瓷、酱釉瓷等产品。江山应家山窑址则采用横室阶级窑，产品类型除典型婺州窑的豆青釉、酱黑釉、酱黄釉、乳浊釉外，还烧造龙泉窑系统青瓷；窑具主要为少量的喇叭形垫具及盆形匣钵，装烧方法有涩圈叠烧、泥点叠烧和芒口覆烧法，龙泉系统青瓷多采用匣钵装烧，质量较高[34]。以上同时也揭示了浙江地区分室龙窑和阶级窑主要分布在浙西的金衢盆地一带，而不是与闽北更为接近但是为龙泉窑系统的浙南地区。此外，两弓塘窑址采用斜坡式龙窑，产品类型分单色釉粗瓷和彩绘瓷两大类，前者包括青釉、褐釉、黑釉和类似紫砂器的汗釉。器物多明火裸烧，包括泥点间隔叠烧和套烧。窑具主要支烧具，不见匣钵，同时利用韩瓶等废次品作支具[35]。其技术来源有待进一步探讨。

“在技术的吸收和改造中，一些处于窑业区之间的窑场，由于地理上的便利，往往兼具南北两方面的技术成分呈现出复杂的样相，称之为‘吸收型窑业区’或‘中间地带’”[36]。边缘地带的窑址主要为浙南的潘里垄窑址和浙西的开化龙坦窑址，前者受邻近建阳建窑影响，生产黑釉瓷，同时使用 M 形匣钵和漏斗形匣钵，未接受福建地区此时流行的分室龙窑和阶级窑；后者受邻近江西景德镇窑影响，主要生产青花瓷，使用平底匣钵，未接受景德镇地区典型的葫芦形窑和马蹄形窑影响。

---

32 刘净贤：《福建仿龙泉青瓷及其外销状况初探》，《故宫博物院院刊》2013 年第 5 期。

33 杨宁波：《论东亚伞状支烧具的技术体系及始源地问题——兼谈岳州窑和桂林窑的关系》，《湖南考古辑刊》，岳麓书社，2015 年。

34 郑建明：《江山市应家山元代窑址》，《中国考古学年鉴 2007》，文物出版社，2008 年。

35 浙江省文物考古研究所、衢县文物管理委员会：《衢县两弓塘绘彩瓷窑》，《浙江省文物考古研究所学刊 建所十周年纪念（1980—1990）》，科学出版社，1993 年。

36 熊海堂：《东亚窑业技术发展与交流史研究》，南京大学出版社，1995 年。

金元时期磁州窑白地黑花龙凤纹罐探究

唐小轩（东北师范大学东北民族民俗博物馆）

摘要： 磁州窑作为中国北方著名的民间瓷窑，其烧制历史、品种类型、工艺技术在中国陶瓷史上都具有重要地位，其商品化程度以及对周边国家和地区的影响也逐渐被世人所认识。尤其是随着磁州窑的窑址考古和遗址、墓葬、沉船的考古发掘和研究。人们对磁州窑的认识越来越清晰。其中白地黑花龙凤纹罐作为金元时期磁州窑的一个重要品种，无论是其实用性还是艺术价值已经得到人们的重视和认知。本文选取了部分考古出土和传世品作为样本，以文献和考古材料为基础，对其年代上限和绘画内容的出现原因进行研究，以求教于方家。

关键词： 磁州窑　彭城窑　白地黑花　龙凤纹　酒

磁州窑到了金元时期，其烧制技术、造型、釉彩、纹饰风格等诸多方面都呈现了更加丰富繁盛的景象，并持续对周边的朝鲜、日本和东南亚地区产生深远的影响。传统研究将磁州窑归纳为“磁州窑类型”[1-5]、“磁州窑系”[6]，还是“磁州窑风格”[7]的观点，今天仍然广为流行。目前，我们通过考古和传世磁州窑瓷器的类型学研究发现，磁州窑的核心窑场在今天的河北省磁县观台镇和彭城镇，其白地黑花、剔花、划花是其成熟的主流装饰技法。这一技术影响广泛而久远，以至于有人说磁州窑“早自宋代即已享誉民间、影响深远。在世界陶瓷发展史上，磁州窑也做出过卓越贡献”[8]。

磁州窑器型之丰富正代表着人们生活情趣以及审美的多样化，纹饰中山水花鸟、动物

1　刘涛：《宋瓷笔记》，生活·读书·新知三联书店，2014 年，第 167、168 页。

2　刘涛：《宋辽金纪年瓷器》，文物出版社，2004 年，第 31 页。

3　叶喆民：《中国陶瓷史》，生活·读书·新知三联书店，2011 年，第 457 页。

4　秦大树：《论“窑系”概念的形成、意义及其局限性》，《文物》2007 年第 5 期。

5　陆明华：《磁州窑瓷器烧造相关问题的认识》，《磁州窑瓷器研究》，故宫出版社，2013 年。

6　冯先铭：《中国古陶瓷图典》，文物出版社，第 286 页。

7　北京大学考古学系、河北省文物研究所、邯郸地区文物保管所：《观台磁州窑址》，文物出版社，1997 年，第 559 页。

8　中国硅酸盐学会：《中国陶瓷史》，文物出版社，1982 年，第 239—251 页。

鱼虫、人物故事、神话形象、诗书文字等包罗万象。其中饰以龙、凤，或龙凤一体的白地黑花或白地黑褐花大罐，无论是考古出土还是世界各地博物馆等公私收藏都难以准确计数。本文试图以收集到的此类龙凤罐为研究对象，对有准确出土来源的作品进行时空排列，通过对部分传世同类器物的比对，以期找出其背后的文化内涵。

金元时期的磁州窑有一种常见的白地黑花龙凤纹罐。通高普遍在25—50厘米之间，人们几乎都认为这是一种酒坛，用于存酒使用，与四系瓶用途相类似。从目前存世的龙凤纹罐来看，无论是传世还是考古出土的，普遍特征是胎体粗糙，器型敦厚，也有外白釉里黑褐釉的，胎体表面普遍施化妆土，在单层或双重开光内分别以黑彩、黑褐彩绘龙凤飞腾纹饰，也有少量没有开光，在腹部绘龙，凤飞翔腾越题材。这种以龙凤为装饰纹样的瓷器在磁州窑如此流行必然有着复杂的原因。

一、白地黑绘划花、白地黑褐花、白地黑花与翠蓝釉褐花

磁州窑白地黑花出现的时间，曾有人认为早于明道元年（1032年）出现[9]，而在对观台窑址的考古挖掘研究以后，又提出白地黑花出现在四期中的第二期，即宋徽宗至金海陵王以前这一时段[10]。本文从统计的42件龙凤纹罐的装饰技法和纹样来看，其主题纹饰有一只凤的，或者一条龙的，或者双凤的，或者龙凤的。本文把龙凤纹罐按纹样大致分为四种类型：第一种是白地黑绘划花，即在黑绘龙凤上再以划线刻纹的，属于“磁州窑中的高档瓷”[11]；第二种是以白地黑彩勾勒轮廓，又用褐彩涂抹填充空白处，类似于青花的分水施彩；第三种是最为常见的白地黑花龙凤纹罐，主要特征为肩部饰以一圈菊花纹，腹部勾勒飞腾的龙凤纹；第四种是比较少见的翠蓝釉（也称为孔雀绿釉或孔雀蓝釉）褐花的龙凤纹，外罩一层低温釉，釉下的龙凤纹若隐若现。这种外罩翠蓝釉的装饰技法一直到明代中期，磁州窑等一直延续使用。

A类型，元磁州窑白地黑绘划花龙凤纹罐，样本共11件，其中出土、出水的3件。主要特征是形体硕大，通高一般都在27—40厘米左右。最为典型的特征是在白地黑花的龙凤纹上再划刻白线纹理，也被称为“白地黑绘划花”[12]。

出土出水的3件。1969年北京市房山区康乡元代窖藏出土，首都博物馆藏。通高44.5厘米，口径27.3厘米。造型饱满，胎质粗糙且涂抹化妆土，釉色白中闪黄，肩部一周饰以菊花纹，腹部饰以朵云和飞凤，凤纹和朵云纹上划线羽毛和云朵的轮廓。罐里饰以酱褐色釉。

9 中国硅酸盐学会：《中国陶瓷史》，文物出版社，1982年，第239—251页。

10 北京大学考古学系、河北省文物研究所、邯郸地区文物保管所：《观台磁州窑址》，文物出版社，1997年。

11 冯先铭：《宋磁州窑综论》，《人文杂志》1980年第1期。

12 秦大树：《磁州窑白地黑花装饰的产生与发展》，《文物》1994年第10期。

另一件是新安海底沉船出水的白地黑花云龙纹，罐里饰酱褐色釉。通高 27 厘米，口径 15.7 厘米，底径 11.4 厘米。此外，峰峰矿区出土一件白地黑绘划花龙纹罐，尺寸不详。其他八件同类型龙凤纹罐分别来自国内外博物馆的收藏和近年拍卖行的拍品。11 件样品的共同特征是黑花绘制的龙、凤、云头纹饰上刻划线条轮廓，形成胎与纹饰，黑地白线的多重效果，画工精湛，数量不多，是龙凤罐中的精品。这类白地黑花罐属于元代彭城窑烧制，在峰峰矿区有同一类型器物出土[13]。器物造型浑厚饱满，胎质粗重，整器上单独绘龙纹或者凤纹居多，样品中仅有天津博物馆收藏的是在罐身绘制龙凤且龙纹也仅是半身出云。

B 类型，选取样本共 12 件，其中 6 件出土，其他 6 件为博物馆收藏或者拍卖行拍品。尺寸通高在 35—46 厘米之间，器形硕大，胎质较粗，表面施化妆土。腹部主题纹饰以双面双层开光，开光中绘制龙凤纹，多以黑彩勾勒边框，以褐彩渲染填充。2001 年，这种勾勒与渲染相结合绘制龙凤纹的产品在临水窑西工区被首次发现[14]，确定了同类产品的产地和年代。

C 类型，选取样本共 19 件，其中 14 件出土。这种龙凤罐的数量所占比例最大。通高一般在 25 厘米以上，胎质粗厚，施白色化妆土，肩部一周饰以团菊纹，腹部以黑褐彩绘龙凤纹，纹饰的绘画风格基本一致，显示出一定的技术传承。其中 1979 年辽宁省喀左县大城子镇利州城里遗址和 2001 北京市房山区金陵遗址 M5 出土的 2 件被考古发掘者断定为金代[15]。

D 类型，选取此类型龙凤纹罐 2 件。此类型为元磁州窑翠蓝釉褐彩龙凤纹罐，通常称为孔雀蓝、孔雀绿釉黑褐彩龙凤纹罐。有人认为这种大约起源于 13 世纪后半段的中国北方窑场[16]，且至今尚未在宋金纪年墓出土翠蓝釉瓷器[17]。

二、金元时期龙凤纹罐的几个问题

金元时期，磁州窑龙凤罐的出现不是偶然的，窑址考古已经确认了它的烧制窑口，其出土地点范围广，出土标本数量多，国内外博物馆等机构的许多收藏，丰富的研究资料为我们的研究提供了坚实的基础。目前，人们普遍认为龙凤罐不仅是一种重要的盛酒器，而且也是一种重要的贸易商品。对它的文化内涵以及产生这一现象的社会原因的分析，以及建立在考古和文献基础上的研究是我们进一步了解和研究磁州窑的重要方面。

---

13 穆青：《彭城窑元代白地黑花瓷器的艺术特色》，《中国古陶瓷研究》，第十一辑，紫禁城出版社，第 247、253、255 页。

14 马忠理：《磁州窑考古发掘及分期概述》，《中国古陶瓷研究》，第十一辑，紫禁城出版社，第 238 页。

15 北京市文物研究所金陵考古工作队：《北京房山区金陵遗址的调查与发掘》，《考古》2004 年第 2 期。

16 秦大树：《翠蓝釉瓷器的产生、发展和传播》，《文物季刊》1999 年第 3 期。

17 马忠理：《磁州窑的装饰品种及其流行时代》，《文物春秋》1997 年第 4 期增刊。

（1）饮酒斗茶盛行

金元时期，民间酒茶之风十分兴盛。"'大兴府'的'酒固佳'，而招待宋使者'尤为醇厚'"[18]。汉、女真、蒙古等各民族生活习俗交杂融合，既互相取长补短，又保持各民族的传统饮食习惯。酒成为人们饮食生活中十分重要的必备饮品。人们当时饮用的酒主要有乳酒、果酒和蒸馏酒。酒和茶已经成为人们日常生活中的必需品。仅从存世大量的各种质地的酒杯、酒壶、茶盏、酒坛、酒罐、酒瓶可见端倪。瓷器作为重要的生活用品之一，其大量需求是这一时期瓷器商品和贸易繁荣的最主要的社会基础。

（2）龙凤纹罐出现的年代

观台窑的考古发掘和分期是目前磁州窑年代序列的一个主要依据，而金元之际兴起的彭城窑，在元代有了很大的发展。1999年发掘的220平方米，其元代文化层出土丰富[19]。龙凤纹罐的标本在峰峰矿区出土[20]，则为我们判定这一类型瓷器的产地提供了可靠的依据。

此外，北京房山区金陵M5出土的龙凤纹罐，罐内装有39枚"泰和重宝"钱（金章宗泰和四年，即1204年始铸）[21]，为我们断定同样风格的龙凤纹罐的年代提供了可靠的资料。另一方面，在文献记述中也有磁州武安县凤凰出现的记载："（泰和）八月丙申，凤凰见于磁州武安县鼓山石圣台。丁酉，还宫。皇子生。"[22]"丙申，金有司奏凤凰见于磁州武安县鼓山石圣台"[23]和"泰和二年八月丙申，磁州武安县鼓山石圣台，有大鸟十集于台上，其羽五色烂然，文多赤黄，赭冠鸡项，尾阔而修，状若鲤鱼尾而长，高可逾人，九子差小侍傍，亦高四五尺……皆以为凤凰也，命工图上之"[24]的记载。史籍中磁州武安县凤凰大鸟的记述，以及龙凤纹在瓷器上的密集出现是和当时的社会审美风尚，人们希望多子多福，统治者希望江山永续传承有着十分密切的联系。通过文献和考古资料的印证，这种金元之际磁州窑中开始流行的龙凤纹，准确说年代上限为金世宗和金章宗之际的13世纪初开始烧制，元代达到了一个高峰。

三、结论

金元时期磁州窑龙凤纹罐以及同样题材的龙凤纹四系瓶、龙凤纹四系扁瓶的出现，既

---

18 朱瑞熙、张邦炜、刘复生，等：《宋辽西夏金社会生活史》，中国社会科学出版社，2018年，第68页。

19 马忠理：《磁州窑考古发掘及分期概述》，《中国古陶瓷研究》，第十一辑，紫禁城出版社，第233页。

20 穆青：《彭城窑元代白地黑花瓷器的艺术特色》，《中国古陶瓷研究》，第十一辑，紫禁城出版社，第247页。

21 北京市文物研究所金陵考古工作队：《北京房山区金陵遗址的调查与发掘》，《考古》2004年第2期。

22（元）脱脱等撰：《金史》，中华书局，1975年，第259页。

23（清）毕沅撰：《续资治通鉴》，中华书局，1999年。

24（元）脱脱等撰：《金史》，中华书局，1975年，第540页。

有官方的有意引导，也有民间崇尚的审美和大众商品需求的契合。13世纪初在磁州窑开始出现的这种白地黑花龙凤纹饰，在白地黑花龙凤纹扁瓶、四系瓶上也是一种典型的装饰。紧随其后的龙凤模塑造型更是在瓷器上获得了广泛的使用。元代景德镇青花凤首壶、龙凤纹扁瓶正是这一纹饰风格的继承和延续。

附表一　A类：白地黑绘划花龙凤纹罐

序号	名称	尺寸（厘米）	出土/收藏地点	数量
1	元磁州窑白地黑绘划花凤纹罐	通高38 口径18 底径19.4	1969年北京市房山区良乡元代窖藏出土 首都博物馆藏	1
2	元磁州窑白地黑绘划花龙纹罐	不详	美国耶鲁大学美术馆藏	1
3	元磁州窑白地黑绘划花龙纹罐	通高34.8 腹径34	美国费城艺术博物馆藏	1
4	元磁州窑白地黑绘划花凤纹罐	通高34 腹径33	美国费城艺术博物馆藏	1
5	元磁州窑白地黑绘划花龙凤纹罐	通高33.1 口径17.7 足径15.2	天津博物馆藏	1
6	元磁州窑白地黑绘划花云龙纹罐	通高27 口径15.7 底径11.4	新安海底沉船出水	1
7	元磁州窑白地黑绘划花龙纹罐	不详	河北邯郸市峰峰矿区出土	
8	元磁州窑白地黑绘划花双凤纹罐	通高29.4 口径24.8	澳大利亚维多利亚国立美术馆藏	1
9	元磁州窑白地黑绘划花双凤纹罐	通高34.2 口径12.9 腹径35.6 底径13.9	日本东京富士美术馆藏	1
10	元磁州窑白地黑绘划花龙纹罐	通高38	2011年中国嘉德国际拍卖有限公司	1
11	元磁州窑白地黑绘划花凤纹罐	通高32.8 腹径38.2	2018年10月16日“全球拍卖”拍品	1

附表二　B类：白地黑褐花龙凤纹罐

序号	名称	尺寸（厘米）	出土/收藏地点	数量
1	元磁州窑白地黑褐花双凤纹罐	通高40 口径25 底径25	1971年江苏省扬州市城北乡漕河岸出土 扬州市博物馆藏	1
2	元磁州窑白地黑褐花双凤纹罐	通高45.5 口径27 底径25	1970年北京市东城区鼓楼中学元大都遗址出土 首都博物馆藏	1
3	元磁州窑黑褐花龙凤纹罐	通高46 腹径45.1	北京元大都遗址出土 中国社会科学院考古研究所藏	1
4	元磁州窑白地黑褐花双凤纹罐	通高44 口径25 底径26.8	河北廊坊博物馆旧藏	1

（续表）

序号	名称	尺寸（厘米）	出土/收藏地点	数量
5	元磁州窑白地黑花龙凤纹四系罐	不详	2006年5月上海大众、河南万邦2006年春季文物.艺术品拍卖会	1
6	元磁州窑白地黑褐花龙凤纹罐	通高45 口径21.3 底径21.1	1975年河北省盐山县中秦村出土 河北省文物研究所藏	1
7	元代白地黑褐花龙凤纹罐	通高34.7 口径21.3 底径20.4	2010年10月山东荷泽元代沉船出水	1
8	元明磁州窑白地黑褐花龙凤纹罐	通高37	纽约苏富比2019年3月20日“重要中国工艺精品”拍卖	1
9	元代磁州窑白地黑褐花云凤纹罐	不详	中国国家博物馆藏	
10	元磁州窑白地黑褐花龙凤纹罐	通高44 腹径47	20世纪60年代购藏 香港艺术馆藏	1
11	元磁州窑白地黑褐花龙凤纹罐	不详	日本梅泽纪念馆藏	1
12	元磁州窑白地黑花龙凤纹罐	通高29 口径17.3 底径14.5	1980年6月河北乐亭县汀流河镇张王庄西村元墓出土 乐亭县博物馆藏	1

附表三　C类：白地黑花龙凤纹罐

序号	名称	尺寸（厘米）	出土/收藏地点	数量
1	元磁州窑白地黑花龙凤纹罐	通高31.5 口径18.3 足径12	辽宁绥中三道岗沉船出水 中国国家博物馆藏	1
2	元磁州窑白地黑花龙凤罐	通高27.3 口径16.5 足径11	故宫博物院藏	1
3	金磁州窑白地黑花龙凤纹罐	通高29 口径18 底径13	2001年北京市房山区金陵遗址M5出土（《中国出土瓷器全集》北京卷记载出土墓葬编号为M4，有误） 北京市文物研究所金陵考古工作队：《北京房山区金陵遗址的调查与发掘》，《考古》2004年第2期，记述M5出土磁州窑白地黑花龙凤纹罐，罐内有39枚“泰和重宝”铜钱 北京市文物研究所藏 马希桂、马旭：《北京地区出土瓷器简述》，《收藏家》2009年第2期。标明此件来自北京通州区城关金大定十七年（1177年）石宗壁墓 《北京市通县金代墓葬发掘简报》，《文物》1977年第11期，石宗壁墓中没有这件。《收藏家》2009年第2期记述有误	1
4	元磁州窑白地黑花龙凤纹罐	通高50 腹径52.7	天津市西青区小淀子遗址出土 天津市文化遗产保护中心藏	1
5	元磁州窑白地黑花龙凤纹罐	通高30.4 腹径31.7	天津市西青区小淀子遗址出土 天津市文化遗产保护中心藏	1

（续表）

序号	名称	尺寸（厘米）	出土/收藏地点	数量
6	元磁州窑白地黑花龙凤纹罐	通高27.8 底径12	1954年辽宁省法库县三面船公社马家沟大队出土 辽宁省博物馆藏	1
7	元磁州窑白地黑花龙凤纹罐	不详	林亦秋《元磁州窑瓷在印尼满者伯夷王朝的风光》一文收录	1
8	元磁州窑白地黑花龙凤纹罐	不详	玫茵堂旧藏	1
9	元磁州窑白地黑花龙凤纹罐	不详	元大都遗址出土	1
10	元磁州窑白地黑花双凤纹罐	通高42 口径23.5 底径16.5	1982年河北省广平县西张孟村东窖藏出土 邯郸市文物保护研究所藏	1
11	元磁州窑白地黑花龙凤纹罐	通高29.2 口径17.8 底径11.2	1982年朝阳市自来水公司元代窖藏出土	1
12	元磁州窑白地黑花龙凤纹罐	通高28 口径17 底径12.9	1985年辽宁省喀左县中三家乡孤山子村出土 喀左县博物馆藏	1
13	元磁州窑白地黑花龙凤纹罐	通高27.3 口径16.5 底径11	1985年辽宁省喀左县中三家乡孤山子村出土 喀左县博物馆藏	1
14	金磁州窑白釉黑花龙凤纹罐，	通高27.3 口径16.5 腹径29	1979年辽宁省喀左县大城子镇利州城里遗址出土 喀左博物馆藏	1
15	元磁州窑白地黑花龙凤纹罐	通高28 口径17	1972年北京西绦胡同和后桃园的元代居住遗址出土	1
16	元磁州窑白地黑花龙凤纹罐	通高22.9 腹径25 口径16.7	1973年大连地区庄河桂云花乡桂花村出土 旅顺博物馆藏	1
17	元磁州窑白地黑花龙凤纹罐	通高23.4 口径16.5 底径11	1974年大连地区庄河市蓉花山镇娄家村小金屯出土 旅顺博物馆藏	1
18	金磁州窑白地黑花龙凤纹罐	通高27 口径17.3 底径11.4	东北师范大学藏	1
19	元磁州窑白地黑花开光双凤纹罐	通高45.8 口径25.6 底径23.5	东北师范大学藏	1

附表四　D类：翠蓝釉褐花龙凤纹罐

序号	名称	尺寸（厘米）	出土/收藏地点	数量
1	元磁州窑翠蓝釉褐花龙凤纹罐	不详	日本大阪市立东洋陶瓷美术馆藏	1
2	元磁州窑翠蓝釉褐花龙凤纹罐	不详	玫茵堂旧藏	1

元代陶瓷佛教造像研究 *

张婧文 （南开大学）

摘要： 陶瓷质佛教造像是以陶土或瓷土为原料，塑造成型后经烧制而成的佛教所奉神祇的立体艺术形象。从历代陶瓷佛教造像的题材、造型和风格的演变过程中，可以清晰地窥见佛教信仰中国化的发展脉络。本文以元代陶瓷佛教造像作为研究对象，按照汉地佛教造像的习惯分类法，将其归纳为佛部、菩萨部、罗汉部三部分进行分析对比。由于藏传佛教传入中原的影响，元代陶瓷佛教造像明显地存在汉藏两种风格。

关键词： 陶瓷　佛教造像　元代

佛教造像指佛教所奉神祇的各种立体艺术形象。中国古代佛教造像的品种很多，常见有金属铸像、泥塑彩绘像、木雕像、夹纻胎像、石雕像、玉雕像、象牙雕像、蜡雕像、砖雕像和陶瓷塑像等，还有翡翠、玛瑙、水晶、珊瑚等材质的佛教造像。其中，陶瓷造像是以陶土或瓷土为原料，塑造成型后经烧制而成。相对金、银、铜等材质而言，陶瓷原料价廉质优，适应普通民众的经济能力；相对石刻、泥塑、木雕等材质而言，陶瓷则具有耐酸碱、耐腐蚀、可塑性强、适宜批量生产等优势。加之自北宋开始，制瓷工艺的日益精湛和装饰品种的逐渐丰富，为烧造不同风格的佛教造像提供了技术保证，陶瓷佛教造像相对容易在市场竞争中占据优势，得到普通百姓的欢迎和接受，在各种质地造像中占有很大比重。元代，景德镇开始成为全国最重要的瓷器生产地，由于采用“二元配方”，提高了瓷胎中氧化铝的含量，降低了焙烧过程中的器物变形率，为大件造像的烧造创造了条件，也使得这些造像在细节上更显精致。

佛教在两汉之际传入中国，早期佛教造像艺术（主要是秣菟罗佛像艺术）通过西南丝路传入今四川地区，再由蜀地逐渐向长江流域其他地区传播[1]。伴随着佛教传入中国后的逐渐本土化过程，佛教造像也经历了一个由外来形象而逐渐中国化的发展进程。历代陶瓷佛教造像题材造型、艺术风格、时代特征及制作工艺的发展演变，如影随形般地透露出佛教

* 本文系南开大学文科发展基金项目（项目编号：ZB21BZ0303）研究成果之一。

1 黄剑华：《略论早期佛教图像的传播》，《中原文物》2014 年第 1 期。

信仰在中国的发展脉络。

1206年，蒙古族首领孛儿只斤・铁木真兼并群雄，建立了蒙古汗国。1271年，其孙忽必烈正式建国号为元，其后完成全国统一。由于元朝皇室的崇信，藏传佛教作为带有“官方”色彩的宗教，在中原大地广泛传播。与此同时，汉传佛教的禅宗、净土宗等仍在传播与发展。在这一背景下，元代的陶瓷佛教造像分为汉、藏两种风格，以下按佛部、菩萨部、罗汉部三类进行分析对比。

一、佛部造像

陶瓷佛部造像中最常见的是释迦牟尼佛造像。佛（梵文 Buddha），全称佛陀，意为福慧两足尊，也就是福德和智慧修行圆满者。佛教经典认为：佛陀形象之庄严神圣是通过实现偶像教化的功能，准确表达佛教的思想和理念。因此造佛形象必须依照严格的仪轨，历代陶瓷释迦牟尼造像都未曾脱离。

受藏传佛教传入中原的影响，元代景德镇窑佛造像在整体上承袭了藏密的造像风格，但又显示出浓郁的汉地艺术特色，造像大都头顶平缓，肉髻高隆，螺髻浓密清晰；肩方，胸宽，细腰，赤足。

上海博物馆藏景德镇窑青白釉释迦牟尼像[2]，通高41.3厘米。佛像头饰螺发，额部宽平，宽肩，细腰，跣足。着袒右肩袈裟，右肩搭袈裟边角，双手自然下垂，左手结禅定印，右手结与愿印。结跏趺坐。通体施青白釉，袈裟部分呈浅黄褐色〔图1–1〕。

北京艺术博物馆藏景德镇窑青白釉加漆描金释迦牟尼像[3]，通高51.5厘米。佛像头饰螺发，顶竖高髻，面相宽平，双目微闭，结跏趺坐。右手置胸前，结说法印，左手下垂结触地印。身着酱黑色袒右肩袈裟，上加描金彩花纹，衣褶流畅自然〔图1–2〕。

这两尊造像的体貌特征与故宫博物院藏元顺帝至元二年（1336年）铜镀金释迦牟尼造像近似，均呈现出汉、藏、尼多种因素融合的艺术风格。面部造型和整体体态都表现出中原造像的鲜明特点，但其头顶高耸的肉髻，宽阔的双肩，粗硕的四肢以及收束的腰部等特征显然受到了同时期藏传佛教造像的影响。类似风格的造像在元代亦有陶制者，如北京市海淀区出土的元代黄绿釉陶质释迦牟尼像（现藏首都博物馆），螺发高髻，脸型宽圆，大耳垂肩；身穿袒右肩袈裟，双手施禅定印，结跏趺坐于双层莲台上，莲台下方为束腰形底座，佛像后有舟形背光，背光内凹，周沿饰一道似火焰状的斜条纹〔图1–3〕。

值得注意的是，在藏式风格造像流行于大都和上都等统治中心区域的同时，内地的民间小型佛像受藏传佛教的影响却并不明显，而是更多地承袭了宋代写实之风，并在此基础

2　汪庆正主编：《中国美术分类全集・中国陶瓷全集11》，上海人民美术出版社，2000年。

3　北京文物精粹大系编委会、北京市文物局：《北京文物精粹大系・陶瓷卷下》，北京出版社，2004年。

1　　2　　3　　4

图1　元代陶瓷释迦牟尼像

1. 上海博物馆藏　2. 北京艺术博物馆藏　3. 北京海淀出土　4. 北京昌平出土

（1、3. 作者拍摄　2. 采自《北京文物精粹大系·陶瓷卷下》　4. 采自《龙泉窑青瓷》）

上略有发展变化。1966 年，北京市昌平区出土释迦牟尼佛像[4]（现藏首都博物馆），通高 25.4 厘米，头顶肉髻微隆，大耳垂肩，双目微合，面相与身形都为典型的汉地样式。上身披双领下垂式袈裟，下身着僧裙，胸前饰有凸雕的“卐”字符号，结跏趺坐于莲花宝座上，双手结禅定印于腹前。莲座下承以束腰六棱形须弥座，上层六面印各种花卉，束腰部位饰卷草纹，下为垂云纹。胎体厚重，胎色灰白。脸、胸及手的裸露部分均涩胎无釉，呈赭褐色，其他部分施豆青色厚釉〔图 1-4〕。

二、菩萨部造像

菩萨，是梵文 Bodhisattva 汉字对音的略称，全称为“菩提萨埵”，或作“菩提索埵”“冒地萨怛缚”等。菩萨形身众多，有老有少，有僧有俗，甚至有男有女。宋代以来，汉地所传佛教中信众最广的菩萨有观音、弥勒、文殊、普贤、地藏等。这些菩萨，在佛教界通常被视为某种教理的化身；而在大众的信仰中，则普遍被当作大慈大悲、救苦救难、护佑三界众生、神通广大、法力无边的象征。

（一）观音造像

陶瓷菩萨部造像以各种形象的观音菩萨造像最为多见。观音信仰约在魏晋南北朝传入民间，经过不断的调适，杂糅了儒、道思想和多种世俗文化因素，在“中国化”的道路上迅速发展。观音在宋代开始逐渐妇孺皆知，元代的观音信仰在民间信仰神系中形成了无可匹敌的崇高地位。在此背景下，元代陶瓷观音造像的本土化、世俗化特征明显。

4　张柏主编：《中国出土瓷器全集·1》，科学出版社，2008 年。

此时的观音造像已基本摆脱了早期彩绘造像的影响[5]，施釉面积加大，通体施釉的瓷塑精品屡见不鲜。

1955年北京市西城区定阜大街出土的青白釉观音坐像[6]（现藏首都博物馆），高65厘米。胎质洁白细密，通体施青白釉，观音头戴宝冠，上身披宽袖长袍，下着长裙，璎珞严身，腕戴花钏。面容端庄，神情安详〔图2-1〕。

相同风格特征的青白釉观音像在元代颇为流行，故宫博物院[7]〔图2-2〕、英国国立维多利亚与艾伯特博物馆[8]〔图2-3〕、纽约大都会艺术博物馆、法国吉美国立亚洲艺术博物馆、美国堪萨斯城纳尔逊美术馆等都收藏有类似瓷质造像。这些造像均颜容婉丽，以游戏坐姿

图2　元代青白釉观音像
1. 元大都遗址出土　2. 故宫博物院藏　3. 英国国立维多利亚与艾伯特博物馆藏　4. 安徽休宁出土　5. 江西景德镇出土
6. 山东茌平出土　7、8. 落马桥窑址出土
（1. 作者拍摄　2. 采自《故宫经典：故宫观音图典》　3. 采自《中国出土瓷器全集·11》　4. 采自《元瓷之珍》
5. 采自《景德镇陶瓷》1982年第1期　6. 采自《考古》1985年第9期　7、8. 采自《文物》2017年第5期）

5　吴明娣：《中国古代陶瓷佛教造像述略》，《佛学研究》，2002年。

6　张宁：《记元大都出土文物》，《考古》1972年第6期。

7　故宫博物院：《故宫经典：故宫观音图典》，故宫出版社，2012年。

8　汪庆正主编：《中国美术分类全集·中国陶瓷全集》，上海人民美术出版社，2000年。

居多，通体满饰璎珞花鬘，富丽华美。1958 年安徽省黄山市休宁县出土的青白釉观音像[9]〔图 2-4〕、1973 年景德镇市郊元墓出土的童子拜观音像[10]〔图 2-5〕以及 1978 年山东茌平元代窖藏出土的青白釉观音像[11]〔图 2-6〕等，属于同类中胎质稍粗者。

2012 年至 2015 年，江西省景德镇落马桥窑址发掘出土了大量瓷器标本，其中有元代晚期的青白釉菩萨像残件 2 件[12]。一件失头和右手，残高 17 厘米，白胎，青白釉，釉面有细碎开片；左腿半跏趺，右腿曲起，左手放于左膝上，右手屈肘靠右膝，坐于底座上；底座两侧分别站立善财童子和捧珠龙女〔图 2-7〕。另一件为头部和上身残件，残高 12.5 厘米，白胎青白釉，菩萨头戴花佛冠，身着璎珞，肩披绶带，右手靠右膝。此二者形制与上述传世品极为相似，为传世品提供了可靠的产地来源证明〔图 2-8〕。

1978 年浙江省杭州市文三路后至元丙子（1336 年）墓出土的青花观音像（现藏南宋官窑博物馆），高 19.6 厘米，底宽 13.5 厘米。胎质较粗，呈土黄色，器身为青白地，釉面滋润，色泽青黄。通体青花褐彩并用，以青花料勾线，发髻、颈部、袖口和腰带等施以褐彩。观音头戴凤冠，身着广袖长襦，足登履，双手下垂相握，端坐于海涛座上，座下左边一仙鹤引颈伫立，右前方一神鹿昂首跪伏。观音已是一副平民化的女性形象，其花鬓天冠远不及宋代的华丽夸张，也没有化佛贴塑，代之以同期贵妇所戴之凤冠，其余衣饰也无异于贤淑端庄的贵族妇女形象。若没有善财童子与龙女手托供品胁侍左右，颇难判断为观音造像〔图 3-1〕。

元代龙泉窑也盛烧观音造像，并且特色鲜明。龙泉窑瓷塑观音的脸、颈、手、足等肌肤裸露部分均不施釉，呈赭红色；衣、冠等其余部位皆施青釉，呈青绿、粉青等色，温润如玉。1990 年冬浙江省龙泉市兰巨乡蜜蜂岭村古田自然村出土的观音坐像[13]〔图 3-2〕，高 28.8 厘米。观音头戴宝冠，冠后为镂空火焰山形状，前为莲瓣形佛龛，龛中塑化佛像。披帛随身，璎珞环绕，一条垂带和梅花形缓带向两侧缚扎，胸部饰朵梅。左手弯曲置放于膝盖上，左腿踞起，呈游戏坐姿立于佛座上，座傍堆塑一只鹦鹉。右手平置于佛座垂带上，旁挂一只净瓶，右脚置于佛座，旁边有一童子跪拜行礼。武义县博物馆亦有类似藏品[14]〔图 3-3〕。韩国新安沉船中也出水了一件类似的龙泉窑青瓷观音塑像，塑像的右手和冠饰已缺失〔图 3-4〕，与之一同出水的还有一件龙泉窑青釉马郎妇（观音）塑像，可能反映了马郎妇为

---

9 安徽省博物馆：《元瓷之珍》，文物出版社，2009 年。

10 黄云鹏：《元代影青釉童子观音瓷雕》，《景德镇陶瓷》1982 年第 1 期。

11 刘善沂、李盛奎、孙怀生：《山东茌平县发现一处元代窖藏》，《考古》1985 年第 9 期。

12 景德镇市陶瓷考古研究所、北京大学考古文博学院、江西省文物考古研究所：《江西景德镇落马桥窑址宋元遗存发掘简报》，《文物》2017 年第 5 期。

13 张柏主编：《中国出土瓷器全集·9》，科学出版社，2008 年。

14 朱伯谦：《龙泉窑青瓷》，艺术家出版社，1998 年。

1 2 3 4

5 6 7 8

图 3　元代陶瓷观音造像

1. 浙江杭州出土　2. 浙江龙泉出土　3. 武义县博物馆藏　4、5. 新安沉船出水　6. 上海博物馆藏　7. 吉林省博物馆藏　8. 苏州博物馆藏（1、8. 作者拍摄　2. 采自《中国出土瓷器全集·9》　3、7. 采自《龙泉窑青瓷》　4、5 采自《故宫博物院院刊》2018 年第 5 期　6. 采自《中国美术分类全集 · 中国陶瓷全集 · 10》）

手持鱼篮的年轻女性形象（鱼篮观音）普及之前原始的样貌[15]〔图 3-5〕。

龙泉窑观音造像的另一个突出特点是部分造像带有背龛。背龛一般以山石祥云或如意纹等堆塑成顶罩，以海水浪花等装饰莲台底座，两侧壁台上分置宝瓶、钵盂或瑞鸟。这类造像还往往有胁侍侍者、跪拜弟子及供养人，以童子拜观音最为典型，所占比例也最大。如上海博物馆藏青釉坐龛观音像[16]〔图 3-6〕、吉林省博物馆藏青釉坐龛观音像[15]〔图 3-7〕，都有胁侍善财、龙女，各自手捧贡品立于龛柱两侧。扬州文物商店[17]、天津博物馆、安徽博物院等单位亦有类似藏品。龙泉窑坐龛观音像的烧造一直延续至明代。除青釉外，北京后英房元代居住遗址中出土有青白釉观音龛像[18]，只是形体略小，且不见龛柱两侧有胁侍者。

15 尹曦娜：《从龙泉窑青瓷塑像看观音信仰》，《故宫博物院院刊》2018 年第 5 期。

16 汪庆正主编：《中国美术分类全集 · 中国陶瓷全集 · 10》，上海人民美术出版社，2000 年。

17 扬州博物馆、扬州文物商店编：《扬州古陶瓷》，文物出版社，1996 年。

18 中国科学院考古研究所、北京市文物管理处、元大都考古队：《北京后英房元代居住遗址》，《考古》1972 年第 6 期。

元代北方陶瓷观音造像的烧造主要集中于磁州窑，以白地黑花装饰多见，仍可见男相观音。如吉林省博物馆藏元代磁州窑白地黑花观音像[19]、苏州博物馆藏元代磁州窑白地黑花观音像等[20]〔图 3-8〕，皆为男相。这类风格的观音造像，均长眉阔面，唇上三缕黑色卷须明显示现男性特征，但有别于早期石窟造像及壁画中所见之“伟丈夫”形象。元代以后，带有胡须的男相观音基本消失，观音造像更多以平民女性乃至劳动妇女的形象出现。

（二）弥勒造像

“弥勒”为梵文 Maitreya 的音译，亦译“弥帝隶”“梅低梨”“迷谤隶”等，意译“慈氏”，或以“弥勒”为姓，名“阿逸多”[21]，被尊为众大菩萨之首佛。大约自宋代起，民间开始以布袋僧的形象塑绘弥勒造像并供奉于佛殿之上，布袋弥勒以其“大腹能容，容天下难容之事；开口便笑，笑天下可笑之人”的皆大欢喜的菩萨形象逐渐深入人心，走进千家万户。

目前已知的元代瓷质弥勒造像以景德镇窑青白釉产品最具代表性。2004 年，内蒙古自治区乌兰察布市察右前旗土城子乡古城出土青白釉弥勒像[22]，高 21.5 厘米，底长 12.5 厘米，底宽 5.6 厘米。像为坐姿，丰颐大耳，微向右下视，笑容可掬。袒胸露背，挂佛珠一串，左手持物，右手置于膝上。右臂、右腿和左腿外侧袈裟上各攀附一个童子。背部及腿局部露胎，其余施青白釉〔图 4〕。

图 4　元代青白釉弥勒像
采自《内蒙古集宁路古城遗址出土瓷器》

（三）其他菩萨造像

元代的其他陶瓷菩萨造像多见龙泉窑和景德镇窑产品，大都承袭宋代写实之风，但周身装饰较宋代造像简洁。1966 年，北京市昌平区出土龙泉窑青釉文殊、普贤菩萨像各 1 尊[23]（现藏首都博物馆）。其中文殊骑狮造像，通高 24 厘米。头戴花冠，面相端庄，双目微闭，上身披双领下垂式袈裟，下身着串珠纹纱裙，胸前饰瓔珞，结跏趺坐于一狮承托的莲花宝座上，双手结禅定印于脐下〔图 5-1〕。普贤骑象造像，通高 24.7 厘米。双目紧闭，身着长袍，外披罩衣，胸前腹下垂瓔珞，双手结禅定印于脐下，结跏趺坐于象背〔图 5-2〕。装饰风格

19 钱芳、王淑玲：《奇特质朴淳风盎然——元代磁州窑白地黄花观音像》，《中国文物报》2000 年 3 月 19 日（第 3 版）。
20 任荣兴：《元磁州窑彩绘观音像》，《文物春秋》1997 年第 S1 期。
21 任继愈：《佛教大辞典》，江苏古籍出版社，2002 年。
22 张柏主编：《中国出土瓷器全集·4》，科学出版社，2008 年。
23 张柏主编：《中国出土瓷器全集·1》，科学出版社，2008 年。

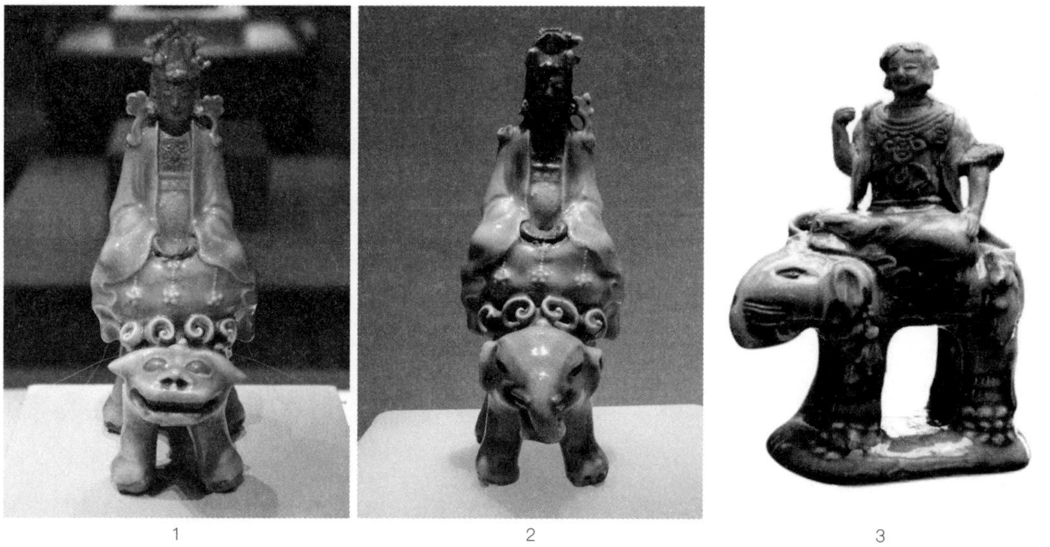

图 5　元代陶瓷菩萨像
1、2. 北京昌平出土　3. 大英博物馆藏
（1、2. 作者拍摄　3. 采自《海外珍藏中华瑰宝》）

类似的龙泉窑普贤造像在大英博物馆[24]等处也有收藏（图 5-3）。

1985 年，江西萍乡市福田乡下石村元代窖藏出土卵白釉文殊、普贤菩萨像各 1 尊[25]。其中文殊骑狮像高 11.5 厘米，长 8.5 厘米，头匝长巾代帽，身着交领长衣，肩背一袋，双手合掌；狮子造型威武健壮。普贤骑象像高 8 厘米，长 10 厘米，头戴宽沿卷边帽，满面胡须，身着交领长衣，肩背一袋，双手作弹琵琶状。象直立，形体较小，卷鼻，垂耳。

三、罗汉部造像

中国古代的陶瓷佛教造像，除前揭佛部、菩萨部外，还有“十六尊者”“十八罗汉”等罗汉，以及僧人和供养人等，一般归为罗汉部。

元代陶瓷罗汉造像目前所见实例不多。1992 年山西朔州农业局公寓元代窖藏中出土白釉罗汉像[26]（现藏于朔州市崇福寺文物管理所）。罗汉方面大耳，两目微睁，双唇抿合，两颊圆鼓，表情庄重；右袒僧衣，袒胸站立，右手上举置于胸侧作持物状，左手轻扶腰间宝袋，高 18 厘米（图 6-1）。

1994 年，江苏镇江市大市口古井出土元白釉黑褐彩供养人像[27]（现藏镇江博物馆），高

24 张怀林、林瀚：《海外珍藏中华瑰宝青瓷》，北京工艺美术出版社，2011 年。

25 萍乡市博物馆：《萍乡市发现元代青花瓷器等窖藏文物》，《江西历史文物》1986 年第 1 期。

26 张柏主编：《中国出土瓷器全集・5》，科学出版社，2008 年。

27 杨正宏、肖梦龙、刘丽文：《镇江出土陶瓷器》，文物出版社，2010 年。

14.4 厘米。造像头戴僧帽，圆领长衫，直立于圆形座上，双手捧香炉，炉中有孔，可以插香。胎色灰白，白釉微黄，像身以黑釉勾线，间以红彩，瓷座涂褐彩〔图 6-2〕。

1　　2

图 6　元代陶瓷罗汉、供养人像
1. 山西朔州出土白釉罗汉像　2. 江苏镇江出土白釉黑褐彩供养人像
(1. 采自《中国出土瓷器全集 5》　2. 采自《镇江出土陶瓷器》)

四、元代陶瓷佛教造像与佛教信仰

元代皇帝对各种宗教采取了兼收并蓄的政策，重佛道而轻儒学，对佛教，尤其是藏传佛教，极为崇重。从 1260 年忽必烈迎请八思巴至大都并封为国师，领宣政院事，管理佛教及藏区事务，直至元朝灭亡，元大都都作为西藏密法在内地传播的中心之一，藏传佛教一直十分兴盛。

元代重视佛像的塑绘，设有梵像提举司以统管绘画佛像及土木刻削之工，尼泊尔艺匠阿尼哥长期主持绘塑工作，深受朝廷重用，大都、上都等处寺观之像多出其手，把尼泊尔的金工技艺、造像风格，传播到内地，流风所及，影响到整个元代艺术，培养出一批刘元那样的优秀雕塑家。阿尼哥及其弟子们的造像活动对元代西藏和内地佛像艺术产生了深刻的影响，促进了西藏佛像艺术风格的转化和统一，同时也带动了其与汉传佛像艺术的广泛交流与融合。

元代陶瓷佛教造像流行汉藏两种风格。一类受藏传佛教传入中原的影响，这一时期特别是社会上层的主流造像风格。如元代景德镇窑佛造像在整体风格上就承袭了藏传佛教的造像风格，与汉地造像艺术相结合，大都头顶平缓，肉髻高隆，螺髻浓密清晰，肩方，胸宽，细腰，赤足；菩萨像则颜容婉丽，以游戏坐姿居多，通体满饰瓔珞花鬘，装饰繁缛，富丽华美。明清时期，藏传佛教的影响并没有随着元亡而落寂，而是继续受到明清两朝皇室的扶植和尊崇。另一类则是内地传统造像，这类民间小型陶瓷造像受藏传佛教影响并不明显，而是承袭宋代写实之风，局部略有变化。

需要指出的是，元代陶瓷质佛教造像不仅数量多，而且质量远高于宋金时期，这一方面反映了佛教世俗化以后信众日广，另一方面也反映了以制瓷手工业工艺进步为基础，特别是景德镇窑、龙泉窑的造像，无论是对宗教艺术的把握，还是工艺技法，都达到了前所未有的高度，为明清时期陶瓷造像的昌盛奠定了基础。

元代瓷质砚滴考论

李晔（北京艺术博物馆）

摘要：瓷质砚滴元代是制瓷业的吉光片羽，也是工艺美术风格转型的重要物证。元代瓷质砚滴质量最高者，产地为景德镇和龙泉窑。元代瓷质砚滴造型丰富，其形制可分为象生型、水注型、复合型三类，现实生活中富有情趣的美好事物、意向和场景，都被引入砚滴的设计制作。砚滴作为一种瓷器手工业制品，基本的也是首要的价值是使用价值。砚滴的出水方式主要包括吸管滴注、孔口滴水和流管出水；控水则均是利用气压断水。元代的瓷质砚滴“物用有宜”，是实用与美观完美结合的手工业制品。

关键词：元代　砚滴　形制　器用　景德镇　龙泉窑

笔、墨、纸、砚，是中国古代文房用具，素有“文房四友”“文房四宝”之称。毛笔书写是以水为媒介、为基础的，从滴水研墨，润笔蘸墨，再到清水涴笔，水必不可少，贯穿始终。按照器用的不同，文房中的水器可分为两类，一类是贮存、灌注研墨用水的砚滴和水盂；另一类是用于润笔、涴笔的笔洗。文房水器以瓷质为主，即是不可或缺的实用器皿，又是桌案之上的清供文玩，实为文房“第五宝”。本文讨论的元代瓷质砚滴，体量虽小，却是元代制瓷业的吉光片羽，也是元代工艺美术风格转型的重要物证。正如《论语》言：“虽小道，必有可观者焉。”[1]本文将从定名、源流、形制、器用等方面对元代瓷质砚滴作出考证论述。

一、定名与溯源

本文考论元代瓷质砚滴，是一个断代的研究，有必要首先对砚滴的器物历史作出概略的梳理，理清定名、源流等基本问题。

砚滴是用以盛、注研墨用水的文房器具，亦称“滴”“书滴”“水滴”等。文献所见砚

1　陕西师范大学历史文化学院：《汉籍全文检索系统（第四版）》，陕西师范大学，2004年。

滴的最早记载，是汉晋时期成书的《西京杂记》。书中记载西汉广川王刘去盗晋灵公冢，得“玉蟾蜍一枚，大如拳，腹空，容五合水，光润如新，王取以为书滴”[2]。可知此砚滴象生蟾蜍，玉质，大小如拳，储水相当于现在的五百毫升。《西京杂记》据传是西汉末年刘歆所著，东晋葛洪辑抄，并非全为信史。对于砚滴的溯源，还需考古资料的验证。孙机《汉代物质文化图说》〔图1〕载：“汉代则有各式铜质砚滴。传世砚滴有作兽形的，河南偃师、焦作与广西昭平均曾出土其实例。”[3]《湖南陶瓷》发表一件东汉岳州窑青竹寺窑址出土蟾蜍形砚滴[4]〔图2〕。故至迟东汉已有砚滴，最早的瓷质砚滴也出现于东汉。最早的纪年瓷质砚滴，是浙江省嵊州市东吴太平二年（257年）墓出土越窑青釉蟾滴[5]〔图3〕。

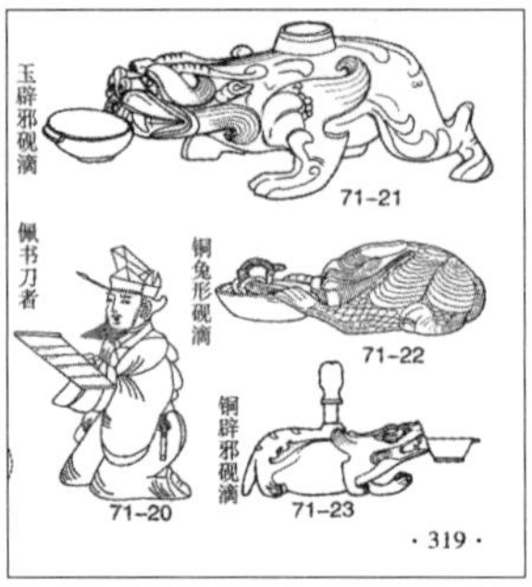

图1　孙机《汉代物质文化图说》中的砚滴

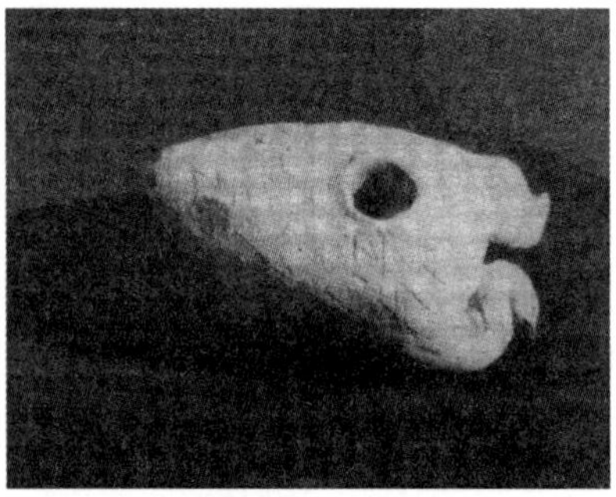

图2　东汉岳州窑青竹寺窑址出土蟾蜍形砚滴

图3　越窑青釉蟾滴
1987年浙江省嵊州市浦口镇大塘岭东吴太平二年（257年）墓出土
嵊州市文物管理委员会藏

图4　东汉主簿图
1952年河北省望都县一号汉墓出土原址保存
（采自《中国出土壁画全集 河北卷》）

砚滴是服务研墨的器具，其形制与墨的形制、研墨的方式密切关联。魏晋南北朝之前，墨的主要形制是墨丸，用砚子在砚堂碾碎后〔图4〕，加水研墨，对于水量和水流的控制没有太高的要求。魏晋南北朝之后，墨块成为墨的主要形制，使用时“点水磨墨”[6]，随用随砚；加之砚池浅小，容量有限，要求出水少且断水自如。宋代赵希鹄在《洞天清录》《水滴辨·晋人水盂》载：“余尝见长沙同官有小铜器，形如桶，可容今一合，号‘右军研水盂’，其底内有‘永和’字，此必晋人贮水以添研池者也。古人无水滴，晨起则磨墨汁盈砚池，以供一日用，墨尽复磨，故有水盂。”[7]

瓷是古代砚滴最早使用、也是最主要的材质，现今所见的古代砚滴也多为瓷质。瓷质砚滴盛水不渗漏，莹润的釉质具有类玉的效果，实用美观，价格也相对低廉，深受文人喜爱。

2　陕西师范大学历史文化学院：《汉籍全文检索系统（第四版）》，陕西师范大学，2004年。
3　孙机：《汉代物质文化图说》，上海古籍出版社，2008年，第321页。
4　周世荣：《湖南陶瓷》，中南大学出版社，2010年，第413页。
5　张柏主编：《中国出土瓷器全集·9》，科学出版社，2008年，第31页。
6　（宋）米芾：《砚史》，《宋元普录丛编文房四谱（外十七种）》，上海书店出版社，2015年，第190页。
7　（宋）赵希鹄：《洞天清录》，浙江人民美术出版社，2016年，第38页。

宋·刘子翚《书斋十咏·砚瓶》赞曰："小瓶防砚渴，埏填自良工，怀抱清谁见，聊凭一滴通。"[8] 明屠隆在《考槃馀事·文房器具笺》记载、品鉴了多种瓷质砚滴，"陶者，有官、哥翁肚元式，有钵盂小口式者，有仪楞肚者，有青东瓷菊瓣翁肚元足者，有定窑印花长样如瓶，但敞口可以贮水者，有元肚、束口、三足者，有龙泉翁肚、周身细花纹者。近新烧均窑，俱法此式，奈不堪用"[9]。

二、形制

按照工艺美术风格的不同，瓷质砚滴形制的演变可粗略分为三个时期：第一是东汉至魏晋南北朝神秘风格时期；第二是唐宋神秘和世俗风格并行期；第三是元明清"言必有意、意必吉祥"的造物、装饰风格占据主导地位的时期。

第一期的砚滴以象生型为代表，典型器是具有辟邪特征的蟾形砚滴和代表方位神的玄武砚滴。在分裂的历史大背景下，这一时期的砚滴多带有地域性的神秘风格和早期道教色彩，体现礼制的威严。烧造窑场以江南的越窑为代表。造物理念遵从"是其类也"的原则，即砚滴为水器，所以象生型砚滴也多肖形水生动物，如蟾蜍、凫、龟等；或者采用代表北方和阴性的玄武、兔造型。北宋初年的《新定三礼图》是解释中国古代礼制的附图文献，其中载言："周之礼饰器各以其类。今既用水为洗，以金饰口缘朱中，其外油画水文菱花及鱼以饰之，是其类也。"[10] 北宋末年的《重修宣和博古图》也有类似表述[11]。

第二期砚滴仍以象形为主，典型器为三足蟾滴，较前的重要变化是，造型由带有辟邪特征的四足蟾蜍变为瑞兽化的三足蟾蜍。此外还出现了文房水注和复合型砚滴。这一时期礼制的威严、神秘与世俗的吉祥文化并行，蟾滴由四足变为三足，本身就是神秘、威严风格向吉世俗祥吉寓意转变的体现。在大一统的历史时期和地域范围内，产地由江南扩大到北方，以唐代的邢窑、巩义窑，宋代的定窑、耀州窑为代表；南方则以唐代的长沙窑，宋代的越窑、景德镇、龙泉窑为代表。

第三期，元代的工艺美术已经完全转变以人为本的世俗风格，具有吉祥寓意的手工业制品大行其道，成为市场的主流。元代瓷质砚滴造型较前更为丰富，祥瑞动植物、文士僧侣、童子牧牛、乘舟游兴等现实生活中富有情趣的美好事物、意向和场景，都被引入砚滴的设计制作，构思巧妙，精巧别致。此外，水注和砚滴的造型也发生了融合，复合型砚滴也有精彩作品传世。窑场以景德镇和龙泉窑最为重要，质量最高。明清时期，在延续前朝意趣

---

8 陕西师范大学历史文化学院：《汉籍全文检索系统（第四版）》，陕西师范大学，2004年。

9 （明）屠隆：《考槃馀事》，《子海精华编》，凤凰出版社，2017年，第71、72页。

10（宋）聂崇义：《新定三礼图》，浙江人民美术出版社，2016年，第177页。

11（宋）王黼：《重修宣和博古图》，广陵书社，2010年，第546页。

的基础上，“意必吉祥”成为了工艺美术品设计制作的最重要理念和原则，在帝王、文人、市民和工匠的合力下，开启了一个吉祥寓意工艺美术风格走向极致巅峰的时代。

元代瓷质砚滴形制可分为象生型、注壶型、复合型三类。

（一）象生型

成书于20世纪20年代的《饮流斋说瓷》如此定义砚滴：“水滴，像形者，其制甚古，蟾滴、龟滴由来已久，古者以铜、后世以瓷。明时有蹲龙、宝象诸状，凡作物形而贮水不多则名曰滴，不名曰盂。”[12]以象生作为砚滴定义的主要内涵。砚滴自东汉诞生以来，象生型一直是砚滴的主流形制，元代也不例外。元代的象生型砚滴可细分为瑞兽形、人物形、植物形、船形等。

1. 瑞兽形

瑞兽是具有吉祥寓意的动物造型，有的完全写实，有的则加入了神话元素。作为砚滴造型的瑞兽包括蟾蜍、鸟、龟、狮子、玄武、辟邪、摩羯、麒麟等。

从东汉到清末漫长的历史岁月中，蟾蜍形是经久不衰的砚滴形制，在文献记载中，蟾蜍形砚滴多称“蟾滴”“砚蟾”，常作为砚滴的代名词。蟾蜍是月与阴性的代表，并被赋予了长寿、避兵、蟾宫折桂等多种吉祥寓意。汉张衡《灵宪》：“羿请无死药于西王母，姮娥窃之以奔月……遂托身于月，是为蟾蜍。”[13]〔图5〕在传说中，蟾蜍具有长寿的象征意义；经过后世不断地附会、阐发，越发神通广大。《抱朴子·内篇》：“肉芝者，谓万岁蟾蜍，头上有角，颔下有丹书八字再重。”[14]宋王明清《挥麈后录》：“道家者流，谓蟾蜍万岁，背生芝草，出为世之嘉祥。政和初，黄冠用事，符瑞翔集。李譓以待制守河南，有民以为献者，譓即以上进。祐陵大喜，布告天下。百官称贺于廷，上表云：‘九天睿泽，溥及含灵。万岁蟾蜍，聿生神草。本实二物，名各一芝。或善辟兵，或能延寿。乃合为于一体，允特异于百祥。’”[15]

图5　西汉神人、女娲月轮图
1992年河南省洛阳市西郊浅井头汉墓出土　现存于洛阳古墓博物馆
（采自《中国出土壁画全集·河北卷》）

宋代之后，随着科举制的发展和士人阶层的完全崛起，象征科举考试登科的“蟾宫折桂”，成为蟾滴承载的最重要文化寓意。元曲《金钗记》有词：

12 许之衡：《饮流斋说瓷》，《古玩宝典·6》，巴蜀书社，1994年。

13 陕西师范大学历史文化学院：《汉籍全文检索系统（第四版）》，陕西师范大学，2004年。

14 陕西师范大学历史文化学院：《汉籍全文检索系统（第四版）》，陕西师范大学，2004年。

15 陕西师范大学历史文化学院：《汉籍全文检索系统（第四版）》，陕西师范大学，2004年。

图 6　西晋越窑青釉兔形砚滴
1976 年湖北省鄂州钢铁厂工地出土
湖北省博物馆藏
（采自《中国出土瓷器全集·13》）

图 7　北宋越窑青釉蟾滴
1983 年浙江省慈溪市彭东寺龙村出土
慈溪市博物馆藏

图 8　南宋湖田窑青白釉蟾滴
1982 年四川遂宁窖藏出土
四川宋瓷博物馆藏

“从别家乡，期逼春闱，催赴科场。鹏程展翅，蟾宫折桂，幸喜名标金榜。”[16] 蟾滴作为文人案头文房器物，还承载了文人或豪情悲壮、或孤苦自怜的情感投射。如元陶宗仪《南村辍耕录》：“研山不复见，哦诗徒叹息，唯有玉蟾蜍，向余频唤滴。”[17]

在文献中，蟾滴多有记载。宋岳柯《桯史·晋盆杅》载，晋永宁元年（301 年）墓葬出土一件砚滴，“有小瓷瓶，如砚滴，窍其背为虾蟆形，制甚朴”[18]。宋刘克庄《后村集·蟾蜍砚滴》：“铸出爬沙状，儿童竞抚摩。背如千岁者，腹奈一轮何。器较罂小，功于几砚多。所盛涓滴水，后世赖余波。”[19]《宋诗抄·龙云集抄》：“松丸暖动蟾蜍滴，消杀风光盍付诗。”[20] 宋陆游《不睡》：“水冷砚蟾多薄冻，火残香鸭尚微烟。”[21]

从实物资料看，蟾滴是东汉到魏晋南北朝最主要的砚滴形制〔图 6〕；唐宋时期蟾滴失去了主导地位，水盂作为服务研墨的文房用具更加流行，但仍可见精彩的瓷质砚滴作品，如北宋越窑青釉荷叶蟾滴[22]〔图 7〕和南宋金鱼村窖藏出土湖田窑青白釉蟾滴[23]〔图 8〕。这一时期蟾滴的文化内涵发生有所变化，相应的形制也发生了变化——三足变为四足，具有辟邪特征的双翼消失不见。元代的蟾滴实物有福建省晋江市磁灶镇土尾庵窑址出土、元磁灶窑褐釉蟾滴[24]〔图 9〕。

元代的瑞兽形砚滴还有狮形、鸟形、驴形、鱼形、麒麟形、摩羯形等。器物举例如下。

---

16 陕西师范大学历史文化学院：《汉籍全文检索系统（第四版）》，陕西师范大学，2004 年。

17 陕西师范大学历史文化学院：《汉籍全文检索系统（第四版）》，陕西师范大学，2004 年。

18 景德镇陶瓷学院、中国陶瓷文化研究所编，陈雨前、余志华主编：《中国古代陶瓷文献影印辑刊（第 4 辑）》，世界图书出版广东有限公司，2013 年，第 1040 页。

19 陕西师范大学历史文化学院：《汉籍全文检索系统（第四版）》，陕西师范大学，2004 年。

20 陕西师范大学历史文化学院：《汉籍全文检索系统（第四版）》，陕西师范大学，2004 年。

21 陕西师范大学历史文化学院：《汉籍全文检索系统（第四版）》，陕西师范大学，2004 年。

22（宋）米芾：《砚史》，《宋元普录丛编文房四谱（外十七种）》，上海书店出版社，2015 年，第 190 页。

23 李伟纲、何瀛中主编：《宋瓷精粹：金鱼村窖藏研究》，四川美术出版社，2001 年，第 101 页。

24 张柏主编：《出土瓷器全集·11》，科学出版社，2008 年，第 164 页。

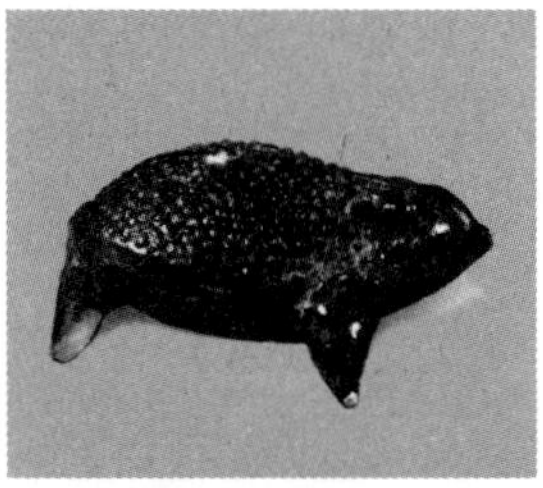

图 9　元磁灶窑褐釉蟾滴
福建省晋江市磁灶镇土尾庵窑址出土
福建博物院藏

图 10　元湖田窑青白釉狮形砚滴
湖田窑址出土

图 11　元龙泉窑青釉狮形砚滴
上海博物馆藏

图 12　元湖田窑青白釉驴形砚滴
湖田窑址出土

图 13　元青白釉鸭形砚滴
美国伍斯特艺术博物馆藏

图 14　元青白釉绶带鸟桃形砚滴
美国波士顿美术博物馆藏

图 15　元青花双凫形砚滴
美国波士顿美术博物馆藏

图 16　元龙泉窑青釉鱼形砚滴
新安海底沉船出水
韩国国立中央博物馆藏

狮形砚滴有湖田窑址出土标本[25]〔图 10〕和元龙泉窑青釉狮形砚滴[26]〔图 11〕；驴形有湖田窑址出土青白釉标本[27]〔图 12〕，驴常作为文人坐骑，在文学作品和画作中均有体现；鸟形有美国伍斯特艺术博物馆藏鸭形砚滴〔图 13〕，美国波士顿美术博物馆藏绶带鸟桃形砚滴[28]〔图 14〕和青花双凫形砚滴〔图 15〕；鱼形有新安海底沉船出水、元龙泉窑青釉鱼形砚滴[29]〔图 16〕；神话动物有元景德镇窑青白釉摩羯形砚滴，景德镇落马桥遗址出土〔图 17〕。

图 17　元景德镇窑青白釉摩羯形砚滴
景德镇落马桥遗址出土

2. 人物形

人物形砚滴出现于晚唐五代时期，元代较为流行，造型多为文士、僧人、童子等。元代人物形砚滴以景德镇青白釉、青白釉褐彩砚滴和龙泉窑青釉砚滴最为精良。器物举例如下。

湖田窑址出土人物砚滴均为两面合范模制成形，有青白釉文士砚滴标本〔图 18〕，孩童

25 江西省文物考古研究所、景德镇民窑博物馆编：《景德镇湖田窑址：1988—1999 年考古发掘报告（上）》，文物出版社，2007 年，第 280 页。

26 汪庆正主编：《中国陶瓷全集・10》，上海人民美术出版社，2000 年，第 116 页。

27 江西省文物考古研究所、景德镇民窑博物馆编：《景德镇湖田窑址：1988—1999 年考古发掘报告（上）》，文物出版社，2007 年，第 282 页。

28 本文引用国外藏品资料，如无注释，均来自藏品所在博物馆官网。

29 沈琼华主编：《大元帆影：韩国新安海底沉船出水文物精华》，文物出版社，2012 年，第 127 页。

图 18　元湖田窑青白釉文士元砚滴
湖田窑址出土

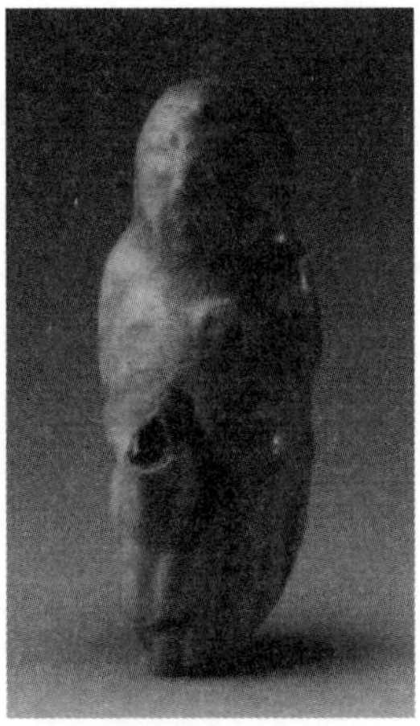

图 19　元湖田窑青白元釉孩童坐墩形砚
湖田窑址采集

图 20　元青白元釉童子砚滴
英国巴斯东亚艺术博物馆藏

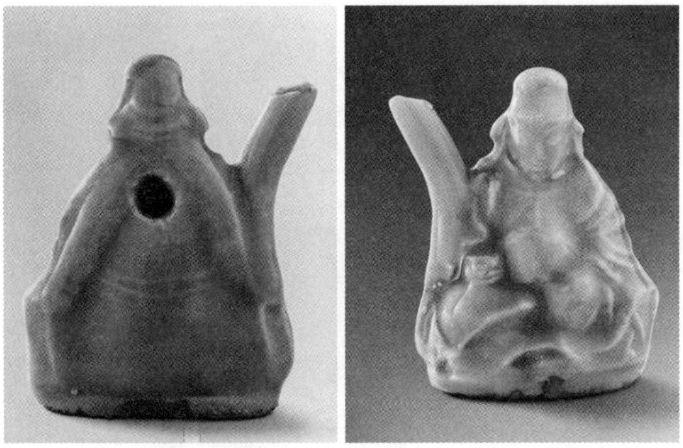

图 21　元龙泉窑青釉文士形砚滴
韩国新安海底沉船出水
韩国国立中央博物馆藏

图 22　元龙泉窑青釉佛像砚滴
2016 年江苏太仓樊村泾元代遗址出土
太仓博物馆藏

坐墩形砚滴标本[30]〔图 19〕；英国巴斯东亚艺术博物馆藏青白元釉童子砚滴〔图 20〕，韩国新安海底沉船出水元龙泉窑青釉文士形砚滴[31]〔图 21〕，江苏太仓樊村泾元代遗址出土元龙泉窑青釉佛像砚滴[32]〔图 22〕。

3. 童子牧牛形

元代瓷质砚滴完全摆脱了之前的神秘风格，呈现出人本主义风格，具有灵动的生活气息，反映出士人对于出世和归隐的向往。此种砚滴以童子牧牛造型最具代表性，且大为流

30　江西省文物考古研究所、景德镇民窑博物馆编：《景德镇湖田窑址：1988—1999 年考古发掘报告（上）》，文物出版社，2007 年，第 279 页。

31　江西省文物考古研究所、景德镇民窑博物馆编：《景德镇湖田窑址：1988—1999 年考古发掘报告（上）》，文物出版社，2007 年，第 132 页。

32　苏州市考古研究所、太仓博物馆编：《太仓樊村泾元代遗址出土瓷器精粹》，上海古籍出版社，2018 年，第 101 页。

行，精品多烧造于景德镇和龙泉。

童子牧牛是人与动物造型的结合，除表现田园意向外，还具有禅意，是宋元时期文人喜爱的艺术母题。禅宗惯用“牧牛”譬喻“修心”，即将牧童比作人，将“牛”比作“心性”，后来许多牧牛公案逐渐形成图卷，并由许多禅师依据图卷作成偈颂，从而成为图文并茂的禅门心法著作。普明禅师所作的“牧牛图颂”是禅诗中的佼佼者。牧牛图颂分为十大阶段：未牧、初调、受制、回首、驯伏、无碍、任运、相忘、独照、双泯，主要着眼于调伏妄心、证悟本来，讲究修行次第、历阶而升，最终证得人牛两忘、法法圆融的究竟涅槃境界。

童子牧牛砚滴造型多为童子侧身骑牛，双手执牛角，显得轻松老练；牛则昂首顺应牧童，呈现出驯服体态。实物有韩国新安海底沉船出水青白釉童子牧牛砚滴〔图 23〕、青白釉褐彩童子牧牛砚滴〔图 24〕，美国费城艺术博物馆藏元青白釉褐彩童子牧牛砚滴〔图 25〕，美国克利夫兰艺术博物馆藏青白釉褐彩童子牧牛砚滴〔图 26〕，浙江省泰顺县南浦村窖藏出土元龙泉窑青釉童子牧牛砚

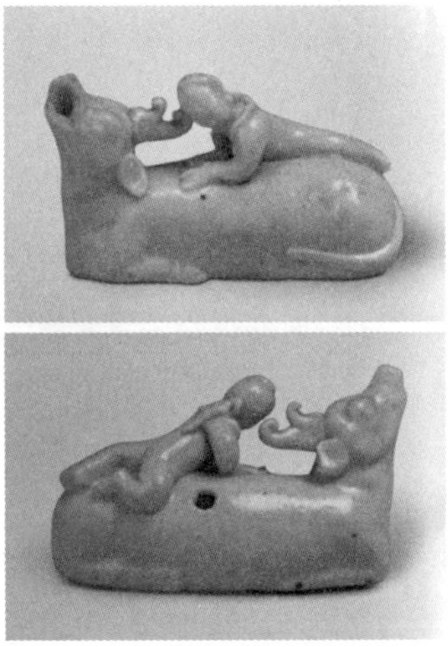

图 23　元青白釉童子牧牛砚滴
韩国新安海底沉船出水
韩国国立中央博物馆藏

图 24　元青白釉褐彩童子牧牛砚滴
韩国新安海底沉船出水
韩国国立中央博物馆藏

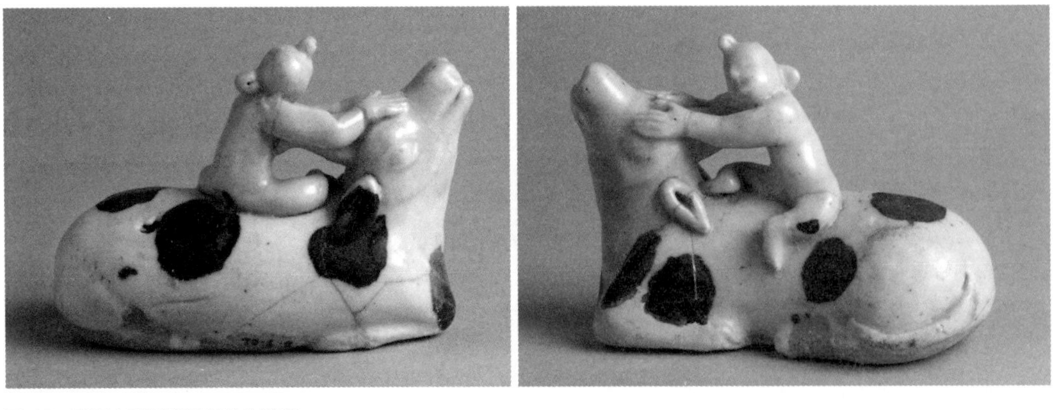

图 25　元青白釉褐彩童子牧牛砚滴
美国费城艺术博物馆藏

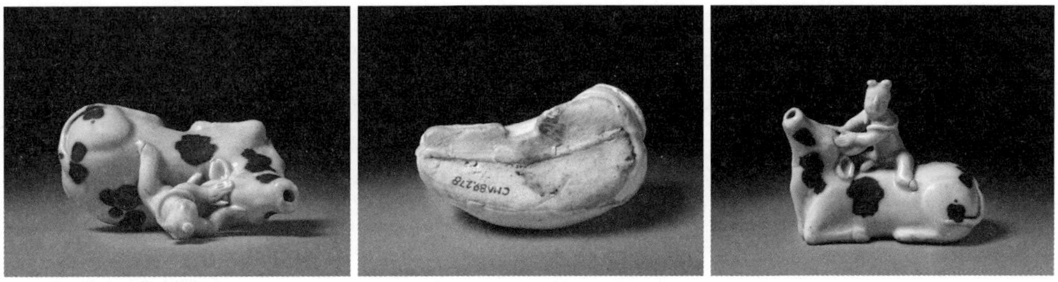

图 26　元青白釉褐彩童子牧牛砚滴
美国克利夫兰艺术博物馆藏

图 27　元龙泉窑青釉童子牧牛砚滴
浙江省泰顺县南浦村窖藏出土
泰顺县博物馆藏

图 28　元青白釉褐彩胡人牧牛砚滴
韩国新安海底沉船出水
韩国国立中央博物馆藏

图 29　元龙泉窑青釉褐彩麒麟送子砚滴
上海博物馆藏

图 30　元青白釉牛形砚滴
湖田窑址出土

滴[33]〔图 27〕。

另外，与童子牧牛造型类似的砚滴还有韩国新安海底沉船出水青白釉褐彩胡人牧牛砚滴〔图 28〕，上海博物馆藏元龙泉窑青釉褐彩麒麟送子砚滴[34]〔图 29〕，湖田窑发掘报告所见 C 型牛形砚滴标本[35]〔图 30〕，牛背造型残缺，从其残断部分判断，应是童子牧牛造型。

4. 船形

船形砚滴的造物旨趣不在于逼肖船形，而是对于文人乘舟游兴场景的再现，捏塑的小人才是舟形砚滴的主角，体现了文人寄情山水、归隐江湖的情怀。实物举例如下。

荷兰阿姆斯特丹国立博物馆藏元景德镇青白釉舟形砚滴〔图 31〕，静乐轩藏元湖田窑青白釉船形砚滴[36]〔图 32〕，浙江省龙泉市上严儿村出土元龙泉窑青釉船形砚滴[37]〔图 33〕，美国

33　苏州市考古研究所、太仓博物馆编：《太仓樊村泾元代遗址出土瓷器精粹》，上海古籍出版社，2018 年，第 117 页。
34　苏州市考古研究所、太仓博物馆编：《太仓樊村泾元代遗址出土瓷器精粹》，上海古籍出版社，2018 年，第 101 页。
35　江西省文物考古研究所、景德镇民窑博物馆编：《景德镇湖田窑址：1988—1999 年考古发掘报告(上)》，文物出版社，2007 年，第 280 页。
36　汪庆正主编：《中国陶瓷全集・11》，上海人民美术出版社，2000 年，第 82 页。
37　苏州市考古研究所、太仓博物馆编：《太仓樊村泾元代遗址出土瓷器精粹》，上海古籍出版社，2018 年，第 101 页。

图 31　元青白釉舟形砚滴
荷兰阿姆斯特丹国立博物馆藏

图 32　元青白釉船形砚滴
静乐轩藏

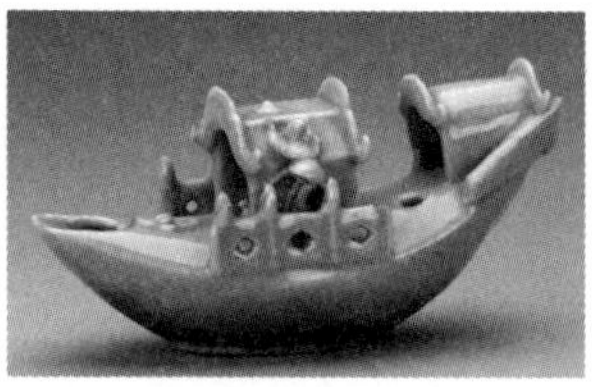

图 33　元龙泉窑青釉船形砚滴
浙江省龙泉市上严儿村出土
浙江省博物馆藏

图 34　元末明初龙泉窑青釉舟形砚滴
美国大都会艺术博物馆藏

大都会艺术博物馆藏元末明初龙泉窑青釉舟形砚滴〔图 34〕。

5. 其他

元代的象生型砚滴造型非常广泛，具有美感的事物都可纳入设计取材范围，如美国哈佛大学艺术博物馆藏青白釉纺轮形砚滴〔图 35〕，美国大都会艺术博物馆藏元钧釉水滴〔图 36〕。

图 35　青白釉纺轮形砚滴
美国哈佛大学艺术博物馆藏

（二）注壶型

注壶，原本是盛注水或酒的容器，用于点茶或者斟酒。注壶型砚滴，是注壶的微缩，用作文房水器，被称为水注。

用作砚滴的瓷质水注出现于唐代，代表器物如唐长沙窑龙柄水注，后世均有烧造。明屠隆在《考槃馀事・文房器具笺》中撰写了四十余种文房器具，有水注而无砚滴。从其器物描述看，"水注"实为砚滴。"陶者，有官、哥方圆壶，有立瓜、卧瓜壶，有双桃注，有双莲房注，有牧童卧牛者，有方者，有笔格内贮水用者。有定窑枝叶缠撮瓜壶，有驼壶，可格笔，有蟾注。有冬青磁天鸡壶，底有一窍者。有宣窑五彩桃注、石榴注、双瓜注，彩色类生有双鸳注、鹅注，工緻精极，俱可入格"[38]。

图 36　元钧釉水滴
美国大都会艺术博物馆藏

元代景德镇青白釉水注形砚滴制品很多，龙泉窑青釉水注形砚滴也很常见。湖田窑址考古发掘报告发表多件注壶形砚滴[39]，如袋形砚滴Ⅲ式标本〔图 37〕、扁壶状砚滴标本〔图 38〕、多边形砚滴标本〔图 39〕、葫芦形砚滴标本〔图 40〕。完整器有美国底特律美术馆藏元青白釉印花扁壶形水注〔图 41〕，江苏溧水永阳镇元代窖藏出土元晚

图 37　元青白釉袋形砚滴Ⅲ式标本
湖田窑址出土

38（明）屠隆：《考槃馀事》，《子海精华编》，凤凰出版社，2017 年，第 71、72 页。

39 江西省文物考古研究所、景德镇民窑博物馆编：《景德镇湖田窑址：1988—1999 年考古发掘报告（上）》，文物出版社，2007 年，第 280 页。

图 38　元青白釉扁壶状砚滴标本
湖田窑址出土

图 39　元青白釉多边形砚滴标本
湖田窑址出土

图 40　元青白釉葫芦形砚滴标本
湖田窑址采集

图 41　元青白釉印花扁壶形水注
美国底特律美术馆藏

图 42　元龙泉窑青釉瓜形水注
韩国新安海底沉船出水
韩国国立中央博物馆藏

图 43　元青白釉瓜棱水注
美国弗利尔 – 赛克勒美术馆藏

图 44　元龙泉窑青釉水注
美国底特律美术馆藏

期枢府釉印花葫芦形水注[40]，湖南宁乡冲天湾遗址瓷器窑藏出土宋末元初青白釉水注[41]，韩国新安海底沉船出水元龙泉窑青釉瓜形水注[42]〔图 42〕，美国弗利尔—赛克勒美术馆藏元青白釉瓜棱水注〔图 43〕，美国底特律美术馆藏龙元泉窑青釉水注〔图 44〕。

（三）复合型

唐宋以降，匠人的巧思逐渐增多，复合型文房用具出现。就砚滴来说，如晚唐五代邢窑白釉带流水盂[43]〔图 45〕，就是创造性地给水盂加装了流，时期实现了注水研磨的功能。元代复合型的代

40　高茂松：《江苏溧水永阳镇元代窖藏出土的瓷器与初步认识》，《东南文化》2011 年第 2 期。

41　何赞：《湖南宁乡冲天湾遗址 H29 瓷器窖藏坑发掘简报》，《文博》2016 年第 6 期。

42　江西省文物考古研究所、景德镇民窑博物馆编：《景德镇湖田窑址：1988—1999 年考古发掘报告（上）》，文物出版社，2007 年，第 107 页。

43　赵庆钢、张志忠主编：《千年邢窑》，文物出版社，2007 年，第 125 页。

图 45　晚唐五代邢窑白釉带流水盂
故宫博物院藏

图 46　元青花山行蟾蜍笔架砚滴
1987 年杭州朝晖商业储运公司工地出土
杭州市博物馆藏

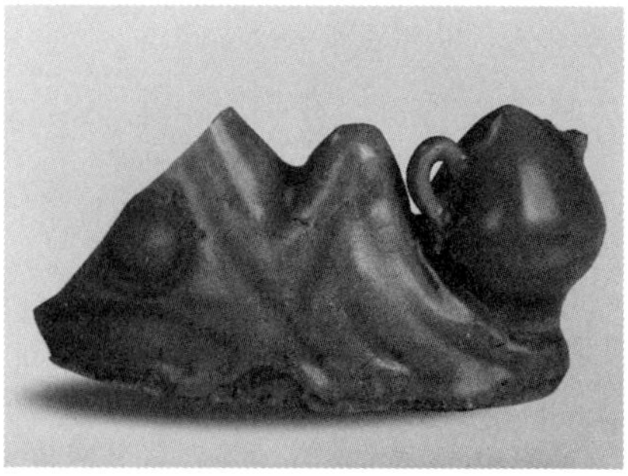

图 47　元龙泉窑青釉笔架水盂
2016 年江苏太仓樊村泾元代遗址出土
太仓博物馆藏

表是笔架砚滴，如杭州出土元青花山行蟾蜍笔架砚滴[44]〔图 46〕；太仓樊村泾元代遗址出土龙泉窑青釉笔架水盂[45]〔图 47〕。

三、器用

砚滴作为一种瓷器手工业制品，基本的也是首要的价值是使用价值，之后才是附着其上的文化、艺术价值，所以有必要对于砚滴的器用进行探讨。砚滴的用途是出水研墨，出水爽利，断水自如，是评判一只砚滴是否好用的主要标准。砚滴的出水方式主要包括吸管滴注、孔口滴水和流管出水；控水则均是利用气压断水。

图 48　南宋龙泉窑青釉砚滴
美国印第安纳波利斯艺术博物馆藏

吸管滴注是最早出现砚滴的出水方式，东汉至魏晋南北朝的砚滴大多采取此种方式。宋元时期仍有此种砚滴，如美国印第安纳波利斯艺术博物馆藏南宋龙泉窑青釉砚滴〔图 48〕，英国东亚巴斯艺术博物馆藏元青白釉童子砚滴〔图 49〕。此种砚滴文献亦有记载，《尧山堂外纪》载，鲜于枢有一狮形砚滴，“莹如碧玉，须须、眉眼、肤理、衣摺，种种精致，蛮脑为窍，置吸子。乃汉物也。把玩未尝释手。一日，于西湖断桥水阁倚阑，偶堕吸子湖中，百计求之不得。既他往。逾三年，复来断桥俯瞰湖波，适霜降水落，泥渍星朗，曩时吸子俨然可掬，便解衣泅取，如获至宝。赐号曰神人狮子。一时能诗者歌咏其事”[46]。其中的“吸子”，即滴管。由

图 49　元青白釉童子砚滴
英国东亚巴斯艺术博物馆藏

44 北京艺术博物馆、首都博物馆主编:《元青花》，河北教育出版社，2009 年，第 146 页。

45（明）屠隆：《考槃馀事》，《子海精华编》，凤凰出版社，2017 年，第 104 页。

46 陕西师范大学历史文化学院：《汉籍全文检索系统（第四版）》，陕西师范大学，2004 年。

于滴管易损、易失，器物资料中所见带滴管的砚滴极少，存世不多。另外《槐荫消夏图》〔图 50〕、《撵茶图》〔图 51〕中所绘砚滴，配有滴管，可为佐证。

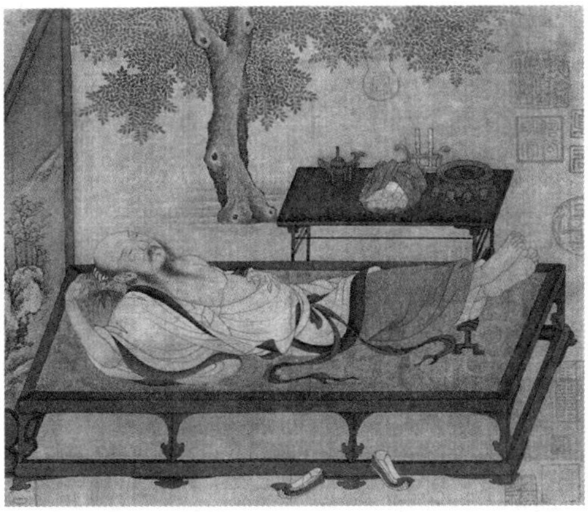

图 50 槐荫消夏图
北宋佚名
故宫博物院藏

图 51 撵茶图
南宋刘松年
台北故宫博物院藏

两孔砚滴自宋代开始流行，孔口滴注成为砚滴出水的主要方式。此种砚滴进、出水口分设于器物的两端，一般上端为进水口，前端为出水口，进水口兼有控制水流的作用。论及具体使用方法，宋末元初俞琰《席上腐谈》载："即如铜水滴，捻其窍，则水不滴，放之则滴。"[47] 清孙廷铨在《颜山杂记》中载："凡为砚滴，先得顶口，次得腹，次得提，后得吐水。"[48] 清胡煦在《周易函书约存》写道："书滴，上下两孔，故可以泄水。即坎卦上下两阴而中阳流动之义。若使塞其一孔，则一孔不泄，故朱子谓：'坎塞其下流，则潴而为泽。'泽固停蓄不泄之水也。"[49] 元代瓷质砚滴多为两孔砚滴；水注则采取流管出水的方式；象生型砚滴和水注出现了融合的趋势，有的象生型砚滴出水口改为流管，有的水注则配有象生造型的盖或流。

无论采用何种形制、何种出水方式，"物用有宜"是最重要的造物原则。北齐刘昼《刘子新论·适才》言："物有美恶，施用有宜;美不常珍，恶不终弃。"[50] 北宋欧阳修亦认为："金非不为宝，玉岂不为坚，用之以发墨，不及瓦砾顽。"[51] 意为用作砖瓦虽贱微物，但用作瓦砚却比金玉适用。从功能效用看，则皆各有宜。不顾适用、一味求新的文房用具，不受欢迎。苏轼言："近世笔工……妄出新意，择毫虽精，形制诡异，不与人手相谋。"[52] 就文房用具来说，尺寸大小适中，"与人手相谋"，是重要的造物原则。东方人手掌的长度约在 16—20 厘米之间，拇指与中指的距离是 20 厘米左右，手掌的宽度约为 7—10 厘米之间。元代的瓷质砚滴大小也在这个区间范围之内，器物高度大多不超过 10 厘米，适合单手把握，符合"物用有宜"的原则，是实用与美观完美结合的手工业制品。

---

47 陕西师范大学历史文化学院：《汉籍全文检索系统（第四版）》，陕西师范大学，2004 年。
48 陕西师范大学历史文化学院：《汉籍全文检索系统（第四版）》，陕西师范大学，2004 年。
49 陕西师范大学历史文化学院：《汉籍全文检索系统（第四版）》，陕西师范大学，2004 年。
50 陕西师范大学历史文化学院：《汉籍全文检索系统（第四版）》，陕西师范大学，2004 年。
51 陕西师范大学历史文化学院：《汉籍全文检索系统（第四版）》，陕西师范大学，2004 年。
52 陕西师范大学历史文化学院：《汉籍全文检索系统（第四版）》，陕西师范大学，2004 年。

四、结论

砚滴是用以盛、注研墨用水的文房器具。瓷是古代砚滴的最早使用、也是最主要的材质，最早的瓷质砚滴出现于东汉，现今所见的古代砚滴也多为瓷质。瓷质砚滴盛水不渗漏，莹润的釉质具有类玉的效果，造型多样，实用美观，价格也相对低廉，深受文人喜爱。

元代瓷质砚滴虽小，却是重要的瓷器品类，是制瓷业的吉光片羽，也是工艺美术风格转型的重要物证。元代瓷质砚滴质量最高者，产地为景德镇和龙泉窑。元代瓷质砚滴造型较前更为丰富，其形制可分为象生型、水注型、复合型三类。象生型砚滴造型多样，祥瑞动植物、文士僧侣、童子牧牛、乘舟游兴等现实生活中富有情趣的美好事物、意向和场景，都被引入砚滴的设计制作，构思巧妙，精巧别致。水注和象生砚滴的造型发生了融合；复合型砚滴也有精彩作品传世。

砚滴作为一种瓷器手工业制品，基本的也是首要的价值是使用价值，之后才是附着其上的文化、艺术价值。出水爽利，断水自如，是评判一只砚滴是否好用的主要标准。砚滴的出水方式主要包括吸管滴注、孔口滴水和流管出水；控水则均是利用气压断水。元代的瓷质砚滴大小适中，符合人体工学，适合单手把握，“物用有宜”，是实用与美观完美结合的手工业制品。

元代闽清窑青白瓷的国内流通

黄一汀（四川省文物考古研究院）

摘要：福建闽清窑是宋元时期重要的青白瓷窑址之一，其元代产品在国内、海外均有分布。本文将国内出土元代闽清窑青白瓷及其出土环境相结合，探讨其在国内的流通性质，反映出此类产品并非单一面向海外市场，在国内也作为日常用具被使用。闽清窑青白瓷在国内的分布呈现出"沿海性"特征，元代的海运官道则为其流通提供条件。

关键词：闽清窑　元代青白瓷　瓷器流通

闽清窑为目前已知宋元时期福建地区最大的青白瓷民间窑场，烧造活动自北宋中晚期延续至明代，分为义窑、青由、安仁溪、大箬四个窑群。闽清窑业生产趋向于模仿名窑、注重产量，产品质量相对较粗，不似同时期龙泉窑、景德镇窑等著名窑口产品精美珍贵。近年来，闽清窑青白瓷在沉船、海内外遗址中被大量发现，并逐渐受到关注。

宋元时期，福建整体的窑业生产被称为外销导向型或海洋性瓷业[1]。大量为海洋贸易利益驱使的窑口在福建北部、东部、南部兴起，产品面貌混杂而难以辨认，这对国内外遗址所出部分瓷器的窑口辨识来说是一个难题。在众多福建窑口中，闽清窑主要有三个利于研究的因素：其一，闽清窑为目前所见福建地区宋元时规模最大的青白瓷窑址；其二，由于发掘和调查工作的进行，其面貌相对比较明晰；其三，近年来在国内外遗址发现大量闽清窑产品，为研究创造了材料基础。

从20世纪80年代至今，对闽清窑的大部分研究都出现在外销瓷领域，但主要为学界在对福建陶瓷整体的外销研究中有所提及。闽清窑和众多福建窑口一起，被纳入到广义的"福建窑系"概念中，作为日用粗瓷，承担了对外贸易的任务。闽清窑青白瓷在海内外沉船与海外遗址中的出土范围相当广泛，东至韩国、日本，西至东南亚、南亚；其外销数量也较为庞大，在如华光礁I号等沉船中，闽清窑青白瓷产品是占比最大的瓷器种类，甚至一类元代闽清窑青白瓷碗因在日本石垣岛出土多且典型，被命名为"ビロースク"（美良底）类型。

1 "海洋性瓷业"概念出自王新天：《中国东南海洋性瓷业发展史》，厦门大学博士学位论文，2007年。

针对国内出土闽清窑青白瓷的研究相对较少。出土闽清窑青白瓷、并将其及时辨认的国内遗址，此前主要有上海青龙镇遗址、南宋临安城府学遗址、香港九龙圣山遗址、马祖列岛蔡园里遗址、太仓樊村泾遗址、明州罗城城墙遗址（望京门段）、湖州凡石桥遗址等。除青龙镇的成果外[2]，并未有研究专门阐释各遗址所出闽清窑器物，而多在相关图录或文章中出现只言片语。近两年以来，扬州[3]、泉州、金门、台湾、张家港黄泗浦遗址等地的出土遗物中，闽清窑瓷器逐步被重新辨识，并开始有研究指出可以讨论闽清窑产品在国内贸易、流通的运输路线与方式[4]。

本文将基于目前所见国内出土或出水的元代闽清窑青白瓷进行介绍与分析，关注该窑青白瓷产品元代时在国内的流通和使用状况。

一、闽清窑与元代典型青白瓷

自 1958 年始，闽清窑经过多次调查、试掘与发掘。2020 年 12 月，福建省博物院正式出版《闽清义窑考古调查发掘报告·上 / 下》[5]，是对之前所有调查、发掘工作的整合。在此次最新成果中，闽清窑被分为四个窑群，窑业生产划为五期，器物种类、装烧窑具等方面的认识都有较多补充。闽清窑场中，青白瓷是最大宗的产品，其中又以碗类为最多，此外还有盘、碟、杯、罐、盏、盏托、执壶、水注、炉、器盖、器座、瓶、盅、灯盏、灯架、高足杯、钵、盆、烛台、擂钵、洗、瓷枕、瓷塑等器型。青瓷只见 2 型碗类；酱黑釉瓷见碗、盏、钵（或洗）、盘、执壶、炉等，数量少，且形制与同窑青白瓷相应器型相同；青花瓷仅在 3 处窑址有发现，有碗、杯两类。

闽清窑产品主要分为五期：

一期：产品以青白瓷为主，少量酱黑釉瓷，年代定在北宋中晚期至南宋初（11 世纪中期—12 世纪早期）；

二期：产品以青白瓷为主，少量酱黑釉瓷，年代定在南宋早期至南宋晚期（12 世纪中期—13 世纪中期）；

三期：产品以灰白或灰青釉色瓷器为主，基本不见酱黑釉器和青釉器，年代定在宋末元初至元代晚期（13 世纪晚期—14 世纪中期）；

四期：产品基本延烧上一期，出现一批仿龙泉青瓷的窑址，年代定在元末明初至明中

---

2 高文虹、王建文：《上海青龙镇遗址出土闽清义窑瓷器初步研究》，《福建文博》2017 年第 2 期。

3 刘未：《北宋海外贸易陶瓷之考察》，《故宫博物院院刊》2021 年第 3 期。

4 福建博物院编著，羊泽林主编：《闽清义窑考古调查发掘报告·下册》海峡书局，2020 年，第 265 页。除扬州外，对上述遗址闽清窑器物的重新辨识结果均由本报告刊出。此报告承福建博物院文物考古研究所羊泽林老师惠赠，特此致谢。

5 福建博物院编著，羊泽林主编：《闽清义窑考古调查发掘报告》，海峡书局，2020 年。

图1　M 型碗
(下窑岗一号窑 Y1T14 ②: 01)[6]

图 2　NI 式碗
(下窑岗四号窑: 23)

图 3　NII 式碗
(下窑岗四号窑: 11)

图 4　O 型碗
(上隔岚二号窑: 12)

图 5　P 型碗
(下窑岗一号窑 Y1　T2 ①: 09)

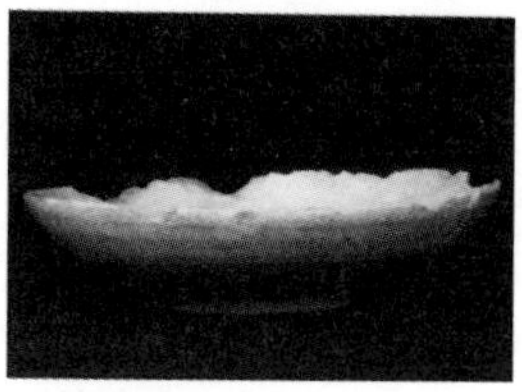

图 6　BII 式盘
(老猫坑二号窑: 27)

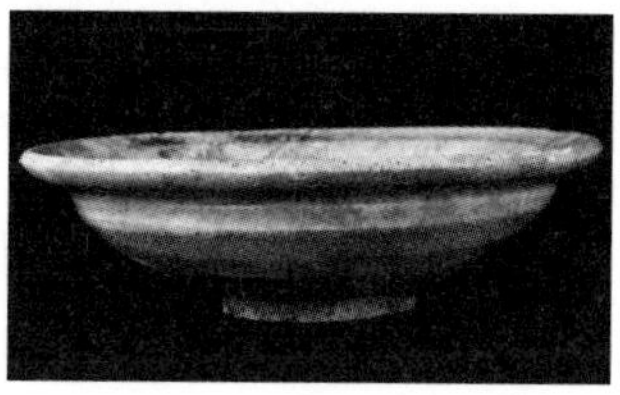

图 7　C 型盘
(下窑岗一号窑 Y1　T14 ②: 03)

期（14 世纪中期—16 世纪初）；

五期：产品以青花瓷为主，仅见碗、杯两类。年代定在明代中期至晚期（16 世纪初—16 世纪末）。

本文讨论的元代闽清窑青白瓷，为窑址三期产品，其中典型器型主要有碗和盘[7]。

1. 碗

M 型　敞口微撇，斜折腹，圈足，挖足较浅〔图 1〕。仅 1 式，8 处窑址烧造，主要分布于三期，二期个别出现。

N 型　敞口或敞口微敛，斜弧腹，圈足较小，挖足浅，足墙较厚。分为 2 式。

NI 式　器型较小〔图 2〕，7 处窑址烧造。

NII 式　器型较大〔图 3〕，33 处窑址烧造。

本型为外销中常见器型，报告结语中参考此型在海外出土的遗址地层，将其定为主要流行于三期。

O 型　圆唇，口微撇或束口微撇，弧腹，阔底，圈足〔图 4〕。仅 1 式，10 处窑址烧造。主要分布于三期，四期有延续出现。

P 型　器型较小，敞口或微撇，斜弧腹，圈足，挖足较浅，足壁较厚，腹部旋坯痕明显〔图 5〕。仅 1 式，出现于 9 处窑址。结合结语中的分期，此型主要出现于三期。

6　本文中窑址器物图片均来自《闽清义窑考古调查发掘报告》（注 12），通过器物号可在书中寻找具体页码，以下不再重复标注。

7　以下器物型式特征及相关数据均由笔者统计自福建博物院编著，羊泽林主编：《闽清义窑考古调查发掘报告》，海峡书局，2020 年。

2. 盘

B 型　敞口微敛或微撇，斜弧腹或弧腹，圈足。分为 2 式。有 2 处窑址所出 B 型盘未分式，不算在下列数据中。

BII 式　敞口或敞口微敛〔图 6〕。共有 11 处窑址烧造，三期数量较多，一期、二期、四期有个别分布。

C 型　敞口，折沿较宽，斜弧腹，圈足〔图 7〕。共有 11 处窑址烧造，集中在二期、三期。

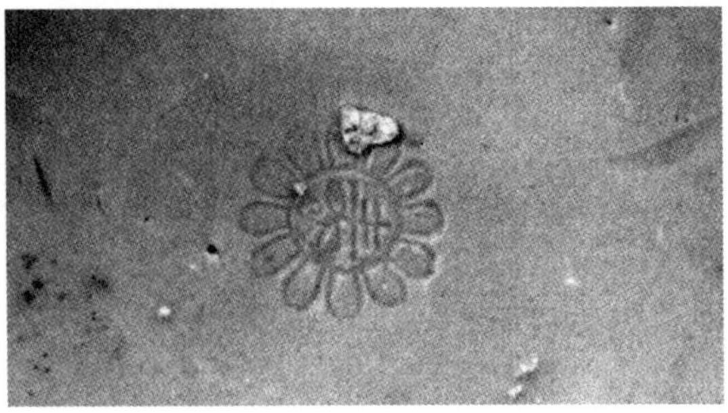

图 8　内底刻划花与印花 –NII 式碗
（下窑岗四号窑：06）

至于装饰手法，刻划花与印花是闽清窑青白瓷特征较为明显的装饰工艺，也是器物辨识的重要依据之一。常见题材为植物花卉，形式主要包括三种：外壁刻划的菊瓣纹、莲瓣纹，布满内壁的大面积莲荷纹、草叶纹、牡丹纹、菊瓣纹、云纹等，以及小面积模印于碗心的花卉纹。其中，内心模印纹饰年代稍晚，三期较多，且花卉中央有时会刻伴吉祥文字〔图 8〕，多见于 N 型碗，暂不见于其他窑口，是闽清窑独有的特征。

二、元代闽清窑青白瓷的国内分布

总体来说，闽清窑青白瓷在国内的发现地点分为遗址与沉船两大类。元代闽清窑青白瓷的出土遗址主要集中在南方，北方暂不见。而在南方地区的这些分布中，闽清窑青白瓷又可能体现出或内销、或准备外销的不同销售性质。本节将按照遗址和沉船分别列举材料，并试图结合器物出土环境及已知的遗址背景，来分析元代闽清窑青白瓷在国内的流通性质。

（一）国内遗址

（1）庆元城

A. 明州罗城城墙遗址（望京门段）

罗城城墙遗址（望京门段）位于今浙江省宁波市海曙区，属明州罗城总十门中的西门望京门段〔图 9〕。望京门有漕运功能，兼具水门和陆门。遗址地层自晚唐五代至民国，出土器物以瓷器为大宗。目前遗址未见正式发掘简报，部分发掘情况可见厦门大学三篇硕

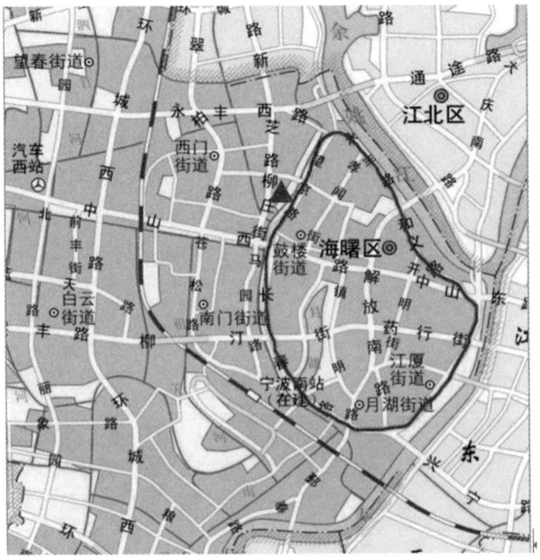

图 9　明州罗城城墙遗址示意图（红三角处）[8]

8　王华芹：《墨书瓷器初步研究——以明州罗城城墙遗址（望京门段）出土墨书瓷器为例》，厦门大学硕士学位论文，2018 年。

士学位论文。

限于材料，罗城城墙遗址目前可见的闽清窑瓷器只有底部墨书的器物，集中出土于H10、F5内，包括青瓷碗、青白瓷碗、青白瓷折腹盘等，器物外壁装饰有素面与刻划花两种。青瓷碗暂不在本文讨论范围中。其中，元代器物涉及青白瓷碗（16NWH10：19）：侈口圆唇，斜弧腹，圈足，青釉，内满釉，外施釉不及底，内底有涩圈〔图10〕，与窑址P类碗〔图11〕较为相似。据发掘者推测，H10可能是元人在城墙基础上新挖的水坑，属于生活遗迹，年代定为元代[9]（一称宋末元初[10]），因此其中所出元代闽清窑青白瓷也可视作生活遗留。

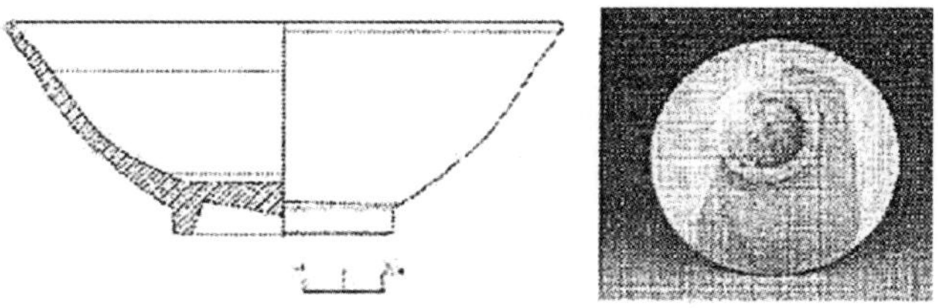

图10 青白瓷碗
16NWH10：19[11]

图11 P型碗
（窑隔三号窑：08）

B. 永丰库遗址

宁波永丰库遗址位于宁波市海曙区鼓楼东侧，唐宋子城遗址东南〔图12〕，遗址本身年代从五代延续至清。

永丰库所出福建窑口瓷器中，宋、元时期均以闽清窑产品为多[13]。图录收录标明为南宋与元代闽清窑的几件瓷器，未附器号与地层，且将本文所称青白瓷者称为“白瓷”。元代闽清窑青白瓷则可见N型碗〔图13〕，另可能还存在M型碗与盘类，仅见俯视图，无法准确判断。

永丰库遗址元代地层的F1、F2确认为元代永丰库遗存。元政府在南宋庆元常平仓基础上改为永丰库，“至元十三年（1276年）盖库，差设官攒，收纳各名项断没、赃罚钞及诸

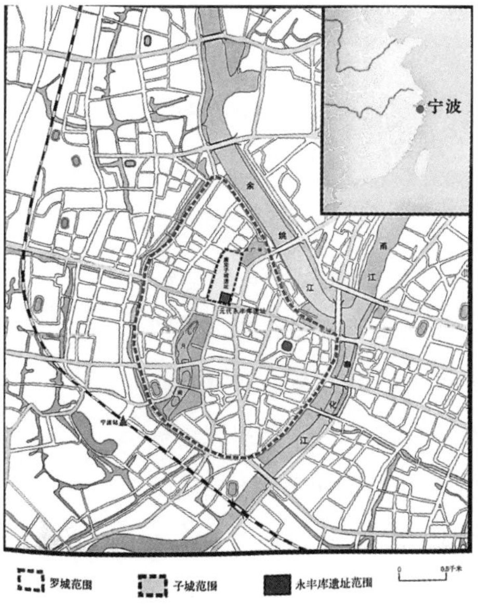

图12 永丰库遗址位置图[12]

9 苏新贵：《明州罗城城墙遗址（望京门段）出土黑釉瓷器的初步分析》，厦门大学硕士学位论文，2018年。

10 王华芹：《墨书瓷器初步研究——以明州罗城城墙遗址（望京门段）出土墨书瓷器为例》，厦门大学硕士学位论文，2018年。

11 王华芹：《墨书瓷器初步研究——以明州罗城城墙遗址（望京门段）出土墨书瓷器为例》，厦门大学硕士学位论文，2018年。

12 宁波市文物考古研究所：《永丰库——元代仓储遗址发掘报告》，科学出版社，2013年，第4页。

13 栗建安：《永丰库遗址出土的福建陶瓷》，《丝路万里存此库——元代庆元路永丰库遗址图文集萃》，宁波出版社，2019年，第156页。

色课程，每季解省”[14]。随后“至元十五年（1278年），立提举庆元市舶使司”[15]，又在宋市舶务旧址设市舶库，“遇有舶商到港，官为抽分，其物皆贮于此，不常设官”[16]。永丰库用于征收包括市舶税在内的各项税赋、罚没包括市舶品在内的各类违规物钞，与市舶库相互配合，完善了当时的税收和市舶仓储制度[17]。然而，永丰库为元朝政府收纳罚没物品之地，但并非只储存外销罚没品，因此这一时期所出闽清窑青白瓷为外销还是内销，性质尚不明确。

图13　永丰库元代闽清窑敛口碗[18]

（2）杭州城遗址

A. 御街遗址

考古发现的南宋临安御街遗址位于杭州市上城区，包括卷烟厂、严官巷、太庙前、中山中路四段，出土瓷器数量与种类较多，未定窑口的青白瓷与青瓷中部分呈现闽清窑青白瓷面貌。由于御街遗址几处区域的地层分期并不相通，下文分别叙述出现元代闽清窑青白瓷的卷烟厂与严官巷遗址。

卷烟厂：敞口碗C型T1③:23、C型T2③:11、C型T2③:49、C型T3③:2等，对应窑址N型碗。遗址年代中，第③层定为元代，此类碗基本处于③层，与窑址器物年代相符。

严官巷：敛口碗T1（水池）:24〔图14〕对应窑址N型碗。

南宋临安城中，御街“自和宁门外至景灵宫前，为乘舆所经之路”[19]，专供皇帝驾车通行。御街从城市中部贯穿南北，与后市街、西大街两条南北向大街一起连接东西向道路，将城内分为九厢八十五坊。御街是南宋临安城的中轴线，纵贯全城的御街两侧也是临安城商业最繁华的区域[20]。元代杭州城区总体沿用南宋格局，原南宋御街仍为中轴主干线，但皇家色彩消退而商业气息愈加浓厚[21]。联系到此地的商贸区域性质，这批产品很可能为在市场上向当地居民售卖所用。此外，临安城作为两浙地区首屈一指的大城市，其城外附生草市众多，通过

14《至正四明续志》卷三，《宋元方志丛刊》第七册，中华书局，1990年，第6472页。

15《延祐四明志》卷三《职官考下·庆元市舶提举司》，《北京大学图书馆藏稀见方志丛刊》第一二九册，国家图书馆出版社，2013年，第270页。

16《延祐四明志》卷八《城邑考上·公宇》，《北京大学图书馆藏稀见方志丛刊》第一三〇册，国家图书馆出版社，2013年，第19页。

17 宁波市文物考古研究所：《丝路万里存此库——元代庆元路永丰库遗址图文集萃》，宁波出版社，2019年，第2页。

18 宁波市文物考古研究所：《丝路万里存此库——元代庆元路永丰库遗址图文集萃》，宁波出版社，2019年，第105页。

19（宋）潜说友：《咸淳临安志》卷二十一《御街》，《宋元方志丛刊》第四册，中华书局，1990年，第3567页。

20 唐俊杰、杜正贤：《南宋临安城考古》，杭州出版社，2008年，第2页。

21 杜正贤：《南宋都城临安研究——以考古为中心·上》上海古籍出版社，2016年，第120页。

图 14　敛口碗 T1（水池）: 24[23]

临安城集散往周边县镇的商品多在这些专业化市场中完成周转[22]，因此城内御街所售闽清窑瓷器，可能主要还是短距离的城内流通，很快便会到达使用者手中。

B. 府治遗址

临安府署是南宋都城的最高行政机关[24]，南宋定都临安后，原凤凰山麓的州治改为皇宫，临安府治于是迁至“清波门北净因寺故基”[25]，元、明、清均未易址。临安府治遗址位于今杭州市上城区荷花池头至旧仁和署一带，揭露遗迹包括府治诵读书院的厅堂、天井、西厢房、庭院、水井等。

报告中可辨识闽清窑瓷器包括敞口碗、花口碗、敛口弧腹碗、折腹盘等。与窑址标本相比对，敛口弧腹碗如T4④:3〔图15〕[26]、T5③:24对应N型碗，折腹盘T5③:29〔图16〕[27]可能对应M型碗〔图17〕。器物出土遗迹单位中，T4、T5第④层都为一处使用年代自南宋至元末明初的房址F1，其中T4④东南部及整个T5④为F1的厅堂3，T4还包括部分西廊房、窖穴（窖穴内无遗物）及部分庭院（西廊房东侧）。府治遗址地层包含物的时代跨度较大，报告中第④层形成于元末明初，包含物多数为元代龙泉青瓷，也有少量宋代瓷器；第③层形成年代为清初，包含物多为明代瓷器，有少量元代青白瓷及青花瓷，最晚为清前期遗物。这可能与府治由南宋至明清未曾易址、沿用时间较长有关。

府治遗址所出闽清窑青白瓷与御街遗址相似，南宋至元代的产品均有出土，同时比御

图 15　敛口碗 T4 ④: 3

图 16　折腹盘 T5 ③: 29

图 17　窑址 M 型碗
（上隔岚二号窑：09）

22　陈国灿、奚建华：《浙江古代城镇史研究》，安徽大学出版社，2000 年，第 221 页。

23　杭州市文物考古所：《南宋御街遗址・下》，文物出版社，2013 年。

24　唐俊杰、杜正贤：《南宋临安城考古》，杭州出版社，2008 年，第 85 页。

25（宋）潜说友:《咸淳临安志》卷五十二《府治》,《宋元方志丛刊》第四册，中华书局，1990 年，第 3815、3816 页。

26　杭州市文物考古所：《南宋临安府治与府学遗址》，文物出版社，2013 年。

27　杭州市文物考古所：《南宋临安府治与府学遗址》，文物出版社，2013 年。

街遗址多出 M 型碗，丰富了对临安城中闽清窑瓷器类型的认知。由于此处为官署，且一直未曾易址，出土的闽清窑青白瓷也大概率为官署中日用之物。

C. 太庙遗址

太庙遗址位于今杭州市上城区紫阳山东麓太庙巷，外侧为御街。太庙出土瓷器不多，发掘时已辨识的瓷器包括龙泉窑、景德镇窑、定窑、建窑等，还包括一些未定窑口的青瓷与青白瓷。图录所见未定窑口器物中，可归为闽清窑的器物包括敛口弧腹碗（T11③:18、T15③:12、T5③:18、T11③:3、T11扩③:8、T5③:19、T6③:15、T3扩③:1、T11扩②:2、T14②:6〔图18〕、T11扩②:7、T3②:4、T13②:3、T13②:37)，与窑址所出N型碗对应。

图 18　敛口碗 T14 ②: 6[31]

上述遗物相关的遗址层位中，第②层时代跨度较大，包含南宋、元、明清各类陶瓷，但南宋、元代被判定为扰乱现象，而以明清遗物为主流，故为明清地层。第③层有大量元代典型器，为元代地层，也包含少量宋代瓷片。

太庙是南宋皇帝祭祀先帝的宗庙。绍兴四年（1134 年）“高宗在平江将还临安，始命有司建太庙”[28]，绍兴五年建成。南宋太庙的兴废已有相关考证[29]，与府治、御街等遗址的沿用不同，南宋覆灭后太庙便被废弃。德祐二年（1276 年）元军入城，“伯颜入临安，遣郎中孟祺籍宋太庙四祖殿”[30]，此处随后改作他用。太庙遗址在南宋为宗庙，涉及的活动应较为神圣正式，出土宋代瓷器种类也主要包括龙泉窑、景德镇窑、定窑、建窑等，闽清窑青白瓷较少，与其性质相符。而至元代，此地不再有宗庙，闽清窑青白瓷随之增多。这一现象，一方面体现了元代闽清窑瓷器在这一区域得到使用，另一方面也意味着，闽清窑青白瓷本身可能并不算较珍贵或高级的瓷器种类，不堪太庙此种场合使用，主要还是寻常日用。

（3）富阳

富阳泗洲造纸遗址位于杭州市富阳区泗洲村东部，宋代地层为一处造纸厂遗迹。其出土元代闽清窑器物包括敛口弧腹碗（T15②:1〔图19〕、G缸4:1），对应窑址N型碗。报告中多将此类器物称为“淡青釉”，但都应属于闽清窑青白瓷。

28（宋）李心传：《建炎以来系年要录》卷一七八，文海出版社，1970 年，第 5781 页。

29 刘未：《南宋太庙庙址考》，《江汉考古》2016 年第 2 期。

30《元史》卷九《世祖六》，《二十四史》，中华书局，1995 年，第 180 页。

31 杭州市文物考古所：《南宋太庙遗址》，文物出版社，2007 年。

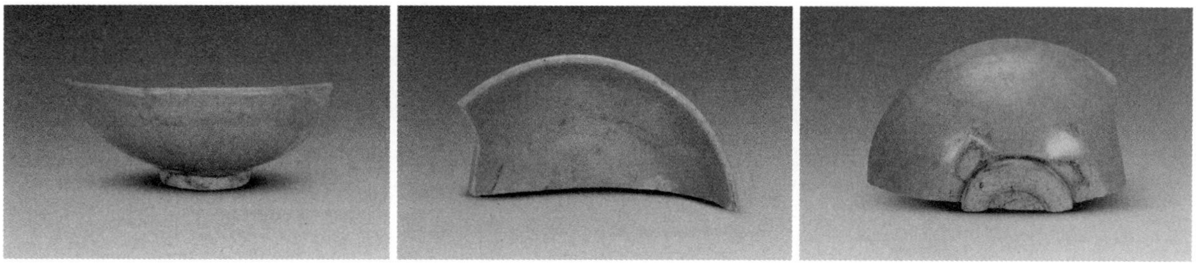

图 19　敛口碗 T15②: 1[32]

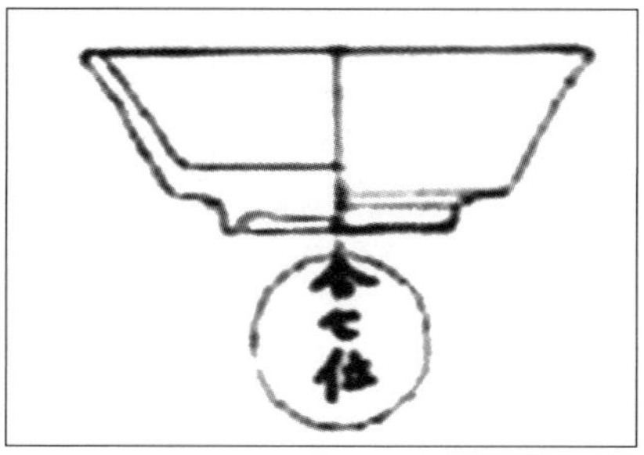

图 20　碗 G1：43[34]

图 21　蔡园里遗址所出各类闽清窑青白瓷碗[36]

遗址第②层为宋末元初层，第③层则为南宋早期层，遗迹G缸4年代属于南宋中期至南宋末期。由G缸4中所出一件N型碗（G缸4:1）来看，其下限可能可以至元代初年。总体而言，富阳造纸遗址所出闽清窑青白瓷主要以南宋——元代产品为主，北宋中晚期至南宋初年的早期产品仅有个别发现。此遗址宋时为造纸厂，元代具体性质不明，但一件N型碗出于缸中，也应为"用具"而非"商品"。那么，富阳地区与临安城一样，在元代存在闽清窑青白瓷的流通与使用。

（4）福州北大路外九彩巷遗址[33]

九彩巷遗址位于福州古城保护范围内，G1 所出 V 式碗（G1：43〔图 20〕）与窑址 M 型碗形制相同，底部墨书"舍七位"。M 型碗是元代闽清窑青白瓷典型产品之一，此处遗址出于福州古城内，属于生活遗址，底部墨书也并非外销典型的底部墨书形式，因而此处出土代表闽清窑青白瓷在元代福州城内的使用。

（5）马祖列岛蔡园里遗址

蔡园里遗址位于闽江口外马祖列岛东莒岛，调查报告称其为聚落遗址，整体遗址年代由唐末持续至宋元时期[35]。据文中描述，蔡园里遗址出土甚多闽清窑瓷片，年代有上至北宋者。从〔图 21〕中看来，1 号为窑址 B 型碗，3 号为 A 型碗，5、6 可能为 H 型碗，2 可能为 P 型，其余尚无法找到对应的窑址标本型式。由此，蔡园里遗址所出闽清窑青白瓷涵盖了从北宋中晚期至元代的各类产品，总量不多，但延续时间较长。

32　杭州市文物考古所、富阳市文化广电新闻出版局、富阳市文物馆：《富阳泗洲宋代造纸遗址》，文物出版社，2012 年。
33　福州市文物考古工作队：《福州北大路外九彩巷遗址古发掘简报》，《福建文博》2003 年第 3 期。
34　福州市文物考古工作队：《福州北大路外九彩巷遗址古发掘简报》，《福建文博》2003 年第 3 期。
35　陈仲玉、游桂香：《马祖东莒岛蔡园里遗址的陶瓷器》，《福建文博》2010 年第 2 期。
36　陈仲玉、游桂香：《马祖东莒岛蔡园里遗址的陶瓷器》，《福建文博》2010 年第 2 期。

此外，报告作者提到马祖列岛在宋元海外贸易航线中的位置，认为闽北窑址生产的陶瓷产品以闽江出海口为口岸，在销往东亚与东北亚的日韩时会途经马祖列岛，但文中并未将出土遗物归为贸易遗存，而将闽清窑、连江浦口窑等产品性质判定为当地聚落的大众日用器。总体来说，马祖列岛目前仅出现蔡园里遗址一处相关材料，难以明确判断其中闽清窑青白瓷的性质。

图 22 太仓出土青白釉碗[43]

（6）太仓樊村泾元代遗址

图 23 太仓出土青白釉碗[44]

江苏太仓樊村泾元代遗址[37]位于苏州太仓市城厢镇樊泾村小区西、致和塘南岸。遗址发现元代中晚期大型仓储遗存和居住生活遗址，初步推测为元朝在江南地区经营的一处瓷器贸易集散地及仓储遗存[38]，整体遗址历经元、明清、近现代三次使用及堆积[39]。出土瓷器 150 余吨，以元代中晚期为主，主要品种为龙泉窑青瓷。此处出土、被判断为闽清窑瓷器的基本为碗类，包括敞口、平唇、芒口与敞口微敛、圆唇两类，表面装饰包括划花、印花与素面，以下两件为代表。

青白釉碗 1：敞口平唇芒口，斜弧腹，圈足，内满釉，外壁施釉不及底，内壁有刻划纹〔图 22〕。尚未找到完全对应的窑址标本。

青白釉碗 2：敞口微敛，圆唇，斜弧腹，圈足，内满釉，外壁施釉至下腹部，内心压印菊花纹〔图 23〕。为典型的窑址 N 型碗。

太仓位于长江入海口，并与太湖沟通，水运条件突出。元朝时，政府开辟了一条从太仓刘家港通往直沽的通道，使其成为南粮北运之海运漕粮政策的始发港[40]。至正二年（1342 年），元朝政府在太仓设市舶分司，强化对太仓的海贸管理，并同时兼具为庆元港分流的作用[41]。由此，太仓港北可至朝鲜半岛与日本，南可往东南亚各国及更西航线，于是“粮艘、海舶、蛮商、夷贾辐辏而云集，当时谓之六国马头”[42]。元末，太仓港因战乱和禁海政策暂时衰落。结合太仓的外贸港口性质、樊村泾遗址的仓储性质，以及遗址出土龙泉窑青瓷、

37 苏州市考古研究所、太仓博物馆：《大元·仓——太仓樊村泾元代遗址出土瓷器精粹》上海古籍出版社，2018 年，第 119 页。

38 张志清、张照根：《江苏太仓樊村泾元代遗址》，《大众考古》2017 年第 12 期。

39 张志清、孙明利：《江苏太仓樊村泾元代遗址 2018 年度考古发掘》，《大众考古》2019 年第 1 期。

40 沈鲁民，陈蓓蓓：《太仓刘家港盛衰的历史轨迹》，《“郑和与海洋”学术研讨会论文集》中国农业出版社，1999 年，第 335 页。

41 浙江省博物馆：《元代瓷器贸易集散地：太仓樊村泾遗址》，《文明》2018 年第 4 期。

42《太仓州志》卷一《沿革》，《江苏历代方志全书：直隶州（厅）部》第一册，凤凰出版社，2018 年，第 14 页。

43 苏州市考古研究所、太仓博物馆：《大元·仓——太仓樊村泾元代遗址出土瓷器精粹》上海古籍出版社，2018 年，第 130 页。

44 苏州市考古研究所、太仓博物馆：《大元·仓——太仓樊村泾元代遗址出土瓷器精粹》上海古籍出版社，2018 年，第 131 页。

闽清窑青白瓷等与新安沉船器物组合的高度相似性，判断此处所出闽清窑可能主要为外销产品。

（7）张家港黄泗浦遗址

黄泗浦遗址位于张家港市杨舍镇庆安村与塘桥镇滩里村交界处，遗址包含唐代、宋代、明清文化层，以唐代和宋代堆积为主，有相当数量的房址、道路、水井等遗迹，出土大量以瓷器为主的生活遗物[45]。黄泗浦遗址出土材料还未见正式发布，闽清窑址报告中引用了几件判定为闽清窑青白瓷的碗类器物〔图 24〕，观其形制，最左侧应为窑址 N 型碗，流行于元代。右边两件胎体厚重，不似南宋器物，可能对应同样流行于三期的 P 型碗。唐宋时期的黄泗浦基本被认为是对外贸易的港口所在，但此地元代的性质尚不明确，遗址所出闽清窑青白瓷也尚未见出土单位和埋藏环境信息，因此难以判断这些元代闽清窑青白瓷外销或内销的器物性质。

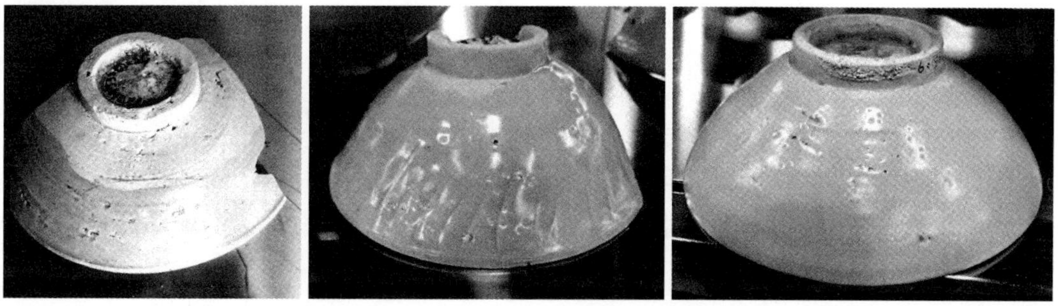

图 24　黄泗浦遗址出土闽清窑青白瓷[46]

（8）澎湖列岛

澎湖地区（今台湾西部的台湾海峡中）为宋元时期内陆航往吕宋方向东南亚地区的中转站，其调查所得宋元青白瓷中部分呈现闽清窑面貌，下图〔图 25〕所见应为窑址 N 型碗。调查者认为此遗址具有生活性质，器物可能为日用器具。然而，考虑到澎湖列岛位于大陆航往东南亚的航线之上，总体而言代表的仍是大陆以外的对外贸易，此件闽清窑青白瓷与下文大坌坑遗址所出一样，可能代表闽清窑元代时海外销售的状况。

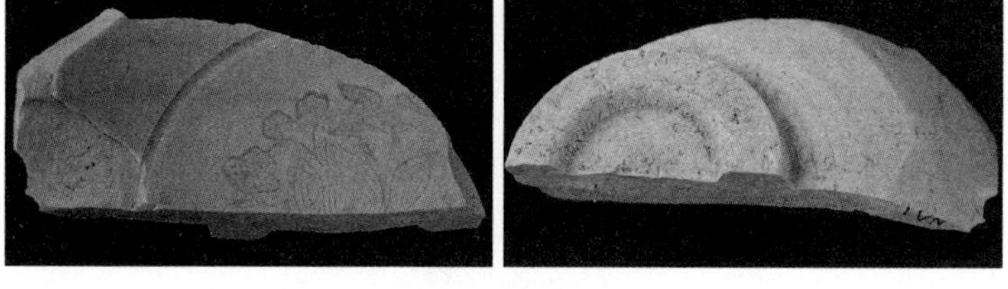

图 25　澎湖列岛所发现闽清窑印花青白瓷碗残片[47]

（9）大坌坑遗址

大坌坑遗址位于台湾观音山西北

45　顾贺：《江苏张家港市黄泗浦遗址的发掘》，《东南文化》2010 年第 1 期。

46　福建博物院编著，羊泽林主编：《闽清义窑考古调查发掘报告·下册》，海峡书局，2020 年，第 265 页。

47　陈信雄：《澎湖宋元陶瓷》，澎湖县立文化中心，1985 年，第 54 页。

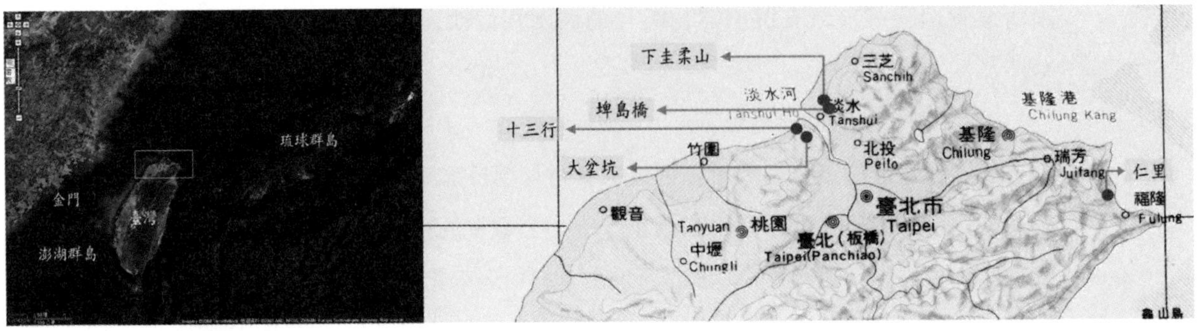

图 26 大坌坑遗址位置图[49]

麓〔图 26〕，遗址性质被判定为福州或泉州沿琉球群岛到九州航线的经常性停靠站或贸易点[48]。报告中将遗址所出陶瓷标本分为三个年代阶段，即 11 世纪后期—12 世纪（北宋后期—南宋初期）、12 世纪后期—13 世纪晚期（南宋中期—宋末元初）与 13 世纪末—14 世纪（宋末元初—元末明初）。

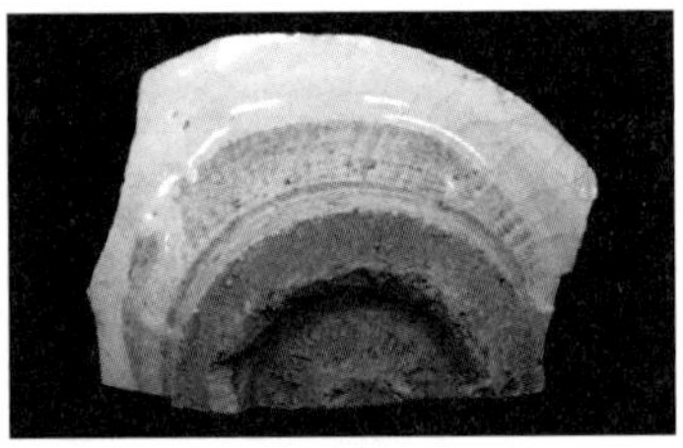

图 27 第三阶段白瓷碗标本

大坌坑遗址所见标本中，第三阶段一件白瓷碗标本〔图 27〕[50] 仅存器底，白釉偏淡青，圈足厚重、挖足浅，外底中心略有凸起，作者与琉球所出“ビロースク”型瓷碗相对应，认为应为闽清窑产品，即窑址 N 型碗。遗址第三阶段指向时间为 13 世纪末—14 世纪（宋末元初—元末明初），与 N 型碗的生产年代相符。

据大坌坑遗址所出中国陶瓷器显示，南宋与台湾北海岸地区之间存在岛际贸易，且其中出土的 12—13 世纪龙泉窑系青瓷、景德镇窑系青白瓷和福建窑系粗青瓷、青白瓷、黑釉瓷的组合与今日本琉球、奄美大岛、鹿儿岛至博多这一线遗址出土（水）的瓷器组合极为相似。因此，台湾北部地区可能是中国大陆（尤其福建）至古代琉球、日本航线上的一个停靠点，反映宋元时期的对外贸易状况，其中所出闽清窑瓷器或许也应作为外销产品考虑。

相对于两宋时期，元代闽清窑青白瓷出土材料较少。除去永丰库遗址（元代地层）、黄泗浦遗址（元代地层）和马祖列岛蔡园里遗址所出材料性质尚不明确外，其他遗址出土的闽清窑青白瓷可结合出土环境分为两种：江苏太仓樊村泾遗址、澎湖列岛、大坌坑遗址所出器物应代表对外销售的闽清窑商品，只是在运输阶段被留在国内；元代杭州城（御街遗址、府治遗址、太庙遗址）、富阳泗洲造纸遗址（元代地层）、明州罗城城墙（望京门段）遗址及福州城遗址的埋藏环境则证明闽清窑青白瓷元代时也在国内作为日常用具使用。其中，太庙遗址元代材料的发现与南宋的断层侧面说明，闽清窑青白瓷在国内仅是用于非高等级场合的日用品。

48 王淑津、刘益昌：《大坌坑遗址出土十二至十四世纪中国陶瓷》，《福建文博》2010 年第 1 期。

49 王淑津、刘益昌：《大坌坑遗址出土十二至十四世纪中国陶瓷》，《福建文博》2010 年第 1 期。

50 王淑津、刘益昌：《大坌坑遗址出土十二至十四世纪中国陶瓷》，《福建文博》2010 年第 1 期。

图 28　连江东洛岛沉船遗址出水闽清窑瓷器
连江博物馆陈列

图 29　元代 B 型青白瓷碗

（二）元代沉船与水下文物点

（1）连江东洛岛沉船[51]

连江东洛岛沉船位于福建省连江东洛岛海域，2005 年被盗捞严重，后追缴回元代青白瓷碗、盘 3000 余件，均为闽清窑瓷器。从 2011 年器物整理的情况来看，连江东洛岛沉船所出闽清窑青白瓷〔图 28〕[52] 有对应窑址 N 型碗者。

（2）长乐东洛岛沉船遗址

长乐东洛岛沉船遗址位于福建省长乐市松下港东北面海域，遗址性质判定为一处船只长期停靠的锚地，出水遗物横跨唐代至清代，以宋至清为主。陶瓷器大部分为福建茶洋窑、浦口窑、闽清窑产品，还包括部分龙泉窑、景德镇窑[53]。其中，元代青白釉 B 型碗〔图 29〕[54] 应为窑址 N 型碗。

（3）连江定海湾水下遗址

20 世纪 90 年代，水下考古队对连江定海湾进行水下考古调查，出水一批对应窑址 N 型碗的闽清窑青白瓷碗〔图 30〕[55]，为元代产品。

（4）大练岛一号沉船

大练岛一号沉船出水遗物中，绝大多数为龙泉窑青瓷产品，但发现一件青白釉敛口瓷碗〔图 31〕[56]，为闽清窑 N 型碗。由于仅此一件，此碗代表的应并非商品，而是船员日常所用，反映了元代闽清窑青白瓷在大练岛一号出发地中的市场售卖和民众使用。

51　羊泽林：《闽清义窑生产与外销》，《福建陶瓷与海上丝绸之路：中国古陶瓷学会福建会员大会暨研讨会论文集》，东北师范大学出版社，2016 年，第 295、296 页。

52　福建博物院编著，羊泽林主编：《闽清义窑考古调查发掘报告・下册》，海峡书局，2020 年，第 260 页。

53　赵嘉斌、邓启江、王亦晨，等：《长乐市东洛岛沉船遗址水下考古调查报告》，《福建文博》2014 年第 4 期。

54　赵嘉斌、邓启江、王亦晨，等：《长乐市东洛岛沉船遗址水下考古调查报告》，《福建文博》2014 年第 4 期。

55　福建博物院编著，羊泽林主编：《闽清义窑考古调查发掘报告・下册》，海峡书局，2020 年，第 260 页。

56　中国国家博物馆水下考古研究中心编：《福建平潭大练岛元代沉船遗址》，科学出版社，2014 年，第 37 页。

图 30　定海湾调查出水闽清窑青白瓷碗
连江博物馆藏品

图 31　大练岛一号 B 型碗
(07 大练岛: 171)

以上沉船和水下遗址，除大练岛一号外，元代闽清窑青白瓷的出水均较为集中大量，体现出商品性质，应属于对外销售的器物。大练岛一号的材料则如上所述，可能为船员日用。

综上可见，元代闽清窑青白瓷在国内有多处分布，且一部分为准备外销的商品，一部分也为国内本地使用的遗留。

三、元代闽清窑青白瓷国内分布特点及流通路线

在本节对国内分布特征及流通路线的讨论中，只选取内陆出土的材料，而暂时抛开沉船及水下遗址所出器物。

（一）国内分布特点

对于古代大多数地方窑场来说，在国内的销售基本先满足本地及附近区域需求，就近流通，质量好者才会远销外地[57]，总体呈现出以产地为中心，由近向远逐渐扩展的过程。但这一原则对闽清窑似乎并不适用。去除元代闽清窑青白瓷相关的沉船和水下遗址，单就着眼于国内陆地遗址所见材料，元代闽清窑青白瓷出土地不论是总体分布，还是仅着眼于本地实际使用闽清窑器物的遗址，元代闽清窑青白瓷的分布都并不围绕着产地，而从产地脱离后，

57 黄义军：《宋代青白瓷的历史地理研究》，文物出版社，2010 年，第 128 页。

分散在东部沿海各大元代著名港口，呈现出紧靠海岸线的分布局面，可称之为“沿海性”特征[58]。

这种不同于内陆地方窑场的流通格局，影响其形成的因素可能主要有二。其一是外销的影响。正如以往学界对其“外向型瓷业”的描述，宋元闽清窑的青白瓷在代表外销的沉船、水下遗址及海外遗址中，发现数量与规模都大于国内。毫无疑问，海外市场是闽清窑极为重要的销售区域。面向海外的销售活动可能也影响到其在国内的流通，随船离开福州的闽清窑产品或许大部分去往国外，另有一部分则在各大港口顺势回溯内地。其二则是窑场地理位置与运输方式的影响。闽清窑依靠闽江与福州港相连，福建内部至省外的道路山地复杂而崎岖难行，经过福州港取道海路应为更便捷的运输方案。福建地区对其他大宗商品（如本地的糖、水果、丝布、铁器以及外地采购的粮米等）也常以海路运输[59]，这为瓷器的运输方式提供佐证。由于国内分布格局与外销方向仍有差异之处，海运路线的影响应对其在国内的分布作用更大。

（二）国内流通路线

不论是出于何种因素的影响，闽清窑青白瓷这一“沿海性”格局的呈现都表明，其在国内的流通应是以海道为主，先至各大沿海城市，再往内陆延伸。因此本节主要讨论其可行的海道路线。

元代建立后，因南方经济发达繁荣，于是“元都于燕，去江南极远，而百司庶府之繁，卫士编民之众，无不仰给于江南”[60]。为将南方的物资（尤其是粮食）运至京中与其他北方地区，元朝一方面疏浚并改造运河系统，另一方面谋求开辟海运[61]，最终确定了海运为主、内河漕运为辅的官方物资运输方式。相比于宋代近海海道的民间性质，元代的国内运输海道由元政府官方开发、管理，路线相对稳定。除官方漕运与军事运输外，元代的客旅、民商也能够在法规内来往于近海航线[62]，这为闽清窑瓷器的流通提供了前提。

58 闽清窑青白瓷在国内分布上的沿海性特征，若将两宋的状况考虑在内，能够呈现得更为完整。北宋中晚期到两宋之交闽清窑青白瓷出土的遗址自南至北包括大坌坑遗址、福州城、马祖列岛蔡园里遗址、富阳泗洲造纸作坊遗址、明州城、马桥宋墓、青龙镇遗址、东台辞郎村遗址、山东板桥镇遗址与垦利海北遗址等；南宋闽清窑青白瓷出土的遗址新增香港九龙圣山遗址、泉州城市遗址、南宋临安城遗址和湖州凡石桥遗址，北方地区不再见有分布；元代产品出土遗址如正文中所述。由分布状况可总结，“沿海性”特征的表现有二：一为闽清窑青白瓷沿海岸线集中出土，多见于港口遗址；二为其还呈现出由港口向内地逐步延伸扩散、又逐步减少的趋势。同时，笔者曾对安徽、河南、湖南、四川、重庆、内蒙古等内陆地区遗址和墓葬的资料进行粗略的搜阅，其中，安徽运河灵璧段小田庄遗址、二墩子遗址所出瓷器中有面貌与闽清窑相似者，但性质不明确，其余地区尚未发现确切的闽清窑产品。闽清窑产品在内陆的缺失可以佐证“沿海性”特征。

59《梦粱录》《嘉定会稽志》《淳熙三山志》《全芳备祖前集、后集》《晦庵先生文集》等文献中均有相关记载。

60（明）宋濂等撰《元史》卷九十三《食货一》，《二十四史》，中华书局，1995 年，第 2364 页。

61 李映发：《元明海运兴废考略》，《四川大学学报（哲学社会科学版）》1987 年第 2 期。

62 具体讨论见前人研究，如王秀丽：《元代东南地区商业研究》，暨南大学博士学位论文，2002 年。

元代海运路线的设立或改动共有三次[63]。第一次航路自至元十九年（1282 年）始，沿用十年，但因航路近海岸线，曲折且多浅滩，历时长，后废。第二次航路于至元二十九年（1292 年）开辟，比第一条路线径直，但仍不能很好地利用潮水和季风。至元三十年（1293 年）千户殷明略最后开辟的新航线，取远洋路线，顺风十日即可抵京，是为之后一直沿用。此三条航线均以刘家港（今江苏太仓）为起点，可见其在元代海运上地位重要。20 世纪以来，史学界对此三条路线已多有考证，此处对前两条航线不再赘述，而第三条最终确定的航线路径大致为刘家港—崇明三沙—东行入黑水洋—成山—转西至刘家岛—登州沙门岛，于莱州大洋至界河口[64]。

上述路线均为从刘家港出发，连接广义上的南北方，但对于闽清窑青白瓷在元代的出土范围而言，太仓已经几乎是最北端。福建至太仓的这一段路线，海道也有支线到达[65]。黄头公墓碑载，黄头任显武将军海道都漕运万户时，"粮之登州，自温、台上至福建，凡二十余处，皆取客舟载之，至浙西复还浙东入海。公请移粟庆元，海舟受之，自烈港（今定海县沥港）入海，无反复之苦"[66]。又有考，元代国内海道南自福建梅花所（今福建长乐县东），北自太仓刘家河（刘家港别称），可至直沽[67]。此外，至元二十六年（1289 年）曾在泉州至杭州之间设海站 15 处，此后虽有管理方式的调整，但一直发挥运道作用[68]。福州处于泉州至杭州的路线之中，元代杭州城的闽清窑瓷器来源便也有迹可循。可见，福建至太仓的这段路程中，既有官方开辟的航线，也有政府设置的海站，可长期稳定地通航。但值得进一步思考的是，既然元代南北海运如此畅通，为何闽清窑瓷目前最北只到太仓，而北方暂无发现？这可能有待更多考古材料的证明。

四、结语

元代闽清窑青白瓷在窑址以外的分布，以 N 型敛口碗为主，特征明显，较易辨识。虽然闽清窑在元代已经进入窑业的衰退期，生产规模大不如前，但仍可见在国内较为广泛的分布。在之前认为闽清窑产品绝大多数外销的共识之外，元代闽清窑青白瓷产品在内陆的出土显示其在国内也得到一定比例的使用，因而国内市场同样是闽清窑的供应范围。元代闽清窑青白瓷在国内的流通并不遵循"就近原则"，而呈现出沿海岸线分布的"沿海性"特征，

---

63 范金民、高荣盛：《江南社会经济研究：宋元卷》，中国农业出版社，2006 年，第 653 页。

64（明）宋濂等撰《元史》卷九十三《食货一》，《二十四史》，中华书局，1995 年，第 2364—2366 页。

65 章巽：《元"海运"航路考》，《地理学报》1957 年第 1 期。

66（元）虞集：《道园学古录》卷四一，商务印书馆，1937 年，第 704 页。

67（明）郑若曾：《郑开阳杂著》卷九《海运图说》，《景印文渊阁四库全书》第五八四册，台湾商务印书馆，1986 年，第 630 页。

68 范金民、高荣盛：《江南社会经济研究：宋元卷》，中国农业出版社，2006 年，第 655 页。

这可能是受到外销航线和运输方式的影响。元代官方设立的海运道路及其分支，则为闽清窑青白瓷此时在国内近海航道的运输提供了较为便利和明确的路线。本文的分析意在说明，闽清窑产品在国内青白瓷市场中也可能占据了一定份额，值得关注。但受材料所限，本文尚有不足与缺漏之处，有待后续考古发现和研究的补充。

致谢：本文为笔者硕士学位论文的一部分，有幸得到复旦大学文物与博物馆学系刘朝晖老师与福建博物院文物考古研究所羊泽林老师的指导，栗建安老师与上海博物馆王建文老师的指点与帮助，谨致谢忱！

吉州窑与其他窑场间技术交流刍议 *

史秋童（南开大学历史学院考古学与博物馆学系）

摘要：吉州窑在漫长的烧造历史中，不断模仿其他窑口的优质产品，吸收其他窑口的先进技术，也对其他窑场有过一定的技术输出。但这种技术交流存在不均衡性，以技术输入为主，且输入的主要为造型、纹饰、釉色等浅层次技术，而吉州窑最具特征的木叶贴花和剪纸贴花技术却不曾对外输出。这是吉州窑技术基础较薄弱、产品定位只追求外观，不注重细节，质量较差的结果。

关键词：吉州窑　制瓷技术　交流

吉州窑创烧于晚唐，经过五代宋初的发展，在北宋晚期逐渐繁荣，南宋时期达到鼎盛，元代之后停烧。从创烧之始吉州窑就广泛吸收其他窑场的先进技术，在其不同时期产品上或多或少都可以见到当时一些著名窑口产品的影子。吉州窑与其他窑口间的技术交流在古代瓷业技术交流中具有一定的代表性，深入梳理其交流模式和现象，挖掘其发生的原因，对我们更好地理解古代制瓷技术的传播和发展具有重要意义。

一、研究回顾

学者们对这个课题也做过探讨，主要集中在吉州窑白地褐彩与磁州窑白地黑花[1]、吉州窑黑釉茶盏与建窑同类器物的关系上[2]，另外也涉及吉州窑窑工对景德镇制瓷业贡献等技术交流方面[3]。上述研究成果尚较零散，主要集中在对吉州窑与其他窑场产品特征或装饰技术的关系上，取得了不少成果，但尚未对吉州窑发展不同阶段与其他窑场技术交流进行系统

* 本研究是 2020 年度国家社会科学基金一般项目“吉州窑瓷器研究”（项目号：20BKG042）和 2019 年度天津社会科学基金一般项目“吉安永和镇东昌路吉州窑址发掘资料整理与研究”（项目号：TJZL10-002）的阶段性成果。

1　范凤妹、申夏：《浅议磁州窑和吉州窑》，《文物春秋》1997 年增刊。

2　邓宏文：《吉州窑和建窑黑瓷的研究》，《湖南考古辑刊》1999 年第 2 期。

3　陈立立：《吉州窑工匠在景德镇瓷都地位确立过程中的作用》，《江西科技师范学院学报》2011 年第 8 期。

图 1　吉州窑青釉敞口碗
(2012JDF99：166)

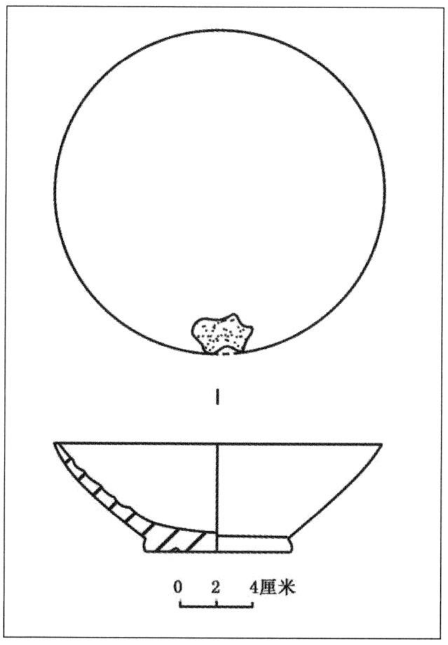

图 2　吉州窑青釉碗
(2012JDF99：120)

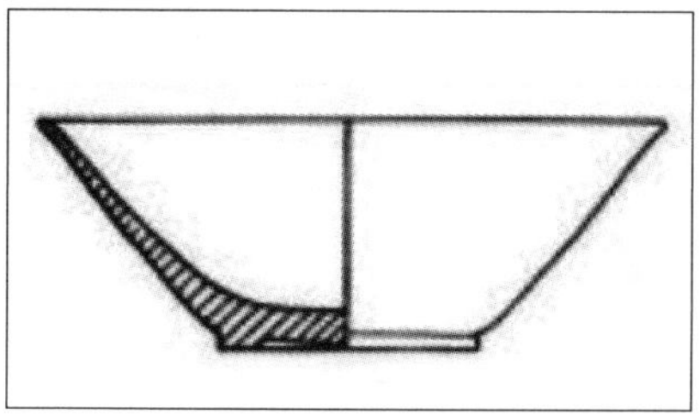

图 3　寺龙口 B 型 III 式青釉碗

梳理，对这些技术交流的特征及成因也欠分析。本文拟在前人研究基础上，结合最近的窑址出土资料，对吉州窑与其他窑场间技术交流做系统探讨。

二、吉州窑中所见其他窑场技术因素

吉州窑烧造历史上，其产品中可以看到很多当时著名窑口产品的影子，反映了吉州窑与其他窑口有着丰富的技术交流。这些窑口大致包括越窑、洪州窑、磁州窑、定窑、景德镇窑、建窑和龙泉窑等。

（一）与越窑、洪州窑

在吉州窑初创阶段的技术直接源于其他窑场，一般认为与当地的洪州窑和浙江的越窑有关[4]。

吉州窑早期产品以青釉为主，少量青褐釉，器型有罐、注子、碗、盏等，其中碗的造型为敞口、斜弧腹、圜底、宽圈足或玉璧底、饼足，口径与底径之比为2:1，这类器物与同时期越窑和洪州窑同类器物造型完全相同，尤其是使用泥条间隔的装烧方法，完全模仿越窑。

2012 年吉安永和镇东昌路窑址出土的青釉敞口碗（2012JDF99：166），敞口，圆唇斜弧壁，矮圈足。正烧，内、外壁均施青釉，外壁施半釉，釉层较薄，釉面光亮。青灰胎，胎质粗疏。内底残留六个间隔泥条痕。口径 17.8 厘米，底径 6.8 厘米，高 5.9 厘米〔图 1〕。该器与东昌路出土的另一件青釉碗（2012JDF99：120）〔图 2〕与寺龙口越窑遗址出土的 B 型 Ⅲ 式青釉碗[5]〔图 3〕形制及装烧相同。

同样的例子还见于江西景德镇兰田窑，发掘者认为其产品明显受越窑影响[6]，其属于第四期（五代）的 Ac 型青绿釉碗与上述东昌路所出青釉碗造型、装烧方法一致。

而 2012 年东昌路出土的青釉饼足碗（2012JDF69：40）〔图 4〕，

4　余家栋：《试论吉州窑》，《江西历史文物》1982 年第 3 期。

5　浙江省文物考古研究所、北京大学考古文博学院、慈溪市文物管理委员会：《寺龙口越窑址》，文物出版社，2002 年，第 63 页。

6　秦大树等：《景德镇早期窑业的探索——兰田窑发掘的主要收获》，《南方文物》2015 年第 2 期。

残存部分腹部及底，饼足内凹，与梅林大江鹅头山隋唐青瓷窑址出土的 Bb 型青瓷碗〔图 5〕足部造型相同[7]。

可以看出，在整体造型上，吉州窑青釉碗与越窑产品更为相近，早期吉州窑根本技术源自越窑，也受到了洪州窑的影响。至于其与江西境内创烧时代相近的兰田窑、南窑等景德镇境内窑场间的关系，还值得进一步探讨。

图 4 吉州窑青釉饼足碗
(2012JDF69 : 40)

图 5 洪州窑 Bb 型青瓷碗

图 6 吉州窑绿釉印花碗
(2012JDF32 : 41)

（二）与定窑磁州窑低温绿釉、磁州窑白地黑花彩绘

北宋中晚期，吉州窑开始生产低温绿釉产品，器型有枕、炉、瓶、盆、碗、盏、碟等，尤以绿釉枕具代表性。装饰技法以划花为主，也有剔刻和印花装饰。其中印花、划花碗与定窑同类产品，枕的造型、纹饰特征与同时期磁州窑产品极为相似。

2012 年东昌路窑址出土的北宋绿釉印花碗（2012JDF32：41），尖圆唇，撇口，斜弧腹壁，内底圆弧，圈足较高。外腹中部一周凹弦纹。内壁印缠枝牡丹纹，内底为折枝菊瓣纹。内满釉，外施釉至下腹部[8]〔图 6〕。2016 年茅庵岭窑址出土的北宋绿釉划花花口碗（2016MF39④：31），五缺花口，斜弧腹壁，内底圆弧，圈足。内口沿下一周弦纹内刻划折枝莲花荷叶纹。内满釉，外施釉至下腹部，釉面光亮[9]〔图 7〕。这两件碗与定窑同类器物造型、纹饰特征极为相似。

2012 年东昌路窑址出土的北宋绿釉划花腰圆枕（2012JDT12③：36），枕面边缘两道弦纹之间戳印圈点纹，弦纹内篦划疏朗波浪纹，枕墙上端两周弦纹下戳印圈点纹，枕墙中间有一气孔，外施绿釉，外底露胎[10]〔图 8〕。2019 年吉州窑茅庵岭窑址出土的北宋绿釉印花八方枕（2019MT3419⑤：13），前后枕墙分别模印六方形朵花纹，两侧墙面分别模印四方形朵花纹。两侧面留存紫红色支烧痕，外施绿釉，底部露胎[11]〔图 9〕。还有 1984 年江苏泰州市煤球厂工地出土一件北宋吉州窑绿釉刻划花蕉叶纹“陈家记号”如意枕〔图

---

7 余家栋：《江西丰城新发现的洪州窑址调查简报》，《南方文物》2002 年第 3 期。

8 江西省文物考古研究院：《吉简吉美：吉州窑遗址出土瓷器集萃》，文物出版社，2020 年，第 82 页。

9 江西省文物考古研究院：《吉简吉美：吉州窑遗址出土瓷器集萃》，文物出版社，2020 年，第 83 页。

10 江西省文物考古研究院：《吉简吉美：吉州窑遗址出土瓷器集萃》，文物出版社，2020 年，第 87 页。

11 江西省文物考古研究院：《吉简吉美：吉州窑遗址出土瓷器集萃》，文物出版社，2020 年，第 88 页。

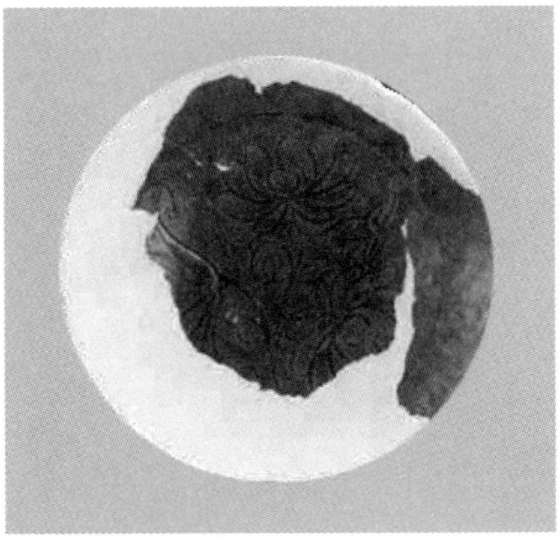

图 7　吉州窑绿釉划花花口碗
(2016MF39 ④ : 31)

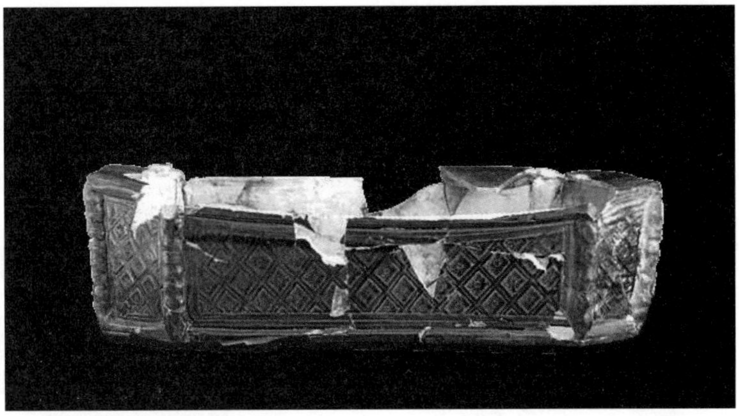

图 9　吉州窑绿釉印花八方枕
(2019MT3419 ⑤ : 13)

图 8　吉州窑绿釉划花腰圆枕
(2012JDT12 ③ : 36)

图 10　吉州窑绿釉划花蕉叶纹枕
江苏泰州煤球厂工地出土

10〕[12]，这些造型和纹饰在磁州窑绿釉瓷枕中都可见到[13]。泰州煤球厂所出如意枕即与北京海淀南辛庄出土的北宋磁州窑绿釉刻划花枕很相似[14]。

南宋晚期，吉州窑开始流行白釉褐彩器物，器型有罐、瓶、炉、玉壶春瓶、梅瓶等，胎质较粗，胎色黄白，一般在胎上用褐色铁彩绘，上罩透明釉。纹饰有水波、花草、奔鹿、蛱蝶、兰草等。一般认为，吉州窑白地褐彩是受磁州窑白地黑花的影响。

2012 年吉州窑尹家岭窑址出土的南宋白釉褐彩花卉纹长颈瓶（2012 Ⅳ T2735 ⑥:11），颈部近口沿处以及胫部分别褐色彩绘一组弦纹；腹部褐色彩绘对称梅竹纹，之间隔以一只飞蝶，颜色泛酱色。口沿及外壁施白釉，釉层较薄[15]〔图 11〕。2006 年吉州窑永和中心小学窑址出土的南宋白釉彩绘长方枕残器（2006 Ⅳ T4401 ④:1123），外壁菱形回纹地双线葵形开

12 张柏主编：《中国出土瓷器全集（江苏卷）》，科学出版社，2008 年，第 121 页。

13 张子英：《磁州窑瓷枕》，人民美术出版社，2000 年，第 42 页。

14 张柏主编：《中国出土瓷器全集（北京卷）》，科学出版社，2008 年，第 34 页。

15 江西省文物考古研究院：《吉简吉美：吉州窑遗址出土瓷器集萃》，文物出版社，2020 年，第 215 页。

图 11　吉州窑白釉褐彩花卉纹长颈瓶
（2012 IV T2735 ⑥:11）

图 12　吉州窑白釉彩绘长方枕
（2006 IV T4401 ④:1123）

图 13　吉州窑白地褐彩奔鹿纹罐
南昌南宋嘉定二年墓出土

光内褐色彩绘芦雁纹，外施白釉[16]〔图 12〕。另外，江西南昌南宋嘉定二年（1209 年）墓还出土一件吉州窑白地褐彩彩绘奔鹿纹盖罐〔图 13〕[17]。相较之下，两窑都采用了釉下铁彩彩绘技术，但吉州窑这类器物釉色黄白，釉层很薄，铁彩为褐色，而磁州窑普遍使用化妆土，釉色更为纯净，铁彩为黑色，具体纹样上，吉州窑植物纹、动物纹更常见，枕图案多满饰地子纹，开光内绘有吉祥寓意的主题纹饰，磁州窑瓷枕图案则更为疏朗，开光内通常书诗文或绘制动植物、童子、人物故事等。如 1954 年河北省邢台市曹演庄墓葬出土的北宋白地黑花童子钓鱼纹枕[18]。

（三）与定窑白釉印花

南宋晚期，吉州窑开始生产碗盘类白釉印花瓷器，流行芒口大平底碗碟类器物，胎质较粗，胎色灰白、灰黄。釉层较薄，釉面玻璃光泽较弱，釉泛米黄色。印花精致工整，纹样有缠枝花卉、海水游鱼、凤穿牡丹、婴戏牡丹石榴、六格盆景以及“回”字纹等。与定窑产品相比胎体较粗，硬度较差，不及定窑的坚实，釉色也不及定窑的白净光亮。这类器物也采用与北宋中晚期定窑相似的支圈组合覆烧法烧造。

2014 年茅庵岭窑址出土的南宋白釉印花碗（2014MT3420 ① a：3），腹壁斜弧，内底圆弧，圈足浅矮，足墙较直。内底模印婴戏牡丹石榴纹，婴孩活泼可爱。白釉泛黄色，内满釉，

16　江西省文物考古研究院：《吉简吉美：吉州窑遗址出土瓷器集萃》，文物出版社，2020 年，第 222 页。

17　杨后礼：《介绍几件吉州窑彩绘瓷器》，《江西历史文物》1981 年第 3 期。

18　张柏主编：《中国出土瓷器全集（河北卷）》，科学出版社，2008 年，第 122 页。

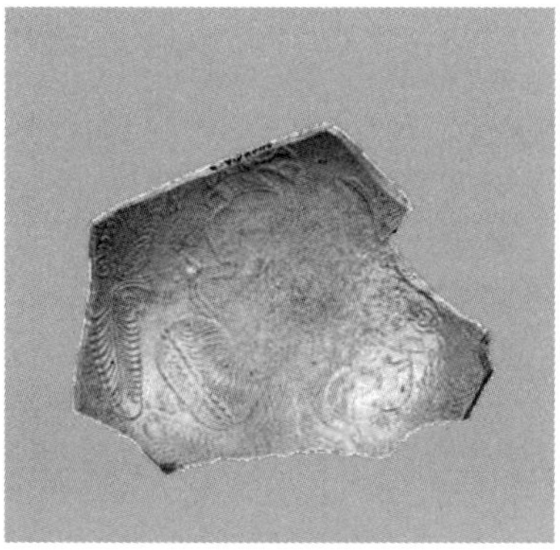

图 14　吉州窑白釉印花碗
（2014MT3420 ① a : 3）

图 15　吉州窑素胎印花盘

图 16　定窑白瓷印花碗

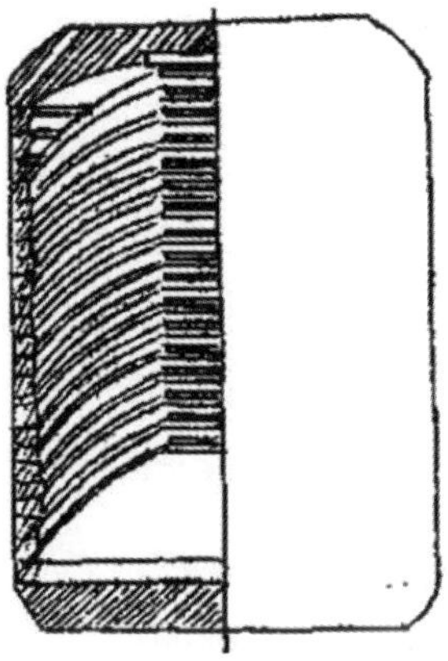

图 17　景德镇窑支圈覆烧示意图

图 18　定窑组合支圈覆烧示意图

外施釉近底[19]〔图 14〕。与定窑同类器物风格极为相似。1995 年吉州窑址出土的素胎印花盘[20]〔图 15〕与定窑印花碗题材相同，布局相同，二者碗边近口沿处都印回纹一周，内壁饰水波荷叶，只是后者盘底心印双鱼游荷纹[21]〔图 16〕，与前者印花卉纹不同。这种例子还非常多。

但吉州窑印花白釉碗的组合支圈覆烧方法与定窑还是存在一定差异。吉州窑在支圈外不再使用耐火材料制作的筒形匣钵，最下一层支圈之下的碟形垫座和最上面一层支圈上覆盖的盘形盖，与支圈外壁组成了一个封闭空间。这种做法与南宋中晚期景德镇同类装烧方法相同[22]〔图 17〕。吉州窑的这种装烧方法可能源于景德镇窑，而景德镇窑的这种装烧技术则应源自定窑[23]〔图 18〕。

（四）与景德镇青白瓷

五代、北宋早期，吉州窑开始烧造青白瓷。近年来东昌路和茅庵岭窑址出土了一批青白瓷资料，除罐、瓶、执壶等器物外，还出土了垫饼、垫圈、匣钵、火照等窑具，一些器物还与窑具粘连，明显属于吉州窑烧造。

吉州窑青白瓷器类和器型较为丰富，有执壶、弦纹罐、小罐、暗圈足钵、注碗、厚唇碗、花口碗、瓜棱碗、折腹盏、花口盏、

19　江西省文物考古研究院编著：《吉简吉美：吉州窑遗址出土瓷器集萃》，文物出版社，2020 年，第 206 页。
20　张柏主编：《中国出土瓷器全集江西卷》，科学出版社，2008 年，第 88 页。
21　李辉柄主编：《中国陶瓷全集宋（上）》，人民美术出版社，1999 年，第 101 页。
22　刘新园、白焜：《景德镇湖田古窑各期碗类装烧工艺考》，《文物》1982 年第 5 期。
23　李辉柄、毕南海：《论定窑烧瓷工艺的发展与历史分期》，《考古》1987 年第 12 期。

图 19　吉州窑青白釉弦纹罐
(2012JDF100 : 142)

图 20　青白釉划花莲瓣纹炉
(2012JDT15 ①: 58)

图 21　吉州窑青白釉狮形熏炉盖
(2012JDF100 : 130)

瓜棱盏、盏托、杯、酒台、器盖、六方枕、狮座枕、莲瓣纹炉、狮形熏炉盖、弦纹盒、粉盒等日常用器，以及点彩狮、狗等文玩用具。碗盏类造型常见花口、瓜棱、折腹。部分器物外腹壁露胎处见明显的跳刀痕和修坯痕。胎质坚致细腻，胎色呈白色或灰白、黄白色。部分器物釉面玻璃光泽较强，多数釉面较涩。不重视装饰，以点彩为主，偶见手捏、镂空、刻划花纹饰，纹样主要是莲瓣纹、弦纹。吉州窑青白瓷器形、纹饰与同时期景德镇青白瓷有很强的相似性，尤其是使用垫饼、垫圈的装烧方法几乎与景德镇完全相同。

2012 年东昌路窑址出土了一批青白釉器物，其中，北宋青白釉弦纹罐（2012JDF100：142）[24]〔图 19〕，与景德镇湖田窑出土的 B 型柳斗罐造型相似[25]。北宋青白釉划花莲瓣纹炉（2012JDT15 ①：58）[26]〔图 20〕，与景德镇湖田窑址出土的 Cb Ⅰ式青白釉带座炉造型相似[27]。北宋青白釉狮形熏炉盖（2012JDF100：130）[28]〔图 21〕，狮钮造型与景德镇湖田窑址出土的 Ab 型青白釉壶瓶盖上的狮纽相似[29]。

与同时期景德镇窑的青白釉瓷器相比，胎质和釉色略显粗糙，仅少数高档产品可与景德镇窑相媲美。

（五）与建窑黑釉盏

吉州窑北宋早期开始生产黑釉瓷器，器型以罐、执壶、瓶、碗、盏等为主。盏多侈口、弧腹、圜底、小圈足，胎色较白，多素面。北宋中晚期，盏的生产数量大增，敛口、弇口、

---

24 江西省文物考古研究院：《吉简吉美：吉州窑遗址出土瓷器集萃》，文物出版社，2020 年，第 66 页。

25 江西省文物考古研究所、景德镇民窑博物馆：《景德镇湖田窑址》，文物出版社，2007 年，第 165 页。

26 江西省文物考古研究院：《吉简吉美：吉州窑遗址出土瓷器集萃》，文物出版社，2020 年，第 76 页。

27 江西省文物考古研究所、景德镇民窑博物馆：《景德镇湖田窑址》，文物出版社，2007 年，第 214 页。

28 江西省文物考古研究院：《吉简吉美：吉州窑遗址出土瓷器集萃》，文物出版社，2020 年，第 77 页。

29 江西省文物考古研究所、景德镇民窑博物馆：《景德镇湖田窑址》，文物出版社，2007 年，第 217 页。

图 22　吉州窑黑釉兔毫弇口盏
(2012JDT23⑥：56)

图 23　吉州窑黑釉兔毫纹敛口盏
(2012JD 采：5)

图 24　吉州窑黑釉兔毫纹侈口盏
(2012JDF52：75)

束口流行、开始出现兔毫、油滴、玳瑁等装饰。南宋时期，黑釉盏成为吉州窑产品的大宗，在之前装饰的基础上，出现剪纸贴花、木叶贴花等极具特色的装饰技法。元代吉州窑黑釉瓷器继续生产，碗、盏流行彩绘装饰。兹略举一二。

东昌路出土的南宋黑釉兔毫弇口盏（2012JDT23⑥：56），斜直腹壁，内底窄平，暗圈足。黑釉泛酱黄色，玻璃光泽较强，内满釉，釉面呈现蓝灰色兔毫纹；外施釉至下腹部，露胎处刷一层紫红色护胎浆[30]〔图 22〕。同年在窑址采集的南宋黑釉兔毫纹敛口盏（2012JD 采：5），圆唇，斜弧腹，内底窄平，圈足。黑釉上有黄褐色兔毫纹，内满釉，外施釉近底[31]〔图 23〕。出土的南宋黑釉兔毫纹侈口盏（2012JDF52：75），圆唇，斜弧腹壁，内底圆弧，矮圈足。黑釉釉面呈现灰色兔毫纹；内满釉，外施釉至底，腹壁下部釉层较薄，釉泛酱红色，为二次施釉形成[32]〔图 24〕。

吉州窑黑釉盏从北宋中晚期大量生产，造型、纹饰明显受到当时建窑黑釉盏的影响。一些盏露胎部分涂有一层酱色，就是用来遮盖黄白的胎色，从而模仿建盏的黑胎。

（六）与龙泉窑

吉州窑在元代生产一种青釉瓷器，呈失透状，釉色青灰，器型以碗、盘为主，流行刻划花和印花。也有的学者称这类器物为青灰釉器物。主要是日常生活用器，器型有执壶、小瓶、罐、撇口碗、侈口碗、盏、器盖以及芒口碗、芒口盏等。碗盏类底足浅矮。胎质较为粗糙，胎色浅淡，呈灰白色，也有灰色、深灰色、灰黄色，个别淘洗精细的胎质细腻呈白色。多数内、外满施青釉，口沿刮釉露胎，外底足露胎。釉色青中泛灰，釉层不厚，釉面玻璃光泽较强。器物装饰单一，目前只见模印技法，纹样有叶脉纹。产品造型、釉色与

30 江西省文物考古研究院：《吉简吉美：吉州窑遗址出土瓷器集萃》，文物出版社，2020 年，第 186 页。

31 江西省文物考古研究院：《吉简吉美：吉州窑遗址出土瓷器集萃》，文物出版社，2020 年，第 178 页。

32 江西省文物考古研究院：《吉简吉美：吉州窑遗址出土瓷器集萃》，文物出版社，2020 年，第 163 页。

图 25　吉州窑青灰釉小瓶
(2012JDT9 ②：5)

图 26　吉州窑青灰釉执壶
(2014MF74 ①：63)

图 27　吉州窑青灰釉荷叶形器盖
(2014MF72 ①：1)

图 28　吉州窑青灰釉撇口碗
(2016MF39 ①：45)

江西永丰山口窑的产品面貌相近。

东昌路出土的青灰釉小瓶（2012JDT9 ②：5），侈口，折沿，束颈，斜溜肩，上腹外鼓，下腹斜直，平底微内凹。内满釉，外施釉不及底，釉色青灰[33]〔图 25〕。茅庵岭窑址出土的青灰釉执壶（2014MF74 ①：63），方唇，敛口，矮直颈，溜肩，鼓腹，圆饼足。腹上部置管状流，对应一侧颈肩处置执柄，肩部置四个横向圆管状系。青灰釉，内满釉，外施釉至底[34]〔图 26〕。青灰釉荷叶形器盖（2014MF72 ①：1），盖顶隆弧，顶中间圆凸，盖缘一侧置一环状系，沿下垂呈花瓣状，内设子口。盖面压印叶脉纹。盖面施青灰釉[35]〔图 27〕。青灰釉撇口碗（2016MF39 ①：45），方唇，撇口，斜弧腹壁，内底窄平，圆饼足。底腹交界处有一周凹弦纹。外腹壁见修坯痕。内满釉，外施釉至足，口部刮釉呈芒口[36]〔图 28〕。

33 江西省文物考古研究院：《吉简吉美：吉州窑遗址出土瓷器集萃》，文物出版社，2020 年，第 298 页。
34 江西省文物考古研究院：《吉简吉美：吉州窑遗址出土瓷器集萃》，文物出版社，2020 年，第 296 页。
35 江西省文物考古研究院：《吉简吉美：吉州窑遗址出土瓷器集萃》，文物出版社，2020 年，第 302 页。
36 江西省文物考古研究院：《吉简吉美：吉州窑遗址出土瓷器集萃》，文物出版社，2020 年，第 299 页。

从釉色和纹饰特征看，这类器物属于吉州窑仿龙泉的产品，但质量上与龙泉窑青釉瓷器有一定差距。

三、吉州窑对其他窑场制瓷技术的影响

吉州窑的烧造历史中不断吸收其他窑口产品的优势技术，进行仿制，并且生产具有特色的剪纸贴花和木叶贴花装饰，但吉州窑对其他窑口的技术影响乏善可陈，仅有白地褐彩在元代早中期对景德镇青花的出现产生过影响，而剪纸贴花和模印贴花技术却未见于其他窑场。

这种影响形成的动因不同于其他窑口对吉州窑的影响，后者是优势产品技术对低水平地区窑场的影响，前者是基于人口流动导致技术在异地的传播，而且有契机，与元青花的突然崛起的定烧或服务特殊市场的生产背景有关，而非其产品对异地市场占据的结果。

吉州窑白地褐彩对景德镇元青花的影响，主要在于釉下彩绘这种装饰工艺，二者在彩料上则无任何关联，前者为铁彩，后者为氧化钴；在绘画技法上，二者有一定的相似性，多采用一笔平涂技法。应该是吉州窑窑工到了景德镇，但并非直接将吉州窑白釉褐彩技术运用在景德镇瓷器烧造上，而是由于特殊的背景下，作为政府定烧的青花瓷，为了适应伊斯兰地区的审美和习惯，以吉州窑釉下褐彩技术，结合钴蓝料的使用，为出口的目的，生产出蓝白两色的青花瓷。这种技术输出是特殊时代背景下的产物，并非完整的技术输出。

至于剪纸贴花和木叶贴花这两种最具吉州窑特征的装饰技术为何未曾外传，笔者推测，原因也许有二：一是这种具象的图案性装饰，属于民间审美，而士人阶层流行的斗茶，崇尚兔毫、玳瑁等具有哲学韵味的装饰，具象的图案装饰并不受当时士人阶层追捧，因而没有被其他窑口模仿；二来可能是这种装饰技法较难模仿，其他窑口没有仿制成功。我们更倾向于前者。

四、吉州窑与其他窑口间技术交流的特征及成因

1. 技术交流的特征

通过前揭材料可以看出，吉州窑与其他窑场间的技术交流具有以下两大特征。

首先是技术交流存在明显的不均衡性和阶段性。

吉州窑的创烧源于越窑技术，也受到洪州窑影响。早期生产的青瓷造型、纹饰都模仿越窑。五代、北宋早期，受景德镇影响开始生产青白瓷，受定窑影响生产白瓷。北宋中晚期，受建窑影响，开始生产兔毫盏等，受定窑和磁州窑影响开始生产低温绿釉产品。南宋中晚期，开始模仿景德镇窑青白瓷支圈覆烧印花工艺生产仿定白釉印花器物，模仿磁州窑白地黑花

工艺，并生产出白地褐彩产品。元代模仿龙泉窑青釉生产出了青灰釉瓷器。但吉州窑仅在釉下彩绘技术上对景德镇元青花的产生进行过不完整的技术输出。从时段上看，总体而言，吉州窑最兴盛的时期，也就是其对其他窑口产品借鉴最多的时候。

其次，技术交流层次不深。

按照熊海堂先生的观点，上述技术借鉴大致涉及三个层次，第一层次是对造型、纹样的简单模仿，第二层次是对胎、釉特征的模仿，第三层次是对装烧工艺的模仿[37]。其中，第一、二层次的技术交流有时是同时进行的。吉州窑仅在初创期对越窑青瓷，北宋早期对景德镇青白瓷，以及南宋中晚期对定窑模印花白瓷进行了三个层次完全的模仿。其余多属浅层次交流，如北宋中晚期对磁州窑低温绿釉瓷器、建窑黑釉盏，南宋时期对磁州窑白地黑花，南宋末元代对龙泉青瓷的模仿主要集中在第一和第二层次，是吉州窑窑工在自己生产经验的基础上，竭力模仿当时著名窑场产品的结果。而吉州窑白釉褐彩对景德镇窑元青花釉下彩绘技术的输出则并非完整形态的三个层次的技术交流，属于瓷业技术交流中的特殊现象。整体来看，技术交流频度较广泛，但层次不深。

2. 成因

形成上述特征的原因，我们认为大体有以下三点。

首先，吉州窑制瓷技术相对其他著名窑口较弱。

其次，人口流动客观上对制瓷技术传播的推动。烧造技术的输入，必须是依靠人员流动实现的。一般窑场创烧期技术一定是由人员流动带来，吉州窑在晚唐五代的创烧应该就是越窑或洪州窑窑工带来的技术。而南宋时吉州窑使用与定窑和景德镇窑很相似的组合支圈覆烧法烧造仿定印花白瓷，也一定是北方定窑窑工或景德镇窑工也曾来吉州窑烧窑。这两次烧造技术的输入，应该与晚唐五代初、北宋末南宋初的两次大规模人口流动有关[38]。

最后，吉州窑产品定位。从观察历代吉州窑产品特征上，我们发现吉州窑对产品的胎、釉，乃至圈足等造型细节处理不甚重视，甚至在其鼎盛期也是如此，除极少数产品外，一般胎质较粗，胎色较深，以黄白为主，圈足挖足随意[39]。这与其大量模仿其他著名窑口的优质产品的釉色、装饰和形制形成了鲜明对比，体现其产品定位主要追求外观，而不注重整体质量的特征。

---

37 熊海堂：《东亚窑业技术交流史》，南京大学出版社，1990 年。

38 吴松弟：《中国移民史》（第 3、4 卷），福建人民出版社，1997 年，3 卷第 232 页，4 卷第 246 页。

39 这是吉州窑瓷器的普遍现象，此处不再举例。

五、结语

吉州窑从创烧开始就是一个不断博采众长的窑场，漫长的发展历程中，始终在吸收其他窑场的长处，这种技术交流在宋代达到鼎盛，但存在严重的不均衡性，引进多而输出极少，甚至其最具特征的木叶贴花和剪纸贴花盏的装饰技术也不曾向外输出，究其原因，一方面在于其他窑场产品技术上的优势，另一方面则主要在于吉州窑的产品定位：其产品追求造型、纹饰为主，对胎釉等方面不甚注重，尤其对圈足等的细处处理粗率，体现了一种功利性的产品技术特征，这是其对外影响有限的原因所在。

元代墓葬出土青白釉瓷器初探*

吕东亮　袁胜文（南开大学历史学院，天津，300350）

摘要：青白釉瓷器肇始于五代，兴盛于两宋时期，元代走向衰落，至明清时期逐渐退出历史舞台[1]。青白釉瓷器在元代已经暴露出衰落的趋势，从墓葬、遗址等考古资料中已经证明元代青白瓷远不及两宋时期的辉煌，开始逐渐被边缘化。本文通过对元代墓葬出土青白釉瓷器的统计和分析，并对其器型和纹饰进行整理和归纳，分析其纹饰和器型的特征。同时，以元墓出土青白釉瓷器为切入点，初步剖析了元代青白瓷的销售范围和使用者身份。

关键词：元代　青白釉瓷器　墓葬

中华人民共和国成立以来，在相关的沉船、墓葬、窖藏、城址等各类遗址中，出土了数量巨大的青白釉瓷器。青白瓷肇始于五代，在经历两宋时期的辉煌之后，元代时逐渐衰落，至明清时期逐渐退出了主流市场。在过往的研究中，研究者只关注于两宋时期的青白瓷，但根据相关的考古发现，青白瓷在元代仍然保持了一定生产规模且继续为人们所使用。元代青白瓷的生产仍然以江西地区窑场为主，尤其是以景德镇地区窑场为中心，其生产工艺与造型特点继承两宋青白瓷而来。元代青白瓷的产品质量虽不及两宋时的精美，但其产品造型仍较丰富，纹饰多为模印，工艺复杂。本文以墓葬出土元代青白瓷为切入点，尝试揭示出元代青白瓷的使用状况、生产面貌和造型特点。

一、元代墓葬出土青白瓷的发现及纪年墓分期

根据目前的发掘资料，青白瓷肇始于五代时期，青白瓷的出现与唐五代时期大量生产的白瓷与青瓷有关，釉色介于青色与白色之间，以两宋时期景德镇湖田窑生产的青白瓷最

* 本研究是2020年度国家社科基金一般项目“吉州窑瓷器研究”（项目编号：20BKG042）和2019年度天津社科基金一般项目“吉安永和镇东昌路吉州窑址发掘资料整理与研究”（项目编号：TJZL19-002）的阶段性成果。

1　陈扬：《明代纪年墓出土青白釉瓷器初步研究》，《中国国家博物馆馆刊》2020年第7期。

为精美。青白瓷的窑业核心除景德镇以外，还包括纵贯整个江西的赣江流域与抚河流域地区，赣州七里镇窑、吉州永和窑、南丰白舍窑等都有相当大的生产规模，是仅次于景德镇的次级生产区域[2]。除了江西地区，在长江下游地区、湘江流域、钱塘江流域、闽江流域、晋江流域、岭南地区等都大量生产青白釉瓷器，尤其是闽西北及闽东南沿海地区的青白瓷窑址分布极其密集，生产规模相当庞大，大量外销。由此可见，两宋时期是青白釉瓷器烧造最为庞大的时期，也是青白釉瓷器生产的鼎盛期，逐步形成了成熟的青白釉烧造技术。元代青白瓷器生产延续宋代而来，初期青白釉瓷器变化较小，之后其造型特征产生变化，逐步脱离两宋时期青白瓷的造型特点。元代青白釉瓷器的生产也直接影响了卵白釉瓷器的创烧。

元代前期青白瓷的生产仍然以江西地区和福建地区为中心，尤以景德镇地区为核心；元代中后期，伴随着卵白釉瓷器、青花瓷器以及南方龙泉窑系青瓷器的快速发展，青白瓷的生产规模逐步缩小，质地多粗糙，市场占有率逐步萎缩。以湖田窑为例，在湖田窑元代中前期地层中出土的青白釉瓷器，多为覆烧芒口器，质较粗松，釉薄色灰黄。而仰烧器物中常见一种饼足侈口碗，此类碗胎厚质粗，釉厚且多呈青灰色，足部露胎。元代中后期地层中出土的青白釉瓷器数量远不及卵白釉瓷和青花瓷器，此期的青白瓷普遍胎质粗松，胎色灰白，坯料和坯胎加工较粗，釉面普遍浑浊，多为模印纹饰且纹饰不清晰[3]。由此可见，与两宋青白瓷相比，元代湖田窑青白瓷的质量急速衰退，早已没有了两宋时期的风采。

由于元朝存续时间较短，所以新中国成立以来发掘的元代墓葬尤其是元代纪年墓数量较少，墓葬内出土的随葬品数量也极少，且多为陶器类随葬品。通过对已发掘资料的检索和整理，目前发现约有六十余座元代墓葬中出土有青白瓷器，详情请见表 1 与表 2。

表1　元代纪年墓出土青白釉瓷器[4]

序号	年代	出土地点	墓主身份	器物名称和数量	备注
1	宪宗元年（1251年）	北京市崇文区龙潭湖斡脱赤墓[5]	墓主身份较高，是元代的开国重臣	青白釉玉壶春瓶1、青白釉多穆壶1、青白釉盘1、青白釉匜1、青白釉碗3	
2	至元十八年（1281年）	江西樟树大桥西堡村元墓[6]		青白釉芒口碟1	

2　郑建明：《21 世纪以来青白瓷窑址考古新进展》，《文物天地》2019 年第 4 期。

3　江西省文物考古研究所、景德镇民窑博物馆编：《景德镇湖田窑址：1988—1999 年考古发掘报告》，文物出版社，2007 年。

4　此表 1 与表 2 中所统计的青白瓷的判断依据主要是根据来源文章中对于器物的定义和描述，由于大部分器物发掘时间较早且缺少清晰的图片，所以以原文中所描述的器物为准。

5　宋蓉：《北京地区元代瓷器发现与研究述评》，《文物春秋》2014 年第 4 期；宋大川主编：《北京考古发现与研究》，科学出版社，2009 年；北京市文物研究所：《元铁可父子墓和张弘纲墓》，《考古学报》1986 年第 1 期；张柏主编：《中国出土瓷器全集 北京卷》，科学出版社，2008 年。

6　黄冬梅：《江西樟树宋元纪年墓出土的青白瓷》，《景德镇陶瓷》1994 年第 2 期。

（续表）

序号	年代	出土地点	墓主身份	器物名称和数量	备注
3	至元二十年（1283年）	江西省樟树市进修学校元墓[7]		青白釉刻花筒形器物3，青白釉堆塑瓶2	
4	至元二十二年（1285年）	北京市海淀颐和园耶律铸夫妇合葬墓[8]		青白釉玉壶春瓶（胆式瓶）1，青白釉双鱼盘1，青白釉印花月映梅纹碗1	可能是景德镇窑烧制
5	至元三十年（1293年）	江西省樟树市西郊元墓[9]		青白釉冰裂纹碗1	
6	至元三十年（1293年）	江西省贵溪市元至元三十年道教36代天师张宗演墓[10]	墓主为道教“天师”	青白釉堆塑龙虎纹瓶2	可能是江西景德镇窑烧造
7	元贞元年（1295年）	河北满城元代张弘略墓M2[11]	墓主去世时为河南参知政事，其父为元代开国元勋，墓主年轻时主要辅助其父修建元大都，曾担任筑宫城总管	青白釉三足炉1，青白釉高足杯2	出土器物是元瓷中的精品，墓葬规格极高，用汉白玉修造
8	大德元年（1297年）	江西鹰潭梅园公园元墓[12]		青白釉堆塑瓶2，青白釉碗3	
9	元贞四年（1298年）	重庆市上清寺元贞四年墓[13]		青白釉梅花纹双耳瓶1，青白釉沥花梅花纹鼎式炉1，青白釉芒口盘2，青白釉双凤执壶1，青白瓷小碗1、青白釉芒口碗1	可能是景德镇窑烧造
10	大德二年（1298年）	山西大同齿轮厂元墓[14]	墓主是元代一般汉族小官吏	青白釉连珠纹象生高足莲花杯1	可能是景德镇窑产品
11	大德三年（1299年）	江西波阳县磨刀石公社毛屋下元墓[15]		青白釉瓷瓶2，青白釉碗1，青白釉三足炉1	可能是景德镇窑产品
12	大德五年（1301年）	安徽省安庆市棋盘山元大德五年范文虎墓[16]	墓主为元代尚书省右丞商议枢密院士	青白釉莲瓣纹碗1	

7 黄冬梅：《江西樟树宋元纪年墓出土的青白瓷》，《景德镇陶瓷》1994年第2期。

8 国家文物局主编：《1998中国重要考古发现》，文物出版社，2000年；张柏主编：《中国出土瓷器全集·北京卷》，科学出版社，2008年。

9 黄冬梅：《江西樟树宋元纪年墓出土的青白瓷》，《景德镇陶瓷》1994年第2期。

10 张柏主编:《中国出土瓷器全集 江西卷》，科学出版社，2008年;《江西贵溪陈家村发现张天师墓》，《文物参考资料》，1951年第8期。

11 河北省文物保护中心等：《元代张弘略及夫人墓清理报告》，《文物春秋》2013年第5期。

12 曲利平，倪任福：《江西鹰潭发现纪年元墓》，《南方文物》1993年第4期。

13 重庆中国三峡博物馆编：《重庆中国三峡博物馆藏文物选粹 瓷器》，文物出版社，2011年；张柏主编：《中国出土瓷器全集·广东、广西、海南、四川、重庆、香港、澳门、台湾卷》，科学出版社，2008年；申世放：《从元代纪年墓出土的文物谈元青白瓷》，《巴渝文化第二辑》，重庆出版社，1991年。

14 大同市博物馆：《大同元代壁画墓》，《文物季刊》1993年第2期。

15 唐山：《波阳元墓出土的元瓷》，《南方文物》1974年第2期；江西省博物馆：《江西波阳出土的元代瓷器》，《文物》1976年第11期；吴志红、范凤妹：《介绍一批江西出土的宋元青白瓷》，《中国陶瓷》1982年第7期。

16 安徽省博物馆编：《安徽省博物馆藏瓷》，文物出版社，2002年，第118页。

（续表）

序号	年代	出土地点	墓主身份	器物名称和数量	备注
13	大德九年（1305年）	北京朝阳区永定门外小红门张弘纲墓[17]		青白釉瓷碟2	可能是景德镇窑烧制
14	大德十年（1306年）	四川省广汉市西外乡元大德十年墓[18]		青白釉刻划花蕉叶云纹瓶1	
15	大德十年（1306年）	四川广汉大德十年元墓[19]		青白釉莲花口卷元纹瓶1	
16	大德十一年（1307年）	江西省南昌县元大德十一年墓[20]		青白釉堆塑长颈瓶2	
17	元延祐二年（1315年）	江西南昌朱姑桥元墓[21]		青白釉堆塑瓶4，青白釉仓2	
18	延祐四年（1317年）	江西省万载县三兴乡元墓[22]		青白瓷皈依瓶2	
19	延祐六年（1319年）	江西永丰县元代延祐六年墓[23]		青白釉筒形炉1，青白釉堆塑瓶2，青白釉荷叶盖小罐1	
20	延祐六年（1319年）	湖北省黄梅县西池窑厂元延祐六年墓出土[24]		青白釉褐彩塔形盖瓶1	可能是江西景德镇窑烧造
21	泰定元年（1324年）	江西省万年县元墓[25]		青白釉狮钮盖瓷瓶2	可能是景德镇窑产品
22	泰定元年（1324年）	江西省万年县石镇街元泰定元年墓[26]		青白釉刻划花龙纹狮钮盖罐1	可能是江西景德镇窑烧造
23	天历元年（1328年）	江西省进贤县天历元年墓出土[27]		青白釉堆塑长颈瓶2	
24	致和元年（1328年）	四川广汉西外乡致和元年墓[28]		青白釉敛口小碗1	
25	天历二年（1329年）	江西高安元天历二年墓[29]		青白瓷堆塑瓶4，青白瓷粉盒1	

17 北京市文物研究所：《元铁可父子墓和张弘纲墓》，《考古学报》1986年第1期。

18 张柏主编：《中国出土瓷器全集·广东、广西、海南、四川、重庆、香港、澳门、台湾卷》，科学出版社，2008年；重庆中国三峡博物馆编：《重庆中国三峡博物馆藏文物选粹 瓷器》，文物出版社，2011年。

19 陈丽琼、董小陈：《三峡与中国瓷器》，重庆出版社，2010年。

20 杨后礼：《江西宋元纪年墓出土堆塑长颈瓶研究》，《南方文物》1992年第1期。

21 郭远谓：《江西南昌朱姑桥元墓》，《考古》1963年第10期；杨后礼：《江西宋元纪年墓出土堆塑长颈瓶研究》，《南方文物》1992年第1期。

22 陈美英、晏扬：《江西万载发现元代墓葬》，《南方文物》1992年第2期。

23 杨后礼：《江西永丰县元代延祐六年墓》，《文物》1987年第7期。

24 张柏主编：《中国出土瓷器全集 湖南湖北卷》，科学出版社，2008年。

25 唐昌朴：《万年县出土元代瓷器》，《文物工作资料》1973年第6期。

26 张柏主编：《中国出土瓷器全集·江西卷》，科学出版社，2008年。

27 杨后礼：《江西宋元纪年墓出土堆塑长颈瓶研究》，《南方文物》1992年第1期。

28 陈丽琼、董小陈：《三峡与中国瓷器》，重庆出版社，2010年。

29 高安县博物馆：《江西高安县发现元代天历二年纪年墓》，《考古》1987年第3期。

（续表）

序号	年代	出土地点	墓主身份	器物名称和数量	备注
26	天历三年（1330年）	江西省南昌县元天历三年墓[30]		青白釉堆塑长颈瓶2	
27	至元三年（1337年）	陕西西安市高新技术开发区中际大厦基建工地元顺帝至元三年刘达墓[31]		青白釉印花高足杯2	可能是江西景德镇窑烧造
28	至元五年（1339年）	河北涿州东关村元墓[32]	男墓主为丰润县尹	青白釉瓷杯1	
29	元至元乙卯（1339年）	江西抚州长岭乡元墓[33]		青白釉堆塑瓶4件（其中两件已经残破），青白釉瓷罐1件，青白瓷瓷仓1件	可能是江西地区较小的民窑烧造
30	至正二年（1342年）	江西省南昌县元至正二年墓[34]		青白釉堆塑长颈瓶2	
31	至正二年（1342年）	泉州江南镇元代墓[35]		青白釉双耳三足炉1，青白釉花瓶2	此三件青白瓷可能是泉州东门窑的产品
32	元至正五年（1345年）	江西高安县汉家山元墓[36]		青白釉堆塑瓶2，青白釉碗2	
33	至正八年（1348年）	江西省抚州市桥东黄泥岗元至正八年墓[37]		青白釉带盖橄榄瓶2	

30 杨后礼：《江西宋元纪年墓出土堆塑长颈瓶研究》，《南方文物》1992 年第 1 期。

31 张柏主编：《中国出土瓷器全集·陕西卷》，科学出版社，2008 年。

32 河北省文物研究所等：《河北涿州元代壁画墓》，《文物》2004 年第 3 期。

33 薛翘、刘劲峰：《江西抚州元墓出土瓷器》，《文物》1992 年第 2 期；薛翘、刘劲峰：《抚州市郊元代纪年墓出土的芒口瓷》，《江西历史文物》1987 年第 2 期。

34 杨后礼：《江西宋元纪年墓出土堆塑长颈瓶研究》，《南方文物》1992 年第 1 期。

35 吴艺娟：《泉州发现元墓》，《福建文博》2005 年第 2 期。

36 刘翔：《江西高安县汉家山元墓》，《考古》1989 年第 6 期。

37 张柏主编：《中国出土瓷器全集·江西卷》，科学出版社，2008 年。

表2　元代非纪年墓出土青白釉瓷器

序号	出土地点	墓主身份	器物名称和数量	备注
1	福建南平市延平区西芹镇板应一路元墓[38]		青白釉敛口碗2，青白釉三足炉2，青白釉杯2，青白釉玉壶春瓶2，青白釉匜2，青白釉烛台4	可能是南平茶洋窑元代早期的器物
2	山东济南郎茂山路元代家族墓M2[39]		青白瓷三足炉1	
3	北京市海淀区永定路航天部二院墓地[40]		青白釉梅瓶2	可能是景德镇窑烧制
4	北京市昌平区城关旧县村元墓[41]		青白釉匜1，青白瓷把杯1	
5	北京市朝阳区七棵树村砖室墓[42]		青白釉盘9，青白釉小盘1	
6	北京市宣武区先农坛墓葬[43]		青白釉灯1，青白釉印花高把杯1，青白釉印花三足炉1	
7	北京市朝阳区呼家楼元墓[44]		青白釉瓷酒杯1，青白釉玉壶春瓶1，青白釉匜1，青白釉碗2	
8	辽宁抚顺土口子村元墓[45]		青白瓷碗2、青白瓷折腰小碗2、青白瓷小碟1	
9	辽宁省朝阳市六六七厂元墓[46]		青白釉印花“金玉满堂”款高足杯2	可能是江西景德镇窑烧造
10	广州沙河双燕岗元代墓地[47]		青白釉瓷瓶2，青白釉瓷香炉1	
11	重庆市渝中区华一村元墓[48]		青白釉彩斑带座鼎式炉1、青白瓷彩斑带座净瓶2、青白釉彩斑如意耳带座小瓶2	
12	重庆市小龙坎元墓[49]		青白釉瓜形龙柄提梁注壶1	可能是景德镇窑烧造

---

38 南平市博物馆、南平市延平区文化体育和旅游局：《南平市延平区西芹镇板应一路元墓清理简报》，《福建文博》2019年第4期。

39 济南市考古研究所：《济南郎茂山路元代家族墓发掘简报》，《文物》2010年第4期。

40 张柏主编：《中国出土瓷器全集·北京卷》，科学出版社，2008年。

41 张柏主编：《中国出土瓷器全集·北京卷》，科学出版社，2008年；宋大川主编：《北京考古发现与研究》，科学出版社，2009年；北京市文物研究所编：《北京文物与考古（二）》，北京燕山出版社，1991年。

42 北京市文物研究所编：《北京文物与考古（二）》，北京燕山出版社，1991年；宋大川主编：《北京考古发现与研究》，科学出版社，2009年。

43 北京市文物研究所编：《北京文物与考古（二）》，北京燕山出版社，1991年。

44 北京市文物研究所编：《北京文物与考古（二）》，北京燕山出版社，1991年；宋蓉：《北京地区元代瓷器发现与研究述评》，《文物春秋》2014年第4期。

45 徐家国：《辽宁抚顺土口子村元墓》，《考古》1994年第5期；秦晓杰、彭善国：《东北地区出土元代瓷器初探》，《内蒙古文物考古》2010年第2期。

46 秦晓杰、彭善国：《东北地区出土元代瓷器初探》，《内蒙古文物考古》2010年第2期。

47 黎金：《广州沙河双燕岗发现元墓》，《考古》1960年第4期。

48 张柏主编：《中国出土瓷器全集·广东、广西、海南、四川、重庆、香港、澳门、台湾卷》，科学出版社，2008年。

49 张柏主编：《中国出土瓷器全集·广东、广西、海南、四川、重庆、香港、澳门、台湾卷》，科学出版社，2008年。

（续表）

序号	出土地点	墓主身份	器物名称和数量	备注
13	重庆市大坪元墓[50]		青白釉印花麒麟纹灵芝耳花瓶1	
14	湖南临湘陆城二号墓[51]		青白瓷高足杯1	
15	湖北省黄冈市黄州区路口镇出土[52]		青白釉堆塑长颈瓶1	可能是江西景德镇窑烧造
16	江苏扬州邗江区经九路元墓[53]		青白釉三足炉1，杯1、青白釉褐彩罐1、小碗2、青白釉褐彩玉壶春瓶1、青白釉双耳胆瓶1、青白釉器座1、青白釉刺梅纹双耳瓶1、青白釉盖罐1	可能是景德镇窑产品
17	福建将乐县水南镇积善村元墓[54]		青白釉芒口印花碗1	大型墓葬
18	西安北郊红庙坡元墓[55]	墓主可能是蒙古的贵族或者有身份地位的人	青白瓷盘1	
19	四川简阳东溪园艺场元墓[56]	墓主很有可能爱好收藏	青白瓷碗61，青白釉盘10，青白釉碟115件青白釉杯8，青白釉温壶1，青白釉花筒2，青白釉唾壶1	可能都是景德镇窑产品
20	内蒙古通辽市多伦县砧子山墓地[57]		青白釉“颜乐”款勺1，青白釉碟1	可能是景德镇窑烧造
21	山东济南市陈家庄元墓M1[58]		青白釉划花玉壶春瓶1	
22	江苏省吴县枫桥高景山元墓[59]		青白釉狮形烛台2	可能是景德镇窑制作
23	安徽省岳西县店前乡司空村墓[60]		青白釉戏台形瓷枕1	可能是景德镇窑烧制
24	福建省南平市漳湖镇香山村元墓[61]		青白釉褐彩牡丹卦文盖罐1	

50 张柏主编:《中国出土瓷器全集·广东、广西、海南、四川、重庆、香港、澳门、台湾卷》，科学出版社，2008年。

51 湖南省博物馆：《湖南临湘陆城宋元墓清理简报》，《考古》1988年第1期。

52 张柏主编：《中国出土瓷器全集·湖南、湖北卷》，科学出版社，2008年。

53 扬州市文物考古研究所：《江苏扬州邗江区经九路元墓M17发掘简报》，《东南文化》2020年第2期。

54 福建博物院、将乐县博物馆：《将乐县积善宋元墓群发掘简报》，《福建文博》2009年第4期。

55 卢桂兰、师晓群：《西安北郊红庙坡元墓出土一批文物》，《文博》1986年第3期。

56 四川省文物管理委员会：《四川简阳东溪园艺场元墓》，《文物》1987年第2期。

57 张柏主编：《中国出土瓷器全集·内蒙古卷》，科学出版社，2008年；内蒙古文物考古研究所等：《元上都城南砧子山南区墓葬发掘报告》，《内蒙古文物考古》1999年第2期。

58 张柏主编：《中国出土瓷器全集·山东卷》，科学出版社，2008年。

59 张柏主编：《中国出土瓷器全集·江苏、上海卷》，科学出版社，2008年。

60 张柏主编：《中国出土瓷器全集·安徽卷》，科学出版社，2008年。

61 张柏主编：《中国出土瓷器全集·福建卷》，科学出版社，2008年。

（续表）

序号	出土地点	墓主身份	器物名称和数量	备注
25	甘肃省漳县汪世显家族墓[62]		青白釉釉里红高足杯1，青白釉玉壶春瓶1，青白釉瓷瓶1	可能是景德镇窑烧造
26	北京昌平沙河元墓M36[63]		青白釉高足碗1	
27	重庆两路口劳动村元墓[64]		青白釉印花纹碗6，青白釉炉2，青白釉瓶2，	可能是景德镇窑产品
28	北京顺义新城第五街区元墓[65]		青白釉碗2，青白釉盘1，青白釉盏1	
29	福建将乐县下张公村元代壁画墓[66]		青白釉盖罐2，青白釉蒜头瓶2	
30	河北深泽县东固罗墓地元代墓葬M3[67]		青白釉碗1	墓葬年代可能是元代中晚期
31	重庆南岸玄坛庙元墓[68]		青白釉葵口瓜棱瓶2，青白釉象鼻足香炉1	
32	江西临川东馆元墓M3、M4、M5、M6[69]		青白釉皈依瓶2，青白瓷芒口碟4，青白瓷碗1	
33	南京江宁竹山元墓[70]		青白釉瓷盏3	墓葬应为元代末年

从总体上来看，蒙元时期出土青白瓷器的墓葬数量较少，目前仅发现有33座纪年墓和33座非纪年墓随葬有青白瓷器。徐苹芳先生最早对蒙元时期纪年墓葬进行分期研究，其将蒙元墓葬分为两期，即蒙古时期（1213—1271年）和元朝统治时期（1271—1368年）[71]。冯先铭先生将元代以三十年为一期，分为早期、中期和晚期[72]。而秦大树先生在借鉴徐苹芳先生的分期之上，除蒙古时期外，以至大到延祐年间（1308—1320年）为界将元朝统治时

62 张柏主编：《中国出土瓷器全集·甘肃、青海、宁夏、新疆、云南、贵州、西藏卷》，科学出版社，2008年；甘肃省博物馆编：《汪世显家族墓出土文物研究》，甘肃人民美术出版社，2017年。

63 北京市文物研究所：《昌平沙河：汉、西晋、唐、元、明、清代墓葬发掘报告》，科学出版社，2012年。

64 重庆市文物考古研究所:《重庆市两路口劳动村元墓清理简报》,《四川文物》2004年第2期;陈丽琼、董小陈:《三峡与中国瓷器》，重庆出版社，2010年；重庆市文物考古所、重庆文化遗产保护中心编:《重庆公路考古报告集》，科学出版社，2010年。

65 北京市文物研究所：《北京顺义新城第五街区元墓发掘简报》，《北京文博文丛》2017年第2期。

66 三明市文物管理委员会办公室、将乐县博物馆：《将乐县下张公村元代壁画墓清理简报》，《福建文博》2017年第4期。

67 河北省文物考古研究院：《深泽县东固罗墓地元代墓葬发掘简报》，《文物春秋》2020年第3期。

68 临必忠：《重庆南岸玄坛庙出土元代影青瓷器》，《四川文物》1987年第2期。

69 江西省文物考古研究所：《京福高速公路临川东馆古代墓葬发掘报告》，《南方文物》2005年第1期。

70 南京市博物馆编：《南京考古资料汇编4》，凤凰出版社，2013年。

71 徐苹芳：《金元墓葬的发掘》，《新中国的考古发现和研究》，文物出版社，1984年。

72 冯先铭：《我国陶瓷发展中的几个问题：从中国出土文物展览陶瓷展品谈起》，《文物》1993年第7期。

期分为两期[73]。侯新佳将蒙元时期墓葬分为三期，即第一期（1213—1271年），第二期（1271—1311年），第三期（1312—1368年）[74]。最新的分期研究将蒙元墓葬分为三期：早期（1206—1271年），中期（1271—1323年），晚期（1324—1368年）[75]。本文依据现有的考古资料和参考已有的分期研究，将蒙元墓葬分为三期，即蒙古国时期（1213—1271年），元代早期（1271—1320年），元代晚期（1321—1368年）。目前仅发现一座蒙古国时期墓葬出土青白瓷釉瓷器7件，虽然数量较少，但其出土的青白釉器型较丰富且质量精美，尤其是青白釉多穆壶和青白釉匜都是青白瓷中的精品。元代早期共有19座墓葬出土约52件青白釉瓷器，器型丰富，有碗、盘、堆塑瓶、炉、瓶、碟、高足杯、仓、执壶等，其中以堆塑瓶、碗、炉等器物的数量最多。元代晚期共有13座墓葬出土约33件青白釉瓷器，其中堆塑瓶约16件，其他器型青白釉瓷器出土数量较少。与元代早期相比，元代晚期纪年墓出土的青白瓷器型和数量都逐步减少，尤其是日常使用的碗、盘、碟等器型急剧减少，只有极具宗教特色的堆塑瓶数量保持不变，由此可以推断，元代晚期青白瓷可能逐渐退出人们的日常消费市场，而仅仅是作为宗教器物（道教器物）被人们所接受，也间接揭示青白瓷器在元代晚期与其他窑业产品竞争中处于非常不利的地位。

二、元代墓葬出土青白瓷的主要器型和装饰特征

根据对表1与表2的资料进行统计，目前元代墓葬出土约400件青白釉瓷器，主要器型有瓶、盘、碗、碟、炉、杯、壶、匜、枕、烛台、罐等，其中以瓶、盘、碗、碟、炉、杯等日常用具的数量最多，这也与窑址发掘的材料相印证。以下对主要的器型进行一个简单的介绍和分类。

1. 梅瓶

目前仅知北京海淀区永定路元墓出土梅瓶一对〔图1〕，可能是景德镇窑烧造，小唇口，短颈，丰肩，剑腹，平底，颈部微外撇，通体施青白釉，肩部、腹部分饰弦纹两道。

图1　梅瓶，北京海淀区永定路元墓出土
北京市海淀区博物馆藏

2. 玉壶春瓶

以北京斡脱赤墓、呼家楼墓、扬州邗江区元

73 秦大树：《宋元明考古》，文物出版社，2004年。

74 侯新佳：《蒙元墓葬研究》，郑州大学硕士学位论文，2009年。

75 董新林：《北方地区蒙元墓葬初探》，《考古》2015年第9期。

图2　青白釉褐彩玉壶春瓶
扬州邗江区元墓出土
扬州市文物考古研究所藏

图3　青白釉堆塑长颈瓶
黄冈市路口镇元墓出土
黄冈市博物馆藏

墓〔图2〕、福建南平延平区元墓和济南陈家庄元墓为代表，整体形制为喇叭口，圆唇，细长颈，溜肩，扁鼓腹下垂，矮圈足内凹，釉色多莹亮清白。足部多未施釉，内部施釉至口沿内侧。

3. 堆塑瓶

出土的青白釉堆塑瓶数量较多，有近40件，尤其是江西地区的元代墓葬中出土数量最多，这与当地的葬俗及宗教信仰有关。以抚州长岭乡元墓、高安汉家山墓、黄冈市路口元墓〔图3〕、南昌朱姑桥墓、鹰潭梅园公园墓、贵溪张天师墓、高安天历二年墓、南昌县元墓等为代表，整体形制为平口长颈，鼓腹上下收，圈足外撇，有盖且盖沿平摊，肩上饰凸弦纹一周，上托十多个立俑，俑上饰鸡、犬、龙、虎纹等分绕其上，以凤凰和日月衬托其间。

图4　青白釉匜
北京昌平旧县村元墓出土
首都博物馆藏

4. 匜

墓葬中出土的青白釉匜的数量较少，仅在斡脱赤墓、昌平旧县村墓〔图4〕、呼家楼元墓、福建南平延平区墓内发现，整体器型为敞口，浅腹，平底，芒口，口沿一侧有长方形槽状段流斜出，流末端下弯，流下有一卷云形系，施釉多不及底。

5. **多穆壶**

目前仅斡脱赤墓出土1件青白釉多穆壶〔图5〕，此类器物由于烧造难度较大且使用不广泛，在窑址中也极少发现相关遗存，壶体呈上细下粗筒形，敛口，方流，曲柄，矮圈足，盖顶为珠纽，盖体模印凸起莲瓣纹，口沿后半部凸起如意云头形挡，壶体有仿皮革箍带和铆钉状装饰。胎质精细，釉色莹润。

6. **提梁壶**

目前仅有重庆小龙坎元墓中出土1件龙柄提梁壶〔图6〕，壶体呈瓜棱球形，平底，昂首龙头做流，龙颈贴于壶身，龙身卷曲作提梁，呈飞腾状，通体施青白釉，腹上有一处铁锈斑，造型极其独特。

7. **青白瓷仓**

江西抚州长岭乡元墓与南昌朱姑桥元墓出土青白瓷仓3件，器形相似，都是圆筒形，上大下小，圆形瓦顶状盖，四周刻出瓦垄形，仓身刻出门形，圈足外撇，通体施青白釉。

8. **瓷枕**

目前仅安徽岳西县元墓出土1件青白瓷枕〔图7〕，枕面为如意头形，面微凸，两端翘起，出檐，枕座为一开间戏台造型，以贴塑和镂雕的手法，塑造出勾栏、踏道、柱廊等建筑结构，殿堂和回廊有十八个任务，动作和神态各异，栩栩如生，胎质洁白，青白釉呈白泛青灰色，莹润光亮。

9. **烛台**

元代墓葬中出土的烛台数量较少，大概分为两种形式，一是江苏吴县元墓出土的狮形烛台，二是福建南平延平区元墓出土的带座瓶式烛台。狮形烛台的狮子昂首站立，黑彩点睛，鬃毛下垂，额下饰排须，背上置圆筒形卷花口插座，狮子头部和前后身体披挂彩带和系铃，胎质坚硬，釉色莹润。带座瓶式烛台多为小口，高领，领部有凸棱，鼓腹下收，器底与圆形器座相连，内施釉至口沿内壁，外施釉不及底，器座内壁有施釉，部分器物腹部有铁锈红点彩装饰。

图5　青白釉多穆壶
北京斡脱赤墓出土
首都博物馆藏

图6　青白釉瓜形龙柄提梁壶
重庆市小龙坎宋墓
重庆中国三峡博物馆藏

图7　青白釉戏台形瓷枕
安徽岳西县元墓出土
岳西县文物管理所藏

10. **勺**

青白瓷勺类器物在随葬品中极少出现，内蒙古多伦县砧子山墓出土一件青白釉勺

图8　青白釉“颜乐”款勺
内蒙古多伦县砧子山墓出土
内蒙古自治区文物考古研究所藏

〔图8〕，整体呈现半葫芦状，柄部有一纽，勺内刻有“颜乐”二字，通体青白釉，胎体较薄，釉色莹润。

11. 青白釉三足炉

元代墓葬出土了一定数量的青白釉三足炉，以重庆市上清寺元墓、扬州邗江区元墓、泉州元墓、济南郎茂山元墓、南平元墓、广州沙河元墓、河北张弘略元墓和江西波阳元墓为例，整体形制为厚沿，直颈，鼓腹，圆底，两侧附竖形耳或“S”形耳，内口沿底下无釉，底有三足，部分为兽形，造型简约，体型较小。

12. 青白釉杯

元墓出土二十余件青白瓷杯，根据足部形态可以略分为A、B两型。

A型　高足，根据腹部形态不同可以分为Ⅰ、Ⅱ两种式样，Ⅰ式口沿敞口，深曲腹，高足外撇，通体青白釉，莹润光洁，以西安至元三年墓及昌平沙河元墓出土器物为典型。Ⅱ式敞口，直腹较深，圈足较高呈喇叭形，通体施青白釉，杯上有模印纹饰，莹润光洁，以辽宁朝阳元墓、南平市元墓、扬州邗江区元墓出土高足杯为典型。

B型　矮圈足，直口，深直腹，多有开片，施青白釉，以四川简阳元墓出土的青白釉杯为典型器物。

13. 青白瓷碟

元墓中出土了一百余件青白瓷碟，是元墓中出土瓷器最多的一类，其中四川简阳园艺场元墓出土了115件青白瓷碟。主要可以分为四式，Ⅰ式敞口，浅腹，平底，花式口，芒口，内壁凸显白色线条；Ⅱ式敞口，斜直腹，平底，芒口，内部饰云气纹；Ⅲ式敞口，浅腹，平底，芒口；Ⅳ式敞口，浅腹，平底，素面，芒口。

14. 青白釉盘

元墓共出土青白釉盘二十余件，以四川简阳园艺场元墓、重庆元贞四年元墓、北京朝阳七棵树元墓、北京斡脱赤墓最为典型。大约可以分为三式，Ⅰ式侈口，浅腹，圈足，葵瓣口或莲瓣口，内部刻花文字或者飞凤纹，底部不施釉；Ⅱ式敞口，斜直腹，凹底，芒口，胎质坚细，造型规整；Ⅲ式敞口，直腹，盘心平坦，小平底，略带圈足。

15. 青白瓷碗

元代墓葬中出土九十余件青白釉碗，以四川简阳园艺场元墓出土数量最多，有61件青白瓷碗。根据器物的形制，按照青白瓷碗的口部特征，大约可以分为A、B、C三型。

A 型　侈口，根据器物的腹部特征分为Ⅰ、Ⅱ两式，Ⅰ式侈口，折腹，矮圈足，葵瓣口，内壁刻花云气纹，底不施釉；Ⅱ式侈口，斜直腹，圈足，器身呈喇叭状，多为葵瓣口，内壁刻划花纹等纹饰，底不施釉。

B 型　敞口，根据器物的腹部特征分为Ⅰ、Ⅱ两式，Ⅰ式敞口，斜直腹，圈足，花瓣口，花瓣间用出筋手法分隔，胎质厚重，底不施釉；Ⅱ式敞口，弧腹，圈足，胎壁较薄，底不施釉。

C 型　直口，深腹，圈足，口沿无釉，器表刻划多层莲瓣纹，底足满釉。

元代墓葬中出土的青白瓷器器型较为丰富，多为常见的日用器物，胎体略粗糙且逐渐变厚。装饰手法简练，纹饰较为单一，偶见工艺复杂的器物。装饰技法有印花、刻划花、贴花、堆塑等，以印花装饰最多，印纹较简单，多不甚清晰，刻划花纹样较少，细条稀疏。装饰题材多以传统的团凤纹、云龙纹、梅花纹、荷叶纹等为主。

贴花纹样是元代青白瓷中较常见的装饰手法之一，采用此法装饰的花纹往往凸起于器物表面，题材常见梅花纹、兽面纹等，比如重庆市上清寺元墓出土的青白釉贴花折枝梅双耳瓶，颈与腹交接处贴梅花一枝。扬州邗江区元墓出土的青白釉双耳瓶上也同样在颈部和腹部贴塑折枝梅一朵。印花工艺是元代青白瓷中最常使用的装饰手法，尤其是在碗、盘、瓶等器物上多有印花装饰，北京耶律铸夫妇合葬墓中出土了一件青白釉印花月映梅纹碗，碗内印一株梅花，梅枝上方挂一勾弯月，构图严谨简练。重庆市大坪元墓出土一件青白釉印花麒麟纹灵芝耳花瓶，瓶上段印灵芝花，下段印莲花，腹下印如意纹，整个纹饰显得古朴挺拔。刻划花是一种利用工具在瓷器上进行装饰的工艺，宋元时期，刻划花装饰方法极其流行，济南陈家庄元墓出土了一件青白釉划花玉壶春瓶，瓶的腹部刻划弦纹及花卉纹饰。四川广汉元墓出土一件青白釉云纹瓶，通体施青白釉，颈和肩及足上各刻弦纹二道，颈部刻四片蕉叶纹，腹部满刻云朵纹，纹饰清晰、简练，繁而不乱。堆塑的技法在瓷器上的运用历史悠久，十多座元代墓葬中出土了青白釉堆塑瓶三十余件，形制基本相同，颈中部多堆塑云纹和龙纹，颈部下多堆塑 10—12 个人物环绕其中。

三、元代青白瓷的销售范围和使用者身份初探——以元墓出土青白瓷为切入点

1. 销售范围分析

通过对表 1、表 2 进行分析，南方的江西地区和北方的北京地区出土青白瓷的元墓数量较多，这主要是因为江西地区是青白瓷的主要产地，而北京是大都所在地，是当时元代的政治和经济的中心，人口众多。从整体上看，虽然几乎全国[76]各省都发现了随葬青

76 包括港澳台地区。

白瓷的元代墓葬，说明青白瓷在元代时期的销售范围较广，几乎通达国内的每一个省市，但是出土青白瓷的北方元代墓葬仅有二十余座，而南方元墓数量有四十余座，可见元代青白瓷的主要产销地和使用地仍然在中国的南方地区，元代青白瓷应该更受南方人的青睐。

虽然元代青白瓷的销售行销全国，与两宋时期相比，其市场的范围更加广泛，这与元代的统治区域扩大有关，但元代青白瓷的市场份额却急剧下降，尤其是伴随着元代卵白釉瓷器、南方龙泉青瓷、北方钧窑及各地区其他民窑瓷器的逐步发展，元代青白瓷的市场份额进一步被压缩。例如，四川简阳园艺场元墓中共出土瓷器 525 件，根据考古发掘报告，其中龙泉窑青釉瓷器 231 件，占据了整个随葬品的一半以上。通过对东北地区元代遗址出土瓷器进行分析[77]，仅有 4 处遗址出土有青白釉瓷器，且数量极少，而却大量出土了钧窑瓷器、北方生产的白瓷器、黑釉瓷器以及龙泉窑青瓷等。中原地区的元墓出土瓷器情况和东北地区的情况相似[78]，仅有数座元墓中出土数量较少的青白釉瓷器。由此可以推断，青白瓷在元代一朝所占据的市场份额较少，可能已经不是瓷器市场中的主流产品。

2. 使用者身份分析

根据对以上表 1 与表 2 的整理，在总共 66 座出土青白瓷的元墓中，仅有 4 座属于元代早期蒙古贵族或高官的墓葬，有 2 座是普通低等级官吏的墓葬，剩余墓葬虽然无法判断其墓主身份，但是这 60 余座墓葬多为单室或双室的小型墓葬，可见其墓主人身份较低。所以，元代青白釉瓷器的使用对象多为普通平民或底层人民，且仅在元代早期偶尔受到贵族的青睐，中晚期后逐步受到被元代上层贵族所摒弃。除此之外，元代统治者的种族歧视观念非常强，其将国民分为四等人：一等蒙古人，二等色目人（主要来自西亚和欧洲），三等为汉人（原金朝境内各族人），四等为南人（原南宋境内各族人）[79]，从图 1 可以看出，墓葬出土的青白瓷器多分布于原南宋和金的旧统治区内，所以从当时的境况看，其使用者的身份也较低。

元代青白釉瓷器的使用者除了普通的平民或底层人民外，还极有可能被道教教众广泛使用。江西贵溪的道教张天师墓中出土了两件青白釉堆塑龙虎瓶，所谓天师，在早期多称为有道术之人，后来演变为了道家的首领，并且天师在宋元时期多采用传位制度[80]，与天子传位制度类似。道教“天师”墓中出土了青白釉堆塑瓶，可见其在道教教众中可能被广泛使用，除此之外，堆塑瓶上堆塑的龙虎、玄武、日月等都具有浓厚的道教特征，更是印证了其极有可能是道教教众的随葬器物。

---

77 秦晓杰：《内蒙古、东北地区出土元代瓷器初步研究》，吉林大学硕士学位论文，2009 年。

78 董杰：《中原地区元墓出土瓷器初步研究》，吉林大学硕士学位论文，2009 年。

79 董新林：《北方地区蒙元墓葬初探》，《考古》2015 年第 9 期。

80 曾龙生：《宋元时期龙虎山张天师继承制度的演变》，《宗教学研究》2020 年第 2 期。

综上所述，元代青白瓷虽然继承了两宋青白瓷的制作技艺、器型和纹饰，但其已经逐渐失去了两宋青白瓷的通透和轻薄。文章通过对元墓出土的青白瓷进行统计和分析，发现元代青白瓷器型多为一般的日常用品且其使用者的身份多为普通平民，伴随着南方龙泉窑青瓷窑系、北方钧窑系等崛起，青白釉瓷器逐渐退出了市场主流产品的争夺。

元代至明代制瓷胎土的来源及演变探究

杨明轩（河南省濮阳市文物局）

摘要：元代至明代瓷器胎土原料的运用及演变特征，主要涉及研究瓷器烧制的物理性质、数据分析、着色情况、可逆性修复、鉴别断代等多项文博研究和实践的因素，从元代开始至明清，随着制瓷工艺的发展，从瓷石的运用，到麻仓土的运用，再使用高岭土加入到瓷胎中用量逐步增加，从而改善瓷器的质量，南北方同时期胎土中的富硅质与富铝质区分明显，本文重点研究分析元代至明代胎土原料的取材来源、各类形制瓷器胎土原料的组合、胎土原料运用演变规律方面问题，以探究完善元代至明代瓷器工艺演化及鉴定断代时期特征。

关键词：胎土　高岭土　瓷石　原料　断代

一、引言

中国南方盛产瓷石，而瓷石主要由石英和绢云母所组成，故古代南方瓷器具有富硅质的特征，北方瓷胎主要采用各种类型的、富铝质特征的黏土矿物原料。在研究元代至明代制瓷原料的过程中，就必须要明确对于原料选用的演变过程，生产力和生产资料的优化过程，分析胎土矿物属性，通过数据分析完善元代至明代瓷器工艺演化及鉴定断代时期特征。

二、元代至明代制瓷胎土特征分析

我国瓷器的烧造工艺，从原始瓷器开始，瓷器的胎料选择的就是瓷石。商周时期所出现的，以瓷石为制胎原料所制作的具有较低吸水性的带釉陶瓷产品，经过高温烧成之后，胎色白，具有透明或半透明性，胎体吸水率不足 1%，或不吸水。由于胎体中二氧化硅（SiO_2）在 70% 以上，三氧化二铝（Al_2O_3）在 17% 以上，经过 1200℃左右的高温焙烧，达到了瓷器的标准。

在研究中国瓷器的发明和发展时候，瓷石作为原料是其决定性因素之一。瓷石具有天赋的可以在 1200℃—1300℃温度下能良好瓷化的特性，给瓷器的烧制成功提供了天然的物质基础，使中国瓷器的发明才有可能成为必然。一般学术界指的瓷土是指制瓷用高岭土和

含 Al_2O_3 较高和着色杂质较少的黏土一类原料，而瓷石是不同于一般黏土的另一类制瓷原料。

（一）瓷石的具体成分

瓷石是中国南方江西、湖南、广东、福建各省盛产的一种独特的制瓷原料，是一种由石英、绢云母，并有包含长石、三氧化二铝等的硅酸盐岩石矿物。呈致密块状，外观为白色、纯净瓷石为淡绿色，无光泽，也无明显纹理。瓷石是一种主要含石英和绢云母矿物成分的岩石，其中绢云母是水白云母的一种细颗粒组成。它有和高岭土一样的塑性，又有和长石一样的熔剂作用，兼有高岭土和长石在瓷器制造中所起的作用，加之瓷石中还有大量石英，因此单独用瓷石作原料，经过成形和烧成即可以成瓷。瓷石是由流纹岩、石英粗面岩和长英岩等岩石中的硅酸盐矿物特别是长石类矿物，经受后期火山的热液作用绢云母化而生成。风化程度浅的瓷石中常含有少量长石，因为有部分长石尚未绢云母化。风化程度深的瓷石则全部绢云母化，其矿物成分几乎完全变为石英和绢云母。

从广义上说，瓷石可归纳为伊利石类的黏土矿物。主要矿物组成是石英、绢云母、高岭石和极少量长石及碳酸盐。其化学成分为二氧化硅 (SiO_2)(一般大于 78%)，三氧化二铝 (Al_2O_3)(一般不超过 20%)，氧化钾 (K_2O) 和氧化钠 Na_2O)(约为 3%—8%)、氧化铁 (Fe_2O_3)(1% 左右)，此外还含氧化钙 (CaO)、氧化镁 (Mg_2O_3) 等，因其含有构成瓷的基本组分，并且有适应制瓷工艺和烧成所需的性能，故单一瓷石可以成瓷。瓷石质地纯洁，白度好，Li_2O、K_2O、Na_2O 等碱金属化物含量较高，并含有适量的 P_2O_5 和 Fe，其他成分合理。因此赋予了其较好的助熔能力和乳浊能力。

（二）瓷石的类型

按照俗称可分为两种类型。一是高温瓷石，又称硬质瓷石。瓷石由石英、绢云母和高岭石等组成，其中含碱金属氧化物较低者，有较高的耐火度和良好的工艺性能而作为瓷胎的基本原料，富含长石，由石英、水白云母、伊利石等组成。可以单独制成瓷器胚胎，是一元配方法制瓷的原材料。接近地表的上层，三氧化二铝的含量一般高达 18%—19%，钾、钠氧化物的总量一般低于 3%。由于铝氧含量较高，在 1200℃左右烧成不易变形，故景德镇称它为“高温 (硬质) 瓷石”。二是低温瓷石，又称软质瓷石，或釉石。其中含碱金属氧化物较高、耐火度较低者，主要用作釉料。下层瓷石的三氧化二铝含量为 13%—15%，钾、钠氧化物含量一般为 5%—7% 不能单独制成瓷器胚胎。只能加入高岭土之后制成瓷器胚胎，是二元配方法的主要原料。但可以制成釉。所以景德镇称之为低温(软质)瓷石，或者釉石。

早期开采使用的瓷石出露于地表，风化程度较好，碱金属氧化物 (尤其是 Na_2O) 流失，Al_2O_3 相对富集，瓷石中较深层的 Al_2O_3 含量高，较深层的 SiO_2 含量则低。瓷石埋藏愈深，长石矿物绢云母化程度愈低，Al_2O_3 含量减少，SiO_2 含量增加，K_2O+Na_2O 含量较高。

三、元代至明代胎土原料的来源

元代景德镇地区制瓷业十分繁荣，产品种类丰富，不仅继承和发展了宋代青白瓷，还创烧了卵白瓷、釉里红、青花瓷和蓝釉瓷等新产品，并逐渐成为全国制瓷中心。

中国陶瓷的历史从几千年来制陶工艺的发展和瓷器的发明及其演变看，原料是影响瓷器胎釉质量和开创新品种最重要的因素。历代名窑瓷器的发展和瓷区的形成无一不是首先靠有丰富的天然矿物原料资源。一般说早期生产陶器比较简单，只要选取地表上具有一定塑性的普通黏土作为原料，以柴草树枝作为燃料，即可满足制作陶器的要求。所以新石器时代以后，许多地方都有制陶，故许多的文化遗存分布于各地。随着技术的进步和对瓷质要求的不断提高，对原料和燃料的要求也愈来愈高。要求探寻质量高的各种原料，适应瓷器的大量生产。我国南北方瓷器的发展过程与原料的开发和利用是密切相关的。在我国南方找到了蕴藏丰富的瓷石矿，为我国瓷器的发明创造确立了物质条件，形成了我国南方瓷器具有富硅质瓷的特点。在北方找到了各类黏土原料，形成了北方瓷器具有富铝质瓷的特点。由此可见，原料的组成、性质和质量是各种瓷器构成其特征的基础。中国传统瓷器都依赖于各地区的原料特点而各具特色。

中国南方如浙江、江西、福建和江苏以及安徽南部都大量蕴藏瓷石矿，化学元素数据参考表 1。各地瓷石成分上相近，都含有大量石英，属富氧化硅质制瓷原料。其中浙江地区所产瓷石一部分含铁量较高，而铁多是以离子形式存在于绢云母晶格中。因此只有含铁量低的瓷石矿源，得以满足制作白色瓷胎的要求。江西和安徽瓷石的含铁显平均较浙江所产者为低，但也是存在于绢云母晶格中。在对景德镇历代瓷器的研究工作中，曾由周仁、郭演仪、李家治对景德镇制瓷原料进行了深入研究发现传统的景德镇瓷器是由石英—高岭—绢云母三元矿物系统所组成。浙江、德化两地原料结论相似，但并未在配方中引入纯高岭土。景德镇地区在宋代以前只是单用瓷石作为原料制瓷，当时生产青白瓷和白瓷产品的尺寸都不大，古窑址发现的碎片情况看，五代和宋代制瓷的变形率还是高的。到了元代至明代，由于大量生产大型制品，单靠使用瓷石原料已经不能满足技术上的要求，为了改善瓷器的变形性能，增宽其致密烧结温度范围，适应大型制品的烧制，在胎料中掺用了高岭土，从而开创了采用两元坯料系统，即瓷石—高岭土配制瓷胎的方法。明砂高岭土是景德镇所产高岭最典型的代表，产地在距景德镇约 45 千米的浮梁东乡。

瓷胎中掺用高岭土之后，其 Al_2O_3 的含量大大增加，景德镇元代瓷器 Al_2O_3 的含量可高达 22%。一般瓷石中含 Al_2O_3，都在 20% 以下，宋代以前景德镇的瓷胎也都在 16%—19% 的范围。若按化学成分估算元代景德镇瓷胎中大约加入 10%—20% 的高岭土。明代与元代相近，部分瓷胎含 Al_2O_3 值高达 26%。景德镇自宋代以前由单用瓷石发展到元代采用瓷石掺加高岭土的二元配料系统制胎，到明、清逐渐发展到增加高岭土的掺用，数据参考表 2，这标志着自元代开始使用高岭土后，景德镇在制瓷术上出现了突破和重大进步。因为随着高岭土掺用量的增加、烧成温度必然不断提高，烧成技术和窑炉构造以及窑具和装窑技术均需相应改进，瓷器质量方能得到应有的质量水平。事实上高岭土的加入加宽了瓷器的烧成温度范围，降低了瓷胎变形率，提高了瓷器的强度和胎釉泛红。高岭土的使用也可说是景德镇制瓷技术上的一个重要转折。

表1　景德镇元、明、清时期典型瓷胎的化学成分

名称	化学组成（重量%）										
	SiO_2	Al_2O_3	CaO	MgO	K_2O	Na_2O	Fe_2O_3	TiO_2	MnO	P_2O_5	总量
元代影青瓷	72.08	21.01	0.40	0.23	2.50	2.56	0.84	0.09	0.05	0.04	99.70
元代枢府窑瓷	72.00	21.28	0.20	0.16	2.87	1.76	1.27	0.16	0.07	0.05	99.82
元代青花瓷	71.95	20.75	0.15	0.16	2.73	2.76	0.84	0.12	0.09	0.05	99.60
明代宣德大盘	73.58	20.05	0.53	0.14	2.87	2.01	0.90	—	—		100.08
明代成化青花瓷	68.46	23.59	0.77	0.44	3.24	2.28	1.05	0.10	0.09		100.02
明代万历五彩瓷	68.30	25.61	0.80	0.24	2.99	1.00	0.90	0.02	0.02		99.88
康熙厚胎青花瓷	68.59	24.08	0.71	0.30	3.13	2.35	1.15	0.12	0.07		100.28
康熙中胎丰彩瓷	65.09	26.72	1.62	0.13	3.11	2.51	1.06	0.13	0.07		100.50
雍正薄胎粉彩瓷	66.27	27.42	1.36	0.13	3.07	1.29	0.77	—	—		100.31
雍正浆胎青花瓷	65.81	30.51	0.22	0.15	1.81	0.26	1.07	0.15	痕重		99.98

表2　我国各地瓷石的化学成分

名称	产地	化学成分									
		SiO_2	Al_2O_3	Fe_2O	TiO_2	CaO	MgO	K_2O	Na_2O	烧矢量	总计
南港瓷石	江西景德镇	71.26	16.93	0.62	0.09	0.87	0.36	3.15	0.30	3.68	100.26
马颈拗瓷石	湖南礼陵	76.36	14.21	0.76	—	0.75	0.43	4.04	0.23	3.20	99.97
光福瓷石	江苏吴县	78.43	14.36	0.23	—	0.56	0.21	3.70	0.46	2.00	99.95
花街瓷石	浙江绍兴	76.50	15.35	0.33	0.07	0.61	0.06	3.18	0.88	2.97	99.95
观音岐瓷石	福建德化	75.96	15.69	0.36	0.07	0.39	0.63	4.45	0.20	3.61	101.36
祁门瓷石	安徽祁门	75.64	15.89	0.56	0.06	0.54	0.13	3.35	2.65	1.63	100.45
丰店瓷石	湖北	77.36	13.97	0.83	—	1.33	微	2.59	2.16	2.30	100.54

四、元代至明代制瓷配方瓷胎特征

（一）元代至明代胎土原料组合运用演化特点

我国在元代之前制瓷胎土大多为单元配方（也称一元配方）就是直接采用瓷石烧制，不加入其他任何的配料，瓷石是天然配好的制瓷原料，在1200℃—1250℃的温度下可以单独烧成。这类瓷器制作大器时，由于胎土的韧性不佳容易出现变形、开裂等现象，胎温度色泽也差些。因此在元代之前，瓷器无大器的原因。元代初期，在景德镇的麻仓山附近发现了一种黏土，与瓷石混合烧制，烧出来的瓷器耐温高，变形率低，提高了硬度，增强了瓷胎的白度和透明度，这就是麻仓土，因地而得名。麻仓土的发现为烧制优质大型青花器提供了条件，这就是二元配方制胎，是景德镇制瓷工艺的一次重要的技术革命。麻仓土是在景德镇附近的麻仓山发现的一种黏土，为元代早期到明代嘉靖、万历之际用于制造瓷器的原料。在元代称为“御土”，明代称“官土”。用麻仓土成胎的特征有四点：①胎色较白，略显青灰色；②含杂质多，胎上大多有铁褐色小点；③胎底颗粒状明显，不如高岭土瓷胎细腻；④常出现火石红。火石红与麻仓土的关系密不可分，是由于胎土中铁的成分在高温烧制过程中集中往没有施釉的方向挥发而形成的，但并非所有的麻仓土成胎都会出现火石红，而是受到含铁量多少的影响，这些与其称之为特征，不如说是一种缺陷。而这种缺陷，制瓷工匠也在不断地想办法解决。在历史上，瓷土的淘洗工艺一直在进步，直到明代中期，火石红也就逐步地减少，这种红是由里而外散发的，并非涂抹上去的，视觉粗糙，手感细腻。

明代官窑的露胎处，常会发现胎皮有泛火红色的现象，这是胎土中所含的铁分，在高温烧窑过程中释放出来，停留在表面，而形成胎皮的缘故。在明初的官窑器上，这种现象尤为明显，这是因为当时采用垫饼来支烧，而垫饼是用一种含有高铁分的陶土，俗称“紫金土”，于是在烧成过程中，垫饼的铁分往往也就挥发而附着在器底上，所以常常会有泛火红色的现象，而且因垫饼外铺砂的关系，也往往有砂底的现象。

由于陶土的淘炼粗细有别，配土的混合比例不同，各时期胎质的表现也就不同。洪武官窑的胎体较为厚重，瓷化程度高。永乐时期的胎质，由于重视淘炼瓷土，因此，胎质细腻润滑，胎土洁白，较之宣德瓷器胎薄体轻。也有所谓“胎脱”的制作，胎体薄如蛋壳，极为轻巧，而且更在其上印、刻花纹。宣德时期，瓷土的淘炼更加精细，烧窑后胎质更为缜密坚硬，永乐的胎质往往在坚硬度上比不上宣德的官窑，而同样大小的器形，永乐的较轻，宣德的较重，宣德的窑器的器底，处理光滑自然，无旋痕，常泛有火红色。成化时期的胎质细腻洁净，大部分胎体轻薄，玲珑剔透，承袭了永乐脱胎器的特长，在光线透视下，胎体显现肉红色，是鉴定的重要依据。常见露胎无釉的底足，有较多的黄褐色或黑褐色斑点，称作“糊米底”，此亦为成化瓷器的特有现象。弘治时期和正德中期以前的胎质大致和成化时期相同，而到了正德后期，则胎体渐渐厚重，器形硕大者颇多，其中有些制作较为粗略，衔接痕迹明显可见，而砂底与泛火红色的现象出现在这一时期的官窑器上。自嘉靖时期开始到万历时期，官窑器的胎质明显地不如前朝，部分大件器物制作粗略，接痕明显，常常有容易脱断、掉底、修胎不规整的现象。底足为砂底，常常有跳刀痕及刮削现象；露胎处亦泛火红色。虽然如此，但一般而言，小件器物的制作仍是相当精细的，胎质坚致细密，造型规矩，底足亦修整得颇为工整。

（二）元代至明代胎土中元素特征差异性分析

在元代至明代，从选用麻仓土到选用高岭土，不时期不同地域的胎土选材，在质地上存有差异。《考古》杂志 1998 年第 7 期曾发表过一篇关于南宋官窑瓷器原料来源的中子活化分析。其中提到，杭州乌龟山官窑遗址的发掘是考古学上的重要发现，该遗址被认为是南宋"郊坛下官窑"。这是唯一被发现的南宋官窑遗址对不同时期、不同釉色南宋官窑瓷器的釉和胎，遗址中缸内的原料、练泥池内的原料、紫金土，以及现代仿官窑瓷器的釉和胎，进行了中子活化分析，得到每个样品中36种微量元素的含量。这36种微量元素能够充分显示原料产地的特征。对36种微量元素进行了模糊聚类分析，从36种微量元素中挑选9种指纹元素，进行散布分析。

在这次运用NAA中子活化分析技术实验中，通过清晰数据对比，我们可以得到三个有效信息。第一，在数据比对分类时，出土古官窑瓷器标型器物的釉料和胎料与产地不同，烧制年代不同、工艺不同、釉色不同的古官窑瓷釉为一类，胎为另一类，说明南宋官窑有着长期稳定的釉料产地和胎料产地。这一点对于研究南宋至元代胎土用料有十分重要的结论意义。第二，现代仿官窑瓷器标本的釉料和胎料产地不同，而且与出土古官窑瓷器标型器物也不同。这对于研究仿制元明时期官窑瓷器成分分析提供了有效路径。第三，古汝瓷、古钧瓷与古官窑瓷器无关。汝瓷和钧瓷的产地在河南省宝丰、汝州、禹州一带，与官瓷的产地相距甚远。这说明在南宋、元代初，不同时期不同地域，取材地点相对分散，多为就近取材，且存在较大差异化。

五、结语

我国制瓷技术的发展，其中对于胎土原料的选用，从单元配方直接采用瓷石烧制，不加入其他任何的配料，到逐渐配比高岭土的二元配方，由宋代以前由单用瓷石发展到元代采用瓷石掺加高岭土的二元配料系统制胎，到明、清逐渐发展到增加高岭土的掺用，景德镇在制瓷术上出现了突破和重大进步。随着高岭土掺用量的增加、烧成温度不断提高，烧成技术和窑炉构造以及窑具和装窑技术等生产资料进一步得到优化，生产力和生产资料的发展，对于时间年代的鉴别十分重要。通过实验对比，可以发现在研究同一时期不同地域出土瓷器时，应注意原料取材中元素含量数据的差异性，掌握原材料的地域特点，有利于精准断代。

参考文献

陈显求、陈士萍、周学林，等：《南宋郊坛官窑龙泉的陶瓷学基础研究》，《硅酸盐学报》1984年第2期。

方邺森、方金满：《我国传统陶瓷矿物原料》，《中国古陶瓷研究论文集》，轻工业出版社，第131页。

李家治：《中国科学技术史·陶瓷卷》，中国科学技术出版社，1998年，第150、151页。

李家治、罗宏杰：《浙江地区古陶瓷工艺发展过程的研究》，《硅酸盐学报》1993年第2期。

罗宏杰、高力明、陈显求，等：《浙江部分古瓷胎稀土元素分布特征的研究》，《硅酸盐学报》1995年第3期。

苗建民、汪安、陆寿麟，等：《古陶瓷中痕量元素模糊聚类分析》，《科学通报》1993年第4期。

姚桂芳：《略谈杭州龟山南宋官窑的烧造年代及其来龙去脉》，《古陶瓷科学技术国际讨论会议文集》，上海科学技术文献出版社，1992年，第389—393页。

章人骏：《江西景德镇之瓷石》，《中国地质汇刊》1950年第2号。

周仁、李家治、敖海宽：《清初瓷器胎、釉的研究》，《景德镇瓷器的研究》，科学出版社，1958年。

湖北明代藩王墓瓷器来源、方式、性质等若干问题的思考

蔡路武（湖北省博物馆）

摘要：本文结合湖北藩王墓出土瓷器，根据墓葬等级、瓷器品种、质量等诸方面，探讨其来源方式、生产性质。认为少部分为官窑赏赐，主要来自于为藩王专烧的专门窑口，包括官府挑选并控制的高档民窑，还有一部分来自于商业流通的一般民窑。提出“藩王专烧瓷器”概念，并比较其与官窑的差异。

关键词：藩王瓷器　来源　性质　差异

朱明王朝分封在湖北的藩王多，延续时间很长，历经明初至明末各朝，故藩王及其家族墓葬也多，这一点在全国颇为突出。据统计，明朝分封在湖北境内的藩王有 12 系 44 王。早中期的有武昌的楚系、荆州的湘系、辽系、钟祥的郢系、梁系、襄阳的襄系、蕲春的荆系。中后期的有钟祥的兴系、安陆的岐系、寿系、景系、荆州的惠系等。在这些墓葬中，先后出土了不少重要的瓷器，特别是“空白期”等早中期的瓷器尤为突出，为研究明朝官窑之外的瓷器提供了重要的材料。现就这些藩王墓瓷器的来源、方式、性质、瓷业生产，以及藩王专烧瓷器和官窑瓷器的异同等做一点探讨。

一、来源方式、产品性质、瓷业生产

藩王墓瓷器的来源方式主要有赏赐、定制专烧、商品流通等几种，其生产性质也体现为官窑、类官窑、民窑等几类，各自数量有多寡之分，质量有高下之别。

（一）赏赐

赏赐是一条很重要的途径，主要来自于朝廷，或为前朝瓷器，或为本朝瓷器，主要为官窑，量不多，但都很精细，纹饰精美，绝对是高档精品，以质量高而著称。代表性的瓷

图 1　元代龙纹梅瓶

图 2　元代四爱图梅瓶

图 3　元代四爱图梅瓶

器有以下几件。

① 2006 年湖北省钟祥市明代永乐十二年（1414 年）郢靖王墓出土了元代青花龙纹梅瓶〔图 1〕、元代青花四爱图梅瓶〔图 2〕[1]。龙纹梅瓶为郢靖王随葬品，四爱图梅瓶为王妃郭氏的随葬品。龙纹梅瓶青花为典型的进口料，发色浓艳，有铁锈斑，龙纹矫健有力。四爱图梅瓶造型精巧规整，不仅胎釉好，青料发色好，鲜艳青翠淡雅，而且纹饰极其精美。这些精美的人物图案，决非出自一般匠人之手，亦非艺人们信手拈来的随意描绘，而是具有一定绘画功底的画师精心所为，或者可能是从当时那些文人画家所刻的木刻版画的插页中精心临摹下来的。画面上多用山石、竹菊、松梅、柳树、兰花点缀，和元代文人画的时代风格是吻合的。应该说，郢靖王墓出土的元青花四爱图梅瓶和龙纹梅瓶，是朱明王朝的赏赐之物，是朱元璋赏赐给功臣和藩王的，以示嘉奖和厚爱。至于是否元代浮梁瓷局掌管的官窑性质，还是民窑性质，尚需进一步的研究。无独有偶，武汉市文物商店早年曾征集到一件同样的元代青花四爱图梅瓶〔图 3〕，与郢靖王墓所出几无二致。

经过研究证明，明初功臣墓葬、藩王墓葬和那些出自大户人家的窖藏元青花，显然不是内销商品，而是订烧或收缴之物，或是应向皇家进贡的贡瓷而被加以赏赐。比如，南京等地区明初功臣墓中，曾出土了不少珍贵的元末明初青花瓷、釉里红瓷。如 1950 年南京市江宁县东善桥观音山明代洪武二十五年（1392 年）沐英墓出土了青花“萧何月下追韩信”图梅瓶，1959 年南京市江宁县应塘村明正统四年（1439 年）沐晟墓出土了青花缠枝牡丹纹梅瓶，1960 年南京市中华门外郎家山明永乐十六年（1418 年）宋晟夫人叶氏墓出土了青花荷塘鸳鸯碗，1970 年南京市北郊中央门外明代洪武四年（1371 年）汪兴祖墓出土了元青花

1　阮文清、周代玮、龙永芳：《湖北钟祥市明代郢靖王发掘收获重大》，《江汉考古》2007 年第 3 期；湖北省文物考古研究所、荆门市博物馆、钟祥市博物馆：《郢靖王墓》，文物出版社，2016 年。

高足碗，1973安徽省蚌埠市东郊曹山明代洪武二十八年（1395年）开国元勋东瓯王汤和墓出土了青花缠枝牡丹纹带盖大罐等。元代这些绘有人物故事的青花瓷，基本都为罐、梅瓶、玉壶春瓶之类的陈设瓷，多为观赏之用。量少质精，说明不是大批量生产的产品，而是有针对性的专门定制的高档商品。其销售的对象绝不是普通的老百姓，而是有一定经济地位和权势的上层阶级。

明初战乱初息，国势不昌，财富不丰，加之朝廷又推行薄葬，葬制从俭，“丧葬遗物，勿用金玉”，故明早期亲王墓葬多不用金、玉，那么，品优质精又不那么耗费财力的元末明初青花等高档瓷器，便是最好的选择，而且这些瓷器多是赏赐之物，代表了一定的身份和地位。

根据以下的三条理由：第一，明代早期墓葬特别是高等级墓葬多出高档瓷器的事实，湖北分封藩王多，等级高；第二，郢靖王墓又出土过元代青花四爱图梅瓶；第三，早年湖北省内被盗文物多在本省武汉、荆州等地贩卖的习惯，首选地为武汉。因此，笔者有很大的理由相信，武汉市文物商店早年征集的元青花四爱图梅瓶，也应该是出自湖北地区藩王墓、高等级墓葬中（应是出土之物，而不是社会流散传世之物），而且也应该是赏赐之物，只有一定身份和地位的人才能得到和随葬此物，或许出自荆州的藩王墓葬。荆州明早期的藩王墓葬有湘献王朱柏（朱元璋第十二子）墓、江陵八岭山辽简王朱植（朱元璋第十五子）墓[2]等。这两座墓葬由于早年多次被盗，仅见一些铅锡器、铁器、漆木器等明器，极少量的金器，而瓷器不见，应是被盗之故。按理说，这些早期高等级墓葬仅出铅锡器、铁器、漆木器等明器，未出任何包括瓷器在内的高等次的随葬品，是不正常的，显得太简陋和寒酸，是不符合藩王的身份和地位的，因此，最可能的解释是珍贵的瓷器已被盗掘。

图4　永乐翠青釉碗

②武昌龙泉山楚昭王朱桢（朱元璋第六子）墓出土了1件翠青釉碗[3]〔图4〕，造型小巧规整，胎釉极其精美。翠青釉为永乐朝所创，如冰似玉，青翠如嫩芽，稀少而珍贵。该器为永乐时期的官窑器，为本朝赏赐品。

③钟祥梁庄王（明仁宗第九子）墓出土了8件瓷器[4]。其中有永乐时期的青花龙纹高足杯〔图5〕、楼阁仕女图高足杯〔图6〕各1件。青花龙纹高足杯制作精美，应是前朝赏赐的珍贵之物，为梁庄王所珍视，为此后来还特意配置了银盏托和金钟盖，金钟盖铭为“承奉司正统二年造金钟盖四两九钱”。同出有永乐时

2　荆州地区博物馆、江陵县文物局：《江陵八岭山明代辽简王墓发掘简报》，《考古》1995年第8期。

3　湖北省文物考古研究所、武汉市文物考古研究所、武汉市江夏区博物馆：《武昌龙泉山明代楚昭王墓发掘简报》，《文物》2003年第2期。

4　湖北省文物考古研究所：《梁庄王墓》，文物出版社，2007年。

图 5　永乐龙纹高足杯

期的金锭 2 件，铭文为“永乐十七年四月□日□西洋等处买到八成色金一锭五十两重”，“随驾银作局销镕八成色金五十两重，作头季鼎等匠人黄闵弟，永乐十四年八月□日”。其他有年号的金壶、金箸、金钩凤纹青玉佩等，均来自于银作局，说明也是来自于朝廷赏赐。

青花龙纹高足杯、青花仕女图高足杯形制相同，轻盈精巧，胎质轻薄细腻，白釉光洁肥润，青花鲜艳，纹饰精美。龙纹高足杯外为青花龙纹，里为暗刻龙纹，颇为独特。楼阁仕女图高足杯，扬之水先生考证为根据唐诗画意所绘，极有意境。唐人于良史诗曰：“春山多胜事，赏玩夜忘归。掬水月在手，弄花香满衣。兴来无远近，欲去惜芳菲。南望鸣钟处，楼台深翠微。”二者均属永乐官窑，为前朝赏赐之物。

④荆州江陵八岭山明辽王妃墓出土 1 件明早期甜白釉暗花凤纹罐〔图 7〕，八岭山曹氏王妃墓出土 1 件明早中期（正统至成化）白釉莲蝶纹罐[5]〔图 8〕。皆乳浊白釉，肥厚光润，暗花纹饰精细，当为赏赐。

以上寥寥数件官窑瓷器，应是皇室、朝廷的赏赐。数量稀少，说明官窑瓷器毕竟产量有限，只能以满足皇室和朝廷的需求为主，不可能满足数量庞大的藩王及其家族的需求。梁庄王墓随葬两件质量极高的永乐时期的高足杯，是因为宣德皇帝特别喜欢梁庄王这个弟弟，除赏赐珍贵的瓷器外，还赏赐了大量的玉石和来自西洋的琳琅满目的珠宝。

图 6　永乐楼阁仕女图高足杯

图 7　甜白暗花纹盖罐

图 8　甜白釉罐

5　荆州地区博物馆、江陵县文化局：《江陵八岭山明王妃墓清理简报》，《江汉考古》1988 年第 4 期。

图 9　青花云龙纹盘

图 10　白釉坛

图 11　青花梅瓶

图 12　青花梅瓶

图 13　贴金龙纹高足杯

图 14　白釉坛

（二）藩王定制专烧

这种来源方式最多，应该是最主要的方式。御窑由于成本和规模的关系，毕竟产量不高，主要供给皇室、朝廷。而各地藩王的供给则有另外的途径和方式。根据藩王墓很大一部分出土瓷器的质量逊于官窑又高于一般民窑的事实，笔者认为，“藩王专烧瓷器”一是来自于官府专门设置的为藩王烧造生活用瓷、祭祀用瓷、随葬用瓷的专门窑口，一是来自于由官方挑选并控制的高档民窑，以满足各地藩王大量的需求。代表性的瓷器包括以下几件。

①武昌江夏二妃山明景陵王朱孟炤夫妻合葬墓（下限为正统年间）出土瓷器 4 件[6]，包括青花云龙盘 3 件〔图 9〕、白釉瓷坛〔图 10〕1 件，白釉瓷坛和楚昭王墓出土的基本相似。上述 4 件瓷器，从造型、胎釉、青花发色、龙纹等纹饰来看，质量不是最好，非御窑所出，但亦非民间所用，应似专为藩王烧造，其年代应在宣德晚期至正统间，偏于正统时期，景德镇窑址有类似的产品出土，龙纹盘和戴家弄出土的相似。

6　武汉市文物考古研究所、武汉市江夏区博物馆：《武汉江夏二妃山明景陵王朱孟炤夫妻墓葬发掘简报》，《江汉考古》2010 年第 2 期。

图 15　青花云龙纹高足杯

图 16　青花鸳鸯戏莲盖罐

图 17　青花龙纹盘

图 18　青花双兽耳长颈瓶

图 19　青花兰竹纹折沿盖罐

图 20　蓝釉金彩双兽耳尊

图 21　青花弈棋簋式炉

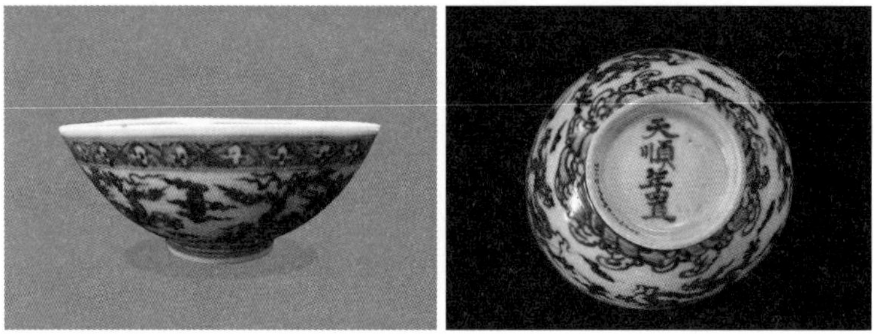

图 22　“天顺年置”青花龙纹碗

②钟祥梁庄王墓出土青花和白釉瓷器 6 件。青花缠枝莲纹梅瓶〔图 11、图 12〕两对 4 件，一对为丰肩，一对为溜肩，均带盖，盖内有管形柱，青花有明显区别，一对显得浓艳繁密，一对显得浅淡疏朗。白釉贴金龙纹高足杯〔图 13〕一对 2 件，喇叭形高圈足。白釉泛青，釉面开片厉害。内外壁、底心刻龙纹，龙身露胎贴金。该墓下限为正统景泰年间。

③江夏流芳岭墓葬群。江夏流芳岭主要为明代楚系藩王及其妃子、亲属的墓地，自新中国成立以来陆陆续续出土过一些瓷器，耿宝昌先生在《明清瓷器鉴定》中部分有著录[7]，并加以断代研究。有楚昭王墓的白釉瓷坛〔图 14〕、青花云龙纹高足杯〔图 15〕、青花鸳鸯

7　耿宝昌：《明清瓷器鉴定》，紫禁城出版社、两木出版社，1993 年。

图 23 蓝釉执壶

图 24 梁庄王墓金壶

图 25 蓝釉三足炉

图 26 白釉盘

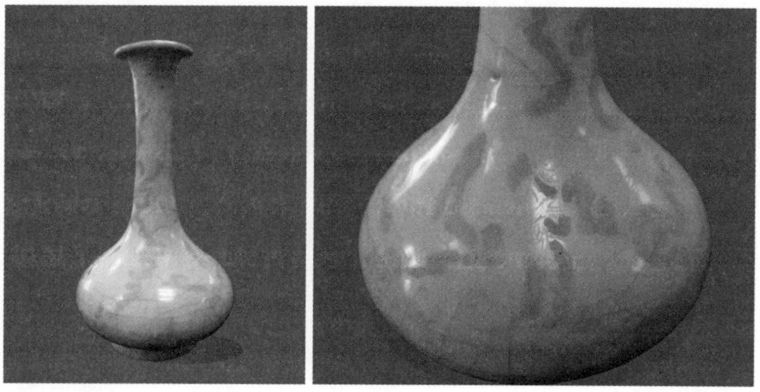

图 27 红绿彩长颈人物瓶

戏莲纹盖罐〔图 16〕、青花龙纹盘〔图 17〕、青花双兽耳长颈瓶〔图 18〕、青花兰竹纹折沿盖罐〔图 19〕、蓝釉金彩双兽耳尊（或称为罐〔图 20〕）、青花弈棋图簋式炉等〔图 21〕。

④ 2007 年至 2008 年，武汉市文物考古研究所发掘了东湖高新技术开发区内的流芳（原江夏区流芳街）明王室家族墓地[8]。发现茔园 5 处，共发掘明代墓葬 26 座，出土各类文物 252 件。其中，镇国将军朱季塨，楚昭王朱桢的孙子，崇阳靖简王朱孟炜庶出第六子，下葬于成化七年（1471 年），曾孙辅国将军朱均钵，下葬于正德四年（1509 年）。镇国将军墓出土 24 件瓷器，辅国将军墓出土 10 余件瓷器，两墓出土瓷器近 40 件。其中，一件青花龙纹碗上有"天顺年置"明确的纪年款，极为难得，弥足珍贵。

镇国将军朱季塨墓出土的瓷器有"天顺年置"青花龙纹碗〔图 22〕：釉光洁肥润，青花呈色好，浓艳，底有"天顺年置"四字竖款，字体肥有楷隶意味。蓝釉执壶〔图 23〕，瘦长秀气，和梁庄王墓出土的金壶〔图 24〕相似，蓝釉呈色好。蓝釉三足炉〔图 25〕、白釉盘〔图 26〕、白釉高足杯、白釉碗、白釉红绿彩绘人物纹长颈瓶〔图 27〕。辅国将军朱均钵墓出土青花龙纹高足杯〔图 28〕，胎釉、青花发色同镇国将军朱季塨墓所出的龙纹碗基本一致，属同一时期。

8 许志斌、邓辉、范江欧美：《武汉流芳明代墓葬发掘》，《武汉文博》2011 年第 4 期。

图 28　青花龙纹高足杯

图 29　青花龙纹梅瓶

图 30　青花凤纹梅瓶

⑤其他地区藩王墓出土瓷器。蕲春县达城三角山荆王墓发现青花龙纹、凤纹梅瓶 3 件〔图 29-图 31〕[9]，龙纹四肢粗壮有力，海水汹涌有气势。胎体坚实厚重，青花浓艳，有铁锈斑。蕲春荆王家族墓出土一件白釉盖罐〔图 32〕，白釉清亮，没有甜白釉的乳浊，有暗花纹饰。

图 31　青花凤纹梅瓶

图 32　白釉盖罐

上述这些墓葬多为明代早期至中期偏晚，根据墓葬年代、器物的造型、胎釉、纹饰、青花、彩料、工艺等综合对比来看，属于宣德至正统时期的瓷器有钟祥梁庄王墓出土的 4 件青花缠枝莲纹梅瓶，江夏流芳岭出土的青花龙纹高足杯、青花鸳鸯戏莲纹盖罐、青花龙纹盘。属于正统时期的瓷器有钟祥梁庄王墓出土的 2 件白釉贴金龙纹高足杯、江夏二妃山明景陵朱孟炤夫妻合葬墓出土的 3 件青花云龙纹盘和白釉坛、蕲春荆王墓出土的 3 件青花龙纹、凤纹梅瓶。属于景泰时期的瓷器有江夏流芳岭出土的青花人物兽耳樽、青花兰竹纹折沿盖罐、青花岁寒三友图长颈瓶等。属于天顺时期的瓷器有流芳岭镇国将军朱季塛墓出土的“天顺年置”青花龙纹碗，辅国将军朱均钵出土的青花龙纹高足杯、青花双兽耳长颈瓶。属于天顺至成化时期的瓷器有流芳岭镇国将军朱季塛墓出土的蓝釉执壶、蓝釉三足炉、白釉红绿彩绘人物纹长颈瓶等。

其中，少部分“藩王专烧瓷器”和官窑极为接近者，如“天顺年置”青花碗、青花龙纹高足杯、蓝釉执壶等，笔者原来认为是官窑产品，但和 2014 年景德镇出土瓷器实物进行对比，虽然青花呈色很好，但器型的规整度、胎釉、工艺等方面还是比官窑略逊，写“天顺年置”而不写“大明天顺年制”或“天顺年制”，“置”“制”有别，因此，综合来看，

9　张绍铭：《介绍两件明代青花梅瓶》，《文物》1988 年第 1 期。

图 33　龙泉窑瓶

图 34　白釉瓶

图 35　青釉梅瓶

图 36　青花人物兽耳尊

图 37　青花香炉

图 38　青花筒形香炉

图 39　珐花大罐

还是归入“藩王专烧瓷器”为宜，“类官窑”性质。不排除这些极少数精品是官窑工匠因“空白期”时期官窑低落而流散到为藩王烧造瓷器的专门窑口或高档民窑所生产，包括一些好的青花料也流散出来。

上述湖北地区藩王墓出土瓷器，质量较民窑要高出一筹，应该不是一般民窑所产，但又稍逊于官窑产品，介于二者之间。应该是朝廷有次于官窑的专门窑口，或是选择上等民窑专为各地藩王烧造，组织者是官方，但技术水平和管理模式有异于官窑，推测承造者是当时技术水平较高的民窑，官方组织生产的民窑。其时，既然御器厂的生产受到一定的影响，宫廷和王室的需求又必须满足，民窑的角色就得以凸显，技艺先进且产量颇丰的民窑很可能承担了一部分御器厂任务，成为御器厂之外的重要辅助。

（三）商业流通获得

通过商品贸易来购买瓷器，这是一种辅助的方式，在第一代藩王墓中较为少见，多见于其子孙后代的墓葬中。毕竟第一代藩王人数少，等级高，在葬俗、祭祀等方面会特别重视，而其后的子孙繁衍多，等级渐低，不可能全由朝廷、官方供给。除为藩王专烧定制方式外，还较多地通过贸易购买来补充，多为民窑性质。代表性的瓷器包括以下几件。

钟祥郢靖王朱栋墓除出土了元代青花龙纹梅瓶、青花四爱图梅瓶外，还有 6 件瓷瓶[10]，置于6具殉人棺前。4件青釉瓶为龙泉窑制品〔图33〕，另外1件白釉瓶〔图34〕、1件青釉梅瓶〔图35〕则是典型的来自北方窑口的民窑产品，纯粹来自于商业流通。武昌流芳镇佛嘴村出土景泰时期的青花人物兽耳尊〔图36〕，胎体厚重敦实，器腹分绘举杯邀月与仙人乘槎两组人物故事画面，口沿变形严重，口不平，火候低致青花呈色蓝黑，纹饰线条粗重。流芳岭出土的青花香炉〔图37〕和辅国将军朱均钵墓出土有青花筒形香炉〔图38〕，腹部绘弹簧状云纹、兰草纹。胎粗，有开片，青花泛灰暗。蕲春荆王家族墓出土的珐花大罐〔图39〕，亦来自于景德镇仿北方窑口。

二、几件特殊品种瓷器的讨论

1. 红绿彩品种

镇国将军朱季□墓出土白釉红绿彩绘人物纹长颈瓶（见图27），长颈，扁腹，白釉添红绿彩，描绘人物。根据墓葬年代、造型、胎釉、彩料来看，属天顺成化时期。此器特别精致小巧，画以成双成对的人物，推测属于妃子等女性赏玩之物，属于定制。

图40　红绿彩双龙戏珠碗

1991年流芳岭楚昭王家族墓2号墓出土红绿彩双龙戏珠碗〔图40〕，撇口，圆唇，圈足，足跟略尖。釉开片厉害，地施绿彩，暗刻龙纹上施红彩，已基本脱落，内底心亦绘红绿彩海水龙纹。为正统至天顺制品。

上述2件红绿彩瓷，一是色彩淡，没有成化的姹紫嫣红，彩料质量不是很好；二是易褪色掉彩，脱落严重，不牢固，彩釉结合技术不到位，显得不太成熟，可能是成化彩瓷的雏形。

2. 绿釉品种

图41　绿釉缠枝花纹盖罐（蕲春）

2007年湖北省蕲春县邓园蛇剑山墓出土明绿黄釉缠枝花纹三足盖罐（或称为炉〔图41〕），盖呈覆盘状，弧壁，顶平，中有宝珠钮。敛口，宽沿，弧腹，两侧有兽首，平底微凸，底有三蹄足。盖面自上至下依次绘莲瓣纹、莲花纹、回文。外壁绘缠枝莲纹和变形莲瓣纹。灰白胎，内外施瓜皮绿釉，釉面有锡光，宝珠顶和兽首施黄釉。

根据器型、花纹判断，大约在明中期弘治时期。此罐暗刻同青花瓷器一样的缠枝纹饰，但却满施铅绿釉，点以黄釉，和一般的白釉青花颇不类，显得颇为特别。推测很有可能是专门定制，用作祭器。台湾鸿禧美术馆藏有一件明成化时期的绿釉枕，并有诗文，二者年代大致相同，明中期成化弘治间，说明这种绿釉产品有少量的烧造，有专门的用途。

10　院文清、周代玮、龙永芳：《湖北钟祥市明代郢靖王发掘收获重大》，《江汉考古》2007年第3期；湖北省文物考古研究所、荆门市博物馆、钟祥市博物馆：《郢靖王墓》，文物出版社，2016年。

3. 白釉金彩、蓝釉金彩品种

梁庄王墓出土 2 件白釉贴金龙纹高足杯〔图 13〕。深腹，喇叭形高圈足。白釉泛青，釉面开片厉害。外壁刻二龙相逐，龙为五爪，龙身露胎未施釉，龙身上贴金，多已脱落。釉下有暗刻水波纹。内底心刻龙戏珠纹，亦贴金。高圈足有三道凹弦纹，下端刻如意云头纹，均贴金。瓷器上露胎贴金自龙泉开始，元代枢府瓷上有，永乐有这个工艺，但很少见。《明实录・英宗实录》载“正统六年（1441 年）五月己亥行在光禄寺奏……其金龙、金凤白瓷罐等件，令江西饶州府造”，说明当时就有类似贴金产品烧造。该器比同墓所出龙纹、仕女图高足杯胎质要厚重一些，器形亦不甚规整，口不平，釉面也不太光洁肥润，釉特别泛青，开片厉害，有缩釉、流釉现象，露胎贴金等等，从上述诸方面来看，应是正统时期的藩王专烧瓷器。白釉贴金瓷器出土和传世不多见，提供了一个新的品种，颇为珍贵。

流芳岭楚昭王家族墓出土蓝釉金彩双兽耳尊〔图 20〕，双兽耳，鼓腹，平底露胎，底不平，有裂，修足不细。灰胎，胎较粗，器身釉面干净肥润，呈深蓝色调。其纹饰金彩虽已脱落，肩部锦地开光中以篆书写“福如东海，寿比南山”。腹部绘仙人楼阁访友图，其下出水芙蓉摇曳于碧波之上，画面上方一角题诗句：“春踏芳草地，夏赏绿荷池，秋饮黄花酒，冬吟白雪诗。”该器属天顺时期，亦为藩王专烧瓷器。蓝釉上满施金彩，金碧辉煌，绘画题诗，诗情画意，寓意吉祥，在素雅的官窑单色釉中少见。

三、“藩王专烧瓷器”和官窑瓷器的差异

景德镇御窑遗址有明代各朝地层出土的官窑器，代表性的有永乐、宣德、成化等地层，特别是 2014 年在景德镇珠山北麓正统、景泰、天顺时期地层出土了一批很重要的御窑窑器，这是一批是不可多得的断代标准器。其中，有些器型、品种为传世品所未见，大器多，品质高，非常重要。“藩王专烧瓷器”和出土、传世官窑器进行对比，虽然少部分“藩王专烧瓷器”和官窑极为接近，如“天顺年置”青花碗、青花龙纹高足杯、蓝釉执壶等，但大多数还是和官窑有一定的差距，主要体现在以下七个方面。

功能方面　“藩王专烧瓷器”主要为日常用器、随葬用器等。官窑器则为日常用器、礼器、陈设用器、祭祀用器、随葬用器等，功能和场合更丰富一点。

品种方面　“藩王专烧瓷器”品种较少，以青花、白釉、蓝釉多见，偶见红绿彩、青釉、绿釉等。官窑器品种则极为丰富，以青花为主，还有青花矾红彩、斗彩、五彩等各种彩瓷，以及单色釉如白釉、红釉、仿龙泉青釉、仿青白釉等诸多品种。

胎釉方面　“藩王专烧瓷器”一般胎体较厚，胎质灰白，不及官窑精细规整，釉多泛青，多肥厚，有的更像是青白釉，白度明显不及官窑。部分器物釉不匀，有开片、缩釉、流釉现象。官窑器相比则更精致一些，胎白而细腻，釉白润光洁，光泽度比藩王专烧器要好。少有开

片、缩釉、流釉现象。

纹饰方面 “藩王专烧瓷器”纹饰没有官窑规整精致，线条要活泼随意一些，题材也要丰富一些，云气缭绕的“云堂手”人物纹、菱形纹、回纹、拖焰四火珠纹、弹簧云纹多见，也有龙纹，说明非一般民窑所为。而官窑器多为花草、龙凤等图案画，花纹规整精致，程式化明显，但亦有少量婴戏图、动物图等较活泼的画面。

青花及彩料方面 “藩王专烧瓷器”青花浓艳、灰暗均有，呈色浓淡深浅不一，因为釉多泛青、青料稍差，故蓝中偏灰为多。有少量的红绿彩，偏暗淡，而名贵的斗彩等在藩王墓中不见。官窑青花在白釉的衬托下显得蓝艳明亮一些，呈色均匀一致。有五彩、斗彩等各种浓重鲜艳的彩瓷，显得富丽堂皇。

工艺方面 “藩王专烧瓷器”器形多不规整，总有这样那样的缺陷，如口多不平、不太圆。内壁拉坯痕明显，修底不细，足墙不整齐。粘有窑渣，大件多砂底，小件多釉底。有的器物釉有开片。官窑器型规整，修胎精细，除少数为砂底外，基本为釉底。釉面少有开片。

款识方面 “藩王专烧瓷器”款识非常少见，或是年号款、或是花押款，书写比较随意。基本不见“大明 ×× 年制”的官样款，譬如“天顺年置”款就是一种仿官款的变体，是不敢逾制的体现。

不可否认，供给于皇室和朝廷的官窑器是景德镇制瓷最高水平的体现和代表，精益求精，不惜工本，“藩王专烧瓷器”毕竟因为地位、身份、级别、需求、生产和管理的不同，逊于官窑，是有差距的，不能随意拔高，等同于官窑。但也不能随意贬低，认为就是一般民窑，得之较易。应该说，“藩王专烧瓷器”是一种介于官窑和一般民窑之间特殊的专门的一类，官府是有计划和安排的，是有组织有序生产的，并不是简单的官窑赏赐和民窑采购，因此，需要进行综合性的深入的研究，以便厘清史实。

韩国淑慎公主墓出土遗物及相关问题研究

陈天民（景德镇陶瓷大学考古文博学院）　〔韩〕金银珠（景德镇陶溪川美术馆）
吴闻达（故宫博物院考古部）

摘要：淑慎公主是朝鲜王朝第十七代王——孝宗大王李淏（即位前为凤林大君）与仁宣王后张氏的嫡长女，生于明末清初战乱之际，幼年即随父母及其他宗室成员入清为质，流浪异国。特殊的人生经历和墓葬出土的精美瓷器、银器引发了学界的关注，但之前的研究多从器物本身着眼，仍有问题尚未解决，如出土景德镇瓷器的属性、出土银器的具体年代等，很难达成统一的认识。墓葬遗物的性质推断不能脱离墓主人和墓葬的背景而独立存在。本文通过系统梳理朝鲜时代的汉文典籍，重新考证了淑慎公主真实的生卒年代（1634—1645）、人生经历，以及墓葬的变迁情况，并以此为基础，结合遗物风格、器物组合等要素，推断出土的景德镇瓷器来源于顺治帝携朝鲜质子入关后，赏赐给淑慎公主的明代宫廷旧藏；出土的银器是朝鲜官作借鉴景德镇不同时代瓷器纹饰的"异工仿效"产品，具体年代约在明末崇祯时期。

关键词：朝鲜王朝　淑慎公主　明末清初　景德镇瓷器　官搭民烧　朝鲜银器

一、出土遗物概况与争论焦点

明代末年，后金女真人势力逐步壮大，在占领辽东地区以后，为了避免与明、朝鲜两线作战，于 1637 年先向朝鲜发动了"丙子之役"。战后，朝鲜国不得已由明朝的附属国改为向清称臣，皇太极还命朝鲜国王——仁祖李倧以两子（世子李注、凤林大君李淏）、诸大臣及其家眷、仆役若干入盛京（沈阳）为质。淑慎公主作为凤林大君（后即位为朝鲜孝宗）的长女，幼年就开始随父漂泊异乡，去世后作为温陵的陪陵墓原葬于京畿道高阳西山，日本殖民时代（1936 年）迁葬于现今首尔的西三陵区。墓葬未经正式发掘，出土物是迁陵过程中的遗留，现能明确来源的文物仅存青花瓷 6 件、五彩瓷 2 件、银器 2 件，都藏于韩国国立中央博物馆。

图 1　青花缠枝莲纹圆盒
韩国国立中央博物馆藏

图 2　青花开光花蝶纹圆盒
韩国国立中央博物馆藏

图 3　青花龙凤纹方盒
韩国国立中央博物馆藏

1. 青花瓷

青花缠枝莲纹“大明嘉靖年制”圆盒〔图 1〕。高 4.9 厘米，底径 6.7 厘米。分盖和身两部分，盒盖顶部上弧，子母口接合，整体呈矮圆柱形，隐圈足，足端滚圆泛黄。胎体细腻洁白，白釉油亮泛黄，有使用痕迹。采用勾勒渲染技法绘制青花缠枝莲，满饰器物外部，构图紧凑，填色不超出轮廓线，发色较深，蓝中泛紫。底面青花楷书六字双行“大明嘉靖年制”款。

青花开光花蝶纹“大明万历年制”圆盒〔图 2〕。高 3 厘米，底径 2.8 厘米。分盖和身两部分，盒盖整体呈上弧形，较圆润饱满，盖顶贴塑花心，子母口接合，圈足，足端露胎发黄。胎体洁白，细腻坚致，白釉油亮泛黄，有使用痕迹。青花以勾勒渲染技法，于器物外部满绘花形开光花蝶纹，发色较深，蓝紫发灰。底面青花双圈楷书六字双行“大明万历年制”款。

青花龙凤纹“大明万历年制”方盒〔图 3〕。高 3.7 厘米，底径 4.5 厘米。分盖和身两部分，子母口接合，整体呈四方柱形，盒盖顶部上弧，隐圈足，局部有胎裂。胎体洁白，细腻坚致，白釉油亮泛黄，有使用痕迹。青花采用勾勒渲染技法，顶部绘龙凤云纹，周身四面各绘单个龙、凤，龙纹均为五爪，发色蓝紫泛灰，局部晕散。底面青花双方框楷书六字双行“大明万历年制”款。

青花人物花卉纹“大明万历年制”八方盒〔图 4〕。高 4 厘米，底径 5.1 厘米。分盖和

图 4　青花人物花卉纹八方盒
韩国国立中央博物馆藏

图 5　青花缠枝灵芝纹盖罐
韩国国立中央博物馆藏

图 6　青花花草纹盖罐
韩国国立中央博物馆藏

身两部分，子母口接合，整体呈八方柱形，盒盖顶部上弧，隐圈足。胎釉洁白，细腻坚致，有使用痕迹。青花采用勾勒渲染技法，顶部绘两高士坐于花草丛中，周身八面绘折枝花，发色较深，局部晕散。底面青花八方单框楷书六字双行“大明万历年制”款。

青花缠枝灵芝纹“大明万历年制”盖罐〔图 5〕。高 5.6 厘米，底径 4.3 厘米。分盖和身两部分，盖扁平，罐直口，圆腹，高圈足外撇。胎体洁白，细腻坚致，罐身釉面洁白，罐盖白釉泛黄，有使用痕迹。青花采用勾勒渲染技法，盖顶部绘花瓣，罐身肩部和近底部两圈对称变形莲瓣纹，腹部中间一圈缠枝灵芝纹，盖青花发色灰蓝，罐身正蓝。底面青花双圈楷书六字双行“大明万历年制”款。

青花花草纹“大明万历年制”盖罐〔图 6〕。高 4.5 厘米，底径 4.3 厘米。分盖和身两部分，罐盖整体呈圆弧形，罐直口，折肩，曲腹，隐圈足。胎体洁白，细腻坚致，白釉滋润油亮，盖内和底部露胎发黄，有使用痕迹。青花采用白描技法，顶部绘折枝花卉一朵，周身多圈弦纹，肩部一圈锦地开光菊瓣纹，腹部一圈兰草纹。

2. 五彩瓷

五彩开光花卉纹“大明万历年制”圆盒〔图 7〕。高 4 厘米，底径 3.5 厘米。分盖和身两部分，盒盖整体呈上弧形，较圆润饱满，子母口接合，圈足，足端露胎发黄。胎体洁白，细腻坚致，白釉油亮泛黄，有使用痕迹。器身外部通体以青花和五彩作为装饰，青花勾勒开光花卉的外轮廓，内部以红、绿、黄彩绘花瓣和折枝花卉，彩绘部分脱落。底面青花单圈楷书六字双行“大明万历年制”款。

五彩盆景花卉纹“大明万历年制”盘〔图 8〕。高 1.4 厘米，口径 6.7 厘米，底径 4.5 厘米。

图 7　五彩开光花卉纹圆盒
韩国国立中央博物馆藏

图 8　五彩盆景花卉纹盘
韩国国立中央博物馆藏

图 9　银质錾刻花果纹化妆盖罐
韩国国立中央博物馆藏

侈口，浅曲腹，圈足，足端露胎泛黄。胎体洁白细腻，白釉莹润光亮，有使用痕迹。内外以青花弦纹作为边饰，内底以红、绿、黄彩绘盆景花卉，内壁绘五朵等距分布的折枝花，外壁绘等距分布的四朵折枝花。底面青花双圈楷书六字双行“大明万历年制”款。

3. 银器

錾刻花果纹盖罐〔图 9〕。高 4.5 厘米，直径 3.3 厘米，体径 6.1 厘米。分盖和身两部分，子母口接合，盖面上弧，罐直口，扁圆腹，圈足。白银质地，器物外部大部分氧化呈黑色，内部未变色，局部可见化妆品粉末残留。通体采用金属錾刻工艺，盖面为鱼子纹地云鹤纹，沿部一圈卷草，肩部饰以覆蕉叶，腹部主体以折枝荔枝、石榴、桃等装饰一圈。

錾刻山水人物纹盖罐〔图 10〕。高 6.4 厘米，直径 3.3 厘米，体径 5.8 厘米。分盖和身两部分，子母口，珠形盖纽，盖内附一小勺，罐身直口，溜肩，垂腹，圈足。白银质地，外部多氧化呈黑色，内部未变色，勺和罐内局部可见化妆粉残留。盖面镶有银丝装饰的四朵缠枝莲纹一周，盖沿錾刻一圈回纹，罐身錾刻山水之间携琴访友对弈题材。

图 10　银质錾刻山水人物纹化妆盖罐
韩国国立中央博物馆藏

前述 8 件瓷器的产地、功能、年代问题基本没有争议。均景德镇生产，是淑慎公主化妆用的粉盒、油盒一类，其中 7 件底部有纪年款，1 件嘉靖年款，6 件万历年款。景德镇明清瓷器虽然存在晚期寄托前代款的现象，但根据胎釉型彩等器物特征综合来推断，这 7 件瓷器应为本朝纪年，剩下 1 件无款的青花白描盖罐也应为万历时期制品。争议点在于是否为官窑，金英美认为这些制品都是嘉靖和万历时期高水准的官窑制品[1]，曹周妍认为嘉靖款的青花盒是官窑，其余都是民窑[2]，金恩庆认为这些瓷器从字体和烧造的精细程度来看，很难认定为官窑制品，但是与民窑产品相比也存在一定差异[3]。

前述 2 件银质化妆罐，年代下限应相当于淑慎公主的死亡时间，但以往推断的墓主人生卒年和墓葬年代有待探讨，且由于墓葬中的珍贵物品极有可能沿用时间较长，年代上限也难以确定。目前，韩国国立中央博物馆所定展品的模糊年代是 17 世纪前半叶[4]，具体年代有待于进一步研究。

二、人物生平及墓葬年代考辨

解决上述争议的关键在于从墓主人的生平和墓葬的营造中寻找线索。历史文献中关于淑慎公主的生平语焉不详，加之朝鲜在日据时代的迁陵行为，导致了中韩学界对于其生卒年、墓葬情况的判断至今尚不明晰。

目前最常被提及的生卒年为 1635—1637 年[5、6]，随其父凤林大君作为质子被押往沈阳途中病亡，病逝时年仅三岁。金英美提及墓中发现了顺治七年（1650 年）碑，推断墓葬建于顺治七年（1650 年）[7]。中国有学者根据朝鲜汉文典籍《沈馆录》对李朝质子在盛京的生活情况进行了研究，提及凤林大君之女因年仅数月经不起颠簸，于顺治元年（1644 年）二月大君归省途中丧逝，殡于义州城外[8]。虽然《沈馆录》中凤林大君这位数月而殇的女儿不一定是淑慎公主，但使人对淑慎公主生卒年及其墓葬年代产生疑惑。笔者由此重新梳理、考

---

1 〔韩〕金英美:《在韩国发现的明清瓷器的分期与特征》,《徐苹芳先生纪念文集（上）》, 上海古籍出版社, 2012 年, 第 308 页。

2 〔韩〕曹周妍:《韩国出土明代瓷器的初步研究》,《水下考古学研究·第一卷》, 科学出版社, 2012 年, 第 328 页。

3 〔韩〕金恩庆:《韩国出土明代瓷器的意义》,《15 世纪的亚洲与景德镇瓷器》, 上海古籍出版社, 2020 年, 第 61 页。

4 据韩国国立中央博物馆常设展览的展牌。

5 〔韩〕金恩庆:《韩国出土明代瓷器的意义》,《15 世纪的亚洲与景德镇瓷器》, 上海古籍出版社, 2020 年, 第 61 页。

6 이송란. 朝鲜後期銀製化粧容器 와 化粧文化 . 미술사학,2015(29),169–200；〔韩〕李松兰：《朝鲜后期银制化妆容器和化妆文化》,《美术史学》2015 年第 29 期。

7 〔韩〕金英美:《在韩国发现的明清瓷器的分期与特征》,《徐苹芳先生纪念文集（上）》, 上海古籍出版社, 2012 年, 第 308—312 页。

8 王艳春：《李朝质子与清初中朝文化交流——以李朝质子与盛京宫廷为中心》,《中外关系史论文集第 14 辑——新视野下的中外关系史》, 甘肃人民出版社, 2010 年, 第 336、337 页。

辨了与淑慎公主相关的主要历史文献，制成年表（表 1）。

表1　淑慎公主相关文献

纪年	年号	文献内容	备注
1644年	顺治元年、仁祖二十二年三月十三	甲申……三月……十三日两宫留义州凤林大君女阿只生数月自沈出来中路丧逝殡于义州城外……[9]	阿只年龄、死亡地点、葬地等与淑慎公主不符，应不是一人
1645年	顺治二年、仁祖二十三年八月四日	礼曹启曰。传曰，世子长女病死，令该司依郡主例，敛葬事，传教矣。郡主敛葬之礼，绝无可据前例，庚辰年正月，有郡主阿只氏丧事，而在襁褓中，与今丧不同，不可援以为例。治丧诸事，依大典正二品之礼为之，令户礼曹郎厅及各该司，进排丧葬诸事，俾无未尽之事，何如？传曰，依启[10]	此时凤林大君已封为世子，文中世子长女应指淑慎公主。至于上文甲申年（1644年）阿只数月而亡，本文庚辰年（1640年）同样有阿只幼年早逝，是因为阿只氏在朝鲜指代贵族孩童，王室郡主阿只幼年早夭者多
1645年	顺治二年、仁祖二十三年	昭显世子挽词（以下乙酉后作）……郡主挽词 生长深宫十二年。异恩偏荷至尊怜……李参判昭汉挽……[11]	此文的挽词对象均为入沈阳为质的归国人员。其中，唯一“深宫十二年”而亡的郡主只有淑慎公主（死后册封，以前为郡主），乙酉（1645年）去世时十二岁，推断生辰为甲戌（1634年）
1646年	顺治三年、仁祖二十四年七月	丙戌七月丧爱女……今年又见去年哀……御韵……去年吾家丧爱女。今岁君家亦丧爱，两家孩童非凡骨……[12]	麟坪大君李㴭丙戌（1646年）丧女，世子（原凤林大君）回应去年（1645年）亦丧女，所丧爱女应为淑慎公主
1675年	康熙十四年、肃宗元年八月初五	教旨 赠淑慎公主者 康熙十四年八月初五日 赠职事 传教[13]	由郡主册封为公主
1679年	康熙十八年、肃宗五年八月三日	传于安如石曰，淑慎公主・罗淑仪两墓，今方改莎草云。令本官，役军一百名定给，使之二日赴役事，分付该道[14]	淑慎公主与罗淑仪两墓葬地一致
1747年	乾隆十二年、英祖二十三年七月三十	又以户曹言启曰，因宗亲府草记，淑宁翁主迁葬时，一依淑慎公主例举行事，命下矣。取考誊录，则曾无淑慎公主迁葬可据之例，何以为之？敢禀。传曰，担持军，其令该道题给，葬需参酌，自本曹顾助。上同[15]	淑慎公主安葬至今并无迁葬

9　佚名：《沈馆录》卷七，《丛书集成续编》第二十六册史部，上海书店出版社，1994 年，第 438 页。

10　韩国国史编撰委员会:《朝鲜王朝实录影印本》35 册,《仁祖实录卷四六》, 东国文化社, 1955—1958 年, 第 236 页。

11　金尚宪：《清阴先生集・卷之六》，首尔大学奎章阁韩国学研究院藏本，第 177 页。

12　李㴭：《松溪集》卷一，《诗》，首尔大学奎章阁韩国学研究院藏本，第 183 页。

13　见于韩国学中央研究院所藏教旨。

14《承政院日记》272 册（脱草本 14 册），肃宗五年八月三日 7/15 记事，首尔大学奎章阁韩国学研究院藏本。

15《备边司登记》118 册，英祖二十三年七月三十日，首尔大学奎章阁韩国学研究院藏本。

（续表）

纪年	年号	文献内容	备注
1760年	乾隆二十五年、英祖三十六年二月十七	上曰，洪相殷若来诣，则使之入来，可也。臣煜承命出，引司御洪相殷入。上曰，汝家有己卯年明文，而淑慎公主，序居第二乎？相殷曰，臣考见家中文书，则臣之高祖母，本无入沈之事，而淑慎公主，序居第二矣。上曰，其为寿进宫也，明矣。汝则退去，相殷先退[16]	淑慎公主宗庙位于寿进宫，位列第二
1764年	乾隆二十九年、英祖四十年二月十三	户曹判书贝允明曰，龙城大君房，淑慎公主房祭需，甲申条才已输送于内司矣。乙酉丙戌两年条预下事，自内司手本判下，而翌年条，其勿请得事，辛巳年有特教，何以为之乎？上曰，其时下教，予忘之而判下，依前传教，勿施，可也[17]	龙城大君、淑慎公主死于甲申（1644年）至丙戌（1646年）年间，所以往后的祭需多以此为依据
1765年	乾隆三十年、英祖四十一年闰二月十八	上曰，寿进宫奉享祭式，誊来乎？允明进之，上下览后，命书传教曰，寿进宫春秋仲朔时祭及生辰茶礼外，皆用素膳，六俗节及冬至，亦素膳而胜于脯醢，而无过五器，其他馔品，一从书下件施行，江宁府夫人素膳，一从前规，器品亦从书下举行，龙城大君·淑慎公主器品，从书下，忌祭外用肉，依前举行。出传教[18]	淑慎公主所在的寿进宫在春秋及生辰等日均有祭祀
1769年	乾隆三十四年、英祖四十五年三月十一	上命运维书传教曰，淑慎公主祠宇重建，故有手本请得者，而其数太多，此等处，例有该曹顾助之事，特遣郎厅所入之物，该曹顾助米布郎厅，计其入量，与兵曹顾助，毕重建后，亦令该曹修理。出传教[19]	淑慎公主祠堂重建
1783—1784年	乾隆四十八至四十九年、正祖七-八年	承政院开坼前因备边司启下关，道内各邑所在无后大君公主冢墓之禁伐，有名无实者，公子贵主坟山之贫穷不能守护者，关问列邑，待其报来……甲辰三月 日〈后〉平安大君……大君阿只氏。以上墓，在广州炭洞……淑仪罗氏，淑慎公主。以上墓，在高阳西山。以上二十墓，寿进宫次知[20]	朝廷对无后的王室大君公主墓葬进行规划。淑慎公主与罗淑仪墓均位于京畿道高阳西山
1911年	明治四十四年、纯宗四年十二月	派本职事务官，立会于总督府农商工部出张员各陵园墓定界调制时。光陵……安嫔李氏墓、淑慎公主墓、昭仪刘氏墓……光海君墓[21]	日本殖民时代，淑慎公主墓计划迁移
1936年	昭和十三年	昭和十三年度迁奉墓所预定案，淑仪朴氏……淑慎公主，孝宗第一女，高阳郡神道面纸杻里[22]	前述葬于高阳西山即为时高阳郡神道面纸杻里

16 前揭《承政院日记》1178 册（脱草本 65 册），英祖三十六年二月十七日 12/12 记事。

17 前揭《承政院日记》1227 册（脱草本 69 册），英祖四十年二月十三日 37/46 记事。

18 前揭《承政院日记》1240 册（脱草本 69 册），英祖四十一年闰二月十八日 23/23 记事。

19 前揭《承政院日记》1290 册（脱草本 72 册），英祖四十五年三月十一日 17/17 记事。

20 韩国国史编撰委员会：《京畿道監營狀啓謄錄 4》，《各司謄錄 1》，1981 年。

21 韩国国史编撰委员会:《朝鲜王朝实录影印本》3 册,《纯宗实录附录卷二》,东国文化社,1955—1958 年,第 569 页。

22《陵園墓遷奉案》，首尔大学奎章阁韩国学研究院藏本，1936 年，第 199 页。

结合年表文献可知，淑慎公主生于崇祯七年（1634年），彼时的朝鲜国还是以明朝为宗，到了丙子年（1636年），女真人入侵朝鲜，战后被迫建立同清朝的宗藩关系。朝鲜时代的汉文典籍《沈馆录》和《沈阳状启》虽无年幼淑慎公主的直接记录，但其父凤林大君的质子之行记录较为详细[23]，由于世子大君的重要出行都需要携带家眷，淑慎公主的出行轨迹可见一斑：崇德二年（1637年）二月初八，年仅三岁左右的淑慎公主随其父凤林大君一道踏上了入质沈阳的旅途；崇德五年（1640年）七月二十一，皇太极特许凤林大君携家眷归国省亲，时年七岁的淑慎公主第一次归国，同年十一月二十一日返回沈阳；顺治元年（1644年）四月十一日，淑慎公主随父凤林大君第二次归国，时年十一岁，同年八月四日返回盛京（沈阳），而后清军入关，同年八月二十日，朝鲜质子及其家眷被迁往北京，于九月十九日抵达；清军宣布成为天下共主后，陆续将朝鲜质子归还，淑慎公主随凤林大君于顺治二年（1645年）三月二十三日从燕京（北京）归国，结束了六个月有余的北京生活，于五月十日抵达朝鲜，此前昭显世子已于同年四月去世，闰六月凤林大君继任为朝鲜世子。年表《沈馆录》录文未见淑慎公主死亡的记载，只见郡主阿只死后就地埋葬的记载，由此推测淑慎公主应病逝于顺治二年（1645年）五月十日抵达朝鲜之后，年表中《仁祖实录》录文记载八月四日之前，年仅十二岁。作为世子嫡长女，淑慎公主以正二品之礼入葬京畿道高阳西山纸杻里，与仁祖大王宫人—淑仪罗氏共同作为温陵的陪陵墓，以序居第二位之尊入寿进宫祠堂。顺治六年（1649年）五月初八，世子李淏（前凤林大君）即位，是为朝鲜孝宗。前文韩国学者提到的顺治七年（1650年）碑应该不能代表淑慎公主的入葬时间，或许是孝宗即位后为爱女整修墓葬所置。康熙十四年（1675年），淑慎公主作为朝鲜王的嫡长女被追封为公主。至乾隆年间，祭祀行礼如仪，祠堂和墓地多次被修葺。日据时代，昭和十三年（1936年）淑慎公主墓从京畿道高阳始葬地，连同多位王子、公主、郡主等墓葬被集体迁往现在的首尔朝鲜王陵的西三陵区。

三、再议出土遗物的年代和属性

1. 出土瓷器的来源和性质

明代景德镇瓷器的对外贸易主要分为朝贡、走私、合法的民间贸易三种形式。民间贸易，不论是走私还是合法，它的特点是大多物品均为民窑，商品的生产年代与废弃年代相差不是太远；朝贡贸易的瓷器官窑和民窑都有，作为赏赐品，瓷器的整体质量较高，沿用时间长。淑慎公主生活于崇祯—顺治年代，虽长期旅居中国，但要在市场批量获得这些嘉靖、万历时期的旧货，可能性较小，所以这些瓷器极有可能是赏赐所得。

---

23 王艳春：《李朝质子与清初中朝文化交流——以李朝质子与盛京宫廷为中心》，《中外关系史论文集第14辑——新视野下的中外关系史》，甘肃人民出版社，2010年，第326页。

有学者据此认为这些瓷器是朝鲜王宫旧藏，后赐给淑慎公主随葬。但通过使用痕迹、化妆品的器物组合可推断，这些器物应该在淑慎公主生前被视作心爱的梳妆用品，死后带入地下。结合墓主人的坎坷经历，年仅三岁左右背井离乡，先后客居清盛京沈阳八年，北京六个月，最终回朝鲜三个月不到就染病去世，可推断这些瓷器直接来源于朝鲜王宫的可能性不大，来自沈阳清宫的可能性也不大，极有可能是顺治皇帝入主北京紫禁城后赏赐的明宫旧藏。同例还见于1962年北京西郊发现的清初黑舍里墓[24]。墓主人为清初开国功臣索尼的孙女，幼年夭亡，墓中出土了大量明代成化、嘉靖、万历等朝的官窑瓷器，其来源也应当是清帝赏赐给索尼家族的明宫旧藏。

清帝虽然战略上把朝鲜王室成员当作俘虏，但外交上还是给予相应的礼遇。朝鲜质子常同其他的满族王公大臣一起，接受皇帝在宫廷的设宴和赏赐，还被允许归国省亲，并依条例迎送，《清实录》载："己酉……赐大宴于笃恭殿。又赐内六旗王、贝勒……朝鲜世子李汪等。白金、马匹、貂皮等物有差……谕礼部。定迎送朝鲜国王诸子例。凡国王子来朝。一宴于凤凰城。再宴于东京。又宴于盛京。送归时。亦照此行。凡往来每程给羊一只。鹅二只。鸡二只。其从官及跟随人役、悉如常例若世子至盛京。或自盛京往则多罗贝勒迎送。其余诸子。则礼部承政以下等官迎送。若其子往来东京。则礼部参政迎送。往来凤凰城则礼部理事官迎送。"[25]足见朝鲜质子在清廷的生活与外交官无异，接受清廷馈赠的明宫旧藏瓷器也就顺理成章了。

既然淑慎公主墓出土瓷器来源于明代宫廷，为何产品质量如此一般。这或许与当时的管理体制有关。明朝嘉万时期，景德镇御窑厂的管理极为松散，经常出现窑户盗窃公家财物的情况，《江西省大志》载："嘉靖九年……是后饶州府佐二官常缺，分委杂而不专……真青每插于杂石，奸徒盗于衣囊……夫头、作头，朋合为奸，十上工、砂土夫，妄开虚数。又如鱼缸御器……管厂之官乃以散之民窑，历岁相仍……"[26]与此同时，宫廷对于景德镇瓷器的需求量也急剧提升，御窑厂满足不了巨额的烧造量，形成了"隆、万时厂器，除厂内自烧官窑若干座外，余者已散搭民窑烧"的普遍现象[27]。

在这样一种体制下，官窑产品质量普遍下降，部分民窑因为有了官方的原料和烧造任务，质量得到提升，所以光凭款识和烧造的精细程度无法将一般的官窑与接受官方任务的民窑精品绝对区分开来，但混杂进入宫廷的这类官、民窑产品无疑都具备皇家属性。淑慎公主墓的瓷器即属于这类混杂产品，虽有部分质量一般（更有可能来自官搭民烧），但器物组合为成组成套的化妆用具，绝大多数底部都带有款识，风格一致，具有皇家风范。与

---

24 苏天钧：《北京西郊小西天清代墓葬发掘简报》，《文物》1963年第1期。

25《清太宗文皇帝实录》卷之四十九，崇德四年十月二十六日；卷之五十，崇德五年闰正月二日。

26 王宗沐著，黄长椿等校：《江西省大志》卷之七，中华书局，2018年，第369页。

27 蓝浦、郑廷桂：《景德镇陶录》，《艺文丛刊第五辑》，浙江人民美术出版社，2019年，第146、147页。

图 11　嘉靖青花缠枝莲纹罐
故宫博物院藏

图 12　万历五彩张天师斩五毒盘
故宫博物院藏

图 13　万历青花龙纹圆盒
故宫博物院藏

故宫明代宫廷旧藏的传世瓷器可形成对照，如嘉靖圆盒的青花缠枝莲与故宫博物院藏嘉靖缠枝莲纹罐〔图 11〕，万历五彩盆景花卉盘与故宫博物院五彩张天师斩五毒盘的器型和纹饰布局等如出一辙〔图 12〕，万历各类盒与故宫博物院藏的两件万历龙纹圆盒亦相仿〔图 13〕，纹饰同样不太精细，有晕散，发色灰暗。

2. 出土银器的年代和意义

朝鲜半岛盛产金银器，从高丽时代到朝鲜时代，金银器常被作为土贡方物进献明清宫廷。《明实录》载："高丽遣门下赞成事安宗源上表贡金银器并方物，赐宗源及通事郭海龙等文绮钞有差"[28]"乙卯，朝鲜国王李芳远遣陪臣闵无疾贡金银器皿方物，赐钞及文绮。"[29]《清实录》亦载："甲寅。宴朝鲜国进贡陪臣李德仁等九十人于礼部。仍赐朝鲜国王李倧、陪臣李德仁等。貂皮、银两等物有差。其进金银器皿太监罗业、进柑橘果品太监李春芳等。亦宴赉如例。"[30]

淑慎公主墓出土的两件银器从形制上来看来源于朝鲜本国的官营手工业，但银器上的各类纹饰与明代官窑瓷器所绘的纹饰异曲同工，前者基本都能在后者找到不同时期纹饰题材的母本。花果纹化妆罐盖面的云鹤纹与嘉靖青花瓷的云鹤纹类似〔图 14〕，腹部主体卷曲立体的折枝花果纹饰可上溯到永宣青花，与仿宣德的万历青花类似〔图 15〕，其余如盖沿的双勾线卷草和肩部的倒三角蕉叶均可在明代中晚期的青花瓷中找到来源；另一件山水人物纹罐也不例外，盖面尖圆的缠枝莲纹可在同墓葬所出嘉靖青花圆盒上找到相似之处，腹部皴点的山石、括号形的水波以及画面的整体布局直接仿造的是崇祯青花〔图 16〕。由此可推断，银器年代的上限为明崇祯时期，下限到淑慎公主去世的顺治二年（1645 年）。

朝鲜银器装饰的元素来源于明朝各个时期景德镇的官窑瓷器，这说明大明皇帝赐予的

28《明太祖高皇帝实录》卷一百九十八，洪武二十二年十二月三十日。

29《明太宗文皇帝实录》卷二十九，永乐二年三月十四日。

30《清太宗文皇帝实录》卷之五十四，崇德六年二月九日。

图 14　嘉靖青花云鹤纹碗
故宫博物院藏

图 15　万历青花折枝花果纹罐
故宫博物院藏

图 16　崇祯青花人物故事纹笔筒
上海博物馆藏

图 17　宣德青花云龙纹罐
日本出光美术馆藏

图 18　朝鲜青花云龙纹罐
韩国国立中央博物馆藏

瓷器深受朝鲜王室喜爱。朝鲜王不惜工本以金银器仿制瓷器上复杂的纹饰，同类现象还有 17 世纪仿造 15 世纪宣德官窑青花的朝鲜官窑〔图 17、图 18〕。这种器物的跨文化相似性并未深入到技术交流的层次，只是由于器物流通所带来单纯的器物模仿，所以模仿者与被模仿者之间往往能突破材料和时间的限制，彰显了明代景德镇瓷器对于朝鲜王朝宫廷文化的深远影响。

四、结论

明崇祯七年（1634 年），淑慎公主生于朝鲜；清崇德二年（1637 年）二月初八，入质于沈阳；顺治元年（1644 年）八月二十，被清军迁往北京；顺治二年（1645 年）五月十日，最终回国抵达朝鲜；同年八月四日，去世后以正二品之礼入葬京畿道高阳西山纸杻里。墓葬于后世被多次整葺，但未被迁移，最终至日本殖民时期，于昭和十三年（1936 年）迁往现在首尔的西三陵区。墓葬出土遗物都具有皇家属性。其中，景德镇瓷器应该是宫廷旧藏的嘉靖、万历官搭民烧产品，顺治入关后作为礼品赏赐给了入质北京的淑慎公主；银器是朝鲜宫廷仿制历代景德镇官窑瓷器的特殊产品，时代约在明末崇祯时期。淑慎公主墓出土遗物反映了明代景德镇官作瓷器在明清皇宫和朝鲜王宫之间的流传情况，折射出景德镇瓷器对于朝鲜官营手工业和宫廷生活的影响，为日后研究两国之间的朝贡贸易、文化交流打下了基础。

美国博物馆藏元代青花瓷器研究

孙宇琦（中国社会科学院大学）

摘要： 在元代青花瓷器的海外收藏中，美国各大博物馆占据着重要地位。经统计，美国博物馆中共收藏着39件精美的元代青花瓷器，其造型和装饰特征在艺术审美以及制作工艺等方面充分地体现出多民族融合的元王朝所具备的文化多元性，因此这39件元代青花瓷器极具代表性。其中更有3件带有铭款的元代青花瓷器为其主要作为贸易商品的身份，以及传播和功用提供了有力的文字证据。而通过对美国博物馆中收藏元代青花瓷器方式进行探究，进而总结出以捐赠、购买及交换为主的三种入藏方式，通过对三种入藏方式的分析，进一步说明了美国之所以能够成为在世界范围内成为收藏较多精美元代青花瓷器国家之一的重要原因，为进一步研究现存于美国博物馆的中国艺术品提供了参考依据。

关键词： 美国博物馆　元代青花瓷器　特征　收藏　来源

作为成熟青花瓷器代表的元代青花瓷器，其成功烧造在中国陶瓷史上具有划时代意义[1]。它不但代表了元代制瓷工艺的巨大进步与陶瓷工艺的革新，同时，元代青花瓷器在器形装饰、纹饰绘画、制作工艺、流传情况等方面更加体现出蒙古文化、伊斯兰文化、佛教文化与汉文化之间的交融。虽然 20 世纪 20 年代末，元代青花瓷器才逐渐越入人们视线中[2]，但随着一对书有“至正十一年”铭文的青花云龙纹象耳瓶开始引起人学界的广泛关注[3]，以及美国弗利尔艺术陈列馆约翰・亚历山大・波普博士提出被东

1　王健华：《元代青花瓷器的辨识要点》，《紫禁城》2008 年第 2 期。

2　古代文献中对青花瓷器的记载有限，元人汪大渊在《岛夷志略》以“青白花瓷”“青白花器”“青白花碗”“青白瓷”及“青白碗”等称呼元代青花瓷器。明初曹昭所著《格古要论》评价青花瓷器“有青花及五色花者，俗且甚矣”。1926 年，英国学者霍布森（Hobson, R.L.）通过对红海地区艾博德（Aidhab）港口中国瓷器碎片的考察，推断出元代青花瓷器的存在，参见 Hobson,R.L. Chinese porcelain fragments from Aidhab,and some Bashpa inscriptions. T.O.C.S, 1926, p.19.

3　20 世纪 20 年代，英国学者霍布森（Hobson, R.L.）介绍了这对象耳瓶，参见 Hobson, R.L. Blue and White before the Ming Dynasty. London: Old furniture, 1929, pp.3–8. Hobson, R.L. A Catalogue of Chinese Pottery and Porcelain in the Collection of Sir Percival David. London: The Stourton Press, 1934.1949 年，美国的两位学者白江信三和考克斯以这对青花云龙纹象耳瓶为标准器，对收藏在纽约青花瓷盘断代，首次分离出一批元代青花瓷器，参见 Shirae, S. and Cox, Warren E. The earliest blue and white wares of china. Far Eastern Ceramic Bulletin, September 1949, pp.2–17.

西方学者广泛认同的“14世纪青花类型”概念[4]，近一个世纪以来，有关元代青花瓷器的创烧原因和性质[5]、分期[6]、鉴别[7]、海外传播情况及输出原因[8]等相关问题的研究热潮持续升温。就现状而言，海外传世元代青花瓷器数量庞大，但由于研究条件和资料的限制，国内学界目前仅对土耳其托普卡比宫博物馆和伊朗国家博物馆收藏的元代青花瓷器具有较为系统的研究。本文通过全面统计和整理美国博物馆中所藏的精致型元代青花瓷

---

4 波普博士对伊朗阿德比尔寺和土耳其托普卡比宫博物馆收藏的与“至正十一年”铭青花云龙纹象耳瓶相类似的青花瓷器，提出“14世纪青花类型”概念，参见 Pope, J.A.. Fourteenth-Century Blue-and-White, a Group of Chinese Porcelains in the Topkapu Sarayi Muzesi ,Istanbul. Washington: The Lord Baltimore Press, 1952. Pope,J.A.. Chinese Porcelains from the Ardebil Shrine. Washington : The Lord Baltimore Press, 1956.

5 冯先铭:《我国陶瓷发展中的几个问题——从中国出土文物展览陶瓷展品谈起》,《文物》1973年第7期；刘新园：《元青花特异纹饰和将作院所属浮梁磁局与画局》,《景德镇陶瓷学院学报》1982年第1期；黄薇、黄清华：《元青花瓷器早期类型的新发现—从实证角度论元青花瓷器的起源》,《幽蓝神采——2012上海元青花国际学术研讨会论文集 第1辑》，上海古籍出版社，2015年，第147—161页；施静菲：《元代景德镇青花瓷在国内市场中的角色和性质》,《美术史研究集刊》第8期，第137—168页；施静菲：《景德镇元青花起源之本地因素考察》,《浙江大学艺术与考古研究》, 2014年，第183—217页；刘新园:《元青花特异纹饰和将作院所属浮梁磁局与画局》,《景德镇陶瓷学院学报》1982年第1期；李仲谋：《元青花研究综述》,《青花的世纪——元青花与元代的历史、艺术、考古》，北京大学出版社，2013年，第124—135页；丁山：《元青花无官器》,《收藏家》2009年第7期；王光尧：《中国古代官窑制度》，紫禁城出版社，2004年，第10页。

6 刘新园:《元代窑事小考(一)》,《景德镇陶瓷学院学报》1981年第1期；刘新园、白焜:《景德镇湖田窑考察纪要》,《文物》1980年第11期；江西省文物考古研究所等:《江西湖田窑址H区发掘简报》,《考古》2000年第12期；杨后礼、万良田：《江西丰城县发现元代纪年青花釉里红瓷器》,《文物》1981年第11期；李仲谋：《元青花的艺术密码》,《东方早报》2012年10月15日版；冯先铭:《我国陶瓷发展中的几个问题——从中国出土文物展览陶瓷展品谈起》,《文物》1973年第7期；林梅村：《元朝重臣张珪与保定出土酒器》,《故宫博物院院刊》2009年第3期；刘新园：《元文宗—图帖睦尔时代之官窑瓷器考》,《文物》2001年第11期。

7 陈尧成、郭演仪、张志刚:《历代青花瓷器和青花色料的研究》,《硅酸盐学报》1978年第4期；陈尧成、郭演仪、陈虹：《中国元代青花钴料来源探讨》,《中国陶瓷》1993年第5期；周仁、李家治：《景德镇历代瓷器胎、釉、和烧制工艺的研究》,《硅酸盐学报》1960年第2期；李家治等：《中国古代陶瓷科学技术成就》，上海科学技术出版社，1985年，第300—332页。李家治编:《中国科学技术史·陶瓷卷》，科学出版社，1998年，第370—375页；李家治、张志刚、邓泽群、刘新园:《景德镇元代及明初官窑青花瓷器的工艺研究》,《景德镇出土明初官窑瓷器》，鸿禧美术馆、鸿禧艺术基金会，1996年，第55—65页；汪庆正：《青花料考》,《文物》1982年第8期。黄云鹏、黄滨、黄青:《元青花探究与工艺再现》，江西美术出版社，2017年，第129—142页；吴隽、李家治、郭景坤:《景德镇青花瓷彩上斑点显微结构的研究》,《无机材料学报》1999年第1期；吴小红、崔剑锋、陈祖军，等：《X光荧光显微镜和激光烧蚀ICP-OES分析四川华蓥安丙墓出土青花瓷片》,《华蓥安丙墓》，文物出版社。2008年，第183—190页；黄云鹏、黄滨、黄青：《元青花探究与工艺再现》，江西美术出版社，2017年。

8 John Carswell. Blue &White Chinese Porcelain Around the Word. Chicago: Art Media Resources Ltd., 2000, pp.45–46.〔日〕三上次男著，李锡径等译:《陶瓷之路》，文物出版社，1984年;〔日〕三上次男著，杨琮译:《13—14世纪中国陶瓷的贸易圈》,《东南文化》1990年3月版；龟井明德：《日本出土の元青花资料集成》,《亚洲古陶瓷研究》III，2008年；龟井明德：《元代青花白瓷研究》，亚洲古陶瓷学会，2009年；刘新园：《元文宗——图帖睦尔时代之官窑瓷器考》,《文物》2001年第11期；马文宽、孟凡人：《中国古瓷在非洲的发现》，紫禁城出版社，1987年；秦大树：《埃及福斯塔特遗址中发现的中国陶瓷》,《海交史研究》1995年第1期。

器[9]的情况，尽可能全面收集图片、藏品来源等具体信息，同时笔者基于此项统计，结合前辈学者的研究，分析美国所藏元代青花瓷器的相关特征，可为补充元代青花瓷器的研究提供可靠资料。

一、美国博物馆藏元代青花瓷器的情况

笔者对美国博物馆所藏精致型元代青花瓷器（器形较完整者）的情况加以收集和整理，现按收藏机构划分将其列表如下（表1）。

表1　美国博物馆藏精致型元代青花瓷器（器形较完整者）概况

收藏机构	序号	名称	尺寸（厘米）	图片	精致型（A或B）	入藏时间（年）	藏品来源
波士顿博物馆	[1]	青花云肩云龙纹双铺首耳罐[10]	高37.2 口径15 足径17.5		A	1969	梅布尔・霍巴特・卡伯特（英国剑桥）捐赠[11]
波士顿博物馆	[2]	青花尉迟恭单鞭救主图罐[12]	高27.8		A	1950	查尔斯・贝恩・霍伊特捐赠[13]

9　学界对元代青花瓷器的面貌曾有至正型与延祐型、伊朗型与菲律宾型的分类方法，现在看来不甚准确，参见熊樱菲：《元代青花瓷用料的探讨》，《中国古陶瓷研究（第十五辑）》，紫禁城出版社，2009年，第577—582页；李一平：《宋代的湖田窑》，《南方文物》2003年第1期；江建新：《元青花与浮梁磁局及其窑场》，《中国国家博物馆馆刊》2013年第6期；因此本文中所指的元代青花瓷器精致型即为装饰布局较为繁复、纹饰绘画精美、器形尺寸较大，其中精致型又可依据其精致程度分为精致A型和精致B型，精致A型通常为多层纹饰布局、画面饱满、绘画精细、色彩艳丽，器形普遍尺寸较大，精致B型纹饰布局常以一种纹饰为主体、画面较为饱精彩艳丽与幽暗均有、尺寸中等。

10　The World's Great Collections Oriental Ceramics Vol.10:Museum of Fine Arts, Boston. New York: Kodansha international ltd,1980, pp.63—43.

11　Guan-type jar with lion's-head handles, 69.1073, https: //collections.mfa.org/objects/22475/guantype-jar-with-lionshead-handles?ctx=1b57a064—04d4—49d8—9dc6—459b83c89657&idx=17(2021—7-30).

12　The World's Great Collections Oriental Ceramics Vol.10: Museum of Fine Arts, Boston. New York: Kodansha international ltd, 1980, pp.16—17.

13　Wine jar with design from a popular drama, 50.1339, https: //collections.mfa.org/objects/20751/wine-jar-with-design-from-a-popular-drama?ctx=e63bf07d-5ea9—4eb6-a775-c67e5bfc3c0e&idx=9（2021—7-30）.

（续表）

收藏机构	序号	名称	尺寸（厘米）	图片	精致型（A或B）	入藏时间（年）	藏品来源
波士顿博物馆	[3]	青花人物话别图梅瓶[14]	高42.4 足径13		A	1923	1911年由J. A. 加兰夫人借展，1923年由美国纽约艺术画廊詹姆斯·A·加兰收藏购入[15]
波士顿博物馆	[4]	青花缠枝牡丹纹梅瓶[16]	高38		A	1974	戈登·莫里尔夫妇捐赠（1972年借展，1974年捐赠）
波士顿博物馆	[5]	青花三顾茅庐图带盖梅瓶[17]	高38.6 口径8.5 足径9		A	1937	纽约山中商会与外交部交换[18]
波士顿博物馆	[6]	青花云肩开光莲纹玉壶春瓶[19]	高26.5 口径8 足径8		A	1937	纽约山中商会与外交部交换[20]
波士顿博物馆	[7]	青花满池娇图圆口折沿盘[21]	高7.5 口径39.5		A	不明	戈登·莫里尔夫妇捐赠

14 Wu Tung. Earth Transformed: Chinese ceramics in the Museum of fine Arts. Boston: MFA Publications, 2002, p.208.

15 Meiping-shaped vase with blue-and-white decoration of Daoist immortals, 24.113, https://collections.mfa.org/objects/16717/meipingshaped-vase-with-blueandwhite-decoration-of-daoist?ctx=62a8e7fb-7c6c-4528–8b36–09651b77ff7a&idx=3（2021–7-30）.

16 Meiping-shaped vase with blue-and-white decoration of peony scrolls, 1974.480, https://www.mfa.org/collections/object/meiping-shaped-vase-with-blue-and-white-decoration-of-peony-scrolls-22593（2019–4-4）.

17 上海博物馆编：《幽蓝神采：元代青花瓷器特集》，上海书画出版社，2012 年，第 81 页。

18 Covered meiping-shaped vase with blue-and-white decoration of theatrical figures, 37.292, https://collections.mfa.org/objects/18439/covered-meipingshaped-vase-with-blueandwhite-decoration-o?ctx=6d019884–3357–43af-a536-c006a9399f4d&idx=5（2021–7-15）.

19 上海博物馆编：《幽蓝神采：元代青花瓷器特集》，上海书画出版社，2012 年，第 14 页。

20 Yuhuchunping-shaped vase with blue-and-white decoration of leaves amid waves in ruyi-shaped windows, 37.291, https://collections.mfa.org/objects/18438/yuhuchunpingshaped-vase-with-blueandwhite-decoration-of-l?ctx=32195d1f-ba5a-493d-8855-eec00b7d5655&idx=4（2021–7-15）.

21 Large plate with blue-and-white decoration of a pair of mandarin ducks in a lotus pond, 1982.456, https://www.mfa.org/collections/object/large-plate-with-blue-and-white-decoration-of-a-pair-of-mandarin-ducks-in-a-lotus-pond-161851（2019–4-4）.

（续表）

收藏机构	序号	名称	尺寸（厘米）	图片	精致型（A或B）	入藏时间（年）	藏品来源
大都会艺术博物馆	[8]	青花缠枝牡丹纹带盖梅瓶[22]	高44.5		A	1926	罗杰斯基金资助购入
大都会艺术博物馆	[9]	青花折枝花纹八方带盖执壶[23]	不明		B	不明	不明
大都会艺术博物馆	[10]	青花折枝花纹八方玉壶春瓶[24]	高23.2		B	1991	史丹利・赫兹曼捐赠
大都会艺术博物馆	[11]	青花满池娇图玉壶春瓶[25]	高28.6		B	1984	艾琳和厄尔・莫尔斯夫妇捐赠
大都会艺术博物馆	[12]	青花满池娇图玉壶春瓶[26]	高28.6		B	1991	史丹利・赫兹曼捐赠
大都会艺术博物馆	[13]	青花如意形开光海马纹玉壶春瓶[27]	高27		A	1991	史丹利・赫兹曼捐赠

22 Bottle with Peony Scroll, 26.271.1a, b, https://www.metmuseum.org/art/collection/search/49216（2021−7-10）.

23 图片由葛彦提供，拍摄于美国大都会博物馆陶瓷展厅。

24 Faceted Vase, 1991.253.34, https://www.metmuseum.org/art/collection/search/42491?searchField=All&sortBy=Relevance&deptids=6&when=A.D.+1000−1400&where=Asia%7cChina&ft=*&offset=160&rpp=80&pos=220（2021−6-5）.

25 Flask with Lotus Pond, 1984.297, https://www.metmuseum.org/art/collection/search/49855?searchField=All&sortBy=Relevance&when=A.D.+1000−1400&where=China&ft=porcelain&offset=0&rpp=20&pos=14,(2021−7-27）.

26 Vase, 1991.253.33, https://www.metmuseum.org/art/collection/search/42490?searchField=All&sortBy=Relevance&deptids=6&when=A.D.+1000−1400&where=Asia%7cChina&ft=*&offset=160&rpp=80&pos=177（2019−2-27）.

27 Vase with horses in waves, 1991.253.32, https://www.metmuseum.org/art/collection/search/44743?searchField=All&sortBy=Relevance&deptids=6&when=A.D.+1000−1400&where=Asia%7cChina&ft=*&offset=240&rpp=80&pos=317（2019−2-27）.

（续表）

收藏机构	序号	名称	尺寸（厘米）	图片	精致型（A或B）	入藏时间（年）	藏品来源
大都会艺术博物馆	[14]	青花缠枝花纹高足碗[28]	高11.7 口径15.4		A	1987	史丹利・赫兹曼夫妇捐赠
大都会艺术博物馆	[15]	青花鱼藻纹圆口折沿盘[29]	口径45.7		A	1987	查德・e・林伯恩夫人处购入
大都会艺术博物馆	[16]	青花竹石芭蕉纹菱花口折沿盘[30]	口径40		A	1991	史丹利・赫兹曼捐赠
大都会艺术博物馆	[17]	青花缠枝花纹高足杯[31]	高8.3 口径9.2		B	1986	黛安和奥斯卡・谢弗夫妇捐赠
洛杉矶县艺术博物馆	[18]	青花孔雀穿花纹梅瓶[32]	高46.36		A	不明	卡尔・霍姆斯捐赠
洛杉矶县艺术博物馆	[19]	青花如意形开光折枝花杂宝纹菱花口折沿盘[33]	高5.9 口径45.1		A	不明	弗朗西斯・E・福勒基金会和洛杉矶县基金会资助购入

28 Stem Bowl, 1987.247.5, https://www.metmuseum.org/art/collection/search/42494?searchField=All&sortBy=Relevance&deptids=6&when=A.D.+1000–1400&where=Asia%7cChina&ft=*&offset=320&rpp=80&pos=399（2019–2-27）.

29 Plate with Carp, 1987.10, https://www.metmuseum.org/art/collection/search/39638（2019–2-20）.

30 Plate with Rocks, Fruits, and Flowers, 1991.253.35, https://www.metmuseum.org/art/collection/search/42495（2019–2-27）.

31 Stem Cup, 1986.97.1, https://www.metmuseum.org/art/collection/search/49890?searchField=All&sortBy=Relevance&deptids=6&when=A.D.+1000–1400&where=Asia%7cChina&ft=*&offset=80&rpp=80&pos=136（2019–2-27）.

32 Jar (Ping) with Pair of Peafowl in Floral Scrolls, 58.49.15, https://collections.lacma.org/node/232677（2019–3-2）.

33 Foliated Platter (Pan) with the Eight Buddhist Symbols (Bajixiang), Flowers, and Waves, 55.40, https://collections.lacma.org/node/231741（2019–3-2）.

（续表）

收藏机构	序号	名称	尺寸（厘米）	图片	精致型（A或B）	入藏时间（年）	藏品来源
旧金山亚洲艺术馆	[20]	青花龙纹高足杯[34]	高9.2 口径10.8		B	1955（1966年博物馆首次开放）	艾弗里·布伦戴捐赠[35]
克利夫兰艺术馆	[21]	青花缠枝牡丹纹双铺首耳罐[36]	高39.3		A	1962	戴润斋纽约古董店购入[37]
克利夫兰艺术馆	[22]	青花龙纹高足杯[38]	高13.3 口径11.8		B	1964	塞弗伦斯和格里塔·米利金夫妇捐赠
芝加哥艺术博物馆	[23]	青花缠枝菊纹玉壶春瓶[39]	高30 腹径15.1		B	不明	卢芹斋捐赠
芝加哥艺术博物馆	[24]	青花雉鸡花卉纹菱花口折沿盘[40]	口径46	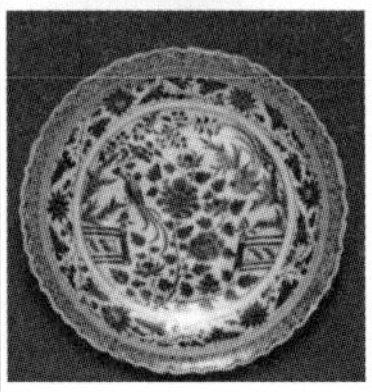	A	不明	凯特·白金汉基金支持购入[41]

34 He Li, Chinese Ceramics: A New Comprehensive Survey from the Asian Art Museum of San Francisco. London: Rizzoli International publication, 1996, p.180.

35 Stem-cup with dragon, B65P54, http://searchcollection.asianart.org/view/objects/asitem/23140/5344?t:state:flow=81b4bdb4–60d3–4a54–8eaa-ee0f1b4deada.

36 "国立"故宫博物院编辑委员会编：《海外遗珍·陶瓷》，"国立"故宫博物院，1986 年，第 124 页。

37 Jar with Lion-Head Handles, John L. Severance Fund 1962.154, https://www.clevelandart.org/art/1962.154（2021–7-9）.

38 Stem Bowl with Dragon Pursuing Flaming Jewel, 1964.169, http://www.clevelandart.org/art/1964.169（2019–2-26）.

39 Bottle Vase with Peony Scrolls, 1927.269, https://www.artic.edu/artworks/33933/bottle-vase-with-peony-scrolls?q=porcelain+13&date-start=1200&date-end=1400（2019–3-1）.

40〔英〕朱塞佩·埃斯卡纳齐著，刘昊等译：《中国艺术品经眼录——埃斯卡纳齐的回忆》，上海世纪出版集团，2015 年，第 294 页。

41 Shallow Dish with Long-Tailed Birds in a Garden of Stylized Peonies and Fronds, Encircled by a Scrolling Wreath of Camellia and Lotus Blossoms, 1989.84, https://www.artic.edu/artworks/90303/shallow-dish-with-long-tailed-birds-in-a-garden-of-stylized-peonies-and-fronds-encircled-by-a-scrolling-wreath-of-camellia-and-lotus-blossoms

（续表）

收藏机构	序号	名称	尺寸（厘米）	图片	精致型(A或B)	入藏时间（年）	藏品来源
纽约布鲁克林博物馆	[25]	青花鱼藻纹罐[42]	高29.8		A	1952	奥古斯都·S·哈金斯的捐赠[43]
明尼阿波利美术馆	[26]	青花龙纹玉壶春瓶[44]	高27.62	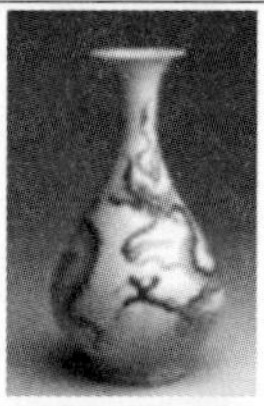	B	不明	艾伦·罗迪斯捐赠
明尼阿波利美术馆	[27]	青花缠枝花纹高足碗[45]	高12.1		A	不明	布鲁斯·戴顿捐赠
明尼阿波利美术馆	[28]	青花折枝花纹碗[46]	高13 口径30.5		B	不明	布鲁斯·戴顿捐赠
明尼阿波利美术馆	[29]	青花满池娇图圆口折沿盘[47]	高5.24 口径28.73		A	不明	布鲁斯·戴顿捐赠
明尼阿波利美术馆	[30]	青花孔雀牡丹纹菱花口折沿盘[48]	口径41	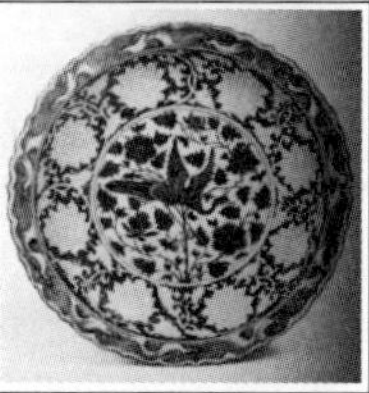	A	不明	约翰·R·范德利普基金支持购入[49]

42 三上次男编：《世界陶磁全集 -13 遼、金、元》，小學館，1981 年，第 225 页。

43 Wine Jar with Fish and Aquatic Plants, 52.87.1, https://www.brooklynmuseum.org/opencollection/objects/66256.

44 Pear-Shaped Vase (ping), early 14th century, 84.116.5, https://collections.artsmia.org/art/3242/pear-shaped-vase-china（2019-4-7）.

45 Stem Bowl, 2001.4.68, https://collections.artsmia.org/art/33201/stem-bowl-china（2019-4-7）.

46 Bowl, 2001.201.19, https://collections.artsmia.org/art/45639/bowl-china（2019-4-7）.

47 Dish, 2002.50.1, https://collections.artsmia.org/art/61368/dish-china（2019-4-7）.

48〔英〕朱塞佩·埃斯卡纳齐著，刘昊等译：《中国艺术品经眼录—埃斯卡纳齐的回忆》，上海世纪出版集团，2015 年，第 88 页。

49 Dish, 2002.50.1, https://collections.artsmia.org/art/3631/dish-unknown.

（续表）

收藏机构	序号	名称	尺寸（厘米）	图片	精致型（A或B）	入藏时间（年）	藏品来源
圣安东尼奥艺术博物馆	[31]	青花满池娇图圆口折沿盘[50]	高7 口径45.7		A	不明	莱诺拉和沃尔特夫妇捐赠
亚洲协会及博物馆	[32]	青花麒麟穿花纹圆口折沿盘[51]	高7.6 口径46.7		A	1979	约翰·D·洛克菲勒三世夫妇三世捐赠[52]
哈佛大学博物馆[53]	[33]	青花庭院孔雀纹菱花口折沿盘[54]	高8 口径48.9		A	1961	理查德·布莱恩特·霍巴特捐赠[55]
哈佛大学博物馆	[34]	青花竹石芭蕉纹圆口折沿盘[56]	高6.5 口径40.8		A	2006	艾伦·J、苏珊娜·W·达旺斯凯、拉尔夫·C·马尔科夫国际艺术工艺基金会、莉莲和本杰明·赫茨伯格基金支持购入
弗利尔艺术陈列馆[57]	[35]	青花鱼藻纹圆口折沿盘[58]	高8 口径45.5	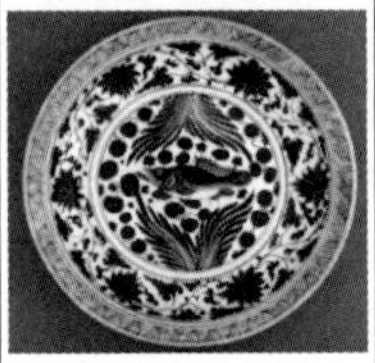	A	1971	查尔斯·朗·弗瑞尔基金会支持购入

50 Dish with Duck Motif, 2008.21.30, https://sanantonio.emuseum.com/objects/6564/dish-with-duck-motif?ctx=9da0c7fe-f826-413e-99bb-9de8d85d94cd&idx=26（2019-3-5）.

51 Denise Patry Leidy, Adriana Proser,Michelle Yun. Treasures of Asian Art-The Asia Society Museum Collection New York: Asia Society, 2016, p.186.

52 Platter, 1979.151, http://museum.asiasociety.org/collection/highlights/1979-151-platter.

53 包含福格美术馆、塞克勒博物馆和布希雷辛格博物馆。

54 矢部良明：《陶磁大系第四一卷元の染付》，株式会社平凡社，1974 年，第 92 页。

55 Charger with Foliate Rim and Peacock Decoration, 1961.112, https://hvrd.art/o/202388.

56 Circular Charger with Everted Lip and Garden Scene with a Banana Palm, Bamboo, Rocks, and Fruiting Melon Vines, 2006.114, https://www.harvardartmuseums.org/collections/object/312541?position=383（2019-4-7）.

57 又名美国华盛顿自由与民主博物馆。

58 Dish with design of mandarin fish, F1971.3, https://www.freersackler.si.edu/object/F1971.3/（2019-3-5）.

（续表）

收藏机构	序号	名称	尺寸（厘米）	图片	精致型(A或B)	入藏时间(年)	藏品来源
弗利尔艺术陈列馆	[36]	青花满池娇图菱花口折沿盘[59]	高6.5 口径36		A	1974	查尔斯·朗·弗瑞尔基金会支持购入
西雅图艺术博物馆	[37]	青花雉鸡纹菱花口折沿盘[60]	口径47.4		A	1976	伊丽莎白·M·富勒纪念基金、埃德温·W·和凯瑟琳·M·戴维斯基金会支持从西雅图艺术博物馆购入[61]
纳尔逊·阿金斯艺术博物馆	[38]	蓝地白花海水牡丹纹玉壶春瓶[62]	高30.5	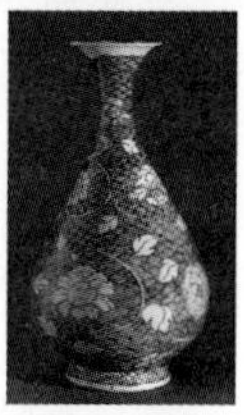	A	1933	威廉·罗克希尔·尼尔森信托（William Rockhill Nelson Trus）由山中商会购入[63]
巴尔的摩美术馆	[39]	青花凤穿花纹玉壶春瓶[64]	高28.5 腹径16.5		B	1959	朱利叶斯·利维基金支持购入

二、美国博物馆藏元代青花瓷器艺术特征分析

1. 造型特征

海外所藏元代青花瓷器的造型优美，具有器型丰富多样、多种创新器型以及大件器物

59 Dish with design of lotus pond, F1974.32a-f, https://www.freersackler.si.edu/object/F1974.32a-f/（2019–3-5）.

60〔英〕朱塞佩·埃斯卡纳齐著，刘昊等译：《中国艺术品经眼录—埃斯卡纳齐的回忆》，上海世纪出版集团，2015年，第 88 页。

61 DISH WITH PHOENIX AND FLOWER MOTIFS, 76.7, https://art.seattleartmuseum.org/objects/3295/dish-with-phoenix-and-flower-motifs?ctx=3585bf1b-1da0–42df-942a-9c0cd0e9d376&idx=16.

62 朱裕平：《元代青花瓷》，文汇出版社，2000 年，第 274 页。

63 Bottle, 33–7/9, https://art.nelson-atkins.org/objects/29911/bottle?ctx=0ea0b8e6–573e-40a0–88d9-dc913ebb371c&idx=10.

64 Bottle Decorated with Phoenix Motif, 1959.45, http://collection.artbma.org/emuseum/view/objects/asitem/3204/6/title-asc?t:state:flow=77144f41-dc81–4e34-b424-d7b616eb1656（2019–4-28）.

增多的显著特点[65]。由上表可知，对比海外元代青花瓷器馆藏情况，美国博物馆中所藏元代青花瓷器以罐、瓶、杯、碗、盘这类元代青花瓷器常见器型为主，在创新器形上具有高足杯〔表1—[17]〕、碗〔表1—[14]〕[66]以及八方带盖执壶〔表1—[9]〕和八方玉壶春瓶〔表1—[10]〕。罐、盘等器型体形硕大，具有典型的伊斯兰风格。

图1 元代青花尉迟恭单鞭救主图罐局部图
美国波士顿美术馆藏

2. 装饰特征

表中所列元代青花瓷器在纹饰上，可分为布景生动、感染性极强的故事题材人物纹〔表1—[2]、[5]〕中所列元青花尉迟恭单鞭救主图罐〔图1〕、元青花三顾茅庐图带盖梅瓶〔图2〕)；灵动活泼、画风潇洒的动物纹〔表1—[1]、[18]、[24]、[32]中所列龙纹、凤纹、孔雀纹、麒麟纹〕；层次分明、连续性高的植物纹〔表1—[4]、[23]花卉纹〕；以及布局精致、构思巧妙的场景图〔表1—[7]、[15]满池娇图、鱼藻纹〕。在装饰技法上，受伊斯兰文化影响，通常以多层纹饰装饰，并有主纹和辅纹之分，除以青花料做装饰外，喜用云肩、开光等装饰手法[67]，并结合刻花、凸雕〔表1—[37]〕等技法，使得整体画面更加生动具体[68]。

图2 元代青花三顾茅庐图带盖梅瓶局部图
美国波士顿美术馆藏

65 孙宇琦：《海外藏元代青花瓷器研究》，中国社会科学院大学硕士学位论文，2019年。

66 有关元代青花瓷器高足杯、碗的用法，前辈学者已做深入探究，结果令人信服，参见齐东方、张静：《唐代金银器皿与西方文化的关系》，《考古学报》1994年第2期；余佩瑾：《内蒙古出土的元青花高足杯及其相关问题》，《幽蓝神采：2012年上海元青花国际学术研讨会论文集第2辑》，上海古籍出版社，2015年，第82—102页；谭晓玲：《元代的高足杯与劝盘》，《元青花瓷与中华文化国际学术论坛论文集》，中国国学出版社，2009年，第300—305页；王光尧：《靶碗小考》，《文物季刊》1998年第4期；陈克伦：《元青花与伊斯兰文化》，《青花的世纪——元青花与元代的历史、艺术、考古》，北京大学出版社，2013年，第74页；郭学雷：《高足碗、杯源流及用途考——以藏传佛教茶器为中心》，《祥云托起珠穆朗玛——藏传佛教艺术精品》，文物出版社，2017年，第276—278页。

67 有关云肩和开光的装饰方法研究可参见李仲谋：《元代景德镇窑青花瓷器的艺术特色》，《青花的世纪——元青花与元代的历史、艺术、考古》，北京大学出版社，2013年，第58—59页。Jessica Rawson. Chinese Ornament: The Lotus and the Dragon, pp.125-138. 施静菲：《景德镇元青花瓷之装饰分析：宋元时期的"图案资料库"》，《幽蓝神采：2012上海元青花国际学术研讨会论文集第2辑》，上海古籍出版社，2015年，第253—266页。

68 孙宇琦：《海外藏元代青花瓷器研究》，中国社会科学院大学硕士学位论文，2019年。

总体来看，在元代青花瓷器的艺术特征上，从造型至装饰无不体现出以蒙古文化、伊斯兰文化、佛教文化与汉文化为主的多元文化间的相互融合及影响。

三、美国博物馆藏元代青花瓷器的铭款

从已发表资料看，元代青花瓷器的铭款主要分为后刻铭款、墨书铭款和釉下铭款[69]。美国博物馆所藏带有铭款的元代青花瓷器包含后刻铭款和釉下铭款两种类型。

1. 后刻铭款

后刻铭款即指瓷器烧成后，刻于器身的铭款，表 1 中所列带有此类铭款的器物，分别为克利夫兰艺术馆收藏的元代青花缠枝牡丹纹双铺首耳罐（表 1—[21]，图 3）和亚洲协会及博物馆收藏的元代青花麒麟穿花纹圆口折沿盘（表 1—[32]，图 4），罐的肩部白釉上刻有“宫”和“南”两个汉字，这可能表明它曾被放置于在某个宫殿的特定位置。盘口沿处的铭文用波斯语刻成，内容中包含莫卧儿王朝皇帝沙贾汗（1627—1658 年在位）的名字，其日期所

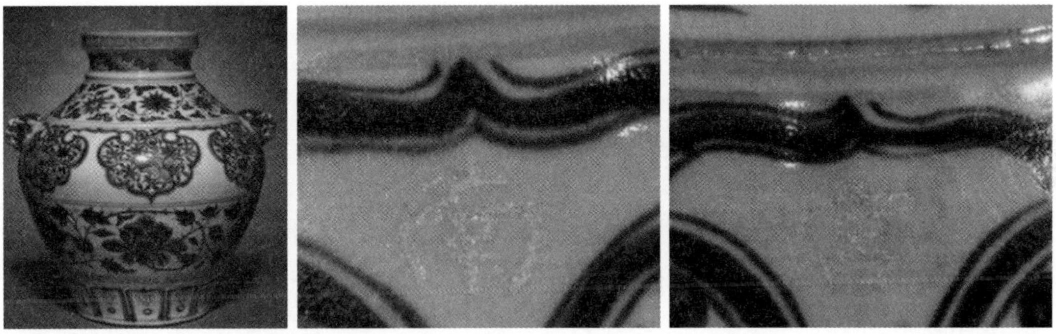

图 3　元代青花缠枝牡丹纹双铺首耳罐及局部图
美国克利夫兰艺术馆藏

图 4　元代青花麒麟穿花纹圆口折沿盘及局部图
美国亚洲协会及博物馆藏

69　孙宇琦：《海外藏元代青花瓷器研究》，中国社会科学院研究生院硕士学位论文，2019 年。

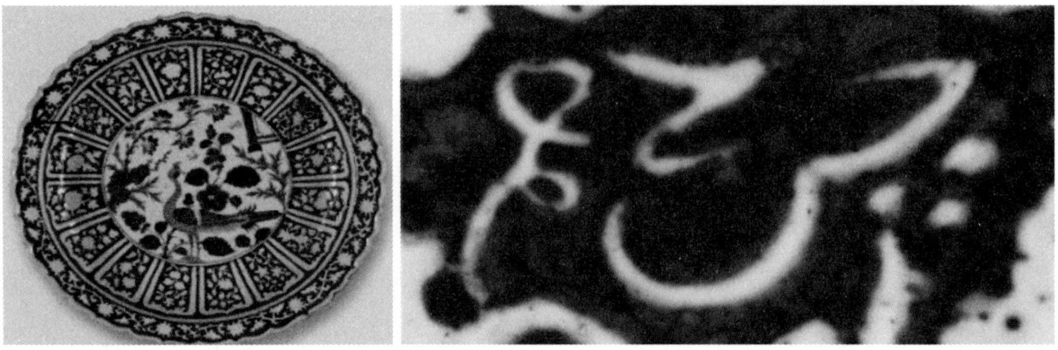

图 5　元代青花孔雀花卉纹菱花口折沿盘及局部图
美国哈佛大学美术藏

对应的时间即为 1652—1653 年，证实了其曾为印度莫卧儿王朝收藏的元代瓷器之一[70]。

2. 釉下铭款

表 1—[33] 中所列中的美国哈佛大学美术馆藏的元代青花孔雀花卉纹菱花口折沿盘〔图 5〕即为带有釉下铭款的瓷器，在盘壁内侧的蓝地白花变形莲瓣内呈白色字母形凸纹，属于烧造前制成，因此应为定制瓷，铭文内容目前尚未被解读[71]，但一定程度上反映出元代青花瓷器的贸易特征。

四、美国博物馆中藏元代青花瓷器来源分析

通过表 1 中所列藏品来源信息可知，美国博物馆中收藏的元代青花瓷器可分为如下三种入藏途径，分别为捐赠、购买以及交换。

1. 捐赠

通过捐赠的方式入藏美国博物馆的元代青花瓷器共 22 件，约占总收藏数量的 56%，是最主要的入藏方式。捐赠人的身份大致可分为三类。

第一类是实业家，如旧金山亚洲艺术馆中元代青花龙纹高足杯〔表 1—[20]〕的捐赠者艾弗里・布伦戴奇（Avery Brundage，1952—1972）。布伦戴奇曾作为国际奥委会主席，执掌奥委会大权长达 20 年，在转战上商海后，依靠经营建筑公司和投资成为千万富翁，为他的艺术品收藏提供了充分的资金支持。1959 年，艾弗里・布伦戴奇夫妇将毕生收藏的近 8000 件亚洲文物捐赠给旧金山市。旧金山市政府在 1960 年发行公债筹建博物馆，并在

70　Platter, 1979.151, http://museum.asiasociety.org/collection/highlights/1979–151-platter.

71　学界对铭文内容有多种解读，其中学者埃尔斯认为其中第一个字母可能为波斯文。参见 John Ayers. Early Chinese Blue-and-White in the Museum of Eastern Art. Oxford. Oriental Art, Ⅲ.4(1951), pp.135–141; John Carswell. Blue and White Chinese Porcelain Around the Word. Chicago: Art Media Resources Ltd., 2000, p.46.

1966 年时建成旧金山亚洲艺术博物馆，布伦戴奇成为该馆理事。如今看来，旧金山亚洲艺术博物馆的近半数藏品均来自布伦戴奇。沃尔特·弗朗西斯·布华朗（Walter Francis Brown，1930—2014 年）是美国得克萨斯州著名的石油大亨。他先后创办了戴尔雷石油公司（Delray Oil，Inc.）以及布华朗勘探有限公司（W. F. Brown Exploration Ltd.），积累了雄厚的资本。20 世纪 70 年代初，布华朗在纽约佳士得拍卖会上与中国艺术品初次结缘，并游走于各大拍卖会，多年以来向博物馆多次捐赠藏品，而位于美国得克萨斯州的圣安东尼奥博物馆中收藏的众多亚洲艺术品，这其中就有表 1 所列元代青花满池娇图圆口折沿盘〔表 1—[31]〕正是来源于布华朗的收藏。同样作为亚洲协会及博物馆创始人的约翰·洛克菲勒三世（John D. Rockefeller 3rd，1906–1978）是元代青花麒麟穿花纹圆口折沿盘〔表 1—[33]〕的捐赠者，他所在的洛克菲勒家族是美国最显赫的家族之一，其家族生意遍布美国的工业、制造业以及金融业，为洛克菲家族的艺术收藏提供了强大的经济支撑。约翰·洛克菲勒三世的收藏主要以古代雕塑、绘画和装饰艺术为主，时代跨越公元前 11 世纪至公元 19 世纪。根据博物馆资料显示，他共向亚洲协会捐赠了 380 余件藏品，其中尤其以中国宋、明时期的陶瓷以及印度朱罗王朝的青铜雕塑而闻名。

第二类是收藏家。如表 1—[4]、[7] 所列元代青花瓷器为美国波士顿著名收藏家戈登·莫里尔夫妇（Mr. and Mrs. F. Gordon Morrill）分别于 1967 和 1968 年购自伦敦古董商斯宾克（Spink and Son）旧藏。表 1—[10]、[12]、[13]、[14]、[16] 的藏品均由史丹利·赫兹曼（Stanley Herzman）捐赠。在二战以后，赫兹曼在中国广东汕头经营生意并逐渐喜爱上中国艺术，他曾在古董店与友人合买下一件瓷器，自此开启了收藏生涯。在此后的 20 年期间，赫兹曼频繁来往于中国，并逐步建立自己的收藏体系。在越南战争爆发后不久，他被美国政府指派到越南发展工业生产，在这期间他的藏品愈发丰富。1978 年，赫兹曼娶了他二任妻子阿黛尔·赫兹曼（Adele Herzman），赫兹曼夫妇会定期向纽约、印第安纳波利斯以及其他很多城市的博物馆捐赠藏品，在 1991 年阿黛尔去世后，赫兹曼更是将大量藏品捐赠给大都会博物馆以纪念亡妻。表 1—[27]、[28]、[29] 所列元代青花瓷器为美国收藏家布鲁斯·戴顿（Bruce Dayton，1918—2015）所赠，他生于明尼苏达州，由于对艺术的热爱，自 1941 年起就在明尼阿波利斯博物馆中担任博物馆理事的工作。从 20 世纪 90 年代开始，他和妻子露丝（Ruth）开始热衷于中国艺术品的收藏，其收藏的元代青花缠枝花纹高足碗〔表 1—[27]〕出土于越南，元代青花满池娇图圆口折沿盘〔表 1—[29]〕来自于印度，从这两件器物原属的地点来看，进一步印证了元代青花瓷器的功用以及外销情况。戴顿收藏的中国艺术品不仅仅局限于陶瓷，通过查阅博物馆发表数据，在他担任博物馆理事的几十年来，他和妻子露丝共向明尼阿波利斯博物馆捐赠了 1726 件艺术品以及上千万美元。尤其值得是说明的是，在明尼阿波利斯博物馆的 218 和 216 展厅中，展览着他在 1995 至 1998 年间和罗伯特·雅各布森（Robert D.Jacobsen，时任美国明尼阿波利斯博物馆亚洲艺术部主任）一同从苏州搬回的明代客厅和清代书房。其中218展厅中陈列的正是苏州吴氏家族的厅堂——谦益堂。

第三类捐赠者来自知名古董商。如芝加哥艺术博物馆收藏的元代青花缠枝菊纹玉壶春瓶〔表1—[23]〕捐赠者——卢芹斋（C.T. Loo, 1880—1957）。卢芹斋祖籍浙江湖州，于20世纪创办卢吴公司，在世界范围内经营古董及艺术品，是众多知名收藏家和博物馆的供应商以及顾问，除经营古董外，卢芹斋也曾多次向世界众多知名博物馆，如法国吉美博物馆和美国大都会博物馆、芝加哥艺术博物馆等捐献藏品。

对于捐赠者来说，选择将藏品捐赠给博物馆主要归结于两种因素。其一便是代表主观因素的个人意志，如上文中提到的布鲁斯·戴顿（Bruce Dayton，1918—2015）和史丹利·赫兹曼（Stanley Herzman），他们欣赏艺术并通过收藏与捐赠来寄托自身情感。对于捐赠者的个人意志，这里不得不提到美国的历史中一直持续的清教传统，这种清教主义使得人们乐意向公共组织捐赠物品。其二可以理解为造就客观社会环境的美国税法制度。美国自1917年国会实行的联邦税法中规定，向非营利组织提供捐助一律免除税费。在美国，艺术品因其自身超高价值往往需要负担超过三分之一的税费，这使得向博物馆捐赠艺术品成为一种收藏趋势，捐赠者还可额外获赠诸如展厅命名及重要捐赠人等荣誉激励。同样在1909年美国颁布的《佩恩·奥尔德里奇关税法》规定进口20年以上的艺术品免税，1913年修改为对所有的艺术品实行进口免税。这项法案很大程度上促进了美国收藏家对于国外艺术品的购买，为数众多的中国艺术品也在此制度下大量流入美国，并在美国博物馆的藏品体系中占据一席之地。

2. 购买

以购买的方式入藏美国博物馆的元代青花瓷器共14件，约占总收藏数量的36%，是第二大入藏方式。购买主要与美国博物馆藏品体系的建立和管理有关。美国博物馆中有关藏品的购买基本上依靠设立在博物馆的基金会提供资金支持。在20世纪前半叶，藏品种类及质量的构建主要依靠博物馆管理者决策，例如馆长、部门管理人等亲自或授权代理人购买藏品，如收藏在大都会博物馆的元代青花缠枝牡丹纹带盖梅瓶〔表1—[8]〕通过罗杰斯基金购买，收藏在克利夫兰艺术馆的元代青花缠枝牡丹纹双铺首耳罐〔表1—[21]〕由约翰·L·塞弗伦斯基金支持购买自知名古董商戴润斋（J.T.Tai）位于纽约的古董店。与此类似的还有收藏于纳尔逊·阿金斯艺术博物馆的元代蓝地白花海水牡丹纹玉壶春瓶〔表1—[38]〕由威廉·罗克希尔·尼尔森信托支持购自山中商会。20世纪70年代后，因联合国教科文组织制定了有关禁止非法转让文化财富所有权的公约，美国博物馆开始重视藏品所有权的管理，逐步推进藏品管理的制度化和规范化，在此之后，美国博物馆界对所征集藏品的品质要求进一步提高，这点也在表1中所列1970年以后入藏的元代青花瓷器上有所体现。值得一提的是，美国博物馆对于藏品的保管并非永久性的，由于藏品体系、馆方财政等多方面原因，博物馆也会将藏品通过拍卖行进行拍卖，用来更新藏品以及补贴博物馆运营等。从而出现原收藏于博物馆的藏品在艺术市场流通的情况，在研究海外收藏的中国艺术品时需要适当关注。

3. 交换

通过交换的方式入藏美国博物馆的元代青花瓷器共 2 件，约占总数的 5%，如表 1—[5]、[6] 的元代青花瓷器即为 1937 年时通过美国外交部与纽约山中商会进行藏品交换入藏。虽然此类情况较少，但也可在一定程度上说明这时期古董商以及代理人与美国博物馆及官方政府的紧密联系。

综上可知，美国博物馆中收藏元代青花瓷器所呈现出的面貌是在博物馆管理者、收藏市场、博物馆运营部门、藏品管理征集部门、美国艺术品环境以及政策法案的共同作用下逐步构建形成，而这些先决条件也同样为现存于美国博物馆中其他中国艺术品来源提供了参考。

五、结语

本文全面系统地收集并梳理了美国博物馆收藏的 39 件精致型元代青花瓷器的情况，通过对这些瓷器的器型、瓷饰、款识方面进行探究与分析后，笔者认为目前收藏在美国各博物馆中的精致型元代青花瓷器质量上乘，数量较多且相对集中，较系统性地补充了海外博物馆中收藏元代青花瓷的详细资料，同时也为海外传世元代青花瓷器的面貌提供了极具代表性的参考案例。此外，笔者尝试对美国博物馆中所藏的精致型元代青花瓷器的来源进行考证与分析，明确了以捐赠、购买及交换为主的三种入藏途径，并对其在各类收藏途径下所涉及到的人员类型、入藏目的以及藏品管理体系等方面进行了初步的探究，以上这些因素不但为美国博物馆收藏精致型元代青花瓷器数量较多的原因提供了基础依据，同时也可以为进一步研究现存于美国博物馆的中国陶瓷器，提供有关入藏背景环境的资料参考。此项研究在一定程度上提示我们，目前现存海外博物馆的中国艺术品与国内博物馆藏品来源具有显著差异，因此在对现存海外中国艺术品研究的过程中，除关注出土品、博物馆藏品外，还应对流传有序的私人藏品以及拍卖品予以足够的关注。

大唐蓝彩绪论
——唐代白地蓝彩陶瓷研究的考古学意义

任志录（深圳博物馆）

摘要：白地蓝彩是专指白釉蓝彩装饰，即在白釉上加蓝彩斑点或线条。隋唐五代考古出土白釉蓝彩遗物，可以统计出复原的器物（含少量馆藏品）45件和若干标本，通过考古类型学的排比，从区域、材质、墓葬、遗址等内容的全面考量，有16型白釉蓝彩器物分布于西安、洛阳和扬州。本文主要讨论唐代白地蓝彩，唐青花是其中必须涉及的问题，但是由于近年来讨论较多，所以本文侧重于白地蓝彩的考古学类型及其分期，并由此展现讨论白地蓝彩与唐青花之间的关系。

关键词：唐代　白地蓝彩器　青花瓷器

一、唐青花问题

唐青花问题是1983年扬州出土的高温蓝彩瓷片而引发的，目前有愈演愈烈之势。这个问题的研究基本没有国际性，仅见于中国国内的讨论，在这里略作介绍。1975年南京博物院在扬州唐城遗址发现唐代白釉蓝彩枕面[1]，但并未引起重视，1985年马富坤首先介绍了扬州出土的唐青花，"1983年初，扬州博物馆在扬州市文昌阁东侧约60米处，邮电大楼工地的一条南北向、深度约2.8—3米的壕沟南端西壁，发现一件青花瓷片。这件青花瓷片系碗的底部，曲腹，浅圈足，足径3.8厘米，壁厚约0.35厘米。胎色白，质地较疏松，吸水率低。胎上施一层厚0.5毫米的白色护釉胎，外罩一层白中泛黄的玻璃釉"[2]。之后冯先铭认为唐青花是元青花的滥觞[3]。欧阳世彬也讨论了这一问题[4]。1990年朱辑专门讨论了唐青花

1　南京博物院、扬州博物馆、扬州师范学院发掘工作组:《扬州唐城遗址1975年考古工作简报》,《文物》1977年第9期。

2　马富坤：《扬州发现的一件唐青花瓷片》,《文物》1985年第10期。

3　冯先铭：《青花瓷器的起源问题》,《冯先铭中陶瓷论文集》,紫禁城出版社、两木出版社，1987年，第295—301页。

4　欧阳世彬：《釉上青花技术与青花的定义——兼论青花的起源》,《中国陶瓷》1983年第5期。

属于高温釉下彩绘的问题[5]。张志刚等认为是釉下彩[6]。马文宽认为青花料来源于印度、伊朗，纹样来自伊斯兰地区，但是中国技术影响了伊斯兰蓝彩陶器[7]。1998 年，黑石号发现三彩唐青花盘[8]，第二次将唐青花的关注推向高潮。2007 年巩县窑发现唐青花，郑州市发现唐青花塔式罐[9]，2005—2007 年，巩义市白河窑再次发现唐青花瓷片[10]，再一次将唐青花的热潮推向高峰[11]。李宝平测试了巩县窑和扬州唐城遗址出土的唐青花，认为与巩县窑有关[12]。赵志文、刘兰华认为唐青花烧造于白河窑[13]。沈伟认为唐青花是中国陶瓷技术提高的产物，不是专门的外销产品[14]。陆明华认为伊拉克蓝彩釉陶与唐青花瓷器之间有较大的区别，两者可能没有必然的联系[15]。一般认为唐青花是元青花的鼻祖，但是这中间有 400 年以上的时间差，所以任志录认为伊斯兰蓝彩陶瓷在公元 800 到 900 年之间产生后持续生产，到元代蒙古人建立起一个庞大的统治体系，而伊斯兰人的蓝彩陶瓷是否与对元青花的产生有直接关系是一个不能回避的事实[16]。复旦大学刘朝晖认为从装饰传统、纹样流行的普遍性角度出发，推测唐青花等陶瓷器和其他唐代工艺上的"菱形 + 花叶纹"组合纹样很可能是来源于伊斯兰艺术。唐青花出现与河南地区窑场生产的白釉酱、褐彩等釉下彩瓷具有密切关系[17]。讨论的文章比较多，而且还在发酵中。2020 年 11 月 19—20 日，"唐宋时期的海上丝绸之路"国际学术研讨会在上海博物馆召开，会议上再次讨论了这一问题。上海博物馆陆明华发言题为《黑石号出水陶瓷器再认识》，他指出唐青花是一种主要用于外销的物品，其与西亚 9 世纪出土白地蓝彩器虽然外观相似，但在产品质地和化学元素方面具有差异。上海硅酸盐研究所

---

5 朱辑：《再谈唐青花瓷器的装饰工艺》，《文物》1990 年第 4 期。

6 张志刚、罗宗真、郭演仪、陈尧成：《扬州唐城出土青花瓷的测定及其重要意义》，《中国陶瓷》1984 年第 3 期；罗宏杰、李伟东、鲁晓珂、孙新民、刘兰华、赵志文、郭木森：《中国白瓷和青花瓷的起源研究》，《自然杂志》39 卷 2 期，第 137—148 页。

7 马文宽：《唐青花瓷研究——兼谈我国青花瓷所用钴料的某些问题》，《考古》1997 年第 1 期。

8 谢明良：《记黑石号（Batu Hitam）沉船中的中国陶瓷器》，《美术史研究集刊》第十三期，2002 年，第 1—60 页。

9 郑州市考古研究所：《郑州上街峡窝唐墓发掘简报》，《文物》2009 年第 1 期。

10 河南省考古研究院、中国文化遗产研究院、日本奈良文化财研究所：《巩义白河窑考古新发现》，大象出版社，2009 年；河南省考古研究院、中国文化遗产研究院:《河南巩义市白河窑遗址发掘简报》，《华夏考古》2011 年第 1 期。

11 河南省考古研究院、中国文化遗产研究院、日本奈良文化财研究所：《巩义白河窑考古新发现》，大象出版社，2009 年；河南省考古研究院、中国文化遗产研究院:《河南巩义市白河窑遗址发掘简报》，《华夏考古》2011 年第 1 期。

12 李宝平：《黑石号，唐青花》，《东方陶瓷学会会讯》2008；The Origins of Blue and White: Research Progress, Latest Finds and Their Significance. The Oriental Ceramic Society Newsletter 16: 9–12。

13 赵志文、刘兰华:《河南巩义白河窑址发现北魏青瓷、白瓷和唐青花瓷器》，《中国文物报》2008 年 2 月 6 日；刘兰华：《新识唐青花》，《文物天地》2004 年第 8 期。

14 沈伟:《浅论唐青花的起源——从河南巩义窑出土唐青花塔形罐谈起》，《中国陶瓷》2010 年第 10 期；廖永民:《唐青花的造型、装饰、影响与成就》；《中国古陶瓷研究》（第十五辑），紫禁城出版社，2009 年。

15 陆明华：《唐青花初议》，《苏州文博论丛》2010 年第 12 期。

16 任志录：《伊斯兰蓝彩陶器概述》，《幽蓝神采：2015 年上海元青花国际学术讨论会论文集》，上海古籍出版社，2015 年。

17 刘朝晖：《唐青花菱形花叶纹补说》，《大唐宝船》，上海古籍出版社，2020 年，第 38—50 页。

李伟东在《唐青花的原料及工艺基础》的发言中，通过对白河窑和黄冶窑出土唐青花瓷片的科学检测，认为这些标本是胎体烧结程度高、用钴料在生坯上绘制图案、罩透明釉高温一次烧成的青花瓷。巩义窑出土的白釉蓝彩器是先高温素烧、后施铅釉低温二次烧成的。唐青花诞生于中晚唐时期，经历了唐三彩—白釉蓝彩—唐青花三个阶段。景德镇陶瓷大学曹建文、郝喜文以《唐代青花瓷器产生的历史原因研究》为题，对唐青花概念进行了广义与狭义的划分，广义上的唐青花包括青花陶和青花瓷、釉中（釉上）与釉下青花。狭义上的“青花”特指以景德镇窑为代表的青花瓷器。唐青花的产生由技术基础、社会基础、器物基础三方面共同促成。[18] 张松林、廖永民收集了白釉蓝彩、白瓷蓝彩、白釉绿彩、白瓷绿彩和白瓷褐彩，对唐代彩瓷的出现、装饰工艺、艺术风格、器型分期均作了讨论[19]。

唐青花之所以引起热议在于与元青花的关系，必须指出的是两者前后相隔久远，当时的产生原因，中断的原因，后来再次出现的原因都是不能忽视的问题。当前最主要的问题集中在唐青花与白釉蓝彩的差异、渊源关系。罗杰伟等“通过对白河窑和黄冶窑两个窑址出土的唐青花、唐代白瓷、唐三彩以及白釉蓝彩标本的综合测试分析，从科技角度揭示了唐代青花瓷产生的过程是“唐三彩—白釉蓝彩—唐青花”[20]。汪旭等认为唐代青花分为创烧期（初唐到盛唐），发展成长期（盛唐到中唐），成熟期（中唐到晚唐），文章重点在于介绍晚唐青花[21]。张松林对唐青花产生的原因、外销性质、图案作了详尽介绍。其有价值的认识是：张松林称其为“蓝彩器”和唐青花，“目前已可正式正名为青花瓷，而唐三彩中钴料彩应统称为唐三彩蓝彩器”。“要研究唐代青花瓷，必须谈及蓝彩三彩器的问题。这不仅是因为三彩中有蓝彩，而且蓝彩应用更早，青花产生较晚，它们有传承和借鉴关系”。张松林认同唐青花在中唐的观点，认为“唐青花虽然出现略晚，类比结果应定于唐代中期（684—756 年）”“唐代青花瓷至少在 815 年已进入成熟阶段”。而蓝彩器的出现“大约在唐代初期（618—683 年）”[22] 这些观点只是提出而已，并未做分类分析。

以上的讨论，统一了一些认识，唐三彩中的白地蓝彩是唐青花的基础。但是白地蓝彩早期出现的类型、在唐代的整体表现、白地蓝彩与唐青花的逻辑关系问题依然有待解决或者需要清晰化。这就是本文所要涉及的论题。

---

18 以上陆明华、李伟东、曹建文等的发言见 2020 年 11 月 19—20 日，上海博物馆“唐宋时期的海上丝绸之路”国际学术研讨会。

19 张松林、廖永民：《河南唐代白釉彩瓷》，科学出版社，2008 年。

20 罗杰伟、李伟东、鲁晓珂，等：《中国白瓷和青花瓷的起源研究》，《自然杂志》，39 卷 3 期。

21 汪旭、张培、邵华：《青花瓷浅识》，《中原文物》2014 年第 6 期。

22 张松林：《漫谈唐代青花瓷器》（上、下），《收藏家》2009 年第 2 期。重要的是有两个问题。一、参照张先生的唐代分期，唐青花的出现在本文的分期里其实是在初唐晚期到盛唐，连中唐都尚未进入；而唐青花的成熟是在晚唐早期。二、因为张先生的文章对唐代蓝彩器和唐代青花作了比较详尽的统计，但是并未提供出处和在文章中的照片中标明具体釉陶和瓷器，所以分不清作者所指，孰为蓝彩，孰为青花？故而难以准确评判。

二、唐代白地蓝彩与唐青花讨论

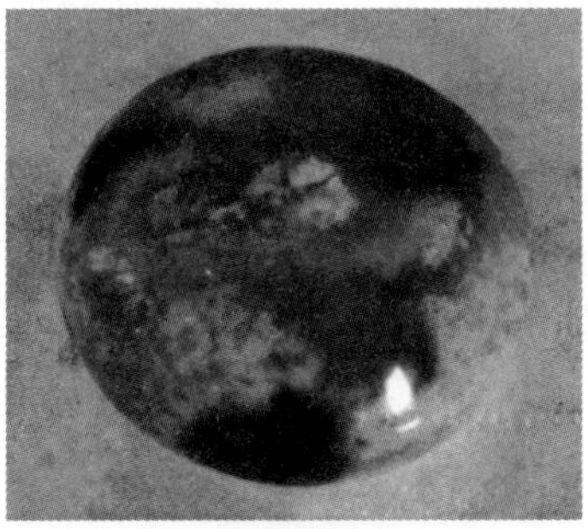

1

2

图 1　初唐白地蓝彩釉陶无系罐

白地蓝彩是白色釉上或釉下的蓝色彩斑或者图案，在中国历史上从未出现过这种彩绘。唐代是第一次出现这种彩绘。白地蓝彩持续整个唐代，盛唐达到高峰，晚唐发生变异。关于出现的时间，英国的玛格丽塔·曼德利提出三彩的蓝釉开始于 8 世纪的论点，具有新意[23]。但从一般资料看，白地蓝彩是初唐开始，在唐代有一个发展变化的过程。这个过程的重建对于影响了世界的白地蓝彩具有重要意义。

（一）初唐白地蓝彩釉陶

1. 初唐白地蓝彩釉陶类型

（1）无系罐

白地蓝彩宝珠纽残片，陕西礼泉县唐麟德元年（664 年）郑仁泰墓出土〔图 1-1〕[24]。

白地蓝彩罐，1998 年西安东郊王家坟唐墓出土〔图 1-2〕[25]。同型纪年资料有西安西北大学长安校区高楼村唐总章二年（669 年）刘智夫妇墓出土白釉罐[26]。

（2）白地蓝彩高足盘

直径 25 厘米，高 8.5 厘米，瑞士枚茵堂藏〔图 2〕[27]。同型盘见于纪年资料洛阳偃师唐上元二年(675 年)恭陵出土三彩盘，为初唐时期[28]。所以该盘在初唐中期。

（3）大弧壁撇口深腹碗

同型纪年资料有西安南郊隋大业元年（605 年）李裕墓出土白瓷碗[29]。

白釉蓝彩碗，高 6 厘米，口径 16 厘米，底径 8.4 厘米，辽宁朝阳市区中心市场唐墓出土〔图 3-1〕，原报告标为白釉青花[30]。

白釉蓝彩碗，高 6 厘米，直径 16.5 厘米，台湾许作立先生藏〔图 3-2〕[31]。

23　Margret Medley. The Chinese Potter: A P ractical History of Chinese Ceramics. Oxford: Phaidon. 1976. Reprinted. 2001, P77–88.

24　作者自拍。

25　陈安利主编：《中华国宝——陕西珍贵文物集成》唐三彩卷，陕西人民出版社，1988 年，第 23 页。

26　陕西省考古研究院：《陕西西安唐刘智夫妇墓发掘简报》，《考古与文物》2016 年第 3 期。

27　Chinese Ceramics from the Meiyingtang Collection. The British Museum London, 1994.

28　郑州市文物考古研究所：《河南唐三彩与唐青花》，科学出版社，2006 年，第 134 页；郭洪涛：《唐恭陵哀皇后墓部分出土文物》，《考古与文物》2002 年第 4 期。

29　陕西省考古研究院：《西安南郊隋李裕墓发掘简报》，《文物》2009 年第 7 期。

30　辽宁省文物考古研究所：《朝阳隋唐墓葬发现与研究》，科学出版社，2012 年，第 91 页。

31　台北历史博物馆：《唐三彩特展图录》，1998 年，第 144 页。

图 2　初唐白地蓝彩釉陶高足盘

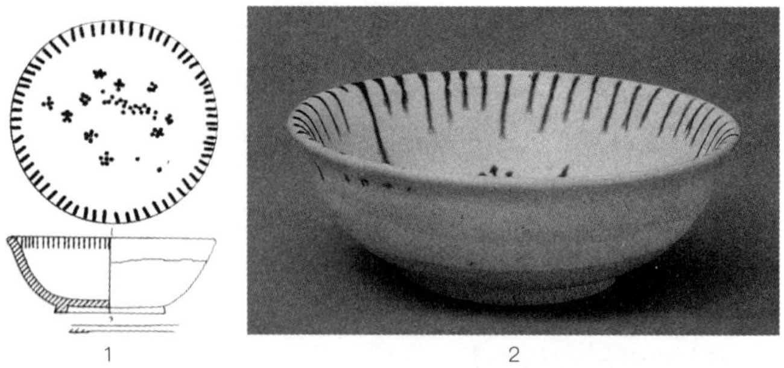

图 3　初唐白地蓝彩釉陶大弧壁撇口深腹碗

图 4　盛中唐白地蓝彩釉陶小口鼓肩撇口罐

2. 初唐白地蓝彩总结

初唐白地蓝彩罐有 3 类 3 型：无系罐、高足盘、碗，见于西安、辽宁和馆藏。有纪年资料的仅一件。

（二）盛中唐白地蓝彩釉陶

1. 盛中唐白地蓝彩釉陶类型

（1）小口鼓肩撇口罐

鼓肩，体形较矮，口沿外翻，口部较大。这类外翻的口沿和矮体似乎是初唐鼓肩罐的延续，但是又明显罐体较矮。同型纪年资料有唐长安南郊开元二十四年（736 年）韦慎名墓出土陶罐[32]，为盛中唐。

白地蓝彩罐，高 17.8 厘米，扬州市城北乡红星村唐墓出土[33]〔图 4-1〕。

---

32 陕西省考古研究所 西安市文物保护研究所：《唐长安南郊韦慎名墓清理简报》，《考古与文物》2003 年第 6 期。

33 郑州市文物考古研究所：《河南唐三彩与唐青花》，科学出版社，2006 年，第 429 页。

图 5　盛中唐白地蓝彩釉陶双口净瓶

白地蓝点罐，高 18.8 厘米，瑞士枚茵堂藏〔图 4-2〕，原文标年 8 世纪[34]。

白地蓝彩龟纹罐，该罐为蓝彩龟纹和梅花点纹，丹麦哥本哈根装饰美术馆藏[35]〔图 4-3〕。

这种罐见于扬州墓葬和馆藏。丹麦哥本哈根装饰艺术馆藏器上蓝彩线条龟纹绘制的龟纹及其周围的梅花点是蓝彩绘制的最早雏形。

（2）白地蓝彩净瓶

瑞士枚茵堂藏[36]〔图 5〕。同型纪年资料有洛阳龙门唐景龙三年（709 年）安菩墓出土蓝釉净瓶和白瓷净瓶[37]。

（3）碗

白瓷蓝彩碗，瑞士枚英堂藏[38]〔图 6〕。同型纪年资料有陕西乾陵唐神龙二年（706 年）懿德太子墓出土三彩折腰碗[39]。

（4）白地蓝彩盒

高 3.3 厘米，洛阳市东北郊唐墓出土〔图 7〕，洛阳市文物工作队藏[40]。同型纪年资料有河南新郑市摩托城唐天宝八年（749 年）墓（M11）出土白瓷盒[41]。

（5）唇口无柄注

三彩无柄注，瑞士枚英堂藏[42]〔图 8〕。

图 6　盛中唐白地蓝彩釉陶折腰碗

图 7　盛中唐白地蓝彩釉陶盒

图 8　盛中唐白地蓝彩釉陶唇口无柄注

34 Chinese Ceramics from the Meiyingtang Collection. The British Museum London, 1994.

35 弓场纪知：《中國の陶磁 3》，平凡社，1995 年；郑州市文物考古研究所：《河南唐三彩与唐青花》，科学出版社，2006 年，第 431 页。

36 Chinese Ceramics from the Meiyingtang Collection. The British Museum London, 1994.

37 洛阳市文物工作队：《洛阳龙门唐安菩夫妇墓》，《中原文物》1982 年第 3 期。

38 Chinese Ceramics from the Meiyingtang Collection. The British Museum London, 1994.

39 陕西省考古研究所：《唐懿德太子墓发掘报告》，科学出版社，2016 年，第 222 页。

40 郑州市文物考古研究所：《河南唐三彩与唐青花》，科学出版社，2006 年，第 432 页。

41 河南省文物考古研究所：《河南新郑市摩托城唐墓发掘简报》，《华夏考古》2005 年第 4 期。

42 Chinese Ceramics from the Meiyingtang Collection. The British Museum London, 1994.

1

2

图 9　盛中唐白地蓝彩釉陶旋纹尊

图 10　盛中唐白地蓝彩釉陶兔耳罐

（6）旋纹尊

这种尊的外壁为旋纹。按照第四依据，应为盛唐时期。

白釉蓝彩旋纹尊，高 7.5 厘米，上海博物馆藏[43]〔图 9-1〕。

白釉蓝斑炫纹尊，高 16 厘米，台湾许作立先生提供〔图 9-2〕，原文命名奁[44]。

（7）白地蓝彩兔耳罐

直径 22 厘米，高 17 厘米，瑞士玫茵堂藏〔图 10〕，原文标年 8 世纪[45]。按照第四依据为盛中唐时期。

（8）白地蓝彩执壶

洛阳白居易宅邸遗址出土〔图 11〕，中国社科院考古所洛阳站收藏[46]。

（9）杯

①单柄折底浅腹杯。其特征是浅腹。根据西安南郊何家村窖藏出土一对八棱鎏金银杯[47]，该型杯为盛唐时期。

三彩杯一对，瑞士枚茵堂藏[48]〔图 12-1〕。

三彩带柄杯，高 5.6 厘米，宽 7.9 厘米，美国波士顿艺术博物馆藏[49]〔图 12-2〕。

②环柄深腹杯。三彩杯，高 5.2 厘米，口径 8 厘米，西安郊区唐墓出土〔图 13〕，陕西历史博物馆藏[50]。无纪年资料，按照第四依据，同型资料有西安西郊热电厂基建工地唐墓

43 郑州市文物考古研究所：《河南唐三彩与唐青花》，科学出版社，2006 年，第 432 页。

44 台北历史博物馆：《唐三彩特展图录》，1998 年，第 132 页。

45 Chinese Ceramics from the Meiyingtang Collection. The British Museum London, 1994.

46 张松林、廖永民主编：《河南唐代白釉彩瓷》，科学出版社，2008 年，第 55 页。

47 齐东方、沈秦雁主编：《花舞大唐春：何家村遗宝精粹》，文物出版社，2003 年，第 69 页；《西安南郊何家村发现唐代窖藏文物》，《文物》1972 年第 1 期。

48 Chinese Ceramics from the Meiyingtang Collection. The British Museum London, 1994.

49 Chinese Ceramics from the Meiyingtang Collection. The British Museum London, 1994.

50 李辉柄主编：《中国陶瓷全集》，上海人民美术出版社，2000 年。

图 11　盛中唐白地蓝彩釉陶执壶

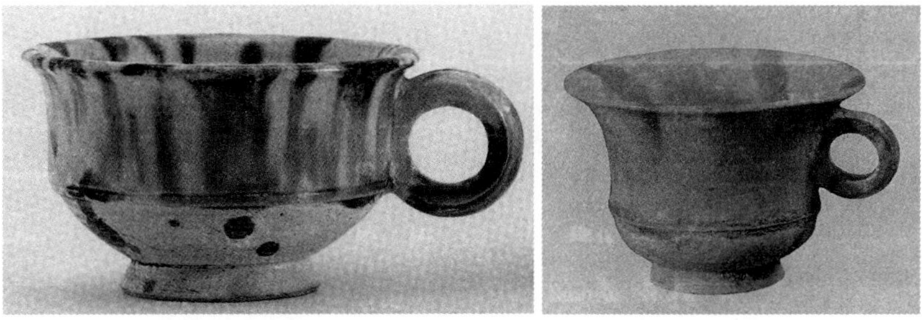

1　2

图 12　盛中唐白地蓝彩釉陶单柄折底浅腹杯

图 13　盛中唐白地蓝彩釉陶环柄深腹杯

（M63）的绞胎杯为盛唐时期。

2. 盛唐白地蓝彩小结

盛唐白地蓝彩有 9 类 10 型：无系罐 1、净瓶 1、碗 1、盒 1、无柄注 1、尊 1、兔耳罐 1、执壶 1、杯 2。

盛中唐白地蓝彩分布于 4 地区 4 型：西安 1、洛阳 1、扬州 1，有遗址和墓葬，另有馆藏 8。

未见纪年资料。

（三）晚唐白地蓝彩

根据晚唐白地蓝彩时间和面貌，可以分为两种面貌，第一种面貌是继承了盛中唐的白地蓝彩，基本面貌为低温白釉釉陶，蓝彩为斑状或点状；第二种为高温白釉瓷器，蓝彩为线状图案。这里分别归纳讨论。

1. 晚唐低温釉蓝彩釉陶

（1）撇口细颈白釉罐（IIT4H15∶46）

口径 5 厘米，底径 5.6 厘米，高 7.5 厘米，河南巩义市黄冶窑址出土[51]〔图 14〕。同型纪年资料有河南三门峡市印染厂唐元和四年（809 年）墓（M36）出土白瓷罐[52]。

（2）碗

①广口折腰碗，这型碗折腰、实足，口径较大，腹部较浅。第四依据时代在晚唐。白瓷蓝彩碗，洛阳关林大道徐屯东段唐墓出土[53]〔图 15〕。

②深坠腹撇口碗。白釉加蓝彩碗，口径 10.2 厘米，足径 5 厘米，高 4.1 厘米，玉环形圈足，

51　河南省考古研究所等：《黄冶窑考古新发现》，大象出版社，2005 年，第 144 页；郑州市文物考古研究所：《河南唐三彩与唐青花》，科学出版社，2006 年，第 430 页。

52　河南省文物考古研究所：《河南三门峡市印染厂唐墓清理简报》，《华夏考古》2002 年第 1 期。

53　洛阳市第二文物工作队：《洛阳关林大道徐屯东段唐墓发掘简报》，《文物》2006 年第 11 期。

图 14　晚唐低温釉蓝彩釉陶撇口细颈罐

图 15　晚唐低温釉蓝彩釉陶广口折腰碗

图 16　晚唐低温釉蓝彩釉陶深坠腹撇口碗

浙江江山出土〔图 16〕，原文标年晚唐[54]。

晚唐低温釉蓝彩釉陶碗 2 型，见于洛阳和浙江墓葬。

晚唐低温白地蓝彩釉陶有 2 类 3 型：罐 1、碗 2，见于洛阳 2，浙 1，均为墓葬出土。

2. 晚唐高温釉蓝彩瓷器

这里指的是可能为白地釉下的高温蓝彩，即所谓“唐青花。”

（1）花口出筋撇口圈足盘

撇口口，弧壁，圈足，内壁有四条出筋线，口沿相应有四处内凹。

青花盘（2005.1.00475），口径 23 厘米，印度尼西亚唐宝历二年（826 年）铭文碗的“黑石号”沉船出水，新加坡文明馆藏[55]〔图 17-1〕。

青花盘（2005.1.00474）口径 18 厘米，印度尼西亚唐宝历二年（826 年）铭文碗的“黑石号”沉船出水，新加坡文明馆藏[56]〔图 17-2〕。

花口盘，高 3.3 厘米，口径 14.8 厘米，足径 6.9 厘米，四瓣形花瓣盘，盘心为花形，盘壁上有三足花叶。扬州市万家福二期工程唐城遗址出土[57]〔图 17-3〕。

花口盘，1983 年初扬州文昌阁东侧邮电大楼工地采集[58]〔图 17-4〕。

白瓷青花盘，1983 年下半年扬州三元路工地采集[59]〔图 17-5〕。

白瓷青花盘残片，1983 年三元路一带唐城遗址采集[60]〔图 17-6〕。

54　叶四虎：《浙江江山出土的唐代蓝釉碗》，《南方文物》1992 年第 4 期。

55　Alan Chong and Stephen A.murphy: The Tang Ship Wreck: Art and Exchange in the 9th Century. Asian Civilisation Museum. Singapore. 2017. P89.

56　Alan Chong and Stephen A.murphy: The Tang Ship Wreck: Art and Exchange in the 9th Century. Asian Civilisation Museum. Singapore. 2017. P88.

57　扬州博物馆藏品。

58　马福坤：《扬州新发现的一件唐青花瓷片》，《文物》1985 年第 10 期。

59　扬州博物馆：《扬州三元路工地考古调查》，《文物》1985 年第 10 期。

60　张浦生、朱戢：《扬州新发现的唐代青花瓷片概述》，《文物》1985 年第 10 期。

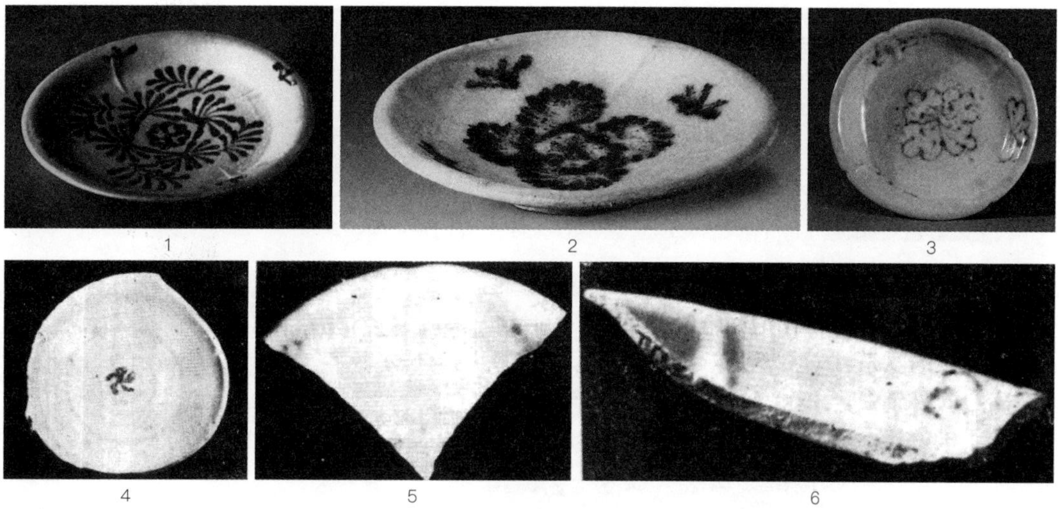

图 17　晚唐高温釉蓝彩花口出筋撇口圈足盘

图 18　晚唐高温釉蓝彩喇叭座塔式罐

这型盘有白瓷青花，虽然没有直接纪年资料，但因为“黑石号”沉船中有一件长沙窑唐宝历二年（826 年）铭文碗，为晚唐时期。所以江苏扬州唐城遗址出土的盘与此相同，均为晚唐时期。这型盘在中国出土于江苏扬州遗址和印尼沉船。

（2）喇叭座塔式罐

同型纪年资料有河南巩义北窑湾唐大中五年（851 年）墓（M18）出土三彩莲花罐 2 件[61]，河南偃师唐咸通十一年（870 年）李兑墓出土塔形罐[62]。

白釉蓝彩塔式罐 2 件，河南郑州上街峡窝唐墓出土〔图 18〕，原文标年唐中期[63]。

（3）盘

牙白釉青花盘，复原口径 16.2 厘米，高 3.2 厘米，足径 7.6 厘米，江苏扬州唐城遗址出土[64]〔图 19-1〕。

青花瓷罐片，江苏扬州唐城遗址出土[65]〔图 19-2〕。

青花瓷碗盘残片，江苏扬州唐城遗址出土[66]〔图 19-3〕。

---

61 郑州市文物考古研究所：《河南唐三彩与唐青花》，科学出版社，2006 年，第 107 页。

62 中国社会科学院考古研究所：《偃师杏园唐墓》，科学出版社，2001 年，第 191 页；《河南偃师杏园村的六座唐代纪年墓》，《考古》1986 年第 5 期。

63 郑州市文物考古研究院：《河南郑州上街峡窝唐墓发掘简报》，《文物》2009 年第 1 期。

64 中国社会科学院考古研究所：《扬州城 1987—1998 年考古发掘报告》，文物出版社，2010 年。

65 中国社会科学院考古研究所：《扬州城 1987—1998 年考古发掘报告》，文物出版社，2010 年。

66 中国社会科学院考古研究所：《扬州城 1987—1998 年考古发掘报告》，文物出版社，2010 年。

图 19　晚唐高温釉蓝彩瓷碗

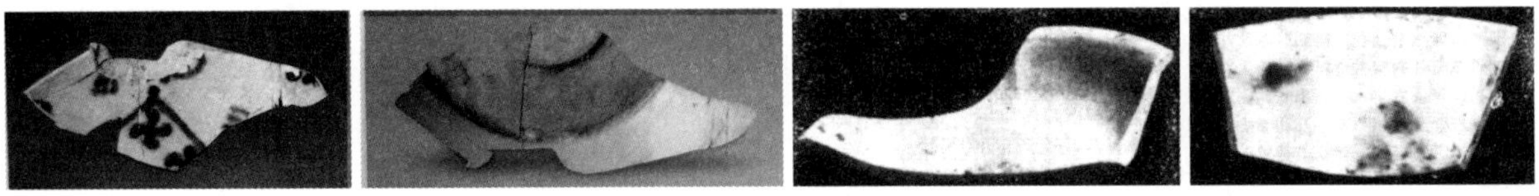

图 20　晚唐高温釉蓝彩瓷片

牙白釉青花盘，复原口径 16.2 厘米，高 3.2 厘米，足径 7.6 厘米，江苏扬州唐城遗址出土〔图 19–5〕。[67]

青花唇口碗，扬州市老城区唐代遗址出土〔图 19–5〕。[68]

青花盘残片，上，扬州唐城遗址采集，下，扬州市三元路邮电大楼工地采集，扬州博物馆藏[69]〔图 19–6〕。

（4）瓷片标本

①张浦生、朱辑所引瓷片若干〔图 20〕，认为是釉下彩绘[70]。

②扬州城出土青花瓷碗残片 1983 年 11 月采集〔图 21–1,2〕。顾风、徐良玉认为是釉上

67 中国社会科学院考古研究所：《扬州城 1987—1998 年考古发掘报告》，文物出版社，2010 年。

68 引自张松林、廖永民主编：《河南唐代白釉彩瓷》，科学出版社，2008 年。

69 张松林、廖永民主编：《河南唐代白釉彩瓷》，科学出版社，2008 年，第 132 页。

70 张浦生、朱戟：《扬州新发现的唐代青花瓷片概述》，《文物》1985 年第 10 期；朱戢：《"唐青花瓷"答客难——唐代青花瓷器装饰技法浅析》，《东南文化》1990 年第 5 期；朱戟：《再谈唐青花瓷器的装饰工艺》，《文物》1990 年第 4 期。

工艺[71]。

这些碗只有残片，所以无法分型，所以只看作一型，均出土于扬州唐城遗址。

（5）长方平面枕。第四依据为晚唐时期。

青花瓷枕片，扬州唐城遗址出土[72]〔图 22-1〕。

青花瓷枕残片，1975 年扬州师范学院唐城遗址 T2 出土〔图 22-2〕。“T2 探方唐文化层土层可细分为五层，A 层厚 28 厘米，土色黑灰；B 层厚 24 厘米，土色黑灰夹黄黏土块，在与 C 层交界处发现此青花瓷片，发现时瓷片半块插在 C 层土中，C 层厚 13 厘米，土色黑灰；D 层厚 12 厘米，土色黑灰夹黄黏土、烧土块；E 层厚 20 厘米，土色黑灰夹黄灰土块”[73]。

冯先铭认为该枕的蓝彩为“釉下蓝彩”其“纹饰风格和唐代传统纹饰截然不同，似与西亚地区波斯有关。……中国在传统造型的器物上，绘以波斯的纹饰是值得注意的”[74]。

（6）青花执壶，2003 年扬州市老城区唐城遗址出土〔图 23-1〕和执壶残片[75]〔图 23-2〕。

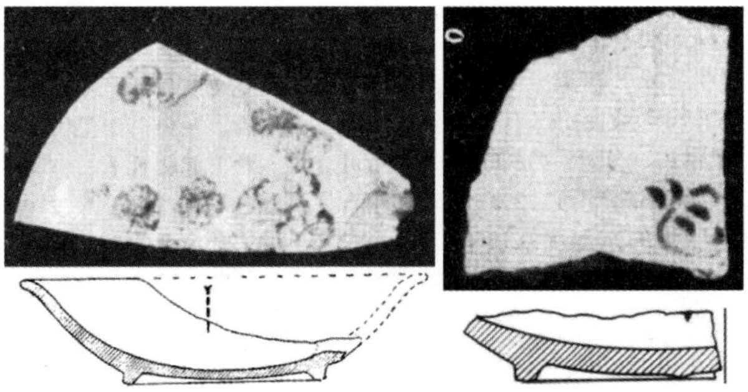

图 21　晚唐高温釉蓝彩碗瓷片

1　　2

图 22　晚唐高温釉蓝彩长方平面枕

图 23　晚唐高温釉蓝彩瓷器

晚唐遗址所见高温釉蓝彩有 5 类 5 型，花口盘、碗、塔式罐、执壶、枕，出土于洛阳墓葬 1、扬州唐城遗址 4、印尼沉船 1。大多为扬州唐城遗址，少量在洛阳和沉船。从器类看，盘、碗、执壶为生活用器，塔式罐为明器，就是说晚唐青花大多为生活用器。

71 顾风、徐良玉:《扬州新出土两件唐代青花碗残片》,《文物》1985 年第 10 期。顾风认为唐青花是釉上彩工艺。“这批早期青花的烧造年代其上限不应低于中唐，其下限不会越过五代。”顾风：《扬州新发现的早期青花瓷片的断代及其烧造工艺的初步研究》,《扬州师范学院》（社会科学版）1984 年第 7 期。顾风等还认为产地在河南北部、河北南部，钴料来源于东南亚、西亚，但是没有再涉及釉上彩问题。顾风、艾明:《关于唐代青花的再研究》,《东南文化》1990 年第 5 期。

72 中国社会科学院考古研究所：《扬州城 1987—1998 年考古发掘报告》，文物出版社，2010 年。

73 中国社会科学院考古研究所：《扬州唐城 1975 年工作简报》,《文物》1977 年第 9 期。彩图引自郑州市文物考古研究所：《河南唐三彩与唐青花》，科学出版社，2006 年。

74 冯先铭：《有关青花瓷起源的几个问题》,《文物》1980 年第 4 期。

75 张松林、廖永民主编：《河南唐代白釉彩瓷》，科学出版社，2008 年，第 134、135 页。

3. 窑址出土青花瓷片标本

青花执壶执壶（IIT5 ⑥：1，IIT5 ⑥：11），从形状看，该瓷片应该为一个执壶的部分，2002 年河南巩县巩义市黄冶窑出土[76]〔图 24-1〕。

青花瓷碗标本（采集），白釉，施化妆土，口沿内为一枝青花折枝花[77]〔图 24-2〕。

青花盒标本（IIIT0912 ②：1），盒直壁，器表青花绘折枝花[78]〔图 24-3〕。

青花碗标本（采集），碗心，青花绘菱形方框两角绘三叶花卉[79]〔图 24-4〕。

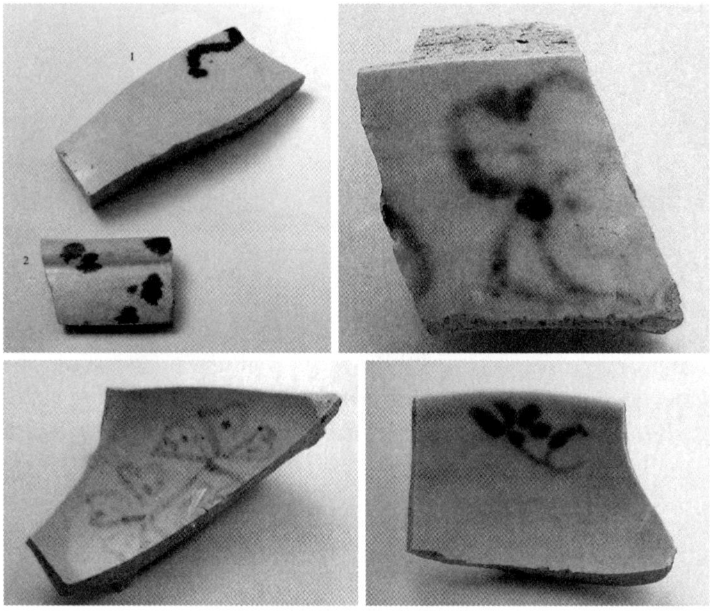

图 24　窑址出土青花瓷

窑址出土青花瓷的标本有执壶、碗和盒，基本为日用器，在遗址出土青花遗物中可见。按照原报告分期，均在晚唐时期。唐代青花瓷标本均在河南巩义窑，目前未见其他地区出土。

（四）隋唐五代白地蓝彩陶瓷讨论

1. 隋唐五代低温白地蓝彩陶瓷类型和分期

初唐白地蓝彩罐有 3 类 3 型：无系罐、高足盘和碗。盛唐白底蓝彩有 9 类 10 型：无系罐 1、净瓶 1、碗 1、盒 1、无柄注 1、尊 1、兔耳罐 1、执壶 1、杯 2。晚唐低温白地蓝彩陶器有 2 类 3 型：罐 1、碗 2。

晚唐高温白瓷蓝彩有 5 类 5 型，花口盘、碗、塔式罐、执壶、枕。

低温白地蓝彩陶器贯穿于唐代，五代未见。最早见于初唐，盛唐类型最多，晚唐仍有少量。在器型上，罐持续见于唐代，碗见于盛唐和晚唐，高足盘仅见于初唐，净瓶、盒、无柄注、尊、兔耳罐、执壶、杯仅见于盛唐时期。低温白地蓝彩陶器均为日用器，唐青花有日用器和明器。

---

76 河南省考古研究所、中国文物研究所、日本奈良文化财研究所：《黄冶窑考古新发现》，大象出版社，2005 年，第 145 页。

77 河南省考古研究所、中国文化遗产研究所、日本奈良文化财研究所：《巩义白河窑考古新发现》，大象出版社，2009 年，第 165 页。

78 河南省考古研究所、中国文化遗产研究所、日本奈良文化财研究所：《巩义白河窑考古新发现》，大象出版社，2009 年，第 165 页。

79 河南省考古研究所、中国文化遗产研究所、日本奈良文化财研究所：《巩义白河窑考古新发现》，大象出版社，2009 年，第 166 页。

2. 隋唐五代低温白地蓝彩陶器分布区域

初唐见于西安、辽宁墓葬和馆藏。盛中唐白地蓝彩见于 3 地区 3 型：西安 1、洛阳 1、扬州 1，有遗址和墓葬，另有馆藏 8。晚唐低温白地蓝彩见于洛阳和浙江墓葬。晚唐高温白地蓝彩出土于洛阳墓葬 1、扬州唐城遗址 4、印尼沉船 1。

（1）低温白地蓝彩陶器在初唐见于西安、辽宁，盛中唐见于两京和扬州，晚唐见于洛阳和浙江。初唐流行区域最小，盛中唐流行地区最广，晚唐见于洛阳和南方的浙江。西安地区见于初唐和盛唐，洛阳见于盛唐和晚唐；北方多于南方。总体看，流行区域较小。见于墓葬和遗址。这个区域分布所反映的问题是白地蓝彩主要是集中在两京地区，而初唐的辽宁朝阳（营州）是李世民征战过的地方，晚唐的浙江已经经济崛起，总体看是在皇胄贵族集中的两京地区，也就是说白地蓝彩主要是皇胄贵族的消费奢侈品。

（2）晚唐高温白瓷蓝彩瓷器分布区域。晚唐高温白瓷蓝彩瓷器类中，盘、碗、执壶为生活用器，塔式罐为明器。高温白地蓝彩仅见于晚唐时期，器型不多，5 类 5 型中仅见塔式罐为明器，其他均为日用器，表明日用器是晚唐高温白地蓝彩的大宗。

从出土地看，明器仅见于洛阳，而日用器仅见于扬州，海外仅见于印尼黑石号沉船，不见于西安和扬州。目前考古所见，也只有河南巩义窑发现标本。晚唐高温白地蓝彩的日用器类型和出土、出水地域，似乎指出了一条方向，巩义窑—扬州城—印尼沉船，其指向是海外西南方向。

白地蓝彩见于唐代，不见于五代乃至宋代。在初唐和盛中唐仅见低温白地蓝彩，在晚唐出现低温和高温两种白地蓝彩并列的局面，这表明高温白地蓝彩瓷器是在初唐的低温蓝彩陶器基础之上发展而来。唐代低温蓝彩均为日用器，见于南北方的遗址和墓葬；高温蓝彩在洛阳有明器塔式罐，但是日用器仅见于扬州唐城遗址和印尼黑石号沉船。

3. 隋唐五代白地蓝彩陶瓷生长变异状态

低温的白地蓝彩残盖纽为陕西礼泉县唐麟德元年（664 年）郑仁泰墓出土，高温的青花盘为印度尼西亚唐宝历二年（826 年）铭文碗的“黑石号”沉船出水，不见其他资料。从唐代白地蓝彩的所有资料排比看，最晚都在唐麟德元年（664 年）出现了白釉蓝彩器的标本，而且这是目前所见最早的唐三彩器物标本。印度尼西亚唐宝历二年（826 年）“黑石号”沉船出水的三件盘是最早的也是唯一的高温白地蓝彩纪年资料，这表明高温白地蓝彩的出现时间的下限为唐宝历二年（826 年）。那么，可以看出的是低温白地蓝彩从初唐的麟德元年（664 年）延续到了晚唐时期,高温白地蓝彩“唐青花”最少在唐宝历二年（826 年）已经出现。

4. 唐代白地蓝彩陶器与唐青花的异同

唐代白地蓝彩陶器与唐青花的共性：

装饰效果均为白地蓝彩；

同期器物形制相同，如花口盘、枕、塔式罐等；

生产窑场相同，河南巩义窑出土白地蓝彩陶器和高温青花的残片，证明二者均为巩义窑烧造。

唐代白地蓝彩陶器与唐青花的差别：

白地蓝彩陶器为低温釉，唐青花为高温釉；

白地蓝彩陶器为釉上彩，唐青花为釉下彩；

白地蓝彩陶器的绘制技法大多为点彩、涂绘、淋绘，没有一定图案；而唐青花的绘制技法为线条绘制，有具象的图案；

白地蓝彩陶器的表现图案基本以造成色彩的绚丽多姿为主，而唐青花的图案则是某种具有特殊意义的图像，如菱形图花叶，散状花叶。

显然，唐青花在烧成温度上、绘制技法上、表现手法上，都提高了一个层次，改变了中国彩绘陶瓷的面貌，在中国陶瓷史上具有重要意义。但是由于唐青花数量有限，出现时间较短，基本上是一个实验性产品，目前还看不出具备量产的可能。

三、结语

①唐代白地蓝彩与唐青花的逻辑关系是：低温的白地蓝彩是唐三彩的一部分，二者生长变异状态完全重合。

②低温的白地蓝彩从初唐持续发展到晚唐。

③低温的白地蓝彩主要是两京地区皇胄贵族的消费奢侈品。

④唐青花就是在低温白釉蓝彩基础上的一种飞跃和创新

⑤唐青花的走向——港口外销。

白地蓝彩是贯穿于唐代的一种釉彩装饰，而唐青花仅仅是晚唐出现的白地蓝彩的一个分支，而且唐青花似乎是海外市场需求刺激的产物。而且我们不能忘记的是，正是在9世纪的伊朗、伊拉克出现了波斯蓝彩陶瓷，在10—14世纪持续发展，并最终诱发了中国景德镇的元代青花瓷[80]。这是唐代白地蓝彩陶瓷分期、分支及其考古学研究的意义。

---

80 蓝彩陶瓷引入伊斯兰地区之后，持续存在，从未间断，到元代由于蒙古人的大一统，元代中国再次出现青花瓷器，并再次输往全世界，其技术也逐渐传到世界各地，影响了世界陶瓷的格局。任志录:《伊斯兰蓝彩陶器概述》,《幽蓝神采：2015年上海元青花国际学术讨论会论文集》，上海古籍出版社，2015年。

宋元时期乐山西坝窑与重庆涂山窑黑釉瓷之装饰艺术

陈丽琼（南通大学艺术学院）

摘要：简述四川乐山西坝窑、重庆涂山窑的烧造时代兴盛于南宋末至元，其烧造品种，均以黑釉瓷为主，兼烧白瓷、青白瓷，主要品种是日用具、文房用器。器物造型优美，比例适度，线条流畅，形体端庄多有创新，最美、最具特色的是釉中装饰艺术。两窑釉中装饰特点；乐山西坝窑以色彩纷呈的蓝兔毫、黄褐黑红交融变化无穷的窑变花釉；重庆涂山窑亦有精致的黑褐、淡蓝、淡红的窑变花朵纹，还有最难烧造的，即世人称之为“神技”的曜变纹。

关键词：宋元时期　窑变花釉　曜变纹

宋元时期川渝地区黑釉瓷窑，多分布在长江上游支流的嘉陵江、岷江、涪江的滨江城市：已公示的在四川有嘉陵江上游的广元窑、嘉陵江下游的达州窑、岷江上游的金凤窑、浦江县的东北窑、岷江下游的眉山青神的坛罐窑、乐山西坝窑等。

在渝有长江干流的重庆涂山窑、巴南区的清溪窑和姜家窑、重庆九龙坡的沙岚垭窑、重庆嘉陵江右岸的合州窑、荣昌的昌州窑、铜梁的黄门窑等。这些黑釉瓷窑，在宋元时均在建窑的引领下与南北交流互融中，各有不同的创新纹饰与造型，各有卓尔不凡的艺术成就，对当时人们的物质生活、精神生活的需求作出了较大的贡献。但这些窑的造型、特点、纹饰虽各有不同的艺术特色，但也多有相似之处，现仅选其具有代表性典型性的宋元时期的四川乐山西坝窑（以下简称西坝窑）、重庆涂山窑（以下简称涂山窑）之艺术成就分述于下。

西坝窑，位于四川乐山市五通桥区岷江支流沫溪河右岸的西溶镇，西溶镇又名“西坝”，故窑址名称即“西坝窑”。此窑于2008年经四川考古研究院进行了抢救性的田野考古发掘，共发掘6座窑炉、4个灰坑。出土瓷件主要为饮食餐具、陈设照明用具、文房用具。可辨器型有碗、盘、杯、碟、盏、壶、罐、奁、研磨器、瓶、香炉、灯、灯盏、砚滴等。釉色

图 1　西坝窑双系胆瓶

图 2　西坝窑八棱花口杯

图 3　西坝窑十八瓣菊花口盘

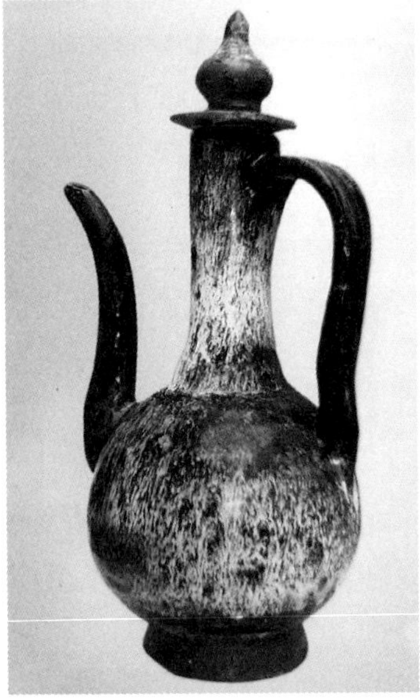

图 4　西坝窑宝珠塔形盖长曲流执壶

图 5　西坝窑卷沿花口圆鼓腹高泅喇叭足瓶

图 6　西坝窑圆鼓腹出筋条纹高喇叭圈足瓶

有黑釉、白釉，以黑釉为主，黑釉呈色，有漆黑、酱褐、深褐、浅褐、灰褐、酱红、赭黄、酱绿等色，其中以黑、酱褐、深褐、浅褐为主，有的还有蓝色、蓝白色、乳白色、酱褐色兔毫纹、油滴、鹧鸪斑等丰富多种绚丽的窑变纹。烧造时期大致兴起于北宋，延续至明代，衰落于清代[1]。从出土与传世品比较与观赏，西坝窑黑釉瓷在宋元时期，无论是日常生活用器，还是陈设器、文房用器，皆造型优美，线条流畅，比例适度，修胎规正，形态端庄。有的还别出心裁地创新，如南宋的褐釉胆瓶，原为光素无饰，现新为三级腹，中腹加饰拱形耳系，使器物更加端丽稳重〔图 1〕，以及南宋末元初的小碗，不仅口沿为六瓣葵花口，其腹壁琢成出筋瓜棱形〔图 2〕。还有常见的平坦底盘，将口沿分为十八瓣的菊花口，做工

1　四川省考古研究院、乐山市文物保护研究所、五通桥区文物保护管理所：《乐山西坝窑址》，文物出版社，2017 年，第 7、34、101 页。

图 7　西坝窑双系玳葫芦形玳瑁纹瓶

图 8　西坝窑式玳瑁纹碗

精细造型卓绝端庄而神逸〔图 3〕。此外于南宋至元时的梨形执壶，创新为长直颈圆鼓腹圈足曲长流双沟遍把手，壶盖为塔形宝珠顶，造型端庄典雅，是难得的上乘品〔图 4〕。其最美的创新，是在玉壶春瓶的基础上脱胎而出的花口长颈高足瓶，全形为卷沿花口，长颈圆鼓腹，腹上有呈六瓣瓜棱或鼓凸的出筋条纹，下足为二级高喇叭圈足〔图 5、图 6〕。以上这些不拘于规矩、融古创新，出类拔萃、巧工妙造、成就斐然的造型设计，无不凝聚着瓷艺师们卓尔不凡的智慧、高尚审美创造之精魂，怎不令人遐想而肃然起敬！

西坝窑宋元至明时期黑釉瓷纹饰最绚丽、最震撼人心的是独树一帜的黑釉窑变花釉，其纹饰美妙无穷，真所谓”入窑一色，出窑万彩”。如在黑釉上点染黄褐色斑块呈吉州窑似的玳瑁纹（图 7—图 12〕，特别是蓝白色窑变兔毫纹，色彩相同而纹饰则无一相同，有的灿如云霞，有的似高山瀑布，有的似悬崖挂冰，有的如夜幕中飞飘的白云，或似黑夜中的闪电〔图 13-图 18〕。又有在玳瑁纹上加饰蓝白兔毫状纹〔图 19-图 21〕，以及在酱红釉挥洒米黄色斑块，形成红白蓝黑色彩熔融，其纹似云朵非云朵，或似圆珠滚滚流动，不可言状，色彩纷呈、靓丽璀璨、温馨高雅的窑变纹〔图 22-图 26〕。这些鬼斧神工、自成天趣、绚丽灿烂、美不胜收的窑变花釉，让人眼花缭乱，遐想翩翩。清蓝浦著《景德镇陶录》说：“窑变之器有二，一为天工，一为人巧，其为天工者，火性幻化，天然而成。其由人巧者，则工故以釉作幻色物态，直名之曰窑变。”西坝窑之窑变，应是“一为人巧”，是瓷艺大师们经过长期提炼、辛勤耕耘、积累而掌控创新的杰作。它打破了吉州窑南宋时独有玳瑁斑釉的说法，其成就与吉州窑对应，并不逊于吉州窑，尤以西坝窑的蓝白色兔毫纹、黑蓝黄

图 9　西坝窑玳瑁玟杯

图 10　西坝窑玳瑁玟盏

图 11　西坝窑玳瑁纹碗

图 12　西坝窑玳瑁纹玉壶春瓶

图 13　西坝窑蓝白色兔毫纹双系玉壶春瓶

图 14　西坝窑蓝白兔毫纹带座瓶

图 15　西坝窑蓝白兔毫纹高喇叭圈足瓶

图 16　西坝窑蓝白云朵纹碗

图 17　西坝窑蓝白兔毫纹碗

图 18　西坝窑黑釉蓝白闪电纹盏

图 19　西坝窑玳瑁纹饰蓝白花釉胆瓶蓝

图 20　西坝窑玳瑁纹饰蓝白兔毫纹盏

图 21　西坝窑玳瑁纹饰蓝白花釉双系罐

图 22　西坝窑酱红米黄白色花釉盏

图 23　西坝窑黑黄红花釉碗

图 24　西坝窑褐黑黄白花釉玉壶春瓶

图 25　坝窑黑褐蓝白花釉

图 26　西坝窑窑变纹胆瓶

图 27　涂山窑青白瓷杯

图 28　涂山窑内青外黑褐釉杯

图 29　涂山窑黑釉圆鼓腹双系罐

褐釉色彩纷呈的窑变花釉，变化丰富，纹饰美轮美奂，超越南北黑釉瓷窑变纹饰，赛誉寰宇，一点也不过誉。

涂山窑位于重庆南岸区黄桷垭涂山湖至鸡冠石一带，东西长 13 千米左右，遗存堆积 13 处。19 世纪 30 年代美国学者、中国华西大学博物館首任馆长葛维汉先生曾调查过，撰文《重庆建窑遗址》，1980 年中国古陶瓷学者、中国古陶瓷首任会长、故宫博物院研究员冯先铭先生调查时认定是宋元时的黑釉瓷窑址。

1982—1988 年与 2003—2005 年重庆市文物考古部门配合基本建设进行了抢救性的田野考古发掘，共出土 28 座石结构的马蹄形馒头窑，均以煤为燃料，出土瓷器以黑釉瓷为主，仅元代有少许的青白瓷〔图 27〕与南宋有内青外黑褐釉〔图 28〕。黑釉瓷有漆黑、绀黑、黑褐、酱色、柿色、银灰黑色等。器型以碗、盘、盏、罐为主，其次是杯、盏托、灯、碟、壶、瓶、香炉、小瓷动物等。其纹饰有刻划、堆贴印花、画花、釉中装饰以虹彩、曜变纹最美[2]。

从出土瓷器与传世品观阅，其造型在传承的基础上，有所创新，如双系罐原多大口无肩深鼓腹，至南宋晚期到元代则创新为小口丰肩圆鼓腹及直壁圆腹，耳系由扁形耳改创为卷云耳〔图 29、图 30〕，又如圈足杯，至元代，圈足改新为高喇叭圈足或为鸡心底〔图 31〕；又例如玉壶春瓶，宋流行的侈口束颈胆形腹圈足体，到南宋末至元代，则改创为侈口直颈带座的高圈足，使器物更加端稳〔图 32〕。

装饰艺术约有三种，一是坯胎装饰、二是绘画装饰、三是釉中装饰。

1. 坯胎装饰

是在坯体上刻划、堆贴纹饰，如在器上刻划菊花、方格纹，然后再填黄色或褐色〔图 33、图 34〕，简洁清晰堆贴纹在器体上贴附乳钉联珠纹、文字，或于口沿刻削五出与六出葵花口。最美的是于碗、盘上的印花装饰，印花纹多为三组对称的折枝绽放的牡丹或莲花纹，花纹组合多为盛开的三重或四重花瓣，有

图 30　涂山窑黑釉平肩圆直腹双系罐

图 31　涂山窑青白瓷鸡心底杯

图 32　涂山窑黑釉玉壶春带座瓶

2　重庆市博物馆：《重庆市涂山宋代瓷窑试掘报告》，《考古》1986 年第 10 期；陈丽琼：《古代陶瓷研究：重庆涂山窑小湾瓷窑发掘报告》，重庆出版社，2001 年。

图 33　涂山窑褐釉刻填黄釉菊花方格纹罐

图 34　涂山窑黑褐釉刻填黄釉菊花纹罐

图 35　涂山窑黑釉印花纹大碗

图 36　涂山窑褐黑釉印花中碗

的在初开与绽放花朵中配饰三对称含苞欲放的花蕾，其枝叶有的四枝或五枝，中心部位印菊花、宝相花等，全图饱满丰盈，和谐生动，具有较强的艺术魅力〔图 35、图 36〕。

2. 绘画装饰

仅在乳白釉碗上绘褐黄色的两枝花草纹对称于碗的内壁，虽花纹简略，但用笔娴熟，逸笔草草，在似与不似之两间，耐人寻味。再有就是在黑釉或黑褐釉及玳瑁釉的碗、盘之口沿加饰一白色边，这种装饰，在中原称之为“白覆轮”装饰，工艺过程虽简单，可艺术效果仍别添奇趣。

3. 釉中装饰

釉中装饰，是涂山窑最具地域特色的窑变纹，纹饰丰富极致，在建窑黑釉的引领下，除一般黑釉瓷窑中具有的兔毫纹、油滴纹、鹧鸪斑纹、玳瑁纹〔图 37-图 39〕这些纹饰，在我国南北各地黑釉瓷窑中都有类似纹样出土。其地方特色的纹饰，突出的有鳝皮纹、孔雀尾羽纹（图 40、图 41〕、礼花纹、火焰纹、星点纹〔图 42-图 44〕、五至八瓣花朵纹〔图 45〕、辐射状花朵纹〔图 46-图 48〕。这类辐射状花朵纹，在花瓣中闪烁现褐黑或黑红，以及在黑

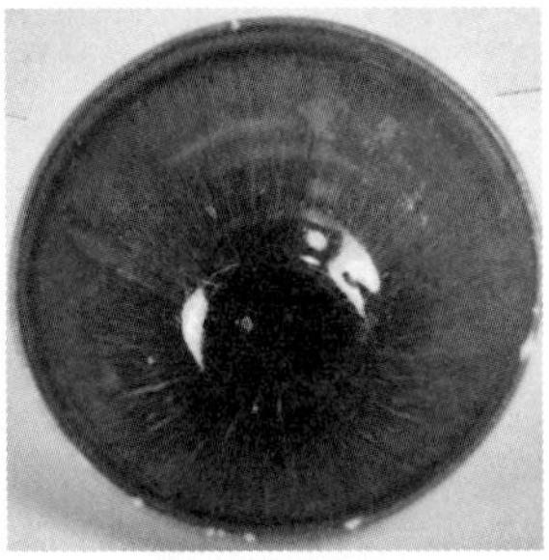
图 37　涂山窑兔毫纹盏

图 38　涂山窑玳瑁纹盏

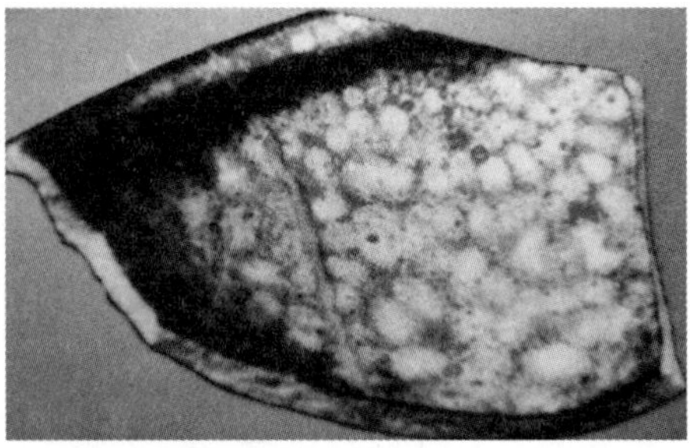
图 39　涂山窑油滴纹残盏

图 40　涂山窑鳝鲇皮纹残盏

图 41　涂山窑孔雀尾羽纹残盏

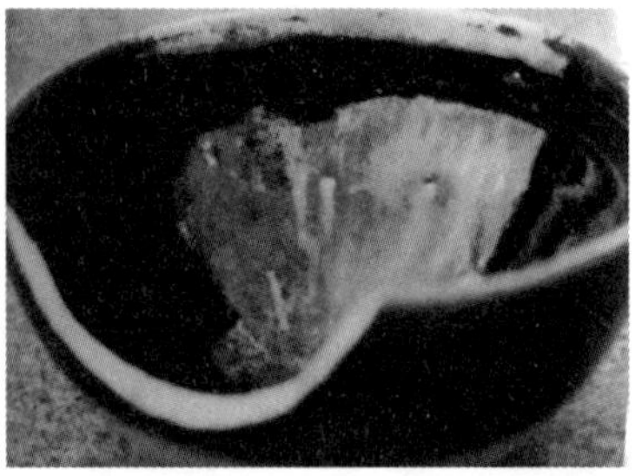
图 42　涂山窑星点纹火焰纹残盏花纹残盏

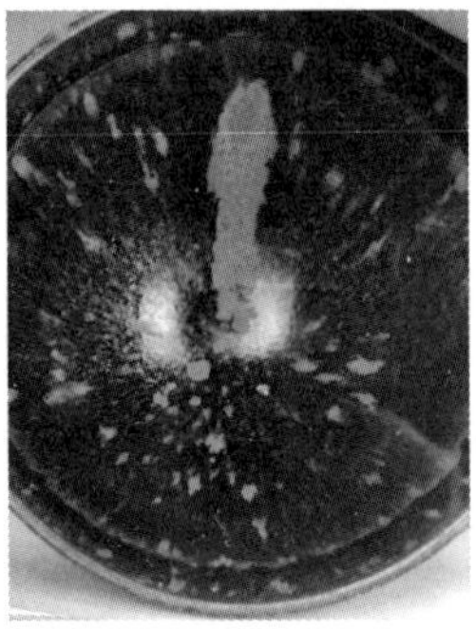
图 43　涂山窑礼花纹盏

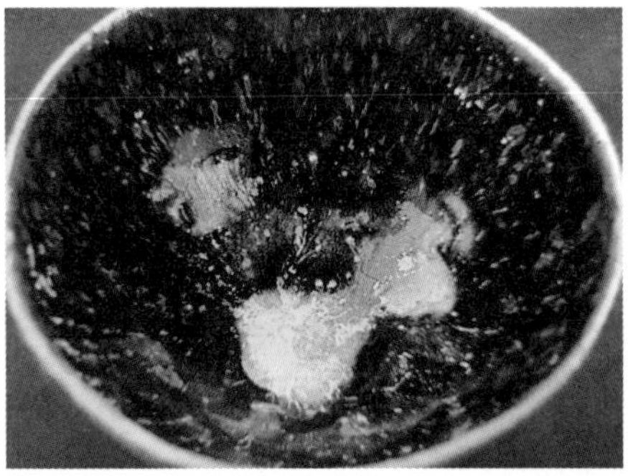
图 44　涂山窑火焰纹盏

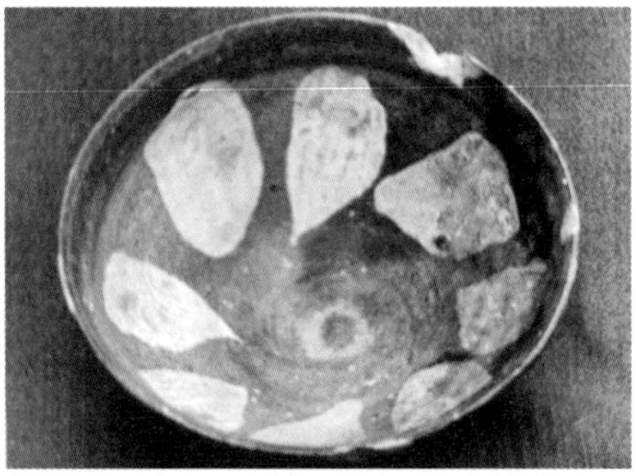
图 45　涂山窑八瓣花朵纹盏

图 46　涂山窑辐射状花朵纹盏

图 47　涂山窑褐黑釉辐射状花朵纹盏

图 48　涂山窑辐射状黄褐黑蓝白交融花朵纹盏

褐釉中呈现花瓣状的淡红、淡蓝色，色彩缤纷、淡雅柔丽，给人一种美的感受。此外还有在黑釉杯的内壁呈现淡红色和蓝灰色似镶边非镶边、似菊花纹非菊花纹的窑变花釉，外壁亦在黑釉上呈深红色为主、蓝灰色镶边不定型的窑变花釉，其色彩亮丽雍容雅典，难以用语言文字表达〔图 49、图 50〕，这类优美独具特色的窑变花釉，主要装饰于精细的茶盏。其器物均光洁亮丽无斑疵，据小湾燃烧之煤进行化验分析，此煤属于低分炭 (20.6AgI)、低硫 (SQg0.86)，其发热量为 (QfDW5946) 属高温卡的无烟煤：根据历来烧瓷经验，许多器件上形成的斑疵，多因燃料中的硫带来的恶果。小湾窑产品斑疵少，这与采用低碳、低硫煤有极大的关系。由此可见宋元时重庆涂山窑小湾窑的瓷艺大师们，已经知道为提高产质，在燃料上应有选择。

涂山窑最艳丽的釉中纹饰，还有“虹彩纹”“曜变纹”。所谓虹彩纹，是指在黑釉、灰黑釉、酱釉中呈现如雷雨后，天空中的“虹霞”似的，五光十色的彩斑，其纹饰并不规范，有的似条形晕圈，有的霞光闪闪，有的呈大小长短不等的红、黄、绿、蓝、紫色相互交融，晕光闪烁，具有强烈的视觉冲击，在涂山窑小湾遗址中不仅盏有虹彩，其碗、盘也多有出现〔图 51–图 56〕。

照 49　涂山窑黑釉呈淡红淡蓝镶边菊花纹

图 50　是 49 杯外壁纹饰

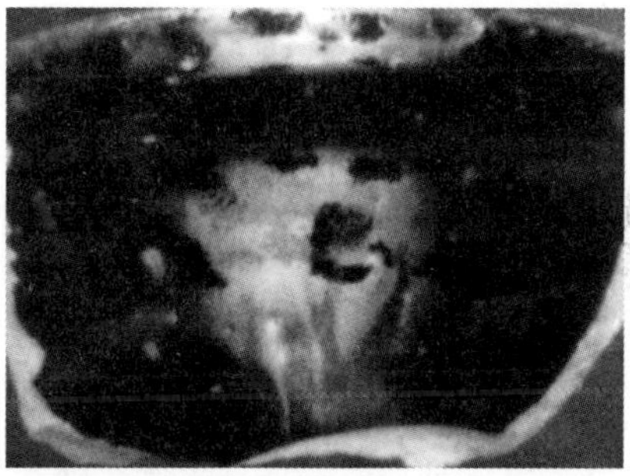

图 51　涂山窑虹彩纹盏残片

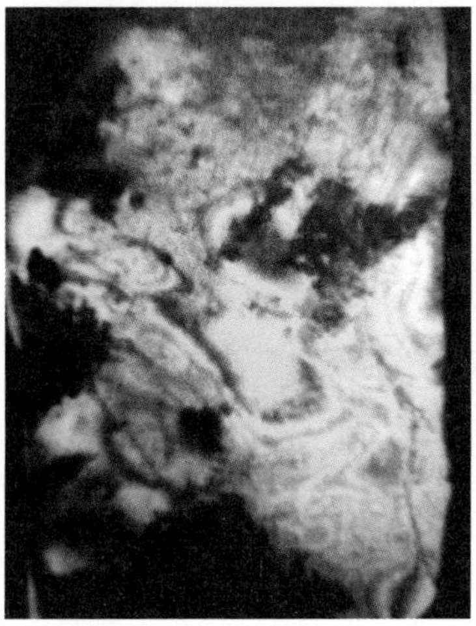

图 52　涂山窑虹彩纹残片

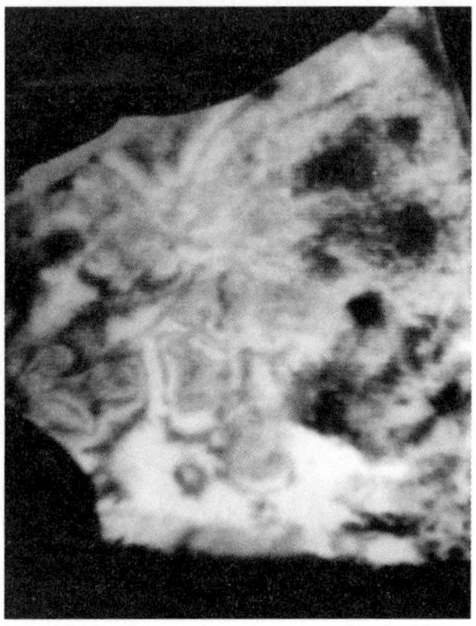

图 53　涂山窑虹彩纹残片

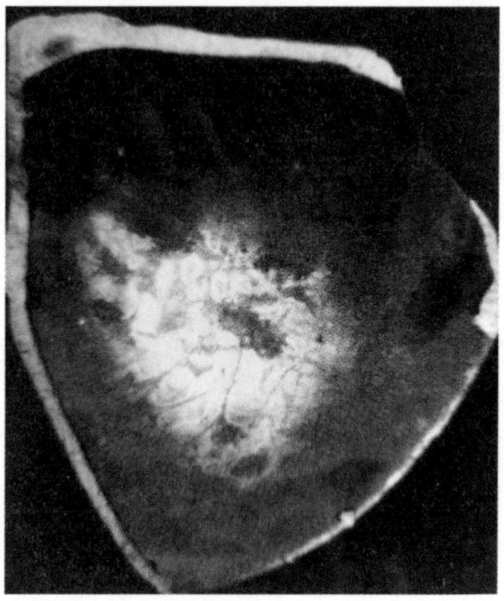

图 54　涂山窑褐釉虹彩纹盏残片

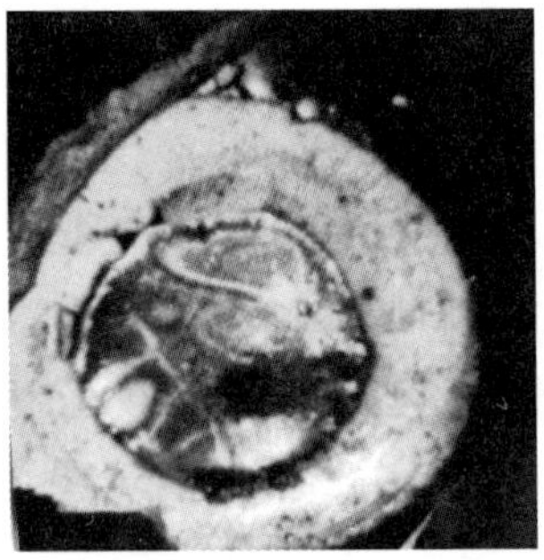

图 55　涂山窑虹彩纹碗残片

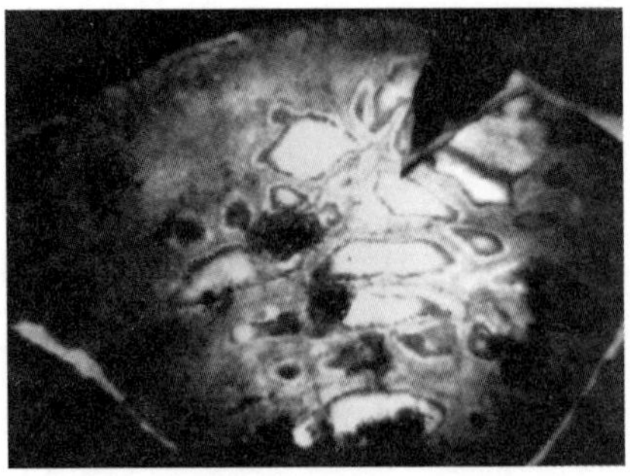

图 56　涂山窑虹彩纹盏残片

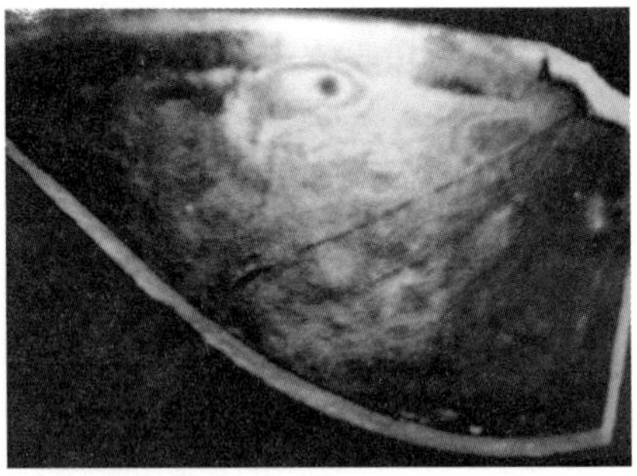

图 57　涂山窑曜变纹盏残片

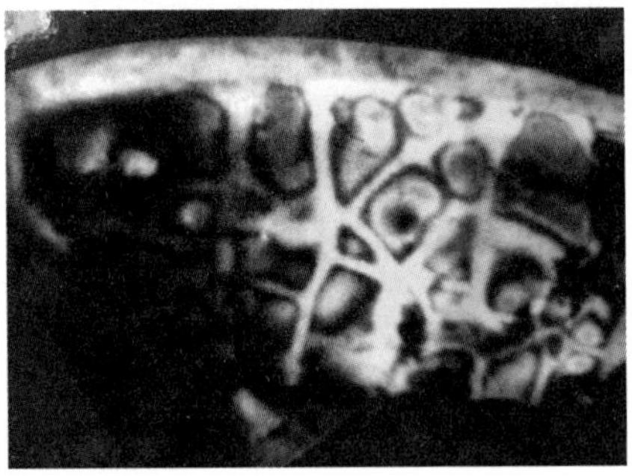

图 58　涂山窑曜变纹碟残片

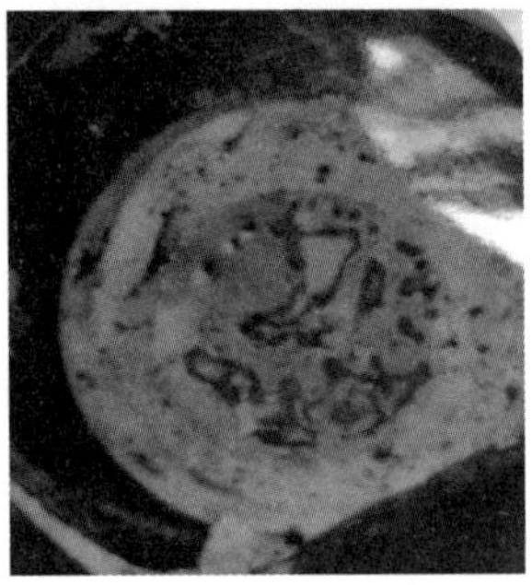

图 59　涂山窑黑釉碗虹彩纹残片

图 60　涂山窑曜变纹盏

所谓曜变纹，根据曜字的含意，“曜”即照耀，其意是指在光照之下呈现的异彩，谓之“曜变”。关于“曜变”这一名称，始源于日本，早在 14—16 世纪的《禅林小歌》《能阿弥相传集》和《君台观左右帐记》等文献，都有明确记载[3]。又日本小山富士夫撰《天目》文说：“曜变，是在挂有浓厚黑釉的建盏里面，浮现出大小不同的结晶，而其周围带有日晕状的光彩者，所以‘曜变’一作‘耀变’是因为它含有光辉照耀之意。”[4]山奇一雄在《特种天目茶盏，曜变和油滴的科学研究》，提到日本四件国宝级的曜变天目茶盏，对其中一件“大佛次郎先生碗，碗内斑点的颜色随入射光方向而变，如果垂直地看这些斑点，它们呈蓝色，倾斜看金光闪闪”[5]，涂山窑小湾遗址出土的曜变纹，有在黑釉盏、碟内壁呈现红绿蓝黄色交融，长短大小不同、色彩纷呈的晕圈〔图 57、图 58〕，有在碗的内底中心，在淡蓝色釉面上，呈现金黄深蓝葱绿白色晕圈，色彩艳雅，令人炫目〔图 59〕。另外在褐釉盏饰六瓣黑色花朵，或褐釉窑变纹盏中闪现数不清的红黄蓝紫交融的小晕圈〔图 60、图 61〕，这类曜变纹盏在传世品中亦有〔图 62、图 63〕[6]。这类曜变，观察方向改变，色彩改变，正视看晕圈呈蓝色与金光闪闪，右视呈蓝色，左视则褐色金光闪闪〔图 64-图 66〕。从这类曜变盏特点看它与日本山崎一雄学者所论的“大佛次郎先生碗”的特点较为相同。在过去日本学者均称曜变纹茶盏独为建窑所产，现在应是不仅建窑能烧造，重庆涂山窑也能

3　《禅林小歌》1415—1420 年；《能阿弥相传集》133392=1527 年；《君台观左右帐记》1511 年。

4　小山富士夫：《陶磁全集》第 26 卷《天目》。

5　中国古代陶瓷科学技术第二届国际讨论会〈论文摘要〉中文篇 68 页，1985 年版。

6　中国收藏家协会主编：《中国民间收藏陶瓷大系·重庆、云南、贵州、四川、广西、西藏卷》，河北美术出版社，2019 年，第 204 页。

图 61　涂山窑曜变纹盏

图 62　涂山窑曜变纹盏

图 63　涂山窑曜变纹盏内壁照

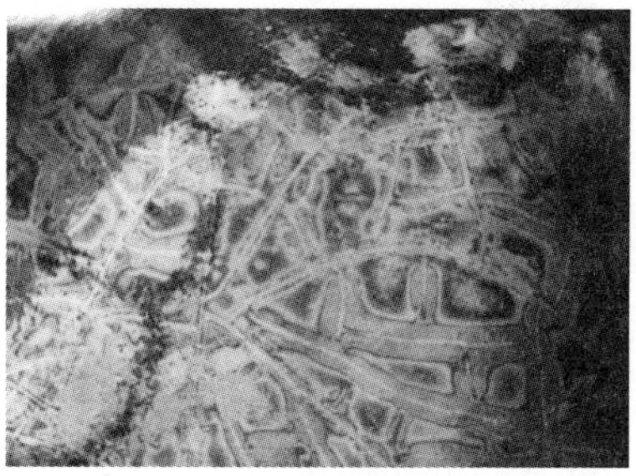
图 64　涂山窑曜变纹盏正对拍照

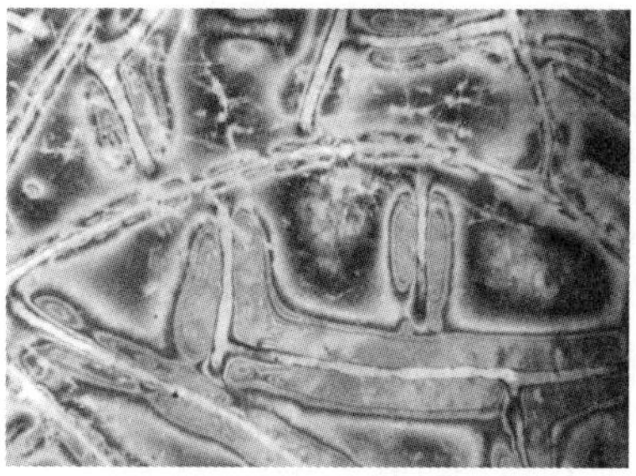
图 65　涂山窑曜变纹盏内壁左侧拍照

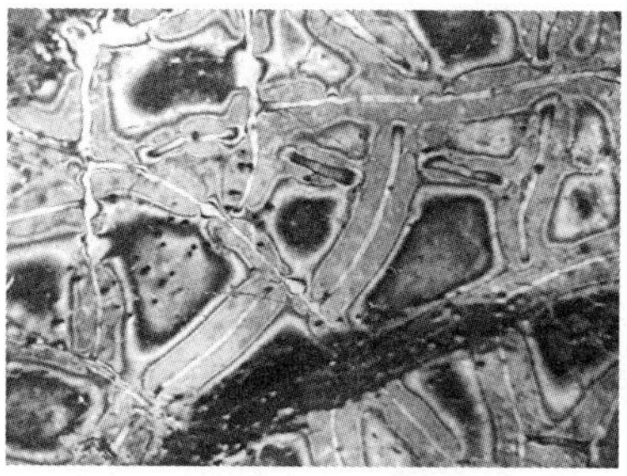
图 66　涂山窑曜变纹盏内壁右侧拍照

烧造。

重庆涂山窑小湾虹彩与曜变纹公布于1998年《四川考古报告集》后，曾引起了广大日本学的关注与重视，其当代仿“曜变天目”碗，较成功的陶艺师长江惣吉，读完后，曾于2001年专程来重庆参观调查涂山窑小湾遗址出土的虹彩、曜变纹器，并将仿品带来进行了学术交流。他的父亲长江悠悸于1985年来中国参加北京召开的中国古陶瓷第二届国际学术研讨会，我们初识于会中，并亲眼观赏了仿制的“曜变天目”碗，无论造型与纹师虽有不足，但总的来说是很成功的。但事隔16年之久，子承父业所仿之器，并未超其父，可见“曜变”纹烧造之难度是不言而喻的，同时亦足见当时涂山窑小湾窑址制瓷大师们之成就多么显赫，又怎不令人为其钦佩与效发。

综上所述，西坝窑与涂山窑的窑变花釉及曜变纹，各具特色，但它们均是在建窑引领下，在南北陶瓷文化交融互鉴中、在继承传统的基础上有所发展与创新。它与吉州窑黑釉瓷装饰艺技相比，吉州窑以“黑釉木叶纹、剪纸漏花装饰技法堪称世界一绝”[7]，其西坝窑与涂山窑的窑变花釉亦可称之“环宇一绝”。

7　江西省文物考古研究院：《吉简吉美：吉州窑遗址出土瓷器集萃》，文物出版社，2020年，第8页。

汝州张公巷窑遗址出土青花瓷的初步认识

赵宏　郭木森（河南省文物考古研究院）

摘要：21世纪初，汝州张公巷窑的发掘，因出土一批精美青瓷和窑具而在古陶瓷界引起轰动，是北宋官窑还是金元官窑，至今争论不休。但很少有人知道，本轮发掘中，在晚期地层和遗迹内还出土一批精美的青花瓷，虽与窑址无关，但还是引起发掘者的格外重视。那么这批青花瓷是什么时代，属于哪个窑口，使用者又是谁，张公巷的张公（张维新）和这批瓷器有什么关系呢？初步整理后认为，这批青花瓷多数来源于明中晚期的景德镇民窑，应该是明清时期张维新家族的生活用器。这些发现，对研究汝州市历史文化和经济交流具有重要意义。

关键词：汝州张公巷　窑址　青花瓷　明清　张公　发掘

但凡古陶瓷研究与鉴赏者，无人不晓汝州张公巷窑，21 世纪初，经过科学考古发掘，这里曾出土一批精美绝伦的青釉瓷器，这类青瓷，规整大气，釉色纯正，釉薄胎薄，胎质细白，手感轻盈，与汝窑相比多了分华气，在陶瓷界引起轰动。其性质，有学者认为是北宋官窑，有人认为是金元官窑，至今争论不休。值得注意的是，在遗址晚期地层和遗迹内，还出土一批精美的青花瓷器，这些瓷器来自哪里，是什么时代，它的主人是谁，本文将对这批瓷器作以初步探讨，不妥之处，望方家指正。

一、张公巷窑的发现与发掘

张公巷窑遗址在汝州市区东南，位于汝州老城中大街与张公巷交汇处，经初步探查，窑址中心区面积约 3600 平方米，皆被居民住房和道路占压〔图1、图2〕。

该窑址发现于 2000 年。2001—2012 年，经国家文物局批准，河南省文物考古研究院先后 4 次对该遗址进行考古调查、勘探和发掘，发掘面积约 300 平方米，清理金代至民国不同时期房基 11 座、灰坑 129 个、水井 5 眼、土灶 6 个、灰沟 2 条和淘洗池 1 个，出土了数百件张公巷窑生产的完整或可复原瓷器、窑具和数十万件（片）瓷器与素烧器标本，此外，

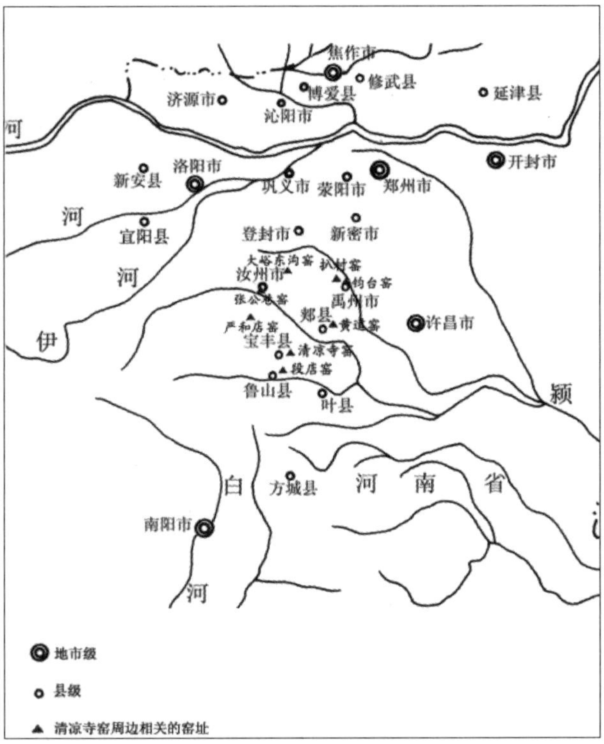

图 1　汝州张公巷窑地理位置及和其他窑址关系

图 2　张公巷窑位置平面图

图 3　汝张 T3 第六层瓷片堆积

图 4　张公巷窑 T5 发掘后现场（西上东下）

图 5　张公巷窑地层堆积

图 6　出土张公巷窑青瓷

图 7　2002 年发掘遗迹图

图 8　2012 年张公巷窑址发掘现场

图 9　2002 年发掘现场

图 10　T3J2 出土部分陶瓷器

还出土了不少唐、宋、金元、明清和民国时期的文物标本，取得了重要的考古成果[1]〔图 3-图 9〕。

二、遗址内出土的青花瓷

汝州是座千年古城，文化底蕴深厚。由于遗址是老城的居民区，勘探发掘受限，四次发掘五个探方，面积不足 300 平方米，发掘深度在 2.2—2.9 米之间，各个时期多重叠压，相互打破严重，地层和灰坑极难分辨。初步整理后，我们将遗址分为 7 期，即晚唐五代至民国，青花瓷出土于第五、六期，也就是明清时期。除个别青花瓷出土于地层和灰坑内，大部分遗物出土于编号为 T3J2 的水井内。J2 位于发掘区中部（张公巷边），探方西中部，开口于第②层下，西部被一近现代坑破坏，井口被 H32 叠压，直径 1—1.3 米，发掘深度 1.4 米（考虑安全因素，未清理到底）。井的结构呈筒状，用残砖平砌，深 1.2 米时下部缩小呈直壁。井内堆积土质松散，土色杂乱，内含较多煤渣和砖块。出土遗物极为丰富，除出土

1　河南省文物考古研究所、日本奈良文化财研究所：《汝窑与张公巷窑出土瓷器》，科学出版社，2009 年。

张公巷窑青瓷成品器和素烧器（占总出土遗物 30%）外，其他遗物以青花瓷为主，（占总出土遗物的 31%），其次为酱釉瓷、白釉瓷及青釉瓷（分别占 15%、9% 和 7%），白地黑花瓷、钧釉瓷、黑釉瓷和孔雀蓝釉瓷极少（占总出土遗物 5% 和 3%），器型仍以碗为主，其次有盘、罐、瓶、杯、炉、杯、执壶、人物俑和动物俑等。青花瓷主要有碗、盘、碟、杯等生活用器（附图版，井内出土遗物合影照），其他晚期地层和遗迹内也有少量青花瓷，器型基本相同。值得说明的是，H32 叠压在井（J2）口之上，应该是井口坍塌所致，因此 H32 应属于井的废弃时代，时代稍晚。井的附近有同时期房基和夯土墙残存〔图 10〕。

三、出土青花瓷的窑口和时代

J2 出土完整及可复原遗物 78 件，仅青花瓷近 45 件（片），器型不多，主要是碗、碟、杯之类，其器型特点整体小巧秀雅，敞口，多数口沿外折，内有炫纹线把装饰画分布其中，有的矮底足无釉，足底也无釉，有的底足刮釉，较粗糙，并有粘砂现象，部分底足外斜内直。釉色白中泛青，晶莹剔透，胎质细白坚实，器物内外用钴蓝料书画人物、麒麟、鹤、草虫、文字装饰，画风随意性强，类似于写意画，文化内涵丰富，纹饰内有铁锈斑现象，盘类器底足部有火石红现象〔图 11–图 52〕。

其他遗迹内出土的青花瓷有的也有以上青花瓷特点，多是残片，部分器型和绘画明显不同。

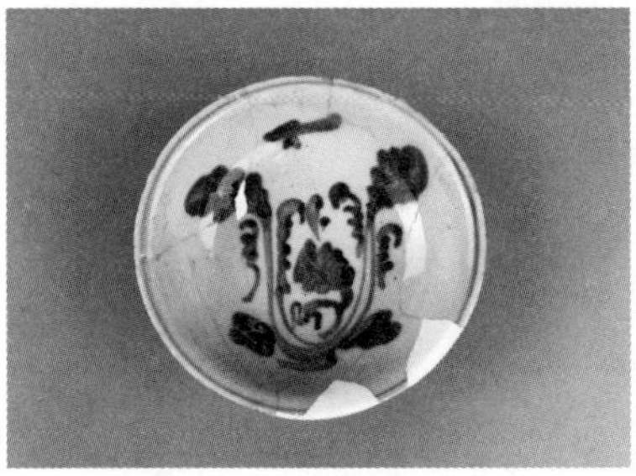

图 11　碗 T3J2：26，口径 13.7 厘米，底径 6.5 厘米，高 4.2 厘米

图 12　碗，T3J2：39，口径 13.7 厘米，底径 6.6 厘米，高 4.3 厘米

图 13　碗，T3J2：10，口径 14.2 厘米，底径 6 厘米，高 4.5 厘米

图 14　碗，T3J2：25，口径 13.7 厘米，底径 7.2 厘米，高 4.3 厘米

图 15　碗，T3J2：36，口径 13 厘米，底径 5.5 厘米，高 5.8 厘米

图 16　碗，T3J2：9，口径 13 厘米，底径 5.2 厘米，高 5.5 厘米

图 17　碗，T3J2∶41，口径 19.8 厘米，底径 7.5 厘米，高 8.2 厘米

图 18　碗，T3J2∶78，口残径 10.4 厘米，残高 4.2 厘米

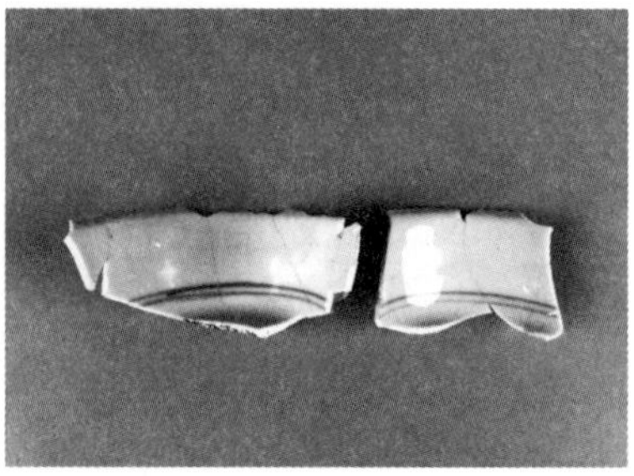

图 19　碗，T3J2∶78

图 20　碗，T3J2∶28，口径 12 厘米，底径 5.2 厘米，高 6 厘米

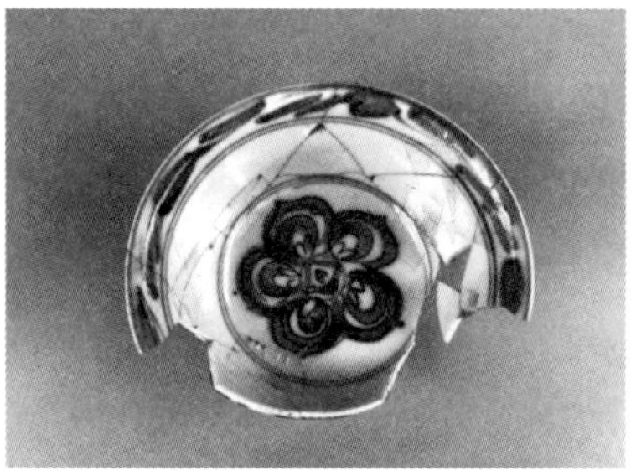

图 21　碗，T3J2∶28

图 22　碟，T3J2∶46，残长 11 厘米，残宽 5.9 厘米，底径 5.9 厘米，高 3.2 厘米

图 23　碟，T3J2∶46

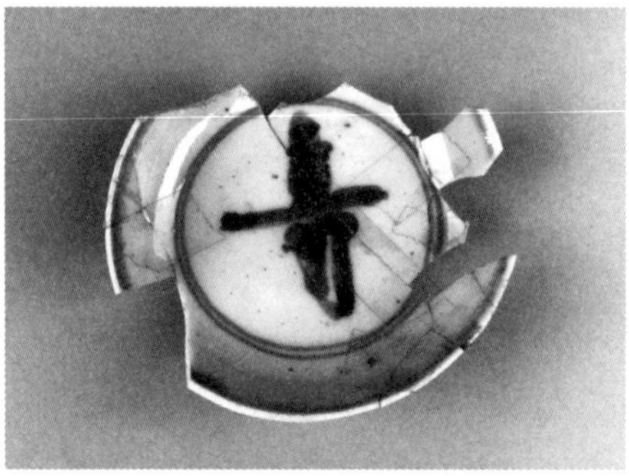

图 24　碟 II T3J2∶20

图 25　碟，T3J2∶44，口径 11.6 厘米，底径 5.3 厘米，高 3 厘米

图 26　碟，T3J2∶50，口径 11.7 厘米，底径 5.9 厘米，高 3.2 厘米

图 27　碟，T3J2∶50

图 28　碟，T3J2∶4，口径 11.9 厘米，底径 5.8 厘米，高 3.4 厘米

图 29　碟，T3J2∶4

图 30　碟，T3J2∶4

图 31　碟，T3J2∶13，口径 11.4 厘米，底径 5.4 厘米，高 3.3 厘米（2）

图 32　碟，T3J2∶13

图 33　碟，T3J2∶11，口径 13 厘米，底径 4.8 厘米，高 2.7 厘米

图 34　白釉碗，T3J2∶47，口径 11.9 厘米，底径 5.4 厘米，高 3.8 厘米

图 35　白釉碗，T3J2∶47

图 36　杯，T3J2∶19，口径 6.6 厘米，底径 2.2 厘米，高 4 厘米

图 37　杯，T3J2∶52，口径 6.4 厘米，底径 2.4 厘米，高 4 厘米

图 38　杯，T3J2∶52

图 39　杯，T3J2∶77，口径 6.7 厘米，底径 2.4 厘米，高 3.6 厘米

图 40　杯，T3J2∶77

图 41　高足杯，T3J2∶53，口径 7.3 厘米，
底径 3.8 厘米，高 7.8 厘米

图 42　高足杯，T3J2∶53

图 43　碗 Ⅱ T3J2∶26

图 44　碗 Ⅱ T3J2∶39

图 45　碗 Ⅱ T3J2∶10

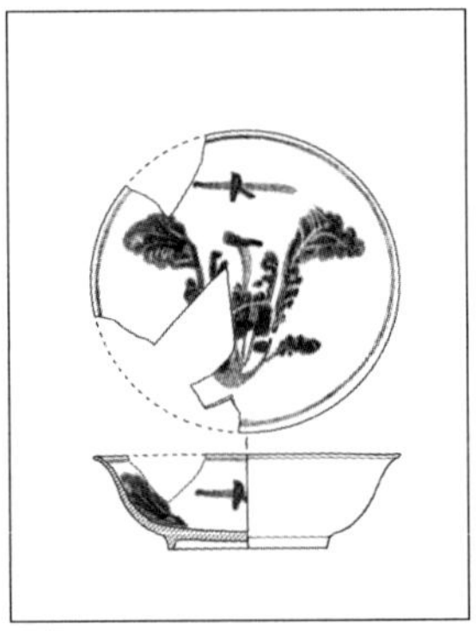

图 46　青花碗，T3J2∶25

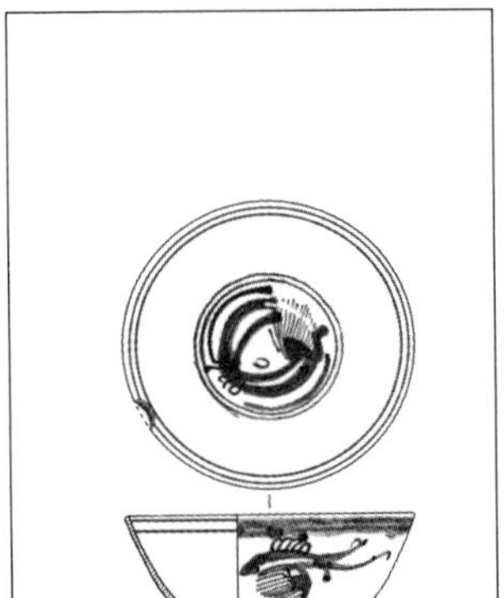

图 47　碗 Ⅱ T3J2∶36

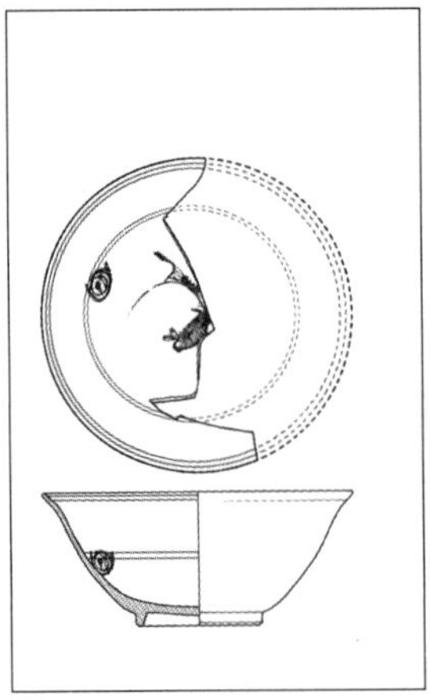

图 48　碗 Ⅱ T3J2∶41

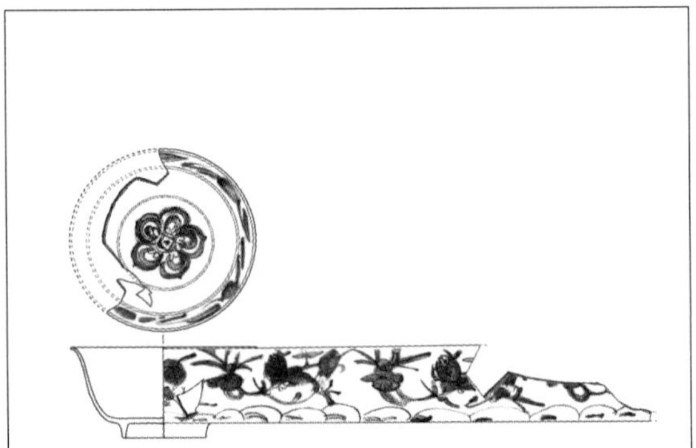

图 49　碗 Ⅱ T3J2∶28

图 50　碟　II T3J2：4

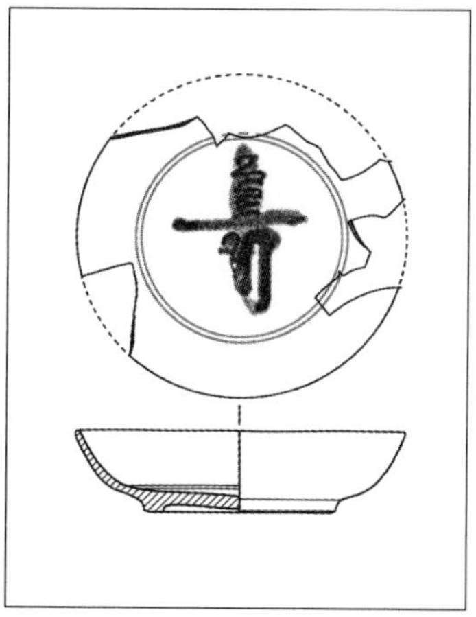

图 51　碟　II T3J2：20

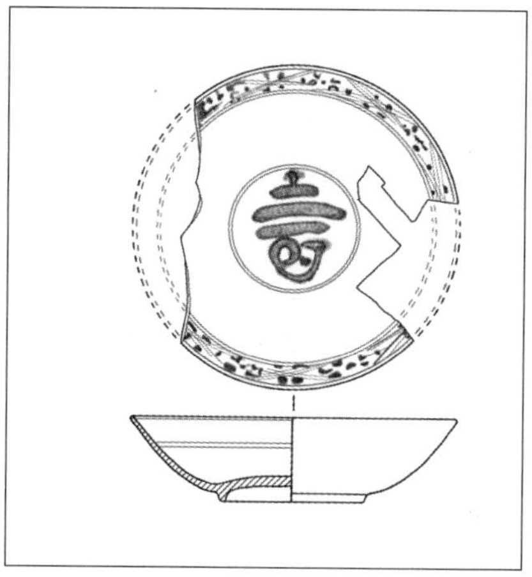

图 52　碟　II T3J2：44

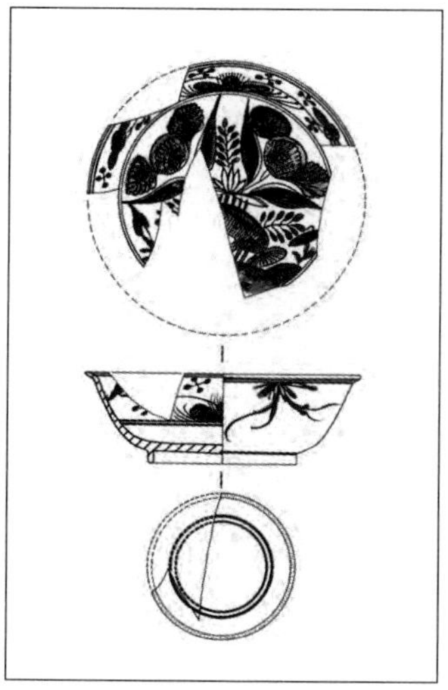

图 53　景德镇红光瓷场青花碗（T21C11：305）

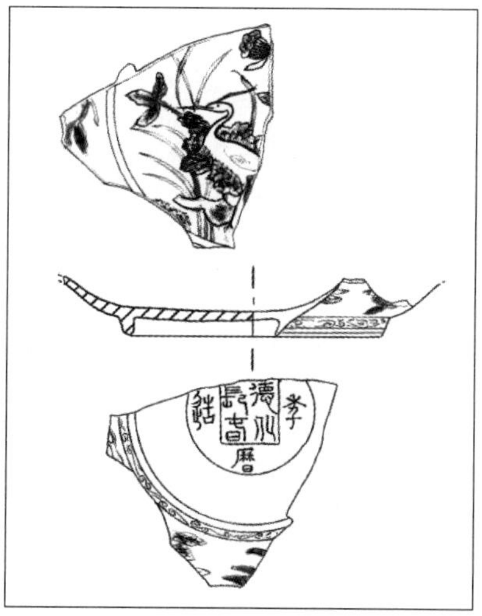

图 54　景德镇红光瓷场　青花盘 T2C4 ①：4

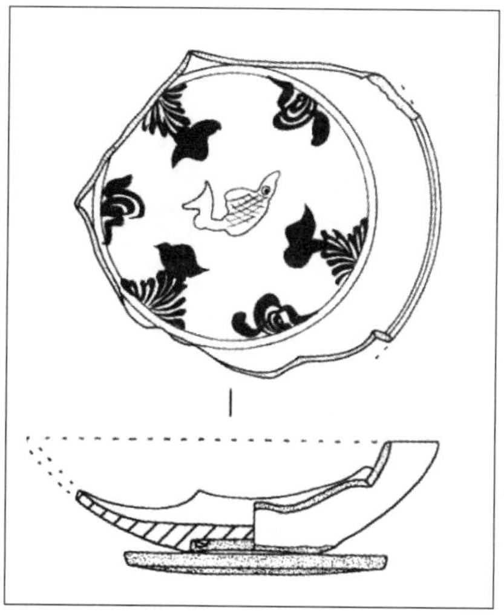

图 55　景德镇红光瓷厂　青花盘（T2F6 ②：3）

汝州张公巷遗址出土的青花瓷是窑址以外的遗存，那么他们来自哪个窑口，是什么时代产品。从 J2 出土青花瓷的器型、釉色、胎色胎质、装饰风格、烧造工艺来看，皆为景德镇民窑产品，为明代中晚期。出土的外绿内青花花口盘（残）与景德镇落马桥红光瓷厂窑址出土的第三期外青釉内青花盘（标本 T2 扩 c：5）相近；碗盘类器形、装饰风格与景德镇落马桥红光瓷厂窑址出土的第四期青花碗（T21C11：305、T22H1：301）、盘（T27H1：303、T2C4 ①：4）相近[2]，其中 T27H1：303、T2C4 ①：4 盘上有“万历年”铭文，青花碗（T3J2：39）与开封明周王府出土的明道光至崇祯年间 A 型青花碗（JZ12：12）器形及绘画风格基本一样[3]〔图 53-图 55〕，因此基本断定这批青花瓷应该是明嘉靖至崇祯年间产品〔图 56-图 59〕。

2　景德镇市陶瓷考古研究所、北京大学考古文博学院、江西省文物考古研究院：《江西景德镇落马桥红光瓷厂窑址明清遗存发掘简报》，《文物》2020 年第 11 期。

3　开封市文物考古所：《河南开封新街口明周王府官署遗址发掘简报》，《文物》2017 年第 3 期。

图 56　外青釉内青花盘外底
（景德镇红光瓷厂 T2　扩④c：5　）

图 57　外青釉内青花盘内底
（景德镇 红光瓷厂 T2　扩 ④c：5）

图 58　内青花外绿釉盘，T5②：21，残长 9.3 厘米，残宽 9 厘米，高 4 厘米

图 59　青花盘内部，T5②：21

四、张公（张维新）家族与这批青花瓷的关系

张公巷的名字来源于汝州名人张维新。张维新，字宪周，号岐东，河南汝州人，从金代始，张家世居汝州东大街，几代为官，家境殷实。张维新生于嘉靖二十四年（1545 年）六月初八日，万历元年（1573 年）八月，明代万历丁丑（1577 年）科进士，履冠县（今山东聊城市冠县）县令。因政绩突出，升为给事中。万历二十四年，任钦差整饬直隶潼关河南绥灵陕山同华蒲州等处兵备、陕西按察司副使，陕西布政使。在任期间主持编纂《华岳全集》十三卷。张维新善诗，诗作甚多[4]。从政凡三十余年后，衣锦还乡，明万历三十七年（1609 年），病卒家中。清后，族人建祠堂纪念他，后来人们把祠堂边的巷子称为张公巷。此次张公巷遗址发掘出

4　中共汝州市委办公室、汝州市人民政府办公室：《直隶汝州全志（清道光二十年・点校本）》，内部资料。

土的青花瓷，非常精美，与近些年考古发掘发现的河南境内明代遗址及王府遗址考古发掘发现的青花瓷类似，如开封新街口明周王府官署遗址出土大量青花瓷[5]，开封双龙港明代建筑遗址出土的青花瓷[6]，洛阳老城南关明代院落遗址[7]、河南社旗县赊店镇明清遗址出土的青花瓷[8]。江西景德镇元明清是生产青花瓷的重地，号称瓷都，瓷器因精美占领国内外消费市场，世人以拥有之而自豪。但其距中原地区山高路远，古代商品交流极其不便，当时能够用得起景德镇瓷器的非官即贵，一般人是用不起的。因此，这批瓷器从废弃时间和张维新家族地位上来看，应该是其家族日常生活用品。

张公巷遗址考古发掘出土的青花瓷，丰富了汝州市城市考古研究的内涵，为汝州汝瓷文化的传承、展示增添了精彩实物，同时对明清时期瓷器等商品的交流研究提供了丰富的实物资料。

5 开封市文物考古所：《河南开封新街口明周王府官署遗址发掘简报》，《文物》2017 年第 3 期。

6 河南大学历史文化学院等：《开封双龙港明代建筑遗址发掘简报》，《文物》2021 年第 4 期。

7 洛阳文物工作队：《洛阳老城南关明代院落遗址》，《洛阳文物》2017 年第 2 期。

8 南阳市文物考古研究所，待出版。

对明清时期德化窑瓷器生产与外销的考察

万钧（故宫博物院）

摘要：本文在以往研究的基础上，梳理了德化窑的社会历史、经济环境、人文风尚，充分发掘文献方志、考古遗迹和实物遗存，着重研究西方零星的贸易记录、家族文件、博物馆收藏资料，将明清时期的德化窑置于当时全球贸易的大环境下去探讨其生产和贸易状况，深化了我们对德化窑的认识。通过对明清时期德化窑瓷器生产出现的新变化及其原因的探讨，揭示出德化窑为适应世界市场需求所做出的变通和努力；通过对德化窑瓷器在世界贸易轨迹和收藏流转的研究，使我们认识到德化瓷器在中国瓷器向世界传播过程中所扮演的重要角色；葡萄牙的"克拉克"巨舰，西班牙的"马尼拉"大帆船以及荷兰、英国、瑞典等国的东印度公司在德化瓷器外销到欧洲和北美洲的过程中起着至关重要的作用；德化白瓷，尤其瓷塑，以独特的造型和温润的釉色深受各国皇室贵族的喜爱，被纳入库存清单、收藏清单以及遗嘱清单；德化窑为欧洲商人生产定制瓷器以及欧洲瓷厂仿烧德化白瓷，不仅丰富了中欧瓷器的造型、种类，而且促进了中西文化的交流；由于德化青花的品质不能和景德镇青花相提并论，其地位远不及白瓷重要，各国博物馆收藏不多或不作为重点藏品提及。

关键词：德化窑　白瓷　青花瓷　生产　外销

德化窑是我国闽南地区最负盛名的民窑，位于今福建省泉州市西北部的德化县。《德化县志·山川志》载："环德皆山也……俯瞰长流，曲折奔注。"德化以山地为主，矿藏丰富，与制瓷有关的高岭土、瓷石、紫砂矿、石英石和黏土等储量大，品质优，为瓷器的生产提供了易得的原料；素有闽中屋脊的戴云山耸立中部，并贯穿全境，森林资源丰富，为瓷器的烧造提供了充足的燃料；以戴云山为中心，河流呈叶脉状向四周分流，为瓷器的生产提供了廉价的动力；大溪、畲寮溪等流入晋江，浐溪、涌溪、盖德溪等流入闽江，晋江从泉州市晋江市入海，闽江至福州市入海，为瓷器的运输提供了便利的水运条件；更有泉州港、福州港、厦门港、晋江安海港和漳州月港等重要外贸港口与之比邻，为瓷器的外销减少了运输成本。

唐代，泉州已是中国对外贸易的重要港口，有来自阿拉伯、波斯及东南亚等地区的商人。宋元时期，政府鼓励海外贸易，《诸番志》一书中列举了50多个与宋发生贸易的国家和地区，最远的包括非洲的坦桑尼亚等[1]。据《岛夷志略》所载，元代有近百个国家和地区同泉州港有贸易往来。进入明清以后，一改以往的贸易政策，实行海禁，有悖15世纪以来新航路的开辟、全球贸易正走向一体化的大环境，因此屡禁不止，几度开合，对德化窑这样一个外销型窑口的生产和贸易势必产生重大影响。

本文在以往研究的基础上，梳理了德化窑的社会历史、经济环境、人文风尚，充分发掘文献方志、考古遗迹和实物遗存，着重研究西方零星的贸易记录和家族文件等各项资料，旨在跳出以往就事论事的窠臼，把明清时期的德化窑置于全球贸易的大环境下去探讨其生产和贸易状况，以深化我们对德化窑的了解。

一、明清时期德化窑瓷器的生产

德化的制瓷历史悠久，可以追溯到新石器时代。1958年，在德化浔中镇丁溪村的云尾山、牛尾寨、四埔山三处新石器时代遗址上，采集到陶片和釉陶[2]。1974年，在美湖乡后坪山遗址又采集到一些陶片[3]。由于没有发现窑址，不能肯定这些陶片和釉陶是德化窑制品，但应该可以说明，此时的制陶技术与德化窑或德化窑的形成应该有某种渊源关系。德化窑有窑址可考的历史目前可追溯到商周时期，2007年10月，在德化县三班镇三班村和永春交界的寮田尖山发现一处商周时期的原始青瓷窑址[4]。1995年3月，在美湖乡阳田墓林发现一处唐五代时期的青瓷窑址[5]。1976年，发掘了两宋时期的碗坪仑窑；同年又在宝美村破寨山南坡上发掘了宋元时期的屈斗宫窑。2001年，对屈斗宫甲杯山窑址进行了考古发掘，清理出三座元明窑炉遗迹。以上清晰地勾画出了德化窑烧瓷的脉络。

宋元时期，德化窑制瓷完成了由青瓷向青白瓷、白瓷的转变，到明代，白瓷得到高度发展，万历以后达到鼎盛。德化窑青花在明中叶开始烧造，到清嘉庆道光时期达到高峰。德化窑还兼烧造五彩、粉彩和颜色釉等品种，因为不是主打产品，我们不在此论述。以下从德化白瓷和德化青花两个代表性品种的生产来看德化窑瓷器外销的前提。

1. 德化白瓷的生产

明初，德化白瓷基本沿袭了元代的胎釉配方和生产工艺，器物胎质较黑，呈暗灰色，

1 （宋）赵汝适：《诸番志》，中华书局，1985年。

2 福建省文物管理委员会：《闽南新石器时代遗址的调查》，《考古》1961年第5期。

3 德化县陶瓷博物馆收藏。

4 李熙惠、林良标：《全国罕见原始青瓷窑址现身泉州》，《海峡都市报》2007年11月16日。

5 陈建中、陈丽华、陈丽芳：《中国德化瓷史》，上海交通大学出版社，2011年，第85—88页。

釉面白中闪黄，俗称“象牙白”“奶油白”，装饰以印花和堆贴为主。成化至隆庆时期，器物的胎质细腻，胎釉结合紧密，烧成工艺水平提高，出现了独特的“糯米胎”。新工艺不断出现，催生出大批新产品，印花、堆贴和雕塑技艺有明显提高，合模、刻字、印款等工艺在创新运用中逐渐完善和发展。万历以后，德化白瓷的生产水平和工艺水平达到鼎盛，胎质洁白细腻，釉水洁净，与胎骨结合紧密，浑然一体，釉色莹润光亮，在日光照耀下，一种白中隐现粉红，俗称“孩儿红”；一种白里微泛黄色，俗称“猪油白”。流传至欧洲后，法国人称其为“鹅绒白”“中国白”。这时德化白瓷以其优良的品质进入了文人的视野，时人陈懋仁《泉南杂志》载：“德化县白瓷，即市中博山佛像之类是也。……初似贵，今流播甚多，不甚重也。”[6]明末清初周亮工在《闽小记》中品评：“德化瓷箫笛，色莹白，式亦精好，但累百枝无一二合调者，合则声凄朗，远出竹上。”[7]清代寂园叟在《陶雅》中有记：“德化所出口白瓷花盘，瓷质雪白，价廉而式样不俗。”[8]赵汝珍在《古玩指南》中赞道：“似定器，无开片，若乳白之滑腻，宛如象牙光色，如涓细水莹厚。”[9]更有许之衡在《饮流斋说瓷》中给出了德化瓷的评判标准：“佳者瓷质颇厚，而青里能映见指影，以白中闪红者为贵。”[10]

明末清初，德化白瓷开始走下坡路，进入康雍乾时期，由于国际市场的变化，白瓷已不是生产的大宗，产量减少。胎质较前略为粗松，釉色以白色泛青为主，质量较好的乳白釉和纯白釉多见于康熙时期，康熙五十一年（1712年）知县殷式训在《瑶台陶烟》诗中赞道：“宇内闻声说建窑，坚姿素质似琨瑶。”[11]乾隆年间县邑廪生连士荃在《龙浔竹枝词》中犹称：“白磁身价通四海，谁悯泥土穴取劳。”[12]《清宫内务府造办处各作成做活计清档》中记载：“乾隆二十五年七月十六日，（福建）总督管理巡抚吴达善进贡内，奉旨驳出建窑磁瓶成座……本日交与差来把总钟佐等领去，讫。”[13]瓷瓶虽然被退回，但说明德化白瓷作为明清时期福建地区的特产被地方官进献给皇帝是存在的，故宫博物院现存的清宫旧藏明清德化窑白瓷精品50件也足以证明〔图1-图3〕。嘉道以后白瓷走向衰落。道光时学者郭柏苍在《闽产录异》中写道：“德化窑，皆白瓷器，出德化县。顺治以前，老窑所制佛像、尊、垒、盘、盏皆精致古雅，其色洁白中现出粉红，至今价翔矣。然佛像不及荷台瓶，盘不及南北定。近胎地厚而粗，釉水莹而薄，渐不足贵矣。”[14]

---

6 （明）陈懋仁：《泉南杂志》卷上，明宝颜堂秘笈本。

7 （明末清初）周亮工：《闽小记》卷下，《古今说部丛书》第八集，上海文艺出版社，1991年。

8 （清）寂园叟：《陶雅》卷下，中国书店影印书贵山房重刊本，1991年。

9 （民国）赵汝珍：《古玩指南》，中华书局，1984年。

10（民国）许之衡：《饮流斋说瓷》说窑第二，民国美术丛书本。

11（清）乾隆《德化县志》卷一五《艺文》；朱琰《陶说·古窑考》：“建窑，在福建泉州府德化县。”

12（民国）《德化县志》卷一六《艺文》。

13 中国第一历史档案馆、香港中文大学文物馆：《清宫内务府造办处档案总汇》第25册，人民出版社，2005年，第822、823页。

14（清）郭柏苍：《闽产录异》卷一《货属》，光绪版，第31页。

图 1　明白釉何朝宗款祥云观音像
故宫博物院藏，原供奉于紫禁城内廷外东路宁寿宫花园云光楼养和精舍佛堂内

图 2　明白釉何朝宗款如意观音像
故宫博物院藏，原供奉于紫禁城内廷外西路慈宁宫后殿大佛堂内

图 3　明白釉何朝宗款寿星像
故宫博物院藏，原供奉于紫禁城内廷外东路宁寿宫花园玉粹轩净尘心室佛堂内

图 4　明白釉凸弦纹象耳瓶
故宫博物院藏

图 5　明白釉大明宣德年制款狮耳簋式炉
故宫博物院藏

图 6　明白釉印花牡丹纹盒
故宫博物院藏

德化白瓷器型丰富繁多，已进入人们生活的方方面面，有壶、瓶〔图 4〕、罐、尊、觚、香插、灯、灯座、烛台、炉〔图 5〕、鼎、簋、钵、碗、盘、碟、杯、盏、爵、匜、案屏、笔筒、盒〔图 6〕、印章、砚台、洗、水注、水丞、箫和墓志瓷板、棺垫等，陶瓷雕塑独树一帜，成为德化窑的特色产品，宋应星《天工开物》中载："德化窑，惟以烧造瓷仙精巧人物玩器，不适实用。"[15] 按题材可分为：宗教与民间信仰雕塑，包括如来佛、观音、达摩、布袋和尚、福德正神、文昌帝君、八仙、关羽、天后、寿星等；人物雕塑，包括李白、朱熹、一般人物等；动物雕塑，包括麒麟、狮子、牛、马、狗、喜鹊、螃蟹等；还有水果雕塑，包括桃、荔枝等。出现了透雕工艺，有透雕牡丹纹套杯、透雕牡丹纹笔筒、透雕云龙纹熏炉、透雕狮子等。这时正值欧洲各国商人蜂拥而至亚洲的时间，德化白瓷销往欧洲。其中

15（明）宋应星《天工开物》卷中"白瓷（附青瓷）"，明崇祯刻本。

有大量深受西方人喜爱的器物，包括佛、观音、布袋和尚、仕女、狮子、盒、碟子、碗、犀角杯〔图7〕、梅花杯〔图8〕等，但最受欢迎的当属观音等雕塑。英国学者唐·纳利在其《中国白：福建德化瓷》中写道："'中国白'器物到达欧洲，立即引起很大的轰动。最早写中国陶瓷的作家们用赞赏的词汇来描述""我们不能期望在这里发现古典的或文艺复兴时期雕塑这样的奇迹——规格和材料限制了这种可能，但在可能的情况下，他们达到了顶峰！没有别的瓷器塑像可以望其项背。"[16]这种"中国白"塑像非常符合当时欧洲皇室贵族的审美，被大量购买，并作为艺术品陈列在皇宫和大宅中。随着欧洲人对德化白瓷热度的升温，传统品类逐渐不能满足其需求，开始出现按需生产的定制产品，西洋宗教人物〔图9〕、西洋一般人物〔图10、图11〕、西洋生活组雕、玩偶、烛台、各种咖啡杯、各种巧克力杯、各种茶杯、茶壶、牛奶罐等"中国白"产品在德化窑的生产中占有相当比例，在德国德累斯顿萨克森家族的《德累斯顿藏品清单》中记载："N25,6件黑发裸体女站在小山上""N31,3个男人坐着弹奏一乐器，旁边站着一个印度小孩""N35,21件戴帽子和哨子的人骑在龙上"等[17]；1703年抵达厦门的Union商船的船货清单中也记载了

图7 明至清白釉塑贴龙虎鹤鹿纹犀角杯
故宫博物院藏

图8 明至清白釉塑贴折枝玉兰梅花纹杯
故宫博物院藏

图9 17—18世纪白釉夏娃像
大英博物馆藏

图10 清白釉荷兰人像
法国吉美博物馆藏

图11 清白釉西洋人物人像
苏格兰国家博物馆藏

16〔英〕唐·纳利：《中国白：福建德化瓷》，福建美术出版社，2006年，第1、65页。

17〔英〕唐·纳利：《中国白：福建德化瓷》，福建美术出版社，2006年，第177、178页。

两件荷兰人家庭像、两件荷兰人像、两尊圣·玛利亚像、65尊讲坛教士像等[18]。圣母和圣婴像的造型与送子观音差别不大，姿态酷似送子观音，只是脸部和服饰有所不同，显然是以送子观音为蓝本稍加变化而成[19]。然而观音、仕女等传统中国造像仍是出口的大宗，以致瓷雕匠师不断涌现，明代有何朝宗、林希宗、林朝景、张寿山、陈伟等，清代有何朝春、林希宗、许良西等，其中以何朝宗的成就为最高，其作品被誉为“东方艺术”的珍品，在世界许多博物馆都有收藏。

经考古调查，德化已发现的屈斗宫、岭兜、后窑等30处窑址，以祖龙宫、甲杯山、岭兜、铜岭、后所窑的产品最丰富，质量最佳，为明代德化窑的代表。

2. 德化青花的生产

早在明代前期，费信在《星槎胜览》中就提到爪哇“国人最喜中国青花瓷器”，马欢的《瀛涯胜览》、巩珍的《西洋番国志》等书都有青花瓷器行销西洋各国的详细记载，后来的《荷兰东印度公司与瓷器》一书中也载：“明代万历开始，销往欧洲的瓷器差不多全是青花瓷器。”[20]《明会典》还记载南洋物产番货价：肉豆蔻每斤五百文，降真香每斤五百文，苏木每斤五百文等。折还我国瓷器之价是：青白花瓷盘，每个五百贯；青白花碗，每个三百贯。豆青瓷盘，每个一百五十贯；豆青瓷碗，每个一百贯[21]。据此可知青花瓷价格的昂贵。在德化白瓷大受欧洲皇室贵族追捧的时候，德化的匠师们也没有忘记跟上时代的步伐，在明中叶开始烧造德化青花，明中叶到清初，属于德化青花初创期，胎灰白或白，乳浊釉，白中微泛青色。青料浓重，发色灰黑，时有缩料现象出现。器型以碗为主，兼少量罐、盘、杯、碟和随葬品等。装饰图案以单字、单项图案为主，简洁大方。

清朝建立之初，由于明末将领郑成功盘踞福建东南沿海，拥兵拥海对抗清廷，为了剿灭郑成功及反清复明势力，清廷实施“海禁”政策。顺治十二年（1655年）、十三年，康熙元年（1662年）、四年、十四年五次颁布禁海令；顺治十七年，康熙元年、十七年三次颁布迁海令[22]，致使泉州沿海一带制瓷业受到承重打击，大量资金转入内地，大批制瓷工匠也向内地迁移，使身处福建内地的德化窑在得到充足资金的同时还充实了技术力量和劳动力，新窑如雨后春笋般涌现。从民间族谱中发现：德化城关及周边乡镇几乎家家户户都有从事瓷器生产的人，制瓷成为许多家庭的副业，农忙务农，农闲制瓷[23]。乾隆六十年知县胡

18〔英〕甘淑美：《17世纪末—18世纪初欧洲及新世界的德化白瓷贸易》（第一部分），《福建文博》2012年第4期。

19〔英〕唐·纳利：《中国白：福建德化瓷》，福建美术出版社，2006年，第324页。

20 T. Volker. Porcelain and the Dutch East India Company (1602–1682) E. J. Brill, Leiden, the Netherlands, 1954.

21《明会典》卷一〇二“礼部六十一·诸番四夷土官人等二”，清乾隆文渊阁四库全书本。

22 顺治十八年八月，清廷颁布迁海令，亦称迁界令，是禁海令的补充。具体内容是：将福建、广东、浙江、江苏、山东、河北六省沿海及各岛屿的居民内迁三十至五十里，在沿海一带形成一个无人区，严令军民人等不得私自越境，违者处斩。

23 陈建中、曾萍莎：《福建泉州窑青花瓷及相关问题的探讨》，《中国古陶瓷研究》第十三集，紫禁城出版社，2007年。

图 12　清青花胜合款折枝花果纹盘
故宫博物院藏

图 13　清青花镂雕花卉纹灯
故宫博物院藏

图 14　清青花折枝花卉纹罐
故宫博物院藏

应魁在《郊外漫兴》诗中写道："百丈岭泉凭行引，千声水碓笑人闲。"[24]

图 15　清青花花卉纹碗
泰兴号出水

据文物普查资料显示：清代泉州、南安、晋江、惠安沿海一带古窑址由宋元时期的 62 处下降到 11 处，内地安溪、永春、德化山区窑址大增，德化古窑址由宋元时期的 42 处猛增到 177 处，为历史最高峰[25]。在全县的 15 个乡 41 个村发现青花瓷窑址达 130 处[26]。几乎所有被发现的清代窑址都有生产青花瓷，其规模之大，产量之多，达到史无前例的程度[27]。康雍乾时期德化青花步入繁荣，嘉庆道光时期达到全盛。这时的青花备料考究，工艺精细，胎质洁白坚硬，釉白透明，青料轻重搭配合理，青花色阶层次分明，出现晕散现象，有由浅入深的水墨画效果。器物多日用器，造型有碗、盘〔图 12〕、杯、碟、匙、盒、灯〔图 13〕、器盖、炉、瓶、壶、罐〔图 14〕、盂、砚台、笔筒、笔架、盆景等，其中小碗、盘、杯、碟数量最多，炉也常见。其中碗类型式较多，有深腹和浅腹之别，口部多为敞口，也有侈口、撇口、直口等，盘以口径在 10—15 厘米左右的中小型盘为多。装饰图案朴实生动、画工恣意潇洒、具有浓郁的民俗风情。具体纹饰有花卉纹、动物纹、人物纹、山水纹及诗句文字等，以圈点纹、花篮纹、牵牛花纹、灵芝纹、佛手纹、寿字纹、半寿字纹、云龙纹为典型；开光图案运用频繁，青花锦地开光盘是其典型器。印度尼西亚雅加达博物馆收藏一件德化青花碗，外壁绘楔边圆圈五个，每一圈中都有同样的阿拉伯文字，底书"成化年制"的款识[28]。夏鼐《作为古代中非交通关系证据的瓷器》[29] 一文中的图 7"（坦桑尼亚）

24（民国）《德化县志》卷一六《艺文》。

25 叶文程：《陶瓷史与德化窑》，香港华星出版社，2004 年，第 55 页。

26 徐本章：《试谈德化窑青花瓷器装饰艺术及其影响》，《东方文化》1985 年第 2 期。

27 叶文程：《略论德化古代陶瓷的生产与外销》，《福建文博》2004 年第 2 期。

28 叶文程：《闽南地区古代陶瓷的生产与外销》，《闽南古陶瓷研究》，福建美术出版社，2002 年。

29 夏鼐：《作为古代中非交通关系证据的瓷器》，《文物》1963 年第 1 期。

图 16　清青花灵芝纹碗
泰兴号出水

图 17　清青花火凤纹盘
泰兴号出水

图 18　清青花花卉文字盘
泰兴号出水

坦噶尼喀出土的中国青花瓷器”为德化青花圈点纹碗；陈列于坦桑尼亚首都达累斯萨拉姆博物馆中青花寿字纹盘（碟）、花篮纹盘，在德化诸多窑口都有所发现。道光二年（1822 年）沉没的泰兴号商船，出水瓷器 35 万多件，多数是德化窑生产的青花瓷，有圈点纹、花卉纹〔图 15〕、灵芝纹〔图 16〕、人物纹碗，花篮纹、灵芝纹、花卉纹、花卉文字纹、火凤纹〔图 17〕、人物纹盘〔图 18〕等[30]。这时许多德化青花都书款识，有商号款、私家款、图记款、吉祥文款、干支款、仿成化款及花押款等，以商号款为多见，其中又以双字商号款为最常见，多有“玉”“裕”“珠”“利”“吉”“铃”“美”“宝”等字，以便于销售查找源头，又寄托了美好的寓意。

清代，为适应外销的需要，德化青花日用瓷得到高度发展和兴盛。

二、明清时期德化窑瓷器的外销

明初，“明祖（朱元璋）定制，片板不许下海”[31]，禁止私人海外贸易，只允许一定数量的朝贡贸易存在，导致我国海外贸易由盛转衰。郑和七次下西洋，远达阿拉伯半岛和非洲东海岸，海外贸易的主要物品除了丝绸外，最引人注目的就是瓷器。成化八年（1472 年），朝廷将设在泉州近 300 年之久的市舶机构迁至福州，标志着泉州港从国际性港口沦为地方性港口，德化窑瓷器外销的口岸随之发生了变化，从主要集中在泉州港渐渐向北、向南移动，北有福州港，南有晋江安海港和漳州月港，晋江安海港和漳州月港迅速地以民间贸易的形式成为走私贸易的中心，泉州地区的瓷器源源不断地以非法的方式输出国外。隆庆元年（1567 年），正式取消海禁，在月港开设“洋市”，准贩东西二洋，私商贸易立即活跃起

30 吴艺娟、陈国珠：《略述德化青花瓷的装饰手法及外销问题——以泉州博物馆藏泰兴号沉船的青花瓷器为例》，《外销瓷器与颜色釉瓷器研究》，故宫出版社，2012 年。

31《明史》卷二五〇《朱纨传》，中华书局，1974 年，第 5403 页。

来。“泉、漳二郡商民，贩东西二洋，代农贾之利，比比皆是”[32]。德化瓷器经月港、安海港大量输出海外。

清初，沿袭了明代的海禁政策，连续颁布禁海令和迁海令，东南沿海的瓷器贸易受到沉重打击。康熙二十三年（1684年）开海，厦门港凭借自身良好的港口优势逐渐取代月港和安海港，成为福建南部最大的港口。雍正五年（1727年），厦门被辟为福建省通洋正口和全国对台航运的总口，也被清政府定为往南洋官方贸易的发舶中心。即使到了嘉庆、道光时期，厦门港有所衰退，但每年从厦门开赴暹罗的大船至少还有40只，还有很多大船只开往婆罗洲等东南亚地区[33]。厦门港成为闽南陶瓷外销的中转站和集散地，德化瓷器又经厦门港大量输出海外。《厦门志》载：“其出洋货物，则漳之丝绸纱绢，永春窑之磁器。”[34]德化解元郑兼才在《窑工》诗中写道：“下岭如飞骑，上岭如行蚁。骈肩集市门，堆积群峰起。一朝海舶来，顺流价倍蓰。不怕生计穷，但愿通潮水。”[35]记述了德化瓷器外销的盛况。在日本学者上田恭浦的研究中就有日本从德化输入了白瓷香炉、茶碗[36]，象牙白送子观音需求量之大几乎达到惊人的程度的记载[37]。1655年在荷兰阿姆斯特丹出版的《布里奥新画集》（Blaeuw’s Nieuw Atlas）中出现了一件德化窑观音像的插图[38]。1681年，荷兰画家伦纳德·库伊夫（Leonard Knyff）的一幅静态写生画中描绘了一件德化窑玉兰花形杯[39]。18世纪中叶，法国一幅《布里昂夫人（Madame Brion）在书房》的油画，壁架上出现了一件德化杯[40]。1980年7月间，英国前驻华大使约翰·曼斯菲尔德·艾迪思到德化参观考察时指出：“菲律宾发现德化窑的器物至少在上万件以上。”[41]1989年，前印度尼西亚陶瓷学会会长苏玛拉艾地亚文夫人（Mrs Sumarah Adhyatman）在访问厦门大学时指出：“福建，特别是德化青花瓷器在印度尼西亚大量发现。”在其所撰的《印度尼西亚发现的古陶瓷》一书中有德化青花窑址中极为常见的半寿纹盘等[42]。

以下从考古发现和收藏于世界各国的传世瓷器两个方面看明清德化瓷器的外销。

32（明末清初）顾炎武：《天下郡国利病书》卷九六。

33（清）周凯：《厦门志》卷一五《风俗记》。

34（清道光）《厦门志》卷五。“永春窑”即德化窑，因自雍正十二年起，德化为永春所辖。

35《德化县志》卷一六《艺文》。

36〔日〕上田恭浦:《对中国瓷器的多方面考察》,东京大阪屋书店,昭和十五年。转引自林忠干等:《论“中国白”——明清德化瓷器》，德化陶瓷研究论文集编委会《德化陶瓷研究论文集》，2002年。

37〔日〕上田恭浦:《“支那”古瓷器研究的手引》,东京大阪屋书店,昭和十九年。转引自林忠干等:《论“中国白”——明清德化瓷器》，德化陶瓷研究论文集编委会《德化陶瓷研究论文集》。

38 John Ayers. Blanc de Chine: Some Reflections. Transactions of the Oriental Ceramic Society, vol. 51, 1986–7, pp. 13–36.

39 Arthur I Spriggs. Oriental Porcelain in Western Paintings 1450–1700. Transactions of the Oriental Ceramic Society, vol. 36, 1964–6, pp. 73–87.

40 甘雪莉：《中国外销瓷》，生活·读书·新知三联书店（香港）有限公司，2008年，第105页。

41 徐本章：《试谈澎湖航线与中菲陶瓷贸易》，《中国古代陶瓷的外销》，紫禁城出版社，1988年。

42 叶文程、罗立华：《德化窑青花瓷器几个问题的探讨》，《德化陶瓷研究论文集》（内部刊物），2002年。

（一）从考古出土出水瓷器看德化窑瓷器的外销

最早在亚洲从事海运通商的欧洲人是葡萄牙人，早至1515年（正德十年）就开通了欧洲到中国的航线[43]，他们经印度果阿贩运德化白瓷[44]，在澳门的圣保罗教堂及毗邻的学院废墟中也发现了德化白瓷碎片[45]；西班牙的“马尼拉大帆船”贸易在16世纪下半叶至19世纪初的250年间参与了德化白瓷的运销，西班牙人1571年占领马尼拉作为贸易基地，1573年，从马尼拉驶往墨西哥阿卡普尔科港的两艘西班牙大帆船，载有22300件中国瓷器，是中国瓷器运往美洲的最早记载[46]；继葡萄牙和西班牙后，荷兰人在亚洲建立海外殖民地，成立荷兰东印度公司，1644年获准在厦门建立贸易据点[47]，参与德化白瓷贸易；然而，运载德化白瓷最活跃的则是英国人，英国东印度公司的档案记载及船货清单显示，从厦门港驶回欧洲的英国商船上往往运载大量德化白瓷[48]。目前在亚洲、非洲、欧洲、北美洲的一些国家和太平洋、大西洋海域的航线上都有德化窑瓷器出土和出水。

1. 亚洲和太平洋海域

荷兰人在1609年及1641年分别在日本的平户、出岛建立荷兰东印度公司的通商据点，两地考古均有发现德化白瓷，在堺市亦有瓷箫残片出土[49]。

2004年，中国国家博物馆水下考古研究中心对福建东山县明郑晚期的冬古沉船遗址进行水下考古发掘。出水一批华南瓷器，其中的德化白瓷以杯为主，有少量碗[50]。2008年，中国国家博物馆水下考古研究中心对湄洲湾大竹岛清代沉船遗址进行了考古调查，采集到德化窑青花花卉纹宽折沿碗、青花花篮纹盘及五彩花鸟纹碗[51]。

1974、1975年广东省博物馆先后两次组织了对西沙群岛的文物调查，在西沙群岛上发现了大量的青花器，包括牵牛花纹盘、碗、碟，云龙纹盘、碟，云龙火珠纹、城楼纹碗，寿字纹、半寿纹碗、盘等，均在德化诸多窑址有所出土。这些青花器一部分应是当地人民的生活用具，但大部分应为德化青花瓷在途经南海航线的西沙留下的遗物[52]。

1983年，澳大利亚人迈克·哈彻在中国南部海域组织打捞沉没于明崇祯十六年至清顺

---

43 Toby & Will Musgrave. An Empire of Plants: People and Plants That Changed the World. CASSELL & CO, 2000, Printed in Hong Kong, p91.

44 1510年，葡萄牙人占领印度果阿，果阿成为葡萄牙人在东方的大本营。

45〔英〕甘淑美：《17世纪末—18世纪初欧洲及新世界的德化白瓷贸易》（第一部分），《福建文博》2012年第4期。

46〔美〕舒尔茨：《马尼拉大帆船》，纽约，1959年，第15页。

47 Toby & Will Musgrave, ibid, p93.

48〔英〕甘淑美：《17世纪末—18世纪初欧洲及新世界的德化白瓷贸易》（第一部分），《福建文博》2012年第4期。

49 川口洋平：《长崎县埋藏文化财年报9》，编号6—8，长崎县教育委员会，2002年，第47页。

50 刘淼、羊泽林：《明清华南瓷业的生产及外销》，《考古与文物》2016年第6期。

51 赵嘉斌：《海上丝绸之路上的中国古代外销瓷——中国水下考古的工作与发现》，《中国古陶瓷研究》第十四集，紫禁城出版社，2008年。

52 叶文程、罗立华：《德化窑青花瓷器几个问题的探讨》，《德化陶瓷研究论文集》（内部刊物）。

治三年间（1643—1646 年）的哈彻大帆船。这是一艘中国大帆船。出水瓷器 23000 多件，其中德化白瓷 845 件，有碗、杯、盒、觚、炉、壶及包括观音在内的雕塑人物等[53]。1995 年，哈彻在中国南部海域得组织打捞泰兴号沉船。泰兴号是当时少有的巨型中国帆船，船长 50 多米，宽约 15 米，重 1000 多吨。在从厦门港出发驶往爪哇的途中触礁沉没。出水瓷器 35 万多件，以德化窑青花瓷数量最多，主要包括碗、盘、碟、杯、罐和雕塑人物等，在德化的桐岭、岭兜、后井、东头、石排格、后所、宏祠、布伏山、垵园、窑垅、石僻子、竹林子、苏田等窑址都有出土。

1990 年，越南 Salvage 公司与瑞典 Hallstrom Holdings Oceanic 公司联合发掘头顿沉船（Vung Tau Wreck），头顿船是一艘中国大帆船，沉没于清康熙年间，出水的德化瓷器主要是斗笠杯、碗、盘、勺、顶部装饰着桃花图案的瓷盒、观音塑像、槟榔盒以及神仙和动物塑像等[54]。明万历年间沉没于越南南部平顺省海域的平顺号沉船（Binh Thuan）也是一艘中国大帆船，船货大部分为青花瓷，德化瓷包括杯、碗、盘、匙、盒、塑像等。1998 年 8 月至 1999 年 10 月，越南 Visal 公司、越南历史博物馆及金瓯省博物馆对金瓯省陈文时县海域的沉船进行了考古发掘。从船上直接收集到的瓷器 6 万多件，加上没收民间违法打捞的瓷器共 13 万件，时间为清雍正年间，大部分是青花瓷，兼有少量德化窑白瓷，其中包括德化窑白釉贴花花卉纹炉和梅枝纹蟾蜍水盂[55]。

2000 年，在菲律宾巴拉湾省北部的武旋牙岛附近发现 18 世纪晚期西班牙大帆船残骸，沉船满载中国物品，达 5000 多件，其中包括德化青花瓷器[56]。1760 年沉没于菲律宾南部的英国东印度公司 Griffin 沉船，打捞出水了观音塑像和一些较小的道教神仙塑像[57]。

1751 年，荷兰东印度公司的商船海尔德马尔森（Geldermalsen）在印度尼西亚 Lingga 群岛触礁沉没。打捞到多于 160000 件的中国外销瓷器，包括数件疑似德化白瓷的立于长方座上的白釉道仙人像[58]。在东爪哇等岛屿发掘出土了一批 16 世纪下半叶的德化瓷碎片和瓷塑[59]。

马来西亚海域发现的戴安娜号沉船中也发现有不少德化青花瓷器[60]。

在印度，从 1686 年被奥伦格泽比（Aurangzebe）消灭的比加普（Bijapur）德干王国的城

53〔英〕霍吉淑：《谈明代德化窑瓷器》，《福建文博》2004 年第 4 期。

54 The Vung Tau Cargo: Chinese Export Porcelain, Auction Catalogue of Christie's Amsterdam, Tuesday 7 April 1992 and Wednesday 8 April 1992.

55〔越南〕阮庭战：《（1998 ～ 1999）金瓯沉船水下考古学发掘结果报告》，越南历史博物馆资料，2002 年；Sotheby's Amsterdam,2007. Made in Imperial China, 76 000 Pieces of Chinese Export Porcelain from the Camau Shipwreck, circa 1725. Auction Catalogue.

56 陈水来：《菲律宾岛沉船中的青花瓷》，《收藏家》2001 年第 1 期。

57 Franck Goddio. Evelyne Jay Guyot de Saint Michel, Griffin: On the Route of an Indiaman. London, 1999, pp.136–137, pp. 276–278.

58〔英〕甘淑美：《17 世纪末—18 世纪初欧洲及新世界的德化白瓷贸易》（第一部分），《福建文博》2012 年第 4 期。

59 朱培初：《明清陶瓷与世界文化的交流》，轻工业出版社，1984 年。

60 周世荣：《“戴安娜”号沉船打捞出水的中国外销瓷》，《海外珍瓷海底瓷都》，湖南美术出版社，1996 年。

市废墟中发现了一些德化瓷碎片[61]。1602年建于果阿旧城圣山上的圣奥古斯丁教堂的废墟中发掘出一些德化白瓷片，包括直颈瓶、执壶、槟榔盖盒、玉兰形杯、鸟及犬塑像的残片[62]。

2. 非洲、欧洲和大西洋海域

从9世纪至19世纪中叶，在肯尼亚古代遗址和墓葬出土的中国瓷器，无论是品种和花样都十分丰富，有龙泉青瓷，景德镇和乐平青花、青白瓷，德化白瓷等。[63]李辉柄在《关于德化屈斗宫窑的我见》中明确指出："德化窑瓷器在菲律宾、印度尼西亚、马来西亚等东南亚国家发现较多，在印度、日本、伊朗、阿拉伯以及东非洲沿海等国家也有出土。在怯尼亚（肯尼亚）以南的坦噶尼喀境内，就出土了德化窑青花瓷器。"[64]

1686年，Nossa Senhora dos Milagros沉没于南非西开普省厄加勒斯海角附近，从中打捞到的德化白瓷有牡丹纹槟榔盖盒、贴花梅花纹直颈瓶、贴花梅花纹执壶及佛像、仙人塑像瓷片，相类的残片在德化县得中镇岭兜窑以及宝美村甲杯山窑均有出土；1697年，荷兰东印度公司的伍斯特兰德号（Oosterland）沉没于南非西南端的开普敦附近，发现德化白瓷杯、盒、佛像人物、狮形烛台、动物雕塑等；1713年荷兰东印度公司的Bennebroek，在从锡兰（今斯里兰卡）返回荷兰途中，沉没于南非开普敦阿古拉斯角东面。打捞的德化白瓷包括数尊神像、狮子、犬及欧人骑龙形哨子[65]。

在荷兰阿姆斯特丹北部阿尔克马尔（Alkmaar）的废墟中发掘出了数件德化瓷器，其中包括一件公道杯[66]。

1984年，以迈克·哈彻为领队的水下打捞公司在瑞典海域南打捞了沉没于1745年的哥德堡号(East Indiaman Gotheborg)，这是一艘瑞典东印度公司的商船，出水瓷器14万多件，其中包括德化窑青花瓷和白瓷，主要有杯、碗、碟和雕塑人物等[67]。

3. 北美洲和大西洋海域

约1650—1670年，Tankard在驶往西班牙途中在百慕大附近沉没，沉船遗址中发现两块德化白瓷龙纹杯残片和数块梅花纹杯残片[68]。

1966年，罗伯特·马克斯率领的水下考古队，对1692年因地震沉于海底的牙买加古罗亚尔港做了调查，发现了多件德化"中国白"观音像[69]；1987年夏，美国海洋考古研究

61〔英〕唐·纳利：《中国白：福建德化瓷》，福建美术出版社，2006年，第106页。

62〔英〕甘淑美：《17世纪末—18世纪初欧洲及新世界的德化白瓷贸易》（第一部分），《福建文博》2012年第4期。

63 马希桂:《从中国瓷器的大量出土看中肯两国久远的贸易交往》,《中国古代陶瓷的外销》，紫禁城出版社，1987年。

64 李辉柄：《关于德化屈斗宫窑的我见》，《文物》1979年第5期。

65〔英〕甘淑美：《17世纪末—18世纪初欧洲及新世界的德化白瓷贸易》（第一部分），《福建文博》2012年第4期。

66〔英〕甘淑美：《17世纪末—18世纪初欧洲及新世界的德化白瓷贸易》（第一部分），《福建文博》2012年第4期。

67 Wästfelt, Berit, Bo Gyllensvärd,and Jörgen Weibul. Porcelain from the East Indiaman Gothborg. Bo Gyllensvärd, Claes Jasson and Förlags AB Wiken 1990, P.55.

68 Teddy Tucker. Treasure! A Diver's Life, Hamilton, 2001,pp206–243.

69〔美〕马克斯：《牙买加罗亚尔港的水下遗存》，《水下考古初步规程》，1972年，第139页。

所等联合考古队，在罗亚尔港进行地面发掘时，出土了28件中国瓷器[70]，至少有四件白瓷狮子是“中国白”[71],其中带插管的瓷狮,1963年在德化屈斗宫窑址出土过一件[72]。1981—1983年，美国海洋考古研究所对牙买加的佩德罗沙岛做了六次考古调查，在5号沉船遗址中发掘出了一些中国外销瓷碎片，经修复，得到至少三件“中国白”茶杯[73]，年代为17世纪晚期[74]。

明清时期的德化白瓷残片在墨西哥考古遗址中也有普遍发现，在位于瓦哈卡市附近1521年由西班牙侵占、前哥伦布时期的Monte Albán考古遗址发现了一个小侍从塑像[75]；墨西哥旧城、大寺庙、市政广场等考古遗址，发现包括动物人物塑像、梅花纹杯、梅花纹八方葵口杯和光素杯等的瓷片；圣赫罗尼莫修道院发掘出荷叶杯、莲瓣杯、梅花纹八棱花口杯及牡丹纹圆盖盒瓷片；瓦哈卡圣多明各修道院也发掘出包括65个小盘、377个梅花纹或光素的碗和杯、花卉纹圆盒盖、花卉纹六方盒、牡丹纹槟榔盒的瓷片[76]。

北美西北海岸的俄勒冈州海滩沿岸及相邻的提拉穆克县Nehalem海湾也发现了一些德化白瓷片。瓷片来自马尼拉大帆船圣克里斯托布尔戈斯（Santo Cristo de Burgos）沉船。此船载有蜂蜡、丝绸、香料、瓷器等，1693年从马尼拉启航至新西班牙殖民地，中途消失。在美国东南部阿拉巴马的Old Mobile出土了86块德化白瓷牡丹纹杯残片和44块其他白瓷残片[77]。

以上转运地的遗存，目的地的出土残器和大量在航路上沉船遗物的出水，进一步证实德化窑瓷器在明清时期已被大量运销到亚洲、非洲、欧洲和北美洲。

（二）从传世瓷器看德化窑瓷器的外销

传世明清德化窑瓷器目前在亚洲的东亚、东南亚，欧洲，北美洲都有收藏。

日本学者三上次男在1981年4月参观德化古瓷标本时曾提到，德化瓷箫笛现在日本箱根神社还作为“社宝”保存[78]。新加坡李光前自然历史博物馆保存着德化白瓷盒、狮头双耳瓶等传世品[79]，亚洲文明博物馆收藏有帕米乐·希莉和其丈夫捐赠的德化白瓷观音、达摩、西洋人物、狮子、壶、盒、瓶、杯、盘等。日本东京国立博物馆、出光美术馆，英国的大

70〔美〕汉密尔顿:《牙买加罗亚尔港:重现本来面目》,《海洋考古研究所通讯》第15卷第1号，1988年，第6、7页。

71〔美〕迪沃夫:《罗亚尔港的狮子》,《海洋考古研究所通讯》第15卷第2号，1988年，第8页。

72 厦门大学人类学博物馆:《德化屈斗宫窑址的调查发现》,《文物》1965年第2期。

73 霍伊特:《1981年—1983年对牙买加佩德罗沙岛的考古调查》,《海洋考古和水下调查学报》第13卷第2号,1984年；龚国强:《牙买加发现的德化“中国白”》,《中国古陶瓷研究》第三辑，紫禁城出版社，1990年。

74〔英〕唐·纳利:《中国白:福建德化瓷器》，福建美术出版社，2006年，第58页。

75 此像自1852年起就成为柏林国家博物馆的收藏。

76〔英〕甘淑美:《17世纪末—18世纪初欧洲及新世界的德化白瓷贸易》（第二部分）,《福建文博》2014年第3期。

77〔英〕甘淑美:《17世纪末—18世纪初欧洲及新世界的德化白瓷贸易》（第二部分）,《福建文博》2014年第3期。

78 转引自林忠干等:《论“中国白”——明清德化瓷器》,《德化陶瓷研究论文集》。

79 郑德坤:《东南亚陶瓷的研究》,《中国文化研究所学报》1972年第2期。

图 19　清白釉持经观音像
苏格兰国家博物馆

图 20　清白釉花卉纹八方带座炉
法国吉美博物馆藏

英博物馆、维多利亚和阿尔伯特博物馆、苏格兰国家博物馆〔图19〕，德国的德累斯顿国立美术馆、夏洛登堡宫，法国的吉美博物馆〔图 20〕，荷兰的国立博物馆、海牙市立博物馆，比利时的布鲁塞尔皇家艺术博物馆，挪威的国家博物馆，丹麦的哥本哈根国家博物馆，瑞典的东亚博物馆等以及瑞士、意大利、拉脱维亚、俄罗斯、美国、加拿大和澳大利亚的博物馆都有德化明清时期的雕塑、陈设器和日用器的收藏（详见附表 1）。由于没有进货的原始文件，不能完全肯定这些瓷器就是当时的外销瓷，但英国东印度公司的船贸记录和 17—18 世纪各国皇室贵族的收藏及收藏清单可作为这些瓷器来源的佐证。

1. 英国东印度公司的船贸记录

1699 年 Nassau 商船载着大量塑像从厦门返回到英国，其中包括 175 尊圣・玛利亚像、70 件仕女婴孩像、71 件较小的仕女像、37 件大白狮、1247 件小白狮、255 个白釉罐和把杯、497 件白釉把杯、1470 件白釉巧克力杯，并于该年在伦敦转卖；Dorrill 商船也从厦门运入了 4200 件白釉巧克力杯、52 尊圣・玛利亚像和 42 件仕女婴孩像，并于 1702 年 4 月与其他德化白瓷一同出售；1701 年冬天驶往厦门的 Dashwood 商船的船货清单中有圣・玛利亚像、讲坛教士像、仕女婴孩像、人物骑兽像和各种鸟、兽像和白釉把杯，还包括了一系列从未进口到英国的荷兰人家庭像[80]、荷兰骑士像、荷兰人像，1703 年在伦敦拍卖，此后还有 Union 商船、Fleet 商船、Tavestock 商船、Somers 商船、Toddington 商船等销售或拍卖过德化白瓷[81]（详见附表 2）。虽然这些船贸记录仅限于英国东印度公司，但由其可推断出其他东印度公司的销售方式，这些记录是德化窑瓷器在海外销售的珍贵材料。

2.17—18 世纪各国贵胄的收藏及收藏清单

现在已知最早的收藏清单为英国美术收藏家阿伦德尔伯爵 Thomas Howard（1585—1646）1641 年的伦敦大宅（Tart Hall）库存清单，记载有陈列于其荷兰展厅内的 69 件白瓷塑像；法国摄政王奥尔良菲利普二世（1674—1723）1724 年的库存清单内有摄政王夫人（1677—1749）在凡尔赛宫附近的度假别墅中的两个小水壶，凡尔赛宫公爵夫人房间内的高足酒杯，巴黎皇宫内由国王路易十四在 1692 年赠予摄政王伉俪作新婚贺礼的六个杯子及其他诸多杯子和洋人家庭塑像、镶银立鹤烛台等；丹麦和挪威国王克里斯蒂安四世（1588—1648 年

80　1721 年的德累斯顿清单上记载有这类德化白瓷塑像。

81〔英〕甘淑美：《17 世纪末— 18 世纪初欧洲及新世界的德化白瓷贸易》（第一部分），《福建文博》2012 年第 4 期。

在位）在哥本哈根的斯堪的纳维亚的罗森博格城堡内收藏有 8 件德化白瓷塑像，包括五尊观音像和三尊仕女像，陈列于国王克里斯蒂安四世的卧房，塑像为瓷器爱好者黑森州—卡塞尔皇后的收藏，全都载录于 1718 年城堡最早的库存清单中[82]。而最为详尽、最为量大的当属德国德累斯顿萨克森家族的藏品目录。德累斯顿国立美术馆保存了 17—18 世纪奥古斯都一世收藏的两万多件中国和日本的瓷器，其中晚明到清初的德化白瓷现今仍有 400 多组 1255 件，是中国之外保存最多的一处明清德化传世瓷器收藏[83]。大部分都被记录在康熙六十年（1721 年）奥古斯都一世下令登记的王室瓷器藏品目录中，每件藏品的底部都刻或画上了一个数字以及一个符号，符号三角形的分为三个部分：第一部分为人物塑像和玩偶，在 1727 年前进了 81 批，除了 6 件外，469 件均来自德化；第二部分为各式碗、黄油盘、其他盘、盐盒、瓶、罐和汤匙，在 1727 年前进了 57 批，其中 32 批里面有 71 件“中国白”；第三部分为茶具及附属品如茶壶、牛奶罐、碟子和咖啡杯，在 1723 年前进了 133 批，其中 70 批里面有 588 件“中国白”。且还有“1727 年 5 月 24 日，瓦莱汀公司（Valentine Co）送来……11 件各种规格的女性塑像”“1723 年 7 月，HM 从枢密院瑞根伯格（Rechenberg）处购买了下列瓷器……”“1727 年，HM 从华沙购买了以下瓷器交给王宫。N81，1 件 18 手人物塑像”“1727 年 5 月 24 日，商人兰德伯格和科尔（Landberger & Kell 送来 N58 104 件白盘……不是‘中国白’”“1723 年 6 月，HM 从 HE 的 FM 和巴瑟塔彻（Bassetouche）购买下列……”等记录[84]。这批藏品中女性塑像，一般质量较次，主要是荷兰人不愿为精美塑像付高价格的结果。在康宁于 1826 年 1 月 31 日致驻海牙大使查尔斯伯格爵士的信中得到证实，即“荷兰人犯了个商业错误，付得太少要得太多”[85]。

另外，还有英国埃克塞特伯爵五世伉俪 1688 年在其林肯郡伯利别墅的收藏清单和 1690 年伯利别墅的德文郡议程，克兰子爵夫人戴安娜 1675 年收藏清单，北安普敦郡 Boughton 别墅的收藏，马尔堡公爵牛津郡布伦海姆宫的收藏；意大利佛罗伦萨的皮蒂宫的收藏；西班牙国王查理斯三世（统治于 1759—1758 年）去世后的库存清单；瑞典国王卡尔·古斯塔夫十世皇后的收藏；美国纽约的理发师兼外科医生 Jacob De Lange 1685 年的库存清单，Margrieta van Varick（1649—1695）在 1695 年的遗嘱和库存清单，著名商家和地主 Gilles Shelley（卒于 1718 年）的库存清单，波士顿 Charles Hobby 爵士的库存清单[86]（详见附表 3）。

以上资料从不同的角度充分说明各国传世的明清德化白瓷是来自贸易，在明清时期已经进入当地皇室贵族的生活。

82〔英〕甘淑美：《17 世纪末—18 世纪初欧洲及新世界的德化白瓷贸易》（第一部分），《福建文博》2012 年第 4 期。

83 黄卫文：《清宫旧藏德化窑白瓷研究》，《德化窑古陶瓷研究论文集》，九州出版社，2013 年。

84〔英〕唐·纳利：《中国白：福建德化瓷》，福建美术出版社，2006 年，第 24、176—184 页。

85〔英〕唐·纳利：《中国白：福建德化瓷》，福建美术出版社，2006 年，第 72、75 页。

86〔英〕甘淑美：《17 世纪末—18 世纪初欧洲及新世界的德化白瓷贸易》（第一部分），《福建文博》2012 年第 4 期。

三、结语

一种产品或者一种资源，一旦进入世界贸易体系，也就具备了从全球化这一大视野下对其进行审视的条件。在“全球化”的概念之下，我们可以以更为宏大的视角，关注区域之间的交流和联结。根据冯先铭先生的研究，东南沿海地区的广东、福建、浙江以及江西的一部分是中国古代陶瓷发展过程中最为重要的外销瓷产区。这些地区分布密集的瓷窑很大程度上是将出口瓷器作为主要任务，为瓷器外销服务的。而在与世界贸易联系的密切性以及产品的生产与流通方面，福建德化窑瓷器可以说是相当典型的例子。通过对明清时期德化窑瓷器生产出现的新变化及其原因的探讨，显示出德化瓷业对远方世界市场的关注，以及其为适应世界市场之需求所作出的变通和努力。通过对德化窑瓷器在世界贸易轨迹和收藏流转的研究，可以使我们认识到德化瓷器在中国瓷器向世界传播过程中所扮演的重要角色。尤其是世界地理大发现后，在16世纪的欧洲，尽人皆知东方的富庶，纷纷来到亚洲和中国贸易，葡萄牙的“克拉克”巨舰，西班牙的“马尼拉”大帆船，荷兰、英国、瑞典等国的东印度公司跨越太平洋、印度洋、大西洋，把德化白瓷运销到欧洲和北美洲。德化白瓷以其独特的造型和温润的釉色深受各国皇室贵族的喜爱，出现在皇宫和大宅中，法国人称其为“鹅绒白”“中国白”，各国皇宫和大宅纷纷把其纳入库存清单、收藏清单以及遗嘱清单，充分说明德化白瓷征服了世界，成为以之传承的艺术品。

随着德化白瓷外销的增多，中国传统造型品类已不能满足欧洲人的需要，德化窑开始生产定制瓷器。欧洲商人提供器物造型，德化匠师按订单生产，西洋人物、西洋生活组雕、玩偶、咖啡杯、巧克力杯等充满异域风情的德化白瓷应运而生，畅销海外。不仅丰富了中国瓷器的造型，而且在这个交流的过程中使中国人逐渐了解世界；同时，也使欧洲人知道了在遥远的东方有“中国白”，掀起各地瓷厂的仿烧风潮，迈森（Meissen）、尚蒂伊（Chantilly）、切尔西（Chelsea）、鲍（Bow）、布里斯托尔（Bristol）、圣克劳德（St.Cloud）、温森斯（Vincennes）、代尔夫特（Delft）等均仿烧过德化白瓷[87]。在客观上促进了中西文化的交流。

这时世界瓷器贸易中的主流产品应该是青花瓷，青花瓷以其色彩和纹饰受到各个阶层的欢迎，更受普罗大众的喜爱，德化人没有沉浸在德化白瓷热销的盛景中，而是紧跟世界贸易大潮，调整产品结构，大量生产德化青花，在嘉庆道光时期达到顶峰，前述出土和出水的德化青花可以佐证。但由于德化青花的品质不能和景德镇青花相提并论，且基本都为日用瓷，消耗极大，所以少有进入收藏序列，各国博物馆的收藏不多或不作为重点藏品提及。

附记：在附表1查找资料过程中得到了英国杜伦大学张然博士的帮助，在此表示感谢！

87 John Ayers. Blanc de Chine: Some Reflections. Transactions of the Oriental Ceramic Society vol. 51, 1986–7, pp. 13–36; 上海博物馆编：《东西汇融：中欧陶瓷与文化交流特集》，上海书画出版社，2021年，第57页。

附表1　各国博物馆收藏德化窑瓷器简表

国家	单位	地点	年代	藏品简况	备注
日本	东京国立博物馆 (Tokyo National Museum)	东京	明清	佛像等	
	出光美术馆 (Idemitsu Museum of Arts)	东京	明清	佛像等	
新加坡	亚洲文明博物馆 (The Asian Civilisations Museum)	新加坡	宋至民国	佛像、文昌、西洋人物组雕、盒、瓶、壶、洗、罐、狮子、小动物、瓷印、炉、杯、灯、盘等	帕米乐·希莉与丈夫弗兰克将其所有德化窑藏品捐赠给此馆
	李光前自然历史博物馆 (Lee Kong Chian Natural History Museum)	新加坡	宋、明	盒、罐、瓶等	
	国家遗产委员会 National Heritage Board	新加坡	清	佛像等	
英国	大英博物馆 (The British Museum)	伦敦	宋至清	宋军持、粉盒，明何朝宗的观音、关羽、释迦牟尼像，清阿拉伯文和十字架瓷器以及各种日用、陈设器等	是欧洲德化窑瓷器收藏种类最齐全的博物馆之一
	维多利亚和阿尔伯特博物馆 (Victoria and Albert Museum)	伦敦	宋至清	瓶、壶、盒、人物、佛像等，有何朝宗款观音立像	
	戴维德基金会 (Percival David Foundation)	伦敦	明清	瓶、炉、水注、盒、碗、盘、洗及观音等，包括多件何朝宗款观音及其他匠师款作品	
	苏格兰国家博物馆 (National Museum Scotland)	爱丁堡	宋至清	人物、瓶、炉、壶、杯、盘、洗等	
	阿斯摩林博物馆 (Ashmolean Museum)	牛津	宋至民国	炉、瓶、壶、人物、佛像、洗、盒等，其中青白釉划花盘及青白釉莲纹瓶（又称“马可·波罗瓶”）属宋代精品	该馆的这部分藏品年代较早且珍贵，在国外德化窑收藏界有一定影响
	布伦海姆宫 (Blenheim Palace)	牛津	元明	杯子、欧洲人物塑像、佛像、炉、瓶、壶等	原英国首相丘吉尔家族的私人收藏馆
	菲茨威廉博物馆 (Fitzwilliam Museum)	剑桥	明清	炉、壶、瓶、杯等	
	杜伦大学东方博物馆 (Oriental Museum, Durham University)	杜伦	明清	杯、碗、盘、簋、觚、笔舔、水仙盆、盒、炉、壶、瓶、印章、笔筒、船、佛像、文昌、禄星、西洋人物、送财童子等	
	鲍斯博物馆 (Bowes Museum)	杜伦	清代	佛像等	
	东亚艺术博物馆 (The Museum of East Asian Art)	巴斯	明清	鼎、瓶、罐、炉、盘、碗、杯、水丞、人物等	
	陶瓷与艺术博物馆 (The Potteries Museum & Art Gallery)	斯塔福德郡	清	尊、杯、佛像、西洋人物等	
	巴勒珍藏馆 (The Burrell Collection)	格拉斯哥	明清	瓶、壶、碗、印章、佛像等	
	城市美术陈列馆 (Glasgow Gallery of Modern Art)	格拉斯哥	明清	瓶、壶、人物、杯等	
	布里斯托尔城市博物馆与美术馆 (Bristol City Museum and Art Gallery)	布里斯托尔	明至民国	炉、瓶、佛像等	

（续表）

国家	单位	地点	年代	藏品简况	备注
德国	德累斯顿国立美术馆 (Staatliche Kunstsammlungen Dresden)	德累斯顿	宋至清	有1255件（400多套）德化瓷器，大部分为白瓷，有佛像、人物、碗、碟、罐、瓶、匙、壶、盒、杯等	该馆陶瓷藏品建立在奥古斯都大帝收藏的基础上
	夏洛登堡宫 (Schloss Charlottenburg)	柏林	明清	杯、炉、瓶等	
	手工艺品博物馆 (Museum für Kunsthandwerk)	法兰克福	明清	炉、杯、碗、瓶、人物等	
	科隆工艺艺术博物馆 (Kunstgewerbe Museum)	科隆	明清	杯、瓶、人物等	
	卡塞尔博物馆 (Museumslandschaft of Kassel in Hesse)	卡塞尔	明清	杯、炉、瓶、人物等	
	恒特恩斯博物馆 (Hentzens Museum)	杜塞尔多夫	明清	有炉、瓶、杯、壶等	
	汉堡艺术及工艺博物馆 (Museum für Kunst und Gewerbe)	汉堡	明清	炉、瓶、杯、壶、人物、佛像等	
法国	吉美博物馆 (Musée Guimet)	巴黎	明清	炉、瓶、杯、壶、盘、洗、人物、佛像等，包括何朝宗款蒲团观音坐像	
	卢浮宫博物馆 (Musée du Louvre)	巴黎	清	杯、人物、佛像等	
	塞夫尔国家陶瓷博物馆 (Sèvres-Manufacture et Musée nationaux)	塞夫尔	清	香熏等	
荷兰	博依曼斯博物馆 (Museum Boijmans Van Beuningen)	鹿特丹	明清	杯、洗、瓶等	
	海牙市立博物馆 (Hague Municipal Museum)	海牙	明清	瓶、壶、炉、人物等	
	荷兰国立民族学博物馆 (Museum Volkenkunde)	莱顿	明清	杯、瓶、炉、人物、佛像等	
	格罗宁根博物馆 (Het Groninger Museum)	格罗宁根	明清	杯、炉、人物等	
	普林西霍夫博物馆 (Museum het Princessehof)	吕代登	明清	杯、碗、洗、瓶、佛像等	
	荷兰国立博物馆(Rijksmuseum)	阿姆斯特丹	明清	杯、碗、瓶、炉、人物等	
	克罗勒・穆勒博物馆 (Kroeller - Mueller Museum)	阿姆斯特丹	明清	瓶、炉、洗、杯等	
比利时	布鲁塞尔皇家艺术博物馆 （荷兰文：Koninklijke Musea voor Schone Kunsten van België，法文：Musées royaux des Beaux-Arts de Belgique）	布鲁塞尔	元明清	炉、瓶、杯、人物、佛像等	
	迈耶美术馆 (Mayer Collection in the Pavilion Chinois)	布鲁塞尔	明	人物、佛像等	
	德马里门特国家博物馆 (Musee de Marienont)	德马里门特	明清	瓶、杯、壶、炉等	
	柯蒂乌斯博物馆 (Musee Curtius)	列日	明清	瓶、杯等	

（续表）

国家	单位	地点	年代	藏品简况	备注
挪威	国家博物馆 (Nasjonalmuseet)	奥斯陆	元明清	杯、炉、瓶、人物、佛像等	
	挪威国家美术馆 (Nasjonalgalleriet)	奥斯陆	明清	碗、杯、碟、洗、人物等	
	威特兰科工业艺术博物馆 (VestlandskeKunstindustri Museum)	卑尔根	明清	杯、瓶、壶、人物、佛像等，包括何朝宗款观音	
丹麦	哥本哈根博物馆 (Københavns Bymuseum)	哥本哈根	元明清	杯、壶、炉、洗、瓶、人物、佛像等	藏品目录中最早的为1690年
	丹麦艺术与设计博物馆 (Design Museum Denmark)	哥本哈根	明清	杯、瓶等	
瑞典	东亚博物馆 (The Museum of Far Eastern Antiquities)	斯德哥尔摩	明清	炉、杯、瓶等，包括纪年器等珍贵藏品	
	德罗宁汉 (Drottningholm)	斯德哥尔摩	明清	瓶、杯、壶、人物等	斯德哥尔摩郊外皇家宅邸的中国宫，1769年开始一直存放
	肯佩藏馆 (Kempe Collection)	斯德哥尔摩	明清	佛像、人物、杯、碟、瓶、壶、炉等	世界最大私人藏馆之一
	霍劳尔博物馆 (Hallwyl Museum)	斯德哥尔摩	明清	佛像、人物、杯、碟、瓶、壶、炉等	
	东印度公司博物馆(Svenska Ostindiska Companiet Museum)	哥德堡	明清	炉、瓶、杯、壶、佛像、人物等	有判断“哥德堡号”沉船年代的器物
	罗兹博物馆 (Museum of the History of Lodz)	哥德堡	明清	壶、杯、炉、人物等	
瑞士	鲍尔基金会远东艺术博物馆 (Baur Foundation,Museum of Far Eastern Art)	日内瓦	宋至清	盒、罐、炉、瓶、壶、笛子等	
意大利	国际陶瓷博物馆 (Museo Internazionale delle Ceramiche)	法恩扎	清	佛像等	
	中国民族志艺术博物馆 (Museo d’Arte Cinese ed Etnografico)	帕尔马	明	杯等	
	装饰艺术博物馆 (Museo di Arti Decorative)	都灵	清	花盆等	
拉脱维亚	里加艺术博物馆 (The Art Museum RIGA BOURSE)	里加	清	佛像、文昌等	
俄罗斯	俄罗斯国家东方艺术博物馆 （俄文：Государственный Русскиймузей 英文：The State Russian Museum)	莫斯科	明清	佛像等	
美国	美国国家历史博物馆(National Museum of American History)	华盛顿	明清	杯、壶、瓶、炉、佛像等	
	弗里尔美术馆 (Freer Gallery of Art)	华盛顿	明清	炉、杯、瓶、佛像等	
	西雅图艺术博物馆 (Seattle Art Museum)	西雅图	明清	杯、瓶、炉等	
	大都会艺术博物馆 (Metropolitan Museum of Art)	纽约	明清	佛像等	
	纽约市博物馆 (Museum of the City of New York)	纽约	明清	杯、炉、人物、佛像等	
	布鲁克林博物馆 (Brooklyn Museum)	纽约	明清	佛像等	

（续表）

国家	单位	地点	年代	藏品简况	备注
美国	沃兹沃思雅典艺术博物馆 (The Wadsworth Atheneum Museum of Art)	哈特福德	明	佛像、瓶、杯等	
	波士顿美术博物馆 (Museum of Fine Arts Boston)	波士顿	明清	炉、杯、碟、瓶、佛像等。有何朝宗款瓷塑	
	哈佛大学博物馆 (Harvard Art Museums)	剑桥	明清	佛像等	
	沃尔特艺术馆 (Walters Art Museum)	巴尔的摩	明清	杯、炉、瓶等	
	巴尔的摩艺术博物馆 (Baltimore Museum of Art)	巴尔的摩	清	佛像等	
	芝加哥美术馆 (Art Institute of Chicago)	芝加哥	明清	炉、杯、壶、人物等	
	费城艺术博物馆 (Philadelphia Museum of Art)	费城	明清	瓶、炉、杯、人物等	
	卡耐基艺术博物馆 (Carnegie Museum of Art)	匹兹堡	明清	佛像等	
	亚洲艺术博物馆 (Asian Art Museum)	旧金山	明清	佛像等	
	德扬纪念馆 (MH de Young Memorial Museum)	旧金山	明清	杯、炉、壶等	
	洛杉矶县立艺术博物馆 (Los Angeles County Art Museum)	洛杉矶	明清	佛像等	
	J.保罗·盖蒂博物馆 (The J. Paul Getty Museum)	洛杉矶	清	人物、茶杯等	
	底特律美术馆 (Detroit Institute of Arts)	底特律	明清	佛像等	
	纳尔逊艺术博物馆 (Nelson-Atkins Museum of Art)	堪萨斯城	明清	佛像等	
加拿大	皇家安大略博物馆 (Royal Ontario Museum)	多伦多	明清	杯、炉、人物、佛像等	
	加丁纳博物 (Gardiner Museum)	多伦多	明	鸟形雕塑等	
	蒙特利尔市博物馆 (Musée et site historique de Montréal)	魁北克	明清	杯、炉、瓶等	
澳大利亚	新南威尔士艺术馆 (Art Gallery of New South Wales)	悉尼	清	佛像等	

（本表部分资料来源于陈建中等《中国德化瓷史》、唐·纳利《中国白：福建德化瓷》）

附表2　英国东印度公司船贸记录

船名	时间	简况	备注
Nassau	1699年返回英国	175尊圣·玛利亚像、70件仕女婴孩像、71件较小的仕女像、37件大白狮、1247件小白狮、255件白釉罐和把杯、497件白釉把杯、1470件白釉巧克力杯	1699年在伦敦转卖
Dorrill	1702年4月以前返回英国	4200件白釉巧克力杯、52尊圣·玛利亚像和42件仕女婴孩像	1702年4月出售
Dashwood	1701年冬驶往厦门	圣·玛利亚像、讲坛教士像、仕女婴孩像、人物骑兽像和各种鸟、兽像和白釉把杯，还包括了一系列从未进口到英国的塑像，如41件荷兰人家庭像、14件荷兰骑士像、110件荷兰人像	1703年在伦敦拍卖

（续表）

船名	时间	简况	备注
Union	1703年抵达厦门	22筐白瓷塑像，包括两件荷兰人家庭像、两件荷兰人像、两尊圣・玛利亚像、65尊讲坛教士像、3件没有教士的	1705年3月在一连串拍卖会中出售
Fleet	1705年9月以前返回英国	2240件狮子、118件Double josses、310件鸟、35件大象	1705年9月出售
Regard	1705年9月以前返回英国	4尊圣・玛利亚立像	1705年9月出售
Tavestock	1706年4月	4尊圣・玛利亚立像、6小件白釉仕女像、6件白釉巧克力杯等	
Somers	1707年6月以前返回英国	两件骑马人像、两件公鸡、两件仕女婴孩像、三件小型仕女婴孩像、三尊圣・玛利亚立像、8件白釉玩具、9件后加彩狮子、10件后加彩塑像	1707年6月拍卖
Toddington	1707年6月以前返回英国	两件后加彩大塑像、一件后加彩仕女婴孩像、两件较小后加彩仕女婴孩像	1707年6月拍卖

［本表根据甘淑美：《17 世纪末～ 18 世纪初欧洲及新世界的德化白瓷贸易》（第一部分）整理］

附表3　17～18世纪的各国皇室贵族等的收藏及清单

国家	所有者或大宅名	地点	收藏简况	备注
英国	阿伦德尔伯爵Thomas Howard(Earl of Arundel，1585—1646)	伦敦	1641年库存清单里包括69件白瓷塑像，包括一件白瓷男人与男孩像、一尊布袋和尚像、一件白瓷带座狮子、一件白瓷仕女坐像、一件白瓷仕女像	
	克兰子爵夫人戴安娜(Lady DianaViscountess of Cranbourne)		1675年收藏清单里包括一件狮子像、两件人像、一尊圣・玛利亚像和水壶，一尊丘比特	
	埃克塞特伯爵五世伉俪(fifth Earl and Countess of Exeter)伯利别墅(Burghley House)	林肯郡	1688年收藏清单里包括两尊白釉修士、两尊白釉修女坐像、两尊白釉修女像、两尊骑狮人像、两件白狮、两件大白犬、一件白瓷带盖茶壶、两个白“criple”	这座华丽的伊丽莎白式大宅是为伯利男爵一世威廉・塞西尔（1st Baron of Burghley，1521—1598），也就是女王伊丽莎白一世的国务顾问及财政大臣而建的，至今仍然为塞西尔家族所拥有
			1690年德文郡议程里包括两件大腿上有婴孩的人像	
	玛丽女王二世(1662—1694)汉普顿宫	伦敦	收藏有六件大型观音塑像	肯辛顿皇宫整理出版了玛丽二世藏品目录（1696—1697）
	Boughton别墅	北安普敦郡	收藏有52件德化白瓷，包括11尊送子观音像、4尊坐佛、两尊罗汉立像、8件仕女立像、8件佛狮烛台和5件大小及器形相异的酒杯	据说此收藏为马尔堡公爵夫人Sarah Churchill（Duchess of Marlborough，1660—1744）赠予其女婿蒙塔古公爵约翰二世（2nd Duke of Montagu，1690—1749）的礼物
	马尔堡公爵(Dukes of Marlborough)布伦海姆宫(Blenheim Palace)	牛津	收藏有不同大小的杯、三尊圣・玛利亚像、一尊送子观音坐像、一尊后加彩观音立像、一件欧洲人戏猴坐像	

（续表）

国家	所有者或大宅名	地点	收藏简况	备注
德国	奥古斯都一世 (Augustus the Strong)	德累斯顿	1721年库存清单记录1122件，包括人物塑像、玩偶，各式碗、黄油盘、其他盘、盐盒、瓶、罐和汤匙，茶具及附属品如茶壶、牛奶罐、碟子和咖啡杯	
法国	奥尔良菲利普二世(Philippe Ⅱ d’Orlé ans, Regent of France，1674—1723)	巴黎	1724年库存清单里包括小水壶、杯子、镶金茶壶、塑像、洋人家庭塑像、镶银立鹤烛台	
	著名的经销商工匠Lazare Duvaux-(约1703—1758)	巴黎	1748—1758年销售账单里记载了德化白瓷的一些销售情况，包括1755年8月4日，Duvaux把一对镶鎏金铜的德化白瓷公鸡像（编号2207）售予法王路易十五的情妇蓬帕杜夫人（1721—1764）	镶金属的德化白瓷可能出自Duvaux之手。 蓬帕杜夫人是Duvaux的一个常客
荷兰	画家Jan Blasse (1637年已故)		库存清单内有狮子烛台	根据文献记载，狮子烛台是最早贩运到荷兰的德化白瓷
意大利	Anna Maria Luisa de’ Medici (1667—1743) 皮蒂宫(Pitti Palace, Florence)	佛罗伦萨	收藏许多德化白瓷塑像和酒杯，包括洋人骑麒麟像、欧洲人家庭像、三种不同尺寸的狮子烛台和送子观音坐像	15世纪末，Medici家族在佛罗伦萨共和国统治者Lorenzo de’ Medici（1449—1492）在位期间开始搜集中国瓷器
西班牙	拉格兰哈圣伊尔德丰索皇宫 (La Granja de San Ildefonso)	马德里	一对狮子香筒、一对镶铜鎏金并手抱男婴的仕女	
	马德里皇宫 (Palacio Real in Madrid)	马德里	国王查理斯三世（统治于1759—1788年）去世后的库存清单内记录了两座钟均镶有德化白瓷塑像	这些时钟很可能在热衷于收藏著名钟表匠作品的菲利普五世（统治于1700—1724年）或其儿子费迪南德六世（统治于1746—1759年）时就进入皇家收藏
丹麦	克里斯蒂安四世(King Christian IV of Denmark and Norway，1588～1648年在位) 罗森博格城堡 (Rosenborg Castle，Scandinavia)	哥本哈根	1718年城堡最早的库存清单里包括五尊观音像和三尊身穿长袍、戴着高挑头饰的仕女立像	
瑞典	卡尔·古斯塔夫十世的皇后(Holstein-Gottorp Hedvig Eleonora, 1636—1715) 皇后岛宫等皇宫(Drottningholm Palace)	斯德哥尔摩	皇后于1690—1700年从荷兰购买许多塑像，包括一尊童子拜观音坐像、两尊坐佛、两尊立佛和两尊后加彩的圣·玛利亚像，仕女立像中有手抱男婴的	有些塑像后来也被放于中国宫内，乃瑞典国王Adolf Frederick（1751—1771）赠予妻子波斯王后Lovisa Ulrika（Queen Lovisa Ulrika of Prussia，1720—1782）的生日礼物
美国	理发师兼外科医生Jacob De Lange	纽约	1685年的库存清单里包括两件白茶壶及三件白男人像很有可能是德化白瓷	
	Margrieta van Varick (1649—1695)	纽约	1695年的遗嘱和库存清单里包括一件白瓷狮子香筒、一件人物塑像和两个盖杯或盖碗	
	著名商家和地主Gilles Shelley (卒于1718年)	纽约	库存清单里包括12尊塑像和6件狮子像	
	Charles Hobby爵士	波士顿	库存清单里包括1715年前搜集了两件狮子像和大象像	

［本表主要根据甘淑美：《17世纪末—18世纪初欧洲及新世界的德化白瓷贸易》（第一、二部分）整理］

论隆庆朝景德镇陶瓷的风貌

董彦卿（故宫博物院馆员）

摘要：明隆庆（1567—1573年）一朝仅六年，相比嘉靖、万历时期，烧造的瓷器数量相对有限，品种基本延续嘉靖朝品种，但依然精彩。目前，隆庆朝的瓷器被分散收藏在世界各大博物馆，因此本文拟根据现存典型隆庆朝瓷器，先结合文献，从器形、装饰品种、纹饰以及款识等方面介绍隆庆一朝景德镇所烧造陶瓷的风貌。再将现存文物与清代档案相对比，梳理清代宫廷对于隆庆朝瓷器的收藏情况，和清代景德镇工匠仿烧的隆庆朝瓷器，从而更加全面地讨论隆庆朝景德镇烧造陶瓷的风格特点，及其对于清代陶瓷烧造的影响。

关键词：隆庆　陶瓷　青花　五彩　清代档案

一、隆庆朝景德镇烧造陶瓷的概况

明隆庆（1567—1573 年）一朝仅六年，时局动荡不安、经济发展受阻，社会生产力水平下降。据《江西省大志．陶书》中记载："按逐年存贮器皿，堆积日多，库役皂快乘机盗窃，董事者且拣择馈送，是以公家之物徒济贪鄙之私。隆庆五年春，蒙抚院议行将存留器皿委官查解折奉，因验得东、西库房存贮各器体质粗粝、花色暗黑，类多不堪，近年如此，远可类推。节经建议发卖或兑民窑，迄无成兑者。"可以看出明代晚期对官窑落选瓷器处理方式的改变，以及徭役制度的变化，导致堆积了大量官窑逐年落选的残次品，且这一时期官窑产品的品质也大不如前。尽管如此，皇帝的需求并未减少，《明史》有记载："隆庆时诏江西烧造瓷器十余万"。从考古成果来看，自 2012 年景德镇落马桥遗址发掘出土了丰富的遗物，从出土物可知落马桥地区的窑业最早可追溯至北宋后期，并且在南宋、元代、明代、清代持续发展，逐步繁荣。而落马桥遗址发掘出土的黄釉瓷半成品和成品数量较多、质量较高，器形规整、胎质细腻、釉质莹润，款识书写工整，有"大明嘉靖年制"六字双行款和"嘉靖年制"四字款。这表明以落马桥为代表的民间窑场在明代后期已具备较高的生产水平，承担了部分御用瓷器的生产任务，即"官搭民烧"[1]。所以隆庆时期官窑生产力水平

1　秦大树、高宪平、翁彦俊：《落马桥窑址明清遗存发掘的收获及相关问题》，《文物》2020 年第 11 期。

逐渐下降，民窑的生产力水平不断提高，为达到皇帝的诏令中规定的瓷器生产数量，部分御用瓷器采用了“官搭民烧”的生产形式。

相比嘉靖、万历时期，隆庆朝烧造的瓷器数量相对有限，品种基本延续嘉靖朝品种，但依然有像青花龙凤纹圆盒、青花团龙纹提梁壶、五彩莲池水禽纹缸等精美器物流传于世。根据《江西省大志》“御供”记载，隆庆五年烧造的瓷器品种主要是青花和五彩，纹饰主要有云龙、龙凤穿花、喜相逢、翟鸡（雉鸡）、菊花、缠枝宝相花、缠枝牡丹花、灵芝、葡萄、满池娇、团龙、鸾凤、松竹梅、玉簪花、九龙海水、五龙海水、四季花、人物、竹叶、芙蓉花、海石榴、回回花、狮子滚绣球、八吉祥、八仙贺寿、西番莲、荷花、梅花、飞鱼、孔雀等。器形主要有碗、盘、碟、钟、瓯、罐、瓶、盏、花盆、香炉、香盒、柤（渣）斗、醋滴、坛盖等。下面笔者将根据现收藏于各大博物馆的隆庆朝瓷器，从器形、纹饰、款识、装饰风格等方面进行具体论述。

图 1　明隆庆青花双龙戏珠图缸

（一）缸

明代御窑烧造大缸的历史由来已久，目前可见最早的明代大缸是明宣德时期的青花海浪应龙纹大缸，之后是收藏于上海博物馆的一件明正统时期的青花龙纹大缸，然后就是嘉靖、隆庆、万历三朝均大量烧造的大缸[2]。具体到隆庆一朝，现存的大缸有两种，一种是青花双龙戏珠纹缸，也就是“龙缸”，另一种是五彩莲池水禽图缸。

国家博物馆收藏有一件明隆庆时期的青花双龙戏珠图缸〔图 1〕。缸唇口，弧壁，平底。缸外壁通体青花装饰。口部平沿处绘卷草纹，外围绘古钱纹。外壁绘两组二龙戏珠，每组以一颗火珠为中心，两侧绘相对上下翻腾的两条龙，龙身周围辅以祥云装饰；火焰珠的正下方绘山石海水。图案整体布局和谐，纹饰层次分明，二龙的神态逼真，活灵活现，祥云飘逸，大小不一穿插在龙身周围。缸口沿内壁以青花自右向左横向书“大明隆庆年造”六字楷书款。这件缸的纹饰与其他朝代非常相似，均有龙、祥云、火珠等纹饰，但款识差别较大，宣德、嘉靖朝龙缸的款识均书于缸的外壁。这件缸高 35.6 厘米，口径 69 厘米，底径 52.5 厘米，按尺寸比例判定，应属于文献中所记载的“瓷缸”。

另外，俯视角度可以看到这件双龙戏珠纹缸并不是完整无缺的，其器壁和底部均有裂有重璺，这也符合文献中记载：“按隆庆五年，都御史徐栻题称，该内承运库太监崔敏

2　裴亚静《明代嘉靖时期御窑厂烧造及其官样探索——从馆藏明嘉靖青花鱼藻纹缸谈起》，《首都博物馆论丛·2019》，总第 33 辑，第 290—305 页。

图 2　明隆庆五彩莲池水禽图缸

图 3　明隆庆五彩莲池水禽图缸

题，为缺少上用各样瓷器，单开窑烧造里外鲜红碗、钟、瓯，并大小龙缸、方盒各项共十万五千七百七十桌、个、对。其龙缸降发体式底阔、肚凸，多致坠裂。五彩缸样重，过火色多，系惊碎……钦限龙缸、方匣减数一、二运，并八运，宽限以苏民困……敕下该部详议，将鲜红瓷器查照前例改造矾红，龙缸、方匣等项量减数目，并头运、二运……”[3]可见龙缸体量较大，烧造不易，都御史徐栻上书请求减少烧造龙缸的数量，得到了准许。

隆庆朝烧造的另一种缸，五彩莲池水禽图缸〔图 2、图 3〕存世的数量比龙缸多一些。缸唇口，弧壁，平底。外壁青花五彩装饰，即先用青花绘部分图案进行烧制，之后以釉上红、黄、茄皮紫、绿彩等完成图案后，再次烧造而成。器身上方绘卷草纹、云气纹；中间绘鸳鸯、鹭鸶等水禽游于河面或在池塘中嬉戏，间以莲花、水草及其他植物相衬；下方绘多层仰莲瓣纹。缸口沿内壁从右至左以青花横向书“大明隆庆年造”六字楷书款。大缸外壁各类水禽的绘画方式有所差别，一面池中游鸭是以青花勾勒边线，再加黄彩进行装饰。另一面则是直接以彩描绘水禽，中间的鹭鸶只以青花描绘轮廓，但不填彩。隆庆朝这种五彩莲池水禽图缸的口径基本在 55 厘米左右，高 37 厘米左右，与图 1 的青花双龙戏珠纹缸的尺寸有所差别，但器形相似，可能属于文献中所记载的另一种尺寸的“瓷缸”[4]。除了图 2（收藏于大维德基金会）[5]、图 3（收藏于英国苏格兰国家博物馆）[6]外，故宫博物院、日本东京畠山纪念馆等其他博物馆也收藏有隆庆时期的这种大缸。

3　（明）王宗沐纂修，陆万垓增修：明万历二十五年刊本《江西省大志・陶书》，内阁文库版，“料价”条。

4　首都博物馆研究馆员裴亚静在《明代嘉靖时期御窑厂烧造及其官样探索——从馆藏明嘉靖青花鱼藻纹缸谈起》一文中根据文献总结出“瓷缸”和“鱼缸”根据尺寸不同，各分为三档。

5　霍吉淑：《大英博物馆藏中国陶瓷》（上册），故宫出版社，2014 年，第 315 页。

6　Kevin McLoughlin：《北境藏珍：英国北方的中国艺术品》，《美成在久》，2017 年，第 14 页。

图 4　明隆庆青花云龙纹蟋蟀罐

图 5　明隆庆青花缠枝花纹蟋蟀罐

（二）罐

1. 蟋蟀罐

明代蟋蟀罐的流行源于宣德一朝，“我朝宣宗最娴此戏，曾密诏苏州知府况钟进千个，一时语云：促织瞿瞿叫，宣德皇帝要。此语至今犹传，苏州卫中武弁闻，尚有以捕蟋蟀比首虏功得世职者，今宣窑蟋蟀盆甚珍重，其价不减。[7]”因为宣宗皇帝的偏好，甚至有因捉捕蟋蟀获得功名职位的人，蟋蟀罐也变得贵重。在景德镇御窑厂就出土过不少宣德朝烧造的蟋蟀罐，主要纹饰有青花缠枝花卉纹、画眉樱桃纹、云龙纹、云凤纹、瓜瓞纹、海兽纹、婴戏图等，还有仿哥釉蟋蟀罐、青釉蟋蟀罐等。除了蟋蟀罐，还有斗蟋蟀的用具，比如青花折枝花卉纹过笼。另外，故宫博物院还收藏有澄泥人物图蟋蟀罐，造型与瓷质蟋蟀罐相同，器底刻楷体“大明宣德年制”外围双方框款。

到了明隆庆一朝，有一些仿照前朝器形烧造的器物，其中就有蟋蟀罐，但存世数量稀少。故宫博物院收藏有两件明隆庆时期的蟋蟀罐〔图 4、图 5〕。蟋蟀罐呈筒形，直腹微弧、圈足。通体施透明釉，外壁以青花装饰。图 4 蟋蟀罐附盖，盖面微凸起。盖面中心绘古钱纹，外围云龙纹，外壁同样绘云龙纹，下方绘云气纹。图 5 无盖，外壁绘缠枝花卉纹，下方绘云气纹。两件蟋蟀罐外底均署青花楷体“大明隆庆年造”六字双行外围双圈款。

2. 大罐

明代晚期景德镇御窑陆续烧造一类大罐，直口或唇口、短颈、丰肩、圆鼓腹、圈足。嘉靖时期相似造型的大罐有五彩鱼藻图罐、青花开光庭院人物图罐、青花璎珞缠枝莲纹罐等。从传世文物看，隆庆时期常见的大罐有青花凤鸟纹罐，在日本东京户栗美术馆、英国维多利亚与艾伯特博物馆和布里斯托博物馆各收藏有同样纹饰的青花凤鸟纹罐。如图 6 的

---

7 （明）沈德符：《万历野获编》，中华书局，1959 年。

图 6　明隆庆青花双凤纹罐

图 7　明隆庆五彩凤鸟纹六方罐

这件收藏于日本东京户栗美术馆的大罐，颈部一周绘云气纹；肩部和胫部一周各绘云龙纹，两条龙首尾相连，中间绘云托宝珠纹；腹部绘团状鸾凤纹，一鸾一凤同样首尾相对，每组鸾凤间以花卉纹相隔。外底署青花楷体“大明隆庆年造”六字双行外围双圈款。

3. 六方罐

明代嘉靖到万历时期，景德镇烧造大量五彩瓷器，嘉靖时期常见的器形有罐、盘、碗等，隆庆时期相关的器形更为稀少。如图 7 的这件收藏于美国旧金山亚洲艺术博物馆的五彩凤鸟纹六方罐，直口、丰肩，腹部渐收，胫部外撇，圈足。罐整体五彩装饰，纹饰按器形肩部和腹部各分为六个开光，口沿一周以青花绘卷草纹，肩部六个开光分别绘卷草灵芝纹，腹部六个开光两两相间，分别绘鸾、凤，颈部以青花绘蕉叶纹。罐整体造型别致，绘画风格与嘉靖时期相似。

4. 盖罐

大维德基金会收藏有一件白釉云龙纹盖罐，撇口、短颈、丰肩、下腹渐收。罐附盖，盖顶凸起，上饰宝珠钮。罐颈部刻云龙纹，两条龙首尾相接，间以火珠相隔；肩部刻缠枝花纹；腹部刻龙戏珠图案，辅以祥云装饰。罐外底刻楷体“大明隆庆年制”六字双行外围双圈款。隆庆朝颜色釉瓷器存世量稀少，因此这件盖罐尤为珍贵。

根据《大明会典》记载：“凡祭祀器皿，洪武元年令：太庙器皿易以金造。乘舆服御诸物，应用金者，以铜代之。二年定，祭器皆用瓷。[8]”至嘉靖九年，朝廷规定：“四郊各陵瓷器。圜丘青色，方丘黄色，日坛赤色，月坛白色。行江西饶州府如式烧解”。由此确定明代宫廷“祭

8 （明）李东阳等奉敕撰，申时行等奉敕重修：明万历十五年内府刊本《大明会典》，哈佛大学汉和图书馆版，卷之二百一织造“器用”条。

器皆用瓷”的制度，所以这样的白釉云龙纹盖罐可能在当时被用作祭器，在月坛祭祀时使用。

（三）壶

故宫博物院收藏一件明隆庆时期的青花团龙纹提梁壶〔图8〕，壶唇口、短颈、鼓腹下垂、圈足，腹部一侧置一曲流，肩部置一提梁。壶附盖，盖平沿、中间凸起，饰宝珠钮。通体青花装饰，盖顶、壶肩部绘云龙纹，腹部绘五条团龙纹，辅以祥云和灵芝托杂宝纹，胫部绘仰莲瓣纹，壶流和提梁绘缠枝花纹外底署青花楷体“大明隆庆年造”六字双行外围双圈款。台北故宫收藏有一件造型、纹饰、款识相同的提梁壶。

陶瓷的提梁壶出现时间较晚，在明代《煮茶图》《事茗图》等绘画中绘有提梁壶，说明这是明代茶具中常见的器形。南京明代司礼太监吴经墓出土过一件紫砂提梁壶，流比这类隆庆时期的青花提梁壶稍短，壶柄为海棠形。据考证其制作时间不晚于明嘉靖十二年（1533年）。此外，明代龙泉窑也烧造提梁壶，造型与吴经墓出土的紫砂提梁壶基本相同。故宫博物院还收藏有一件明万历时期的五彩莲池鸳鸯纹提梁壶，整体造型与这件隆庆时期的提梁壶较为相近，但腹部更偏扁圆。

图8　明隆庆青花团龙纹提梁壶

图9　明隆庆青花云龙纹银锭式盒

（四）盒

明代晚期的器物造型除了传统造型外，还烧造一些更加特别的器形。比如盒就有多种造型，从存世文物来看，隆庆时期的盒就有银锭式盒、菱花式盒、方胜式盒、圆盒、方盒，还有长方盒等，有的造型更是涉及多种材质的器物。

1. 银锭式盒

台北故宫收藏有一件明隆庆时期的青花云龙纹银锭式盒[9]〔图9〕。盒仿银锭造型，整体呈银锭式，子母口，口沿和圈足一周无釉涩胎。盖面以青花绘二龙戏珠，盖和盒侧面一周绘龙纹，辅以祥云纹饰。青花发色浓艳，蓝中泛紫。器外底纵向署青花“大明隆庆年造”楷书款。对比同时期不同材质的器物可以看出银锭式的器形可能创新于这一时期，并且较为流行，故宫博物院就收藏有嘉靖款戗金彩漆龙凤纹银锭式盒、明代青玉银锭式盒等，这种器形更加延续到了清代，比如：乾隆款剔红落花流

9　台北故宫博物院：《故宫藏瓷 明青花瓷六》，开发股份有限公司，1963年，第25页。

水纹银锭式盒。

2. 方胜式盒

方胜纹是以两个菱形相叠压角组成的图案，是明代兴起的杂宝纹之一。杂宝纹自元代开始用于陶瓷装饰，多作为辅助装饰。到了明代逐渐成为主体纹饰，方胜式的瓷器造型应运而生。[10] 图 10 就是一件明隆庆时期的青花云龙纹方胜式盖盒[11]，盒呈方胜式，子母口，盒盖随方胜形以青花勾勒轮廓，盖面绘二龙相对，周身围绕祥云，盒侧面绘花卉纹、卷草纹等。方胜式从这一时期开始流行，并一直延续到了清代，在同时期的漆器、玉器、织绣等类别的文物中均有体现。

图 10　明隆庆 青花云龙纹方胜式盖盒

3. 菱花式盒

菱花式的器形非常比较少见，可算是这一时期创新烧造而成的器形，因此也别具特色。大维德基金会和波士顿美术馆各收藏有一件相同器形相同纹饰的明隆庆青花云龙纹菱花式盒。盒整体呈七瓣菱花式，以青花装饰，青花发色浓艳。盖面按菱花花瓣轮廓绘双道边线，边线内绘一条正面龙，龙周身辅以祥云，边线外七个花瓣突出位置间隔绘花卉纹和果实纹。盒的菱花形突出位置与盖相对应，同样间隔绘花果纹。盖和盒的口沿一周分别绘卷草纹一周。盒外底署青花楷体“大明隆庆年造”六字双行外围双圈款。

图 11　明隆庆 青花龙凤纹圆盒

4. 圆盒

相对于前面两种银锭式盒和菱花式盒，圆盒就是很传统且常见的器形，但隆庆朝烧造的圆盒存世量较少。如图 11 这件收藏于故宫博物院的青花龙凤纹圆盒。盒呈圆形，子母口扣合。通体青花装饰，施透明釉，盖、盒口沿一周无釉，圈足处无釉。盖面绘龙凤穿花纹，首尾相应，盖、盒之间自上而下分别绘双龙纹、卷草纹和双凤纹。盒外底署青花楷体“大明隆庆年造”六字双行外围双圈款。

图 12　明隆庆 青花云龙纹方形盖盒 .JPG

10　冯先铭主编：《中国古陶瓷图典》，文物出版社，1998 年，第 260 页。

11　藤冈了一：《明の染付》，平凡社，1975 年。

图 13　明隆庆 青花龙纹方盒

图 14　明隆庆 青花云龙纹方盒

图 15　明隆庆 青花仕女婴戏图长方盒

5. 方盒

除了银锭式盒、菱花式盒、圆盒外，隆庆一朝还烧造了方盒。据文献记载："按隆庆五年，都御史徐题，称该内承运库太监崔敏题，为缺少上用各样瓷器，单开窑烧造里外鲜红盌、钟、瓯，并大小龙缸、方盒各项共十万五千七百七十桌、个、对……三层方匣等器，式样巧异，一时难造……但今窑作坯房倾坏日久，新经修完，又兼物料细腻，式样精巧，难以措办。见遭洪水为患，土料疏散，成坯甚艰。冬月水冰土冻，尤难造作……钦限龙缸、方匣减数一二运，并八运，宽限以苏民困绫……龙缸方匣等项量，减数目并头运、二运……"[12]可知方盒在当时的景德镇同"龙缸""钟""瓯"一样，是不易烧造的器形。

明隆庆时期，景德镇烧造的"方盒"有正方盒和长方盒。收藏于上海博物馆的青花云龙纹方形盖盒〔图 12〕就是一件正方盒，平盖、直壁、平底。盒每一面以青花绘三组团龙纹饰，盖与盒相对应，每面同样绘三组团龙纹饰，盖面四角和中心各绘一组团龙纹饰，留白处辅以祥云纹。方盒造型工整，青花发色浓艳。首都博物馆收藏一件青花龙纹方盒〔图 13〕，无盖，根据盒的器形、纹饰推测可能与上海博物馆的这件青花龙纹方盒器形相同，可以看出盒内分四格。盒外底署青花楷体"大明隆庆年造"六字双行外围双圈款。

另外，大英博物馆收藏的一件明隆庆时期的青花云龙纹方盒[13]〔图 14〕，整体器形和盒的纹饰与以上两件盒类似，但盖的纹饰和款识有所不同。这件盒的盖为四方形，盖面微凸，中心绘一组二龙戏珠团龙纹饰，四角绘祥云纹，盖四个侧面各绘一条龙纹，辅以祥云。盒外底署青花"大明隆庆年制"款。

隆庆朝烧造的长方盒也较为稀少。天津博物馆收藏一件青花仕女婴戏图长方盒〔图 15〕，盒盖面的锦地开光内，以及和盒的周围四面均绘仕女抚婴图，在庭院中婴孩围绕仕女

12（明）王宗沐纂修，陆万垓增修：明万历二十五年刊本《江西省大志·陶书》，内阁文库版，"料价"条。

13 霍吉淑：《大英博物馆藏中国陶瓷》（上册），故宫出版社，2014 年，第 319 页。

游玩嬉戏，仕女神态自若，画面和谐欢乐。盒盖四个侧面绘云龙纹。盒外底署青花楷体“大明隆庆年造”六字双行外围双圈款。大英博物馆和日本出光美术馆各收藏有一件器形、纹饰相似的青花仕女婴戏图长方盒。

（五）炉

相比于其他器形，隆庆时期的炉存世量稀少，带有纪年款的就更显特别。在波士顿美术馆收藏有一件青花八仙拜寿图香炉。炉直口，斜壁，底部外围置三小足。整体青花装饰，口沿外侧一周书“隆庆伍年仲冬月吉日彭慕泉盟供”款，明确写出了供奉者姓名，以及烧造时间，即隆庆五年（1571 年）。外壁分为上下两部分，上部分绘菱格纹、朵花纹，及如意云形开光，开光内绘花鸟纹。下部分绘八仙拜寿图。三小足突出部分绘如意头纹。青花在如意云形开光、朵花纹、八仙人物衣褶处、栏杆、足部如意头等位置均呈现出不同程度的深浅变化，使整个画面更加生动和谐。类似这样绘人物故事或祥瑞纹饰，书供奉者姓名及年代的青花炉在明嘉靖、万历时期比较常见。

（六）盘

1. 攒盘

攒盘是指一组可以组合起来的多个小盘，可用于盛放食物。文献中解释：“攒，聚也”[14]。在《西游记》《金瓶梅》等文学作品中记载了“攒盘”，在《红楼梦》《平妖传》《醒世恒言》等作品中描写了“攒盒”。光禄寺作为掌管祭享、筵宴、宫廷膳食珍馐之事的机构，与宫廷膳食和国家财政息息相关，在“裁光禄寺增添供用”一文中记载：“……光禄寺所供斋醮茶饭果桌攒盘之类，自弘治元年以后增加太多，致劳民匮财……”[15]反映出明代攒盘常在宫廷宴席中使用。而《云间据目抄》中的相关记载则描写了攒盒在民间的应用：“设席用攒盒，始于隆庆，滥于万历。初止仕宦用之，近年即仆夫龟子皆用攒盒饮酒游山，郡城内外始有装攒盒店，而答应官府，反称便矣。”[16]从目前所见的文物看，有不同材质的攒盘、攒盒，常见的有玉器、陶瓷和漆器。大维德基金会收藏有一件明隆庆时期的青花寿意攒盘，这应该是目前所见最早的瓷质攒盘。这一组攒盘由一件圆形小碟为中心，外围两圈同心圆排列十八件扇形小盘组成，共十九件。攒盘均以青花装饰，圆形小碟中心书“寿”字，外围双螭龙和灵芝纹；内圈扇形瓷碟绘花鸟图案；外圈瓷碟云鹤纹。每一件瓷碟外底均署“大明隆庆年制”六字双行款。瓷质攒盘自明代晚期开始，一直延续到了清代，康熙雍正乾隆时期大量烧造，除了青花还烧造除了五彩、粉彩、素三彩等多种装饰品种。

14（清）桂馥撰：《说文解字义证五十卷》，清同治九年湖北崇文书局刊本，卷一。

15（明）俞汝楫：《礼部志稿》，清文渊阁四库全书本，卷九十九。

16（明）范濂撰：《云间据目抄（五卷）》，民国十七年奉贤褚氏重刊铅印本，卷之二风俗。

图 16　明隆庆 青花花鸟纹八方盘

图 17　明隆庆 青花嫦娥奔月图八方盘

2. 八方盘

八方盘的器形由来已久，宋代的耀州窑、龙泉窑就烧造过花卉纹八方盘，元代有杨茂款剔红楼阁人物图八方盘，明代有錾花山水人物金八方盘、龙泉窑青釉刻花八方盘等，隆庆朝景德镇也烧造青花八方盘。图 16 中的青花花鸟纹八方盘，收藏于故宫博物院。盘呈八方形，撇口、浅腹、圈足。内外均有青花装饰，里心绘两只鸟栖息在花园，周围饰栏杆、洞石、花草等，外壁八面绘灵芝托杂宝纹。外底署青花楷体“隆庆年造”四字双行外围双方框款。图 17 中的这件青花嫦娥奔月图八方盘收藏于广东省博物馆，器形和整体装饰风格与图 16 这件相似，纹饰有所不同。里心绘嫦娥奔月图，嫦娥一侧伴一只玉兔，外壁八面间隔绘花卉纹和如意头纹。外底同样署青花楷体“隆庆年造”四字双行外围双方框款。

3. 菱花式盘

隆庆朝还烧造菱花式盘，存世数量非常稀少，布里斯托博物馆就收藏有一件青花猴鹿纹菱花式盘。盘呈菱花式，造型与菱花式盒的盒部分相似，以青花装饰。盘内壁绘莲荷水草纹，里心绘双鹿立于树下，一只喜鹊立于树上，一对蜜蜂在一旁飞舞，右侧一只猿猴盘坐在山石上。盘外壁间隔绘杂宝和花果纹饰。外底署青花楷体“大明隆庆年造”六字双行外围双圈款。

“猴鹿纹”作为陶瓷的装饰图案自古已有，比如故宫博物院收藏有一件金代的白地黑花猴鹿图梅瓶，白地黑花装饰，瓶腹部以黑彩绘一组猴、鹿相逢于芦苇丛中的图案。因“猴”与“侯”、“鹿”与“禄”同音，借此组合表达“高侯多禄”的美好愿望。而这件隆庆时期的菱花式盘里心不仅绘有猴、鹿，还有蜜蜂、喜鹊，而“蜂”与“封”同音，“鹊”与“爵”谐音，这一图案组合寓意“爵禄封侯”，也是中国传统纹饰之一。以这种“爵禄封侯”图案装饰瓷器在明代晚期较为流行，并且有不少销往海外，比如“南澳Ⅰ号”沉船就出水了这样的青花猴鹿纹盘。

图 18　明隆庆 青花仕女图委角方盘

图 19　明隆庆 青花云鹤纹长方盘

4. 方盘

隆庆时期烧造的方盘有正方盘和长方盘两种。大英博物馆收藏一件青花仕女图方盘[17]〔图 18〕，盘敞口，四角呈委角形，整体以青花装饰。盘内壁分别绘花卉纹，里心绘两位侍女伫立于庭院内，其中一人手捧书卷，另一人看向书卷，似相互攀谈。盘外底署青花“隆庆年造”四字款。

隆庆时期的长方盘目前常见的是以云鹤纹装饰的青花盘。国家博物馆收藏一件隆庆时期的青花云鹤纹长方盘[18]〔图 19〕，盘里心均绘云鹤纹，两只鹤相对，首尾相应，周围辅以云纹。盘底部以青花书“隆庆年造”四字双方框款。云鹤纹在嘉靖时期就颇为流行，可以看出隆庆时期也一直延续了这一传统纹饰。

5. 圆盘

圆盘是传统的器形，隆庆时期烧造的圆盘品种多样，有单色釉、青花以及五彩装饰的，其中以青花的数量最多，纹饰也最丰富。

隆庆时期单色釉盘存世量不大，大威德基金会收藏一件隆庆时期的白釉盘，敞口、弧壁、圈足。盘通体施白釉，外底署青花“隆庆年制”四字双行款。盘整体造型不太规整，釉色白中泛青，外底缩釉现象明显，且款识书写较为随意，不是工整楷书款。可以看出这一时期单色釉瓷器烧造水平有所下降。

目前所见的隆庆时期青花装饰的圆盘造型基本相同，敞口、弧壁、圈足。纹饰布局相似，外壁以青花绘龙纹或留白，盘内口沿内侧一周绘弦纹或菱格纹，内壁留白，盘里心为主题纹饰，常见的有云龙纹〔图 20，青花云龙纹盘，首都博物馆藏〕、凤穿花纹〔图 21，青花凤穿花纹盘，

17　霍吉淑：《大英博物馆藏中国陶瓷》（上册），故宫出版社，2014 年，第 317 页。

18　国家博物馆编：《中国国家博物馆馆藏文物研究丛书・瓷器卷（明代）》，上海古籍出版社，2007 年，第 166 页。

图 20　明隆庆 青花云龙纹盘

图 21　明隆庆 青花凤穿花纹盘

图 22　明隆庆 青花鱼藻纹盘

图 23　明隆庆 青花团花纹盘

图 24　明隆庆青花花卉纹盘

图 25　明隆庆 青花二龙戏珠纹盘 大英

故宫博物院藏）、鱼藻纹（图22，青花鱼藻纹盘，首都博物馆藏）、团花纹（图23，青花团花纹盘，故宫博物院藏），以及花卉纹（图24，青花花卉纹盘，大英博物馆藏）[19]、莲池鸳鸯纹等，基本上都是从前朝延续下来的传统纹饰。款识有“隆庆年制”四字双行款、“大明隆庆年造”六字双行外围双圈款、“大明隆庆年制”六字双行双圈款等多种形式。

隆庆时期，景德镇也同样烧造五彩瓷器，除了前文介绍述的五彩莲池水禽图缸、五彩凤鸟纹六方罐等，还有龙纹和二龙戏珠纹饰的圆盘。如图25大英博物馆收藏一件五彩二龙戏珠纹盘[20]，以矾红和钴蓝绘两条龙，以中间的火珠为中心对称分布，两条龙首尾相应。在大维德基金会、日本出光美术馆、苏格兰国家博物馆都收藏有类似的隆庆时期五彩盘，有些具体纹饰布局有所不同。

与嘉靖、万历时期相比，隆庆时期龙纹是五彩圆盘的主要装饰题材，嘉靖和万历时期更多的装饰题材是人物故事图案，比如福禄寿三星、松下高士、张天师斩五毒等。

（七）碗

1. 撇口碗

隆庆时期烧造的碗主要有撇口碗和浅碗的造型，装饰品种主要有单色釉和青花。如图26和图27所示，就是收藏于故宫博物院的明隆庆时期的黄釉刻云龙纹碗和白釉刻云龙纹碗。这两件碗造型和纹饰相似，均口沿外撇、弧壁、圈足。碗外壁均刻云龙纹，近足处刻仰莲瓣纹，纹饰布局饱满，生动优美。图26碗内外壁施黄釉，外底施透明釉。图27碗通体施透明釉。两件碗的外底均署青花楷体“大明隆庆年造”六字双行外围双圈款。

美国大都会博物馆收藏有一件明隆庆时期的青花诗文碗[21]（图28），碗撇口、弧壁、圈足。整体以青花装饰，碗内口沿绘花卉纹一周，里心绘一妇人教子图案，外壁以青花勾勒轮廓

图26　明隆庆 黄釉刻云龙纹碗

图27　明隆庆 白釉刻云龙纹碗

19 霍吉淑：《大英博物馆藏中国陶瓷》（上册），故宫出版社，2014年，第317页。

20 霍吉淑：《大英博物馆藏中国陶瓷》（上册），故宫出版社，2014年，第320页。

21 陈之恩：《加拿大卡蒂纳博物馆贝尔青花瓷收藏——浅谈明朝文人之价值观》（上），《文物天地》2018年第1期。

图 28　明隆庆 青花诗文碗

图 29　明隆庆 青花花卉纹碗

线再内填青花料的方式描绘诗句，外底署青花“大明隆庆年制”六字双行款，款识书写风格较随意。碗外壁所书诗句内容是宋代《蚕妇吟》：“子规啼彻四更时，起视蚕稠怕叶稀。不信楼头杨柳月，玉人歌舞未曾归。”[22] 英国大维德基金会、加拿大卡蒂纳博物馆各收藏一件明隆庆青花诗文碗，纹饰、款识，以及所书诗句内容与图 28 这一件相同。另外，还有以唐代诗人杨巨源的《城东早春》为题材装饰的明隆庆青花诗文碗，器形、纹饰与以上所提到的三件碗相似，只是诗句题材不同[23]。

在瓷器上题诗作赋的装饰方法由来已久，早在唐代，长沙窑的工匠就在瓷器上书写诗歌、谚语，进行装饰。而隆庆时期的这种青花诗文碗从器形、纹饰，尤其是诗句的布局上看，与清代的三清诗茶碗更加相近。清乾隆时期的三清诗茶碗同样是以青花或矾红彩在碗的外壁书写乾隆皇帝所作《三清茶》诗一首，里心绘松竹梅的图案。因此值得关注的是，明隆庆时期的这一类青花诗文碗，虽然烧造工艺不是非常精致，款识书写也不是工整的楷书，但也别具特色。在嘉靖和万历时期鲜有同种装饰风格的碗，清代所烧造的三清诗茶碗与这一类青花诗文碗在装饰风格上可能有一定传承关系。

除了以上单色釉撇口碗和青花诗文碗，明隆庆时期还烧造了青花花卉纹碗〔图 29、图 30〕和青花螭纹碗〔图 31〕等。这一类碗同样是撇口、弧壁、圈足。整体以青花装饰，碗外壁和里心大多绘花卉纹或螭纹。外底署青花“大明隆庆年制”六字双行款。这类碗的特点是烧造工艺较为粗糙、产量较大、款识书写较为随意。这类碗从嘉靖到万历朝一直持续烧造，且常被作为外销瓷，远销海外。“南澳Ⅰ号”沉船就出水过大量外壁及里心绘蟠螭

22（明）曹学佺：《石仓历代诗选》卷二百十三宋诗九十，清文渊阁四库全书补配清文津阁四库全书本。

23 陈之恩《加拿大卡蒂纳博物馆贝尔青花瓷收藏——浅谈明朝文人之价值观》(下)，《文物天地》2018 年第 1 期。

图 30　明隆庆 青花花卉纹碗

图 31　明隆庆 青花螭纹碗

图 32　明隆庆 青花缠枝凤纹浅碗

图 33　明隆庆 青花黄地二龙戏珠纹浅碗

纹的青花碗[24]。

2. 浅碗

明隆庆时期烧造各种浅碗，常见的有单色釉、青花浅碗。以青花装饰的浅碗常见的有缠枝凤纹、云龙纹和莲池鸳鸯纹等。如图 32 中，收藏于上海博物馆的这件青花缠枝凤纹浅碗，外壁以青花绘两凤纹，首尾相对，中间以缠枝花相隔；碗里心绘一凤纹，周围辅以缠枝花纹。图 33 中所示是收藏于大英博物馆的一件青花黄地二龙戏珠纹浅碗[25]，碗外壁以青花绘两条龙，首尾相对，中间以火珠相隔，并在青花纹饰外的留白处施黄釉；碗里心绘一正面龙，辅以云气纹。在南京博物院和台北故宫分别各收藏一件纹饰、造型相同的青花黄地二龙戏珠纹浅碗。可以看出这类浅碗的纹饰布局相似，都是以火珠或缠枝花为中心左右两边绘首尾相对的龙或凤。款识有“大明隆庆年造”和“大明隆庆年制”两种。

大维德基金会收藏有两件隆庆时期的青釉浅碗，与上述的青花浅碗造型相似，均为敞口、弧壁、浅圈足。外壁均施青釉，里心装饰有所不同，一件里心署青花“隆庆

24 郭学雷：《“南澳Ⅰ号”沉船的年代、航路及性质》，《考古与文物》2016 年第 6 期。

25 霍吉淑：《大英博物馆藏中国陶瓷》（上册），故宫出版社，2014 年，第 320 页。

年制”四字双行外围双方框款，另一件里心以青花描绘太极八卦纹，外围一圈海水纹，外底署青花“隆庆年制”四字款。

（八）杯

隆庆时期烧造的杯子存世量较少。在大英博物馆收藏一件隆庆时期的青花矾红彩小杯，撇口、弧壁、圈足。杯外壁口沿和足部以青花绘双线，中间以矾红彩绘云龙纹。杯外底署青花“大明隆庆年造”六字双行外围双方框款。明代晚期红釉的烧造水平逐渐下降，隆庆时期逐渐以矾红彩替代。《江西省大志・陶书》中记载：“按隆庆五年，都御史徐栻题称，该内承运库太監崔敏题，为缺少上用各样瓷器，单开窑烧造里外鲜紅碗、钟、瓯……勅下该部详议，将鲜红瓷器查照前例改造矾红，龙缸、方匣等项量减数目，并头运、二运……”。可以看出这一时期烧造的矾红彩器物总体造型和数量较少。

二、清代对于隆庆朝瓷器的记载和仿烧

（一）从清代档案中记载的隆庆朝瓷器

陶瓷作为人类文明历史上重要的手工业产品，一代代传承下来。在清代档案中就记载了清代宫廷收藏的明代瓷器，从中可以看出隆庆一朝瓷器的多种造型，以及流传形式。

1. 乾隆三年各作成做活计清档

乾隆三年（公元 1738 年）农历九月二十九日

二十九日七品首领萨木哈催总白世秀来说，太监胡世杰交：

嘉窑青穿枝莲江牙海水磁托碟一件、宣窑青花白地磁罐一件（随铜渡金盖）……隆庆窑霁青杯一件……传旨嘉窑穿枝莲江牙海水磁托碟一件、宣窑青花白地磁罐一件，认看入多宝格。其余磁器认看等次呈览钦此

（于本日司库刘山久七品首领萨木哈催总白世秀将磁器四十四件认看得等次交太监毛团胡世杰呈进讫）[26]

2. 乾隆五年各作成做活计清档

乾隆五年（公元 1740 年）农历三月二十一日

……于四月初五日七品首领萨木哈催总白世秀来说首领开其里交：

26《清宫瓷器档案全集 卷一》，中国画报出版社，2008 年，第 341 页。

"二等"宣窑青花碗二件、成窑青花白地鹦鹉摘桃平足茶钟二件……"三等"宣窑青花白地夔瓣碗五件（内三件无欵）、万窑青人物白地磬口碗三件……隆庆白地红龙酒杯一对……传旨着认看等次钦此[27]

3. 盛京内库原贮器皿等项清册

乾隆八年（公元1743年）农历

盛京内库原贮器皿等项清册……隆庆年制高壹尺青龙有把磁壶壹件……[28]

4. 贡档进单

乾隆十五年（公元1750年）农历八月五日

和硕庄亲王（臣）允禄恭祝万寿：

……〇宣窑宝月花尊一件、× 填白宝莲花插一件、× 隆庆窑花尊一件、× 哥窑双鱼炉一件、〇青花白地双圆花尊一件……[29]

5. 乾隆二十一年月吉日立磁器玻璃器皿底薄

乾隆二十一年（公元1756年）农历九月二十七日闰月

御茶房照折将现今实有磁器玻璃等样器皿开列：

成窑素白磁盘二十一件、成窑暗龙白磁杯四只……隆庆窑御用磁杯一只（乾隆二十三年三月二十八日小太监如意奉旨要此隆庆窑御用磁杯一只，上留用，交造办处配百什件用）……[30]

6. 乾隆二十三年各作成做活计清档

乾隆二十三年（公元1758年）农历三月二十九日

二十九日郎中白世秀员外郎金辉来说太监胡世杰交：

成窑兰草蝴蝶杯五对、隆庆窑杯一件、嘉窑五彩蝴蝶杯一对、万窑青花白地杯一

27《清宫瓷器档案全集 卷二》，中国画报出版社，2008年，第18页。

28《清宫瓷器档案全集 卷二》，中国画报出版社，2008年，第283页。

29《清宫瓷器档案全集 卷三》，中国画报出版社，2008年，第323页。

30《清宫瓷器档案全集 卷四》，中国画报出版社，2008年，第370页。

件、嘉窑青花白地杯一对，传旨着入好百什件钦此[31]

7. 贡档进单

乾隆二十六年（公元 1761 年）农历七月八日

山东巡抚（奴才）阿尔泰跪进

……（交养心殿内）〇隆庆窑龙凤尊一件、均窑果洗一件、（交养心殿内）〇霁红盘一件、（交养心殿内）〇宣窑碗一件、定窑碟一对、（交养心殿内）〇旧磁花插一件、（交外养心殿）〇旧磁太乙炉一件、（交外养心殿）〇旧磁胆瓶一件、旧磁四小件成盒……乾隆二十六年七月初八日山东巡抚阿尔泰进单[32]

8. 乾隆二十八年十二月吉日立磁器玻璃器皿底簿

乾隆二十九年（公元 1764 年）农历一月三十日

乾隆二十九年正月三十日小太监胡世杰奉旨，交七寸六分无款素黄龙碗一件、七寸隆庆窑暗龙黄磁碗一件、七寸雍正款青花黄地磁碗六件……五彩八仙磁杯五只、黄磁爵十八只、七寸隆庆窑暗龙黄磁碗一件、二寸白地青龙凤磁盒八件、雍正款七寸青花黄地磁碗六件……共磁器四千二百九十六件[33]

9. 乾隆三十一年各作成做活计清档

乾隆三十一年（公元 1766 年）农历一月二十二日

二十二日催长四德笔帖式五德来说太监胡世杰交隆庆款青花白地盖罐一对（随紫檀木座一件花梨木座一件铜胆一件）传旨：俱另配紫檀木座其旧座做材料用铜胆先画样呈览，钦此。[34]

10. 奏折文稿

乾隆三十三年（公元 1768 年）农历五月三日

31《清宫瓷器档案全集 卷六》，中国画报出版社，2008 年，第 23 页。

32《清宫瓷器档案全集 卷六》，中国画报出版社，2008 年，第 398 页。

33《清宫瓷器档案全集 卷七》，中国画报出版社，2008 年，第 366—377 页。

34《清宫瓷器档案全集 卷九》，中国画报出版社，2008 年，第 2 页。

乾隆三十三年五月初三日具奏奉旨应备呈览者俱备呈览备赏磁器亦备呈览其余知道了钦此查得黄册内旧磁（琢器二十七件圆器六百四十一件）……查得蓝册内旧磁（琢器九十一件圆器九百三十三件）……隆庆年款青花磁盒三件（惊璺二件）……[35]

11. 贡档进单

乾隆四十一年（公元1776年）农历十一月二十四日

（臣）周元理跪进：（交养心殿内）玉鹤龄如意……青绿鼎、青绿釜、宣窑霁红瓶、隆庆五彩花囊……[36]

12. 乾隆四十一年立配装抽屉瓷器册档

乾隆四十一年（公元1776年）农历

第十八屉……青荷花鱼酒圆二件（口径二寸三分）、青花娃娃白里酒圆二件（口径二寸）、隆庆款五彩折枝花平足酒圆二件（口径二寸三分）、万窑款填白暗花酒圆八件（口径一寸八分）、填白暗龙酒圆六件（口径一寸九分）……[37]

13. 乾隆四十一年立配装抽屉瓷器册档

乾隆四十一年（公元1776年）农历

壬字格（质文）（有无）等款各样磁器（二等无款）：……第三十屉壬母文：隆庆款青水红龙盘二件（口径四寸八分）、万窑款霁青满池浇盘二件（口径四寸七分）……[38]

14. 乾隆四十一年立配装抽屉瓷器册档

乾隆四十一年（公元1776年）农历

癸字格文等（有款、无款）各样磁器：……第十八屉癸规文：嘉靖款三彩双龙白里酒圆二件（口径二寸一分）、白磁绿龙酒圆二件（口径二寸）……隆庆款红龙白里

35《清宫瓷器档案全集 卷九》，中国画报出版社，2008年，第225页。

36《清宫瓷器档案全集 卷十四》，中国画报出版社，2008年，第220页。

37《清宫瓷器档案全集 卷十四》，中国画报出版社，2008年，第318页。

38《清宫瓷器档案全集 卷十四》，中国画报出版社，2008年，第323页。

酒圆二件（口径一寸七分）、万窑款五彩圆云白里酒圆二件（口径二寸四分）[39]

15. 金银铜磁木石玉器古玩件数旧官清册

乾隆四十七年（公元1782年）农历十月三十日

……成窑兰草蝴蝶杯一对（相符）、（对）隆庆窑杯一件、（对）万窑青花白地杯一件……宣窑青花白地盖罐一件（木座）、〇隆庆窑白地青龙印色盒一件（木座）、〇青花白地有靶水盛一件（木座）……[40]

16. 景福宫现设金银铜磁木石玉器古玩数目开除清册

乾隆四十八年（公元1783年）农历五月三十日

……汉玉扛头花囊一件（铜嵌白玉胆木座）、〇五色珐琅花鸟套银盒镀金双针表一件、隆庆窑杯一件、〇汉玉犬一件（乌木商丝座）……[41]

17. 乾隆四十八年十二月吉日立磁器玻璃器皿底簿

乾隆四十八年（公元1783年）农历十二月六日

……时令磁杯二十四只（圆库现有十六只 回禄八只）、五彩八仙磁杯五只 回禄、黄磁爵十八只 回禄、七寸隆庆窑暗龙黄磁碗一件 回禄、二寸白地青龙凤磁盒八件 回禄……[42]

18. 贡档进单

乾隆四十九年（公元1784年）农历一月三十日

江宁布政使（臣）刘墫跪进：御制诗镶玉如意一对、（交征瑞差人送进京交金简）御制诗玉金山图一件、旧玉瑞兽水盛一件……隆庆窑青花果盒一件、宣窑洗一件、青绿盘一件……[43]

39《清宫瓷器档案全集 卷十四》，中国画报出版社，2008年，第325页。

40《清宫瓷器档案全集 卷十七》，中国画报出版社，2008年，第81页。

41《清宫瓷器档案全集 卷十七》，中国画报出版社，2008年，第217页。

42《清宫瓷器档案全集 卷十八》，中国画报出版社，2008年，第26页。

43《清宫瓷器档案全集 卷十八》，中国画报出版社，2008年，第183页。

19. 奏折文稿

乾隆五十五年（公元 1790 年）农历四月

……交崇文门隆庆五彩杯一件……交崇文门隆庆龙凤碗二件……[44]

20. 贡档进单

乾隆五十七年（公元 1792 年）农历十二月十八日

（奴才）庆桂跪进：……定窑花罐、隆庆果洗双件……[45]

21. 乾隆五十七年六月初一日立库贮旧窑磁器

乾隆四十五年（公元 1780 年）农历五月十日

乾隆四十五年五月初十日收江南带来：宣窑青花白地撇口盌四件（紫檀座）、嘉窑黄磁法盏二件（紫檀座道光二十年四月二十一日移入寿意）、隆庆窑青花白地菊瓣碟二件（紫檀座道光二十年四月二十一日移入寿意）[46]

22. 乾隆五十七年六月初一日立二等陈设磁器

乾隆六十年（公元 1795 年）农历四月二十三日

乾隆六十年四月二十三日收肃亲王进隆庆窑青龙白地撇口盌一对（紫檀座）[47]

23. 贡档进单

乾隆六十年（公元 1795 年）农历四月二十三日

和硕肃亲王（奴才）永锡跪进：……交养心殿内隆庆窑果洗成对、正窑瑞果洗成件……[48]

44《清宫瓷器档案全集 卷二十一》，中国画报出版社，2008 年，第 102—109 页。

45《清宫瓷器档案全集 卷二十二》，中国画报出版社，2008 年，第 101 页。

46《清宫瓷器档案全集 卷二十二》，中国画报出版社，2008 年，第 168 页。

47《清宫瓷器档案全集 卷二十二》，中国画报出版社，2008 年，第 210 页。

48《清宫瓷器档案全集 卷二十三》，中国画报出版社，2008 年，第 150 页。

以上档案的出处有活计档、奏折、贡档进单，以及各类库存器物的账册等。其中列举的隆庆朝瓷器大致有尊（花尊、龙凤尊）、盖罐（青花白地盖確）、花囊（五彩花囊）、盒（白地青龙印盒、青花果盒、青花瓷盒）、壶（青龙有把瓷壶）、洗（果洗）、盘（青水红龙盘）、碟（青花白地菊瓣碟）、碗（暗龙黄瓷碗、龙凤碗、青龙白地撇口碗）、杯（霁青杯、五彩杯、杯、白地红龙酒杯、五彩折枝花平足酒圆、红龙白里酒圆）等。涉及到的装饰方法有青花、五彩、单色釉等，与存世文物基本相符。具体的文物有些与档案相互印证，比如图26的黄釉刻云龙纹碗与“隆庆窑暗龙黄磁碗”相符，大英博物馆收藏的青花矾红彩小杯与“隆庆白地红龙酒杯”相符等。但比如档案中的“五彩花囊”、“龙凤尊”、“五彩折枝花平足酒圆”等品种目前就鲜少见到相符的传世文物，这也是一种重要的补充，使我们认识到隆庆朝很可能烧造的其他更多品种的瓷器。

另外，清代宫廷在收藏明代瓷器时，皇帝常下旨对其进行配座、改造、仿烧，或是整理、盘点，按照类别或等级分类入库等。在以上的档案中就记载了乾隆皇帝就曾下旨对隆庆朝瓷器认看等次、入百什件、配紫檀木座等。而清代的官员、亲王也曾将隆庆朝瓷器进献给皇帝祝寿、把玩。

（二）改造和仿烧

1. 改造

瓷器作为人类文明重要的载体历经时间的洗礼，传承下来，在这漫长的过程中人们收藏、把玩、鉴赏前代流传下来的瓷器，甚至对其进行改造或仿烧。“改造”的方式也是多种多样，其中“后加彩”则是比较常见的一种，我们所能见到的流传至今的隆庆朝瓷器就有“后加彩”的一类。

以一组隆庆时期的蟠螭纹碗为例，图32的这件青花螭纹碗收藏于故宫博物院，在大英博物馆收藏有另一件青花矾红彩青花蟠螭纹碗。这两件碗造型相同，均为撇口、深弧腹、圈足。装饰风格相似，内、外均有青花装饰，外壁均绘两组蟠螭纹，并以花卉纹间隔。外底均署青花“大明隆庆年制”六字双行款。不同之处则在于大英博物馆的蟠螭纹碗外壁留白之处饰以矾红彩，这部分的矾红彩应属于“后加彩”装饰。

2. 仿烧

除了“改造”，清代景德镇还仿烧前代的器物。清康熙时期，景德镇工匠就仿烧过隆庆时期的瓷器，主要体现在仿其款识。以图34—图37的四件故宫博物院藏的康熙时期烧造的仿隆庆时期的瓷器为例。图34青花“寿”字洗，敞口、弧腹、圈足。内、外均有青花装饰，里心自里向外以青花绘三周双圈，中心双圈内书一“寿”字，中心双圈与中间双圈之间书四个“寿”字，并以绳结纹饰相隔，中间双圈与最外道双圈之间绘八个莲瓣开光，

图 34　清康熙 青花“寿”字洗

图 35　清康熙 青花加矾红彩鱼纹杯

图 36　清康熙 青花题诗魁星图杯

图 37　清康熙 青花加矾红彩海水云龙纹碗

开光内分别书“寿”字。外壁绘六组花卉洞石。外底署青花“大明隆庆年制”六字双行外围双圈仿款。图 35 青花加矾红彩鱼纹杯，敞口、弧腹、圈足。内、外均以青花装饰，里心以青花、矾红绘三条游鱼，外壁口沿以青花绘几何纹，腹部以矾红彩绘四条鱼纹。外底署青花楷体“大明隆庆年制”六字双行外围双方框仿款。图 36 青花题诗魁星图杯，撇口、深弧腹、圈足。外壁以青花绘魁星点斗图，并配诗句。外底署青花楷体“隆庆年造”四字双行仿款。图 37 青花加矾红彩海水云龙纹碗，撇口、深弧腹、圈足。里心和外壁均以矾红彩绘龙纹，以青花绘海水纹。外底署青花楷体“大明隆庆年造”六字双行外围双圈仿款。以上这四件瓷器从造型、纹饰，以及款识写法等方面可以看出与康熙时期器物相似的特点，因此这一类器物可以判定为康熙朝景德镇烧造的伪托隆庆年款产品，常见的有“大明隆庆年制”六字双行外围双圈仿款、“大明隆庆年造”六字双行外围双圈仿款，以及“隆庆年造”四字双行外围双方框仿款等。

三、结语

隆庆一朝仅六年，与嘉靖、万历朝相比，景德镇烧造的瓷器品种、数量相对有限，但依然有一定数量，瓷器品种在继承前朝的基础上，同时也有创新。目前传世的隆庆朝景德镇烧造瓷器，器型主要有缸、罐（蟋蟀罐、大罐、六方罐、盖罐）、壶、盒（银锭式盒、方胜式盒、菱花式盒、圆盒、方盒）、炉、盘（攒盘、八方盘、菱花式盘、方盘、圆盘）、碗（撇口碗、浅碗）、杯等。装饰品种有青花、五彩、单色釉。纹饰主要有动物纹（云龙纹、凤鸟纹、龙凤纹、莲池水禽图、花鸟纹、猴鹿纹、云鹤纹、鱼藻纹）、花卉纹（缠枝花卉纹、团花纹）、人物纹（仕女婴戏图、八仙祝寿图、嫦娥奔月图）、诗句等，大部分延续嘉靖朝，个别品种可能是这一时期的新品种，比如青花攒盘、青花诗文碗等。款识方面，主要有“大明隆庆年造”六字双行外围双圈款、“大明隆庆年制”六字双行外围双圈款、“隆庆年造”四字双行外围双方框款等形式。对比文献、清朝档案中记载的相关内容，部分清代宫廷收藏的隆庆朝瓷器与文献档案中的记载相互印证，还有档案与文物有所出入的内容，也作为一种补充，更加全面地呈现出了隆庆朝景德镇烧造瓷器的风格特点。另外，在流传过程中，隆庆朝瓷器存在被“改造”的现象，比如“后加彩”。还有康熙朝景德镇烧造的仿写隆庆年款瓷器，这都体现出了隆庆朝瓷器对于后世的影响。

中国明代对外输出瓷器
——以故宫博物院藏品为例

郑宏（故宫博物院研究员）

摘要： 中国明代对外瓷器输出通过赏赐、官府贸易、民间贸易的形式向外输出，增加了中外文化、技术的交流，这种交流是双向的。一方面，中国瓷器对输入地人民的文化、生活产生了重要影响。另一方面，中国瓷器为了输出的需要，在造型、纹饰等方面不断吸收异域文化的元素，呈现出异域文化的特点。同时，域外中国瓷器的拥有者根据其需要和喜好，对中国瓷器加饰金属装饰，也使中国瓷器呈现出中西文化相融的艺术特点。本文通过对故宫博物院收藏明代输出瓷器的梳理，可以窥视这一时期输出瓷器之全貌。

关键词： 输出瓷器　赏赐瓷器　贸易瓷器　故宫藏品　韩槐准　克拉克瓷

一、“输出瓷器”之定名及研究回顾

以往学术界多将中国输往域外的瓷器称为“外销瓷”，日本学者称为“贸易瓷器”，西方学者则称之为“China-trade porcelain”或“Chinese Export Ceramics”（中国贸易瓷器或中国出口瓷器）。“外销瓷”和“贸易瓷”定名是否确切，王光尧在其《对古代输出瓷器的一些认识》一文中认为：从中国古代疆域的变化、输出瓷器的性质、目的等不同几方面进行综合考虑，以“输出瓷器”命名更为准确[1]。笔者同意此观点。首先，中国古代不同时期疆域界限不同，“外”的内涵、外延也随之变化，单以“外”框介中国瓷器的输出，无法准确涵盖其状况。其次，收藏于域外的中国瓷器并非全部是以商品贸易的形式输出，它们中既有贸易商品，也有馈赠礼品、赏赉品，还有非法掠夺之器，因此我们只能从瓷器流向而言，以古代中国为中心向外输出，这样命名更为妥当，故本文也采用“输出瓷器”总称。

有关明代对外输出瓷器的研究，国外研究得相对较早。学者们多是以在国外发掘出土和发现的中国明清时期瓷器为研究对象，结合文献记载进行研究。

1　王光尧：《对古代输出瓷器的一些认识》，《故宫博物院院刊》2011 年第 3 期。

1954年出版的《瓷器与荷兰东印度公司》一书是早期研究中国明代输出瓷器的著作，书中记述了17世纪中国瓷器的对外输出情况，同时还介绍了日本瓷器的兴起原因[2]。20世纪60年代我国陶瓷先辈陈万里先生在其《中国瓷器史上存在着的问题》一文中即已提出应重视我国外销瓷器的研究，提出“从明代万历以后到清康熙年间我国外销瓷器的对外影响，向来没有足够的重视。究竟这一段的时间里我国外销瓷的发展情况如何？对于世界的瓷器发展上起着如何的作用？需要予以足够的估计及说明”[3]。陈万里在同时发表的《宋末——清初中国对外贸易中的瓷器》一文中，梳理了宋、元、明时期有关瓷器出口的文献资料，并在 *Porcelain and the Dutch East India Company*（*1602—1682*）一书的基础上论述了17世纪荷兰东印度公司输出中国瓷器的情况[4]。夏鼐先生在“作为古代中非交通关系证据的瓷器”一文中，对非洲发掘出土的15—16世纪的青花瓷器、青瓷、白瓷和粗瓷，进行了介绍[5]。日本学者三上次男在《陶瓷之路》一书中对在非洲、中亚、西亚发现的中世纪中国瓷器进行了介绍和探源，并首次提出了“陶瓷之路”的名称[6]。冯先铭先生对明初永乐宣德青花瓷器与外来影响方面进行了相关研究[7]。马文宽、孟凡人对中国古瓷在非洲的发现进行了研究[8]，马文宽先生尤其对明代瓷器中的伊斯兰因素进行了考察和研究[9]。韩槐准先生对南洋遗留的中国古代输出瓷器进行了研究，其中不乏明代漳州窑瓷器[10]。叶文程先生对中国古外销瓷研究的系列研究中也提到了明代外销瓷器[11]。朱培初[12]、李金明[13]、彭明瀚[14]等在明代陶瓷和世界文化交流、传播及影响方面均进行了相应的研究。刘淼对明代前期海禁政策下瓷器的输出进行了研究[15]，王光尧对古代输出瓷器提出了自己的认识[16]，其他学者也针对我国广东、福建、浙江等地的明代贸易瓷器进行了研究。

近年来，伴随欧亚海上航线沉船的不断发现，沉船出水瓷器也成为研究的主要内容。如广东汕头南澳1号明代沉船，马来西亚海域万历号沉船等明代沉船，这些沉船装载的瓷

---

2 T.Volker: Porcelain and the Dutch East India Company (1602—1682). Leiden: RijksmuseumvoorVolkenkunde, 1954.

3 陈万里：《中国瓷器史上存在着的问题》，《文物》1963年第1期。

4 陈万里：《宋末——清初中国对外贸易中的瓷器》，《文物》1963年第1期。

5 夏鼐：《作为古代中非交通关系证据的瓷器》，《文物》1963年第1期。

6 三上次男著，李锡经 高喜美译，蔡伯英校：《陶瓷之路》，文物出版社，1972年，第155页。

7 冯先铭：《明永乐宣德青花瓷器与外来影响》，《艺术市场》2003年第10期。

8 马文宽、孟凡人：《中国古瓷在非洲的发现》，紫禁城出版社，1987年。

9 马文宽：《明代瓷器中伊斯兰因素的考察》，《考古学报》1999年第4期。

10 韩槐准：《南洋遗留的中国古外销陶瓷》，新加坡青年书局，1960年。

11 叶文程：《中国古外销瓷研究论文集》，紫禁城出版社，1988年。

12 朱培初：《明清陶瓷和世界文化的交流》，轻工业出版社，1984年。

13 李金明：《明清时期中国瓷器文化在欧洲的传播与影响》，《中国社会经济史研究》1999年第2期。

14 彭明瀚：《郑和下西洋·新航路开辟·明清景德镇瓷器外销欧美》，《南方文物》2011年第3期。

15 刘淼：《明代前期海禁政策下瓷器的输出》，《考古》2012年第4期。

16 王光尧：《对古代输出瓷器的一些认识》，《故宫博物院院刊》2011年第3期。

器均是贸易瓷器，对这些沉船瓷器的研究，也是中国对外输出瓷器研究中的一部分[17]。

也有学者对中国古外销瓷器研究进行了学术回顾，如孟原召《根据中国境内、外考古发现及水下沉船出水瓷器资料》一文对中国外销瓷器研究进行了回顾[18]，刘淼、吴春明依据时间顺序将中国古外销瓷器的研究分为几个阶段[19]。

以上这些研究均是对明代输出瓷器尤其是贸易瓷器在中外文化交流、对外贸易、海上航路等方面进行了论述，从全球贸易体系中审视中国明代贸易瓷器的流变及影响。以景德镇为中心，尤其是御厂出土及生产的瓷器资料为研究对象，梳理景德镇明御厂的贸易瓷器方面的研究有，彭明翰：《明清景德镇外销瓷与制瓷技术外传》[20]，刘新园、江建新等根据景德镇御厂遗址出土的明初输出瓷器，从器物种类、造型、纹饰特征等方面进行了论述[21]。这些研究均是从景德镇考古发掘出土文物、遗存文物等为研究对象，对明代景德镇陶瓷生产和对外贸易、对外交流等方面进行了考察和论述。

故宫博物院也收藏有大量明代输出瓷器，但是对其梳理和研究尚显不足。故宫博物院藏明代输出瓷器主要以景德镇窑产品为主，景德镇窑生产的瓷器为供宫廷之需进入宫廷，部分用于宫廷生活，部分用于宫廷赏赐。此外，浙江龙泉窑、福建省德化窑等其他地区生产的民窑瓷器也有入藏。本文即以故宫博物院藏品为出发点，对其收藏的明代输出瓷器做一简要梳理，以窥明代输出瓷器之一斑。

二、明代输出瓷器方式考

明代对外输出瓷器有两种方式：赏赐和贸易。15 世纪，由于海上航路的开辟，中国瓷器跨过南海、马六甲海峡、印度洋、阿拉伯海、地中海，成为海上陶瓷之路的主要贸易商品，中国瓷器输出至中亚、西亚、东非、北非、甚至迅速扩展到欧洲一些国家，受到这些国家和地区人民的追捧。明朝对外输出瓷器出现两段高峰时期，一是明初郑和下西洋时期及此后一段时期（15 世纪上半叶），二是隆庆开关以后的明代晚期（16 世纪中期至 17 世纪中期）。

明朝政府海禁政策的实施时断时续，导致瓷器输出只能是以官方贸易和朝贡的方式实现，具体体现在对外赏赐瓷器、朝贡体制下的官方贸易瓷器、入贡物品折价回赐瓷器（基

17 广东省文物考古研究所等：《广东汕头市南澳 1 号明代沉船》，《考古》2011 年第 7 期；Sten Sjostrandet al. The Wanli Shipwreck and its Cermic Cargo, Department of Museums Malaysia,2007.

18 孟原召：《40 年来中国古外销陶瓷的发现与研究综述》，《海交史研究》2019 年第 4 期。

19 刘淼、吴春明：《二十世纪以来中国古外销瓷研究回顾》，《考古与文物》2008 年第 5 期。

20 彭明翰：《明清景德镇外销瓷与制瓷技术外传》，文物出版社，2017 年。

21 刘新园：《景德镇明御厂故址出土永乐、宣德官窑瓷器之研究》，《景德镇珠山出土永乐宣德官窑瓷器展览》，香港市政局，1989 年，第 40 页。
江建新：《略论明初外销瓷》，《明代宣德御窑瓷器——景德镇御窑遗址出土与故宫博物院藏传世瓷器对比》，故宫出版社，2015 年，第 334—342 页。

本上是高价折算）三个方面。一旦海禁政策取消，中国瓷器的输出则以大宗的民间贸易为主。

（一）对外赏赐瓷器

明代对外赏赐瓷器主要体现于朝贡往来中，是明朝政府外交政策的礼仪方式之一。有以下两种情况。

1. 明朝政府对藩属国的赏赐瓷器

明朝各藩属国积极来朝入贡，一方面可以得到明朝政府的庇护，另一方面也可以获得丰厚的赏赐礼品。明朝政府对朝贡使臣采取"怀柔荒远""厚往薄来"的外交政策，回赠入贡者以厚礼，赏赐品不乏其数。瓷器是其中之一。

《明史》记载，明代得到赏赐瓷器的国家有朝鲜、琉球、占城、真腊、暹罗、撒马尔罕、失剌思、哈密、日落国等国。明初对外赏赐瓷器数量较大。洪武九年[22]、洪武十六年[23]、洪武十九年[24]及永乐、弘治时期[25]均有赏赐瓷器的文献记载。

如洪武十六年，明政府遣使赐占城、暹罗、真腊国王织金文绮各三十二匹，磁器一万九千事。如此大量赏赐瓷器在朝贡体系中并不常见。

"每逢苏丹登基、寿辰、大婚及其他重要庆典，中国瓷器是常见的贺礼和皇帝赏赐的礼物"[26]。

这些赏赐瓷器的下落多已无从考辨，但是，通过域外的一些宫廷收藏品中我们可以看到赏赐瓷器的踪影。如土耳其伊斯坦布尔托普卡比皇宫和伊朗阿德比尔神庙收藏的中国明代早期官窑瓷器，是万历朝之前明朝诸帝赏赐给伊尔汗国和萨哈维王朝的礼品而留存下来的。赏赐给伊朗的瓷器后来又被奥斯曼帝国强行征集收藏。至今这些瓷器入藏在土耳其和伊朗博物馆。

这些宫廷赏赐的瓷器均品质精良，代表了当时瓷器生产的最高工艺水平。

2. 郑和下西洋对沿途国家的赏赐

明代早期，郑和使团七下西洋，随船携带的物品中即有赏赐瓷器，用以沿途赏赉西洋各国，以打通和加强明朝政府与南洋和西洋地区国家的关系。郑和下西洋后，朝贡国增加。

---

22 洪武九年（1376年）夏，琉球国"泰期随浩（刑部侍郎李浩）入贡，得马四十匹。浩言：其国不贵纨绮，惟贵磁器、铁釜，自是赏赉多用诸物"。（清）张廷玉等撰：《明史》中华书局，1974年。

23 洪武十六年（1383年）八月至九月，"遣使赐占城、暹罗、真腊国王织金文绮各三十二匹，磁器一万九千事"。《明太祖实录》四，卷一五六，"中研院"历史语言研究所，第2、3页。

24 洪武十九年（1386年）八月至十二月，宫廷"遣行人刘敏、唐敬偕内使赍磁器往赐真腊等国"。《明太祖实录》四，卷一七九，"中研院"历史语言研究所，第5页。

25 日落国，"永乐中来贡。弘治元年，其王亦思罕答儿鲁密帖里牙复贡。使臣奏求纻、丝、夏布、磁器诸物"。《明史》卷三三二《西域四，日落国传》，第8619页。

26 蒋奇栖：《中国青花瓷对阿拉伯世界瓷器发展的影响》，《托普卡比宫的中国瑰宝——中国专家对土耳其藏元青花的研究》，北京燕山出版社，2003年，第123页。

《明史》记载："（明成祖）三年十二月丁卯，郑和复使西洋。是年，占城、古里、爪哇、满剌加、苏门荅剌、南巫里、浡泥、彭亨、锡兰山、溜山、南渤利、阿丹麻、林忽鲁、谟斯柯枝入贡。"[27]

3. 以瓷器折价回赐礼物

除了直接赏赐的方式，明代中期，弘治年间对入贡的货物价值，进行估验定价后，可以用瓷器折价作为回赐物品，同时规定了统一的价格。《大明会典》记载，"凡折还物价，弘治间定：（中略）青花白瓷盘，每个五百贯。碗，每个三百贯。瓶，每个五百贯。酒海，每个一千五百贯。豆青瓷盘，每个一百五十贯。碗，每个一百贯。瓶，每个一百五十贯"[28]。从中可知，弘治时期开始规定，以瓷器作为折价成为定式，并有统一的价格，弘治时期回赐瓷器品种有青花盘、碗、瓶、酒海，豆青瓷碗、瓶等。瓶、酒海的价格比盘、碗高。这种根据入贡货物的价格，折以定量的瓷器作为回赐礼品的规定标准，一直延续至明末。

这种以瓷折价的形式，一方面反映出瓷器在其中充当了货币的作用，在入贡物品和回赐礼品中起到了重要的媒介作用。另一方面也可以看出瓷器在外交礼仪中发挥的重要作用。

（二）贸易瓷器

贸易瓷器可分为官方贸易瓷器和民间贸易瓷器两种。官方贸易瓷器出自宫廷，以赏赐和不对等交易形式为主。民间贸易瓷器主要以市场行为为主。

1. 官方贸易瓷器

官方贸易瓷器数量不多，主要见于明代早期。明朝官方贸易瓷器以朝贡贸易为主，郑和下西洋时沿途的贸易也属于官方贸易的一种特殊形式。

"朝贡贸易"是一种由政府统治的对外贸易形式。明代早期由于实行海禁政策，海外贸易基本在"朝贡贸易"即官方贸易的框架下进行。明初官府设有市舶司负责对外商贸[29]。政府特许前来进贡的诸国"贡舶"附带一定数量的商货，在指定的地点进行贸易。以进贡为名来到中国的各国使团，常带物入华商贸，（洪武）二年九月规定，与中国贸易的各国使臣，官府要抽成六分。[30]来华贸易的使臣在《大明实录》中记载，正统六年，琉球国通事沈志良、

27（清）张廷玉等撰：《明史》中华书局，1974年。

28 明李东阳等敕撰，申时行等奉敕重修：《大明会典》，江苏广陵古籍刻印社，1989年，第1664、1665页。

29 "洪武初，设市舶于太仓，名黄渡。市舶司，寻以近京师，改设于福建、浙江、广东。在广东者专为占城、暹罗诸番，在福建者专为琉球，在浙江者专为日本而设。日本入贡而来也，许带方物。官设牙行，与民贸易，谓之互市。"（明）郑若曾：《明代地理文选》，《郑开阳杂著》，卷四《明代史料文献》。"而今日本等国至浙江市舶司，琉球等国至福建，暹罗满剌加等国至广东，亦可近见。"（明）胡宗宪，《筹海图编》，卷十二，《明代史料文献》，明代地理文选。

30（清）嵇璜：《续文献通考》卷二十六，市籴考，清文渊阁四库全书本。"（洪武）二年九月定，朝贡附至番货欲与中国贸易者，官抽六分，给价偿之"。

使者阿普斯古，驾船载瓷器等物，往爪哇国贸胡椒苏木等物。[31] 琉球国使者应是在中国境内购买了瓷器又前往爪哇国进行胡椒、苏木等物的贸易。

郑和七下西洋进行的远航贸易和入贡使臣返程也涉及贸易瓷器。郑和使团沿途贸采琛异，他们通过贸易的方式用中国瓷器为政府换取大量珍贵木材、香料、西洋布等外国产品。宣德五年五月初四日，“郑和等往西洋忽鲁谟斯等国公干，大小船六十一只……并原下西洋官员买到磁器、铁锅、人情物件，及随船合用军火器、纸札、油烛柴炭并内官内吏年例酒油烛等物……”[32]

由于赏赐之物必出自内府、官库，这里提到的“买到瓷器”必不是他们代表宫廷至西洋各地所用的赏赐品，而应是贸易之物[33]。交易过程多数是以货易货，有的采用明代铜钱进行交易。

这些瓷器均是以官方贸易的形式向外输出，是以宫廷为出发点向域外输出。体现了明朝宫廷以瓷器作为载体进行对外交流的情况。

2. 民间贸易瓷器

民间贸易是明代中国瓷器输出的主要形式，民间贸易持续整个明代。政府虽屡有“海禁”命令，但民间的私下贸易未曾根本间断。明代著作《瀛涯胜览》《西洋番国志》《星槎胜览》等书中都记录有郑和下西洋沿途所见各国中的中国瓷器。主要为青釉瓷器、青白瓷釉器、青花瓷器等，多为浙江龙泉窑及江西景德镇窑产品，为生活用瓷。这些瓷器大部分是以民间贸易的形式向外输出。16—17世纪明代中晚期，“海禁”政策放松后，中国瓷器受到域外国家的推崇，陶瓷贸易需求量猛增，大量中国瓷器作为日常生活用瓷以民间贸易的形式由海路输出。从目前发现的海底沉船可想见当年海上陶瓷贸易之繁忙。如2008年在葡萄牙里斯本附近海底发现的中国沉船（1575—1625年沉没）、“南澳Ⅰ号”沉船（万历前、中期）、文昌宝陵港沉船（明末清初）、2010年马来西亚海域“万历号”沉船（1625年沉没）等。这些沉船是明代海上陶瓷民间贸易的见证。

31《大明实录》网络版，《大明英宗睿皇帝实录》卷之八十六，第601754页。“正统六年闰十一月，己丑，巡按福建监察御史郑颙等奏：琉球国通事沈志良、使者阿普斯古，驾船载瓷器等物，往爪哇国贸胡椒苏木等物”。

32（明）巩珍:《西洋番国志》,《续修四库全书》第742册，第373页。宣德五年五月初四日，“敕南京守备太监杨庆、罗智、唐观，大使袁诚，今命太监郑和等往西洋忽鲁谟斯等国公干，大小船六十一只……并原下西洋官员买到磁器、铁锅、人情物件，及随船合用军火器、纸札、油烛柴炭并内官内吏年例酒油烛等物，敕至尔等即照数支与太监郑和……等关领前云应用，不许稽缓”。

33 王光尧：《明代宫廷陶瓷史》，紫禁城出版社，2010年，第221、222页。

三、明代输出瓷器举例——以故宫博物院藏品为例

故宫博物院藏品中既有对外赏赐瓷器的同类品，又有明代官方和民间贸易瓷器；这些瓷器来源有清宫旧藏，有国家文物局、文联于20世纪五、六十年代拨交的瓷器；有1949年以后故宫博物院购入瓷器；有1949年以后由个人与机构的捐赠品，其中赏赐瓷器的同类品，主要为清宫旧藏品，以江西景德镇御厂瓷器为主，其他入藏的输出瓷器以江西景德镇窑、浙江龙泉窑及福建漳州窑、德化窑产品为主。

下面以输出瓷器的到达区域为主线，分别举例说明。

（一）北非、西亚地区，具有伊斯兰风格的中国瓷器

明代早期，阿拉伯和波斯商人垄断了东西贸易，中国瓷器作为东西贸易的主要货品之一，输出到北非、西亚地区（如埃及、土耳其、叙利亚、伊朗等国），这些地区收藏的中国瓷器多是通过阿拉伯商人或其他国家的贸易，或纳贡、或馈赠、或强制征集而获得，这些瓷器多带有明显的伊斯兰文化风格，其造型多源于伊斯兰地区的金属器、玻璃器，其中有些是定制瓷器。

三上次男在开罗市帕尔·卡特·埃尔玛拉山丘（Tel Qat el Maro）的废土堆积中发现大量的中国优质瓷片，其中有明代的龙泉青瓷、景德镇青白瓷、青花瓷、五彩瓷[34]。此外，在土耳其托普卡比皇宫和伊朗阿德比尔神庙均收藏有大量中国明代官窑瓷器，包括明代洪武时期的釉里红瓷器，永乐、宣德时期的青花瓷器，正德时期的黄釉瓷器，嘉靖、万历时期的五彩瓷器等。当时的“皇宫议政堂和接见外国使节时，常用到中国瓷器”[35]。王公显贵大量定购中国瓷器。明初洪武官窑瓷器“朴素”时代之风为元代制瓷技艺与风格的延续，同时也影响到洪武外销瓷的生产。永乐、宣德对外输出瓷器中许多造型源于伊斯兰金属器[36]。景德镇御厂为了适应出口的需要，烧造出许多伊斯兰风格的瓷器，这些瓷器的造型与纹样大多来源于伊斯兰地区的金银器、黄铜器、玻璃器、陶器等。

故宫博物院藏品中至少有20余种器型具有典型的伊斯兰风格。主要以景德镇窑明初永乐、宣德青花瓷器为主。这些瓷器曾经收藏在宫廷的古董房、漱芳斋、重华宫御厨房等地。这些器物有以下几个特征。

34〔日〕三上次男：《陶瓷之路》，文物出版社，1972年，第22页。

35 冯先铭：《明永乐宣德青花瓷器与外来影响》，《艺术市场》2003年第10期。

36 王光尧：《明代宫廷陶瓷史》，紫禁城出版社，2010年，第221页。

图 1　明洪武青花缠枝花卉纹执壶
清宫旧藏，旧藏收贮地：漱芳斋重华宫厨房等处

图 2　铜嵌金银丝执壶
埃及，1376-1377 年

图 3　明宣德青花缠枝莲花纹执壶

图 4　黄铜嵌金银瓜棱形执壶
阿富汗

图 5　明宣德青花花卉纹烛台
清宫旧藏

图 6　铜嵌金银烛台
伊朗，1220-1240 年

1. 为适应伊斯兰地区的生活定烧之器

造型多源自北非、西亚地区的工艺品，如：明洪武青花缠枝花卉纹执壶 [37]〔图 1〕，曾收贮于清宫漱芳斋重华宫厨房 [38]。造型仿自伊斯兰国家的金属器和玻璃器〔图 2〕，黄铜嵌金银丝执壶（埃及 1376—1377 年）。明宣德青花缠枝莲花纹执壶〔图 3〕，造型仿自黄铜嵌金银瓜棱形执壶〔图 4〕。这件执壶是伊斯兰镶嵌铜器工艺的典范。包括其壶身精致的打结装饰，壶身上祈福的祝语铭文，以及蜷伏在脖子和喷水的狮子。瓷质执壶则是造型上的模仿，以

37《故宫物品点查，漱芳斋部分》（05879，中华民国十八年六月一日）："四八八，白地青花大壶一把。" 见网络版《清宫陈设档》，《故宫物品点查报告》，第三编，第三册漱芳斋部分，第 1 页。

38《故宫物品点查报告》第三编，第三册，卷四，漱芳斋重华宫厨房等处。

图 7　明宣德青花缠枝莲纹折沿盆
清宫旧藏

图 8　加彩玻璃折沿洗
伊斯兰地区，14 世纪

图 9　铜嵌金银圣路易斯洗礼盆
卢浮宫，1290–1310 年

图 10　明宣德青花缠枝莲纹单柄罐

图 11　黑地描金花卉纹单柄陶罐
伊斯兰地区，15 世纪

图 12　彩绘曲线几何纹单柄陶罐
土耳其，1550 年

青花绘缠枝花卉纹作为纹饰，纹饰则没有铜执壶繁复。明宣德青花花卉纹烛台〔图 5〕，造型仿自伊朗 1220—1240 年间制作的铜嵌银烛台〔图 6〕。

在伊斯兰艺术中，器物表面常饰有繁复的装饰工艺，伊斯兰工匠在金属表面镶嵌银、金装饰，并用黑色物填充，从而增加细节的装饰，使纹饰更加精美。12 世纪中期，这种金属镶嵌技术首次在伊朗东部流行，及至整个中东地区都在使用，之后向西传播，13 世纪中晚期至 14 世纪中期，这种工艺达到了顶峰，其特点是图像风格的繁荣和铭文风格的发展。16 世纪这种工艺呈下降趋势。

此件烛台即是金属镶嵌技术顶峰时期的作品。中国明初永乐、宣德时期正处于这种工艺发展的顶峰时期，显然，这种伊斯兰工艺造型在 15 世纪初影响到中国官窑瓷器的烧造，并进入到宫廷。其造型之复杂，作为瓷器的烧制也是件不易之事。

明宣德青花缠枝莲纹折沿盆[39]〔图 7〕造型则仿伊斯兰地区生产的器物，如加彩玻璃折沿洗〔图 8〕，铜嵌金银圣路易斯洗礼盆〔图 9〕等。

39 马文宽：《明代瓷器中的伊斯兰因素的考察》，《考古学报》1999 年第 4 期。

图 13 铜镀金银带盖单柄罐
土耳其，约 1500 年

图 14 铜嵌金银罐
阿富汗，1450–1500 年

明宣德款青花缠枝莲纹单柄罐〔图 10〕与 1400—1500 年间的伊朗和中亚常见的直颈圆腹罐类器物极为相近。此类器型在当时的伊斯兰世界非常流行，如黑地描金花卉纹单柄陶罐〔图 11〕，彩绘曲线几何纹单柄陶罐〔图 12〕，图 12 陶器表面装饰曲线图案，1520 年开始出现在陶器上，盛行于 1560 年。

此类直颈圆腹罐由玉石和金属等各种各样的材料制成，图 13 铜镀金银带盖单柄罐（土耳其，约 1500 年）也有相类似的造型。图 14 铜嵌金银罐（阿富汗，1450—1500 年），尽管没有执柄，其直颈球形腹的造型则与之相同。其材质和工艺如此多样，表明这类器物用途非常广泛。而 15 世纪和 16 世纪中国青花瓷器，可能是为伊斯兰宫廷制作的。

宣德款青花缠枝莲纹篓式罐〔图 15〕，仿铜嵌金银篓式罐〔图 16〕，铜嵌银镶黑篓式罐〔图 17〕。器表镶嵌“十”字形玫瑰花环和铭文装饰。

2. 反映伊斯兰教义、书写阿拉伯文字的瓷器

宫廷传世品中有书写阿拉伯文字的瓷器，如尊、烛台、碗等。文字主要内容有《古兰经》教义，赞颂真主；也有文字内容为说明瓷器的用途。字体书写流畅、自如，阿拉伯文字同时也成为一种装饰纹样。这种铭文装饰技法应受伊斯兰青铜镶嵌工艺的装饰风格影响。阿拉伯文瓷碗曾作为正德皇帝送给苏丹国王的礼物，输出至域外。文献记载“塞力姆一世 (Selim I，1512—1520) 当政期间，明代正德皇帝委托穆斯林商贾塞义德・阿里・艾克勒（Sayyid Ali Ekber）带来两个书写阿拉伯文字瓷碗作为礼物，送给苏丹陛下”[40]。

图 15 明宣德青花缠枝莲纹篓式罐

图 16 铜嵌金银篓式罐
伊朗伊斯兰艺术博物馆，1350–1400 年

图 17 铜嵌银镶黑篓式罐
大马士革，15 世纪

40 费伯良:《托普卡比宫巡礼》,《托普卡比宫的中国瑰宝——中国专家对土耳其藏元青花的研究》, 北京燕山出版社，2003 年，第 21 页。

图 18　明正德青花阿拉伯文碗

图 19　明宣德青花缠枝花卉阿拉伯文无当尊

图 20　铜臼和杵
伊朗，12 – 13 世纪初

书写阿拉伯文字碗清宫传世品中有收藏，如正德款青花阿拉伯文碗〔图 18〕，碗外壁菱形方框内夹方形框书阿拉伯文字，文字内容为赞颂真主阿拉，文字四周以朵花及云头纹装饰，底部书“大明正德年制”款。这些带有阿拉伯文字的瓷器，主要是为西亚的伊斯兰国家烧制。

清代乾隆皇帝最为关注的明宣德青花缠枝花卉阿拉伯文无当尊〔图 19〕，器型仿西亚伊斯兰地区铜器，造型新颖独特。与 12—13 世纪初伊斯兰地区铜臼〔图 20〕造型相类，铜杵与铜臼配套使用，应为研磨器，从其用途来看底部应为封底。同类造型在伊斯兰地区也有作“盘座”使用，内腹为中空不封底。

图 21　清乾隆青花无当尊及铜掐丝珐琅内胆

这类瓷器在明清宫廷中也有收藏〔图 19、图 21〕，清代乾隆帝对其尤为钟情，乾隆《咏宣德窑无当尊》御题诗即有二首 [41]。乾隆视其中空无底，称其为“无当尊”。他不仅从器物名称上给予定名，更将此中空器型与中国的古代典故及做人、为政之道相联系，乾隆还下

41《咏宣德窑无当尊》:“一窑成器必不少，其式相同应亦多。铜胆置之诗咏彼，瓷尊肖也例从他。两端皆坦云为簇，中孔惟穿月作窠。景泰兼资识宣德，韩非诫语义无磨。注云：内府旧有宣窑，俗所谓杖鼓尊者颇多。后得一尊，其中铜胆底镌宣德年字，因名之曰‘无当’，而系以诗。此尊正与同制，而无胆为之置。然铜胆岂可每尊随而有之。宣德铜胆既不可多得，因用景泰珐琅法为胆，代之以慎无当之诮。”《四库全书》集部，别集类，清代，御制诗集，四集卷二十一。

《咏宣德窑无当尊》:“制与商父乙尊颇同，而两端皆坦似槖盘，略如《遵生八笺》所云：‘坐墩花囊者，其中孔无底’，则又未尽合，因以韩非语名之而系以诗：官汝之次称宣成，世代愈降制愈精。轮铬拙巧递变更，欲返其初嗟孰能。是器本拟尊罍瓶，胡为无当水难盛。抑别具义得试评，堂溪公对昭侯曾。贱者瓦卮贵玉瑛，注浆漏或不可乘。则用瓦矣玉在屏，三复洁矩将毋惊。瓷无款识留标名，中含铜胆生绿青。底书宣德贻大明，相依表里如弟兄。阅数百岁犹联并，神物守之语信诚。可以贮水簪群英，掞辞绎义静六情。”《四库全书》集部，别集类，清代，《御制诗集》，四集卷一。

图 22　明永乐青花锦地折枝花卉纹双系活环背壶
清宫旧藏
旧藏收贮地：重华宫、漱芳斋

图 23　明宣德青花缠枝莲纹绶带耳瓶
清宫旧藏
旧藏收贮地：坤宁宫

图 24　明宣德青花锦纹双耳扁瓶
清宫旧藏
旧藏收贮地：古董房

图 25　明洪武釉里红牡丹菊花纹盘
清宫旧藏
旧藏收贮地：古董房

令清宫内务府造办处为其配置景泰蓝铜胎珐琅内胆，内胆上有插孔，作为插花之器用。图 21 为乾隆青花无当尊及铜掐丝珐琅内胆。

另外一首乾隆《咏宋龙泉无当尊》诗[42]，是咏龙泉无当尊，从目前掌握的龙泉窑资料来看，宋代应没有无当尊器型，清宫廷中未发现龙泉釉无当尊。

无当尊竟引起乾隆皇帝御咏赋诗三首，衍生出如此多的意喻，也可看出宫廷对外来器型从使用功能和文化内涵上的不同应用和解读。

明永乐青花锦地折枝花卉纹双系活环背壶[43]〔图 22〕、明宣德青花缠枝莲纹绶带耳瓶[44]〔图 23〕、明宣德青花锦纹双耳扁瓶[45]〔图 24〕、明宣德青花茶花纹壶〔图 25〕等在伊斯兰地区的铜器、陶器或玻璃器中均能找到相同造型；明洪武釉里红牡丹菊花纹盘[46]〔图 26〕，口径较大，这种大盘是为适应伊斯兰就餐形式的需要而烧造的大型器物，多以定制瓷器的方式向外输出。伊斯兰民族在举行重要仪式和盛宴时，有聚族而餐的饮食习惯，

42《咏宋龙泉无当尊》：“忆经无当咏宣窑，谁识龙泉肖宋朝。铁足周围非半器，弦纹层迭在中腰。玉卮漏水消恒凛，铜胆插花韵自饶。屡见旧瓷屡有什，愧哉太保训曾昭。”（注云：宋瓷既有此，则宣德乃仿为也。或见无底疑为折其半，兹铁足具存知为旧制也。尝仿景泰珐琅制胆于宣窑无当尊中，此器亦置胆其中）《四库全书》集部，别集类，清代，《御制诗集》，四集卷四十二。

43《故宫物品点查报告》，漱芳斋，05879，中华民国十八年六月一日：“六八一，青花宝月瓶一个，（带紫檀座）。”见网络版《清宫陈设档》，《故宫物品点查报告》，第三编，第三册，漱芳斋部分，第 41440 页。

44《故宫物品点查报告·坤宁宫，05864，中华民国十四年三月十五日：“四四〇，青花小口磁瓶一个。”见网络版《清宫陈设档》，《故宫物品点查报告》第一编，第二册，坤宁宫部分，第 15 页。

45《故宫物品点查报告》，古董房，05876，中华民国十四年十二月二十五日：“一五〇四，破青花白地扁瓶一个。”第二编·第九册部分，第 41082 页。

46《故宫物品点查报告·古董房》（05876，中华民国十四年十二月二十五日：“六八五，木格一个，内盛白地青花紫花大瓷盘二十五个。”见网络版《清宫陈设档》，《故宫物品点查报告》，第二编，第九册，卷五，第 42 页。

图 26　明永乐青花茶花纹壶
清宫旧藏

图 27　阿拉伯人盛宴聚餐场景

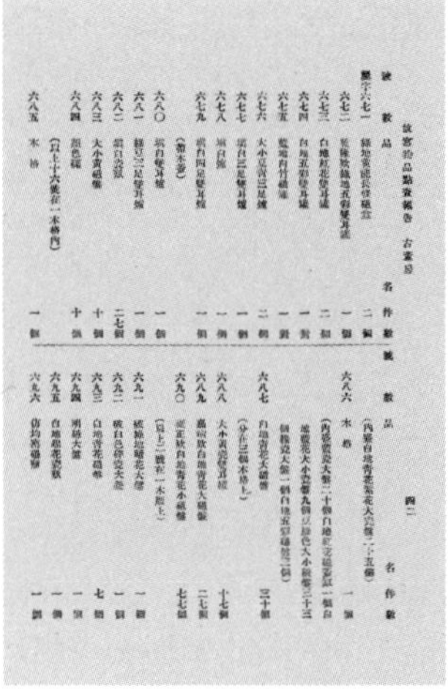

图 28　《故宫物品点查报告·古董房》

中国瓷器是必备的器皿。图 27 表现的就是阿拉伯人盛宴聚餐的场景[47]。中国瓷器被伊斯兰地区的人民奉为作为餐食、聚会的上乘用器，甚至代替了贵重的金银器用具。清宫《点查报告》记录了此类大盘有二十五个收藏在古董房[48]〔图 28〕。此类大盘收藏在宫廷旧藏中，并存放在宫廷库房中备用。说明这类大盘也被用于宫廷的日常生活。

图 29　明洪武釉里红牡丹纹军持

（二）南洋、东南亚地区，多为民间贸易瓷器

明代中国销往东南亚的瓷器，主要有江西景德镇窑，福建漳州窑、德化窑，浙江龙泉窑烧造的产品。景德镇窑以青花瓷器为主，福建漳州窑以青花、五彩、素三彩瓷器为主，德化窑以白瓷为主。主要为盘、碗、瓶、罐等日常生活用品。造型独特的军持〔图 29〕，在宗教仪式中用以礼佛净器和净手用具，曾作为贸易产品大量远销南洋及东南亚地区。漳州窑红绿彩席地开光花卉纹盘〔图 30〕也是具有典型的代表性器物之一。藏品来源于爱国华侨韩槐准先生捐赠。漳州窑产品主要输往东南亚地区，多为青花器及红绿彩、五彩器。

图 30　明万历漳州窑红绿彩席地开光花卉纹盘

中国瓷器的输出，对东南亚一些国家人民的餐食生活起到了改变性作用。《明史》记载，

47　北京市文物局编：《托普卡比宫的中国瑰宝——中国专家对土耳其藏元青花的研究》，北京燕山出版社，2003 年，第 1 页。

48《故宫物品点查报告》第二编，第九册，卷五，古董房："六八五木格内盛白地青花紫花大瓷盘二十五个。"

图 31　明天启景德镇窑五彩仙人乘槎图花口斜方盘

图 32　高丽瓷青釉暗花葫芦壶

图 33　高丽瓷青花加紫花果纹罐

东洋中小国“初用蕉叶为食器，后与华人市，渐用磁器，尤好”[49]。明确记载了中国瓷器对东洋中小国家饮食用器的改变，改变了这些国家最初以蕉叶为食器的使用习惯。

（三）东亚地区，多为贸易瓷器

1. 日本

明代晚期，中国输出瓷器深受日本各阶层人士的喜爱。日本人一直不断研究、仿烧中国瓷器。1616 年日本综合中国、朝鲜的窑业技术，以中国景德镇瓷器为样本，烧造出有田瓷器。1643 年借助中国瓷器施彩方法，烧制出赤绘彩瓷。明末景德镇窑烧造的五彩瓷盘被作为茶道用具大量出口日本，瓷盘造型有方形、菱形、海棠形等，多成套使用。故宫博物院藏品见明天启（1621—1627 年）年间景德镇窑五彩仙人乘槎图花口斜方盘〔图 31〕。盘心绘仙人乘槎图，以红、绿、黄、褐等色为主，构图简洁，留白较多。类似的藏品日本多有发现，欧美博物馆也有收藏。

2. 朝鲜半岛

受中国唐宋青瓷器的影响，高丽王朝（918—1392 年）烧制出高丽瓷器。其中尤以高丽青瓷最为出色，它是综合了中国北方汝窑青瓷、南方龙泉窑青瓷的工艺特色，烧造而成深沉翠绿的高丽青瓷，别具特色。12 世纪始，高丽青瓷发展达到了高峰，故宫藏品高丽瓷青釉暗花葫芦壶〔图 32〕、高丽瓷青花加紫花果纹罐〔图 33〕（调拨自北京市文化局）为 1949 年后入藏瓷器。

（四）欧洲地区，大量中国瓷器通过预订的方式从海路输出至欧洲

正德年间，西方国家开始向中国定制瓷器。1616 年（万历四十四年）10 月 10 日荷兰东印度公司汉・彼得兹・科恩给公司董事们的信中写道“这些瓷器都是在中国内地很远的地方制造的，卖给我们各种成套的瓷器都是定制，预先付款。因为这类瓷器在中国是不用的，中国人只有拿它来出口，而且不论损失多少，也是要卖掉的”[50]。1639 年，运到荷兰的中国瓷器达 36 万余

49《四库全书》史部，明史，卷三百二十三。

50　中国硅酸盐学会主编：《中国陶瓷史》，文物出版社，1997 年，第 410 页。

件，多为贸易瓷器。

1602年荷兰东印度公司截获了一艘满载中国瓷器的葡萄牙大帆船，葡萄牙语称这种大帆船为“Caraack”，转换英语为“Kraak”，中文音译为“克拉克”。人们将类似于大帆船上装饰风格的瓷器统称为“克拉克”瓷器。“克拉克”瓷是荷兰东印度公司与中国进行贸易的主要商品，时代为明末清初时期，主要产地为江西景德镇、福建漳州地区，器型以盘、碗、瓶、军持等为代表，莲瓣形开光是其装饰特征，形似盛开的芙蓉花，日本人称为“芙蓉手”。

故宫博物院藏品“克拉克”瓷器多为盘、瓶之属。多为爱国华侨韩槐准先生捐献。盘类装饰以满绘开光图案，内绘折枝花、鸟纹、瑞兽等纹样为主。瓶类有瓜棱型、梨形等。盘类如明万历青花松鹿开光花卉纹盘〔图34〕。盘心鹿和松树为中国传统吉祥图案，寓意“长寿、厚禄”，盘壁八个开光及间隔图案的满密装饰布局，虽然绘画手法采用中国传统画法，但其开光式布局已非中国绘画风格。瓶类如明万历青花开光花卉纹瓜棱瓶〔图35〕瓶细长颈，呈梨式，圆腹，浅宽圈足，胎体厚重。在壶体表面凸起六道棱线，将壶表面分成七瓣，内绘开光花卉纹饰。器表的分层及拉长的纵向开光纹饰装饰，开光内绘折枝花卉纹、点珠纹。这些瓷器在造型、纹饰等方面显示出中外文化相互借鉴的结果。明万历青花海马花果纹瓜棱瓶〔图36〕上的分层和纵长形开光的纹饰装饰为“克拉克”瓷装饰风格。

欧洲人将这种式样的瓶称“梨式瓶”（Pear-shaped bottle）。这类瓷器作为荷兰东印度公司商船返程的货物，常见在荷兰东印度公司记录中。类似瓷器在荷兰阿姆斯特丹博物馆中有收藏[51]。

“克拉克”瓷器随着“海上陶瓷之路”输出到中亚、西亚、非洲、欧洲等世界各地，欧洲各大博物馆中有大量收藏。中国瓷器曾作为奢华艺术品的象征受到欧洲皇室、贵族的青睐，风靡欧洲。葡萄牙桑托斯宫天花顶上的“瓷器屋顶”〔图37〕，覆盖着260余个“克拉克”青花瓷盘，将中国瓷器的装饰性演绎得淋漓尽致。当你仰望屋顶，会沉浸在中国瓷器的王国之中。这些瓷盘曾是

图34 明万历青花松鹿开光花卉纹盘

图35 明万历青花开光花卉纹瓜棱瓶

图36 明万历青花海马花果纹瓜棱瓶

51 Christiaan J.A.Jörg in collaboration with Jan van Campen, Chinese Ceramics in the Collection of the Rijksmuseum,Amsterdam: the Ming and Qing Dynasties. Philip Wison Publishers Limited, 1997. p. 65, pl. 50.

图 37　葡萄牙桑托斯宫中国瓷器屋顶

图 38　故宫南大库出土克拉克瓷片

葡萄牙国王曼努埃尔一世（16 世纪至 17 世纪上半叶）的收藏品。

有意思的是，紫禁城内也发现了“克拉克”瓷器残片。2016 年在故宫南大库考古工地中，发现了二片“克拉克”瓷器残片〔图 38〕[52]。南大库位于故宫博物院外朝部分，为清宫掩埋日用瓷器的集中地点。据推算，埋藏坑的形成年代应在光绪至宣统退位之前。清代宫廷内库房有定期清点制度，对物品名称、数量、伤况均要定期核对，并作记录，此项制度直至清末仍严格执行。该处埋藏坑的形成应与这一清点库房的制度直接相关。南大库虽然目前仅发现二片瓷盘残片，数量不多，但却反映出清代宫廷存在使用输出瓷器的现象，这些瓷器是在何种情况下进入宫廷，宫廷中又是由何人使用，这些问题均有待进一步研究。不可否认的一点是，输出瓷器不仅对外输出，同时也有内销，且有可能进入到宫廷生活中。

中国输出瓷器对西方社会文化的影响是广泛且深入的。在许多西方艺术作品中可以看到中国瓷器的身影，这些作品以油画静物作品为多。说明中国瓷器在西方人民生活中占有不可或缺的地位。如著名的意大利威尼斯画派画家乔凡尼・贝利尼（Giovanni Bellini，1427—1516）的油画作品“诸神之宴”（*The Feast of the Gods*【detal】，1514 年，华盛顿国家美术馆藏）〔图 39〕中即出现了中国瓷器的场景。[53] 此幅画作完成于明代正德时期。画面描绘了奥林匹斯山众神在夏日午后的一个聚会。画面右边的女神洛提丝（Lotis）斜倚在树上小憩，身着绿袍的生殖神经不起诱惑正想掀起她的裙角，却被一只献祭用的驴子的叫声扰断。这一企图的败现，令在场诸神大笑。画面充分表现了优雅而俏皮的文艺复兴时期的宫廷风俗。地上呈现的盛放水果的大盘，仙女手捧的大碗及男神头顶的盘子均是中国明代青花瓷器。画

52 故宫博物院考古研究所：“故宫南大库瓷片埋藏坑发掘简报”，故宫博物院、景德镇市陶瓷考古研究所编：《明清御窑瓷器——故宫博物院与景德镇陶瓷考古新成果》，故宫出版社，2016 年，第 375 页。

53 John Carswell. Blue and White, Chinese Porcelain around the Word. London: the British Museum, 2000. p.133,opposite 148 / Giovanni Bellini, The Feast of the Gods (detal), 1514.

面中中国瓷器的出现一方面反映了欧洲人对中国瓷器的崇尚心理，另一方面也反映了中国瓷器在欧洲贵族生活的使用情况。

西方中国瓷器的拥有者，为了避免瓷器受损，使其更加方便、安全地使用，也为了使器物更加美观，或是掩盖器物的部分残缺，他们按照各自的审美要求和需要对中国瓷器进行一些装饰性加工，有的在瓷器的口、流或执柄等处嵌上錾刻花纹的金、银、铜制装饰〔图 35、图 36〕，有的在壶的口部加装金属盖子，在盖与执柄之间连接金属链条，防止壶盖掉落，有的在底部加饰金属底足。十六世纪，奥斯曼土耳其全盛时期，土耳其工艺师们使用镶嵌方法在中国瓷器上镶入黄金和宝石，形成精美的装饰。加饰后的中国瓷器，既安全又美观，瓷器与金属镶嵌互相结合，将中国瓷器加入了外来文化因素的成分，也是中西两种文化理念和审美的相互融合。

图 39　诸神之宴
1514（"The Feast of the Gods"，Giovanni Bellini，1427–1516 年，意大利）

四、结语

综上所述，明初，随着大航海运动的兴盛，中国瓷器作为代表性产品输出至西亚洲、东南亚、东亚、北非、东非、欧洲等地，成为全球化贸易商品流通到世界各地。

中国明代对外瓷器输出通过赏赐、官府贸易、民间贸易的形式向外输出，增加了中外文化、技术的交流，对输入地人民的文化、生活产生了影响。中国瓷器被伊斯兰地区人民奉为餐食、聚会的上乘用器；中国瓷器改变了东南亚、南亚人以蕉叶、木器、陶器为食器的习惯；中国瓷器被视为奢华品陈列于西方宫殿中；另外，中国瓷器为了输出的需要，在造型、纹饰等方面不断吸收异域文化的元素，呈现出异域文化的特点。域外中国瓷器的拥有者，根据其需要和喜好，对中国瓷器加饰金属装饰，使得中国瓷器呈现出中西文化相融的艺术特色。

总之，中国输出瓷器反映的不是单一的文化影响，而是中外文化与技术相互交流、交融的结果。

成都市区出土元代瓷器综述

易立　唐彬　江滔（成都文物考古院研究员）

摘要：从窑口组合面貌看，成都市区出土的元代瓷器相比南宋发生了较大的变化，新增了磁州窑、钧窑、西坝窑，邛窑、耀州窑、清溪窑、玉堂窑等基本消失，景德镇窑、龙泉窑、琉璃厂窑、金凤窑、磁峰窑得以存续。其中景德镇窑和龙泉窑的占比近半，加之瓷器质量和档次较高，说明元代成都的瓷器消费市场尤其是高端市场，几乎被江南地区瓷窑所垄断。宋蒙（元）战争虽造成了前所未有的破坏，但随着蒙元政权对成都的统治步入正轨，当地的社会经济在一定程度上得到了重建、恢复和发展，同时也为外地生产的瓷器等商品流通入蜀创造了先决条件。

关键词：元代　成都　瓷器　窑口与类型

南宋理宗端平元年（1234年），宋蒙（元）战争爆发，以成都为中心的四川盆地成为与荆楚、两淮并存的南宋三大防线之一，是两军反复拉锯争夺的焦点。宝祐五年（蒙古宪宗七年，1257年），蒙古军队彻底占据成都，彼时全城尽毁，"昔之通都大邑，今为瓦砾之场"[1]，军将刘黑马入觐宪宗，请立成都以图全蜀，着力恢复生产秩序，又任命有土木经验的瓜尔佳隆古岱（《元史》作夹谷忙古歹）重筑新城，"七日而楼堞隍堑皆具"[2]，蒙元对当地的统治逐渐步入正轨，并延续近百年。20世纪50年代以来，考古工作者在成都市区及周边陆续发掘了一批元代遗址和墓葬，尤以瓷器的出土最为丰富，按窑口可划分为景德镇窑、龙泉窑、钧窑、磁州窑、西坝窑、琉璃厂窑、金凤窑、磁峰窑等。本文拟对这些资料进行初步整理，以求展现元代成都瓷器行销和使用的基本面貌。

1 （明）黄淮、杨奇士等：《历代名臣奏议》卷一百《经国》，台北学生书局，1985年，第1373页。

2 （元）姚燧：《兴元行省瓜尔佳公神道碑》，《牧庵集》（丛书集成初编本）卷十六，中华书局，1985年，第205页。

一、景德镇窑

图 1　成都市区出土元代景德镇窑青花玉壶春瓶

有青花瓷和青白瓷两类，器形可辨碗、高足碗、盏、玉壶春瓶、注壶和香炉。

1. 青花瓷

器形分别为玉壶春瓶、注壶和高足碗。

玉壶春瓶：出土于成都市正府街南侧基建工地。口部外侈较甚，呈喇叭状，束颈较短粗，垂腹鼓凸，腹中部有一道明显的接胎痕迹，底部带圈足，足墙较厚稍外撇，边缘有刮釉后形成的削棱痕迹，足内底平整。白胎细腻坚质，白釉泛青，釉面光亮，外壁用青料描画云龙戏珠图案，口沿内侧饰缠枝花卉纹，圈足外墙饰一周雷纹，青料发色较暗，积聚处呈铁锈色。龙身略显清瘦，作扭曲状，表面密布鳞片和鬃毛，龙首回望上仰，怒目圆睁，张口露齿，龙足作爬行游走状，足带三爪，爪尖反向排列，龙尾下垂。口径 8 厘米，最大腹径 14.5 厘米，底径 8.4 厘米，高 26.6 厘米〔图 1〕。

从这件玉壶春瓶的造型和纹饰特征看，与内蒙古翁牛特旗梧桐花元代壁画墓出土的青花龙纹玉壶春瓶如出一辙，后者瓶口下和足部亦有接胎痕迹 [3]。2006 年安徽芜湖县旗塘村也曾出土一件类似的元青花龙纹玉壶春瓶，略有不同的是其龙首为正望平视，三爪爪尖为正向排列，并且青料发色更加暗淡 [4]。肯尼亚滨海省格迪（Gedi）古城遗址出土过两块青花龙纹玉壶春瓶腹部残片，失口，为同一个体，但不可拼合，绘三爪龙纹，风格亦与之接近，有学者判断为元末明初使用国产青料的景德镇窑制品 [5]。此外，类似造型、纹饰的实物还有日本大阪市立东洋陶瓷美术馆 (The Museum of Oriental Ceramics, Osaka) 藏的元青花三爪龙纹玉壶春瓶，青料发色相对明艳 [6]。

注壶：出土于成都市人民南路一段东侧的仁和春天三期项目工地。主体为葫芦形，顶部开圆口，两侧对称置曲流和曲柄，曲流和曲柄均有残缺，下腹中部有一道接胎痕迹，底部内凹。白胎细腻坚质，底部露胎呈火石红色，白釉泛青，釉面光亮，局部缩釉且粘连窑灰，外壁用青料分层绘雷纹、缠枝扁菊纹和弦纹，画风随意，青料发色较暗淡。口径 2、最大

3　蒙景新：《翁牛特旗发现元青花玉壶春瓷瓶》，《文物》1991 年第 7 期；项春松、贾洪恩：《内蒙古翁牛特旗梧桐花元代壁画墓》，《文物》1992 年第 3 期。

4　安徽省博物馆：《元瓷之珍》，北京：文物出版社，2009 年，第 55 页；陈尚前：《元青花瓷龙纹玉壶春瓶鉴赏》，《文物鉴定与鉴赏》2015 年第 2 期。

5　刘岩、秦大树、齐里亚马·赫曼：《肯尼亚滨海省格迪古城遗址出土中国瓷器》，《文物》2012 年第 11 期；徐华烽、秦大树：《肯尼亚出土元青花、釉里红瓷器及相关问题》，收入上海博物馆：《幽蓝神采——2012 上海元青花国际学术研讨会论文集》第 1 辑，上海古籍出版社，2015 年，第 278、279 页。

6　叶佩兰：《元代瓷器》，九州图书出版社，1998 年，第 65 页。

图 2　成都市区出土元代景德镇窑青花注壶

腹径 7.8 厘米，底径 5.2 厘米，高 11.5 厘米〔图 2〕。

这件青花注壶的造型和尺寸与上海博物馆藏元青花注壶十分接近，后者青料发色相对明艳，下腹部亦描画缠枝扁菊纹，唯上腹部的图案为缠枝莲纹和方孔钱纹，而且在上下腹之间和下腹中部各有一道接胎痕迹[7]。葫芦形注壶是元代比较流行的瓷器造型之一，甚至远销蒙元腹地，北京元大都、内蒙古托克托东胜州故城、赤峰大营子窖藏等地都能见到此类青白瓷和黑瓷制品[8]。

高足碗：出土于成都市区某基建工地[9]。皆为残片，侈口，圆弧腹，底部带中空的高足柄，可见明显的接胎痕迹。有的内壁模印莲瓣，口沿描画一周卷草纹，外壁描画龙纹，龙身修长带网格状鳞甲，足部表现五爪，青料发色明艳，无黑斑和晕散现象，底釉呈卵白色；有的外壁素面，内壁印花，内底描画花草纹，青料发色暗淡，聚积处泛黑，底釉亦呈卵白色。高足碗在元代有“靶盏”之称，常被当作酒杯或盛放糕点、水果的容器[10]，在元青花中的出镜频率颇高，以龙纹高足碗为例，分布遍及大江南北，在内蒙古、河北、江苏、安徽、江西等地的大批元代窖藏、城址内都能见到，晚至南京明初功臣墓仍有出土，如洪武四年（1371 年）汪兴祖墓随葬的青花龙纹高足碗，内壁暗刻龙纹，内底描画折枝扁菊，足柄瘦高作竹节状[11]。

就目前掌握的考古资料来看，元代景德镇烧造青花瓷的窑场，主要分布在湖田的南河南、北两岸及老城区的珠山、小港嘴、落马桥、刘家弄、戴家弄、曾家弄、十八桥、四图里等地，其中落马桥窑的元青花瓷器上即能够见到几乎完全一致的龙纹图案（T13H2∶300）[12]。或许，上述几件元青花就是以落马桥为代表的景德镇老城区窑场烧造的。

2. 青白瓷

器型有碗、盏、杯、盘、器盖、香炉和玉壶春瓶。

碗、盏、杯、盘、器盖在成都旧城的天府广场、羊市街、江南馆街等地发现较集中

7　上海博物馆：《幽蓝神采：元代青花瓷器特集》（修订本），上海书画出版社，2012 年，第 158、159 页。

8　李德金、蒋忠义、关甲堃：《朝鲜新安海底沉船中的中国瓷器》，《考古学报》1979 年第 2 期；唐汉三、李福臣、张松柏：《内蒙赤峰大营子元代瓷器窖藏》，《文物》1984 年第 5 期；塔拉、陈永志：《中国出土瓷器全集·内蒙古》，科学出版社，2008 年，第 234 页。

9　伍秋鹏：《四川地区出土元青花琐议》，《收藏界》2008 年第 4 期。

10　刘新园（高美喜译）：《永乐前期官窑の白瓷研究——永乐、宣德官窑考证その一》，《东洋陶瓷》Vol.15.16（1985.86—88），第 165—166 页；余佩瑾：《内蒙古出土的元青花高足杯及其相关问题》，《幽蓝神采：2012 上海元青花国际学术研讨会论文集》第 2 辑，上海古籍出版社，2015 年，第 96 页。

11　南京市博物馆：《南京明汪兴祖墓清理简报》，《考古》1972 年第 4 期。

12　景德镇市陶瓷考古研究所、北京大学考古文博学院、江西省文物考古研究所：《江西景德镇落马桥窑址宋元遗存发掘简报》，《文物》2017 年第 5 期。

〔图 3-图 6〕。碗主要有敞口，斜直腹，饼足内凹和侈口，斜弧腹，矮圈足两型，前者大多素面，个别内壁有刻划花装饰，后者外壁剔刻莲瓣纹，有的足底还带墨书文字。西窑村 M8 出土的墩式碗较为特殊，花口外侈，内壁模印轮菊纹。盏常见斜直腹，小饼足的斗笠盏，底足亦明显内凹，通体素面。杯一般为直口，深弧腹，底部有高饼足、矮饼足和卧足三型，皆素面无纹。盘有普通敞口和宽折沿两型，内壁分别饰繁复的多重花瓣和简洁的花草纹。香炉和玉壶春瓶出土于成都市内某基建工地，现藏成都博物馆，前者为宽折沿，沿面两端带方形短鋬耳，颈部垂直，圆鼓腹，底部接三只矮足；后者为敞口，圆唇，细长颈，颈部两侧带对称的 S 形耳。这些青白瓷的釉色相对偏灰，底部往往露胎不施釉，碗、盏、杯、盘的底足有不规则的流釉痕，细节处理稍显粗糙。

上述特征的青白瓷碗、斗笠盏在景德镇落马桥窑址元代早期和中期遗存均有所发现，如 T15H4∶14、T15H4∶23 等[13]，重庆北碚元元贞三年（1297 年）墓及四川广汉西外乡元致和元年（1328 年）墓出土的青白瓷盏和碗亦与之相同[14]，并提供了准确的纪年参考。香炉的主体形制与落马桥窑址元代晚期遗存出土的卵白釉炉（F12∶164）接近，玉壶春瓶则与重庆北碚元元贞三年（1297 年）墓、元大都遗址及 2003 年重庆奉节出土的青白瓷玉壶春瓶十分相似[15]，唯一区别在于后三件的腹壁都贴饰了折枝梅。西窑村 M8 的花口墩式碗足底带乳状突，具有典型的元代特征，无论器形和纹饰，都与内蒙古集宁路古城[16]和扬州宋大城西城墙[17]出土的元代卵白釉花口碗一致，

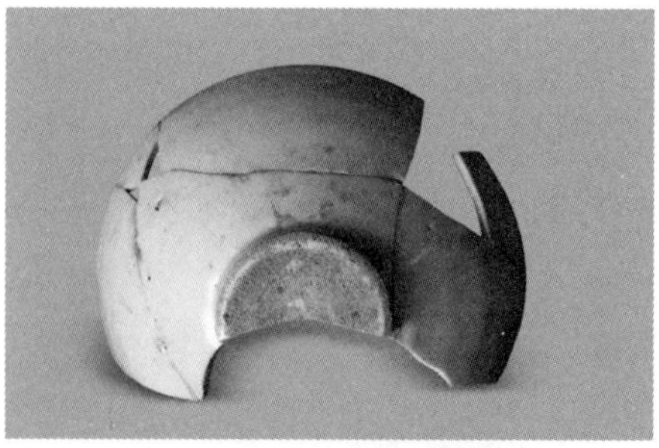

图 3　成都市区出土元代景德镇窑青白瓷碗

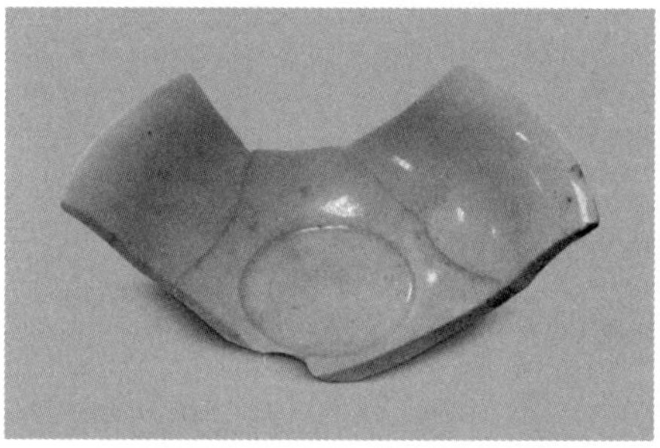

图 4　成都市区出土元代景德镇窑青白瓷盏

图 5　成都市区出土元代景德镇窑青白瓷盘

图 6　成都市区出土元代景德镇窑青白瓷玉壶春瓶

---

13 景德镇市陶瓷考古研究所、北京大学考古文博学院、江西省文物考古研究所：《江西景德镇落马桥窑址宋元遗存发掘简报》，《文物》2017 年第 5 期。

14 申世放：《从元代纪年墓出土文物谈元青白瓷》，《巴渝文化》第 2 期，重庆出版社，1991 年；陈丽琼、董小陈：《三峡与中国瓷器》，重庆出版社，2010 年，第 78 页。

15 陈丽琼、董小陈：《三峡与中国瓷器》，重庆出版社，2010 年，第 79 页及图版 110；李德金、蒋忠义、关甲堃：《朝鲜新安海底沉船中的中国瓷器》，《考古学报》1979 年第 2 期。

16 内蒙古文物考古研究所：《内蒙古集宁路古城遗址出土瓷器》，文物出版社，2004 年，第 38、39 页。

17 中国社会科学院考古研究所、南京博物院、扬州市文物考古研究所：《扬州城——1987—1998 年考古发掘报告》，科学出版社，2010 年，第 93 页。

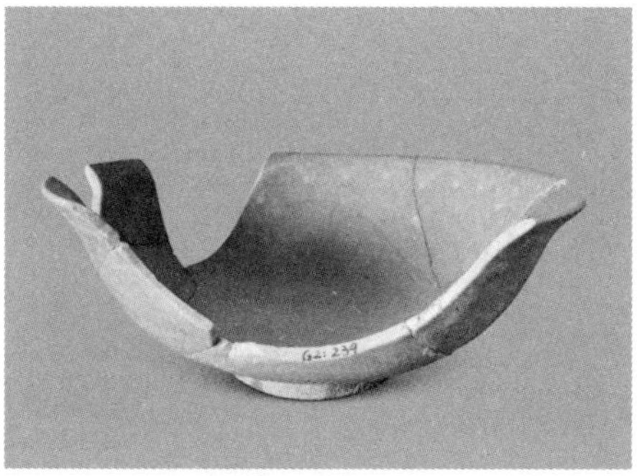

图 7　成都市区出土元代龙泉窑青瓷碗

图 8　成都市区出土元代龙泉窑青瓷盏

图 9　成都市区出土元代龙泉窑青瓷盘

图 10　成都市区出土元代龙泉窑青瓷洗

牛津大学阿什莫林博物馆（Ashmolean Museum, Oxford）藏的白瓷印花碗亦与之雷同[18]，仅口沿一周未做成花瓣状。

二、龙泉窑

出土频率较高，主要见于成都旧城的天府广场、羊市街、北大街、江南馆街、清安街、十一街等地，均为青瓷，胎色偏灰，釉面光洁莹润，釉色近梅子青，少数呈粉青色，外底有火石红色露胎，器形可辨碗、盏、盘、洗和高足碗〔图 7-图 10〕。

绝大多数碗的造型比较固定，为敞口，弧腹，外壁剔刻莲瓣纹，底部带圈足，另见一些侈口，腹部圆弧矮胖，内壁饰刻划花的墩式碗。盏的数量较多，最常见的与莲瓣碗形制相同，还有个别的斗笠盏，圈足底都带乳状突。盘相对少见，侈口或敞口，有的内壁刻划简洁明快的卷草纹。洗可分作两型，其一为宽折沿，弧腹，外腹壁亦剔刻莲瓣纹，内底模印或贴饰双鱼、花卉，底部带圈足；其二为普通的敞口，外壁素光或表现蔗段，内底模印花卉。高足碗的内底模印折枝花卉，足柄皆为半空心，有带节突和不带节突两种。

元代窑址在浙江龙泉市以东至云和县的紧水滩水库周边（即龙泉窑东区）分布极广，成都市内出土的不少元龙泉青瓷都能在此找到对应，如莲瓣纹圈足碗、刻划花墩式碗、印花敞口洗分别与大白岸窑址群的三型Ⅱ式碗（BY24T2 ③: 10）、六型Ⅰ式碗（BY24y11 上: 1）、四型Ⅲ式盘（BY24T5 采: 15）相同[19]，无节突高足碗、莲瓣纹宽折沿洗分别与源口窑址群的Ⅱ式高足杯（EY24y1 下: 5）、I 式折沿洗（EY16CH5 : 5）相同[20]，为我们大致弄清了产地信息。

18　座右宝刊行会（后藤茂树）:《世界陶瓷全集・辽金元》，株式会社小学馆，1981 年，第 206 页。

19　浙江省文物考古研究所 :《龙泉东区窑址发掘报告》，文物出版社，2005 年，第 217、220、231 页。

20　浙江省文物考古研究所 :《龙泉东区窑址发掘报告》，文物出版社，2005 年，第 250、308 页。

三、钧窑

数量较多，在成都旧城的天府广场、羊市街、下东大街等地都有发现〔图 11、图 12〕。胎色一般偏灰或黄褐色，器表施乳浊状天青釉，釉层较厚，近底部有积釉垂流痕，釉面密布细小的棕眼，局部带紫红斑窑变。器形可辨碗、盘和洗，以直口微敛，斜弧腹的圈足碗占比最高，这类形制的钧窑天青釉碗在金代后期已创烧，圈足稍微外撇[21]，初以禹州、汝州等河南中西部为主产地，元代早中期以后向北方各地窑场快速传播[22]。成都出土的钧窑天青釉碗元代特征更加突出，如釉面乳浊感强，密布小棕眼，积釉现象普遍，内壁多紫红斑窑变，圈足明显外撇，有的足底还带乳状突。

图 11　成都市区出土元代钧窑碗

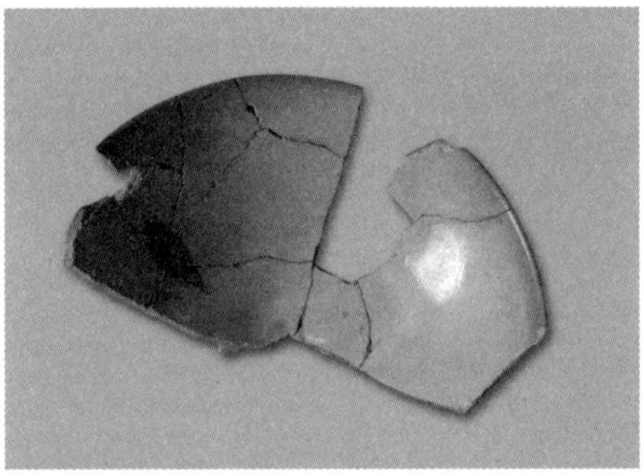

图 12　成都市区出土元代钧窑碗

四、磁州窑

数量很少，仅见碗、罐和器盖〔图 13、图 14〕。碗出土于成都天府广场东北侧遗址灰坑 H13，为一件圈足残片，内底饰红绿彩草叶纹，残留支钉痕。罐出土于成都东华门遗址元末明初地层，为直口，短颈，圆鼓腹，外壁白釉黑彩，白釉泛黄发木光。水井街遗址出土的器盖为子口，宽平沿，盖顶圆拱，表面饰白釉黑彩的弦纹、草叶等图案。

红绿彩瓷器约产生于金代中后期，河北观台磁州窑、山东淄博磁村窑及河南的鹤壁集窑、焦作牛庄窑、当阳峪窑等地都曾烧造[23]，天府广场这件红绿彩碗在坑内与元代天青釉钧瓷共存，且纹饰特征与东京国立博物馆（Tokyo National Museum）藏的元代红绿彩散草纹碗相同，此类散草纹在观台磁州窑主要流行于第四期后段（1308 年—14 世纪末以前）[24]，故

图 13　成都市区出土元代磁州窑白地黑花瓷罐

图 14　成都市区出土元代磁州窑红绿彩瓷碗

21　北京大学中国考古学研究中心、河南省文物考古研究所：《河南省禹州市神垕镇刘家门钧窑遗址发掘简报》，《文物》2003 年第 11 期。

22　徐华烽：《钧窑概念的形成及其产品时代辨析》，《故宫博物院院刊》2017 年第 3 期。

23　秦大树、马忠理：《论红绿彩瓷器》，《文物》1997 年第 10 期。

24　北京大学考古学系、河北省文物研究所、邯郸地区文物保管所：《观台磁州窑址》，文物出版社，1997 年，第 480 页。

图 15　成都市区出土西坝窑瓷碗

图 16　成都市区出土西坝窑瓷碗

图 17　成都市区出土西坝窑瓷碗

图 18　成都市区出土西坝窑瓷碗

图 19　成都市区出土西坝窑瓷盏

可确定属于元代制品。东华门遗址的白釉黑彩罐与观台磁州窑第四期前段（1220—1307 年）的 VI 型 2 式罐（T8 ⑤：17、T11H1：245）[25]、山东茌平元代窖藏（伴存至元八年铜权）[26] 及内蒙古集宁路古城 [27] 的白釉黑彩花卉纹罐、河南郑州国棉五厂幼儿园出土的白釉黑彩云雁纹罐 [28] 相近，水井街遗址的白釉黑彩器盖则在观台磁州窑 [29]、鲁山段店窑 [30]、焦作当阳峪窑 [31] 等地都有对应的发现。

五、西坝窑

窑址位于乐山市五通桥区西坝镇的岷江西岸，北距成都市区约 140 公里，始烧于南宋中期，延续至元代晚期。20 世纪 70、80 年代，由重庆市博物馆、乐山市乌尤寺文物管理所调查发现。2008 年，四川省文物考古研究院等单位为配合乐宜高速公路的修建，对窑址局部区域开展了抢救性发掘，清理馒头窑 6 座，收获瓷器、窑具、制瓷工具等完整和可复原标本 400 余件。

元代西坝窑瓷器在成都旧城的天府广场、东华门、羊市街等地有少量出土〔图 15-图 19〕，除罐、盏、盘外，大部分器形都是敞口，斜弧腹的圈足碗，外壁有拉坯不精形成的凹凸棱，一般为较粗糙的灰胎或灰褐胎，施黑褐釉或酱褐釉，釉面干涩发木光，釉不及底，有的釉面有蓝白色的放射状兔毫窑变，这种现象在西坝窑址出土和采集的碗、盏、钵、瓶、

25 北京大学考古学系、河北省文物研究所、邯郸地区文物保管所：《观台磁州窑址》，文物出版社，1997 年，第 144、146 页。

26 刘善沂：《山东茌平都屯出土一批金元器物》，《考古》1986 年第 8 期。

27 内蒙古文物考古研究所：《内蒙古集宁路古城遗址出土瓷器》，文物出版社，2004 年，第 11 页。

28 孙新民、杨爱玲：《中国出土瓷器全集·河南》，科学出版社，2008 年，第 230 页。

29 北京大学考古学系、河北省文物研究所、邯郸地区文物保管所：《观台磁州窑址》，文物出版社，1997 年，第 97 页。

30 孙新民、杨爱玲：《中国出土瓷器全集·河南》，科学出版社，2008 年，第 223 页。

31 王建保：《当阳峪窑址群考察纪略》，《中国陶瓷》第 47 卷第 1 期。

炉等瓷器上比较普遍[32]。

六、琉璃厂窑

窑址位于成都市区东南、洗瓦堰河（小沙河）东岸的琉璃村、包江桥村一带，始烧于五代，停烧于明代。20世纪30年代，由华西大学博物馆（四川大学博物馆前身）调查并开展了初步试掘。2010年、2018年至2019年，成都文物考古研究院为配合棚户改造，对窑址局部区域开展了两次发掘，清理斜坡式龙窑4座，作坊区2处，废品倾倒区2处，收获瓷器、窑具、制瓷工具等完整和可复原标本近万件。

窑址发掘资料表明，元代琉璃厂窑的瓷器产品相比南宋时期，类型急剧减少，以黑釉粗瓷碗为大宗〔图20、图21〕，胎体厚重，釉层薄且发木光[33]。此类黑釉或酱釉瓷器在成都旧城的许多遗址和墓葬都有所发现，器形以碗为主，其余还有罐、钵、瓶、注壶、动物模型等，胎釉特征与窑址出土物一致，部分碗的圈足底流行模印“*”、“+”等窑工符号，延续了宋代以来的做法，带有较原始的商标属性[34]。

图20　成都市区出土元代琉璃厂窑瓷碗

图21　成都市区出土元代琉璃厂窑瓷盏

七、金凤窑

窑址位于都江堰市蒲阳镇金凤乡，东南距成都市区约55千米，始烧于北宋晚期，南宋中期进入繁荣期，终于元代。1999年至2000年，成都文物研究考古院和都江堰市文物局联合开展了勘探和发掘，清理馒头窑32座、斜坡式龙窑1座、废品堆积场6处、作坊区10处，收获瓷器、窑具、制瓷工具等完整和可复原标本5000余件，瓷器主要为黑釉和白釉两大类。

图22　成都市区出土元代金凤窑黑瓷玉壶春瓶

图23　成都市区出土元代金凤窑白瓷玉壶春瓶

32　四川省文物考古研究院、乐山市文物保护研究所、五通桥区文物保护管理所：《乐山西坝窑址》，文物出版社，2017年，第43—44页；李洪涛：《古蜀遗韵——乐山西坝窑精品图鉴》，中国文化出版社，2012年，第265—273页。

33　成都文物考古研究院：《四川成都琉璃厂五代至明瓷窑遗址发掘简报》，《文物》2021年第8期。

34　易立：《衡山镇、均（堉）窑镇与琉璃厂窑》，《边疆考古研究》（第13辑），科学出版社，2013年，第260页。

图 24　成都市区出土元代金凤窑黑瓷器盖

元代金凤窑瓷器在成都市区仅有零星出土，器形可辨玉壶春瓶、碟和器盖〔图 22-图 24〕，江南馆街遗址的白釉玉壶春瓶保存相对完整，器表挂较厚的化妆土，釉面发木光，腹部矮胖，颈部短束，并且圈足的足墙较宽矮，底部带乳状突，与南宋金凤窑的同类瓶存在显著差异。

八、磁峰窑

位于彭州市磁峰镇的龙门山东麓，东南距成都市区约 52 千米，始烧于北宋早中期，北宋晚期至南宋进入鼎盛阶段。1976 年，由四川省博物馆、重庆市博物馆等单位调查发现。1977 年、1978 年及 2000 年，四川省陶瓷编写小组、重庆市博物馆、成都文物考古研究所等单位先后进行了多次发掘，其中 2000 年发掘时清理馒头窑 3 座、预烧小窑 2 座、作坊 3 处，收获瓷器、窑具、制瓷工具等完整和可复原标本 3000 余件，是成都平原一处规模较大、质量较高的白瓷窑场。

元代磁峰窑瓷器在成都旧城的天府广场、羊市街等地有少量出土，器形包括碗、盘、盏、高足碗、盒，内壁流行模印或刻划水波、双鱼、花卉等纹饰，基本面貌与南宋时期近似，但纹饰细节的处理不及前代精细，有的碗、盏外壁挂半截釉，内底出现涩圈叠烧痕，足底带乳状突。过去学术界一般将磁峰窑的年代下限定在南宋晚期[35]，但结合这些元代遗物的发现，可证该窑至元代仍有一定规模的生产。

从窑口组合看，成都市区出土的元代瓷器相比南宋发生了较大的变化，新增了磁州窑、钧窑、西坝窑，邛窑、耀州窑、清溪窑、玉堂窑等基本消失，景德镇窑、龙泉窑、琉璃厂窑、金凤窑、磁峰窑得以存续。在笔者统计的 347 件元代瓷器标本中，景德镇窑有 87 件，占总数的 25.1%；龙泉窑有 72 件，占总数的 20.7%；西坝窑有 69 件，占总数的 19.9%；钧窑有 57 件，占总数的 16.4%；琉璃厂窑有 35 件，占总数的 10.1%；磁峰窑有 20 件，占总数的 5.8%；金凤窑有 4 件，占总数的 1.2%；磁州窑有 3 件，占总数的 0.9%。景德镇窑和龙泉窑的占比已近半数，加之瓷器质量和档次较高，说明元代成都的瓷器消费市场尤其是高端市场，几乎被江南地区瓷窑所垄断；西坝窑和琉璃厂窑的占比虽然不低，但都属于粗瓷，并且多被用作墓内随葬品，故其定位偏向低端市场。另外，钧窑和磁州窑的占比也引人注意，结合

35　陈丽琼、魏达议、丁祖春：《四川彭县磁峰窑调查与试掘的收获》，《中国古代窑址调查发掘报告集》，文物出版社，1984 年，第 307 页；成都市文物考古研究所、彭州市博物馆：《2000 年磁峰窑发掘报告》，《成都考古发现 2000》，科学出版社，2002 年，第 219 页。

临安城[36]、扬州城[37]、镇江城[38]、重庆城[39]的相关考古发现，可知这两处元代北方地区最具代表性的瓷窑，其产品流通力不容小觑，一度能够覆盖至长江沿线的某些区域级中心城市。

南宋末年爆发的宋蒙（元）战争持续近半个世纪，对成都乃至整个四川的社会经济造成了巨大破坏，其中人力损耗最为严重，以致创下历史户数的最低纪录。但自元初以后，四川除在文宗天历年间（1328—1330年）卷进过争位之战外，整个局势比较安定，以往地广人稀的州县，受益于外地流民的移居，出现民户逐渐增长的态势。特别是著名的政治家赛典赤（Sayyid Ajjal Shams al-Din Omar al-Bukhari）镇蜀期间（1264—1273年），大力推行屯田政策，促进生产，整饬交通，确保成都与周边军政联系、物资交流的通畅，举凡"屯田、征商与盐、茗、木、竹、山泽之产，民已输而算，未入官者，皆搜剔之……一岁而羡衍弥倍，以继馈漕自余。学校、农桑、津梁、陂渠、府寺、馆传，先政废弛者，莫不兴张"[40]，"蜀于天下为至险……地大物众，百货所都，四方咸走集焉"[41]。经过如此数年的积淀，元代成都又重新享有了"名藩善地"、"佳丽纷华，不减于浙"[42]的盛誉。这些历史背景信息无不说明，元代四川的社会经济在一定程度上得到了重建、恢复和发展，同时也为外地生产的瓷器等商品流通入蜀创造了先决条件。另一方面，尽管元王朝统治成都的时间较短，但因成都为四川政治、经济和文化中心，自然是戍守和经营之重点对象，故四川蒙古军都万户府、四川行枢密院等军政机构皆设于城内，如1941年拆除成都老南门时，就出土过元顺帝至正年间（1341—1370年）蒙文圣旨残碑一通[43]，同年拆除成都西门城墙时，又曾获得元顺帝至元年间（1335—1340年）《成都万户府记》残碑两块，现藏四川博物院，碑身全文虽已不可通读，但从残存文字，仍不难还原当时成都万户府的建置情况[44]。景德镇出产的元青花在四川地区极为罕见，不排除这类特殊商品在当时是为官府机构或社会上层人群所拥有的。

---

36 临安城遗址出土的元代钧窑和磁州窑瓷器参见杭州市文物考古所：《南宋太庙遗址》，文物出版社，2007年，第52、62、102页；杭州市文物考古所：《南宋御街遗址》，文物出版社，2013年，第121页。

37 扬州城遗址出土的元代钧窑和磁州窑瓷器参见中国社会科学院考古研究所、南京博物院、扬州市文物考古研究所：《扬州城——1987—1998年考古发掘报告》，科学出版社，2010年，第31、75、132、236页；中国社会科学院考古研究所、南京博物院、扬州市文物考古研究所：《扬州城遗址考古发掘报告1999—2013年》，科学出版社，2015年，第82、242页。

38 镇江城遗址出土的元代钧窑和磁州窑瓷器参见刘兴：《江苏丹徒元代窖藏瓷器》，《文物》1982年第2期；刘兴：《镇江市区出土的元代瓷器》，《南方文物》1995年第4期。

39 重庆城遗址出土的元代钧窑瓷器参见重庆市文化遗产研究院：《重庆渝中区老鼓楼衙署遗址元代水池发掘简报》，《江汉考古》2020年增刊。

40（元）姚燧：《少中大夫叙州等处诸部蛮夷宣抚使张公神道碑》，《牧庵集》（丛书集成初编本）卷二十，中华书局，1985年，第254页。

41（元）周霆震：《刘能翁入蜀省父序》，《石初集》卷六，《影印本四库全书》，上海古籍出版社，1987年。

42（元）王礼：《送王生入蜀迎父序》，《麟原后集》卷三，《影印本四库全书》，上海古籍出版社，1987年。

43 韩儒林：《成都蒙文圣旨碑考释》，《华西协合大学中国文化研究所集刊》第2卷第1—4期，1941年，第137—149页。

44 陈世松、李映发：《成都通史》（卷五．元明时期），四川人民出版社，2011年，第60页。

嘉靖窑的艺术特征及其在明清鉴藏史上的地位

孙悦（故宫博物院副研究员）

摘要：明世宗嘉靖皇帝是明朝第十一位皇帝，1522—1566年在位45年，是明朝实际掌权时间最长的皇帝之一。这期间，明代的御窑生产制度较之前代发生了很大变化，以致嘉靖朝御窑瓷器有着鲜明的风格特色。其品类多样、器型丰富，呈现出明代中后期御窑生产的又一座高峰。嘉靖窑瓷器对后世的明清御窑窑业也产生一定影响，在陶瓷艺术史、鉴藏史中占有重要地位。本文主要通过梳理嘉靖年间编纂成书的《江西省大志·陶书》（以下简称《陶书》）中的有关资料，总结嘉靖御窑的时代特征，并对其中某些类别的器物尝试分期断代。依据明清文士诗文笔记等有关记载，阐述嘉靖窑在明清艺术鉴藏史中地位的变化。

关键词：嘉靖　陶书　官搭民烧　祭器　道教

一、嘉靖窑的艺术特色

嘉靖时期御器厂烧造规模急剧扩大，烧造数量巨大，品类丰富。根据《陶书》记载，仅嘉靖八年至三十八年间派烧数量便有60余万件。至于品类则更趋丰富，其中青花器最为大宗，在此基础上有青花釉里红、青花黄彩、青花绿彩、青花黄地红彩等等，此外，五彩、斗彩、杂彩、素三彩等彩釉瓷等品类众多，且数量较之明中期都有所增加。其中最为明显的特色，主要是大器的比例有所增加，且随着“官搭民烧”制度的实行，出现了一些新的器型和纹饰，特别是一些民间世俗化的纹样，开始进入官窑图样系统。

（一）图样的世俗化

明末官窑制度管理之松懈，促进了民窑的发展。嘉靖以来已经出现“官民不分”的情况，御窑厂中大量出现民窑产品，而民窑也开始承担官窑烧造任务。当时的官窑生产分为“钦限”和“部限”两类。景德镇御窑厂每年通过工部颁发烧造瓷器的额定任务，称“部限”。

在部限以外由宫廷临时加派的烧造任务，称“钦限”。嘉靖以后，由于瓷器烧造的数量激增，御器厂一般只烧造部限任务，钦限任务则分派给民窑完成。

民窑参与官窑生产，极大丰富、改变了传统官窑的样式风格，一些带有世俗化的纹样开始由此进入官窑系统。《陶书》中记载了一种名为“一秤金”的纹样。如此新奇且充满世俗意味的称谓，在明代御窑瓷器中属于首见。

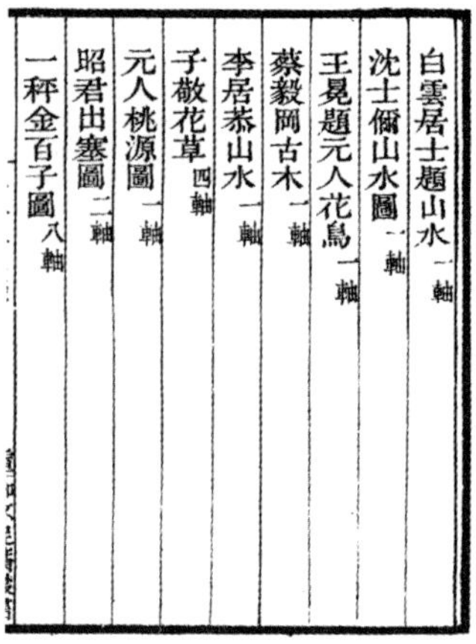
白雲居士題山水 一軸
沈士偁山水圖 一軸
王冕題元人花鳥 一軸
蔡穀岡古木 一軸
李居恭山水 一軸
子敬花草 四軸
元人桃源圖 一軸
昭君出塞圖 二軸
一秤金百子圖 八軸

图 1 《天水冰山录》书影，其中有“一秤金百子图”字样。

“一秤金”瓷器，在《陶书》中出现两次，分别为嘉靖十五年“青花白地赶珠龙外一秤金娃娃碗三千二十”，嘉靖二十一年“青花白地转枝莲托八宝八吉祥一秤金娃娃花坛二百四十”。从中不难判断，“一秤金”应是一种与娃娃、婴戏图案有关的纹样。在清人吴允嘉编辑的有关嘉靖朝权臣严嵩家产的档案《天水冰山录》中，就有《一秤金百子图》八轴〔图1〕，足可证明“一秤金”与婴戏图、百子图之间颇有关联。另外，嘉靖、万历年间成书的小说《西游记》《咒枣记》中都描写到一位七八岁的女童是以“一秤金”为名。《西游记》中借助女童父亲之口对这个名字做了解释。

> 我因儿女艰难，修桥补路，建寺立塔，布施斋僧，有一本帐目，那里使三两，那里使五两，到生女之年，却好用过有三十斤黄金。三十斤为一秤，所以唤做一秤金。[1]

也就是说，其所生女儿颇费财资，形容女孩命运金贵，类似于习称的“千金小姐”。此外，“一秤金”也有另外的含义。在冯梦龙编辑的《玉堂春落难逢夫》中，“一秤金”是名妓“玉堂春”的老鸨的名字（外号）。在传统戏曲小说中，人物姓名往往和性格有着对应关系，玉堂春的老鸨一向贪爱钱财，所以此处的“一秤金”应取其本意，即三十斤黄金之意。综合来看，以“一秤金”指代婴戏图案，是嘉靖时期民间约定俗成的一种说法。两者之间的关联，或许是以“一秤”三十斤来代指孩童的体重，进而代指年龄。30 斤左右的孩童，大概相当于 5—7 岁。纵观嘉靖瓷器上的婴儿图案，所绘孩童大体在此年龄范围。

有趣的是，“一秤金”同时又是道教中一个咒语的名称，即“一秤金诀”。因此，“一秤金”这一民间世俗意味浓厚的称谓能够成为正式的御窑纹样，是嘉靖朝“官搭民烧”施行后民间习俗影响御窑的结果，也是嘉靖皇帝笃信道教的风气使然。虽然婴戏图案在唐宋时期已广泛出现于陶瓷器的装饰，但以“一秤金”这样世俗化的称谓为官窑纹样命名，是嘉靖朝的首创。

1　吴承恩 :《西游记 · 四十七回》，人民文学出版社，1980 年。

（二）各类新造型迭出

嘉靖时期的造型纹样较之前朝大为增加，仅《陶书》中记载就有嘉靖十五年（1536 年）降发瓷器样 10 样，十八年（1539 年）降发瓷器样式 43 件，可见出样频繁。这种生产条件下，嘉靖御窑出现了一些前代未有的新造型和式样，试举几例。

方斗杯，流行于明代嘉靖时期的一种杯式，因形似方斗而得名。嘉靖时期有非常多方形的器物，过去多认为与天圆地方、天地阴阳的观念相关。王世懋《窥天外乘》记："盖窑器圆者，镟之立就，倏忽若神；独方物即至小，亦须手捻而成，最难完整。供御大率十不能一二，余者皆置之无用。"[2] 说明方形器物制作工艺复杂，因此在嘉靖之前很少出现，嘉靖朝集中出现此类方形杯，与其崇信道教拜斗仪式有关。

目前所见嘉靖方斗杯有青花、黄地青花、五彩、素三彩、甜白釉等多种釉色门类。就纹饰而言，除龙纹外，尚有凤鸟纹、八卦纹等。尹翠琪教授认为，这些带有八卦纹的方形器物与宫中斋醮、祷祀活动有关[3]。汉代开始，道教仪式中就有"拜斗"的传统，道教认为南斗、北斗星君掌世人生死寿夭、富贵吉凶。故通过向南北斗礼拜以求消灾祈福、祛病、延生等等。明代诗人李蓘所作《嘉靖宫词》中有"君王不爱纤腰舞，裁作雷坛拜斗衣"句，可见嘉靖皇帝更是热衷于此，拜斗成为嘉靖宫廷经常举办的宗教活动。

再如葫芦瓶。葫芦式瓶在唐宋时期已出现在瓷器造型中，嘉靖朝葫芦瓶不在少数，青花、黄地红彩、斗彩等各类品种屡见不鲜，其中，上圆下方式样的葫芦瓶在历代少见较为少见，是嘉靖朝有意为之的制作。

上圆下方式葫芦瓶的盛行，离不开嘉靖对道教的崇迷。道教中讲究"法象莫大乎天地"，建斋坛时"圆坛祀天，方坛祀地"，遵循"天圆地方"的观念[4]。除了用作道教仪式或陈设外，小型的葫芦瓶还用来盛放丹药，嘉靖年间的王府墓葬中常有金银材质的葫芦瓶发掘，湖北蕲春荆端王次妃刘氏墓出土的银葫芦瓶即用来盛放药物[5]。

在御窑纹饰造型上，最为突出的创新就是正面龙纹的出现。龙纹装饰贯穿明清御窑，成为御窑瓷器的专属纹样。但嘉靖之前，龙纹一直是以云龙、行龙等侧面形象出现，知道嘉靖朝，开始出现了正面龙纹〔图 2〕。

图 2　嘉靖正面龙纹瓷片

2　王世懋：《窥天外乘》，《丛书集成初编・明刊记录汇编》卷 156，商务印书馆，1936 年，第 304 页。

3　尹翠琪：《嘉靖官窑瓷器与宫廷道教信仰——以八卦纹为例》，《道教美术新论》，山东美术出版社，2008 年，第 378 页。

4　张泽洪：《论道教斋醮仪礼的祭坛》，《中国道教》2001 年第 8 期。

5　陈春、陈丽新：《明荆端王次妃刘氏墓出土的银器》，《东方博物》2015 年第 9 期。

（三）大器比例增加

从故宫传世器物和景德镇御窑厂嘉靖地层出土物来看，嘉靖朝大型器物的比例为数不少，且质地精良。其中最代表的器物属龙缸。

由于体量巨大，龙缸的烧造颇为不易。据《景德镇陶录》载，洪武朝就专门设有龙缸窑，宣德时曾达32座之多，但成品甚少。甚至在万历时期，还因为烧造龙缸而引发了“童宾赴窑”这类御器厂窑工罢工事件。及至清代顺治时期，朝廷下令烧造龙缸，结果仍未烧成。在嘉靖之前，宣德、正统时期均有龙缸存世，其中体量最大的是景德镇出土的正统龙缸，高约76厘米，可惜只是由烧坏砸毁落选品拼粘而成。而《陶书》记载，嘉靖八年至三十八年之间共派烧大缸6次，计2180口。现存完整的实物大概有15口，体积较大者高75厘米，口径72厘米左右，多为青花装饰，纹饰有云龙纹、鱼藻纹、婴戏纹、双龙戏珠纹、缠枝花纹、满池娇纹、双狮绣球纹、凤穿花纹等[6]。

至于嘉靖大纲的功用，《陶书》记载为鱼缸。然而，北京定陵中出土的三口写有“大明嘉靖年制”款的青花云龙纹大缸，是作为装盛灯油的长明灯使用。万历皇帝的陵墓所用龙缸却是嘉靖款识，足以说明龙缸烧造难度之大，亦可见嘉靖朝大器的烧造工艺成就。

二、几类嘉靖窑器物的分期

嘉靖在位45年，其御窑烧造一直持续。而跨越近半个世纪过程，其产品风格必然存在一定差别。特别是青花瓷器，嘉靖时期的青花用料是以进口回青料和国产石子青料混合使用，《天工开物》《陶书》中都记述的回青与石子青的比例问题。对此，前辈学人已有从青花发色角度进行分期断代，认为颜色蓝黑、较为灰暗的青花，应为嘉靖早期制品；而蓝色浅淡、釉质细腻者，或为中期制品；鲜亮蓝紫者，则是中期以后的产品[7]。本文仅从《陶书》《明实录》《大明会典》等历史文献和传世作品风格方面相结合，对嘉靖窑中特色突出的祭器类和道教装饰图案类瓷器进行扼要的分期。

（一）祭器用瓷

皇家御窑瓷器的用途除了日常餐饮之外，使用最为广泛的当属祭器用瓷。《周礼・春官・大宗伯》篇记载的“吉、凶、军、宾、嘉”五礼，构成了传统礼仪的基本架构，后来历代的国家礼制基本都围绕这五礼的系统进行礼制建设。

嘉靖初年，皇帝和群臣发生了“大礼仪”之争，为此，嘉靖皇帝开始进行礼仪改制。

6　裴亚静：《明代嘉靖时期御器厂大缸烧造及其官样探索——从馆藏明嘉靖青花鱼藻纹缸谈起》，《首都博物馆论丛》2019年第11期。

7　王莉英：《明代青花、釉里红概述》，《中国美术分类全集・中国陶瓷全集》，上海人民出版社，2000年，第13页。

嘉靖九年，郊祀由合祀改为分祀，并定四郊祭器颜色，“圜丘青色，方丘黄色，日坛赤色，月坛白色”，派至御器厂烧造[8]。

祭礼的改革，对祭器的烧造产生重大影响。首先，需用祭器的数量大幅增加。改制分祀后，仅圜丘主、从坛的陈设用瓷就达290余件[9]，远高于明太祖时期的合祀用数。此外，因为分色祭祀不同的坛庙，需用的大量颜色釉瓷器很多都是新品种、新器型，烧造难度较大且质量要求颇高。自嘉靖九年开始，陆续有官员因为贻误郊坛祭器的烧造而受处分。按《陶书》载，嘉靖九年至三十八年间共派烧单色釉瓷器10次左右，包括有白釉、紫釉、青釉、黄釉等各类单色釉。

不仅祭祀各坛庙的“吉礼”用瓷巨大，一些颜色釉也用于祭祀陵寝所用。嘉靖十六年九月，嘉靖下令烧造七陵祭器[10]。同年，《陶书》记录烧造瓷器948件，分别为“白瓷盘六百七十八、爵、盏二百七十”。又根据《明世宗实录》记载，嘉靖十六年五月“遣太常寺典簿黄裳往江西烧造长陵等陵白磁盘、爵祭器”[11]。综合几条档案材料基本可以确定，这948件白瓷大都用于祭祀明帝七陵——具体是明成祖长陵陈设。

在嘉靖二十七年之后，随着嘉靖皇帝生父兴献帝神主供入太庙，“大礼议”之争以嘉靖全面获胜而告终止，嘉靖的祭礼改革也随之告一段落，祭器派造逐渐停滞。因此，嘉靖一朝的祭器用瓷，其生产年代主要集中在嘉靖九年至二十七年之间。当然，皇家祭祀坛庙的活动几乎年年举行，需用的祭祀也是随时补充烧造，《陶书》中有嘉靖三十六年烧造“各样祭器笾、豆、罍、爵、樽、扁壶、大羹碗六千三百六十，拜砖六副”的记录，可见在嘉靖后期仍有祭器烧造，但数量和频次应远不如嘉靖二十七年之前。

（二）道教风格瓷器

嘉靖官窑在装饰纹样上最为突出的特点便是出现了大量道教风格的图案。依《陶书》所录，涉及到道教纹饰的便有云鹤纹、八仙过海、群仙捧寿、水火捧八卦、乾坤六合、寿比南山久、福如东海深、三仙炼丹、转枝莲托百寿字纹、三阳开泰、寿山福海、鸾鹤等等，至于器型、款识中与道教题材相关者则更多。而值得注意的是，上述罗列的纹饰，其烧造时间均在嘉靖二十年之后。

嘉靖二十一年（1542年）“壬辰宫变”发生之后，嘉靖皇帝移居西苑，从此更加专注奉道求仙。相应地，开始在西苑大兴土木，兴建道观、法坛、殿宇等等，将此打造成自己修身养性、祈求长生之所。因此西苑陈设、祭祀、宴饮所用的瓷器，便都带有道教风格相

---

8 《万历大明会典》卷201《工部二十一·织造·器用》，《续修四库全书》第792册，第401页。

9 《万历大明会典》卷82《礼部四十·郊祀二·分祀上》，《续修四库全书》第790册，第453页。

10《明史·食货六·烧造》，中华书局，1974年。

11《明世宗实录》卷200《嘉靖十六年五月己卯朔》，“中研院”历史语言研究所，1940年，第4193页。

关的纹样装饰。

西苑是紫禁城西邻的帝王苑囿，约占明代皇城总面积三分之一。它主要由三部分组成，包括太液池、兔儿山和两者之间大量的宫殿庙宇等等[12]。嘉靖二十一年移居于此后至嘉靖四十五年驾崩，对此进行了大面积的改建或重修，据学者统计，20余年内新建和修葺的殿宇达19处[13]。这些宗教或半宗教用途的殿宇，所用的瓷器陈设多带有道教风格图案。应该说，嘉靖朝大量道教风格图案的瓷器，多数都为西苑的陈设使用而烧造。依据《陶书》中的记录，可以推断一些瓷器的具体生产年份，如青花八仙过海罐应为嘉靖二十一年后烧造、青花白地转枝莲托百寿字花样坛为嘉靖二十四年之后的产品。

三、嘉靖御窑对后世的影响

嘉靖朝瓷器的丰富图样，为后世的官窑生产提供了大量可资参照的样本。从明代末期开始，便陆续有仿制嘉靖器型、纹饰或年款者。有清一代，几乎历朝都有仿制嘉靖年款的器物。概括而言，对于嘉靖器物的仿制主要集中在清前期，即顺治到乾隆时期。

（一）顺治、康熙时期

这时期对于嘉靖器物的仿制，主要集中在仿写“大明嘉靖年制”寄托款。如哈彻号（Hatcher）沉船中就有多件器物写有“大明嘉靖年制”款的青花器。哈彻沉船的年代下限为1646年，其沉船出水瓷器的年份集中在1640—1645年之间，应该是明末崇祯至清顺治初年的作品。此外，故宫博物院也收藏有数件“大明嘉靖年制”款青花瓷器。这类青花瓷器的纹饰、款识风格均与嘉靖本朝瓷器明显不同，是明显的委托款器物。特别是“大”字的写法，多呈方正之状，与嘉靖本朝所述的瘦长形制差别明显。

除青花外，顺治、康熙时期的蓝釉、黄釉、绿釉、素三彩等器物，均有书写“大明嘉靖年制”款。这其中的一些青花或单色釉瓷器与嘉靖本朝器物极为相似，常出现年代判断的混淆。美国学者Stephen little曾指出一些嘉靖时期的青花、蓝釉器物年代应为顺治时期[14]。郭学雷教授也指出故宫藏品中一些原定为嘉靖本朝的蓝釉、绿釉器物年代应为顺治时期[15]。综合两位学者的研究来看，顺治时期的瓷器与嘉靖本朝的区别，除款识写法不同外，在器型、龙纹上亦有细微差别。而顺治朝碗、盘类器物多施有酱口，这也是其与嘉靖朝同款器

12 朱偰：《明清两代宫苑建置沿革图考》，北京古籍出版社，1990年，第60—76页。

13 尹翠琪：《西苑洞天：嘉靖御用瓷器的道教紋飾》，《机暇明道：怀海堂藏明代中晚期官窑瓷器研究》，香港中文大学文物馆出版社，2012年，第42—52页。

14 Stephen Little. Shunzhi Ceramics1644–61 in the Asian Art Museum of San Francisco. Chinese Ceramics Selected Articles from Orientations, 1982–1998.

15 郭学雷：《转变期瓷器研究三题》，《十七世纪景德镇瓷器国际学术研讨会论文集》，上海博物馆，2005年。

物的主要差别。

（二）雍正、乾隆时期的仿嘉窑

雍正乾隆时期仿制嘉靖瓷器，则主要表现在对嘉靖窑器型的仿制。如雍正七年三月二十日，郎中海望持出白地青龙嘉窑碗一件，雍正下旨“查里边瓷器内如有此样碗，即不必多烧造。如无，将此碗交怡亲王，着年希尧照此款式烧造些来，其花样不甚好着，另改花样，碗底不必做腆心[16]。这条档案明确说明雍正时期的一些碗形参考了嘉靖时期的白地青龙碗，且将花样略作改动。

乾隆时期仿嘉靖窑的记录更多，其中乾隆皇帝下旨制作的三清茶碗，是仿照嘉靖窑器型所作，当属乾隆朝“仿嘉靖”器物的代表。关于此类茶碗的制作过程，造办处《活计档》曾有详细记载。

> 乾隆十一年七月二十八日，七品首领萨木哈来说，太监胡世杰交嘉窑青花白地人物撇口盅一件（随旧锦匣）。传旨，着照此盅样将里面底上改画带枝松梅佛手花纹，在线照里口一样添如意云，中间要白地，盅外口并足上亦添如意云，中间亦要白地，写御笔字。先做样呈览，准时交江西烧造，钦此。于十一月初七日七品首领萨木哈将做得木胎画蓝色如意云口足中身写字盅样一件持进，交太监胡世杰呈览。奉旨，照样准烧造，将盅上字着唐英分匀挪直，再按此盅的花样、诗字照甘露瓶抹红颜色亦烧造些，其蓝花钟上花样子图书俱要一色蓝，红花钟上花样子图书俱要一色红，钟底俱烧“大清乾隆年制”篆字方款，其款亦要随钟的颜色。钦此。[17]

档案中明确指出，三清茶碗的器型取自嘉靖窑青花白地撇口盅，至于纹饰和诗句则是乾隆的再创造。至于为何选用嘉靖碗，这或许是乾隆追模晚明士林审美遗风的体现。嘉靖时所烧“金录大醮坛用”款识的白瓷器，本为嘉靖皇帝进行道教活动所用的器具，1989年景德镇御窑遗址中的“金录大醮坛用”款识白瓷杯中，杯内底心有用青花书写“枣汤”“茶”“酒”等字样[18]，说明在当时亦作为茶盏使用。晚明时期文人士大夫在选择饮茶器具时，常以官窑所造“金录大醮坛用”款白盏作蓝本。《五杂俎》记载，“今景德镇所造小坛盏，仿大醮坛为之者，白而坚厚，最宜注茶”[19]。看来在谢肇淛生活的晚明时期，嘉靖瓷盏已经作为茶具广受士林阶层的欢迎。乾隆在选用茶盏时，也延续了晚明的审美意趣，首

16《清宫内务府造办处档案汇编》4册，人民出版社，2005年，第187页。

17《清宫内务府造办处档案汇编》14册，人民出版社，2005年，第442页。

18 江西省文物工作队等：《景德镇龙珠阁发掘报告》，《考古学报》1989年第4期。

19 谢肇淛：《五杂俎》卷12《物部四》，明万历四十四年刻本，第756页。

选嘉靖瓷碗作为参考样本。

在乾隆之后，清代中晚期亦有仿制嘉靖窑器型风格或仿写嘉靖款识的器物，如故宫博物院藏有光绪仿嘉窑方斗，但数量不多，不成规模。在风格上，与嘉靖本朝瓷器也差异明显，且改变了嘉靖瓷器在当时所承载道教寓意和功能，而成为单纯的宫廷仿古陈设器。

不仅器物风格、器型，后世多有追模，嘉靖时创造的一些御窑管理方式，也对明清以来的御窑陶政产生深远影响。如“官搭民烧”制度，在清代多有继承。此外，明代御器（窑）厂一直归属于工部虞衡司管辖，在嘉靖中期，下令将江西饶州烧造事宜转为都水清吏司门下，与桥道、舟车、织造等事归属于同一部门[20]。到了清代，清初时期仍沿明初旧制，由工部广储司、虞衡司等部门共同管理御窑[21]。但到了雍正正式派驻督陶官并确立督陶官制度之后，选派的督陶官皆有内务府人员充任，与江南三织造、盐政等官职同例，其实际管理办法也类似于嘉靖时期，是将陶政与织造事务一样，施行带有皇家垄断性质的垂直管理模式。

又如，乾隆时期督陶官唐英上奏，将原属淮安关监督兼管的督陶事宜移交至九江关，这也在嘉靖时初见端倪。景德镇御窑厂家境地层出土有“分守九江道制”款识的青花瓷片，九江道隶属于江西按察使而非工部，说明嘉靖时同样存在地方官与朝廷工部共同管理御窑厂的现象，而九江与景德镇地理位置相近，后者之于前者的从属关系，早在嘉靖时便已见渊源。

四、嘉靖窑的艺术地位

晚明以来的博物君子对此多有比评。这些文献相互摘引，多有重复之论，但总体上代表了鉴赏界对于窑器的认知，这种认识也影响了清代及近代以来的收藏鉴赏领域。

万历时人沈德符所著《敝帚轩剩语》云：“本朝窑器用白地青花间装五色，为古今之冠，如宣窑品最贵，近日又重成窑，出宣窑之上……至嘉靖窑则又仿宣成二种，而稍胜之。”[22]其中将宣德、成化、嘉靖三朝瓷器列为明代瓷器的第一等级。清初叶梦珠所撰《阅世编》有论：“磁器除柴、定、官、哥诸窑而外，惟前朝之成窑、靖窑为最美，价亦颇贵。”[23]亦是将嘉靖窑视作明代瓷器的最高标准。清代《研山斋杂记》论有明一代的传世瓷器时谓：“……其品之高下，首成窑，次宣、次永、次嘉，其正、弘、隆、万间亦有佳者。”[24]则将嘉靖窑

20《万历大明会典》卷194《工部十四·窑冶·陶器》，《续修四库全书》第792册，第332页。

21 蓝浦：《景德镇陶录·卷二》，山东画报出版社，2004年。

22 沈德符：《敝帚轩剩语·瓷器》，商务印书馆，1939年。

23 叶梦珠：《阅世编·卷七》，中华书局，2007年，第187页。

24 孙承泽：《历代文玩器物谱录·砚山斋杂记·卷四》。

列入明代瓷器艺术的中等。或许是嘉靖朝实施“官搭民烧”制度造成的产品质地精粗不一，以致晚明至清代对于嘉靖窑的评价时高时低。特别是清代中后期，对于明代永宣瓷器评价甚高，视为明代御窑瓷器的巅峰，对于嘉靖瓷器则少有好评，这也是清中晚期后对于嘉靖瓷器少有仿制的原因。

不仅文献记载，在晚明清初的重要墓葬中也多有嘉靖瓷器出土。除明万历的定陵中所见嘉靖御窑大缸外，明神宗内嫔的合葬墓中也有嘉靖白釉暗花梅瓶[25]。清初重臣索额图之女黑舍里氏墓中也出土有嘉靖斗彩折枝花卉纹双耳三足炉[26]等，可见，在清代初期嘉靖窑还是备受贵族珍视的明代名窑。

五、小结

嘉靖皇帝在位45年间，其御窑烧造较之前代发生许多重要变化。其中尤以嘉靖九年改革祭祀之礼、嘉靖二十一年移居西苑为标志，两次事件导致嘉靖御窑中多祭器、多道教风格装饰的器具。嘉靖窑对后世的御窑瓷业产生重要影响，清代御窑不仅在器型、纹饰、款识方面多有仿制嘉靖窑者。其所创造的“官搭民烧”等制度，也为后来清代御窑的陶政管理者所继承。

25 中国科学院考古研究所京郊发掘团通讯组：《北京董四墓村明墓发掘续记——第二号墓》，《科学通报》，1952年第5期。

26《北京文物精粹大系·陶瓷卷》，北京出版社，2004年。

元末明初景德镇民窑业再思考
——兼论元青花烧造时代下限

陈洁（上海博物馆）

摘要：近年来，明代早中期景德镇民窑瓷器的编年体系得到来自考古发掘、贸易瓷器研究及纪年材料的修正。本文利用新的编年体系，通过景德镇湖田、丽阳、瑶里及落马桥窑址的考古遗迹及出土品，指出元末明初景德镇民窑青花的"断层"现象，进而根据史料，剖析元末明初景德镇窑业衰退的原因，指出除战乱、海禁等因素之外，元末泉州地区的"亦思巴奚之乱"是切断瓷器青料来源重要的因素；明初都城营建劳役繁重等一系列问题，更使得民窑恢复相对缓慢。在此基础上，本文重新讨论"至正型"元青花的烧造下限，指出需要厘清及重新评估白瓷在明初景德镇官民窑业中的位置。

关键词：元末明初　景德镇　民窑　元青花

一、对明代早中期景德镇民窑青花编年体系的修正

近年来，明代早中期景德镇民窑瓷器的编年体系不断被挑战及修正。青花草书福字、云气、简笔兰草、缠枝莲纹等器物〔图1、图2〕，考古学者依据原有体系将其归入洪武、永宣时代后，敏锐地提示，类似产品亦出土于景泰七年（1456）舒母袁龙贞氏墓[1]。由于纪年墓数量有限，且墓葬年代只证明随葬器物时代下限，民窑烧造又有相当的延续性，因此相关提示虽足以引起对编年的反思，但尚未撼动原有体系。

进一步的推动来自对明代输出海外瓷器的研究。Roxanna Brown 在梳理东南亚明代沉船后，肯定了外销瓷器中存在"明代断层"（Ming Gap）[2]。笔者在检视明代早中期琉球及东南亚考古、沉船与收藏材料后，指出前述所谓洪武、永宣青花，在十五世纪中期潘达南号、甚至更晚的文莱号沉船上都有出水，无法肯定其为早期产品，输入当地的明初瓷器以龙泉为

1　成都文物考古研究所：《成都下东大街遗址明代早期遗存发掘简报》，《文物》2011年第7期。

2　Roxanna Maude Brown. The Ming Gap and Shipwreck Ceramics in Southeast Asia: Towards a Chronology of Thai Trade Ware. The Siam Society, Bankok, 2009.

图1　青花云气、缠枝莲纹碗

图2　青花草书福字、缠枝莲、云气纹碗

主，未见民窑青花，正统—天顺年间这一状况开始改变，明中期景德镇瓷器才逐渐取代龙泉成为外销主流[3]。刘岩、秦大树先生在整理肯尼亚格迪古城及东非沿海相关考古材料后，得出了极为相似的结论[4]。陈冲依据沉船对景德镇明代民窑青花进行细致编年，明确提出以往判定为洪武、永乐的青花，沉船所见同类器年代早不过宣德[5]。海外及沉船材料数量庞大，且同一沉船大批量商品的共时性明确，这些看法逐渐为学界所接受。

明代洪武、永乐纪年墓葬中从未出土前述青花器物，亦未见相关纪年材料，以往对早期民窑青花的编年，主要建立在南京明故宫玉带河出土的所谓洪武瓷器之上[6]，但河道淤泥并无明确地层，而永乐迁都之后，南京故宫并未废弃，仍作为留都宫殿委派皇族和内臣管理使用，之后在明故宫玉带河西侧，也发掘出土了明代景泰至天顺年间的青花[7]，因此判定这批瓷器属“洪武”时期并无可靠依据，据此建立的编年体系亦无法成立。这些青花器物的年代，遂纠正为十五世纪中期[8]。

3　陈洁：《明代早中期瓷器外销相关问题研究——以琉球与东南亚地区为中心》，《上海博物馆集刊》，上海书画出版社，2012 年。

4　刘岩、秦大树、齐里亚马・赫曼：《肯尼亚滨海省格迪古城遗址出土中国瓷器》，《文物》2012 年第 11 期。

5　陈冲：《沉船所见景德镇明代民窑青花瓷》，《文物与考古》2017 年第 2 期。

6　南京博物院：《南京明故宫出土洪武时期瓷器》，《文物》1976 年第 8 期。

7　张浦生、霍华：《1995 年南京明故宫出土文物研究》，《南京考古资料汇编・肆》，凤凰出版社，2013 年。

8　2019 年上海博物馆召开“灼烁重现：十五世纪中期景德镇瓷器国际学术研讨会”，学者已就此达成共识。

二、元末明初景德镇民窑“断层”现象

编年体系修正之后，国内遗址如南京玉带河[9]、成都下东大街[10]、明宝船厂六作塘遗址[11]、桂林基建工地[12]、北京毛家湾瓷器坑[13]、浙江安吉明墓[14]、南京颜料坊水井[15]等各地出土的类似青花器物，皆可判定属十五世纪中期及稍晚时代。但由此产生的新问题是，一旦确认这些器物的年代不早于十五世纪中期，我们对景德镇民窑青花的认识就出现缺环，在十五世纪中期与元代之间，似乎找不到明早期民窑青花，出现“断层”现象。

这与研究者对明初外销瓷的观察一致，Roxanna 将这一缺环解释为明前期海禁政策造成的外销断层。海禁的影响毋庸置疑，但如前所述，笔者与刘岩、秦大树先生同时注意到明初龙泉瓷器依旧持续输出，且保持相当数量，说明这一阶段景德镇瓷器在海外市场的缺失并非独因“海禁”。海内外遗址中明早期民窑青花的普遍缺失，促使我们重新审视元末明初的景德镇窑业状况，探究并解释这一“断层”现象。

分析窑业状况必须立足窑址，景德镇一带年代成序列、跨越元明[16]，且见于正式发表的民窑遗址主要有湖田、丽阳，瑶里及落马桥窑址，另有少量调查材料。

有趣的是，早先发掘、调查的湖田、丽阳、瑶里确实呈现出“断层”迹象。湖田窑第六期出土青白釉、卵白釉和黑釉器，报告判断年代在元初至延祐年间；第七期包含青白釉、黑釉、卵白釉和元青花，推断时代约在元代晚期；第八期出土大量明代青花，少量青白瓷、仿龙泉、蓝釉和白釉，报告判断时代为明中期成化、弘治之间[17]，七、八期之间缺少明早期。

丽阳碓臼山窑址第三层出土元代青瓷，简报描述第二层元代窑业堆积与明代青花共出[18]，惜未附图及说明，而瓷器山明代窑址出土青花、酱釉、仿龙泉、仿哥釉等〔图 3〕，从窑炉结构和器物分析，简报认为当在宣德末至景泰、天顺间[19]，从附图看，无疑是十五世纪

---

9 南京博物院：《南京明故宫出土洪武时期瓷器》，《文物》1976 年第 8 期。

10 成都文物考古研究所：《成都下东大街遗址明代早期遗存发掘简报》，《文物》2011 年第 7 期。

11 南京市博物馆：《宝船厂遗址——南京明宝船厂六作塘考古报告》，文物出版社，2005 年。

12 李铧：《洪武民窑青花圆器的研究》，《明代民窑青花》，河北人民出版社，2000 年。

13 北京市文物研究所：《毛家湾——明代瓷器坑考古发掘报告》，科学出版社，2007 年。

14 张秋华：《安吉县章村桃李山明墓出土瓷器》，《东方博物》，第 50 辑，2014 年。

15 南京市博物馆、南京市秦淮区文化局：《南京颜料坊工地发现的明代古井》，《南京文物考古新发现》（第三辑），文物出版社，2014 年。

16 探索明早期窑业发展变迁，就个体窑址而言，必须将其放置在前后完整的脉络中观察，即至少应包含元代、明早期至中期地层，其发展序列方能清晰呈现。

17 江西省文物考古研究所、景德镇民窑博物馆：《景德镇湖田窑址》，文物出版社，2007 年，第 460—462 页。

18 故宫博物院、江西省文物考古研究所、景德镇市陶瓷考古研究所：《江西景德镇丽阳碓臼山元代窑址发掘简报》，《文物》2007 年第 3 期。

19 钟华：《景德镇丽阳明代瓷窑址时代考——兼谈兴衰原因》，《南方文物》2013 年第 3 期。

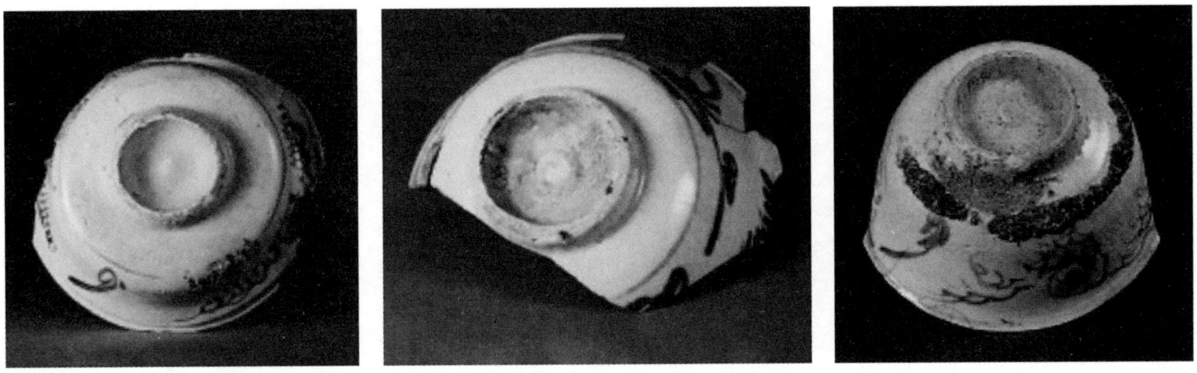

图 3　丽阳窑出土青花

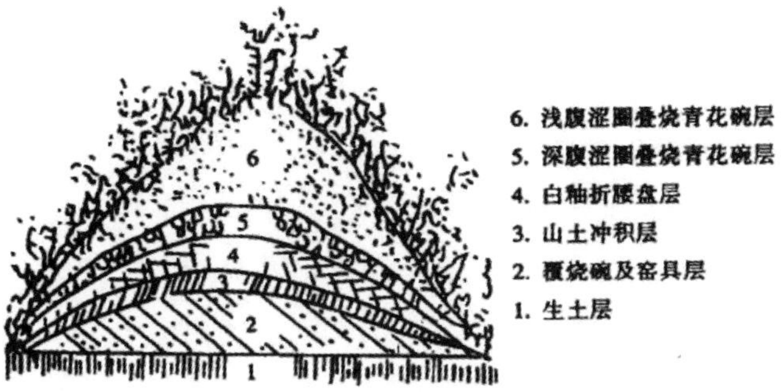

图 4　瑶里窑址地层示意图

图 5　瑶里出土青花

中期及之后的产品，亦不见明早期青花踪迹。

瑶里窑址自下而上第二层为质颇精细的芒口碗，第三层见约 40 公分的黄土，系停烧时雨水积年冲刷山泥淤积所致〔图 4〕，第四层为素白折腰盘，第五层包含青花云气纹、缠枝莲纹、草书福字碗[20]〔图 5〕等，青花器物正是前文讨论的十五世纪中期产品。

近年发掘的落马桥是目前景德镇序列最完整的窑址，整理工作极为细致，提供了最重要的材料。元代分为三段，第三段品种极为丰富，有青花、青白瓷、卵白釉、蓝釉、釉里红、红绿彩等[21]。明代第一期包括白釉瓷、釉里红及建筑构件，板瓦有“乐平县”铭，洪武初乐平降州为县，故其年代不晚于明初，而“寿字二号”铭则为典型洪武产品，其余器物亦可通过与纪年材料比对，确认属洪武至宣德时期，地层断代可靠；第二期白釉之外出现青花，外青釉内青花，青花常见云气、福字、花纹、人物等，亦可通过纹饰、

20　欧阳世彬：《十五世纪景德镇民窑研究》，《陶瓷学报》，2000 年。

21　景德镇市陶瓷考古研究所、北京大学考古文博学院、江西省文物考古研究所：《江西景德镇落马桥窑址宋元遗存发掘简报》，《文物》2017 年第 5 期。

图 6　宣德拾年铭青釉青花残片

图 7　湖田窑出土白瓷筒瓦

器型比对归入正统—天顺时期[22]。

落马桥窑址首次明确展现了洪武—宣德景德镇民窑瓷器的面貌，意义重大。从出土品看，明早期几乎没有青花，白釉是主流产品，第二期正统至天顺时期，青花才大量出现。发掘者据此认为，白瓷在明初景德镇民窑瓷器生产中是最重要的产品，青花取代白瓷走向规模化生产应从宣德以后的“空白期”开始。从国内其它纪年材料看，目前所见明代民窑青花最早的是景德镇出土“宣德拾年”铭残片〔图 6〕，及成都宣德十年僖王墓出土青花碗[23]，可以印证发掘者的判断。

同时，若将明初出土品与元代比较，可以发现元代出土品相当丰富，包括元青花、蓝釉、卵白瓷等大量品种，但叠压其上的明初产品几乎都是较为粗糙的白瓷，且产品器型单一，96.2% 的前期器型已经消失，出土白瓷圈足较大，正与洪武年间曹昭“新烧者足大，素者欠润”的记载相符[24]。同时，元代晚期卵白瓷烧造技术成熟，釉料配方稳定，釉中 CaO 含量稳定在 2.58%—4.89% 之间，但前述明初层出土白瓷釉料配方波动异常巨大，CaO 含量波动范围甚至在 5%—18%，表明当时制瓷技术存在不稳定性[25]。从品种、质量、工艺等多方面观察，较之元代，明初窑业出现明显衰退。

更重要的是，通过落马桥回看其它窑址，我们发现这种情况并非个例，湖田窑同样出土白瓷筒瓦〔图 7〕，亦见釉里红滴水，原先归入第六、七期元代的卵白釉 Bb 型盘、B 型 I

22　景德镇市陶瓷考古研究所、北京大学考古文博学院、江西省文物考古研究所：《江西景德镇落马桥红光瓷厂窑址明清遗存发掘简报》，《文物》2020 年第 11 期。

23　成都市文物考古研究所：《成都明代蜀僖王陵发掘简报》，《文物》2002 年第 4 期，但该墓曾遭盗掘，材料是否可靠尚待验证。

24　徐文鹏：《景德镇落马桥红光瓷厂窑址出土元代瓷器分期研究》，北京大学硕士学位论文，2014 年，第 143 页。承蒙李仲谋先生惠借此论文影本，在此致谢。

25　徐文鹏、崔剑锋、秦大树、江建新、邹福安：《景德镇落马桥红光瓷厂窑址出土元代白瓷成分分析及工艺研究》，《故宫博物院院刊》2017 年第 1 期。关于落马桥窑址的不同报告及文章，会使用“元末明初层”“明初层”“第三层”等不同称呼指代同一层位，本文以目前最权威的简报提法为准。

图 8　湖田窑出土 Bb 型盘

图 9　湖田窑出土 B 型 I 式碗

图 10　落马桥出土侈口盘

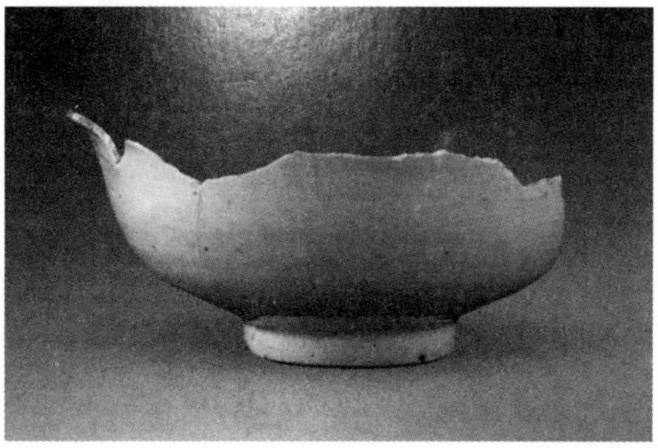
图 11　落马桥出土侈口碗

图 12　落马桥出土折腰盘

图 13　永乐五年宋晟墓出土侈口碗

式碗〔图 8、图 9〕，与落马桥明初地层出土品〔图 10、图 11〕一致。而瑶里叠压在十五世纪青花瓷器之下的第四层素白折腰盘，也同样出现在落马桥明初地层〔图 12〕。落马桥的材料能够帮助厘清及纠正其它窑址的层位关系，目前看来，这些窑址同样存在明初地层，反映出的窑业状况也与落马桥的面貌颇为一致。

前述明初地层出土碗、盘亦见于南京中华门外洪武二十二年俞通源墓[26]、永乐十六年宋

26　南京市博物馆、雨花台区文化局：《江苏南京市戚家山明墓发掘简报》，《考古》1999 年第 10 期。

晟夫人叶氏墓[27]，及永乐五年宋晟墓〔图13〕[28]、四川平武宣德六年王祥墓[29]等，可以进一步提供年代参考。结合江西出土"洪武七年"铭白瓷罐，及海内外墓葬、遗址出土材料，我们可以勾画出明初民窑的大致面貌，青花出现"断层"，产品以白瓷为主，窑业衰退较为明显。

三、明初景德镇民窑衰退原因探析

出现如此大规模的衰退自然有其原因，最显而易见的是元末战乱破坏。景德镇所在的浮梁及附近饶州一带在元末战乱频繁：

至正十二年（1352）三月二十七日，蕲贼项普陷城，杀戮甚惨。

十三年，元帅韩邦彦、镇抚哈迷复之。

十五年，复陷于波寇方玉。

十六年，都昌人于光受伪天完徐寿辉节制，攻走玉，民乃稍安。

十七年六月八日，湖口张贼掠浮梁，于光御之，败绩。张复掠东土，李昌御之，复败。八月十四日始遁。

至正二十年，并取饶州以归明。

饶州一带的拉锯战破坏相当巨大，工匠逃亡，人口流失、以至于知州李庸上任后首先需要"招抚流亡，辟田野，通贸易"[30]。洪武二十四年（1391），浮梁县的人口仍较元至元年间（1290）减少近一半[31]，这给窑业生产、销售、技术传承带来重大影响。落马桥显示烧造器型、品种减少，釉料配方不稳定，恐怕都与战乱导致的技术失传、倒退有关。瑶里窑址素白折腰盘下"第三层见约40公分的黄土，系停烧时雨水积年冲刷山泥淤积所致"的现象也值得我们重视，从40公分黄土的堆积量看，停烧颇有时日，很可能就是元末战乱导致的停烧。而丽阳窑址周边建有军事堡垒，据文献记载系于光所建，城墙包含物中有青瓷碗残片，推测窑炉的停烧亦与此相关[32]，这都是元末战争影响窑业的证据。

---

27 南京市博物馆：《古都神韵——南京市博物馆文物精华》，文物出版社，2013年。

28 南京市博物馆：《古都神韵——南京市博物馆文物精华》，文物出版社，2013年。

29 四川文物考古研究院、绵阳市博物馆、平武县文物保护管理所：《四川平武土司遗珍——明代王玺家族墓出土文物选萃》，文物出版社，2018年。

30《浮梁县志·卷三·建置》"署廨"条有"至正兵燹"记载，《稀见中国地方志丛刊》，中国书店，1992年，第二十六册61页；《浮梁县志·卷五·名宦》载洪武庚子知州李庸事迹，洪武无庚子，当为至正二十年朱元璋势力掌控之后，同上书第118页。

31 陈克伦：《明洪武朝景德镇瓷业初步研究》，《上海博物馆集刊》（第7期），上海书画出版社，1996年。

32 故宫博物院、江西省文物考古研究所、景德镇市陶瓷考古研究所：《江西景德镇丽阳碓臼山元代窑址发掘简报》，《文物》2007年第3期。

至正二十年（1360），浮梁复归平静，窑业逐渐恢复，但青花瓷器的重新复苏，却晚至宣德后期，六七十年的间隔显然不符合生产恢复的一般规律，民窑青花的“断层”，应当另有原因。

笔者认为，最重要的因素是这一阶段进口青料的断绝。众所周知，不论是发色鲜艳的“至正型”还是呈色暗淡的所谓“东南亚型”，元青花使用的都是进口“苏麻离青”，来自西亚，呈现出明显的“高铁低锰”特征，这一点已经多位学者测试证实[33]。元末明初，进口青料的来源断绝，明初开始的严厉海禁当然是原因之一，但元末泉州地区的“亦思巴奚之乱”是切断青料来源更重要的因素。

元末局势动荡，起兵频繁，各地成立“义兵”协助政府镇压叛乱。泉州波斯人组织“亦思巴奚军”作为义兵组织。后一说因宫廷斗争、一说因穆斯林派系争斗，牵动泉州，至正十七年（1357）波斯义兵万户赛甫丁与阿迷里丁发动兵乱，占据泉州、攻占福州，参与兴化内战。1362年那兀纳兵变取代阿迷里丁占领泉州，进攻兴化。亦思巴奚军内乱迫使行省官员决定彻底消灭那兀纳势力。1366年，陈友定军队击溃亦思巴奚军，重新控制泉州。由于亦思巴奚军兵乱期间对福建汉族多有杀戮，平乱之后，激起复仇情绪，许多在泉州的阿拉伯、波斯人被杀，外商或死或逃，政府也严加取缔，从此蕃舶不敢进港，外商绝迹，明初又厉行海禁，两者叠加，元末明初民间对外贸易几近断绝，青料自然无法输入。

明初官窑瓷器中仍有青花生产，根据测试，洪武、永乐官窑青花依然使用低锰高铁的进口青料[34]。在进口渠道断绝的情况下，洪武时期使用的可能是元代剩余的青料。一个值得注意的现象是，明初烧造了大量的釉里红产品，但宣德以后大大减少，也许烧造釉里红与当时青料不足，无法大量生产青花有关？无论如何，明初青料匮乏，少量珍贵的青料当多为官方垄断，民间极难获取。永乐以后，随郑和下西洋活动开展，官方能够通过朝贡贸易不断进口青料，但民间并无此渠道。宣德开始，青花生产发生重要改变，出现国产青料，根据测试，宣德官窑青花呈现高猛低铁特征，这是国产青料的特点[35]。显然从宣德起，国内也发现了钴矿资源，并为景德镇工匠使用。如此，我们就能理解，为何民窑青花复兴迟至宣德，因为青料国产以后，方能为民窑大量获取，规模化使用，故自宣德以后，民窑青花才开始重新发展。

朝鲜文献《慵斋丛话》记录了青料对于青花生产的重要性：“世宗朝御器，专用白磁，

33 李家治、张志刚、邓泽群、刘新园:《景德镇元代及明初官窑青花瓷器的工艺研究》,《景德镇出土明初官窑瓷器》，鸿禧艺术文教基金会，1996年；承焕生、刘新园：《元青花化学组分的PIXE研究》,《幽蓝神采：2012上海元青花国际学术研讨会论文集》（第2辑），上海古籍出版社，2015年。

34 熊樱菲、霍华、李一平、周进：《景德镇明代洪武瓷的化学组成研究》,《文物保护与考古科学》2014年第3期；李家治、张志刚、邓泽群、刘新园:《景德镇元代及明初官窑青花瓷器的工艺研究》,《景德镇出土明初官窑瓷器》，鸿禧艺术文教基金会，1996年。

35 李家治、张志刚、邓泽群、刘新园:《景德镇元代及明初官窑青花瓷器的工艺研究》,《景德镇出土明初官窑瓷器》，鸿禧艺术文教基金会，1996年。

图 14　珠山出土建筑构件

图 15　中华路出土白釉卷草纹砖

图 16　中华路出土白釉凤纹滴水

图 17　中华路出土建筑构件

图 18　中华路出土建筑构件

至世祖朝，杂用彩磁，求回回青于中国……然回青罕贵，求中国亦未多得。朝廷议曰：中国虽穷村茅店，咸用画器，岂皆回青所画？应有他物画者。访于中国，则皆曰此土青也。然所谓土青者，亦未求得，由是我国画瓷器甚少。”缺少青料，自然无法生产青花瓷器，明初景德镇民窑失去进口来源，生产必然受到制约，这恐怕是明初民窑青花“断层”的根本原因。

笔者曾与蔡玫芬先生讨论元末明初景德镇官民窑业的衰退现象，提出上述观点后，蔡玫芬先生提示还应注意民初匠役制度的影响，引发笔者思考[36]，近来翁彦俊先生亦有类似看法，认为洪武民窑衰退亦受都城营建影响，永乐至宣德时期则受御器厂建立影响[37]。永乐后期至宣德的情况尚有待验证，但洪武至永乐初年的影响可以明确。依近年调查与积累资料，景德镇出土瓷瓦及建筑构件的数量远超之前认识，在景德镇各区域都有发现、湖田、落马桥、东门头、中华路、十八桥、戴家弄等等，品种极为多样，有板瓦、筒瓦、瓦当、勾头、

36　2016 年笔者赴台湾大学参加研讨会，期间与蔡玫芬先生讨论元末明初窑业，得到这一提示，对于当时官窑、民窑烧造皆有启发，特此致谢！

37　翁彦俊：《略论明代景德镇瓷业多重“空白期”》，2019 年“灼烁重现：十五世纪中期景德镇瓷器国际学术研讨会”报告。

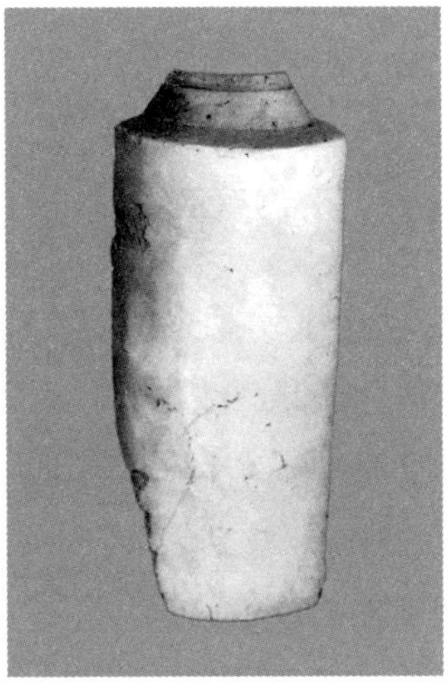
图 19　凤阳出土白釉筒瓦

图 20　凤阳出土白釉卷草纹砖

图 21　凤阳出土筒瓦

滴水、脊兽以及各类造型纹样复杂的构件[38]〔图 14-图 18〕，这些成品在安徽凤阳明中都、南京都有出土，且见有“浮梁”字样[39]〔图 19-图 21〕。从景德镇出土材料看，这类建筑构件烧造管控十分严格，书有县丞、监工、作头、工匠、风火匠姓名，由本地最高官员管领，显然是当地要务。在明初浮梁一带人口锐减、窑业凋零的情况下，这类造作很可能占用了大部分生产力，因而影响商品瓷与民窑的发展。

同样值得注意的是，南京聚宝山是为都城营建烧造琉璃的窑厂，其出土品与明孝陵和东陵瓦当、滴水等构件极为相似，推断至迟洪武九年（1376）已烧制各色琉璃建筑构件[40]。而这些工匠系自各地抽调，根据明初匠役制度，轮班匠人最初“定以三年为班、更番赴京、输作三月”[41]，而更定班次之后，琉璃匠赴京的班次是最为频繁的一年一班。洪武二十六年定“凡烧造供用器皿等物，需要定夺样制，计算人工物料。如果数多，起取人匠赴京，置窑兴工，或数少，行饶处等府烧造。”[42]考虑到景德镇在洪武初便已烧制官用建筑构件，且一直存在轮班匠人，应当还有相当数量的工匠及劳力赴京服役，在中都、明故宫、孝陵大规模营造的洪武、永乐时期尤甚，这进一步挤占了原本已经捉襟见肘的劳动力，更重要的是工匠劳役过重，成为苦差，这会降低整个行业的吸引力，影响窑业发展。

由此看来，元末明初景德镇民窑业处境艰难，受战乱影响，劳动力不足、技术倒退，

38　景德镇御窑博物馆：《景德镇出土明洪武官窑瓷器》，文物出版社，2019 年。同时笔者近年赴景德镇调查，屡见各处材料，亦承景德镇陶瓷考古研究所江建新、翁彦俊、江小民先生告知及陪同参观工地，特此致谢！

39　杨士林、孔令宽：《洪武中都城陶瓷萃珍》，中国名族摄影艺术出版社，2004 年。

40　郑州大学历史学院、南京师范大学文物与博物馆学系、南京市考古研究所：《江苏南京雨花台窑岗村明代琉璃窑址发掘简报》，《文物》2015 年第 10 期。

41（明）李东阳等：《大明会典》，卷一百八十九。

42（明）李东阳等：《大明会典》，卷一百九十四。

又面临原料匮乏，劳役繁重等一系列问题，恢复相对缓慢。

四、元青花烧造时代下限

如前所述，早于宣德的明代纪年墓中未见明代民窑青花，但并非没有青花瓷器。事实上，明初纪年墓，尤其是功臣、藩王墓中出土了不少青花，但都是学界认定的元青花类型，包括洪武四年汪兴祖墓[43]、洪武二十五年沐英墓[44]、洪武二十八年汤和墓[45]、永乐十三年郢靖王墓[46]、永乐十四年王、萧氏夫妇合葬墓[47]、永乐十六年宋晟夫人叶氏墓[48]等，甚至晚至明中期仍有元青花出土，如成化六年淮安陶升夫妇合葬墓[49]，遂有研究者主张，这些器物未必都是一度传世后入葬，元青花的烧造年代，可能延续至明代前期。元青花烧造时代的下限，是学界极为关注的议题，至今未有定论。我们尝试在前文讨论的基础上将这一问题放置在元末明初景德镇窑业的大背景下考察，会获得更清晰的认识。

倘若这些精美的至正型青花延续至明初，并由民窑生产，首先要解决的是青料问题。在外贸断绝的时代，进口青料从何而来？假设民窑能够保存前朝遗留青料，并生产这些精美绝伦的青花瓷器，那意味即使遭受战乱冲击，窑业仍然传承有序，在明初保持着极高的技术水准。这样的话，落马桥窑址包含至正型青花的地层自然应该延至明初，那如何解释叠压其上白瓷层的大幅衰退？元末大乱之后窑业技术未见断层，持续高水平生产，之后日渐安定的时代无端出现大幅技术滑坡，连釉料配方都要重新摸索？瑶里的停烧迹象又该置于何时？

换一个角度解释，出土这些青花的墓葬，都是与朝廷关系密切的功臣、藩王墓，暗示这些器物不同寻常，可能来自赏赐或其它官方渠道。那么这些青花是否在明初由官方烧造，然后赏赐给王公贵族？这能够解释青料的来源，技艺高超的工匠为官方垄断也在情理之中。但问题是，这些器物一概呈色蓝艳，质量优异，而同期官窑青花却发色极不稳定，呈色灰暗，两者构成鲜明对比。御用器物的制作技术尚不如等级稍低的赏赐品？同为官匠，掌握青花发色技术的工匠终洪武一朝都未将技艺传授给其它官匠，以致御用器中有大量发色灰暗的残次品？

元末明初的大背景下，战乱是史实，贸易中断、青料断绝是史实，人口减半、窑业衰

43　南京市博物馆：《南京汪兴祖墓清理简报》，《考古》，1972 年第 4 期。

44　中国陶瓷全集编辑委员会：《中国陶瓷全集 元（下）》，图版 146，上海人民美术出版社，1999 年。

45　蚌埠市博物展览馆：《明汤和墓清理简报》，《文物》1977 年第 2 期。

46　院文清、周代玮、龙永芳：《湖北钟祥市明代郢靖王墓发掘收获重大》，《江汉考古》2007 年第 3 期。

47　南京市博物馆：《南京南郊明墓清理简报》，《南方文物》1997 年第 1 期。

48　南京市文物保管委员会：《南京中华门外明墓清理简报》，《考古》1962 年第 9 期。

49　刘桂山、陈锦惠、王锡民：《介绍一件元青花盖罐》，《文物》1991 年第 7 期。

退也是史实，甚至明初官窑产品也出现发色不稳，技术倒退的问题，在这样的情形下，无论官、民窑，继续烧造“至正型”青花都极不合理。当然，明初个别瓷窑保存少量青料，零星生产青花，也未可完全排除，少数风格介于元代及洪武之间的器物，如龙纹玉壶春瓶等，年代亦可探讨，但典型“至正型”元青花的生产下限，当止于元末战乱。明廷将前朝府库中的精美器物赏赐功臣、藩王、邻国，也在情理之中。同时，高等级墓葬出土前朝器具的情况也极为常见，远多于平民墓，郢靖王、鲁荒王墓中都有不少前朝珍品，并不足为奇。

五、余论

元末明初的景德镇窑业，其实还有诸多问题尚未明晰。在青料断供的情况下，明初转而大量生产白瓷的情形恐怕也不仅限于民窑，近来也有将部分明初白瓷从元代剥离的趋势[50]，细分元末、明初产品，是进一步探讨元明窑业制度、烧造模式延续与变迁的前提。对于白瓷这一品种，以往的重视程度可能有限，但功臣、藩王墓出土的白釉器物，永乐四年明太祖“朕朝夕所用中国瓷器，洁素莹然，甚适于心”的感慨，都提示我们这一品种在明初的地位可能需要重新评估。同时，景德镇出土“永乐四年”铭釉里红瓶残片，亦显示洪武官窑风格的延续性。对元末明初官、民窑业的认识，仍然需要继续深入，期待有更多的研究者关注这一课题，共同厘清这一时段景德镇的窑业面貌。

50 景德镇御窑博物馆：《景德镇出土明洪武官窑瓷器》，文物出版社，2019年。